Horst Heinrich Jakobs

Hugolinusglossen im accursischen Apparat zum Digestum vetus

Studien zur
europäischen Rechtsgeschichte

Veröffentlichungen des
Max-Planck-Instituts
für europäische Rechtsgeschichte
Frankfurt am Main

Band 307

Vittorio Klostermann
Frankfurt am Main
2017

Horst Heinrich Jakobs

Hugolinusglossen im accursischen Apparat zum Digestum vetus

Vittorio Klostermann
Frankfurt am Main
2017

Bibliographische Information der Deutschen Nationalbibliothek
Die Deutsche Nationalbibliothek verzeichnet diese Publikation in der Deutschen Nationalbibliographie; detaillierte bibliographische Daten sind im Internet über *http://dnb.dnb.de* abrufbar.

Druck und Bindung: docupoint GmbH, Barleben
Typographie: Elmar Lixenfeld, Frankfurt am Main

Gedruckt auf Eos Werkdruck.
Alterungsbeständig ISO 9706 und PEFC-zertifiziert

Printed in Germany
ISSN 1610-6040
ISBN 978-3-465-04329-4

parvis quoque rebus magna iuvari

Horaz epist. II 1 125

Inhalt

Die auf den Seiten 380, 432, 452 wiedergegebenen Abbildungen von mss Paris BN lat 4450 fol. 19v, London BL Royal 11 C III fol. 20v, München Clm 3887 fol. 21v (die Litera ist dort jeweils ein Stück aus dem Titel D 2,14) mögen eine Anschauung geben von der Realität der juristischen Literatur des Mittelalters – mit welcher ›Finsternis‹ also zu rechnen hat, wer sich in ein Studium dieser Literatur hineinbegibt.

Vorwort

Die Arbeit, deren Resultat dieses Buch ist, hat sich – häufig unterbrochen – über mehr als ein Jahrzehnt hingezogen. Die Unterbrechungen ergaben sich zum einen aus den Reisen zu den handschriftlichen Quellen, die sozusagen ortsfest sind und nicht, wie es bei gedruckten Büchern möglich ist, dahin kommen, wo ihr Leser ist.

Die Unterbrechungen ergaben sich zudem durch den immer wieder aufkommenden Zweifel, ob die Arbeit so, wie diese in ihrer Ausrichtung auf einzelne Stücke eines immensen Ganzen angelegt ist, sich überhaupt zu einem brauchbaren Ende werde bringen lassen – zu einem die bereits vorhandene Kenntnis der Geschichte des römischen Rechts im Mittelalter erweiternden und vertiefenden Resultat. Man möge daraus, dass dieses Buch nun erscheint, nicht entnehmen, dass ich für mich selbst diesen Zweifel überwunden hätte.

Zu danken habe ich dafür, dass die Arbeit nun als ein Buch erscheint, den Direktoren des Max-Planck-Instituts für europäische Rechtsgeschichte Thomas Duve und Stefan Vogenauer, die sie als einen Beitrag zu der Arbeit ihres Instituts anzuerkennen nicht gezögert haben. Ich habe zu danken in diesem Institut Karl-Heinz Lingens und seiner Mitarbeiterin Petra Menzl. Bei meiner wahrlich nicht einfach zu bewerkstelligenden Wiedergabe der handschriftlichen Quellen in einem mit den heutigen technischen Mitteln zu druckenden Buch haben sie allen meinen Verbesserungswünschen mit Geduld und Eifer Rechnung getragen. Und last not least bin ich dankbar Gisela Hillner, meiner Frau – für ihre Mitarbeit bei der Korrektur, für ihre Hilfe, wo ich mit meinem Latein am Ende war, und für die skeptische Aufmerksamkeit, mit der sie zugehört hat, wenn es darum ging, den in den Worten einer Glosse aufzuspürenden juristischen Gedanken nachzuvollziehen und mir selbst verständlich zu machen.

Kamperland/Niederlande im Juli 2017

A. Einleitung

Der Ansatz zu dieser Untersuchung und deren Quellen im Allgemeinen

Die Anfänge der Arbeit, deren Resultate ich hier vorlege, gehen zurück bis in die Zeit, als – veranlasst durch die Feststellung, dass in den Lecturae des Odofredus die accursische Glosse als *apparatus jo et az* sich bezeichnet findet – meine Arbeit sich darauf gerichtet hat, die Abhängigkeit des Textes der accursischen Glosse von dem azonischen Apparat zum Digestum vetus zu ermitteln und exemplarisch zu demonstrieren. Im Verlauf dieser Arbeit, die 2006 unter dem Titel ›Magna Glossa‹ publiziert worden und wozu die vorliegende Untersuchung ein *additamentum* zu nennen ist, war nicht unbemerkt geblieben,[1] was ohnehin, also von vornherein zu vermuten war: dass es eine Abhängigkeit der Arbeit des Accursius, der *glossa ordinaria* (*gl. ord.*) auch von Hugolinus' Apparat zum Digestum vetus gibt und dass diese Abhängigkeit im Text der *gl. ord.*, wie das auch im Verhältnis Accursius/Azo sich immer wieder gezeigt hat, von Accursius nicht durchweg, nicht einmal regelmäßig offen gelegt worden ist. Dass ich dieser Vermutung, trotz der sie stützenden Indizien, seinerzeit nicht weiter nachgegangen bin, die Kritik des Textes der *gl. ord.* in dieser Hugolinus'schen Richtung nicht verfolgt und vervollständigt habe, war begründet in der Schwierigkeit, die die Überlieferung des Apparats des Hugolinus zum Digestum vetus aufweist. Es war dies begründet, wie ich nicht verhehlen kann, in der Ungeduld, dasjenige, was sich im Verhältnis Accursius/Azo bereits ergeben hatte, nicht zunächst einmal auf die lange Bank zu schieben und erst nach Überwindung jener Schwierigkeiten zu veröffentlichen. »Das Vorschnelle verdirbt (wie Savigny gemeint hat und ihm nicht bloß eine fruchtlose Mahnung gewesen ist) alles.« Und damit nicht alles, was ich zur Klärung der Geschichte des Textes der *gl. ord.* unternommen habe, auf dem Kerichthaufen landet und vergebliche Mühe gewesen ist, hier nun also die Veröffentlichung eines Teils dessen, wovon ich im Text der *gl. ord.* festgestellt habe, dass es aus dem Hugolinus-Apparat entnommen oder durch das dort Gesagte angestoßen, zwecks Ergänzung des azonischen Apparats in dessen Bearbeitung aufgenommen worden ist.

1 S. Magna Glossa (im Folgenden MG) S. 94–96, 112–114 betr. die Glosse zu D 5,3,31pr – *solvit creditoribus*, auch S. 177 sowie bereits ZRG 117 (2000) 352 f.

1) Die Schwierigkeit der Überlieferung des Hugolinusapparats (n.b. zum Digestum vetus), die ich in ihrem ganzen Ausmaß vielleicht auch jetzt noch nicht übersehe, ist hier – zur Einführung in die Hauptquellen dieser Untersuchung[2] – vorweg zu bezeichnen. Der azonische Apparat ist, nach meiner derzeitigen Kenntnis der Handschriften (Hss) zum Digestum vetus,[3] überliefert in 13,[4] der Hugolinus-Apparat in nur drei Hss.[5] Es bedarf nicht vieler Erfahrung im Lesen handschriftlicher Texte um einzusehen, es versteht sich fast schon von selbst, dass die Chance, einen handschriftlichen Text restlos entziffern zu können, mit der Zahl der Hss, die denselben Text überliefern, steigt. Denn was in der einen Hs, sei es im Original, sei es auf einem von diesem genomme-

2 Sowie in Ergänzung und Präzisierung des dazu in MG S. 177 N. 280 Gesagten.

3 Zu den für MG bereits benutzten und dort in der Einleitung III S. 23 ff. näher bezeichneten 140 Hss kommen hinzu die folgenden 28 Hss: Alencon 173; Bourges; Hereford; Huesca; Kopenhagen Thott 326, G(l.)K(gl)S(ml) 394; Montpellier; Paris Arsenal; Salisbury; St. Omer 449, 451, 457, 466; Torino E I 1, 4, 11, 15, 22, 23; Troyes 135, 174; Vendome; Vic; Gerona BS 156 (S. Felix 46); Angers 335; Bologna BU 4308; Kornik; Klosterneuburg (die exakte Bezeichnung der Bibliotheken und Signaturen [die hier nur angegeben sind, wo es in einer Bibliothek um mehr als ein Dig. vetus geht] s. im Verzeichnis von Dolezalek/van der Wouw). Es verbleiben bei einer Gesamtzahl von 221 (s. zu dieser Zahl MG N. 22; von der dort angegebenen Zahl von 224 sind abzuziehen, weil unglossiert: Alençon 174; Coimbra – bei Dolezalek ohne Signatur bezeichnet als Dig. vetus mit dem Apparat des Accursius; Siena – bei Dolezalek H. IV 10 ist kein Dig. vetus und auch fast unglossiert) noch 53 Hss, die daraufhin, ob eine und welche Glosse sie haben, noch durchzusehen sind, was angesichts dessen, was die eingesehenen, auf ihren Bestand geprüften 168 Hss ergeben haben, nicht dringend erscheint.

4 S. diese MG N. 20.

5 Es sind dies die in MG S. 22 ebenfalls bereits genannten Hss: Paris 4461, Seo de Urgel 2063, London Royal 11 C III; hinzu kommen in Paris 4463 die, wie ebenfalls bereits bemerkt, in die Glossen des azonischen Apparats eingefügten Hugolinus-Stücke (s. hierzu noch sogleich in N. 7 und im Text vor N. 33) sowie Amiens 347, wo der azonische Apparat, den diese Hs an sich hat, von ff. 22vb–27vb (c. m.) fehlt (durch Rasur beseitigt?) und durch den Hugolinus-Apparat betr. die Litera von D 2,14,21,1–3,2,4,3/4 ersetzt ist. Dass es Hugolinus-Glossen wie auch azonische vereinzelt auch in anderen Hss gibt, ändert nichts an der zu treffenden Feststellung, dass es den Apparat mehr oder weniger vollständig nur in den genannten drei Hss gibt. Madrid 657, wo vereinzelte Hugolinus- und Azo-Glossen in großer Zahl vorhanden sind (s. auch dazu bereits MG in N. 20), hat – sicher auf Rasur – von f. 22v bis 24r, betreffend den Anfang des Titels 2,14–*de pactis* die *gl. ord.* – ob die 1. oder eine spätere Version des Textes, habe ich nicht geprüft. Bonn (UB: die Signatur ist dort S 476 p–r–x–bb–nn) hat nur Fragmente von Folien einer Hs, die zu einer älteren Glossierung im Ganzen den Hugolinusapparat gehabt haben dürfte. Für die hier folgende Untersuchung sind die erhaltenen Stücke nicht einschlägig und daher auch nicht näher untersucht.

nen Mikrofilm, nicht oder schwierig zu entziffern ist, kann in einer anderen Hss, weil an der betreffenden Stelle der Kopist besser, d.h. deutlicher geschrieben hat, weil ihm kein Fehler unterlaufen ist, weil die Verfilmung dieser anderen Hs von besserer Qualität ist, mühelos zu lesen sein.[6] Zu der Schwierigkeit der Ermittlung des Textes, die der Hugolinus-Apparat schon wegen der geringen Zahl der ihn überliefernden Hss aufweist, kommt hinzu, dass der Textbestand in den drei Hugolinus-Hss stärker als in den Hss, die den azonischen Apparat überliefern, differiert. Der Text des azonischen Apparats ist in 12 der 13 Hss im Großen und Ganzen – der Teufel steckt freilich auch hier im Detail – gleichförmig;[7] in den drei Hugolinus-Hss ist er das nicht. Die Eigenart dieser drei Hss und ihr Verhältnis zueinander dürfte, was ich aufgrund nicht allein der hier im Verlauf dieser Untersuchung mitgeteilten Stellen annehme, wie folgt zu bestimmen sein: Der Text des Apparats hat den größten Umfang in Paris, einen geringeren in Seo und den geringsten in London.[8] Über den Text in Seo geht derjenige in Paris hinaus sowohl dadurch, dass in ihm in großer Zahl Glossen vorhanden sind, die in Seo fehlen, als auch innerhalb der einzelnen Glossen, indem das in beiden Hss zunächst übereinstimmend Vorhandene in Paris ergänzt ist – Paris, neutraler gesagt, einen umfangreicheren Text hat.[9] Diese wie auch jene Zutaten

6 Speziell zur Qualität der drei den Hugolinus-Apparat überliefernden Hss ist hier zu bemerken: Die Hs Paris hat einen Einband, der so fest ist, dass in ihm die auf dem inneren Rand stehenden Glossen mehr oder weniger – in dem sog. Falz – verschwinden. Hat man das Original, so ist diesem Manko in begrenztem Maße, aber auch nur bei einiger Skrupellosigkeit abzuhelfen. In London sind viele der (mit dem *h* des Hugolinus gesigelten) Glossen von einer Hand geschrieben, die selbst im Original schwer zu entziffern ist und die der Film häufig derart unscharf wiedergibt, dass man den Text kennen muss, um ihn entziffern zu können. Relativ gut ist der Film, den ich von der Hs in Seo habe, sodass ich diese im Original bislang auch noch nicht habe einsehen müssen. Dass mit dem Original, in dem die ganze Folio-Seite mit einem Blick zu erfassen ist, in dem sich leicht vor- und zurückblättern lässt, Differenzen in der benutzten Tinte ohne weiteres ersichtlich, Rasuren, wenn nicht zu sehen, dann doch zu fühlen sind, die Arbeit weit weniger zeitraubend ist als die Arbeit mit einem Film, sei hier an die Adresse derjenigen Bibliothekare gesagt, die sich schwer tun, das Original in die Hand des Benutzers zu geben.

7 Die eine Hs, für das nicht gilt, ist die hier soeben (o. N. 5) genannte in Paris 4463, worüber hier im Folgenden noch Näheres zu sagen sein wird, s.u. im Text vor N. 33. Aus dem Hugolinus-Apparat hat diese Hs jedenfalls nur eine Auswahl und diese wohl zur Füllung wirklicher oder vermeintlicher Lücken im azonischen Apparat, dessen Text auch, wenn nicht i.d.R, dann doch ab und an verkürzt ist.

8 Ich spreche im Weiteren der Kürze halber von diesen drei Hss ohne Angabe der Signatur, also so wie soeben im Text nur mit dem Namen des Ortes, an dem sie sich befinden.

9 Dem Pariser Text ist gleich das Stück des Apparats, das Amiens – s.o. N. 5 – überliefert.

sind – n.b. in Paris – geschrieben von der Hand, die dort auch dasjenige schreibt, was ebenso in Seo ist, und es steht zudem auch die Hugolinus-Sigle: dessen *h*, das in der Regel das Ende jeder lemma-bezogenen Glosse bezeichnet,[10] in Paris hinter den Zutaten und ist auch nicht etwa da, wo es in Seo steht, noch vorhanden. Hierdurch ist nicht schon bewiesen, aber doch anzunehmen nahe gelegt, dass Paris (sowie das Stück des Apparats in Amiens) einerseits und Seo andererseits zwei verschiedene Versionen des Apparats überliefern – Seo eine frühere (vielleicht die erste) und Paris eine spätere (und vielleicht die letzte). Dass dem so ist, kann wegen der Position der Sigle und der in Paris alles bis zu der Sigle schreibenden Hand nicht schon als erwiesen angesehen werden – angesichts zweier in Seo vorhandener Eigentümlichkeiten. Zum einen sind dort im Text des Hugolinus-Apparats – eher häufig als selten – bald größere, bald kleinere Stücke durch Rasur getilgt.[11] Der derart geschaffene Raum ist häufig benutzt, um anderes hinzuzufügen, und dieses andere ist nicht selten der accursische Apparat, der vielfach auch – im räumlichen Sinne – außerhalb des

10 Ich nenne lemma-bezogen diejenige Glossen, deren Bezug in der Litera der Leser nicht selbst herstellen muss, bei denen vielmehr dieser Bezug auf die Litera (das Wort oder die Wortfolge in der Litera) – wie in der *gl. ord.* ausnahmslos – auf irgendeine äußerlich ohne weiteres sichtbare Weise (durch Anbringung von Bezugszeichen, Buchstaben, Wiederholung des Lemmas a. A. der Glosse) angegeben ist. In den Apparaten der *antiqua glosa* (s. zu dieser Bezeichnung hier u. N. 25) fehlt diese Angabe des Bezugs regelmäßig den Glossen, die ein *notabile* bezeichnen, ferner den bloß aus einem Allegat bestehenden (von denen ich auch als reinen Allegaten spreche), aber häufig auch den Glossen, die das aus einem Allegat zu entnehmende *argumentum* entwickeln oder, sofern das Allegat *contra* ist (ein *contrarium* ergibt), die Solution des *contrarium* ausführen – in diesem letzten Fall spreche ich von einer Solutionsglosse, wenn diese sich unmittelbar anschließt an das *contra* und das so gekennzeichnete Allegat ein reines, sc. ein solches ist, zu dem der Bezug in der Litera (das Fragment, der Paragraph, zu dem das Allegat gehört) nicht angegeben ist. Das Bedürfnis, die Glossen sichtbar auf ein Lemma zu beziehen, war begreiflicherweise ein geringes, solange die Zahl der Glossen auf den Rändern noch eine geringe und vieles auch noch interlinear (und dort in etwa über dem Lemma beginnend) notiert war. In den Apparaten von Azo und Hugolinus, in denen die Glossierung bereits eine sehr dichte ist, ist von der alten Art – scheinbarer – Bezuglosigkeit der Glossen noch viel erhalten geblieben, wozu hier im Weiteren noch einiges mehr zu sagen sein wird. Was die Zitierweise der lemma-bezogenen Glossen betrifft, so bleibe ich dabei, sie mit ihrem Lemma zu zitieren, aber diesem ein ›zu‹ voranzustellen; zu der ausnahmsweise stattfindenden Zitierung auf die mittelalterliche Art mit dem Wort, mit dem sie beginnen, s. MG S. 27. Die gewöhnliche Zitierweise, bei der dem Lemma kein ›zu‹ voran steht, ist nur bei der accursischen Glosse brauchbar und hier auch insoweit nicht befolgt.

11 Was häufig, wenn auch gewiss nicht überall, selbst auf dem Film zu sehen ist. Ich kenne diese Hs bislang nur von einem Film, dessen relativ gute Qualität (s.o. N. 6) dem Beschluss, in die Pyrenäen zu reisen, bislang im Wege gestanden hat.

Hugolinus-Apparats: auf den oberen und unteren Rändern und auch da, wo seitlich noch Platz war, angebracht worden ist und der in allen von mir genommenen Proben sich erwiesen hat als der accursische Apparat in der 1. Version seines Textes.[12] Es ist mithin nicht von vornherein auszuschließen, dass in Seo die Rasur diejenigen Stücke getroffen hat, die in Paris über den Text in Seo hinausgehen. Indessen ist, soweit ich derzeit sehe, die Differenz im Textbestand zwischen Seo und Paris nicht im Ganzen auf diese Weise zu erklären, also nicht etwa zu sagen, dass in unserer Überlieferung des Hugolinus-Apparats gar nicht zwei Versionen des Textes des Apparats existieren, sondern nur eine vollständige (in Paris) und dieselbe in Seo und dort nur verstümmelt: in einer auf Rasur beruhenden Verkürzung. Dass es tatsächlich – in Paris und Seo – doch um zwei Versionen des Apparats geht, ist zu vermuten zum einen aufgrund der innerhalb der Glossen vorhandenen Ergänzungen, die – in Seo – nicht durch Rasur beseitigt sein können, und entnehme ich zum anderen daraus, dass der in Seo durch Rasur geschaffene Raum jedenfalls hin und wieder kleiner ist, als er sein müsste, wenn diese Hs ursprünglich alles das gehabt hätte, was an der entsprechenden Stelle in Paris vorhanden ist.[13] Es ist also nur nicht zu sagen, dass wirklich alles, was in Paris mehr als in Seo vorhanden ist, erst der jüngeren, sc. Pariser Version angehört, mithin von Hugolinus der älteren Version seines Apparats erst später hinzugefügt worden ist.

In Hinsicht auf die Frage: geht es um ein oder zwei Versionen des Apparats? ist gravierender die andere Eigentümlichkeit des in Seo überlieferten Textes: Es kommt, wenn auch nur sehr selten, vor, dass dort von der Hand, die den Apparat im Ganzen schreibt und die einzelnen Glossen mit der Sigle *h* versieht, ein Text – der Text selbst einer ganzen Glosse – vorhanden ist, der in Paris fehlt. Gewiss spricht diese Tatsache nicht schon an sich dagegen, dass Seo eine frühere Version des Apparats hat; es kann Hugolinus selbst, bei der Revision seines Textes, deren Resultat die spätere, in Paris überlieferte Version seines Apparats ist, etwas von

12 Zu den Hss., die diese Version haben und die im MG N. 29 angegeben sind, kommen hinzu: Torino E I 22; Paris Arsenal; Bourges; Montpellier; St. Omer 466; Vic; Kornik; Klosterneuburg; Gerona (insoweit noch näher zu prüfen).

13 Ist die Glosse, die in Paris vorhanden ist und in Seo fehlt, lemma-bezogen, dann lässt sich die Frage, ob es sich um eine in Seo erst durch Rasur beseitigte Glosse handelt oder ob es diese dort nie gegeben hat, auch mittels der Feststellung entscheiden, ob in der Litera wie in Paris bei dem entsprechenden Lemma ein Bezugszeichen vorhanden ist. Die Schwierigkeit besteht insofern indessen darin, dass auch die Zutaten zu dem Hugolinus-Apparat, namentlich die häufig in den durch Rasur geschaffenen Raum eingefügten accursischen Glossen einen Lemma-Bezug haben, sodass an manchen Stellen der Vielzahl der Bezugszeichen wegen die Feststellung, worauf ein Zeichen zu beziehen ist, jedenfalls bei Benutzung eines Films erhebliche Mühe kostet.

dem, was er zunächst gesagt hat, gestrichen oder einen anderen Ausdruck gegeben haben. Ob dies als Erklärung solcher Differenzen annehmbar ist, lässt sich ohne Ansehen der Sache, um die es jeweils geht, nicht entscheiden. Die Entscheidung kann mithin nur von Fall zu Fall und also nur sozusagen vor Ort getroffen werden, sodass darüber hier in dieser Einleitung auch nichts Weiteres zu sagen ist. Hingegen ist hier wohl noch auf eine andere Möglichkeit der Erklärung dieser zuletzt genannten Differenzen zwischen Seo und Paris hinzuweisen – auf eine Möglichkeit, die nicht mit wenigen Worten darzutun ist, deren Erörterung aber doch dem Zweck der Einführung in die hier relevanten Hss und deren Schwierigkeiten dienlich sein wird.

2) Von dem Text sowohl in Seo als auch in Paris ist nicht anzunehmen, dass es sich um Archetypen: um die von Hugolinus eigenhändig oder durch Diktat verfasste und zur Abschrift gegebene Urschrift handelt. Schon allein die Professionalität der Handschrift in beiden Exemplaren schließt diese Annahme nahezu aus. Beide sind Abschriften und zudem auch nur mittelbar, wie sich im Verlauf dieser Untersuchung zeigen wird, voneinander abhängig. Die Abschrift aber ist – unter den Bedingungen der Produktion von Büchern im Mittelalter – der einzige Weg, vom Diktieren im Hörsaal abgesehen, auf dem ein Autor seinen Text, salopp gesagt: unter die Leute bringen, einer unbestimmten Zahl anderer zugänglich machen, also veröffentlichen kann. Nun gehört es sich für die Publikation eines Textes jedenfalls in unserer Zeit, dass dieser, bevor er in den Druck geht, noch einmal durchgesehen, einer gewissen Bearbeitung, einer Revision[14] unterzogen wird und dass diese weder von dem Drucker noch von dem Autor, allenfalls in Abstimmung mit diesem unternommen wird. Es kann im Mittelalter, jedenfalls zur Zeit des Hugolinus: im 1. Drittel des in der Produktion von Büchern fortgeschrittenen 13. Jahrhunderts bei einem Text, dessen Aussagen dem gemeinen Verstand weitgehend nicht zugänglich sind, dessen Abschrift, damit sie korrekt ist, also eine gewisse Einsicht in die in dem Text traktierten Materien voraussetzt und eine außerordentlich langwierige Arbeit ist, wenn der Text so umfänglich ist wie der Apparat des Hugolinus zum Digestum vetus – es kann, sage ich, doch wohl nicht sein, dass noch in dieser Zeit die Publikation, die Abschrift ohne jede Revision, ohne eine Kritik des in der abzuschreibenden Vorlage vorhandenen Textes stattgefunden hat. Die Rede ist hier n.b. nicht von der Prüfung der Korrektheit der Abschrift, die es zweifellos gegeben hat und bezüglich derer nur fraglich ist, ob sie durchweg stattgefunden, ob sie eine gründliche oder eine flüchtige gewesen ist. Die Rede ist hier von der Kritik des abzuschreibenden Textes, die heutzutage derjenige zu

14 Ich sehe bewusst davon ab, hier von Redaktion oder Rezension zu sprechen – in Hinsicht auf die technische Bedeutung dieser Bezeichnungen.

besorgen hat, der einen Text ediert und als Teil seiner – editorischen – Arbeit unter Umständen emendiert, deren Resultate in den publizierten Text und somit, ist die Publikation die Abschrift, in diese eingehen. Die bloße Tatsache, dass der Abschrift nicht hinzugesetzt ist, nirgends in dieser zum Ausdruck kommt,[15] es habe eine derartige Revision stattgefunden, und ein Herausgeber nicht genannt ist, ist nicht schon der Beweis, dass es sich bei der Abschrift um einen von jeglicher Revision freien Text handelt.[16] Es beweist dieses Negativum nur, dass die Revision noch keine reguläre und regulierte Maßnahme in der Reproduktion von Texten gewesen ist.

Eine Veränderung in dieser Hinsicht muss sich indessen im Verlauf des 13. Jahrhunderts ergeben haben – infolge des zunehmenden Interesses, der wachsenden Nachfrage nach Abschriften von den zum Studium des Rechts gehörenden Texten. Um den größeren Bedarf decken zu können, ist man in dieser Zeit dazu übergegangen, von den abzuschreibenden Texten größeren Umfangs speziell der Abschrift dienende Exemplare herzustellen, diese in lose Stücke: in *peciae* zu zerlegen und ein Stück nach dem anderen gegen Entgelt zu verleihen, also zu vermieten, sodass bei der Abschrift nicht jedem Kopisten der ganze Text vorzuliegen brauchte und somit mehrere Kopisten an der Abschrift desselben Werkes gleichzeitig arbeiten konnten. Nach Meinung des (im Bereich der juristischen Hss) besten Kenners der Geschichte dieses sog. Peciensystems (einer Erfindung ähnlich derjenigen der Fließbandarbeit) ist diese Art, die Publikation von Büchern zu beschleunigen und zu steigern, im 1. Drittel, »vielleicht im 2. Jahrzehnt des 13. Jahrhunderts« aufgekommen;[17] sie ist in eben dieser Zeit beginnend auch einer Regulierung unterworfen worden, und es sollen zu den ersten Produkten dieser (erst mit der Erfindung des Buchdrucks außer Gebrauch gekommenen) Neuerung gehören – »die Glossenapparate des Hugolinus«.[18] Die Regulierung dieser Neuerung aber war von Beginn an ausgerichtet auf diejenigen, deren Geschäft die Vermietung dieser Pecien war,

15 Wie die Korrektur der Abschrift in deren Produkt durch von anderer Hand/mit anderer Tinte geschriebene Korrekturvermerke.

16 Auch die Kolophone zu den Hss sagen, soweit ich sehe, über eine Bearbeitung des Textes nichts; es findet eine Änderung in dieser Hinsicht erst statt in der humanistischen Zeit, als die handschriftliche Überlieferung des Textes in diejenige der gedruckten Ausgaben übergeht – die hier im Folgenden als Ausgg. bezeichnet werden.

17 Soetermeer, Utrumque ius in peciis (in der bearbeiteten und ins Deutsche übersetzten Fassung 2002) S. 67 betr. die bolognesischen legistischen Hss. Gewiss ist »reine Revolution« auch hier nicht anzunehmen, s. zum Ursprung des Peciensystems allgemein Soetermeer S. 33 ff.

18 Soetermeer S. 62 ff. mit dem Fazit S. 66, dass die Verbreitung der Werke des Hugolinus durch das Peciensystem »offensichtlich für seine Glossenapparate auch zutraf«.

und sie gab diesen *stationarii* vor allem auf und suchte sicher zu stellen, dass die in deren *statio* vorhandenen, in Pecien zerlegten Exemplare *competencia et correcta* waren.[19] Mag die Umsetzung dieser Regulierung auch imperfekt gewesen sein – dass eine ›Korrektur‹ der Exemplare, von denen abgeschrieben worden ist, also eine gewisse Revision und Bearbeitung des abzuschreibenden Textes gar nicht stattgefunden hätte, ist jedenfalls auszuschließen. Und so ist dann auch damit zu rechnen, dass in einem Text, der ein aus diesen in Pecien zerlegten Exemplaren abgeschriebener ist, Stücke enthalten sind, die erst durch deren Revision, so methodisch unzureichend diese auch noch gewesen sein wird, in ihn hineingekommen ist, die eine von dem Bearbeiter für notwendig erachtete Emendation sind.[20] Hiermit aber ist zu rechnen auch ungeachtet des Pecien-Systems – selbst dann also, wenn der Glossenapparat, um den es hier geht: Hugolinus' Apparat zu Digestum vetus in Seo und Paris noch nicht aus Pecien abgeschrieben sein sollte.[21] Denn die mit der Ausbreitung des Pecien-Systems einhergehende Regulierung wird die Forderung, dass der abzuschreibende Text *correctus*: einer gewissen Durchsicht, Revision und Zurichtung unterzogen sein muss, nicht überhaupt erstmalig aufgestellt haben. Dass dergleichen stattgefunden haben muss, bevor die Arbeit des Abschreibens unternommen wird, kann in der (der Erfindung des Pecien-Systems) voraufgehenden Zeit nicht unbekannt gewesen sein; es versteht sich dies – bei dem Umfang, auf den die Glossenapparate auch schon in dieser Zeit angewachsen waren, und bei der Schwierigkeit des Textes dieser Apparate – wenn nicht von selbst, so doch für jeden, dem es um die Schaffung eines einigermaßen verlässlichen Apparats zu

19 S. auch hierzu Soetermeer S. 42 ff.

20 Solange für die Edition von Texten keine festen Regeln existieren, die ganze Vorgabe ist, es müsse die Textvorlage *competencia et correcta* sein, ist je nach dem Naturell des Bearbeiters beides möglich: dass er zu wenig und dass er zuviel verbessert, sich bei der Emendation zurückhält und (wie Mommsen in seiner großen Digestenausgabe) alles, was er emendiert, mit einem Fragezeichen versieht oder (wie Richard Bentley, zit. nach Timpanaro, Entstehung der Lachmannschen Methode, 2. Aufl. S. 10) seiner eigenen *ratio* und Einsicht in die Sache mehr vertraut als *centum codicibus*.

21 Dass auch »die Glossenapparate« des Hugolinus durch das Pecien-System Verbreitung gefunden haben, bezeichnet Soetermeer (s.o. N. 18) als »offensichtlich« aufgrund (wie anzunehmen ist) der Hss mit dem Hugolinus-Apparat, die Dolezalek gesehen und beschrieben hat. Diese haben indessen allesamt den Hugolinus-Apparat zum (justinianischen) Codex (nach den Angaben von Dolezalek, Repertorium Codicis Justiniani, 1. Halbbd (1985) S. 510 geht es um nur 6 Hss) und weisen die (eine Abschrift aus Pecien indizierenden) Charakteristika auf, durch die sie – in ihrem äußeren Erscheinungsbild – den Hss gleichen, die den accursischen Apparat, mit dem das Peciensystem recht eigentlich verbunden ist, überliefern.

tun war. Es wurde in dieser Zeit des ausgehenden 12./beginnenden 13. Jahrhunderts nur noch weniger abgeschrieben als in der Folgezeit, und es wird in den Regulierungen des Pecien-Systems darum auch nur sozusagen kodifiziert worden sein, was ohnehin zur guten Praxis des Kopierens gehörte. Die Regulierung ist m.a.W. eine Folge der massenhaft werdenden Produktion und der mit dieser einhergehenden Einsicht, dass ein Text, je häufiger er abgeschrieben wird, zunehmend schlechter wird. Es drohte mit der Durchsetzung des Pecien-Systems im Verlauf des 1. Drittels des 13. Jahrhunderts das Kind in den Brunnen zu fallen, und dem galt es – durch Regulierung der Praxis – vorzubeugen.

In dieser Zeit ist, Azos Lebensdaten nach zu urteilen, dessen Glossenapparat zum Digestum vetus (wie auch dessen Apparate zu den anderen *libri legales*) entstanden. Die Tatsache, dass von diesem Apparat sich bis heute noch 13 Hss erhalten haben, lässt darauf schließen, dass es einmal erheblich mehr gewesen sein werden.[22] Die später massenhaft gewordene Produktion hat in noch bescheidenem Umfang angefangen schon mit diesem Apparat, und keine der Hss, die von ihm heute noch existieren, weist die Charakteristika auf, deretwegen darauf zu schließen sein mag, dass die Vorlage der Abschrift ein in *peciae* zerlegtes Exemplar gewesen ist. Selbst in denjenigen Hss, in denen dieser Apparat prinzipiell der erste Eintrag ist,[23] sind »die Glossen, die nur aus

22 Eine Ursache des Schwunds, wenn nicht die Hauptursache, ist die zur Buchproduktion nicht erst im Mittelalter gehörende und bis zur Erfindung des Buchdrucks gängige Praxis der Rasur: Ein nicht mehr interessanter Text wird von dem Pergament, auf dem er steht, abgeschabt, das Pergament sozusagen (wie Kronenkorken nach Entfernung der Dichtungsringe) recycelt, indem auf die Rasur ein besser absetzbarer Text geschrieben wird. Und der Bedarf an derart hergerichteten Schreibunterlagen musste immens zunehmen, als das Peciensystem aufkam, die Bücher en masse produziert wurden und der besser absetzbare Text der neueste: die *gl. ord.* war – auf einer Rasur, die ersichtlich den azonischen Apparat zum Digestum vetus beseitigt hat, steht der Text der *gl. ord.* in Vatikan Patetta 219, und es werden noch viele andere die *gl. ord.* überliefernde Hss sein, für die dasselbe zutrifft. – Von massenhaft gewordener Produktion ist hier die Rede mit dem Blick auf die dem 13. Jahrhundert vorausgehende Zeit, als die Bücher, wie man wohl (und sicher fälschlich) meint, dass es im ganzen Mittelalter so gewesen sei, noch in der Idylle klösterlicher Skriptorien produziert wurden. Dass ›massenhaft‹ eine Übertreibung ist mit dem Blick in die (mit der Erfindung des Buchdrucks beginnende) Neuzeit, ist mir klar, und bemerkenswert ist doch wohl auch, dass diese ja nicht allein Bücher en masse produzierende Neuzeit begonnen hat mit der Produktion von Büchern.

23 Es sind das die MG N. 23 genannten 8 Hss; nur prinzipiell ist in diesen Hss der azonische Apparat der 1. Eintrag, weil er überall auf Rasur stehen könnte und das gewiss so ist, wo die Rasur, wie a. a. O. bereits bemerkt, einzelne Stücke einer alten Glossierung verschont.

Allegationen bestehen«,[24] noch in der in den Apparaten der *antiqua glosa*[25] gebräuchlichen Weise eingerückt, sodass der seitliche Rand neben diesen Glossen um einiges breiter ist als neben den »diskursiven« oder (wie ich zu sagen vorziehe) lemma-bezogenen Glossen, also auch der ganze Apparat noch nicht aus einem Block zu bestehen scheint und so auch noch nicht den Eindruck einer ungegliederten Masse erweckt. Wie in den Apparaten der *antiqua glosa*, so fehlt ferner in den Hss des azonischen Apparats den reinen Allegationen noch der sichtbare (durch die Anbringung von Zeichen hergestellte) Bezug auf die Litera,[26] ergibt sich dieser (außer durch die Sache, um die es in der allegierten Stelle geht) nur daraus, dass das Allegat in etwa neben der *lex* oder dem Paragraphen steht, auf dessen bzw. deren Aussage es sich bezieht.[27] Hiermit vor allem, sc. mit der (scheinbaren) Bezuglosigkeit der reinen Allegationen, die den Kopisten bei der Platzierung der Allegate ein ständiges, den Fortgang ihrer Arbeit behinderndes Ärgernis gewesen sein muss, galt es aufzuräumen, wenn von den Glossen Exemplare hergestellt und diese in Pecien zerlegt wurden. Der Fortbestand dieser Bezuglosigkeit in den uns erhalten gebliebenen Hss des azonischen Apparats ist daher auch nicht das geringste Indiz dafür, dass diese noch nicht aus Pecien abgeschrieben worden sind. Dies hat dann auch unser

24 Soetermeer S. 63 in seiner Bezeichnung der eine Abschrift aus *peciae* indizierenden Charakteristica – der reinen Allegationen, wie ich schon der Kürze halber zu sagen vorziehe.

25 Womit ich hier und im Weiteren im Anschluss an Odofredus (s. dazu bereits MG N. 19) alle bis auf Johannes Bassianus geschriebenen Glossen bezeichne. Die Fragwürdigkeit der damit vorgenommenen Einteilung der gesamten glossatorischen Arbeit in Alt und Neu ist nicht zu verhehlen. Sie beruht auf der Annahme, dass, wenn auch nicht alles, so doch ein Großteil dessen, was Johannes in der Exegese der Litera gesagt hat, in die Arbeit Azos und Hugolinus' eingegangen, der Grundstock sozusagen der Apparate dieser seiner beiden Schüler ist und so: der Eigenart dieser Apparate wegen sich von allem Früheren absetzt. Wegen der für diese *antiqua glosa* benutzten Quellen verweise ich auf die Zusammenstellung in MG S. 22f.: zu den dort genannten Hss kommen hinzu Troyes 174 und Alençon 173.

26 S. zu dieser Bezeichnung, die als Bezeichnung des Textes der justinianischen Kodifikation hier durchweg gebraucht werden wird, MG S. 27: Es geht mit dieser Bezeichnung einfach darum, für den Text der Glossen und den Text, auf den diese sich beziehen, nicht dasselbe Wort zu benutzen.

27 Je mehr Allegate zu einer *lex*/einem § gehören, umso länger die Kette der Allegationen und umso eher ist es möglich, dass das Allegat ein Stück ober- oder unterhalb der Stelle, zu der es gehört, steht und so auch zwischen den auf andere Stellen zu beziehenden Allegationen stehen kann. Die juristische Arbeit, die schon mit der Herstellung des Bezugs beginnt, ist dann eine langwierigere – was hier zu bemerken ist in Hinsicht auf die Frage, wer, wenn von derartigen Exemplaren abgeschrieben worden ist, den Bezug hergestellt hat – die Kopisten, die – s. hier u. N. 30 – juristische Laien waren?

Spezialist des Pecien-Systems nicht angenommen: gestützt vor allem darauf, dass – nach Dolezaleks Feststellungen – in den azonischen Apparaten (n.b. zum Codex!) »der Glossenbestand gewöhnlich von Handschrift zu Handschrift sehr unterschiedlich ist«,[28] hat Soetermeer gemeint, es habe »Azo anscheinend von seinen Apparaten noch keine separaten Pecien anfertigen lassen«. Die Indizien, die »ein ganz anderes Bild bei den Hss mit dem Hugolinus-Apparat« ergeben, fehlen indessen in den beiden Hss mit dem Hugolinus-Apparat zum Digestum vetus in Paris und Seo. Beide sind in ihrem äußeren Erscheinungsbild jedenfalls von denjenigen Hss des azonischen Apparats, die diesen als ersten Eintrag haben, aber auch im Übrigen, wenn man von der alten Glossierung, der Azos Apparat beigeschrieben ist,[29] absieht, durchaus nicht verschieden. Sind nun aber diese (azonischen) Hss nicht aus Pecien abgeschrieben, dann werden es auch jene nicht sein. Dann ist der unterschiedliche Textbestand: die Tatsache, dass Paris innerhalb der Glossen und auch in der Anzahl der Glossen mehr als Seo hat, ein deutliches Indiz, wenn nicht schon der Beweis dafür, dass Paris von dem Apparat eine spätere Version hat. Und es ist im umgekehrten Fall, dass Seo mehr als Paris hat, jedenfalls damit zu rechnen, dass in die Abschrift, die den Text von Seo produziert hat, dasjenige eingegangen ist, was bei einer Revision der Vorlage, von der abgeschrieben worden ist, zu ergänzen oder zu berichtigen für richtig befunden worden ist. Eine sekundäre und auch nicht zu entscheidende Frage aber ist, wer diese Revision, bevor sie mit dem Pecien-System und dessen Regulierung den *stationarii* in die Hand gegeben, in den *stationes* etabliert worden ist, ausgeführt hat: War das nicht der bloß im Kopieren ausgebildete und kundige Kopist,[30] dann war es derjenige, der – mit einem gewissen Sachverstand ausgestattet – gleichsam hinter dem Kopisten gestanden, der diesen instruiert, dessen Vorlage für die Abschrift zugerichtet, den abzuschreibenden Text bearbeitet hat – ein Herausgeber des Textes im noch embryonalen Zustand.

An der Möglichkeit, dass der Text in Seo Stücke enthält, die eine Revision und Bearbeitung der Vorlage produziert hat, ist umso weniger zu zweifeln, als

28 Soetermeer S. 62, wofür eine Ursache sei »der gewaltige Umfang des azonischen Apparats, wodurch kaum alle Glossen aufgenommen werden konnten«.

29 S. auch diese in MG im Text bei N. 23.

30 Der (den von Soetermeer S. 39–42 getroffenen Feststellungen zufolge) das Kopieren hauptberuflich ausgeübt hat und für diesen Beruf auch ausgebildet worden sein wird, der also von den in seinen Texten traktierten Materien kaum etwas verstand, mithin zum Verständnis, wo es deren für eine korrekte Abschrift bedarf, auf Hilfe angewiesen war. Studenten, die mit der Kopierarbeit ihr Studium finanzierten, wird es nicht wesentlich anders gegangen sein. Es soll solche Werkstudenten, wie Soetermeer meint, auch erst in späteren Zeiten gegeben haben.

dergleichen auch sonst anzutreffen ist – in den Hss, die den azonischen Apparat (zum Digestum vetus!) überliefern sowie in geradezu offensichtlicher Weise in unserer dritten Überlieferung des Hugolinus-Apparats zum Digestum vetus in London.

Einen unterschiedlichen Glossenbestand, der daraus sich erklären ließe, dass des großen Umfangs des Apparats wegen die Kopisten Glossen weggelassen hätten, die sie nicht unterzubringen vermochten, gibt es, wozu hier sogleich bezüglich des Hugolinus-Apparats noch Näheres zu sagen sein wird, weder hier noch dort.[31] Die Differenzen innerhalb der Überlieferung des azonischen Apparats, auf die ich in meiner bisherigen Arbeit gestoßen bin, erklären sich aus der azonischen Arbeit: aus der Beschaffenheit seines Apparats als Produkt einer über einen längeren Zeitraum hin ausgeführten Arbeit – einer Arbeit, in der Älteres neben Neuerem konserviert ist, der die abschließende Revision fehlt.[32] Die Differenzen sind, abgesehen davon, dass bei der Abschrift unwillkürliche Fehler unterlaufen sind, dadurch entstanden, dass diese Revision bei der einen oder anderen Abschrift stattgefunden hat, einige der in der azonischen Arbeit verbliebene Ungereimtheiten beseitigt worden sind und also eben das stattgefunden hat, was ich im Vorangehenden mit Bezug auf den Hugolinusapparat als Revision der (abgeschriebenen) Vorlage, als deren Bearbeitung bezeichnet habe. Was dann im Ganzen und auf das Gründlichste erst Accursius besorgt hat, ist partiell und flüchtiger bei der Abschrift des azonischen Apparats auch von anderen unternommen worden. Ein hierfür aus den Hss des azonischen Apparats anzuführendes Exempel, in der die Bearbeitung, weil sie durchgehend ist, ins Auge fällt, ist in Paris lat 4463, wo die Bezuglosigkeit der reinen Allegate generell beseitigt ist, indem die auf dieselbe *lex*, denselben Paragraphen zu beziehenden Allegate in Glossen zusammengefasst sind, die lemma-, nämlich auf den Anfang dieser *lex* oder dieses Paragraphen bezogen sind, und wo des Weiteren in den schon im azonischen Apparat lemma-bezogenen Glossen dem Hugolinus-Apparat entnommene Stücke aufgenommen und auch mit der Hugolinus-Sigle versehen sind, die Provenienz der Ergänzung also offen gelegt ist. Es handelt sich bei dem Apparat dieser Pariser Hs um eine Arbeit, die in der

31 Ob die Annahme für den azonischen Apparat zum Codex zutreffend ist, lasse ich dahingestellt. Ich halte sie für sehr fragwürdig: Kopisten, die, was sie nicht unterbringen können, einfach weglassen, sind doch gewiss sehr rare Vertreter ihres Fachs: Sie führen ihre Arbeit bewusst lückenhaft aus – im Vertrauen darauf, dass des großen Umfangs wegen ihr Auftraggeber nicht merkt, dass ihm für schlechte Leistung gutes Geld (gezahlt wurde nach Pecien: dem Umfang der Vorlage!) abgenommen wird? Dass es diesen Betrug gegeben hat, ist aber gewiss nicht auszuschließen.

32 Die Belege dazu s. MG S. 39 f. 113 f., 121 f., 155, 178, 184, auch 192 f.

Bearbeitung des azonischen Apparats schon ein Stück des Weges zurückgelegt hat, den Accursius weiter und zu Ende gegangen ist.[33]

Auf eine ähnliche Weise augenfällig, was den Hugolinus-Apparat angeht, ist dessen Bearbeitung in London. Der Zustand, in dem der Apparat in dieser Hs sich befindet, wird damit im Zusammenhang stehen, dass in ihr nicht allein vorhanden war, sondern auch erhalten bleiben sollte eine alte Glossierung in nicht geringem Umfang, sodass der gesamte Hugolinus-Apparat in dem von der *antiqua glosa* nicht in Anspruch genommenen Raum sich schwerlich unterbringen ließ. Die zu diesem Raumproblem gefundene Lösung, die nicht der Einfall eines Kopisten gewesen sein kann, die vielmehr einem Mann zuzurechnen ist, der sich ein Urteil darüber zutraute, was im Hugolinus-Apparat wichtig und was, weil nebensächlich, wegbleiben konnte, ist die folgende: Es sind 1) weggelassen grundsätzlich alle reinen Allegationsglossen, also diese nicht etwa wie in Paris 4463 in lemma-bezogene Glossen zusammen gezogen worden, was, wäre es geschehen, immerhin auch eine gewisse Ersparnis des für den Apparat erforderlichen Raums eingebracht hätte. Die Entscheidung, Hugolinus' reine Allegate gar nicht zu übernehmen, die ein Kopist leicht hat umsetzen können, wird dadurch motiviert gewesen sein, dass von diesen Allegaten (die in Seo und Paris von der den Hugolinus-Apparat schreibenden Hand vorhanden sind) ein großer Teil hier – in London – in dem aus der *antiqua glosa* bestehenden Apparat vorhanden war – wie überhaupt zu der Masse der Allegate durch Azo, Hugolinus und Accursius wenig hinzu gekommen ist.[34] Um zu ermitteln, was davon Hugolinus in seinen Apparat rezipiert und was er etwa noch hinzugefügt hat, hätte es eines *input* bedurft, der zu dem *output*: alle nach Hugolinus'

33 Nicht offensichtlich und wohl auch nicht durchgehend ist die Bearbeitung des azonischen Apparats in Paris 4451, wie bereits MG 276 bei und in N. 509 festgestellt. Ob namentlich der Apparat in Paris 4463 älter als der accursische und als eine Vorstufe zu diesem zu bezeichnen ist, wage ich nicht zu sagen (die benutzte Tinte ist, wenn mich meine Erinnerung an das Original nicht täuscht, so schwarz wie die in den meisten, den sozusagen reinen: noch nicht aus Hugolinus aufgepäppelten Azo-Hss benutzte). Ich lasse offen, inwieweit dort der Text der azonischen Glossen, wie sicher ab und an, nur gekürzt wiedergegeben ist.

34 Die in der Beschaffung dieser Allegate steckende Arbeit ist m.a.W. zum größten Teil von der *antiqua glosa* geleistet worden. Diese hat cum grano salis das gesamte Detail der justinianischen Kodifikation erschlossen, der neueren Arbeit damit sozusagen das Rückgrat gegeben – und das Neuere ist zumindest in der Hauptsache nur die Ordnung dieses Details: dasjenige, was dann die neuere Romanistik mit ihrem Blick auf die Arbeit in der Pandektenwissenschaft des 19. Jahrhunderts als Pandektenharmonistik in Verruf gebracht hat. Dass diese Harmonistik die Schule in demjenigen gewesen ist, was im angloamerikanischen case-law das ›distinguishing‹ und eine sozusagen hohe Schule ist, sollte nicht verkannt werden.

Meinung relevanten Allegate in dessen Apparat zu haben, in einem Verhältnis gestanden hätte, das dem hier tätigen Herausgeber allzu ungünstig gewesen ist. 2) Bei den im Hugolinus-Apparat lemma- (oder auf eine als *contra* allegierte Stelle) bezogenen Glossen fällt bei einem Vergleich des in London einerseits sowie in Seo und Paris andererseits vorhandenen Bestands auf, dass von den Glossen geringeren Umfangs ein nicht geringer Teil in London fehlt. Es fehlen, allem Anschein nach, ohnehin alle diejenigen Glossen, die Paris mehr als Seo hat, aber doch auch noch einiges von dem, was dort in Paris und Seo wohl vorhanden ist. Das Fehlen jener überhaupt nur in Paris vorhandenen Glossen indiziert, dass der Apparat, auf dessen Text die Arbeit des in London tätigen Herausgebers gerichtet ist, der Hugolinus-Apparat in dessen (vermutlich) erster Version ist, was dadurch bestätigt wird, dass da, wo Paris innerhalb einzelner Glossen mehr als Seo hat, das in Seo Fehlende auch in London fehlt. Aber auch der ohnehin weniger umfängliche Seo-Apparat war unserem Herausgeber, wie gesagt, noch zu umfangreich, um ihn in London – als Zutat n.b. zu der *antiqua glosa* dieser Hs – vollständig unterzubringen. Nach welchem Kriterium er bei den auch schon in Seo recht zahlreichen kleineren Glossen entschieden hat, was sozusagen die Spreu und was der Weizen ist, habe ich herauszufinden bislang nicht unternommen.[35] Dass die Auswahl rein willkürlich getroffen worden ist, erscheint mir wenig wahrscheinlich angesichts dessen, was hier zu London noch 3) festzustellen ist:

Unter den größeren in Paris und Seo übereinstimmend vorhandenen Glossen gibt es, wenn auch wohl nur selten, den Fall, dass die Sache, um die es geht, auch in London erörtert, aber hier nicht wortgleich vorhanden ist: von dem dort, sc. in Seo und Paris Gesagten hat London gelegentlich eine Paraphrase, und da diese nicht die Arbeit eines Kopisten sein kann, ist hierdurch evident nicht allein, dass eine Bearbeitung des Hugolinus-Apparats stattgefunden hat, sondern auch, dass diese Bearbeitung durch einen Mann ausgeführt worden ist, der sich für fähig gehalten hat, das von Hugolinus Gesagte mit mehr oder weniger eigenen Worten besser sagen zu können, als Hugolinus das getan hat. Wer einen Text abschreibt, ordnet sich diesem unter, wird allenfalls das, was ihm offensichtlich als fehlerhaft erscheint, verbessern; wer einen Text bearbeitet, geht zu ihm auf Distanz und bringt aus dieser heraus u.U. in den Text von sich aus etwas ein – angetrieben von der Intention, das ihm Vorliegende formal oder auch inhaltlich zu verbessern. So ist durchgehend und umfänglicher, skrupelloser Accursius mit seiner azonischen Vorlage verfahren. So verfährt er, wie sich hier zeigen wird, auch mit den Stücken, die er dem Hugolinus-Apparat entnimmt

35 Was bei der Beschaffenheit dieser Hs auch nur vor Ort: in dem teuren London zu unternehmen wäre.

und in jenen Apparat zu dessen Verbesserung einbringt. Von des Accursius' Arbeit unterscheidet sich, was den Hugolinus-Apparat betrifft, dessen Modifikation durch den in London tätigen Bearbeiter, außer dass dessen Eingriffe in den übernommenen Text sporadisch sind, außer durch seine Bescheidenheit, durch das andere Verhältnis zu dem in der *antiqua glosa* Vorhandenen: Die Erhaltung der – in seinem Exemplar des Digestum vetus – vorhandenen *antiqua glosa* ist diesem Bearbeiter des Hugolinus-Apparats wichtiger als die Aufnahme aller Glossen des Hugolinus-Apparats. Anstatt den für die Wiedergabe des ganzen Apparats nötigen Raum durch Rasur des Alten zu schaffen, lässt er von dem Neuen weg, was einerseits im Alten schon vorhanden ist[36] und was andererseits im Neuen in Relation zu dem Alten ihm von geringerem Gewicht erscheint. Es ist der Respekt vor dem Alten, der seiner Bescheidenheit, was das Neue angeht, eine Grenze setzt. Accursius' Apparat hingegen tritt mit dem Anspruch auf, alles Alte zu ersetzen. In den 126 mir bekannten Hss des Digestum vetus mit seinem Apparat ist dieser, abgesehen von einer einzigen,[37] nie einer *antiqua glosa* beigeschrieben, ist diese, wo immer es sie gegeben haben mag, durch Rasur getilgt. Accursius' Anspruch gleicht dem eines die Kodifikation einer Materie unternehmenden Gesetzgebers, der neben seinem Produkt nichts gelten lässt, der alles, was er nicht in sein Produkt aufnimmt, außer Kraft setzt und alles Übernommene, wenn die Herkunft nicht deklariert wird,[38] als sein Produkt erscheinen lässt. »Die Glosse« – das ist, wie Accursius zu sagen scheint, – mein Apparat! Es passt zu solcher Unbescheidenheit, dass dieser Bearbeiter eines Apparats, zu dem ein anderer den Grund gelegt hat, aus der Anonymität, die den wahren Redaktor auszeichnet, heraustritt und seine Sigle an das Ende auch derjenigen Glossen setzt oder setzen lässt, die ihm nur ihre Form verdanken, deren Substanz er nur mit Zutaten versehen hat – was hier in Fortsetzung und Ergänzung zu dem im Verhältnis der *gl. ord.* zu dem azonischen Apparat bereits Dargelegten zu beweisen sein wird.

3) Der Beweis wird geführt, wie bei einer Gesamtzahl von 22.365 Glossen (n.b. zum Digestum vetus!) nicht anders möglich, auch weiterhin anhand von Stichproben. Ein derart geführter Beweis begründet nicht mehr als die Vermutung, dass das, was an den geprüften Stellen sich zeigt, auch im Übrigen so ist – sofern die Zahl der genommenen Proben nicht eine zu geringe und die

36 Etwas Ähnliches wie dies ist in der Bearbeitung des azonischen Apparat zu sehen in Vatikan Borghese 225, s. MG S. 207 f. sowie ebenda S. 209 auch den Grund dafür, dass diese gewissermaßen einzigartige Hs für die hier folgende Untersuchung unbrauchbar ist.

37 D.i. die Hs in Vic.

38 Die bekannte Tatsache, dass dies in großem Maße geschieht, besagt nichts, wenn es, was Azo und Hugolinus betrifft, in viel zu geringem Maße geschieht.

Stellen, aus denen die Proben entnommen sind, nicht zu dicht beieinander liegen. Die hier folgenden Stellen sind, nachdem die in meinen früheren Arbeiten, namentlich in ›Magna Glossa‹ bereits präsentierten Stellen über das ganze Digestum vetus sich erstrecken,[39] entnommen den Apparaten (von Azo und Hugolinus sowie der *gl. ord.*) zum Titel 2,14 – *de pactis*.[40] Ich habe in diesen drei Apparaten zu diesem Titel sämtliche Glossen miteinander verglichen und präsentiere im hier Folgenden diejenigen, von denen ich meine, dass sie einen Einblick in die Eigenart der glossatorischen Arbeit gewähren und dass aus ihnen sich ein zutreffendes Bild des Ganzen ergibt – ein Bild, dass gleichsam auf die pointilistische Weise gemalt und zusammengesetzt ist vornehmlich aus solchen Stellen, in denen die Abhängigkeit der Arbeit des Accursius von Azo und Hugolinus sich auch erst bei näherem Hinsehen offenbart. Gewiss wäre wünschenswert, wenn nicht gar erforderlich, dasselbe für noch weitere Titel zu unternehmen. Solange dies nicht geschehen ist, kann von einem gesicherten Resultat gewiss nicht die Rede sein; es kann das Urteil über die Qualität der Arbeit, deren Resultat die *gl. ord.* ist, so begründet es auch im Einzelnen ist, für das Ganze nur ein vorläufiges sein. Was aber mit einem solchen Urteil gewonnen ist, werde ich dem Urteil anderer überlassen können. Es geht wie mit meinen früheren Arbeiten zu diesem Thema, so auch mit dieser Untersuchung immer noch nur um einen Anfang. Aber dieser muss doch einmal gemacht, es muss die Behauptung, es sei das, was hier unternommen wird: »eine exakte Sonderung der älteren Glossen von originär Accursischen (gar) nicht möglich«,[41] fundiert zurückgewiesen werden.

4) In der Einleitung zu einem Buch, die dessen potentiellem Leser von dem, was ihn erwartet, einen Vorgeschmack geben will, wird es nicht ungehörig sein, dass der Verfasser, seine Einleitung abschließend, noch etwas zur Qualität seiner

39 S. die Zusammenstellung dieser Stellen in MG S. 294. Die Behauptung in einer Anzeige dieses Buchs, der Beweis sei mit »fünf Glossen« geführt worden, ist nur aufgrund der Annahme zu erklären, es gebe zu jeder Digestenstelle immer nur eine Glosse. Köbler, der diese Behauptung aufgestellt hat, zeigt ein Buch an, das fünf Kapitel (!) hat und eine Materie betrifft, die dem Anzeigenverfasser gänzlich unbekannt ist.

40 Zur Auswahl dieses Titels hat mich bestimmt die Tatsache zum einen, dass zu ihm von dem Apparat des Hugolinus – außer Seo, London und Paris – wenigstens zu 2/3 eine weitere, die Lesung erleichternde Überlieferung vorhanden ist, s.o. N. 5., sowie – und nicht zuletzt! – auch die Materie dieses Titels. Sie ist, wie doch wohl ohne weiteres zu sagen ist, eine der juristisch anspruchsvollsten überhaupt, und sie müsste daher auch für das, was in der Bearbeitung dieser Materien die Glosse namentlich Accursius geleistet hat, einen guten Maßstab liefern.

41 Lange, Römisches Recht im Mittelalter, Bd. 1 (1992 – im Folgenden nur mit dem Verfassernamen zitiert) 360.

eigenen Arbeit sagt. Ich gebe mich nicht der Hoffnung hin, dass dieses Buch, zumal bis in seine Details hinein, viele Leser finden wird. Es bietet, um dies hoffen zu können, auch für meinen eigenen Geschmack eine allzu schwere Kost – aber dies n.b. aus doppeltem Grund. Die Mühe, die es mich gekostet hat, aus den Quellen das Detail, mit dem der Beweis, der geführt werden soll, geführt wird, zuzubereiten und dem Leser zu präsentieren, ist in der Präsentation noch allzu sehr erhalten – in einem Maß, die selbst einem Leser, der nicht allein das Produkt, sondern auch die Produktion, nicht allein, um mit Savignys Worten zu reden, das Resultat, sondern auch die Arbeit sehen will, den Geschmack an solcher Kost verderben kann. Schon die Form der Darstellung, die ich zu bieten imstande bin, wird manchen davon abhalten, sich in die Details, auf die es ankommt, hinein zu lesen und zu finden. Und hinzu kommt noch eine weitere und wohl auch gravierendere, weil unvermeidliche Eigenart. Die Absicht auch dieser Untersuchung ist, zu einem fundierten Urteil über die Arbeit des Accursius zu gelangen: aus den Quellen heraus darzulegen, wie groß und wie gewichtig dessen Anteil an dem Apparat ist, den man die *glossa ordinaria* nennt. Und aus den Quellen heraus: fundiert kann dies nur geschehen dadurch, dass die Glossen des Accursius einem Vergleich mit demjenigen unterzogen werden, was zu den in ihnen verhandelten Sachfragen in den Apparaten der beiden Protagonisten der voraccursischen Generation: in den Glossen von Azo und Hugolinus vorhanden ist. Deren beider Apparate existieren aber nun einmal fast vollständig in nur handschriftlicher Überlieferung; deren beider Glossen sind, um für die accursischen Glossen den Vergleichsmaßstab zu haben, aus dieser Überlieferung herauszulösen und dem Leser zu präsentieren; es sind die Quellen mitzuteilen, bevor, auf sie gegründet, ein Urteil zu fällen ist. Insoweit aber gehört diese Arbeit ihrer Qualität nach der Disziplin an, die man die kodikologische nennt – einer Wissenschaft, die erschließt, welche für ein Wissensgebiet relevanten Hss es gibt, und die anzugeben weiß, wie deren äußere Beschaffenheit ist: welches ihr Alter ist, ob der Text, der in ihnen die Hauptsache ist, glossiert ist, welche Formen die Glossen haben, welchen relativen Alters sie sind und wo sie sich befinden,[42] ob es dazu spätere *additiones*[43] gibt und dergleichen mehr.

42 Ob interlinear oder in margine, was aus dem in MG N. 230 bereits bezeichneten Grund überall, wo es darauf ankommen könnte, angegeben werden wird; s. hierzu auch noch meine in ZRG (RA) 134 erscheinende ›Irnerius Sigle‹ betreffende Arbeit.

43 S. zum Gebrauch dieses Wortes als Bezeichnung für diejenigen Zusätze zur ursprünglichen Version des Textes der *gl. ord.*, die später in diesen Text integriert worden sind, MG S. 27. Ist der azonische Apparat nicht allein und erst von Accursius bearbeitet worden und dasselbe auch mit dem Apparat des Hugolinus geschehen, dann wird es um *additiones* auch in der Überlieferung dieser beiden Apparate gehen.

Darum muss und wird es auch hier gehen,[44] aber damit allein kann es hier doch nicht sein Bewenden haben. Ein Urteil über das, was die Leistung des Accursius ist, lässt sich nicht finden ohne festzustellen, was in der vorangegangenen Zeit bereits geleistet war, ohne eben Accursius' Glossen zu vergleichen vornehmlich mit denjenigen seines Lehrers Azo und dessen Zeitgenossen sowie, was beider Reputation betrifft, seines vermutlichen Konkurrenten Hugolinus. Dieser Vergleich aber ist nicht durchzuführen unter kodikologischer Beschränkung auf die äußere Beschaffenheit der Handschriften, die die *gl. ord.* einerseits und die Apparate von Azo und Hugolinus andererseits überliefern. Es ist vielmehr dies nur möglich, indem die kodikologische Beschränkung auf das Formale aufgegeben und auf die in den Glossen vorhandenen Sachfragen und deren Erörterung eingegangen wird, indem – überspitzt gesagt – nicht nur gezeigt wird, was

44 Mit einiger Beschränkung: Es wird nicht unternommen werden, das Alter einer Hs, einer Glosse anhand der Schrift zu bestimmen, in der ihr Text geschrieben ist. Ich sehe mich dazu nicht imstande und sehe davon ab, paläographischen Rat einzuholen; ich halte es auch in dieser Hinsicht mit Maitlands Annahme, dass es, wie in jedem Scriptorium, so auch auf dem Markt, auf dem die Kopisten ihre Arbeit angeboten haben, gleichzeitig Ältere und Jüngere gegeben hat, die Älteren noch so schrieben, wie sie es in ihrer Jugend gelernt hatten, und die Jüngeren der neuesten Mode folgten, s. Maitland, Bracton and Azo (Selden Society 1895) 240 N. 1. Ich sage nicht, dass die Schrift in der Altersfrage gar nicht relevant ist. Sie ist, wenn es, wie hier zumeist nur um einige Jahrzehnte, um ca. 50 Jahre geht, ein zu unsicheres Merkmal. Es wird ferner in der Wiedergabe der Texte grundsätzlich verzichtet auf die Angabe der Lesartvarianten, es sei denn es geht um solche, die in der Sachfrage und für deren Klärung von Belang sind. Es geht in der Wiedergabe der Texte weder um eine kritische Edition noch um die Vorarbeit zu einer solchen, und es werden darum offensichtliche Schreibfehler stillschweigend weggelassen oder berichtigt. Zu allem, was ich gar nicht habe entziffern können, sowie überall, wo ich mir meiner Lesung nicht sicher bin, habe ich ein Fragezeichen und dieses, wie alle Zutaten meinerseits, in runde Klammern gesetzt. Die Abkürzungen, von denen es in den Hss – in den einen mehr, in den anderen weniger – wimmelt, werden, ausgenommen in den Allegaten, stillschweigend aufgelöst, die Eigenarten der mittelalterlichen Orthographie (*e* für *ae/oe*, die Verwechslung von *t* und *c*, *michi* statt *mihi* u.Ä.) bleiben reduziert (namentlich kein *u* für *v*) erhalten, aber die Interpunktion der heute gebräuchlichen angenähert, insbesondere das sozusagen erst neuzeitliche Komma (s. dazu meine in ZRG (RA) 124 (2007), 198, 247 ff. erschienene Arbeit) überall da eingefügt, wo ich mir sicher bin, dass dem Verständnis damit gedient ist. – Was speziell noch die Allegate betrifft, so ist überall zwischen die Wiedergabe der Titelworte und der Anfangsworte der *lex* eingefügt ein *l.*, was erst Accursius generell getan hat, namentlich bei Azo und Hugolinus häufig, in der *antigua glossa* generell noch fehlt. Die moderne, mit arabischen Zahlen operierende, sog. philologische Zitierweise ist nur da, wo mir das für die Erleichterung des Verständnisses nützlich erschien, der mittelalterlichen Zitierweise hinzugefügt oder diese durch jene ersetzt. Zur Bezeichnung des letzten Fragments eines

es zu lesen gibt, sondern eben dies auch gelesen, also zu verstehen versucht wird, weswegen ich auch, nach einigem Zögern, den einzelnen Abschnitten als Überschrift die Bezeichnung der Sachfrage, um die es jeweils geht, vorangestellt habe. In dieser Hinsicht ist gewiss nicht zu klären, was zu der jeweiligen Sachfrage anzunehmen das Richtige und was das Falsche und bei wem dieses und jenes vorhanden ist.[45] Aber ob das, was der eine und die anderen sagen, klug oder dümmlich, raffiniert oder trivial, scharfsinnig oder oberflächlich ist, ob das, was von der Sache her gemeint sein muss, klar oder undeutlich, trefflich, unbeholfen oder umständlich gesagt ist, von welchem Gewicht dasjenige ist, was der eine sagt und bei dem einen oder anderen fehlt – über all das kann und will der Kodikologe nicht urteilen. Darüber vermag, da die in unseren Glossen verhandelten Sachfragen das – im Corpus iuris überlieferte römische – Recht betreffen, nur der – mit diesem Recht vertraute – Jurist zu urteilen – und somit einer, für den all das, was zu der äußeren Beschaffenheit der Hss festzustellen ist, nebensächlich, nur von allenfalls oberflächlichem Interesse ist.

Es ist darum zu befürchten, dass mit dieser meiner Arbeit ich mich zwischen den beiden Stühlen der Handschriftenkunde und der Jurisprudenz befinde, dass sie den Juristen zu kodikologisch und den Kodikologen zu juristisch ist, dieser vieles nicht versteht und jener vieles, weil es ihn in seiner Konzentration auf die Sache stört, nachzuvollziehen für nicht der Mühe wert hält. Dass die Mühe, die mich die Präsentation des Details dieser Untersuchung gekostet hat, damit zusammenhängt, dass ich selbst in der Kodikologie nur ein interessierter Laie und auch in dem Recht, um das es hier geht: im römischen Recht der justinianischen Kodifikation zu eigensinnig und mehr bemüht bin zu verstehen als verstanden zu werden, ist gut möglich und ist doch für die Zumutung, die für einen Leser dieses Buch ist, eine schwächliche Entschuldigung.

Wer ausgebildet und darum zu Haus gewesen ist in der Dogmatik des heutigen Rechts, fühlt sich getroffen von der Frage, die mein Lehrer, wenn ich ihm von dem einen oder anderen Detail meiner mediävistischen Versuche im römischen Recht und deren Resultaten berichtete, zu stellen pflegte: und wen, bitte, kann das interessieren? wer soll das lesen? Niemand wird dazu

Titels, des letzten Paragraphen einer *lex* als *ult(ima/us)* bzw. fin(*alis*) s. hier u. Abschn. III N. 7.

45 Sodass auch der heutige Stand in der Beantwortung dieser Fragen beiseite bleiben kann, lediglich zur Erleichterung des Verständnisses der glossatorischen Problemstellung und Problemlösung gelegentlich herangezogen und in einem Fall, sc. im Exkurs zu Abschnitt XIII auch mit einer dezidierten Stellungnahme versehen werden wird. – Ständig benutzt sind die beiden neueren Übersetzungen der Digesten ins Deutsche und ins Niederländische, die ich mir erlaube abgekürzt zu zitieren mit: Knütel bzw. Spruit, womit zu der Tatsache, dass diese Übersetzungen Gemeinschaftsleistungen sind, nichts gesagt sein soll und ist.

imstande sein, wird das hier im Detail Gesagte verstehen können, wenn er nicht bei jedem Detail, mit dem der Beweis der Abhängigkeit der *gl. ord.* von Azo oder Hugolinus geführt wird, die Quellen: den azonischen Text, den Text des Hugolinus und denjenigen der *gl. ord.* so, wie diese hier nebeneinander gestellt wiedergegeben werden, ständig vor Augen hat.

B. Quellen

Die Quellen im Einzelnen und deren Interpretation

I. *Pactum a pactione dicitur* – l. 1,1:

> Ulpianus libro quarto ad edictum … Pactum autem a pactione dicitur (inde etiam pacis nomen appellatum est) et est pactio duorum pluriumve in idem placitum et consensus.

Die Litera dieses aus Ulpians Ediktskommentar exzerpierten Paragraphen: *pactum autem a pactione dicitur, inde etiam pacis nomen appellatum est*, klingt so oder kann doch so gelesen werden, als sei Ulpian der Meinung, *pactum* sei abgeleitet von *pactio* und von daher (*inde*) auch *pax*. Etymologisch wäre mithin *pactio* das Wort, von dem *pactum* und – mittelbar oder unmittelbar – auch *pax* abstammen. Dem wird von Azo, von Hugolinus und in der *gl. ord.* widersprochen – auf jeweils eigene Weise: kurz und bündig anscheinend von Azo, sehr umständlich oder, vielleicht besser gesagt, unkonzentriert von Hugolinus und auf eine zwischen diesen beiden vermittelnde und hier noch genauer zu bestimmende Weise von Accursius:

Azo	gl. ord.	Hugolinus
appelatum: vel aliter ut in summa (wo 2,3,4 gesagt ist: dicitur autem a pace et actum. nam qui paciscuntur, ex diversis contrariis animorum motibus post multa et variaque certamina in unam consonantem deducuntur ut infra de rescin. ven. l. si voluntate et ff. e. l. prima … vel dicitur a percussione palmarum, veteres enim consenientes palmas ad invicem sibi percutiebant in signum non violandae fidei.)	<u>pactum</u> nota tria: pactio et ex ea pactum et ex eo pacto pax, pacis ut hic videtur dicere. sed secundum Isidorum [Lib. 5 etymol. c. 24] est totum econtra: nam a pace pactum et a genetivo pacti addita o fit pactio. sed dic. quod noluit derivare, sed designationem facere quandam, ut a pactione i.e. a pacis actione dicatur pactum, nam in pacto pacis et concordiae est actus. et hoc subijcit unde etc. vel dicitur pactum a per-	<u>pactione</u>: 1) non tamen inde derivatur, immo potius econtra. nam ab eo quod est pact. addita o fit pactio. vel formatur sicut a lectu (?) lectio dicitur, ergo denominatus est pactum a pactione sicut a iustitia iustus et a fortitudine fortis. derivatur autem pactum a pango, quod cum habet triplicem significationem et triplex preteritum. (2) vel a percussione palmarum sicuti veteres faciebant in signum fidei inviolate et ut hodie faciunt pueri digitum erigendos. (3) quasi pacis actum.

	cussione palmarum [ut infra de cen. l. j circa princ.]	pacis dicitur: forsan nomen pacis inde derivatum est, et hoc putavit ulpianus, secus priscianus. sed illut (!) constat iuxta isidorum, quod originalis causa institutionis huius verbi paciscor pax fuit.

Zur Überlieferung dieser Texte ist vorweg: bevor es um deren Verhältnis zueinander gehen kann, das Folgende zu bemerken:

Der Hinweis im azonischen Apparat auf das in Azos Summe Gesagte ist – bezogen teils, wie hier wiedergegeben, auf *appellatum*, teils auf *pactum*, teils bezuglos – in sieben der 12 den azonischen Apparat hier (sc. zu D 2,14) überliefernden Hss vorhanden; in den übrigen fünf ist im azonischen Apparat zu diesem Paragraphen nichts gesagt.[1] Wo der Hinweis vorhanden ist, steht zu ihm häufig die azonische Sigle,[2] weswegen es so sein könnte, dass Azo, dessen Arbeit an seinem Apparat nicht eine kontinuierliche gewesen sein wird,[3] zu diesem § 1 anfänglich gar nichts gesagt hat und dann später und auch erst, nachdem er sich dieser Sache in seiner Summe angenommen hatte, den Hinweis auf diese in seinen Apparat zum Digestum vetus eingefügt hat. Ob dieser Hinweis nicht erst im Zuge einer Bearbeitung des azonischen Apparats durch einen anderen als Azo selbst stattgefunden hat, ist eine gewiss nicht auszuschließende Möglichkeit, und es ist hier nicht zu sagen, ob dies oder jenes anzunehmen wahrscheinlicher ist.[4] Die sachliche Aussage ist jedenfalls azonisch und der Hinweis auf die Summe statt einer Ausführung des dort Gesagten in einer Glosse jedenfalls nicht unazonisch.

Was den Text des Hugolinus-Apparats betrifft, so ist dieser so, wie er hier mitgeteilt ist, nur in Paris vorhanden. London hat von alter Hand zu *pactum* ein Bezugszeichen und dazu *in margine* eine Glosse, die auch in anderen die *antiqua*

1 Vatikan Borghese 225 scheidet, der anfänglichen Rasur wegen, s. MG N. 20, hier aus. Die sieben Hss sind Amiens, Arras, Stockholm, München 14028, Bamberg, Paris 4459, Vatikan 1408. Ob der Hinweis auf die Summe nicht erst im Zuge einer Bearbeitung des azonischen Apparats in diesen eingefügt worden ist, kann hier dahin gestellt bleiben, und ich sehe auch ab von dem Nachweis der Abhängigkeit dessen, was die *gl. ord.* zu l. 1,1 im Übrigen hat, sc. der gll zu *duorum, in idem, placitum et consensus*: sie ist angesichts dessen, was dazu in der gesamten Überlieferung des azonischen Apparats vorhanden ist, nahezu evident.

2 Sie sagt etwas, was sich von selbst verstehen kann, dass nämlich die Summa Azonis gemeint ist; dass sie manchmal fehlt, ist daher belanglos.

3 S. Odofredus in seiner Lectura zu D 12,6,60 und dazu bereits MG N. 39. Es werden dazu im Verlauf dieser Untersuchung weitere Belege folgen.

4 Die Annahme, dass Azo selbst die Einfügung vorgenommen hat, impliziert, dass in den Hss, die den Hinweis nicht haben, der Apparat sich auf einem früheren Stand befindet.

glosa überliefernden Hss und dort meist interlinear steht und mit dem – (unzialen) *m* des Martinus gesigelt ist;[5] von der Hand, die hier (sc. in London) die Hugolinus-Glossen schreibt, ist zu diesem Paragraphen nichts notiert. – Seo hat im Hugolinus-Apparat, sc. von der Hand, die diesen schreibt, nur das, was in Paris die gl (2) zu *pactione* sagt: die etwas komisch anmutende Erklärung, es liege *pactum*(oder *pactio*?) zugrunde das Gegeneinanderschlagen der Hände, das als Zeichen unverletzlicher Treue bei den *veteres* in Gebrauch gewesen sei.[6] Es fehlen im Apparat, den Seo hat, mithin die hier mit (1) und (3) bezeichneten Glossen sowie auch die 4. zu *pacis dicitur.* Vorhanden sind diese und ist auch die Glosse (1) hingegen als *additiones* von einer Hand, die in Seo auch sonst begegnet, beides allerdings in einer mehr oder weniger verkürzten und etwas anderen Fassung: *non*(?) *tamen videtur derivatum, immo potius contra, nam et eo quod est pact. addito o fit pactio vel forte sicut a lectu lectio dicitur, ergo pactum denominatum est a pactione sicut a iustitia iustus*, sowie zu *pacis dicitur*: *forsan* etc. wie in Paris mit einer Verkürzung des 3. Satzes: *sed iuxta Isidorum constat quod original(is?) causa huius verbi paciscor pax fuit.* Es fehlt somit in Seo, und zwar auch als *additio*, die in Paris 3. Glosse zu *pactione*, was alles in allem zur Überlieferung des Hugolinus-Apparats der Vermutung eine Grundlage gibt, die hier in der Einleitung bereits aufgestellt ist: Im Verhältnis zu Paris hat Seo eine frühere Version des Apparats. Diese ist hier durch *additiones* auf den Stand der von Hugolinus erweiterten Version seines Apparats, die Paris überliefert, gebracht worden. Aber diese *additiones* sind nicht Paris oder einem parisgleichen Exemplar entnommen, vielmehr einem solchen, in dem es zu *pactione* die gl (1) sowie auch diejenige zu *pacis dicitur* gab, aber nicht auch zu *pactione* die gl (3). Das Besondere dieser gl (3) ist zum einen, dass zu ihr – n.b. in Paris – dasselbe Bezugszeichen wie zu der gl (2) steht und dass sie in der Sache dieselbe Erklärung gibt, die in der Summe von Azo gegeben wird und dort auch voran steht. Die für die Bezugszeichen geltende Regel ist jedoch, dass jede Glosse, auch ist ihr Bezug in der Litera dasselbe Wort, ein eigenes Bezugszeichen erhält. Was die Sache betrifft, um die es in der gl (3) geht, so gehört diese indessen gar nicht in eine eigene Glosse. Es geht um eine weitere Erklärung zu dem Wort *pactum*, um eine andere als sie in der gl (1) gegeben wird, und diese Erklärung gehört daher auch – mit einem einleitenden *vel* versehen – in eben diese Glosse. Es indiziert m.a.W. die Tatsache, dass dieselbe Sache auf zwei mit demselben

5 Sie lautet (am besten lesbar in Troyes): *unde suum habea(?)t, dictum est; nunc unde nomen sumat dicendum est; deinde quid sit pactum.* Martinus, wenn er der Autor dieser Glosse ist, zeichnet nach die Gedankenfolge in l. 1 und nimmt das, was § 1 sagt, unreflektiert hin.

6 Sehr komisch wäre diese Erklärung, wenn mit ihr gemeint wäre, dass durch das Gegeneinanderschlagen der Hände ein Laut erzeugt wird, der wie *pactum* klingt.

Bezugszeichen versehene Glossen verteilt ist, dass wir es entweder hier und dort mit einem anderen Autor zu tun haben: in der gl (1) mit Hugolinus und in der gl (3) mit einem Bearbeiter von dessen Apparat, der seine *additiones* oder Veränderungen als Bestandteile des Originals erscheinen lässt (oder nicht sicher stellt, dass sie in der Abschrift als nicht zum Original gehörig sichtbar sind), oder aber dass wir es doch mit demselben Autor, also mit Hugolinus zu tun haben, aber mit diesem zu verschiedenen Zeiten, sodass dieses – in der Sache azonische – *quasi pacis actum* ein späterer Zusatz seinerseits wäre und eine Benutzung der azonischen Summe durch Hugolinus vermuten ließe. Sei es nun aber so oder wie zuvor gesagt – es fehlt jedenfalls dieser Erklärung, dass *pactum* dasselbe sei wie *pacis actum*, die Abstimmung mit dem, was in der gl (1) zum Verhältnis von *pactio* und *pactum* und zur Etymologie dieses Wortes steht und doch wohl gewiss von Hugolinus gesagt ist. Und dasselbe Manko fehlender Abstimmung ist auch im Übrigen: im Verhältnis der gl 1 (– zu *pactione*) zu der gl 4 (– zu *pacis dicitur*) schon fast evident und hier im Folgenden festzustellen von Belang in Hinsicht auf unsere Frage der Abhängigkeit der *gl. ord.* einerseits von Hugolinus und andererseits von Azo.

Es konnte Accursius gerade dann, wenn seine Arbeit primär auf den azonischen Apparat ausgerichtet: die Fortführung und Verbesserung der Arbeit seines Lehrers sein Zweck war, nicht genügen, dieser seiner Vorlage zu folgen, es bei dem Hinweis auf die Summe zu belassen und damit seinen Leser zu nötigen, für eine Erklärung des Wortes *pactum* auch noch dieses andere Buch heranzuziehen. Es galt, um dem Leser die Arbeit zu erleichtern, dasjenige, was dort gesagt war, auch hier zu sagen. Aber dies hier ebenso wie dort zu sagen, den Text der Summe zu exzerpieren und ihn so, wie er dort lautet, in den Apparat zu übernehmen,[7] hätte einen bedenklichen Effekt gehabt – einen Effekt, von dem man schon sagen kann, es sei besser, ihn zu vermeiden. Die Litera dieses § 1 klingt nun einmal so, als gehe es in ihr um eine etymologische Erklärung des Wortes *pactum*; sie kann so gelesen werden, als sei Ulpian der Meinung, dieses Wort sei abgeleitet von *pactio* und davon auch *pax*.[8] Dass dem so ist, daran kann man gewiss zweifeln;[9] es muss dies jedenfalls Azo zweifelhaft gewesen sein. Denn was

7 Wie das anderen Orts in der Tat festzustellen ist, s. etwa MG 144, 173, auch 189, ferner hier u. Abschn. 5 N. 3 betr. die gl zu D 2,14,7,5 *quin immo*.

8 Diesem Klang folgen unsere Übersetzer: »... *pactum* von *pactio* her so bezeichnet, von daher auch ... der Ausdruck *pax* geprägt« (Knütel); »*pactum* afgeleid van *pactio* van waar ook ... *pax* zijn naam heeft« (Spruit). Beide geben sich, und begreiflicherweise, keine Mühe, diese afleiding, Prägung, Herkunft plausibel zu machen – wohl in Hinsicht auf die gängige Überzeugung, dass etymologische Erklärungen nicht die Stärke der römischen Juristen gewesen sind (s. z.B. Jörs-Kunkel § 18,3 betr. Labeo) und also dahin gestellt bleiben können.

9 Die Worte *pactum* und *pactio* haben einen identischen Sinn, wie zu beiden auch die Verbalform *pacisci* gehört (bedenklich daher, *pactum* mit formlose Verein-

dieser in seiner Summe sagt, ist in der Tat *aliter* – eine andere und jedenfalls keine etymologische Erklärung: *a pace et actum (pactum) dicitur* heißt: *pactum* ist eine Kurzform von *pacis actum*; in dem einen Wort *pactum* sind diese beiden Worte *pacis* (als Genetiv von *pax*) und *actum* verkürzt enthalten. Und bei einer Abkürzung, die aus Stücken von dem, was abgekürzt wird, gebildet ist, findet nicht das statt, was man eine Ableitung nennen kann, keine Entwicklung des einen Wortes aus einem anderen. Es geht nur um ein einziges Wort sowie darum, dass es für dieses auch eine abgekürzte Bezeichnung gibt. Azo sagt nicht, dass er diese seine Erklärung für die richtige hält; er gibt ihr, indem er ihr ein *vel aliter* voranstellt, nicht vor derjenigen, die der Litera von § 1 zufolge Ulpians Erklärung ist, den Vorzug; er unternimmt auch nichts, um seine Erklärung mit dem, was in § 1 gesagt wird, abzustimmen, und er sagt damit zu dieser Litera: zu der in ihr gegebenen Erklärung, tatsächlich gar nichts. Die Frage, wie dieses Wort *pactum* sprachgeschichtlich zu erklären ist, war ihm offenbar nicht wichtig,[10] wie sie ja auch wirklich dem Juristen gleichgültig sein kann: So oder so kann man dieses Wort sprachgeschichtlich erklären, und ob man es so oder so erklärt, ist für die Frage, was denn die rechtliche Eigenart eines *pactum* ist, wahrlich gleichgültig. Dies aber heißt: was in unserem § 1 die Litera sagt, was Ulpian, was das Gesetz hier meint, ist unwichtig; es ist dies, um salopp zu reden, nicht ernst zu nehmen, und eben dies wäre auf eine unverhohlene Weise gesagt, wenn neben der Litera *vel aliter pactum a pace et actum* stünde.

Es mag sein und ist nur nicht wahrscheinlich, dass Accursius dies als Azos Ansicht zu dieser Frage gar nicht gesehen hat. Er vermeidet jedenfalls, dass der Leser seines Apparats in diesem eine derartige Aussage: das Gesetz sagt etwas Belangloses! findet. Accursius beugt dem vor, indem er sich bemüht, dasjenige, was Azo in der Summe sagt, mit demjenigen, was Ulpian sagt oder doch zu sagen scheint, zu harmonisieren – indem er in seiner Glosse zu *pactum*, wie hier darzutun ist, ebenso verfährt, wie Hugolinus in seinen 4 Glossen zu dieser Litera, aber das doch nur und allerdings auf eine perfekte: die Stücke des Hugolinus in die gehörige Ordnung bringende Weise:

barung und *pactio* mit ›Vertrag‹ zu übersetzen, wie Knütel passim, besser Spruit: afspraak/het afspreken) – wie soll es bei diesem identischen Sinn dazu gekommen sein, dass statt *pactio* auch *pactum* gesagt wurde? *pax* ist der Zweck, das Ziel einer *pactio*, eines *pactum*. Hatte man erreicht, was zu erreichen der Zweck, dann sprach man von dem Erreichten als *pax*? Ich lasse n.b. hier wie in allem Weiteren, weil die juristische Eigenart der *pacta* in der Übersetzung nicht zum Ausdruck zu bringen ist, *pactum* unübersetzt.

10 Auch in der Summe nicht, da er ihr dort als gleichwertig, also gleichgültig die Albernheit der *percussio palmarum* hinzufügt.

Was Hugolinus am Anfang seiner gl (1) sagt: es werde *pactum* nicht von *pactio*abgeleitet,[11] und wozu nicht passt der Anfang seiner gl (4), stellt Accursius zurück. Er beginnt damit, die gegenteilige Ansicht, dass nämlich *ex pactione pactum* und *ex eo pacto pax* abgeleitet sei, als bloßen Schein zu bezeichnen (*hic videtur dicere*, sc. Ulpian), und er konterkariert diesen Schein durch die Anführung der Ansicht desjenigen, der, wenn es um Etymologie geht, für ihn die höhere Autorität ist: nach Isidor[12] sei es gerade umgekehrt (*totum econtra*): *a pace pactum*; das zugrunde liegende Wort ist *pax* und *pactum* ist davon abgeleitet. Was sodann in der *gl. ord.* folgt, ist, wie mit der Einleitung *vel dicas* gesagt ist, die Ansicht, die der Leser wohl für die zutreffende halten soll, der Accursius den Vorzug gibt: etymologisch mag es so oder so sein – in der Litera von § 1, also Ulpian geht es indessen gar nicht um eine *derivatio*, nicht um die Etymologie des Wortes *pactum*. Es ist bis an diese Stelle in der *gl. ord.* nichts anderes gesagt als von Hugolinus; es ist nur aus dessen Text dasjenige beseitigt, was darin – formal – anstößig ist: es ist nicht mehr zweimal dieselbe Frage behandelt, wie das bei Hugolinus geschieht in dessen gl (4) und am Anfang der gl (1) und hier und dort auf eine differierende Weise: Ulpian hat gemeint (*putavit*), *pax* sei vielleicht (*forsan*) von *pactio* abgeleitet – am Anfang der gl (4); hingegen: *pactum* ist (gar) nicht von *pactio* abgeleitet – am Anfang der gl (1); dafür, dass *pax* nicht von *pactio* abgeleitet, vielmehr *pax* das ursprüngliche Wort ist, wird in der gl (4) Isidor als der sozusagen sachverständige Zeuge benannt, und dieser bleibt weg am Anfang der gl (1) dafür, dass es *econtra*, nämlich *pactio* von *pax* abgeleitet sei. Es sind diese Differenzen und überhaupt die zweimalige Erörterung desselben nur plausibel, wenn man annimmt, dass Hugolinus zunächst die hier sog. gl (4) zu *pacis dicitur* geschrieben (und dabei vielleicht auch *forsan* auf *hoc putavit*hat beziehen wollen), dass also diese Glosse sein erster Versuch zu dieser Thematik gewesen ist und dass er sodann, in welch zeitlichem Abstand auch immer, erneut angesetzt und die Frage nun ausführlicher behandelt, aber nun nicht nochmals Isidor als Zeugen benannt hat. Im Verhältnis zu diesen beiden nicht aufeinander abgestimmten Versuchen ist der Text der *gl. ord.* nicht weniger und nicht mehr als die diese Abstimmung besorgende Reinschrift, in der nun klipp und klar gesagt ist, dass es in der Litera gar nicht um eine *derivatio* gehe. Nicht das geringste Indiz für diese Genese des Textes der *gl. ord.* aber ist die Angabe, wie es dazu gekommen sein soll, dass aus dem (von *pax* abgeleiteten) *pactum pactio* geworden ist: es sei dem Genitiv von *pactum*, sc. *pacti* ein *o* hinzugefügt worden.

11 Nicht, wie hinzuzudenken ist, in der Litera von § 1, als nicht von Ulpian, s. dagegen in der gl (4): *Ulpianus putavit*.

12 Die exakte Quellenangabe: *lib. 5* etc. haben wohl erst die gedr. Ausgg., sicher noch nicht die 1. Version des Textes der *gl. ord.*, wozu es hier keiner Belege bedürfen wird.

Es ist Hugolinus, der dies sagt, nicht etwa Isidor,[13] und Accursius übernimmt diese Kuriosität von jenem und fügt seinerseits nur hinzu, dass *pacti* ein Genetiv sei! Wie die Identität von Fehlern, so indiziert auch und doch wohl mehr noch dieselbe Absonderlichkeit in den Texten verschiedener Autoren die Abhängigkeit des jüngeren von dem älteren.

Die sachliche und hin und wieder doch auch formale Übereinstimmung des Textes der *gl. ord.* mit dem, was Hugolinus – auf zwei Glossen verteilt – hat, endet mit der Bezeichnung dessen, worum es Ulpian, wenn es diesem nicht um eine *derivatio* zu tun war, gegangen ist: um eine *denominatio* nach Hugolinus, um eine *designatio* in der *gl. ord.* Accursius wechselt den Ausdruck hier offenbar nicht, wie das bei ihm da, wo er den Text eines anderen fortschreibt, häufig festzustellen ist: nicht bloß zu dem Zweck, dasselbe mit anderen Worten desselben Sinnes zu sagen und so eine Übereinstimmung *de verbo ad verbum* zu vermeiden.[14] Er übernimmt auch nicht die Exempel, die Hugolinus dafür anführt, dass in der Litera dasjenige stattfinde, was er, Hugolinus, eine *denominatio* nennt: *a lectu formatur lectio, a iustitia iustus, a fortitudine fortis*. Wie das genau gemeint ist und warum dabei eine *denominatio* stattfindet, ist schwer zu sagen und kann auch dahin gestellt bleiben. Accursius weiß etwas Besseres: in *pactio* ist *pacis actio*, in *pactum pacis actus* enthalten, und er verschweigt, dass für diese Erklärung sein *spiritus rector* Azo: das von diesem in der Summe Gesagte ist. Er kleidet diese azonische Sache in das hugolinische, von ihm ausgebesserte Gewand, und so schafft er es, für diese Sache die Litera, sc. Ulpian zu vereinnahmen: Dieser will gar nicht sagen, was er sagt! wir dürfen also das, was er sagt, nicht beim Wort nehmen, müssen darin sozusagen eine *falsa demonstratio* sehen, und wir finden, indem wir das tun, dass in der Litera, bei Ulpian, im Gesetz das steht, was darin stehen sollte. Das Geschick, einen schlechten Text zu verbessern und die exegetisch-skrupellose Kunst, die Worte eines Textes nicht für das zu nehmen, was sie sagen, das Schwarze sozusagen weiß erscheinen zu lassen, ist ihm gewiss nicht abzusprechen: *et hoc subijcit unde* etc. – dieses *hoc*, das kann doch nur sein die vorangehende Aussage, dass wie *in pactione est pacis actio, in pacto est pacis actus*. Dass *hoc*, sc. diese Aussage in der Litera mit dem Satz *unde*

13 Alles, was dieser (Etymologia V 24, 18) sagt, ist: *pactum dicitur inter partes ex pace conveniens scriptura, legibus ac moribus conprobatur; et dictum pactum quasi ex pace factum, ab eo quod est paco, unde et pepigit.* Hat Azo dies gekannt, woran doch schwerlich zu zweifeln ist, dann ist dazu seine Erklärung (in der Summe) der Intention nach eine Verbesserung: *pactum* ist der Akt, dass Frieden sein soll, der einen vorangegangenen Streit beendigende Friedensschluss, nicht ein Abkommen, das *ex pace*: aus dem Frieden heraus, also »im Frieden« (s. die Übersetzung der isidorischen Etymologie von L. Möller) zustande kommt.

14 Ein Beispiel dafür, wo es wohl so ist, s. hier u. im übernächsten (l. 4 betreffenden) Abschnitt in der Glosse zu *invecta/illata*.

etc. hinzugefügt sei, ist eine kühne, eben skrupellose Behauptung – oder ich verstehe nicht, was mit diesem *et subijcit* gemeint ist.

II. Die Rückgabe der Schuldurkunde (*cautio*) im Vergleich mit der Rückgabe eines Pfands (A) und der Fall der *cautio cancellata* (B)

A. l. 2 und 3 D 2,14:

2 Paulus libro tertio ad edictum. Labeo ait convenire posse vel re: vel per epistulam vel per nuntium inter absentes quoque posse. sed etiam tacite consensu convenire intellegitur: et ideo si debitori meo reddiderim cautionem, videtur inter nos convenisse ne peterem, profuturamque ei conventionis exceptionem placuit.
3 Modestinus libro tertio regularum Postquam pignus vero debitori reddatur, si pecunia soluta non fuerit, debitum peti posse dubium non est, nisi specialiter contrarium actum esse probetur.

Es geht in l. 2 darum, dass ein *pactum* auch stillschweigend soll geschlossen werden können und dass ein solcher Abschluss eines *pactum de non petendo* soll anzunehmen sein, wenn der Gläubiger die über die Schuld ausgestellte, deren Begründung beweisende Urkunde (die *cautio*, das *chirographum*, wie diese Urkunde anderen Orts heißt) dem Schuldner zurückgibt. Dieser zweiten Aussage ist in l. 3 entgegengesetzt, und es ist als zweifellos bezeichnet, dass die Rückgabe des zur Sicherung einer Forderung gegebenen Pfandes den Bestand und die Durchsetzbarkeit der Forderung unberührt lässt. Hierzu haben unserer drei Apparate lemma-bezogen – verteilt auf drei Glossen Azo und Hugolinus, auf zwei die *gl. ord.* – das Folgende:[1]

1 Zum Apparat des Hugolinus wie auch zum azonischen Apparat gehören zudem die reinen Allegate, die hier im Anschluss an die lemma-bezogenen Glossen wiedergegeben sind, sowie lemma-, nämlich auf den Anfang von § 1 – *et ideo* bezogen eine die Logik (*ratio*) dieser Überleitung vom *pr* zu § 1 betreffende Glosse. Diese ist in der *gl. ord.* (mit demselben Bezug) nahezu wortgleich mit der azonischen Glosse. Sie bleibt daher hier – wie grundsätzlich alle evidenten Übereinstimmungen – außer Betracht. Aus der Glosse des Hugolinus zu diesem Lemma ist bemerkenswert, dass dort die bei Azo und in der *gl. ord.* voranstehende Ansicht als diejenige des Johannes bezeichnet ist. Dessen Anteil an den azonischen Glossen ist hier, wie häufig, bei Hugolinus sichtbar und nur ab und an auch in der den azonischen Text fortschreibenden *gl. ord.* Wo dem so ist, wie hier in der gl zu *dubium non est* (in deren 1. Stück), liegt bei der Schwierigkeit der Überlieferung der Johannes-Glossen (s. dazu hier u. in Abschn. III N. 10) die Annahme nahe, dass Accursius' Quelle für diese seine Zutat zu dem azonischen Text Hugolinus ist. Wem es um Johannes und dessen Arbeit geht, wird jedenfalls gut daran tun, ergänzend zur *gl. ord.* und zum azonischen Apparat denjenigen des Hugolinus zu benutzen, der, wie Azo ein Schüler des Johannes, seine Eigenständigkeit hervorzukehren offenbar weniger bedacht gewesen ist als sein Mitschüler.

Azo	*gl. ord.*	Hugolinus
dubium non est (1) quia in cautione continetur vis (ius?) totius obligationis, in pignore non. et ideo licet pignus redditur, quod accidit obligationi, ipsa principalis obligatio non remittititur. potest tamen dici, quod audiendus est, si velit probare contrarium, ut quod dicitur in fine, referatur ad utramque clausulam cautionis et pignoris.	dubium non est sed quae est diversitatis ratio inter pignus et cautionem? Respondeo secundum m et yione ius consistit obligationis, in pignore non. sed hoc falsum est, quod in scriptura sit ius obligationis ut infra de pign.l. contrahitur.	reddatur ideo reddito cyrographo liberatio magis contingit quam reddito pignore, quia in cyrographo tota vis obligationis consistit, immo probatio obligationis ut C de fideius. instrumentum l. j et C. de probat. cum res, in pignore non, quia accessio est alterius obligationis contracte vel contrahende.
2) et est ratio, quia cautio reddita nullum aliud commodum a(o?)fferre potest. ne(c?) ergo sit omnino quod agitur inutile, sic dicitur arg. supra si quis cautio l. plt. et infra de leg. j l. si quando quis. sed pignus vero redditum valde potest prodere et maxime scolaribus.	Dic. ergo secundum jo: quia reddita cautio non affert aliam utilitatem debitori, affert ergo istam, sc. ut liberatur, ne alias nihil agatur ut infra de legat. j. l. si quando et supra si quis caut. l. pe. sed pignus redditum plerumque utilitatem affert aliam et maxime scolaribus in libris ut infra de preca. l. certe § fi.	Job. autem hanc assignat rationem: quia cyrographum redditum debitori ad nichil aliud sibi prodesse possit quam ad hoc quidem sibi prodesset habere etiam plaustrum honestum talibus cerulis. sed si reddatur pignus, prodest ei ad usum et commodum rei et fructus quandoque. et sic sepissime creditores pignum debitoribus precario concedunt.
C de remis. pi. l. creditricem C de solut. et li. l. pecun. infra de donat, c. mortis l. mortis c. § a titia infra de const. pec. l.qui aut. infra de li. leg. l. Iij infra de probat. l. si cyrogr C de lat. li. toll. § ille autem	Item quid si apud debitorem meum invenitur cautio cancellata vel non [cancellata]: numquid presumitur ei reddita? Respondeo: non. et quod hic dicitur, verum est quod presumitur liberatus, si probet vel alias constet redditam. et facit pro hoc C de lat. li. tol. § ille autem. Item ut tollatur occasio insidiarum per uxorem vel per alium, qui surriperet instrumenta et debitori daret ut insti. de pupil. substi. § igitur. et secundum hoc intelligitur infra de prob. l. si chyrographum. vel dic., quod hic inveniebatur cancellata penes creditorem. item facit pro hoc infra de do.causa mo. l. mortis causa § Titia et infra de li. le. l. 3 in princ. et C. de remis. pi. I.	nisi specialiter hanc exceptionem ad utrumque casum referas. reddiderim (s. in l. 2,1) si autem invenitur cancellatum, presumitur debitum solutum ut infra de probat. l. si cyrograph., quia post solutionem solet cancellari et oritur hic presumptio ex eo, quod fieri solet, cui stabitur, nisi contrarium appareat.

	creditricem. nam ibi constat cautionem redditam. cautius est ergo debitori, ut faciat sibi fieri confessionem de solutione ut C de so. l. pecuniae et C de test. testiam et in auth. de test. § et licet col. 7, quamvis autem non faciat plenam probationem, tamen aliquam presumptionem facere negari non potest secundum personarum varietatem.	
(3) idem est, si creditor legavit pignus ut infra de lib. le. l. 1 § ult. et l. liberationem.	<u>nisi specialiter</u> hoc refertur tam ad proximum superiorum casum ut infra de lib. le. l. j § fi. quam ad superiorem ut infra de prob. l si chirographum.	C de remis. pi.l. creditricem infra de doat. c. m. l. mortis c. C de solut et li. l. pecunie infra de probat. l. si cyrogr.

Gewiss hat Accursius nicht des von Hugolinus gegebenen Vorbilds: nicht des Anstoßes durch dessen gl zu *redditum* bedurft, um zu sehen, dass im azonischen Apparat jedenfalls dessen beide (hier als (1) und (2) bezeichnete) Glossen zu nur einer Glosse zusammenzuziehen sachlich geboten[2] und dass dabei, sc. bei dieser Kontraktion auch das Verhältnis dieser beiden zueinander zu einem schärferen Ausdruck zu bringen angebracht ist. Beides ist schon im azonischen Apparat, also durch Azo selbst, wenn nicht vorgegeben, so doch nahe gelegt. Beide Glossen haben in der Überlieferung dieses Apparats überall dasselbe Lemma; beide sind auf dieses meist auch mit demselben Zeichen bezogen,[3] und beide erklären die *diversitas* zwischen der *cautio* und dem *pignus*, dass nämlich in deren Rückgabe an den Schuldner in dem einen Fall ein Erlass der Schuld liegt, in dem

2 Mehrere kleinere Glossen des azonischen Apparats hat die *gl. ord.* häufig in einer größeren – und das doch wohl aus dem nur formalen Grund der besseren Ausnutzung des zur Verfügung stehenden Raums –, darum also geht es hier nicht.

3 Nicht in Paris 4463, wo generell nicht mehr mit Bezugszeichen gearbeitet wird, sondern mit der Wiederholung des Lemmas am Anfang der Glosse, wie das dann später in den Hss der *gl. ord.* durchweg geschieht. Das Lemma beider Glossen ist in Paris 4463: *non est.* In Bamberg und München 3887, wo beide Glossen zu dem einen Bezugszeichen direkt untereinander stehen, ist die Zusammengehörigkeit noch besonders zum Ausdruck gebracht durch eine um beide seitlich herum (mit der auch für den Apparat benutzten Tinte?) gezogene Klammer. Gewiss ist nicht zu sagen, dass dies so oder ähnlich auch in dem von Accursius benutzten Exemplar gewesen ist. Aber wie soll ihm verborgen geblieben sein, was andere gesehen haben?

anderen hingegen diese unberührt bleibt, zwar auf verschiedene Weise, aber das doch nicht etwa so, dass die eine Erklärung als eine gleichwertige Alternative zu der anderen präsentiert würde.[4] Dasselbe Bezugszeichen ist nicht schon der Beweis, aber doch ein Indiz dafür, dass die beiden Glossen nicht demselben Arbeitsgang, so wie in einem solchen der eine Satz auf den anderen folgt, angehören, dass vielmehr eine der beiden ein um einiges späterer, zur Verbesserung des bereits Gesagten gemachter Zusatz ist – und dass dieser Zusatz hier die mit *et est ratio* beginnende Glosse ist, wird kaum zweifelhaft sein.[5] Aus der Feder eines Mannes von Azos in seinen Glossen zur Apodiktik tendierenden Art[6] heißt *et est ratio*: Nicht schon das zunächst mit *quia* etc. Gesagte, sondern erst das nun Folgende ist die zutreffende Erklärung des Unterschieds; dass in dem Schuldschein die ganze Kraft der Obligation enthalten sei, ist eine die Frage, um die es geht, nicht unmittelbar beantwortende Erklärung; es geht um die Frage, warum in der Rückgabe des Schuldscheins – anders als in der Rückgabe des Pfandes – die stillschweigende Vereinbarung des Erlasses der Schuld zu sehen ist, und das ist auf direkte Weise damit zu erklären, dass das Erhalten des Schuldscheins für den Schuldner doch gar keinen anderen Nutzen haben kann als eben den, dass er von dem Gläubiger wegen der Schuld nicht mehr soll in Anspruch genommen werden können,[7] während die Pfandsache zu

4 Eher könnte man das in der Hugolinus-Glosse (sc. zu *redditur*) finden, wo aber doch auch durch das *autem* eine Präferenz für das von Johannes Gesagte immerhin anklingt.

5 Die den azonischen Apparat überliefernde Hss haben diesen Zusatz so, wie er hier wiedergegeben ist (abgesehen von den reinen Allegationen, s. zu diesen noch hier u. N. 14) – ausgenommen nur Stockholm, wo der Apparat aus vier (jeweils mit der Azo-Sigle versehenen) Glossen besteht, nämlich aus: (1) *ex cautione enim pendet obligatio et eius probatio. pignus vero est eius accessio.* (2) *cum in cautione tacite continetur obligatio et actio*, sowie die beiden hier als (1) und (3) bezeichneten Glossen – es fehlt mithin die gl *et est ratio*; zur Erklärung der *diversitas* zwischen *cautio* und *pignus* ist hier vorhanden nur und scheint also Azo zunächst nur notiert zu haben, was dazu in der *antiqua glosa* (s. dies hier u. N. 8) vorhanden war. Die Ansicht des Johannes, die ihm doch schwerlich unbekannt gewesen sein kann, wäre ihm also zunächst nicht erwähnenswert gewesen? Es spricht doch wohl mehr dafür, dass die Gestalt, die der azonische Apparat in Stockholm hat, einer Bearbeitung des Apparats zuzurechnen ist – einer Bearbeitung, die auch noch anderenorts sichtbar ist, s. hier u. im Abschn. XII im Text nach N. 28.

6 Wofür die Belege, die im weiteren Verlauf dieser Untersuchung sich häufen werden, hier anzuführen sich erübrigen wird.

7 Dass das Haben des Schuldscheins immerhin diesen Nutzen hat, dürfte das sein, worum es – in der azonischen Glosse – mit *nec ergo* etc. geht und was in der *gl. ord.* dann deutlicher gesagt ist. Die entsprechende Stelle bei Hugolinus ist mir i. fi. rätselhaft: *plaustrum* etc. – sagt das noch Johannes? Die *gl. ord.* hält sich jedenfalls, auch in den Allegaten, an Azo.

besitzen, für ihn noch eine andere *utilitas*: ein anderes Interesse haben kann. Gebührt also, auch nach Azos fortgeschrittener Meinung, der Erklärung, wie sie in der gl *et est ratio* gegeben ist, der Vorzug, dann empfiehlt es sich, das dem Leser auch expressis verbis zu sagen. Dass dies aber dergestalt gesagt wird, wie es in der *gl. ord.* geschieht, indem nämlich die von Azo zunächst (mit *quia* etc.) gegebene Erklärung nun als die Erklärung des Irnerius und des Martinus deklariert,[8] ihre Wiedergabe verkürzt[9] und sie sogar als ›falsch‹ bezeichnet sowie die vorzugs-

8 Die Sigle, die – außer der des Martinus – die Hss mit der 1. Version des Textes der *gl. ord.* haben, ist fast überall *y* (= Irnerius), selten *p* oder ein bei flüchtigem Hinsehen als *p* zu lesendes *y*; wann daraus das *H* der gedr. Ausgg. (Iuntas 1591, a Porta 1557 und 1552, Seneton 1551, Fradin 1531, Blaublomm 1523, de Tortis 1492, Herbort 1482, hingegen *h* Clayn 1476, Koburger 1482, eher *b* als *h* Jenson 1478/80) geworden ist, inwieweit bereits in den Hss, ist nicht ohne weiteres zu sagen: *y* bzw. *yr* haben noch Hss mit einem sonst weit fortgeschrittenen Text wie Bamberg 13, Stuttgart, Salisbury, Subiaco, dagegen eindeutig *h* Darmstadt, *by* Brüssel 5671 (wo *b* auch als *h* gelesen werden kann, wie zuvor auch *m* als *az*). Dass tatsächlich bei Azo in dessen gl (1) wie auch bei Hugolinus im 1. Stück seiner gl zu *redditur* dasjenige rezipiert ist, was Martinus und wie dieser auch bereits Irnerius angenommen haben, ist aber doch wohl als sicher anzunehmen. Es ist dies aus den die *antiqua glosa* überliefernden Hss, die mir zur Verfügung stehen, allerdings nur mit einem Aufwand darzutun, der aus dieser Fußnote eine wahre Abhandlung machen würde, s. dazu meine in ZRG (RomA) 134 (2017) erschienene ›Irnerius' Sigle‹ betreffende Arbeit, aus der hier wenigstens dies mitgeteilt sei: Die Sache ist vorhanden in Vatikan 1405, Stockholm, Padua, München 3887 und Troyes 174 wie folgt: *ideo reddito cyrographo liberatio magis contingit quam reddito pignore quia in cyrographo tota vis* (Stockholm: *vis* [*ius*?] *totius*) *obligationis consistit et* (*sed*?) *in pignore non, quia accessio est alterius obligationis contracte vel contrahende*, dasselbe interlinear in Vatikan 2705 und (nach dem, was dort noch lesbar) in Torino F II 14, sowie geringfügig anders, teils verkürzt, teils durch den Zusatz: *sublata ergo cautione tollitur obligatio* erweitert, in Alençon 173, Vatikan 1408, London 11 C III und Gent. Die Sigle des Irnerius ist hierzu nirgends vorhanden, aber auch nicht diejenige des Martinus – insofern mit der einen Ausnahme in München 3887. Indessen ist aber doch in Hinsicht auf *antiquae glosae*, wenn sie ungesigelt und zudem interlinear vorhanden sind, die Vermutung begründet, dass sie jedenfalls in ihrer Substanz auf Irnerius zurückgehen, der als der erste, der zu den *leges* jedenfalls der Digesten überhaupt Glossen geschrieben hat, diese mit seiner Sigle zu versehen doch noch keine Veranlassung gehabt haben wird, worauf in der hier soeben genannten Arbeit zurückzukommen sein wird.

9 In zweifacher Hinsicht: 1. Azos Zusatz zu seiner Wiedergabe der *antiqua glosa* am Ende seiner gl (1): *potest tamen* etc. ist hier gestrichen: der Zusatz findet sich in der *gl. ord.* wieder als eine eigene gl zu *nisi specialiter* – in der Position mithin, in der dieselbe Aussage auch Hugolinus hat und dort versehen auch mit dessen Allegaten. 2. aus Azos sehr komprimierter Wiedergabe der *antiqua glosa* fehlt *totius* (vor *obligationis*) – weil sich dies nicht mit der Aussage der gl zu *nisi specialiter* verträgt? Zu bemerken ist hier ferner, dass in seiner Wiedergabe der

würdige Ansicht Johannes zugeschrieben wird – dies könnte teils, nämlich bezüglich der Autorschaft des Johannes, auf dem Zeugnis des Hugolinus beruhen,[10] und ist im Übrigen begreiflich aus dem Eifer des Schülers, der, damit es ganz deutlich ist, die Ansicht, die sein Lehrer und dessen Lehrer durch eine trefflichere zu ersetzen unternommen haben, geradezu als falsch bezeichnet. Die zu diesem *falsum* gegebene Begründung lässt dann allerdings dasjenige, was deutlich gemacht werden soll, rätselhaft werden: falsch soll sein *hoc*, also die vorangehende Aussage, d.i.: *in cautione ius/vis consistit obligationis (non) in pignore*. Mithin kann *hoc falsum quod* nicht gelesen werden als: dies ist falsch weil, sondern: dies, nämlich dass (*quod*!) *in scriptura sit vis/ius obligationis*. Die Begründung, warum dies von Irnerius und Martinus Gesagte falsch sein soll, kann sich also erst aus dem nun folgenden Allegat von *infra de pign.* etc. – D 20,1,4 ergeben. Die Stelle betrifft das besitzlose Pfandrecht und die Form des zu dessen Bestellung erforderlichen *pactum*: dass dieses formlos geschlossen werden kann und dass, wenn es in schriftlicher Form geschlossen wird, die *scriptura* nur zur Erleichterung des Beweises der Verpfändung dient. Von der *cautio* genannten Urkunde ist in der Stelle gar keine Rede, und dass die Errichtung einer dem Beweis dienenden Urkunde allein zur *cautio* gehöre und nicht auch bei der Bestellung eines Pfandes vorkomme, ist nicht dasjenige, was Irnerius und Martinus gesagt haben. Was also soll an dem, was sie sagen: bei der Verpfändung kommt zu der gesicherten Obligation noch ein weiteres Rechtsverhältnis hinzu; bei der *cautio* gibt es nur die Obligation und ist diese – und nichts weiter! – in der *cautio* genannten *scriptura* – was soll daran falsch sein? Es geht hier um einen der (wie sich im Weiteren zeigen wird) vielen Fälle, in denen das, was Accursius seiner Vorlage substantiell von sich aus hinzu tut und worin also zu der *gl. ord.*, über die dem Apparat gegebene neue Form hinaus, sein Beitrag besteht, nur die Höflichkeit gebieten kann, schweigend hinweg zu gehen. Es ist diese Zutat hier wahrlich eine quantité negligeable.

antiqua glosa Azo *continetur* sagt, hingegen die *gl. ord.* wie die *antiqua glosa* und der diese unverkürzt wiedergebende Hugolinus *consistit*. Im Übrigen bleibt zu *vis/ius* (weder das eine noch das andere in Alençon) noch darauf hinzuweisen, dass, wenn *v* – mittelalterlich – als *u* geschrieben wird, *vis* und *ius* leicht zu verwechseln sind, das ursprüngliche dürfte – wegen *tota*! – *vis* sein.

10 Die hier o. N. 8 wiedergegebene Glosse fährt in Troyes sowie geringfügig verkürzt in Alençon nach contrahende fort: vel ideo quia cyrographum ad aliter prodesse non potest nisi ad liberationem. pignus autem potest prodere ad aliud. job. (secundum job. in Alençon), was ich außer in diesen beiden Hss nirgendwo sonst gefunden habe. Aber auch insofern kann, auch geht es um eine Johannes-Glosse (s. dazu o. in N. 1), die Quellenlage für Accursius eine bessere gewesen sein.

B. l. 24 D 22,3:

Modestinus l. 4 regularum: Si chirographum cancellatum fuerit, licet praesumptione debitor liberatus esse videtur, in eam tamen quantitatem, quam manifestis probationibus creditor sibi adhuc deberi ostenderit, recte debitor convenitur.

Ist zum Fall der Rückgabe der Schuldurkunde (der *cautio*, des *chirographum*) durch den Gläubiger an den Schuldner ein analoger oder doch nennenswerter Fall die Durchstreichung dieser Urkunde: deren Veränderung in einer Weise, durch die zum Ausdruck gebracht zu werden pflegt, dass sie nicht (mehr) gelten soll, also deren, um die Sache auf ein Wort zu reduzieren, Cancellierung? Um diesen Fall geht es in D 22,3,24 – *si chirographum*, und das dort Gesagte klingt so oder kann doch so gelesen werden, als sei bei einer Cancellierung der Schuldurkunde die Vermutung der Befreiung des Schuldners begründet.[11] Diese Stelle steht in der Mehrzahl der Hss, die den azonischen Apparat überliefern, unter den – auf unsere ll. 2 und 3 (D 2,14) zu beziehenden – reinen Allegationen;[12] gesagt ist zu dieser Stelle von Azo nichts.[13] Unter seinen Allegationen hat diese Stelle auch Hugolinus und dieser zudem – bezogen auf *redderim* (in l. 2 D 2,14) – in der fortgeführten ›Pariser‹ Version seines Apparats (und also nicht in Seo und London!) die hier mitgeteilte, auf D 22,3,24 gestützte Glosse, und um diese Stelle sowie um die anderen bei Azo und Hugolinus allegierten Stellen[14] geht es

11 Es kommt allerdings darauf an, wie in der hier oben wiedergegebenen Litera *licet* zu lesen ist: ›mag es auch sein dass‹, ließe offen, ob die Cancellierung wirklich zur Begründung der Vermutung, dass der Schuldner befreit ist, hinreicht, was hingegen anders ist, wenn *licet*, wie von Knütel und Spruit, der Sinn von: obgleich/hoewel gegeben wird, s. hierzu noch u. N. 21.

12 Sie fehlt dort in Bamberg und Gent, sonst ist sie überall – sei es im Apparat, sei es da, wo dieser einer älteren Glossierung hinzugefügt ist, s. dazu hier u. N. 14, als *antiqua glosa* – vorhanden, in München 14028, Amiens und Paris 4459 bezeichnet als *si a* – das *a* ist sicher in *ci* aufzulösen, was perfekter eine spätere Hand in Paris 4459 getan hat: *si cirographo*. Anderenorts (als in den Hss des azonischen Apparats) ist *si cyrographum* als eine *lex* im Titel *de usuris* angeführt (so in Paris 4450 und wohl auch in den Hugolinus-Hss in Seo und Paris), wo es indessen eine so oder so ähnlich beginnende *lex* nicht gibt – fehlt die Stelle in Bamberg und Gent also nicht deswegen, weil dies bemerkt worden ist? Sie fehlt übrigens auch in der Londoner Hugolinus-Hs unter den dort von alter Hand geschriebenen Allegaten.

13 Bei der Stelle, sc. l. 24 D 22,3, selbst hat der azonische Apparat ebenfalls nur Allegationen, nämlich diejenige unserer l. 2 D 2,14 sowie C de lat. li. etc – 7,6,11 und zu dieser (und n.b. nur zu ihr!) ist vermerkt, dass ihre Aussage *contra* zu dem in l. 24 Gesagten sei.

14 In den Hss, in denen der azonische Apparat einer älteren Glossierung hinzugefügt ist (s. zu diesen Hss MG bei und in N. 23), befinden sich diese Stellen als reine Allegate in der älteren Glossierung – so in Gent, München 3887, Stockholm, Vatikan 1408 sowie ebenda auch 2512, im Übrigen: in Amiens, Arras,

auch in der *gl. ord.* in deren gl zu *non dubium*, nachdem darin die *diversitas* zwischen der Rückgabe der *cautio* einerseits und eines Pfandes andererseits erledigt ist, also nach dem 2. in diese Glosse hier eingefügten Absatz, beginnend mit: *item quid*.

Bevor von diesen Differenzen zwischen unseren drei Apparaten zu handeln ist, wird es nicht unangebracht sein, sich des juristischen Verhältnisses dieser beiden Fälle: Rückgabe der *cautio*/des *chirographum* einerseits und deren Cancellierung andererseits zu vergewissern. Die Frage nach der Analogie dieser beiden Fälle stellen, heißt doch wohl sie verneinen. Die Rückgabe der Schuldurkunde als ein Akt, an dem Gläubiger und Schuldner einen gleichen Anteil haben, in dem sie zusammen kommen, konsentieren, ergibt von selbst die Frage, was ihrer beider Zweck, der Inhalt ihres Konsenses ist. Die Cancellierung der Schuldurkunde hingegen ist ein einseitiger Akt dessen, der sie vornimmt. Sie mag veranlasst, es mag für sie das Motiv sein, dass der Gläubiger die Leistung des Schuldners erwartet, dass er diesem die Schuld erlassen will, oder dass das eine oder das andere stattgefunden hat. Aber mit dem Akt selbst geht nicht wie mit der Rückgabe ein Konsens zwischen Gläubiger und Schuldner einher. Es handelt sich mithin im Verhältnis von Rückgabe und Cancellierung um zwei nicht auf eine Reihe zu bringende Fälle, von denen nur der eine in die Lehre vom *pactum* gehört, der andere hingegen, indem die Cancellierung der Urkunde deren Beweiswert trifft, bloß in die Lehre vom Beweis gehört und von denen, wenn man sie überhaupt zusammen bringt, nur zu sagen ist, dass die Beurteilung des einen Falls nichts für die Entscheidung des anderen ergibt. Man kann darum auch durchaus von dem einen handeln, ohne zu dem anderen etwas zu sagen – also so verfahren, wie Hugolinus das – ausweislich der Überlieferung seines Apparats in Seo und London – zunächst getan und wobei Azo es belassen hat, indem in seinem Apparat nur der Hinweis gegeben ist,[15] dass von der *cautio*, als *chirographum* bezeichnet, auch im Titel *de probatione* l. 24 und vom Beweiswert der Cancellierung einer Urkunde auch in C 7,6,11 die Rede ist, und es so, indem dazu nichts ausgeführt ist, es dem Benutzer seines Apparats überlassen ist herauszufinden, dass jener beweisrechtliche Fall mit diesem Exempel eines stillschweigend geschlossenen *pactum* in keinem entscheidungserheblichen Zusammenhang steht.

Bamberg, München 14028, Paris 4459 und 4463 sind sie ebenfalls als reine Allegate in den azonischen Apparat integriert (besser/vorsichtiger gesagt: von der Hand geschrieben, die diesen schreibt).

15 Durch Aufnahme des in der *antiqua glosa* hier, sc. bei D 2,14,2/3 vorhandenen Allegats von l. 24 D 22,3 in seinen Apparat.

Derart benutzerunfreundlich wie Azo zu verfahren,[16] ist nicht die Sache seines Schülers: Zu Accursius' Programm für die Bearbeitung des azonischen Apparats gehört die Beseitigung aller reinen Allegationen durch deren Umarbeitung zu lemma-bezogenen, das Allegat erläuternden Glossen mittels Angabe des dem Allegat zu entnehmenden *argumentum*, durch Ausführung, wenn die allegierte Stelle *contra* ist, der *solutio* dieses *contrarium*. Schon darum musste er hier, sc. bei unseren ll. 2 und 3 über Azo hinausgehen und zu der hier vorhandenen l. 24 – *si chirographum* D 22, 3 etwas sagen. Aber er musste deswegen nicht auch, ja er durfte, streng genommen, hier nicht auch etwas sagen zu dem Verhältnis dieser l. 24 zu C 7,6,11. Von der Sache her, die in diesen beiden Stellen eine rein beweisrechtliche ist, hätte es sich gehört, das *contrarium* zwischen beiden aufzulösen, wenn nicht bei der Codexstelle, dann doch im Titel *de probationibus* etc. eben bei l. 24 – im Hinblick darauf, dass ebenda für den Fall eines *chirographum cancellatum* von einer *praesumptio*, dass der Schuldner befreit sei, die Rede ist. Die Auflösung dieses *contrarium* gehört nicht in die Lehre vom *pactum*; sie ist bei unseren ll. 2 und 3 D 2,14 buchstäblich deplaziert. Und dies spricht dann doch wohl dafür, dass Accursius zu dem, was er zur Auflösung dieses *contrarium* hier ausführt, durch dasjenige veranlasst worden ist, was im Apparat des Hugolinus in dessen gl zu l. 2 – *redditur* zu lesen ist und wovon er, sc. Accursius der Meinung gewesen ist, es sei dieser Fall der *cautio cancellata* ausführlicher zu erörtern, als Hugolinus das getan hat. Wie in dessen Glosse, so ist, wie hier noch zu bemerken ist, auch in der *gl. ord.* in Hinsicht auf diese *cautio cancellata* von einem *inveniri* die Rede und dieser Gleichklang: das Vorhandensein dieses – n.b. nicht durch die Litera vorgegebenen Wortes! – in beiden Apparaten ist doch schwerlich ein Zufall, ist mithin zwar nicht schon der Beweis, aber doch ein weiteres Indiz dafür, dass das von dem Einen Gesagte eine Reaktion auf dasjenige ist, was dieser bei dem Anderen gelesen hat – ein Indiz für eine – wie auch immer geartete – Abhängigkeit.

Die Glosse des Hugolinus ist in der Tat sehr knapp gehalten; sie ist eine eher flüchtige als gründliche Erörterung dieses Falles einer *cautio cancellata*. Es ist in

16 Gewiss ist nicht auszuschließen, dass Azo die Absicht hatte, bei späterer Gelegenheit auch die beweisrechtliche Frage hier (sc. bei l. 3 D 2,14) zu erörtern, und dass er dazu dann nicht gekommen ist. Es ginge dann hier um eine der zahlreichen Stellen, an denen sein Apparat sich als unfertig erweist. Das Material zu dieser Frage: die einschlägigen Stellen in den *leges*, hat Azo hier in den reinen Allegaten der *antiqua glosa* vorgelegen (s.o. N. 14, s. auch in Troyes, Paris 4450), und hat er selbst die Integration dieser Stellen in seinen Apparat (s. auch dazu o. N. 14) vorgenommen, ist das nicht erst bei Bearbeitung seines Apparats durch einen anderen geschehen, dann wäre an seiner Absicht, die beweisrechtliche Frage hier zu erledigen, auch kaum zu zweifeln. Dass er sie so erledigt hätte, wie sie dann Accursius erledigt hat, ist jedenfalls nicht zu sagen.

ihr – anders als in der *gl. ord.* – nichts gesagt zu der Frage, wie die Entscheidung in der allegierten l. 24 sich verhält zu derjenigen in C 7,6,11 – einer Stelle, die Hugolinus, auch steht sie nicht unter den Allegationen seines Apparats,[17] angesichts ihrer Präsenz in fast allen unseren die *antiqua glosa* überliefernden Hss schwerlich entgangen sein kann. Es ist ferner von Hugolinus jedenfalls expressis verbis nicht gesagt, wo die cancellierte Schuldurkunde *invenitur* – in wessen Hand sich diese befinden soll. Indessen ist seine Glosse in der l. 2 bezogen auf die Litera: (*si debitori meo*) *reddiderim*, und sie beginnt mit: *si autem*, wodurch doch einigermaßen deutlich ist, wie Hugolinus sich den Fall der *cautio cancellata* vorgestellt hat: die *cautio* ist nicht dem Schuldner zurückgegeben, aber sie ist cancelliert;[18] von den beiden Akten, die gebräuchlich sind, um der Befreiung von einer Forderung Ausdruck zu geben, ist nicht jener, sondern dieser als gegeben anzunehmen. Von der *cautio* nimmt also Hugolinus an, dass sie in der Hand des Gläubigers sich befindet, von diesem in den Streit um den Bestand der Forderung eingebracht wird, und dass sie *invenitur* – das kann in seiner Glosse also auch nur heißen: Es wird entdeckt/es erweist sich/stellt sich heraus, dass sie ungültig gemacht ist. Der Gläubiger aber, der, wenn er die Forderung geltend macht, dies unter Vorlage einer derart veränderten Urkunde tut, liefert dem Schuldner, seinem Gegner, der sich gegen die Inanspruchnahme aus der Forderung mit der Behauptung der Tilgung verteidigt, für diese einen Beweis – wie wenn er, sc. der Gläubiger das Bestehen der Forderung mit einer Schuldurkunde zu beweisen unternähme, auf der der Empfang der Leistung quittiert ist. Also ist zu diesem Fall auch zu sagen, was Hugolinus sagt: es gelte die Vermutung der Tilgung – eine Vermutung, die, weil nach der Tilgung die Cancellierung gebräuchlich sei, hier aus dem hervorgehe, was gewöhnlich geschehe, und es gelte die derart begründete Vermutung, solange nicht (*cui stabitur nisi*) ein anderes bewiesen werde. Es gilt dann aber auch nichts anderes als in dem Fall, dass es der Schuldner ist, der die Urkunde hat und dieser durch deren Vorlage für die Tilgung der Forderung dieses Beweismittel beibringt. Von diesem Fall, in dem das Beweismittel für eine Tatsache von demjenigen beigebracht wird, zu dessen Gunsten diese Tatsache wirkt, und der für sie die Beweislast trägt, ist bei Hugolinus keine Rede, weil für diesen Fall die Entscheidung selbstverständlicher als für jenen ist. Was in dessen Glosse wohl vermisst werden kann, ist die Harmonisierung dieser durch l. 24 – *si chirographum* belegten Entscheidung mit dem, was die Entscheidung in C 7,6,11 ist. Es geht dort um den Beweis der Freiheit, den ein Mensch, der ein Sklave

17 Weder in Seo noch in Paris, auch nicht in London unter den dort, hier wie auch sonst, nur von alter Hand vorhandenen reinen Allegaten.

18 Dass sie dem Schuldner cancelliert zurückgegeben worden ist, ergäbe keinen Sinn.

jedenfalls einmal gewesen ist, mittels einer Urkunde zu führen unternimmt, die an sich den Beweis seiner Unfreiheit erbringt, von der er aber behauptet, sie sei von seinem (ehemaligen) *dominus* ihm ausgehändigt oder in einer ihren Beweiswert zerstörenden Weise korrumpiert worden. Sowohl dieses, sc. die Korrumpierung als auch jenes, sc. die Übergabe der Urkunde an den Sklaven soll, so lautet die Entscheidung, nicht sozusagen leichtfertig angenommen werden: der Beweis dafür, dass diejenigen beiden Akte stattgefunden haben, deren Vornahme, wenn es n.b. um den Beweis der Befreiung von einer Forderung geht, deren Tilgung oder Erlass vermuten lassen, soll nicht genügen, wenn es um den Status der Freiheit eines Menschen geht. Es soll der Beweis *dieser* Freiheit erst geführt sein, wenn wenigstens fünf Zeugen bestätigen, dass das eine oder andere stattgefunden hat. Die Stelle ist mit dieser Aussage *contra* nicht eigentlich zu unseren die Beweisfrage nicht thematisierenden ll. 2 und 3 D 2,14. Sie ist *contra* zu D 22,3,24 – *si chirographum*; sie bedarf in dieser Hinsicht (und in jener nur, wenn man aus jenen *leges* etwas zu der Beweisfrage entnimmt) einer Erklärung. Aber indem sie bezogen: ihre Aussage beschränkt ist auf den Status der Freiheit eines Menschen, bestätigt sie, wenn auch nur indirekt, dasjenige, was aus unseren ll. 2 und 3 sowie aus der l. *si chirographum* für die Befreiung von einer Forderung sich entnehmen lässt: dass nämlich, wie die Rückgabe der *cautio* den Abschluss eines Erlasspactum, so auch die Cancellierung die Tilgung der Forderung vermuten lässt. Sie verschärft für jene – statusrechtliche – Freiheit die Anforderungen an den Beweis der Tatsachen, deretwegen die Vermutung der Freiheit begründet sein kann, und sie sagt nicht etwa, dass, wenn allein die Cancellierung der Urkunde (und nicht auch deren Übergabe an den Schuldner) stattgefunden hat, die Vermutung gar nicht, auch wird der Akt der Cancellierung durch den *dominus* von fünf Zeugen bestätigt, begründet sei. Da Hugolinus mit seiner gl zu *reddiderim* auf die beweisrechtliche Frage hier, sc. bei den ll. 2 und 3 D2,14 sich einlässt, hätte es sich für ihn gehört, hier: in dieser Glosse auch zu C 7,6,11 etwas zu sagen – zu erklären, wie diese Stelle zu der l. *si chirographum* sich verhält.

Was bei Hugolinus bezüglich des Falles der *cautio cancellata* vermisst werden kann und in Hinsicht auf C 7,6,11 in der Tat zu vermissen ist – beides liefert die *gl. ord.* Es geschieht dies in einer Weise allerdings, die den Zweifel, ob ihr Verfasser wirklich das von Hugolinus zu *reddiderim* Gesagte vor Augen gehabt hat, ob ihm dies beim Schreiben seiner Glosse präsent gewesen ist, eher nährt als beseitigt. Accursius gibt dem – hugolinischen – *inveniri*, indem er die beiden Fälle unterscheidet, dass die *cautio* in der Hand des Schuldners (*apud debitorem*) oder aber der des Gläubigers (*penes creditorem*) sich befindet, einen räumlichen Bezug, den dieses Wort, wie bemerkt, bei Hugolinus nicht hat. Zu jenem Fall, von dem Hugolinus, wie gesagt, expressis verbis gar nicht handelt, stellt Accursius die wunderliche Frage, ob das Haben der *cautio* die Vermutung begründe, dass sie dem Schuldner von dem Gläubiger zurückgegeben worden ist – die *cautio* im cancellierten oder nicht cancellierten Zustand.[19] Es wird damit gesagt, dass es, wenn der Schuldner die *cautio* hat, gar nicht darauf ankomme, ob sie cancelliert oder unversehrt ist. Es kommt darauf in der Tat nicht an in Hinsicht auf die Frage, ob aufgrund des Habens der *cautio* deren Rückgabe zu vermuten ist. Diese Frage ist, egal in welchem Zustand sich die *cautio* befindet, sicher zu verneinen. Die Art und Weise, wie ich zu etwas gekommen bin, was ich habe, ist durch dieses Haben nicht indiziert. Die gestellte Frage wird auch von Accursius verneint, aber von diesem mit dem nicht minder wunderlichen Zusatz: was *hic* (und dies ist die Stelle, bei der diese Glosse steht, also unsere l. 2 D 2,14) gesagt werde, sei richtig: die Befreiung von der Forderung sei (es wird zu ergänzen sein: nur) zu vermuten, wenn der Schuldner beweist, dass die Rückgabe stattgefunden hat. Und dafür (*pro hoc*: dass die Vermutung der Befreiung für den Schuldner nur streitet, wenn er für die Rückgabe einen hinreichenden Beweis erbringt) soll sprechen (*facit pro hoc*), es soll m.a.W. sich dies ergeben aus C 7,6.11 und *secundum hoc* soll zu verstehen sein l. 24 – *si chirographum* – was doch nur heißen kann: der Schuldner, der eine *cautio* hat, muss, auch ist diese cancelliert, deren Rückgabe beweisen; er kann die Vermutung der Tilgung nicht bloß auf die Cancellierung stützen; das in l. 24 – *si chirographum* Gesagte ist aufgrund von l. 2 D 2,14 und C 7,6,11 derart zu berichtigen. Der Defekt in dieser Argumentation liegt auf der Hand: Aus der Aussage *hic*, sc. in l. 2 D 2,14 ist, auch geht es in dieser Stelle gar nicht um die Beweisfrage, zwar zu entnehmen, dass der Schuldner, der die *cautio* hat, auch deren Rückgabe beweisen muss, um der Inanspruchnahme aus der Forderung mit Erfolg die *exceptio pacti* entgegensetzen zu können. Ist dieser Beweis geführt, dann ist im Zweifel anzunehmen, dass zwischen Gläubiger und Schuldner ein Erlasspactum abgeschlossen worden ist. Deswegen ist aber doch nicht dasselbe auch für den Fall von l. 24 D 22,3 anzunehmen, dass die bei dem Schuldner

19 Der Text der 1. Version ist, wie hier mitgeteilt: *cancellata vel non*; der Zusatz zu *non*, sc. *cancellata* ist gewiss eine nur stilistisch veranlasste und auch erst sehr späte *additio* (diese fehlt noch in Hss, in denen von den *additiones* sonst das meiste bereits in den Apparat integriert ist wie in Bamberg 13, Kopenhagen GKS, Stuttgart, Subiaco, anders B.-Kues 281, Brüssel 5671, diese beiden mit einem auch sonst sehr weit fortgeschrittenen Text. Es ist bei dieser *additio* jedenfalls nicht bedacht, dass mit dem *vel non* des Textes der 1. Version die Alternative gemeint sein könnte, dass die *cautio cancellata* nicht *apud debitorem invenitur*, also (wie es dann später heißt) *penes creditorem* ist. Hat Accursius in Reaktion auf Hugolinus sagen wollen, man müsse bei dem Fall der *cautio cancellata* unterscheiden und erörtern: die *cautio* befindet sich bei dem Schuldner oder nicht (*vel non*!) bei diesem, mithin *penes creditorem*, dann ist ihm diese Aussage allerdings stilistisch missraten und das von ihm Gemeinte mit der Ergänzung (zu *non*): *cancellata* verfälscht worden.

befindliche *cautio* cancelliert ist; es kann daraus, dass zum Beweise des stillschweigenden Abschlusses eines Erlasspactum der Beweis der Rückgabe der *cautio* gehört, nicht geschlossen werden, es bedürfe dieses Beweises, sc. der Rückgabe auch zur Begründung der Vermutung, dass die Forderung, wenn die *cautio* cancelliert ist, getilgt worden ist. Der Aussage in l. 24 zufolge soll allein der Cancellierung wegen, ohne dass also auch noch die Rückgabe bewiesen werden muss, die Vermutung der Tilgung der Forderung begründet sein können. So soll es, auch nach des Accursius Meinung, sein, wenn die *cautio* sich *penes creditorem* befindet, und wie soll dann ein Gleiches nicht gelten, wenn sie *apud debitorem* ist! Eben dies und nichts anderes ergibt sich auch aus jener Codexstelle, in der es um die beiden Fälle der Rückgabe der Beweisurkunde und deren Korrumpierung geht und die Vermutung der Freiheit für begründet erklärt wird, wenn nur das eine oder das andere – auf die verschärfte Weise – bewiesen ist.[20] Dass bei Cancellierung der *cautio* auch noch deren Übergabe gegeben und bewiesen werden muss – gerade *pro hoc* spricht nicht diese Codexstelle, und es spricht *pro hoc* auch nichts von dem, was in der *gl. ord.*, nachdem der Fall, *quod hic inveniebatur cancellata penes creditorum* erledigt ist, noch folgt. In all diesen nun noch folgenden Stellen geht es um Varianten zu dem Fall der Übergabe der *cautio* sowie um den Beweiswert der Übergabe, überall ist von der Cancellierung gar keine Rede, und es ist darum zu deren Beweiswert auch diesen Stellen schlechterdings nichts zu entnehmen.

Sollte es Accursius, so bleibt, angesichts der Unzulänglichkeit seiner Argumentation, noch zu fragen, etwa darum gegangen sein, in den *leges* einen Weg aufzeigen, auf dem daran vorbeizukommen ist, dass nach l. 24 D 22,3 die Vermutung der Tilgung einer Forderung als begründet erscheinen kann, wenn nichts weiter gegeben ist als die Cancellierung der für die Forderung existie-

20 Es gelte, so sagt Accursius im Anschluss an seine Harmonisierung dessen, *quod hic dicitur*, mit C 7,6,11, die Gelegenheit zu *insidiis* zu beseitigen, also der Gefahr vorzubeugen, dass die cancellierte *cautio* dem Gläubiger von seiner Ehefrau oder einem anderen entwendet und dem Schuldner gegeben wird, was diesem in der Tat nichts brächte, wenn zu der Cancellierung die Übergabe durch den Gläubiger an den Schuldner hinzu kommen müsste. Da C 7,6,11 dieses zusätzliche Erfordernis der Übergabe, wenn die Beweisurkunde korrumpiert ist, durchaus nicht ergibt, hängt alles an der anderen Stelle, die Accursius hier anführt: Inst. 2,16 (gemeint sein muss dort § 3): Auch dort geht es darum, *insidiis* vorzubeugen, aber das doch mit ganz anderen Mitteln und in dem gänzlich anderen Fall, dass ein Erblasser anstelle seines minderjährigen Erben diesem den Erben bestimmt und fürchtet, dieser sein Erbe werde, nachdem er Erbe geworden ist, *insidiae*, also Nachstellungen ausgesetzt sein. Welch ein Gedächtnis muss einer haben, dem bei Erörterung der durch D 22,3,24 und C 7,6,11 gegebenen Problematik diese Stelle in den Institutionen einfällt – und welch eine juristische Unbekümmertheit, um in die Entscheidung dieser Problematik diese Stelle einzubringen!

renden, hier *chirographum* genannten *cautio*? Ist seine Argumentation m.a.W. nicht eine versteckte Opposition gegen das Stück der Litera dieser l. *si chirographum*, in dem es scheinen kann, als sei dort diese Vermutung ausgesprochen, sc. gegen: *licet praesumptione debitor liberatus esse videtur*?[21] Nähme man dies an, es wäre dasjenige, was zu zeigen hier die Absicht ist: dass nämlich die Glosse des Hugolinus zu *reddiderim*, die auf nichts als auf diese Litera gestützt ist, bei der Arbeit des Accursius an dem über Azo in der Sache hinausgehenden Stück seiner gl zu *dubium non est* Pate gestanden hat, dass Accursius' Opposition sich, wie gegen jene Litera, so auch gegen den Gebrauch richtet, den Hugolinus von dieser gemacht hat – es wäre dies über die dafür bereits angeführten Indizien hinaus nur umso begründeter. Und es wäre dieses Stück der accursischen Arbeit auch von durchaus bemerkenswerter, weil nämlich von einer aus der juristischen Sache heraus bestimmten Qualität. Es verdiente mehr Respekt als in dem Fall, wenn diese Arbeit auch hier nur das Produkt des Bemühens ist, dem durch Azo Vorgegebenen eine benutzerfreundlichere Gestalt zu geben: dem Leser des Apparats, statt ihn mit reinen Allegaten abzuspeisen, mitzuteilen, was er in den allegierten Stellen zu welchem Stück der Litera lesen soll, und so ihm auch noch das vorzusagen, was jeder einigermaßen Kundige mit einiger Anstrengung auch selbst herausfinden könnte. In neuerer, der unsrigen unmittelbar vorhergehenden Zeit ist die Litera von l. 24 D 22,3 gerade in dem Teil, auf den die Vermutung der Tilgung einer Forderung bei Cancellierung des *chirographum* sich stützen lässt (und bei Hugolinus gestützt ist), der Interpolation verdächtigt worden – allen voran von Gradenwitz und von diesem, wie es sich in der Textkritik gehört, aufgrund der formalen Unzulänglichkeiten dieses Textstücks.[22] Hat also Accursius nicht etwas unternommen, was bei Außerachtlassung dessen, was in formaler Hinsicht anstößig ist, nur auf eine unzulängliche Weise gelingen konnte? Die Frage muss und kann hier, wo es darum geht, die Benutzung des Hugolinusapparats im Text der *gl. ord.* aufzuspüren und nachzuweisen, dahingestellt bleiben.

21 Sofern man *licet* im Sinn von ›obgleich‹ versteht, s. o. N. 11.

22 Gradenwitz ZRG RA 7 (1886), 75: es sei (wegen der Härte des zweimalige Vorkommens von *debitor*; weil die *praesumptio* der Befreiung kein Gegensatz zu dem Haften auf den Restbetrag sei) »leicht möglich«, dass *licet – esse* unecht ist; für Ferrini ›lo stile prova abbastanza l'alterazione‹; anderen ist der Indikativ (nach *licet*) anstößig, s. die Fundstellen im Index Interp. Sicher dürfte sein, dass mit *licet – esse* die Logik der Aussage verkehrt ist: der Schuldner kann, wenn der Gläubiger beweist, dass noch ein Restbetrag offen ist, auf diesen in Anspruch genommen werden – doch gerade deswegen, weil die Cancellierung für die Befreiung nur eine Vermutung begründen kann: *licet* (ob es nun zu lesen ist als ›obgleich‹ oder ›selbst wenn‹) ist, weil es in die Aussage einen Gegensatz bringt, verkehrt, der Einschub des ganzen Stücks nach meinem Empfinden eine schulmeisterliche Glosse.

III. Die Einbringung von Sachen in ein Miet-/Pachtgrundstück als Abschluss eines Verpfändungspactum – l. 4:

Paulus libro tertio ad edictum ... Item quia conventiones etiam tacite valent, placet in urbanis habitationibus locandis invecta illata pignori esse locatori, etiamsi nihil nominatim convenerit. Secundum haec et mutus pacisci potest. Huius rei argumentum etiam stipulatio dotis causa facta est: nam ante nuptias male petitur, quasi si hoc expressum fuisset, et nuptiis non secutis ipso iure evanescit stipulatio. idem Iuliano placet. Ex facto etiam consultus, cum convenisset, ut donec usurae solverentur sors non peteretur, et stipulatio pure concepta fuisset, condicionem inesse stipulationi, atque si hoc expressum fuit.

Während bei den ll. 2 und 3 die hier angenommene Abhängigkeit der *gl. ord.* (außer von dem azonischen Apparat) von demjenigen, was zu diesen *leges* Hugolinus sagt, spekulativ erscheinen mag, die Feststellung dieser Abhängigkeit zu treffen jedenfalls einige Mühe kostet, bedarf es derer fast gar nicht, ist vielmehr diese Abhängigkeit fast evident bei l. 4 betreffend das Pfandrecht des Vermieters/Verpächters an den in das Miet-/Pachtobjekt eingebrachten Sachen.

I. Die *gl. ord.* zu *item quia conventiones* sowie zu *illata*

Die Aussage im *principium* dieser Stelle, dass bei diesem Pfandrecht eine *tacita conventio* – auf eine hier im Folgenden noch näher zu bestimmende Weise[1] – von Belang sei, findet sich auch, und bezüglich eben dieser *tacita conventio* etwas anders ausgedrückt, in der Nerazstelle D 20,2,4 (– *eo iure*),[2] und hier wie dort ist die Aussage beschränkt auf städtische Wohnräume/Gebäude, was die Frage herausfordert, ob und wie es anders ist im Fall des Einbringens von Sachen in landwirtschaftlich genutzte Miet-/Pachträume oder dergleichen Gebäude.

Allein um diese Frage geht es im azonischen Apparat und das auch nur auf die denkbar knappste Weise: durch das Allegat nämlich von l. 4 D 20,2 sowie derjenigen Stelle, aus der sich auf diese Frage eine gewisse Antwort ergibt, d.i. C 4,65,5 (– *certi iuris*) – wonach dem Pfandrecht des Verpächters/Vermieters allein die mit dessen Willen eingebrachten Sachen unterliegen im Fall des von einem *colonus* (und insofern zur landwirtschaftlichen Nutzung) gepachteten Grund-

1 Dass *conventiones* auch durch einen *tacitus consensus* zustande kommen können, ist n.b. bereits in l. 2 (– *Labeo ait*) gesagt – von Paulus 3 ed., von dem auch und auch aus demselben Buch unsere l. 4 stammt.

2 ... pignori esse ... quasi (!) id tacite convenerit.

stücks, hingegen im Fall der Vermietung einer *domus* (cum grano salis also eines städtischen Gebäudes) es darauf, dass der Vermieter von der Einbringung (auch nur) Kenntnis hat, nicht ankommen soll.[3] Hugolinus (in der in Paris überlieferten Version seines Apparats) und die *gl. ord.* gehen insoweit beide über Azo nur unwesentlich: bloß formal hinaus, indem sie das, was Azo den Lesern seines Apparats in den allegierten Stellen zu finden überlässt, ausführen, die Allegate in lemma-bezogene Glossen umformen,[4] was, wie gesagt, in der *gl. ord.* mit den reinen Allegaten der *antiqua glosa* und des azonischen Apparats durchweg geschieht und wozu also Accursius nicht erst dadurch gebracht sein wird, dass ebenso auch Hugolinus hier verfährt. Aber hierbei hat es weder bei Hugolinus noch in der *gl. ord.* sein Bewenden, indem beide zu l. 4pr noch je eine Glosse haben zu *quia* und *invecta/illata*:

3 Ebenso, sc. die Beschränkung auf die beiden Allegate im Hugolinus-Apparat in Seo und London. Im azonischen Apparat sind die beiden Allegate da, wo dieser Apparat einer älteren Glossierung hinzugefügt ist, Bestandteil der von der alten Hand geschriebenen Kette reiner Allegate; sie sind in den azonischen Apparat rezipierte *antiquae glosae*, was dadurch ersichtlich ist, dass der einen oder der anderen (in Stockholm, wo sie nicht direkt untereinander stehen, beiden) von der den azonischen Apparat schreibenden Hand meist die azonische Sigle hinzugesetzt ist, und so auch noch in den Hss, die nur den azonischen Apparat überliefern: Arras 586; Bamberg 11; München 14028; Paris 4451, 4459, 4463; Vatikan 2512. Ob die Rezeption der Allegate durch Azo selbst oder erst durch einen Bearbeiter seines Apparats stattgefunden hat, ist auch hier zweifelhaft: die Azo-Sigle fehlt zu den beiden von der alten Hand geschriebenen Allegaten in Gent und Vatikan 1408 und überall – außer in Gent und München 3887 – ist l. 4 (D 20,2) auf eine unidentifizierbare Weise: *excone/exconven* oder so ähnlich bezeichnet. Wer dazu die azonische Sigle oder dies als azonisches Allegat geschrieben hat, hat das Richtige, sc. *eo iure* nicht gekannt, was doch von Azo schwerlich annehmbar ist.

4 S. die *gl. ord.* zu *urbanis*; Hugolinus in Paris (zu Amiens s. hier o. in der Einleitung N. 5) zu *locatori*: *etiam ignoranti. in rusticis desideratur scientia ut C locati. certi*. Das andere Allegat, sc. l. 4 D 20,2 ist also in diese Glosse, anders als in die *gl. ord.* zu *urbanis*, nicht aufgenommen; es fehlt aber in Paris, wo aus dem Titel 20,4 nur eine dort nicht existierende l. *non solum* allegiert ist, überhaupt, was irritiert, da sie in Seo, auch in London vorhanden ist. Ich lasse beiseite, dass dem von Hugolinus Gesagten eine vermutlich auf Irnerius zurückgehende Glosse zugrunde liegt, wie ersichtlich ist etwa in Vatikan 1408, wo auch in dem dort der *antiqua glosa* beigeschriebenen azonischen Apparat die Vorlage zu der *gl. ord.* zu *urbanis* vorhanden ist.

Hugolinus	*Gl. ord.*
quia:	item quia conventiones:
hoc verbum determinat verbum placet, sic(ut?) diximus s. e. l. labeo secundum job.	lege ita: item conventiones etiam tacite valent, quia placet etc. vel dic. recte et subaudi: nec in aliis maior est ratio, ergo et hic idem, ut dixi supra e. l. labeo § sed.
invecta:	illata:
ut perpetuo ibi sint i.e. quamdiu ibi conductor manebit ut infra de pign. epto(!). item intellige hic de rebus coloni non de alienis, nisi dominus consenserit illationi et per hoc pignori. sed quid, si pupillus res, que sine decreto obligari non possunt, intulerit? Resp.: eas non fore obligatas. et idem dico, si alias intulerit sine tutoris auctoritate s(f?)n. et sic non plus valeat tacitus consensus etiam a lege presumptus quam expressus.	ut perpetuo ibi sunt, i. e. quamdiu ibi conductor manebit ut infra de pign. l. debitor. item hoc accipe de rebus coloni vel inquilini, non alienis, nisi alias domini consentiant illationi et per consequens tacitae obligationi. sed quid, si pupillus intulit res, quae sine decreto obligari non possunt? Resp.: non possunt obligari tacite. idem dico de aliis, quae possunt sine decreto obligari, si tamen non intervenit tutor illationi. ne plus valeat tacitus consensus quam expressus.

Die Glosse zu *invecta* ist im Hugolinus-Apparat allein in Paris. Es gibt in Seo und in London zu *invecta* (oder *illata* oder zu einem anderen Wort in der Litera von l. 4) auch kein Bezugszeichen, weswegen auszuschließen ist, dass der in Seo tätige Kopist eine Glosse, die in seiner Vorlage vorhanden war, übersprungen hat oder dass die in der Vorlage vorhandene Glosse später durch Rasur beseitigt worden ist. Dann aber steht jedenfalls hier außer Zweifel, dass es sich bei dem Apparat, wie ihn Paris hat, im Verhältnis zu dem in Seo und London vorhandenen um eine bearbeitete, ergänzte Version handelt. Und es steht des Weiteren fest (und wird sich im weiteren Verlauf dieser Untersuchung immer wieder bestätigen), dass es diese – bearbeitete – Version ist, die Accursius bei seiner Erweiterung des azonischen Apparats vorgelegen hat. Denn daran ist doch nicht zu zweifeln, dass die *gl. ord.* zu *illata* von Hugolinus' Glosse zu *invecta* eine Kopie ist. Es handelt sich um eine Kopie, die allerdings, wie das auch im Verhältnis des Accursius zu Azo-Glossen immer wieder zu beobachten ist, den kopierten Text zugleich redigiert: einzelne Worte durch Synonyma ersetzt (z.B. *intellige/accipe*), fehlende ergänzt (wie die *inquilini* zu den *coloni*), das Gesagte etwas verdeutlicht, also verbessert (wie im Schlussstück: *et idem dico* etc.). Es werden hier nicht alle Veränderungen durchgenommen werden müssen, um von dieser Art des Kopierens sagen zu können, dass der Kopist, indem er dem kopierten Text etwas von sich aus hinzutut, sich diesen gewissermaßen zu eigen macht und so ein gutes Gewissen dabei haben mag und wohl haben auch kann, wenn er zu seinem Produkt die Sigle des Verfassers seiner Vorlage weglässt. Man muss deswegen nicht gleich von einem Plagiat sprechen, und man darf allerdings auch nicht meinen, alles, was in der *gl. ord.* ohne Anführung einer anderen Sigle als derjenigen des Accursius sich findet, sei dessen eigener Beitrag zu dem Apparat, den wir auch den accursischen nennen.[5]

Was diese Glosse zu *invecta/illata* betrifft, so bleibt im Blick auf den azonischen Apparat und dessen relative Qualität (in Relation zur Qualität des Hugolinus-Apparats und der *gl. ord.*) noch die Frage, von welchem Gewicht das Fehlen bzw. Vorhandensein dieser Glosse ist. Dass zu den Fragen, um die es in dieser Glosse geht: wie ist der Tatbestand des Einbringens exakt zu begrenzen? wie ist es, wenn der Mieter Sachen einbringt, die ihm nicht gehören? wie im Fall des Einbringens durch einen *pupillus*? – dass zu all dem, wozu die Antworten doch nicht trivial sind, ein Kommentator schweigt, ist nicht per se ein Fehler seines Apparats – ein Fehler, den Accursius, dem von Hugolinus gegebenen Vorbild folgend, ausgebessert hätte. Ist der Kommentar ein lemmatischer, wie es in ihrem Ursprung die Glosse überhaupt ist,[6] und hält sein Verfasser sich strikt an das Prinzip eines solchen Kommentars, dann gehört es sich für ihn in seiner Arbeit, dass er sich strikt auf das beschränkt, was zum Verständnis der Aussage der jeweils gegebenen Stelle gehört, und sollte es sein, dass, indem er in dieser Beschränkung voranschreitet, Fragen unbeantwortet bleiben, auf die ein Benutzer des Kommentars eine Antwort sucht, dann liegt der Fehler nicht in der Arbeit des Kommentators, vielmehr in dem kommentierten Text, dessen Lücken sich in dem Kommentar, wenn dieser strikt lemmatisch ist, unvermeidlich fortsetzen. Die Beantwortung solcher Fragen gibt daher dem Kommentar eine andere Dimension; es wird im Benutzerinteresse das Prinzip des lemmatischen Kommentars verlassen. Dass Azo – hier! – das Prinzip des lemmatischen Kommentars noch strikter handhabt und eben auch insofern benutzerunfreundlich verfährt, ist alles, was zum Fehlen der Beantwortung der Fragen, wie sie bei Hugolinus und in der *gl. ord.* stattfindet, hier zu sagen ist. Denn um

5 Das Fehlen speziell der Hugolinus-Sigle, die in der *gl. ord.* ja durchaus vorkommt, ist nicht etwa damit zu erklären, dass sie wie auch andere ›fremde‹ Siglen bei der Abschrift des Textes der *gl. ord.* verloren gegangen sein könnten (s. diese Vermutung bei Lange, Röm. Recht im Mittelalter, 1997, 361). Aus meiner Kenntnis der Hss mit der ursprünglichen Version des Textes der *gl. ord.* kann ich nicht einen einzigen Fall nennen, in dem das so wäre. Was hingegen wohl begegnet, ist die Verwechslung von Siglen: dass namentlich die Sigle des Martinus für die azonische (s. dazu bereits MG N. 496 sowie hier u. im Abschn. V N. 43) oder das *y* des Irnerius für *p(ilius)* gehalten wird. Man kann sich in der *gl. ord.* angesichts des gar nicht seltenen Vorkommens der Sigle des Hugolinus und des noch häufigeren Vorkommens der Azo-Sigle allerdings fragen, ob das Anbringen und das Weglassen dieser Siglen nicht einer Regel folgt, worauf ich indessen keine Antwort parat habe. – Auf die Frage des plagiatorischen Charakters der accursischen Arbeit wird zurückzukommen sein, s. hier u. im Fazit im Text nach N. 17.

6 Zum Begriff des lemmatischen Kommentars s. bereits MG N. 15.

zu verstehen, was unsere l. 4 sagt, ist doch die Antwort auf keine dieser Fragen von irgendeinem Belang.

Um das rechte Verständnis dieser Aussage muss es – nach der Information, die Hugolinus in seiner Glosse zu *quia* gibt – Johannes Bassianus gegangen sein: *quia* (womit nach der überleitenden Floskel *item* in der Litera die Aussage dieser *lex* beginnt) determiniere (also: bestimme, begrenze?) das Verbum des Hauptsatzes *placet*, wie in l. 2 – *labeo* gesagt sei. Es ist doch nicht gut möglich, dass das, was in der *gl. ord.* zu diesem *quia* gesagt ist, unabhängig ist von dieser von Hugolinus referierten Bemerkung des Johannes. Was mit diesem *determinare* gemeint ist, ist in der Tat schwierig; es war dies Accursius schwierig, aber doch bedeutend genug, um es nicht – wie n.b. Azo! – überhaupt zu übergehen. Und so unternimmt Accursius einen Versuch, in diese Bemerkung einen Sinn zu bringen – einen Versuch, den er offenbar selbst nicht für gelungen gehalten hat. Er gibt zwei Erklärungen und überlässt seinem Leser, den er sonst so freundlich bedient, hier die Wahl, welche ihm zusagt. Ich kann nur sagen: ich verstehe beide nicht. Das *quia* am Anfang wegzulassen und vor *placet* einzufügen – wie sollte Johannes der Meinung gewesen sein können, dadurch in die Aussage dieser *lex* mehr Licht zu bringen, als in ihr ist? Der Anfang, der nun, wenn *quia* hier gestrichen ist, der Hauptsatz ist, würde noch einmal sagen, was zuvor, nämlich in l. 2 mit *sed etiam – intelliguntur* schon gesagt ist, und es wäre diese Aussage nun darauf gestützt: es wäre für sie der Grund, dass anerkannt sei, es entstehe für den Vermieter ein Pfand an den eingebrachten Sachen. Umgekehrt, also mit *quia* am Anfang, sodass die Möglichkeit eines stillschweigenden Vertragsschlusses die Annahme begründet, dass an den eingebrachten Sachen für den Vermieter ein Pfandrecht entsteht – so herum und also der Überlieferung gemäß ist es plausibler. Ob Accursius dies mit seiner Alternative: *vel dic recte* etc., in der ich *nec in aliis maior est ratio* gar nicht verstehe, gemeint hat, muss ich dahingestellt sein lassen. Und dahingestellt bleibt damit auch, was Johannes eigentlich hat sagen wollen und Hugolinus, indem er es *secundum joannem* mitteilt, vielleicht verstanden hat. Es wäre für ihn aber wohl auch nicht untypisch, wenn er das Rätsel, das auch ihm die Bemerkung des Johannes ist, mit dem Vorbehalt, dass es dazu noch etwas zu sagen gelte, an seine Leser oder Hörer weitergegeben und dann erst Accursius diesen Vorbehalt eingelöst, dem Leser eine gewisse Hilfe zu bieten unternommen hätte. Zu bemerken ist insoweit nur noch dies:

Paulus, aus dessen 3. Buch seines Ediktskommentars der Text unserer l. 4 wie auch derjenige der l. 2 stammt, wird es um mehr gegangen sein als bloß um eine Wiederholung der im Text von l. 2 bereits gemachten Aussage, um mehr auch als um die Anführung eines weiteren Beispiels für die Aussage, es sei möglich, einen Vertrag auch stillschweigend, konkludent zu schließen. Mehr als dies ist in l. 4 gesagt, wenn man darin liest: Weil Verträge auch stillschweigend geschlossen werden können, deswegen können sie auch einen Inhalt haben – sie können, besser gesagt, mit einem Inhalt gültig sein (*valere*!), über den nicht im Einzelnen gesprochen worden ist; es kann die Verpfändung, die mit der Einbringung von Sachen durch den Mieter stillschweigend stattfindet, sich auf Sachen beziehen, die nicht zwischen Vermieter und Mieter im Einzelnen: *nominatim* (wie expressis verbis am Ende unserer *lex* gesagt ist) festgelegt sind. Man muss deswegen, weil – bei den *urbanae habitationes* – anerkannt ist, dass auch an solchen Sachen, von denen der Vermieter nichts weiß, mit der Einbringung das Pfandrecht für den Vermieter entsteht, nicht daran zweifeln, dass es sich auch insoweit um einen stillschweigend geschlossenen Vertrag handelt, durch den das Pfandrecht entsteht. Neraz, indem er – wie in D 20,2,4 überliefert – sagt: *quasi*(!) *id tacite convenerit*, war dies offenbar zweifelhaft, wie es das doch wahrlich auch ist, und von dem hat sich Paulus hier, sc. in unserer l. 4 abgesetzt. Hat Johannes, der *in artibus*, wie Odofredus sagt, hervorragend, der, wie wir wohl sagen können, unter den Koryphäen seines Fachs ein philologischer Jurist par excellence gewesen und dem darum zuzutrauen ist, so etwas zu bemerken, mit seinem *quia determinat placet* darauf aufmerksam machen wollen – es hätte Accursius in seiner Glosse zu dieser Hugolinus-Glosse das nicht kapiert. Und er hätte also doch wohl auch besser daran getan, dem Vorbild Azos zu folgen und, wie dieser hier es getan hat, zu schweigen statt seinen Leser mit Steinen statt Brot abzuspeisen.

II. Die *gl. ord.* zu *mutus, huius rei, male petitur* sowie zu *nuptiis non secutis*

Die drei bei Accursius der Glosse zu *illata* folgenden Glossen seien hier mit in den Blick genommen, weil sie die Gelegenheit bieten, das hier soeben zur Form des Apparats, wie nämlich dieser unter der Hand des Accursius eine andere Ausrichtung und Gestalt annimmt, noch ein Stück weiterzuführen. Sie bieten zudem die Gelegenheit zu demonstrieren, dass in dem Fall, wenn eine Frage von Azo und Hugolinus und von beiden auch sachlich übereinstimmend behandelt wird, Accursius der azonischen Behandlung den Vorzug und sich mit der Bearbeitung dieser Vorlage zufrieden gibt.

1) Zu mutus (in § 1 l. 4) sagen unsere drei Apparate:

Azo	*Gl. ord.*	Hugolinus
maxime, quia expressim consentire non potest. nec tamen intelligo, ut ubicumque contrahat mutus et pacisci tacite dicatur. si enim annuat vel capite vel signis, expressim contrahit.	maxime, nam et expresse consentire potest. nec enim intelligo, ut ubicumque contrahat mutus et tacite pacisci dicatur. si enim annuit vel capite vel humeris vel aliis signis, expresse contrahit [infra de verb. ob. l. si stipuler § fi.	Quasi dicat et mutus tacite potest pacisci sicut et non mutus in illis casibus, in quibus non mutus tacite paciscit. et hoc intelligo, cum sine aliquo nutu vel signo paciscit mutus. nam si aliquo nutu ubicumque et loquens pacisci potest et proprie d(c?)um tamen verba non exigantur. alii dicunt, quod tunc videtur pacisci tacite.

Dass Accursius die Hugolinus-Glosse beiseite lässt und die azonische übernimmt, ist evident. Die Veränderungen, die er an dem azonischen Text vornimmt, sind in der Sache bedeutungslos, und sie sind formal, wie hier nur besonders deutlich wird, derart, dass man nur den Kopf schütteln kann: warum *expresse* und nicht *expressim*? warum der Zusatz zu *capite*: *vel humeris*? was soll man darunter sich überhaupt vorstellen: nicken kann einer mit dem Kopf, aber wie mit den Schultern? zog man in jener Zeit etwa die Schultern hoch, um ›ja‹ zu sagen? Und vor allem: warum am Anfang nach *maxime* (statt *quia … non potest*) *nam et … potest*? Zu *maxime* im Sinne von: vorzüglich/am meisten/vor allem ist Azos Aussage tadellos: weil er, sc. der Stumme durch den Gebrauch von Worten nicht konsentieren kann, ist er – so setzt der Gedanke sich ohne weiteres fort – weit mehr als einer, der sprechen kann, darauf angewiesen, stillschweigend zu kontrahieren. Die Streichung der Negation, die aus dem azonischen Text den der *gl. ord.* macht, ist – bei Erhaltung von *maxime* – eine Verschlimmbesserung. Sie ist aber, wie im Fortgang des Textes die Veränderung des azonischen *tamen* in *enim* zeigt, ein mit Bedacht ausgeführter Eingriff und auch schon in wohl allen Hss mit dem Text der ersten Version[7] vorhanden. Welchen anderen Grund soll diese Veränderung der azonischen Vorlage haben, als den einer Veränderung um der Veränderung willen? und wie soll dazu sich einer verstehen – außer durch

7 In ›wohl‹ allen, weil ich nicht alle, sondern nur so viele hierzu eingesehen habe, dass die Wahrscheinlichkeit, dass es überall so ist, nach meiner aus vielen anderen Stellen resultierenden Erfahrung an Sicherheit zu grenzen scheint. Eingesehen sind die 17 Hss, von denen ich selbst einen Mikrofilm habe, sowie bei Gelegenheit des Besuchs der einen oder anderen Bibliothek noch einige darüber hinaus.

die Erwartung, es werde ein Text dadurch, dass man ihn bearbeitet, ein eigener?[8] Es geht um einen Fall der Selbsttäuschung.

2) Dasselbe ist zu sehen und zu sagen in und zu der nächstfolgenden Glosse zu den Anfangsworten von § 2 (l. 4), sc. zu *huius rei*, wozu Azo sagt: *quod tacite pacisci quis videatur*, die *gl. ord.*: *quod tacita pactio fieri possit* und wo auf die Veränderung hier allerdings die Redeweise des Hugolinus: *quod continuo tacite fieri possit* von Einfluss gewesen sein könnte.

3) Um eine Redaktion von durchaus erheblicherem Gewicht, nämlich um eine Umgestaltung der azonischen Vorlage, sodass deren lemmatischer Charakter weitgehend beseitigt ist – um eine Umgestaltung, auf die auch das von Hugolinus gegebene Vorbild ersichtlich eingewirkt hat, geht es in der *gl. ord.* zu *male petitur*. Die Sache, um die es sich handelt, ist diese: Ist die Leistung einer *dos* durch Stipulation versprochen und wird aus dieser, bevor die Ehe geschlossen ist, geklagt, dann handele es sich – so die Litera – darum, dass *male* geklagt werde. An diesem *male* nehmen Azo, Hugolinus und die *gl. ord.* Anstoß in Hinsicht darauf, dass zum einen gemäß dem in D 23,3,10,4 sowie eod. tit. l. 21 Gesagten, das Versprechen der *dos*, wenn es vor der Eheschließung gegeben wird, durch jedenfalls stillschweigend getroffene Abrede unter die aufschiebende Bedingung der Eingehung der Ehe gestellt ist, und zum anderen gemäß der aus D 50,16,213 ersichtlichen Unterscheidung von *dies cedens* und *dies veniens* bei noch schwebender Bedingung der Zeitpunkt, von dem ab etwas geschuldet ist, noch gar nicht eingetreten ist (also *dies non cessit*), mithin auch noch gar keine Klage gegeben sein kann und deswegen auch noch nicht, wie im Fall der zwar entstandenen, aber noch nicht fälligen Schuld (wenn *dies cessit, sed non venit*), von einem *male petere* die Rede sein kann. Wer die Litera, wie es die glossatorische Art ist, beim Wort nimmt, den muss in unserer l. 4 dieses *male* irritieren, und er wird darüber nicht stillschweigend hinweg gehen. Er wird das nicht tun in Hinsicht vor allem auch darauf, dass Scaevola (nach Ulpians in D 7,3,1,4 überliefertem Bericht) von *male petere* dann spricht, wenn *ante diem* geklagt ist und der Fall, an den dabei nur gedacht sein kann, der ist, dass die Leistung (im Sinne von D 50,16,213) *in diem* versprochen ist, also zur Zeit der Klage *dies cessit, sed nondum venit*. Wird geklagt *ante diem cessantem*, wie bei bedingter Stipulation vor Bedingungseintritt und in den Fällen, um die es in der Ulpian-Stelle D 7,3,1,4 in der Hauptsache geht, dann ist die korrekte, sozusagen

8 Eine Veränderung, auf die hier aufmerksam gemacht sei und von der ich nicht sicher bin, ob auch sie nur um der Veränderung willen vorgenommen ist, betrifft die Bezeichnung des letzten Fragments eines Titels sowie des letzten Paragraphen eines Fragments: im azonischen Apparat ist das durchgehend *ult* (*ima/us*), in der *gl. ord.* ebenso durchgehend *fin*(*alis*). Der Hugolinus-Apparat hat in Seo *ult*, in Paris *fin* und dies und jenes auch hier und dort wohl durchgehend.

Scaevola'sche Redeweise: *agentem nihil facere*,[9] und es ist also das *male* in unserer l. 4,2 anstößig.

Die Erörterung dieser Sache ist im azonischen Apparat verteilt auf insgesamt 5 Glossen, Hugolinus hat sie in drei und die *gl. ord.* in nur noch zwei Glossen – jeweils wie folgt:

Azo	*Gl. ord.*	Hugolinus
male petitur: (1) nimis propere ita quod nullo modo aliter accipitur ut infra quando dies usuf. le. ce. l. i § ult. contra. (2) ergo videtur quod sit actio aliqua ut infra quando dies usuf. le. ce. l. i § ult. contra, que tamen non est ut infra de verb. sig. l. cedere sed respondebitur, quod illud est in expressa conditione, non in tacita ut infra de cond. et dem. l. conditiones extrinsecus et arg. infra de arbit. l. ita demum. sed ibi pura obligatio est. quod autem dicitur: sub hac conditione committi, verum est cum effectu. item quod dicit lex illa conditiones, intelligas non fieri conditionalia quantum ad transmissionem, non ad hoc ut quantum ad obligationem dicatur cedere. exponas ergo male petitur i.e. nimis propere ita quod ipso iure nulla est actio.	male petitur: sed cum haec promissio habet in se conditionem: si matrimonium fuerit secutum ut infra de iure dot. l. plerumque § si ante et l. stipu., ergo nullo modo debet [agere] ante conditionem, ut infra de verb. sign. l. cedere. debuit ergo dicere: nullo modo agit vel nil agit, sed quando esset in diem, tunc posset dicere: male agit ante diem, quia aliquid agit, cum sit obligatus, sed male, quia ante diem ut infra quando di. usuf.. le. ce. l. i in fi.. quae est contra. sed expone hic secundum jo., i.e. nimis festinanter vel propere. alii distinxerunt inter expressam conditionem, de qua intellegitur dicta lex cedere et lex contraria, et tacitam, in qua sit obligatio etiam ante conditionem ut arg. infra de cond. et demo. l. conditiones extrinsecus. sed certe quod ibi dicitur: legata non fieri conditionalia ex tacita conditione, verum est quo ad transmissionem, quia transmittit legatarius ad heredem suum legatum interim, licet aliud sit in expressa conditione ut C de cadu. toll. l.i § sin autem. dies autem obligationis nullo modo cedit	stipulatio dotis causa: tacite enim videtur convenire, ne ante nuptias agat ut infra de iure dot. l. stipulationem §(?) que propter et C de doat. ante nuptias l. cum veterum. male petitur: nimis propere petitur, inproprie enim ponitur verbum male*. nam in tali casu nullo modo ante nuptias quasi pendente conditione petere potest, sed male petere dicitur, qui petere potest, sed obstat excepzio ut infra quando di. le usuf. ce. l. i § ult. quidam voluerunt dicere, quod dicitur infra de verb. sig. l. cedere, esse verum, cum est espressa conditio, secus si tacita ut hic, arg. de arbit. l. ita demum. sed ibi respondi(?) arg. inducunt infra de cond. et dem. l. conditiones extrinsecus. sed ibi subaudi: quantum ad cessionem legati. item negari non potest, cum intellegitur tacita conditio [in legato], quin conditionale sit quantum ad petitionem ut infra de con. et dem. l.i. idem in stipulatione ut infra de verb. o. l. inter stipulantem § sacram interdum.

9 Oder (und zur schärferen Bezeichnung des Gegensatzes zu *male agere* auch besser:) *agere* statt *facere*, s. Mommsen ahl. Die Übersetzung von *male* in unserer l. 4 mit: »erfolglos« (Knütel), »niet met success« (Spruit) verschont den Leser mit der Schwierigkeit dieses *male*. Die Klage *ante diem venientem* ist *male* wegen des üblen Erfolgs, dass die Klage verloren ist.

nuptiis: ergo nullo tempore est ante nuptias stip.(ulatio? nes?) aliqua (aliquando?) nondum enim secute sunt.	etiam in tacita ut infra de cond. et dem. l. i § fi. et infra de verb. obl. l. inter stipulantem § sacram. dic ergo ut modo dixi secundum joannnem. item non obstat praedictis infra de arbi. l. ita demum in princ. et in fine innuit tacitae conditioni cedere diem, cum detur exceptio, quia ibi pura fuit stipulatio et quod dicit: sub hac conditione committi, verum est cum effectu, non autem est conditio tacita vel expressa.	
non secutis: sc. cum seperantur non posse seq(ui?), sc. misso repudio ut C de doat. ante nup. l. cum veterum.	non secutis: sc. nec re nec spe, sc. facto divortio vel ripudio, alias non ut infra de iure dot. l. dotis fructus § fi. et infra de cond. ca. dat.* l.. quod servus	non secutis: facto divortio vel ripudio, alioquin non ut infra de condict. c. d. l. quod sevus et infra de iure dot. l. dotis fructus § ult.
evaniscit stipulatio: quasi sub conditione facta ut infra de iure dot. l. plerumque § si ante et l. stipulationem et l. licet et l. non enim.		

In allen den azonischen Apparat überliefernden Hss ist die Glosse, in der gesagt ist, die *stipulatio dotis causa facta* (im Folgenden *stipulatio d.c.f.*) sei, wie aus den ll. 10,4 und 21 D 23,3 (*de iure dot.*) ersichtlich, quasi ein bedingtes Versprechen, im Apparat zu unserer l. 4,2 in der Tat die letzte. Ihr Lemma ist mit *evanescit stipulatio* überall der Schluss dieses Paragraphen, und gewiss steht diese Aussage dort nicht überhaupt an der verkehrten Stelle, sodass an einen Fehler der Überlieferung, sc. der Abschrift nicht zu denken ist. Aber ebenso gewiss wird man dies doch besser bereits da sagen, wo in der Litera von eben dieser *stipulatio d.c.f.* die Rede ist: Es gehört diese Aussage an den Anfang des Apparats zu diesem Paragraphen, also dorthin, wo sie bei Hugolinus und in der *gl. ord.* steht, jedenfalls dann, wenn es gilt, dem Leser in die in dem Wort *male* liegende Schwierigkeit dieses Paragraphen eine Einführung zu geben, ihm diese Schwierigkeit begreiflich zu machen: Weil das Versprechen ein bedingtes ist, weil bei einem bedingten Versprechen, wie sich aus l. 123 (– *cedere*) D 50,16 ergibt, vor Bedingungseintritt der Gläubiger noch gar keine Klage hat und weil von einem *male petere* in l. 1,4 D 7,3 die Rede ist in dem Fall, wenn das Versprechen nicht ein bedingtes, sondern ein betagtes und vor Fälligkeit, wenn zwar *dies cedit, sed nondum venit*, geklagt ist, allein deswegen ist hier, sc. in unserem § 2 l. 4 der Gebrauch des Wortes *male* irritant; deswegen ist zu diesem unseren § 2 das in D 7,3,1,4 Gesagte *contra*. Es ist nun nicht etwa so, dass zur Einführung, zur Erläuterung dieser Schwierigkeit Azo gar nichts unternommen hätte. Aber er beginnt doch seinen Apparat mit einer Erklärung, die diese Schwierigkeit ausräumen soll, dass nämlich *male* die unspezifische Bedeutung von zu früh/ zu voreilig habe und somit das, was exakter Weise *nullo modo* heißen müsse, nicht ausschließe, und dass anders als hier, nämlich den technischen Sinn das *male* in D 7,3,1,4 habe. Erst nachdem dies auf eine zudem nicht sehr klare Weise gesagt ist, folgt in einer 2., das Gesagte partiell wiederholenden Glosse zu *male petitur*[10] zu demjenigen, was ein Leser braucht, um zu verstehen, was denn überhaupt die Schwierigkeit dieses *male* ist, wenigstens ein Ansatz, in dem, nachdem nochmals D 7,3,4,1 als *contra* bezeichnet und gesagt ist, von *male petitur* sei dort die Rede, wenn es bei Klageerhebung irgendeine Klage schon gebe – indem nun wenigstens l. 123 D 50,16 angeführt ist und damit diejenige Stelle, in der ein Leser finden kann, dass es bezüglich des Vorhandenseins eines Klagerechts einen Unterschied macht, ob die eingeklagte Forderung eine betagte oder bedingte ist. Dass es hier: in l. 4,2 um die Forderung aus einem bedingten Versprechen einer *dos* geht und dass eben um dieser Bedingung willen das *male* anstößig ist – dies bleibt auch jetzt in dieser 2. Glosse zu *male petitur* ungesagt; es wird in dieser Glosse dies immer noch unausgesprochen vorausgesetzt, und es erfährt dies ein Leser, dem der azonische Überblick fehlt und D 23,3,10,4 nicht präsent ist, erst am Ende des Apparats – erst in dessen Glosse zu *stipulatio evanescit*. Man muss bis an das Ende gekommen sein, um den Anfang wirklich zu verstehen.

Die Erklärung für diesen doch offensichtlich redaktionsbedürftigen Zustand des azonischen Apparats dürfte die folgende sein: Der azonischen Arbeit war zu l. 4,2 D 2,14 vorgegeben mit *nimis propere* die Worterklärung zu *male* und mit D 7,3,1,4 die Stelle, in der *male* anders zu lesen ist, als es hier erforderlich sein soll. Dies beides: sei es genau so wie im azonischen Apparat, sei es die Worterklärung interlinear zu *male* und die *contra*-Stelle auf dem Rand, ist eine in den azonischen Apparat rezipierte ältere Glosse. Es unterstreicht diese Vermutung, dass Hugolinus seine Glosse zu *male petitur* mit denselben Worten wie Azo beginnt und die *gl. ord.* als den Autor dieser Worterklärung Johannes anführt, was aus der Übereinstimmung dieser beiden Johannes-Schüler geschlossen sein

10 Der Schluss dieser 2. Glosse, der doch außer Frage stellt, dass diese eine zeitlich spätere als die erste ist, nimmt mit *sed ergo exponas* etc. das in der gl (1) Gesagte wieder auf und sagt zu *male* das dort Gesagte nun auch etwas klarer, als es mit *ita quod* etc. gesagt war.

könnte.[11] Jedenfalls aber spricht dafür, dass das in der gl (1) Gesagte und das in der gl (2) Folgende verschiedenen Alters und der Autor hier und dort ein anderer ist, dass auf zwei auf dieselben Worte der Litera bezogenen, eigenen Glossen verteilt sich findet, was jeder Autor, der beides sagen will und seine Gedanken beisammen hat, in einer Glosse sagen würde: die gl (2) schiebt doch offenbar etwas nach, was zum Verständnis der gl (1) gehört; es liegt der gl (2) die Einsicht zugrunde, dass das in der gl (1) Gesagte an und für sich unverständlich ist. Dass aber auch in dem nun in der gl (2) Gesagten immer noch etwas fehlt, nämlich der Hinweis darauf, dass es hier um den Fall eines aufschiebend bedingten Versprechens geht – dies steht einem Manne gut zu Gesicht, der offenbar Hemmungen hat, auch noch das auszusprechen, was ihm selbstverständlich ist; es entspricht der Erwartung, dass ein Leser, der dem Duktus einer Litera folgt, in der es mit der *stipulatio d.c.f.* um einen weiteren Fall eines stillschweigend geschlossenen *pactum* geht, alles zum Verständnis Nötige hat, wenn ihm nur der Hinweis auf l. 123 D 50,16 gegeben wird. Und es wird ja schließlich auch denjenigen geholfen, denen bei einer *stipulatio d.c.f.* nicht ohne weiteres die Bedingtheit dieses Versprechens einfällt: sie haben es nur schwieriger; sie müssen den Apparat bis an sein Ende studieren, wo ihnen zu *evanescit* das Fehlende dann auch noch gesagt wird.[12]

Einfacher macht es seinem Leser Hugolinus und am einfachsten die *gl. ord.* Was bei jenem noch stört: dass die Einführung in die Problematik auf zwei Glossen, sc. zu *stipulatio d.c.f.* und zu *male petitur* verteilt ist und in dieser der Hinweis auf l. 123 D 50,16 nicht in dieser (mit dem Allegat von D 7,3,14 an sich

11 Entspricht der Bericht des Odofredus (s. dazu die in meinem Beitrag zur FS Kleinheyer N. 66 angeführten Belege) in seinem Kern den Tatsachen und hat Johannes selbst gar keine Glossen geschrieben, beruht alles, was, als von diesem gesagt, überliefert ist, auf Nicolaus Furiosus' Vorlesungsnachschrift, dann ist damit doch nicht ausgeschlossen, dass sich manches ohne diese Vermittlung in den Schriften auch anderer Johannes-Schüler, also auch und vielleicht auch nur bei Azo und Hugolinus findet. Merkwürdig ist, dass Hugolinus, bei dem Johannes sich weit häufiger als bei Azo angeführt findet, hier von Johannes nichts sagt. – Die Schwierigkeit der Überlieferung dessen, was Johannes in seiner exegetischen Arbeit angenommen hat – die Schwierigkeit, von der hier o. Abschn. II N. 1 bereits einmal die Rede war und mit der wir es auch im weiteren Verlauf dieser Arbeit immer wieder einmal zu tun haben werden, wird ihren Grund jedenfalls in dem haben, was von Johannes' Enthaltsamkeit als Schriftsteller Odofredus auf die ihm eigene überspitzte Art seinen Hörern immer wieder gesagt, gleichsam eingebläut hat.

12 Begründet das Gesagte nicht die Vermutung, dass Azo das, was den guten Pädagogen ausmacht, gefehlt hat? Und wie passt dazu der außerordentliche Erfolg im Hörsaal, der ihm nachgesagt wird? Die Frage kann hier dahinstehen. Dass einer Hörsäle füllt mit einem pädagogisch ungeschickten Vortrag mag selten sein, kommt aber doch vor.

abgeschlossenen) Einführung selbst steht, ist nun in der *gl. ord.* bereinigt. Die Schwierigkeit, die der lemmatische Kommentar seinem Benutzer bietet, dass nämlich in ihm alle Aussagen auf einzelne Aussagen der Litera bezogen: diese zu erläutern bestimmt sind und der Kommentar so aus Stücken besteht, unter denen an und für sich kein Zusammenhang besteht, der Zusammenhang allein in der Litera ist und aus dieser herzustellen dem Leser überlassen ist – diese Schwierigkeit ist in der *gl. ord.* nicht überhaupt beseitigt, aber doch reduziert.[13] Es wird auf ein Lemma so viel wie nur möglich bezogen und der Zusammenhang sozusagen aus der Litera in die Glosse eingebracht: als Glosse gleichsam eine Abhandlung geschrieben – mit einer Einführung in die Problematik, in der alles zu deren Verständnis Nötige vorhanden ist, mit einer Auflösung der Problematik *secundum jo.*, wie sie auch bei Azo und Hugolinus vorhanden ist, sowie einer Verteidigung dieser Auflösung gegen eine abweichende, die von *quidam* (so Hugolinus), von *alii* (so die *gl. ord.*) vertreten worden sein soll und als untauglich dargetan wird. Dass Accursius sich an den azonischen Text hält, ist in diesem die Zurückweisung der Ansicht der *alii* betreffenden Stück gar nicht zu übersehen: Es ist das von Azo Gesagte ausführlicher gesagt und vor allem auch dadurch eingängiger gemacht, dass das zu l. 31 – *ita demum* D 4,8 Gesagte aus der Argumentation gegen die Beweiskraft von D 35,1,99 herausgenommen und an das Ende gestellt ist.

4) Es bleibt bei l. 4,2 der Blick noch zu richten auf dasjenige, was in unseren drei Apparaten zu *nuptiis non secutis* gesagt ist. Dass die *gl. ord.* hier die Hugolinus-Glosse übernimmt[14] und mit einer einleitenden Bemerkung versieht, die nichts verbessert und mit der Accursius also sich diesen Text zu eigen macht, ist evident, und kaum zweifelhaft kann sein, warum er an seine Regel, seiner Arbeit den azonischen Text zugrunde zu legen und daran Veränderungen, Verbesserungen anzubringen, sich hier nicht gehalten, vielmehr die beiden azonischen Glossen überhaupt getilgt hat. Beide sind auf *nuptiis non secutis* bezogen, in den Hss nicht selten so, dass das Bezugszeichen der einen bei *nuptiis* und das der anderen bei *secutis* steht. Sie sind aber gewiss keine auf diese einzelnen Worte bezogene Erklärung, sondern beziehen sich auf die ganze mit

13 Und dies mehr noch als hier überall da, wo in einer auf den Anfang oder das Ende der Litera einer lex oder eines Paragraphen bezogenen Glosse zusammengefasst ist, was bei Azo auf mehrere kleinere Glossen verteilt und so über die ganze Litera hinweg gleichsam verstreut ist. Belege dazu s. in MG S. 66, 71, 74, 172, 190f., 212, 295 und hier im weiteren die Glosse zu *legitima* am Anfang von l. 6, in der zusammengefasst ist, was der azonische Apparat in 6 mehr oder weniger kurzen Glossen hat und hier zu demonstrieren sich erübrigen wird.

14 Diese ist nur in Paris und in London vorhanden, aber in London eindeutig als eine *additio*: der auf dem Stand von Seo befindliche Apparat ist eben dort hin und wieder auf den sozusagen neuesten Stand gebracht.

diesen Worten beginnende Aussage, dass nämlich in dem Fall, wenn die Ehe nicht zustande kommt, die Stipulation *evanescit* – was Azo stört, kann nur dieses Wort sein: erlöschen kann nur ein Feuer, ein Licht, das einmal gebrannt hat; ungültig kann nur werden, was einmal gültig gewesen ist. Kommt aber die Ehe, deretwegen das Versprechen einer *dos* gegeben ist, nicht zustande, dann hat es die Verpflichtung, die *dos* zu geben, und das Recht, darauf zu klagen, niemals – *nullo tempore*! – gegeben: nicht *ante nuptias*, solange die Ehe noch nicht (*nondum*!) geschlossen war, also noch zustande kommen konnte, weil die Bedingung noch in der Schwebe war und also Obligation und Klagerecht noch gar nicht entstanden sind, und eben dabei, dass Klagerecht und Obligation nicht entstanden sind, bleibt es, die Entstehung der Obligation kann nicht mehr eintreten (*non posse sequi*!), wenn eine Trennung stattfindet: wenn mit der förmlichen Aufkündigung des Verlöbnisses (*misso repudio* – es müsste heißen: *misso nuntio* oder *repudio facto*) die Bedingung ausfällt.

Ist es dies, was Azo hat sagen wollen (und welchen anderen Sinn als diesen soll das Gesagte haben können?), dann befindet sich sein Apparat hier in einem doch eigentlich irreparablen Zustand:[15] es gehört das Gesagte nicht allein nicht in zwei, sondern in nur eine Glosse, und es bedarf auch einer eigenen, die azonischen Worte zu regulären Sätzen verarbeitenden Darstellung. Accursius macht es sich einfacher und ersetzt durch Hugolinus, was er bei Azo bloß angedeutet findet, wozu er bei diesem nicht mehr als nur Stichworte hat. Es ist auf diese einfache Weise freilich die azonische Kritik an der Litera *evanescit*: dass nicht erlöschen kann, was nie da gewesen ist, verloren, und es kann sein, dass ihm dies eine allzu spitze, die Kritik der Litera unnötig zu weit treibende Bemerkung gewesen ist. Die Alternative hierzu wäre, dass es Accursius ergangen ist, wie über eine geraume Zeit hin mir selbst: er hat gar nicht verstanden, worauf Azo mit seinen beiden Glossen zu *nuptiis non secutis* hinaus will, was einem passieren kann, der als Bezug dieser Glossen zu *nuptiis non secutis* nicht das folgende Wort *evanescit* hinzu nimmt, sich der exakten Bedeutung dieses Wortes nicht vergewissert oder doch keinen Anstoß daran nimmt, dass mit diesem Wort gesagt ist: die Stipulation »entfällt … endgültig«, sie »verliest haar

15 Unerfindlich ist mir namentlich, wie in der Aussage zu *nuptiis* aufzulösen sei kann *stip.*, wozu nicht wenige Hss noch haben: *aliqua* oder *aliqn*(*ando*?). Die Glosse fehlt insgesamt in Paris 4463, und das doch wohl nicht versehentlich, sondern eben des irreparablen Zustandes ihres Textes wegen – was nicht zu reparieren ist, wird weggeworfen. Ist dieser Zustand nicht der Überlieferung zuzurechnen, dann ergibt diese Stelle in eindeutiger Weise, dass der azonische Apparat unfertig ist, im Stadium des Entwurfs sich befindet und uns überliefert ist, und woran, wie sich im Weiteren noch zeigen wird, ab und an (außer durchgehend von Accursius) Verbesserungen angebracht worden sind.

kracht«,[16] wo von der Sache her es heißen müsste: sie ›erzeugt endgültig keine Klage‹, sie ›kommt nie zu Kräften‹. Es spricht gewiss mehr dafür, dass Accursius seinen Lehrer durchaus verstanden hat und dass also es ihm gleichgültig war, dass die Litera ein Wort hat, das die Sache, um die es geht, nicht exakt bezeichnet. Bei dem Wort *male* allerdings ist es nicht anders, und wenn es dazu einer umfänglichen Erklärung bedarf – wie kann man dann hierzu gänzlich schweigen? aus welch anderem Grund als dem, dass ebenso Hugolinus verfährt? Es ist dessen Autorität, die Accursius hier dazu bringt, zu *nuptiis non secutis* sich auf die Aussage zu beschränken, dass erst *facto divortio vel repudio nuptiae non secutae sint*, dass erst damit die Bedingung ausgefallen ist.

16 So Spruit bzw. Knütel.

IV. Die Unterscheidung der Nominat- von den Innominatkontrakten und die Einordnung des Tauschvertrags – l. 7,2

Ulpianus libro quarto ad edictum ... Sed et si in alium conractum res non transeat, subsit tamen causa, eleganter Aristo Celso respondit esse obligationem. ut puta dedi tibi rem ut mihi aliam dares, dedi ut aliquid facias. hoc sunallagma esse et hinc nasci civilem obligationem. et ideo puto recte Iulianum a Mauriciano reprehensum in hoc: dedi tibi Stichum, ut Pamphilum manumittas: manumisisti: evictus est Stichus. Iulianus scribit in factum actionem a praetore dandam: ille ait civilem incerti actionem, id est praescriptis verbis sufficere: esse enim contractum, quod Aristo sunallagma dicit unde haec nascitur actio.

Die Vorgehensweise des Accursius, wie sie sich in den bisher in Betracht gezogenen Stellen abzuzeichnen beginnt: dass er seiner Arbeit den azonischen Apparat zugrunde gelegt, den azonischen Text zu verdeutlichen, zu ergänzen und zu verbessern unternommen und sich dabei der Hilfe des Hugolinus-Apparats nur sozusagen im Notfall: wenn mittels des bei Azo Vorhandenen die für nötig erachtete Interpolation nicht oder doch nur sehr umständlich auszuführen ist, bedient hat – diese Vorgehensweise beinhaltet, dass in der Arbeit zwischen dem azonischen Apparat und dem des Hugolinus Accursius' Blick ständig hin und her gegangen sein muss. Diese Arbeitsweise ist, wie hier zu bemerken nicht müßig sein wird, nicht etwa die des wahren Kompilators, der – ohne eine Vorlage, die es zu verbessern gilt, ohne eine Präferenz – aus dem Vorhandenen dasjenige entnimmt, zusammenstellt und verbindet, was bei dem einen oder dem anderen ihm das Erhaltenswerte und Bessere zu sein scheint. Die wahre Kompilation ist – bei aller Abhängigkeit von dem Material, aus dem sie erstellt wird – eine selbständige Arbeit, deren Qualität auf Seiten des Kompilators von der Umsicht und der Urteilskraft, vom juristischen Urteilsvermögen, wenn das Material ein juristisches ist, abhängt. Die Konzentration auf die Bearbeitung einer Vorlage hingegen ist eine die Arbeit vereinfachende Beschränkung; sie ist umso notwendiger je umfangreicher die Arbeit im Ganzen ist, aber sie ist doch eine bedenkliche, riskante Beschränkung dadurch, dass sie zur Folge haben kann, dass Vorzüge des Textes, der nur Hilfsmittel zur Verbesserung eines anderen Textes ist, nicht gesehen werden oder doch nicht hinreichend in dem Endprodukt erscheinen. Es kann, um konkret zu reden, dem Bearbeiter der azonischen Vorlage, dem zu deren Verbesserung Hugolinus nur ein Gehilfe ist, passieren, dass in dem Apparat, der das Resultat seiner Arbeit ist, die Arbeit des Hugolinus zu kurz kommt.[1] Dies ist zu sehen in und zu zeigen anhand der Glosse zu l. 7,2 – *facias*, wenn man

1 Ganz zu schweigen von der glossatorischen Arbeit: »der Glosse« überhaupt. Für diese ist die *gl. ord.* gewiss eine Quelle, aber doch eine höchst unzuverlässige,

deren Text einer genetischen Untersuchung unterzieht, indem man ihn also mit demjenigen konfrontiert, was zu der in ihm behandelten Frage bei Azo einerseits und bei Hugolinus andererseits vorhanden ist.

Bevor dies hier im Folgenden unternommen wird, ist noch etwas zu sagen zur Genese des Kontexts, in dem in der *gl. ord.* diese ihre gl zu *facias* steht. Von den fünf ihr zu l. 7 vorangehenden Glossen folgen die drei ersten, sc. diejenigen zu *exceptiones*, zu *in suo nomine* und zu *similes* demjenigen, was zu diesen Lemmata auch im azonischen Apparat gesagt ist. Zu der 4., sc. zu *res* hat Azo nichts und die *gl. ord.* eine Paraphrase dessen, was Hugolinus zu diesem Lemma sagt. Die 5. schließlich, sc. diejenige zu *causa* ist eine Kombination dessen, was hierzu bei beiden: bei Azo und Hugolinus zu lesen ist. Was sodann die der gl zu *facias* folgenden, auf die Litera bis zum Ende des § 2 bezogenen vier Glossen angeht, so sagt zu deren Lemmata: *civilem obligationem/Stichum/manumisisti/a praetore* Azo nichts[2] und Accursius – mehr oder weniger gleichlautend – dasjenige, was hierzu bei Hugolinus steht. Beim Hin- und Hergehen seines Blicks zwischen Azo und Hugolinus kann Accursius, wie hierdurch doch außer Zweifel stehen wird, nicht entgangen sein, was zu der Frage, um die es in der gl zu *facias* geht, von Hugolinus gesagt ist.

Es geht in dieser Glosse, von deren mit *item si quis* beginnenden Schlussstück abgesehen,[3] um das Kriterium der Unterscheidung der Nominat- von den Innominatkontrakten. Es geht in der *gl. ord.* um diese Thematik mit dem Blick

wenn Accursius in seiner Arbeit so, wie hier zu zeigen unternommen wird, vorgegangen ist. Und das Bewusstsein eben hierfür zu schärfen, dass über »die Glosse« aus dem accursischen Apparat allein sich nichts Verlässliches sagen lässt, ist das Anliegen dieses meines Unternehmens.

2 Wohl sagt er etwas zu *incertam/contractum/nascitur*, worauf hier im Folgenden einzugehen sein wird.

3 Es lautet dieses Stück: item quid, si in permutatione non dedi, sed paratus fui dare? Respondeo: non habetur pro dato, cum in his casibus liceat penitere ut infra de cond. c. d. l. dedi § j et ij et l. si pecuniam § si servum. sed secus in contractibus nominatis vel (? et?) legatis ut infra de cond. insti. l. uter de fratribus et infra de annu. leg. l. mevia in princ.
Es liegt dem, was im Einzelnen nachzuzeichnen sich erübrigen wird, zugrunde *bei Azo:* numquid non potest agi et si non dederit, paratus tamen fuit dare? Respondeo: non, quia locus est (?) penitentie ei qui non accipit ut infra etc. (wie in der gl. ord. bis: servum). tamen arg. contra infra de annu. leg. l. mevia.
bei Hugolinus: sed quid, si non dedi, sed cum paratus essem dare, accipere noluisti? numquid hic obligaveris prescriptis verbis, ac si dedissem? respondet job.: non, quia in contractu innominato ante prestatione locus est penitentie etc. (wie in der gl. ord. und bei Azo bis: servum). secus autem in aliis contractibus, quibus proprium nomen sibi assumitur et in legatis ut infra etc. (wie in der gl. ord.).

auf die Frage, warum der Tausch nicht zu den Nominatkontrakten gehört. Das dazu Gesagte wird hier wiedergegeben,[4] zerlegt (durch die Einfügung von Absätzen) in die drei Teile, aus denen es, wie sich hier im Weiteren ergeben wird, zusammengesetzt ist. Links daneben gestellt ist, als die Quelle, aus der Accursius geschöpft hat, hier wiederum die azonische Erörterung derselben Frage sowie dann in der äußeren rechten Spalte dasjenige, was Hugolinus, n. b. ohne die Einordnung des Tauschkontrakts zu thematisieren, zum Kriterium der Unterteilung von Nominat- und Innominatkontrakten sagt:

Azo	*Gl. ord.*	Hugolinus
ceteri: hic queritur de permutatione, quare non sit contractus nominatus. quod di-ximus C de rerum permutatione in Rubrica. C 4, 64 ad Rubricam, sc. de rerum permutatione: quare permutatio contractus nominatus non dicitur, cum suum et speciale et elegantius quam venditio nomen habeat, utpote cum ipsa utriusque partem contrahentis significat et in se contineat, emptio venditio emptoris tantum vel venditoris partem ostendat? Respondeo: hii soli contractus nominati dicuntur, ex quibus iure gentium solo consensu oriebatur obligatio. sed ex permutatione non oribatur, unde innominatus recte dicitur, ut convinci potest ff. e. l. j § item emptio.	facias: ... sed quare permutatio, quae est species de do ut des, nomen speciale habere non dicitur, ut hic, cum permutatio elegantius nomen habeat quam emptio, cum uno nomine, sc. permutare vel permutatio hincinde, sc. utramque partem comprehendat, quod non facit emptio, sed partem emptoris significat ut venditio partem venditoris? respondeo: hi dicuntur nominati, qui consensu contrahuntur, in permutatione non consensu, sed rei interventu contrahitur obligatio, et colligitur haec ratio infra de rerum permutatione l. prima § item emptio secundum joannem.	

Ich werde, ohne ins Detail zu gehen, sagen können: Accursius hatte beides gelesen und sich sodann an eine eigene Darstellung begeben, in die von beiden etwas eingegangen ist.

4 Weggelassen ist die von Accursius ohne ersichtliche Vorlage erstellte, etwas rätselhafte Einleitung: *idem in aliis innominatis duobus licet alia ibi detur actio* – sind mit den *aliis duobus* gemeint die Fälle: *facio ut des* und *facio ut facias* – was ist dann in diesen Fällen die *alia actio*? die *actio de dolo* im *facio ut des*-Fall?

Idem erat in donatione. sed cum hodie nascitur etiam solo pacto, contractus nominatione assumit …? assignata secundum job. Quod videtur nulla, quia in ff. de partis l. iuris gen. in princ. ponitur commodatum et depositum inter contractus nominatos et tamen re in eis contrahitur obligatio. Respondeo ergo ut notavi in ff. de rerum permutatione l.j § inter (!?) emptio. D 19,4,1,1 – quod in his: sc. obligationibus. non tamen in omnibus, ut si dicam: tantum in prediis bononiensibus nascitur bonum vinum, non sequitur ergo in quolibet predio bononiensi nascitur bonum vinum. nam depositum et commodatum nominati sunt contractus, non tamen solo consensu in eis contrahitur obligatio ut supra de partis l. iuris gen. primo responso. Permutatio autem ideo non est contractus nominatus, quia non est, ut statim facta est, voluntate partium dat actionem, immo exigitur rei interventus et tunc non ut ex rei interventu, sed ex precedenti pacto agitur ut C e. l. ex placito. sed in deposito et mutuo et similibus actionibus, quia ex eis statim, ut sunt (fiunt?), nascitur actio, non autem sunt, nisi re data, unde dicitur ex re obligatio contrahi, et ideo dicuntur nominati. incerti: quia ad incertum i. e. interesse datur. (esse enim) contractum: innominatum ut supra e. in princ. § huius.	sed haec ratio non videtur valere, quia commodatum et depositum dicuntur hic nominati et tamen non consensu sed re contrahuntur. Quare dicas: quod permutatio ideo non est nominatus, quia non statim, cum facta est voluntate partium dat actionem, immo exigitur rei interventus, et tunc non ex rei interventu, sed ex presenti pacto agitur ut C dei rei permut. l. ex placito. sed commodatum et depositum et similes statim, ut fiunt, dant actionem, non tamen sunt, nisi re tradita, unde re dicitur obligatio contrahit et ideo nominati dicuntur. [et sic prima ratio valet vel dic. ut no(tavi? tatur?) C de rerum permut. in Rubrica] Praeterea donatio olim erat innominatis, hodie vero nominatus secundum joannem, cum ex solo pacto et consensu nascitur actio ut C de donat. …	Dicit job., quod hodie pactum donationis debet transire in proprium nomen contractus et nominatum contractum censeri, cum in donatione nudo consensu hodie nascatur obligatio, quod in his dumtaxat receptum est, qui suum nomen habent ut infra de rerum permut. l. j. Sed nonne idem est in ypotecaria? et tamen non est nominatus contractus? item videtur contra infra de rerum permut. l. j § quod in his dumtaxat etc., quia contractus depositi et commodati transit in speciale nomen, ut hic habes, nec tamen in eis nudo consensu nascitur actio, immo necesse est rem intervenire. sed respondeo: olim ceteri (certe?) quidam contractus erant inventi a iure gentium et hodie dicuntur nominati. secundum quod depositum vel commodatum non dicitur nominatus contractus, sed dicitur nominatus quantum ad hoc, quia habent quoddam nomen per se. certe potest dici, quod ibi dicit: in his tantum receptum est, non dicit: in his omnibus. contractum: et sic nascitur actio ex precedenti conventione postea re interveniente, quod etiam probatur a contrario sensu legis in primo verbo. cum enim (ergo?) do mutuam pecuniam, non ex precedenti contractu, pone quod prius consensimus, sed nascitur obligatio ex ipsa pecunie datatione secundum job.

nascitur: nota: oritur actio ex innominato contractu ut diximus in C de permut. l. ex placito.	etc. et infra de rerum permut. l. j § item emptio. Item quid si ... etc., s. hier u. N. 3.	 (n. b.: 1. der gl zu contractum gehen voran die vier hier oben bereits erwähnten gll zu civilem/Stichum/manumisisti/vivo. 2. Die hier voranstehende gl dicit job. hat einen nicht ersichtlichen Bezug in Seo und London, in Paris ein am Ende der gl zu contractum wiederholtes Bezugszeichen, sodass sie zu dieser eine Fortsetzung sein könnte.

Es sind im Wesentlichen drei Eingriffe in den Text des azonischen Apparats, die diesen in die gl (*ord.*) zu *facias* umgestaltet haben: Es sind 1) gestrichen die drei (azonischen) *minores glosas* zu *incerti*, *contractum* und *nascitur*. Es ist 2) auf die Frage, warum der Tausch kein Nominat-, vielmehr ein Innominatkontrakt ist, die Antwort schon hier, sc. zu l. 7,2 gegeben; die Antwort ist also in der *gl. ord.* nicht erst, wie bei Azo, zu finden, indem man der Verweisung auf die Glosse zur Rubrica des die *permutatio* betreffenden Codextitels (C 4,64) und der dort stattfindenden weiteren Verweisung auf die Glosse zu l. 1,2 des ebenfalls die *permutatio* betreffenden Digestentitels (19,4) folgt; es ist – genauer gesagt – die Antwort hier gegeben, indem dasjenige, worauf bei Azo verwiesen und weiterverwiesen ist, hierhin: in den Apparat zu l. 7,2 versetzt ist und also jene beiden Glossen zu den die *permutatio* betreffenden Titeln des Codex und der Digesten hier mehr oder weniger wörtlich eingefügt sind. Und es ist schließlich 3) aus der azonischen gl zur Rubrik C 4,64 (die in der *gl. ord.* zu *facias* das 1. – mit *re contrahitur* endende – Stück ist) das dort bei Azo zur *donatio* Gesagte herausgenommen, aber dies doch nicht etwa überhaupt weggelassen: es findet sich in der *gl. ord.* wieder in einer bloß anderen Position, nämlich im Anschluss an das der azonischen gl zu D 19,4,1,1 entsprechende Stück. Die azonische Substanz ist angereichert,[5] so scheint es jedenfalls, in dieser ganzen gl zu *facias* allein mit dem Satz, der eingefügt ist – durch eine *additio* n. b. zur ersten Version des Textes der *gl. ord.*! – im Anschluss an das der azonischen gl zu D 19,4,1,1 entsprechende Stück und bevor es dann mit der Aussage zur *donatio* als Innominat-/Nominatkontrakt weitergeht: *et sic – rubricam*. Es ist zu zeigen, dass mit dieser Einfügung

5 Wegen der Streichung jener drei *minores glosas* könnte auch von einer Substanzeinbuße die Rede sein, worauf hier zurückzukommen sein wird.

auf eine unzulängliche Weise unternommen ist, einen Fehler zu korrigieren, der durch die Konzentration auf die azonische Substanz: in dem Bemühen, diese auf eine dem Leser eingängige Weise zu präsentieren, entstanden ist.

Wer die *gl. ord.* für eine Kompilation »der Glosse« hält und so auf den Gedanken gebracht ist, aus diesem Apparat, ohne auf dessen Quellen zurück zu gehen, sich über die in ihm zitierten Ansichten älterer Glossatoren zu informieren – wer also hier in der gl zu *facias* zu der Frage, warum die *permutatio* kein Nominatkontrakt ist, den dazu *secundum joannem* angegebenen Grund wirklich für dessen Ansicht hielte, könnte doch schwerlich umhin, über diesen Johannes den Kopf zu schütteln. Ein Johannes Bassianus (und an einen anderen als an diesen ist hier doch nicht zu denken[6]) soll der Ansicht gewesen sein, Nominatkontrakte seien diejenigen, die *consensu* geschlossen werden? Ein Johannes Bassianus soll übersehen haben, was Accursius wohl sieht und weswegen dieser dessen Ansicht verwirft (*ratio secundum joannen non videtur valere*), dass nämlich auch Kommodat und Depositum Nominatkontrakte sind und beide doch nicht *consensu*, vielmehr *re* zustande kommen? Das soll ein Johannes Bassianus – ein Mann, der in der glossatorischen Arbeit doch kein Anfänger gewesen ist, der, auf das Ganze der glossatorischen Arbeit gesehen, in etwa in deren Mitte steht – übersehen haben? Durch die hier soeben bereits genannte *additio* zum ursprünglichen Text der *gl. ord.* wird dieser Eindruck von einem mit Blindheit geschlagenen Johannes durchaus nicht korrigiert. Denn die *prima ratio*, die nun dieser *additio* zufolge doch die richtige sein soll, die *ratio* also des Johannes ist nun richtig *sic* – also so, wie zuvor, nachdem die Ansicht *secundum joannem* verworfen und für deren Verwerfung mit dem Depositum und Kommodat der Grund genannt war, in dem mit *sed quare permutatio* beginnenden Text ausgeführt ist. Die Ansicht des Johannes wird nun – in dieser *additio* – mit einer Modifikation für richtig erklärt – einer Modifikation, deren Autor nicht genannt ist und der für alle, die an der Verlässlichkeit der *gl. ord.* als Glossenkompilation nicht zweifeln, Accursius selbst ist. Dieser hat, so ist in der *gl. ord.* anzunehmen nahegelegt, mehr zu sehen vermocht als noch Johannes, und er hat dessen Ansicht so zu modifizieren verstanden, dass von ihr nun gesagt werden konnte: *et sic valet*.

Das *secundum joannem*, das in der *gl. ord.* die Aussage, Nominatkontrakte seien diejenigen, die *consensu* geschlossen werden, abschließt, steht in des Accursius Vorlage, sc. im azonischen Apparat im Anschluss an die Aussage zur *donatio* als

6 Zumal dieser hier bei Azo und Hugolinus als *job* (nicht nur, was auch vorkommt, als *jo*) bezeichnet ist; s. *job* in anderer Bedeutung allerdings auch i. f. der gl zu *quin immo* zu l. 7,5 (D 2,14) und dazu hier u. im Abschn. V N. 3. S. auch *jo* in noch anderer Bedeutung in der gl zu D 5,1,1 – *consenientes* und dazu meine Abhandlung ZRG (RA) 117 (2000) 377, 384.

Nominat-/Innominatkontrakt. Accursius hat diese Aussage, wie hier soeben bereits bemerkt, an eine andere Stelle versetzt, an dieser anderen Stelle in sie gehörigerweise ein *secundum joannem* eingefügt, aber diese Quellenangabe auch da, wo sie bei Azo steht, belassen, so dass sie nun, sc. in der gl zu *facias* jene Aussage zu den Nominatkontrakten, dass diese *consensu* abgeschlossen würden und also der Tausch kein Nominatkontrakt sei, als eine Ansicht des Johannes erscheinen lässt. Was Accursius zu der Herausnahme des die *donatio* betreffenden Textstücks aus dem azonischen Kontext veranlasst hat, kann nicht zweifelhaft sein. In der Position, die dieses Textstück im azonischen Apparat hat, folgt ihm mit *videtur nulla* (sc. *haec ratio* bzw. in der *gl. ord.*: *sed haec ratio non videtur valere*) die Erklärung, es sei diese *ratio* zu verwerfen, und das könnte ein leichtfertiger Leser – n. b. des azonischen Textes – so verstehen, als solle die Ansicht des Johannes zur *donatio*, dass diese einst ein Innominatkontrakt gewesen, aber jetzt ein Nominatkontrakt sei, verworfen werden. Mit der anderen Position dieses Stücks in der *gl. ord.* ist dieses Verständnis des azonischen Textes ausgeschlossen; es wäre damit dasjenige, was Azo mit der Anführung der Ansicht des Johannes zur *donatio* sagen will, auch missverstanden. Das *secundum joannem* beschließt im azonischen Text die Aussage zur *donatio*, und es ist auf diese auch zu beschränken. Was Azo verwerfen will, für *nulla* erklärt, ist nicht diese die *donatio* und deren Einordnung betreffende Aussage, sondern die *ratio*, das Kriterium für die Unterscheidung der Nominat- von den Innominatkontrakten, das aus ihr ein tumber Leser entnehmen könnte. Es ist von Azo nicht gesagt und seiner Anführung des Johannes nicht zu entnehmen, dass dieser sich zu der *ratio* jener Unterscheidung überhaupt geäußert, geschweige denn dieses Unterscheidungskriterium aufgestellt hat. Was im azonischen Text der die *donatio* betreffenden Aussage vorangeht, sagt nicht Johannes, sondern Azo selbst. Es ist dessen Frage (und diese nicht auch eine Frage des Johannes!), warum die *permutatio* nicht den Nominatkontrakten zuzuordnen ist. Was er zur Beantwortung dieser *seiner* Frage sagen will und auf eine nicht gerade glückliche Weise sagt, ist: aufgrund der Aussage des Johannes zur *donatio* könnte man auf den Gedanken kommen, Nominatkontrakte seien nur die *solo consensu* geschlossenen Verträge (und der Tausch darum kein Nominatkontrakt), aber das sei – angesichts von Depositum und Kommodat – doch ein verkehrter Gedanke.[7] Dieser Gedanke ist also – als einer bloß azonischen Überlegung – nicht Johannes

7 Von einer *ratio* zu sagen, sie sei *nulla* ist ein grober Ausdruck, ist gleich unserem ›abwegig‹ und wird Azo, so selbständig im Verhältnis auch zu Johannes er auch war, nicht in Bezug auf eine Ansicht seines Lehrers sagen. Ob Accursius, weil er hierin eine auf diesen bezogene Äußerung sah, sich sanfter: *non videtur valere* ausgedrückt hat, sei dahingestellt. Es geht aber doch jedenfalls hier – anders als so häufig – Accursius wohl nicht bloß darum, etwas anders als seine Vorlage zu

in die Schuhe zu schieben, und es ist darum die Belassung des *secundum joannem* in der *gl. ord.*, nachdem in dieser das bei Azo vorangehende, die *donatio* betreffende Stück gestrichen war, ein redaktioneller Fehler, den jene *additio* zum Text der ursprünglichen Version auf die hier bereits bezeichnete unzulängliche Weise verbessert hat – ein Fehler, der n. b. Accursius in seinem Bemühen um die Verbesserung des azonischen Textes zunächst unterlaufen war.

Es ist nicht zu sagen, ob Accursius zur Verbesserung seines Fehlers durch Hugolinus gebracht worden ist. Wenn er, woran doch nicht zu zweifeln ist, zu dieser Thematik der *permutatio* als Innominatkontrakt den Hugolinus-Apparat eingesehen hat, dann kann sein Blick in diesen nur ein sehr flüchtiger gewesen sein. Die von Azo aufgeworfene Frage nach der Einordnung der *permutatio* in die Kategorien der Nominat- und Innominatkontrakte, die Frage nach dem Kriterium dieser Unterscheidung ist dort, sc. von Hugolinus nicht gestellt,[8] und so wird Accursius gemeint haben, außer Betracht lassen zu können, was Hugolinus hier sagt. Was er bei diesem hätte sehen können, vielleicht auch gesehen, aber dann doch nicht hinreichend bedacht hat, ist zum einen die Position, in der das *secundum joannem* bei diesem steht, sowie ferner dessen gl *dicit jo*: Hugolinus' Wiedergabe der Ansicht des Johannes in der mit diesen Worten beginnenden und bei der Unbestimmtheit ihres Bezugs auf die Litera hier auch mit diesen Worten zu bezeichnenden Glosse.

Secundum job steht bei Hugolinus am Ende dessen, was er mit Bezug auf *esse enim contractum* (im letzten Satz unserer l. 7,2) sagt. Es ist dies in der Hauptsache dasselbe, was im azonischen Apparat, so wie dieser hier mitgeteilt ist, gleich zweimal zu lesen ist: zum einen zu D 19,4,1,1 und dort im Anschluss an den mit den bolognesischen Weinbergen lokalkoloristisch ausgeschmückten Hinweis darauf, dass derjenige, der sage: ein Zustandekommen der Obligation *solo consensu* sei anerkannt (*receptum*) allein bei Verträgen, die wie Kauf, Miete, Mandat einen eigenen Namen haben, und der damit nicht etwa sage, überhaupt alle Verträge, die einen eigenen Namen haben, brächten *solo consensu* eine Obligation zur Entstehung; sowie dasselbe ein weiteres Mal auch im Apparat zu unserer l. 7,2 in den beiden auf *contractum* und *nascitur* bezogenen Glossen. Hier ist dasselbe – mit der Bezeichnung des in den Fällen des *do ut des*, *do ut facias* etc.-Konsenses zustande kommenden Vertrags als Innominatkontrakt und dem

reden. Die azonische Härte dürfte seinem mehr zur Konzilianz neigenden Naturell grundsätzlich zuwider gewesen sein.

8 Ein Benutzer der Hugolinus-Hs in Paris hat dies bemerkt, als eine Lücke empfunden und diese gefüllt – mit der *gl. ord.* zu *facias*! Es ist dies in dieser Hs nicht der einzige Fall einer Anreicherung des Hugolinus-Apparats aus der *gl. ord.*, s. dasselbe (und auch dieselbe Hand!) auch bei l. 7,5, wo die *magna glosa* (sc. *ord.*) zu *quin immo* (um die es hier im nächsten Abschn. gehen wird) zu dem Hugolinus-Apparat addiert ist.

Hinweis auf die Entstehung der *actio* aus eben diesem – nur etwas blasser gesagt als zu D 19,4,1,1, wo das Besondere dieser Fälle in der Abgrenzung zu den Fällen, in denen der Vertrag *re* geschlossen ist, schärfer hervor tritt: Dort, sc. zu D 19,4,1,1 redet Azo, wie n. b. Hugolinus in seiner gl zu *contractum* es tut, von der Entstehung der actio *ex precedenti pacto/conventione*, sofern da hinzu kommt ein *rei interventus/re interveniente*, und er spricht hinsichtlich der Realkontrakte außer vom *depositum* nun auch seinerseits – wie Hugolinus – vom *mutuum*. In dieser deutlicheren: hugolinisch/azonischen Ausdrucksweise ist dies, wie hier bereits festgestellt war, in die *gl. ord.* zu *facias* übernommen. Darum auch sind aus diesem Apparat die beiden undeutlicher dasselbe zum Ausdruck bringenden azonischen Glossen zu *contractum* und *nascitur* als Dubletten minderer Qualität herausgelassen.[9] Und allein daran, dass zu der Aussage: die Fälle des *do ut des* etc., die Fälle, um die es in l. 7,2 geht, seien keine Real-, vielmehr Konsensualverträge mit der Besonderheit freilich, dass aus ihnen erst *rei interventu* die Obligation entstehe – allein daran, dass dazu nicht – wie das wohl bei Hugolinus der Fall ist! – das *secundum joannem* steht, ist zu sehen, was zu der *gl. ord.* die Vorlage ist: es steht das nicht bei Azo und also steht es auch nicht bei Accursius, erweckt also dieser den Eindruck, dass er es besser als Johannes wisse, dass erst von ihm (sc. Accursius) die Ansicht des Johannes so modifiziert worden sei, dass von ihr gesagt werden könne: *et sic prima ratio* (sc. *joannis*) *valet*. Schon Azo und Hugolinus haben das so gesehen, und es hat dieser zudem auch gesagt, dass er dies so sehe *secundum joannem*.

Wer hier noch den Zweifel hat, ob es denn nicht sein könne, dass Azo und in dessen Gefolge auch Accursius zu dieser *ratio* die Anführung des Johannes zu Recht unterlassen haben, dass also *job* am Ende der Hugolinusglosse zu *contractum* zu Unrecht steht; wer hier etwa fragt, wieso eigentlich, wenn es um eine Ansicht des Johannes geht, Hugolinus ein besserer Gewährsmann als Azo (und Accursius) sein soll, kann diesen seinen Zweifel nicht schon damit ad acta legen, dass in der Wiedergabe der älteren Ansichten und gerade auch derjenigen des Johannes bei Azo im Allgemeinen weniger Eifer als bei Hugolinus festzustellen ist, Azo häufiger als Hugolinus den Lesern seines Apparats diese Information zu geben nicht für seine Sache hält. Es ist zum Beweis, dass es so in der Tat doch auch hier ist, der Blick hier schließlich noch zu richten auf und in die Hugolinus-Glosse *dicit job*, bei der, wenn sie nicht geradezu Hugolinus' Erläuterung zu dem *secundum job* am Ende seiner gl zu *contractum* ist,[10] die

9 Warum auch die dritte, sc. diejenige zu *incerti* weiß ich nicht zu sagen, dürfte sich aber doch wohl herausfinden lassen.

10 Sodass also auch das Bezugszeichen in Paris (s. hier o. am Ende der Wiedergabe des Hugolinus-Apparats) an der richtigen Stelle steht.

Zuschreibung dessen, was in ihr gesagt ist, an Johannes doch gewiss nicht in Zweifel zu ziehen ist.

Es ist in dieser gl *dicit job* nur und allerdings nicht sicher, ob sie im Ganzen – sei es wörtlich, sei es von Hugolinus paraphrasiert[11] – wiedergibt, was Johannes gesagt hat, oder ob dies nur anfänglich geschieht und Hugolinus dem von Johannes Gesagten etwas hinzufügt – beginnend, wenn dem so ist, doch wohl mit: *sed nonne idem est* etc. Im ersten Fall, dass wir nämlich es hier im Ganzen mit Johannes zu tun haben, ist überhaupt nicht daran zu zweifeln, dass dieser in seiner Bezeichnung dessen, was Nominatkontrakte sind, die Realkontrakte *depositum* und *commodatum* gesehen hat; es ist schlechterdings nicht annehmbar, dass er, sc. Johannes die Nominatkontrakte mit den Konsensualverträgen in eins gesetzt hätte. Es ist in diesem Fall, wenn es bis zum Ende dieser Glosse Johannes ist, der redet, selbst klar, dass dieser das Kriterium der Unterscheidung: Nominat-/Innominatkontrakt für ein anderes (das hier sogleich noch zu benennen sein wird) gehalten hat. Aber auch in dem anderen Fall, wenn also allein das zur *donatio* als Innominat-/Nominatkontrakt Gesagte dasjenige ist, *quod dicit job* – in dem Fall, für den als dem wahren doch wohl mehr spricht,[12] kann das, was dann Hugolinus dem von Johannes Gesagten hinzufügt, nicht gelesen werden als eine Zurückweisung, Missbilligung dessen, was dieser gesagt hat. Es ist vielmehr zu lesen als eine Verteidigung des Johannes; es ist gesagt, um einer Missdeutung der Ansicht des Johannes zuvorzukommen. Denn nicht nur redet Hugolinus nicht so forsch wie Azo an der entsprechenden Stelle seiner Glosse; er sagt nicht, die *ratio* der Unterscheidung, die einem flüchtigen Leser *secundum jo* anzunehmen einfallen könne, sei *nulla*, also abwegig. Hugolinus stellt vielmehr die Frage, ob man *idem*, sc. dasselbe wie bei der *donatio*, dass sie nämlich, wenn sie *nudo consensu* zustande komme, zu den Nominatkontrakten gehöre, auch für das bloße *pactum*, mit dem ein hypothekarisches Pfandrecht bestellt werden kann, annehmen solle oder könne. Er stellt diese Frage nicht geradezu als eine rhetorische, deren Verneinung sich von selbst verstünde. Er stellt sie aber doch fast wie eine solche, indem er sie sogleich schlicht und einfach, ohne dafür einen Grund zu nennen, verneint. Er sagt mit diesem Beispiel eines *pactum nudum*, das zu den Nominatkontrakten zu rechnen niemandem einfallen wird – also auf diese nahezu rhetorische Weise, dass dasjenige, was Johannes dazu veranlasst hat, die *donatio* den Nominatkontrakten zuzuschlagen, nicht verstanden werden kann als Bezeichnung des Kriteriums, anhand dessen die Zuordnung der

11 Von Hugolinus oder von dem, der Hugolinus' Quelle für das von Johannes Gesagte ist, s. hierzu das zur Überlieferung der Ansichten des Johannes hier o. im Abschn. III N. 10 Gesagte.

12 Hieße es (nachdem von *depositum* und *commodatum* die Rede war): *sed respond*eo, so wäre sicher, dass jedenfalls hier Hugolinus das Subjekt ist. Aber es ist doch

Verträge zu den Nominat- und Innominatkontrakten zu erfolgen hat: ein *nudum pactum* ist doch auch das hypothekarische und dieses ist zweifellos kein Nominatkontrakt!

Zu dieser Ansicht, dass die Qualität eines Vertrages, *nudo consensu* wirksam zu sein, das Unterscheidungskriterium *nicht* ist – nicht sein kann und also auch bei Johannes nicht ist, dazu scheint – so fährt Hugolinus (mit: *item videtur*) fort – *contra* zu sein der am Ende des Johannes-Textes (wenn n. b. ab: *sed nonne* Hugolinus redet) stattfindende Hinweis auf D 19,4,1,1; es scheint dazu *contra* zu sein das in dieser Stelle mit: *quod in his dumtaxat* etc. Gesagte. Hugolinus erledigt dieses *contrarium* in dem Teil seiner gl *dicit job*, der hier (beginnend mit: *quia contractus depositi*) in Betracht zu ziehen noch übrig ist, mit drei Argumenten, die das zutreffende Verständnis von D 19,4,1,1 einschärfen: mit dem Hinweis 1) auf die Nominatkontrakte Depositum und Kommodat, angesichts derer es nicht sein kann, dass es für die Zuordnung eines Vertrages zu den Nominat- oder Innominatkontrakten darauf ankommen soll, ob der Vertrag *nudo consensu* wirksam, die Obligation begründend ist;[13] mit der Bezeichnung 2) des Kriteriums, auf das es gerade nach dem, was in dieser Stelle gesagt ist, ankommen soll: ob nämlich ein Vertrag *quoddam nomen per se*, einen ihm eigenen Namen hat;[14] und schließlich 3) mit der den Wortsinn von *in his dumtaxat receptum est* erklärenden Bemerkung, dass dies nicht zwingend heiße: *in his omnibus*. – Ist hier – die Frage drängt sich auf – nicht anzunehmen, dass dies Letzte (n. b. von Hugolinus Gesagte) Azo in seiner gl zu D 19,4,1,1 aufgreift und von ihm mit dem Exempel der lokalpatriotischen Redeweise von dem guten Wein, der aus den auf den bolognesischen Feldern geernteten Trauben produziert werde, plausibler gemacht wird? Ist nicht des Weiteren anzunehmen, dass auch das von Hugolinus, zu Beginn seiner Bezeichnung des wahren Unterscheidungskriteriums, zu den *contractus a iure gentium inventi* Gesagte Azo für zu dürftig gehalten und ihn dazu gebracht hat, auch dies ausführlicher zu sagen und namentlich zu erklären, wie es denn mit der *permutatio* (als einem der Fälle, um die es n. b. in l. 7,2 D 2,14 geht!) steht – warum diese Bezeichnung nicht ein *nomen per se* für diesen Vertrag ist? Diese ausführlichere Darstellung findet sich

nicht sicher, ob die Abbreviatur, die so, wie sie die Hss haben, hier nicht wiedergegeben ist, so sc. zu *respondeo* und nicht etwa zu *respondes* aufzulösen ist.

13 Hugolinus Argumentation: es kann darauf nicht ankommen, wenn es einerseits ein *nudum pactum* gibt, das kein Nominatkontrakt ist, und andererseits Nominatkontrakte, die nicht *nudo consensu* wirksam sind, ist mustergültig.

14 In der Entwicklung dieses Arguments lässt der Anfang: *quidam contractus erant inventi* etc. an Klarheit zu wünschen übrig, worauf hier zurückzukommen sein wird. Im Fortgang lese ich: *secundum quod: sc. ut in eis nudo consensu nascatur actio* – also: gemäß dem, was für diese *a iure gentium inventi contractus* gilt, dass sie nämlich *nudo consensu* wirksam sind.

bei Azo in dessen Summe zu dem die *permutatio* betreffenden Codextitel (4,64),[15] wo auch als *alia ratio* ausgeführt ist, dass im Fall des *do ut des*-Konsenses nicht schon mit diesem die Klage begründet ist: *immo exigitur rei interventus, tunc non ex rei interventu, sed ex precedenti pacto agitur*, was – mit weniger Worten – fast ebenso auch Hugolinus in seiner gl zu l. 7,2 – *contractum* sagt. Ist mithin nicht anzunehmen, dass zu dem, was Azo hier in der Summe und in seinem Apparat zu D 19,4,1,1 sagt, er durch Hugolinus gebracht worden, also dieser dazu den Anstoß gegeben hat? dass dies beides also hervorgegangen ist aus Azos Bestreben, das von Hugolinus Gesagte besser zu sagen als dieser? Es wäre, wenn wir dies annähmen, der Apparat des Hugolinus – im Verhältnis zu diesen azonischen Stellen – n. b. hier! – der ältere Text.

Es ist dies anzunehmen doch gewiss nicht gewagter als dies, weil allzu spekulativ, zurückzuweisen und damit doch anzunehmen, dass diese beiden Schüler des Johannes auf der Grundlage einer Äußerung dieses ihres Meisters dieselbe Thematik erörtert haben – jeder für sich, jeder ohne von demjenigen Notiz zu nehmen, was der andere zur Lösung ihres gemeinsamen Problems beizutragen unternommen hat. Wir haben keine äußeren Anhaltspunkte dafür, wann und wie die Arbeit des einen dem anderen zur Kenntnis gekommen sein könnte.[16] Wir können die Antwort auf diese Frage also nur aus diesen Arbeiten selbst: aus ihrem Gleichklang und ihren Differenzen herauslesen, und wir werden den älteren und den jüngeren Text daran erkennen, dass dieselbe Sache bei dem einen – in ihrem Gehalt und ihrer Form! – fortgeschrittener erscheint als bei dem anderen – wie hier bei Azo in dessen Summe und in seinem Apparat zu D 19,4,1,1 im Verhältnis zu dem, was Hugolinus in oder mit seiner gl *dicit job* sagt.[17]

Indessen hat diese Hugolinusglosse, wenn sie so, wie hier dargelegt, zu verstehen ist, sc. als eine Verteidigung des Johannes: als Abwehr einer Missdeutung dessen, was dieser gesagt hat, schon durch ihren fanalartigen Anfang, sc. *dicit job* und durch ihren rhetorischen Duktus einen polemischen Charakter. Sie klingt wie eine Zurechtweisung – und wer eher als Azo soll hier derjenige sein, der wegen seiner Art, die Ansicht des Johannes zu präsentieren, zurechtgewiesen wird? Hugolinus wird, wenn er nicht das traurige Naturell eines Don Quichotte

15 Sie ist das (sc. ein *nomen per se*) – in Azos Darstellung in der Summe – deswegen nicht, weil *permutatio* ursprünglich das *alle* Austauschverträge umfassende *nomen* gewesen und am Tausch hängen geblieben ist, als sich mit der Erfindung des Geldes für den Kauf etc. ein besonderer Name ergeben hat, s. § 3 der Summe zu diesem Titel C 4,64.

16 Auf diese Frage wird bei passenderer Gelegenheit zurückzukommen sein, s. hier u. in den l. 27pr und l. 27,2 betreffenden Abschnitten X und IX.

17 Auch wenn in dieser Glosse im ganzen (s. o.) Johannes reden sollte, bleibt sie doch eine Glosse des Hugolinus, sagt dieser mit ihr auch selbst etwas.

gehabt hat, vor seinen Augen einen realen Opponenten gehabt haben, und wenn dies, wie doch nahe liegt, Azo gewesen ist, dann ist dessen Text eben doch der ältere: es ist bei Azo vorhanden gewesen, was Hugolinus verwirft. Wenn es aber teils so, teils anders ist: einerseits Azo auf Hugolinus und dieser auf jenen zu reagieren scheint, dann haben wir in der Klärung der Frage, wer hier wem vorangegangen ist und den Anstoß gegeben hat, das Handtuch in unseren literarhistorischen Ring zu werfen – es sei denn, es gibt noch einen beide Seiten vereinenden Mittelweg und es gibt, diesen Weg zu gehen, einen Grund, der mehr ist als der Grund, aus dem Kompromisse eingegangen zu werden pflegen.

Es ist jedenfalls möglich, dass der Ablauf und die Aufeinanderfolge der Arbeit des einen und des anderen hier wie folgt gewesen ist: Beide haben – Azo vielleicht früher als Hugolinus – in der Arbeit an ihren Apparaten begonnen mit dem, was Johannes zur *donatio* als Innominat-/Nominatkontrakt und zu den *conventiones do ut des, do ut facias* etc. gesagt hat, also mit ihren Glossen zu *contractum* und – im azonischen Apparat – deren Fortsetzung in der gl zu *nascitur.*[18] Dazu – wie Hugolinus – das *secundum job* zu setzen, wird Azo als etwas ihm Selbstverständliches unterlassen haben. Es war so – in beider Apparate – von dem einen mehr, von dem anderen weniger klar gesagt, dass die Verträge mit dem Inhalt *do ut des* etc. keine Realverträge, mithin Konsensualverträge sind, aber solche doch mit der Besonderheit, dass erst *re interveniente* geklagt werden kann, aber dann, sc. *rei interventu* die Klage doch begründet ist *ex precedenti conventione* – aus diesem, wie Azo dies ausgedrückt hat, Innominatvertrag. Diese andere Ausdrucksweise wird Azo veranlasst haben, über das von Johannes Gesagte und von diesem Übernommene hinauszugehen mit der Frage, warum denn nicht jedenfalls der *do ut des*-Vertrag, sc. die *permutatio* ein Nominatvertrag, warum auch dieser das nicht ist; er wird in seiner Vorlesung über das Digestum vetus diese Frage gleichsam in den Augen seiner Studenten gelesen haben. Er notiert diese Frage hier, sc. zu l. 7,2 in seinen Apparat und verweist wegen der Antwort auf das, was er dazu bei dem die *permutatio* betreffenden Codextitel, sc. zu dieser Rubrik gesagt habe. Er sagt: *diximus*, er redet im Perfekt. Es muss also dort, sc. bei jenem Codextitel eine Antwort bereits gestanden haben, als Azo hier zu l. 7,2 die Verweisung auf diese Stelle notierte. Es ist deswegen nicht gleich anzunehmen, dass der Apparat zum Codex in Relation zu demjenigen zum Digestum vetus im Ganzen der ältere ist. Über die beiden *libri ordinarii*: Codex und Digestum vetus wurde – und gewiss auch von Azo – im (jährlichen) Wechsel gelesen. Die Arbeit an den Apparaten ist – in Relation zu den

18 Das sind n. b. im azonischen Apparat die beiden Glossen, die Accursius, wie hier bereits bemerkt, aus diesem Apparat weggelassen hat – als hier sog. Dubletten, was sie ursprünglich doch nicht gewesen sein können: auf sie muss der Apparat einmal beschränkt gewesen sein.

Vorlesungen – nicht eine Nebentätigkeit zu nennen, aber sie ging doch mit der Vorlesungstätigkeit einher; Forschung (um dieses, was unser Fach angeht, modern-hochtrabende Wort hier zu benutzen) und Lehre waren insoweit noch wirklich eins; die Resultate der Arbeit an den Apparaten gingen in die Vorlesungen ein und neue Fragen, die sich *docendo* stellten, wurden in den Apparat eingebracht, und die Arbeit an diesem fand jahrein, jahraus statt. Wo dann aber, wenn eine Frage sich sowohl zu einer Stelle des Codex als auch zum Digestum vetus stellte, auf eine solche Frage die Antwort notiert wurde, war wahrlich gleichgültig, war abhängig von der Kontinuität und Sorgfalt, mit der die Arbeit an dem einen und dem anderen Apparat vorangetrieben wurde.

Wunderlich und ohne weiteres gar nicht zu begreifen ist in unserem Fall, dass zu einer im Apparat zum Digestum vetus gestellten Frage wegen der Antwort auf eine zum Codex-Apparat gehörenden Glosse verwiesen wird – wunderlich und unbegreiflich ist dies deswegen, weil die Antwort dort gar nicht gegeben oder – genauer gesagt – die gegebene verworfen wird und eine weitere Verweisung stattfindet und das auf eine Glosse, von der Azo sagt, er habe sie notiert (*notavi*!) zu D 19,4,1,1, in seinem Apparat also zum Digestum vetus. Ist a (= die gl zu D 19,4,1,1) früher als b (= die gl zur Codex-Rubrik) und b früher als c (= die gl zu l. 7,2 D 2,14), dann ist a früher auch als c oder – anders gewendet – c später auch als a; es hat mithin zu der Zeit, als zu l. 7,2 die Frage nach der Zuordnung der *permutatio* gestellt worden ist und wegen der Antwort die Verweisung stattgefunden hat, die Antwort, die die wahre sein soll, bei a bereits gestanden. Warum also bei c nicht die Verweisung auf a? Warum die Umständlichkeit, den Leser den Weg über b zu a gehen zu lassen, wo den direkten Weg zu gehen auch darum das Einfachste gewesen wäre, weil a – anders als b – eine Stelle in dem Buch ist, das der Leser zu l. 7,2 vor sich hat? Hat Azo sich Leser vorgestellt, die in ihrem Studium des Digestum vetus (mit seinem Apparat) auch ein Exemplar des Codex (mit seinem Apparat) zur Hand hatten? Diese offenbare Ungereimtheit in der azonischen Arbeit ist mit Unachtsamkeit, Gleichgültigkeit gegenüber der Bequemlichkeit des Lesers nicht hinreichend erklärt, ohne in Erwägung zu ziehen eine Eigenheit der azonischen Arbeit an seinen Apparaten, die schon bei früheren Gelegenheiten festgestellt worden und auch hier zu sehen ist:

Die zu den *leges* Apparate schreibende Arbeit hat sich über einen langen Zeitraum hin erstreckt, die Verfertigung des Apparats war die an sich nie abzuschließende Arbeit, gleichsam der Strickstrumpf, und wie in einem solchen ist in ihm erhalten geblieben das Ältere, auch wenn es zu dem Neueren nicht passte, durch das Neuere überholt war[19] – es sind erhalten geblieben die *minores*

19 Beispiele hierfür (außer den in dieser Untersuchung noch folgenden) s. in MG 36 f., 178, 184, 192 f.

apparatus, auch nachdem die spätere Arbeit, namentlich diejenige an der Summe zu Einsichten geführt hatte, neben denen die Anfänge keinen Bestand haben konnten, wie hier die beiden gll zu *contractum* und *nascitur*, deren sachlicher Gehalt in der gl zu D 19,4,1,1 doch besser zum Ausdruck kam und die jedenfalls dann, wenn das, worauf letztendlich verwiesen war, schon hier zu l. 7,2 gesagt wurde, auch zu streichen waren. Dem azonischen Apparat fehlt, wie sich in ihm immer wieder zeigt, die abschließende Redaktion; es fehlt ihm die Arbeit des Accursius, die das Veraltete und damit die geschichtliche Dimension der Arbeit ausscheidet, sodass diese Dimension verloren ist.[20]

Angesichts dieser Eigenart, die auch bei Hugolinus[21] und wohl gar überhaupt in allen älteren Apparaten festzustellen sein mag, ist hier – bei Azo – jedenfalls zu erwägen, ob es für die genannte Ungereimtheit nicht eine geschichtliche Erklärung gibt: Als Azo zu l. 7,2 die Frage stellte, warum die Tauschübereinkunft kein Nominatkontrakt sei, gab es dazu eine Antwort nur zu dem die *permutatio* betreffenden Codextitel und nicht auch schon zu dem entsprechenden (sc. die *permutatio* betr.) Titel des Digestum vetus, der in der Arbeit an dem Apparat zu diesem *liber* ja auch eine *cura posterior* sein konnte. War es so, also eine Erörterung dieser Frage bei D 19,4,1,1 noch nicht vorhanden, wohl aber bei C 4,64 und ist darum bei l. 7,2 D 2,14 auf diese und nicht auf jene Stelle verwiesen worden, dann kann allerdings in dieser gl *ad rubricam* C 4,64 noch nicht das *notavi* gestanden haben, noch nicht die Weiterverweisung auf die gl zu D 19,4,1,1. Diese Weiterverweisung ist nun aber nicht zu trennen von dem diesem *notavi* unmittelbar voranstehenden Text, sc. von der Erklärung, es sei die am Anfang dieser Glosse ausgeführte *ratio* für die Einordnung der *permutatio* als Innominatkontrakt (woran sich dann noch das *secundum job* zur *donatio* Gesagte anschließt) *nulla*, also verfehlt, abwegig. Auch dies kann in dieser Glosse, wenn dort zunächst das *notavi* noch nicht gestanden, also die Weiterverweisung auf D 19,4,1,1 noch gefehlt hat, noch nicht gestanden haben – und es hat dann hier etwas gestanden, was auf die bei l. 7,2 gestellte Frage eine Antwort gibt: eine *secundum job* gegebene Antwort, aber eine solche, die sich so liest oder doch so

20 Man könnte insofern sagen, es sei diese Arbeit, sc. diejenige des Accursius mehr auf die Praxis ausgerichtet – auf eine gewisse Praxis, der die Entstehung der Sätze, an die sie sich hält, gleichgültig ist, die gar die Verunsicherung scheut, die durch den Nachweis der Entstehung eines Satzes hervorgerufen werden könnte: Der Nachweis, woher einer das hat, was er sagt, ist nicht gut für dessen Autorität, weswegen Gesetzgeber dazu neigen, die Entstehung ihrer Sätze zu unterdrücken oder gar diejenigen bedrohen, die es wagen sollten *comparare ea quae antiquitas habebat et quae nostra auctoritas introduxit*, s. const. Tanta § 10. In dem Maße, in dem sie diese Drohung in den Wind schlägt, ist unserer Arbeit Wissenschaft.

21 S. hier o. bei unserem ersten (l. 1,1 betreffenden) Exempel, ferner auch u. Abschn. XI im Text vor N. 63 die dort sog. Glossen (1) und (2).

gelesen werden könnte, als hätte Johannes die Nominatkontrakte *depositum* und *commodatum* nicht gekannt oder übersehen und die Zugehörigkeit eines Vertrages zu den Nominatkontrakten darauf ausgerichtet, ob er *solo consensu* wirksam ist. Dass es so war, also der Schluss (ab: *videtur nulla*) erst später hinzu gesetzt worden ist, hat für sich, dass die in der doppelten Verweisung steckende Ungereimtheit ursprünglich nicht existiert hat, und war es so, dann haben wir in dieser Glosse zu dem die *permutatio* betreffenden Codextitel mit dem *secundum job* an deren – n. b. ursprünglichen – Ende exakt die Position, gegen die Hugolinus zu Felde zieht, den realen Gegner, in Hinsicht auf den er klarstellt, *quod dicit job* und was *secundum job* anzunehmen das Richtige ist – die Belehrung, die der eine Schüler dem anderen erteilt über den Sinn der Worte ihres gemeinsamen *dominus*. Es liegt dann ferner auch auf der Hand, wie es auf der azonischen Seite: in dessen Arbeit weitergegangen ist: Die Verteidigung des Johannes durch Hugolinus hat Azo überzeugt. Sie musste ihn überzeugen. Es blieb ihm nur übrig, Hugolinus' flüchtige Skizze zur Geschichte der Nominatkontrakte durch eine eindringlichere Darstellung zu übertreffen und diese auszurichten auf die Frage, warum denn *permutatio* kein *nomen per se* und dieser Vertrag also – gleich dem anderen, um den es in l. 7, 2 geht – ein Innominatkontrakt ist. Nachdem dies in der Summe geschehen war, ist dann das, was dort die *alia ratio* heißt, auch in den Apparat zum Digestum vetus, sc. zu D 19,4,1,1 übernommen worden.[22] An die Glosse zur Rubrik des Codextitels aber ist nun angefügt worden, dass und warum das dort zunächst Gesagte *nullum* ist und wo der Leser die richtige Ansicht finden könne. Versäumt hat Azo allein, die Verweisung bei l. 7,2 zu korrigieren oder doch wenigstens zu komplettieren. Dass er sich von dem, was in seiner ursprünglichen Darstellung (sc. der gl zur Codex-Rubrik) des Johannes Anteil an dieser Thematik zu sein scheint, nicht klarer distanziert hat, werden wir ihm nachsehen: es könnte dies auf das Konto des Stolzes zu schreiben sein, der es uns und zumal einem Mann seiner Statur schwer macht, begangene Fehler offen einzugestehen.

Über die Leistung des Accursius kann das Urteil nicht gleich nachsichtig sein. So plausibel alle Eingriffe in den azonischen Text als redaktionelle Maßnahmen auch sind und so praktisch brauchbar (wenn bei einer Frage wie dieser von praktisch überhaupt zu reden ist) das in der gl (*ord.*) zu *facias* vorliegende Resultat auch ist – als Kompilation, als eine Angabe, aus welchen Quellen was entnommen ist, wer zur Klärung einer Frage was beigetragen hat, ist dieser Apparat – hier! – unbrauchbar, indem er das schiefe Bild vermittelt, dass die entscheidende Einsicht dem zu danken sei, der doch bloß durch die mechani-

22 Oder es ist, was ebenso gut sein kann, dies dort zunächst gesagt, und dann nochmals in der Summe, wo ihm (s. an dem hier o. N. 15 a. O.) das zur Geschichte der Nominatkontrakte Gesagte voran gestellt worden ist.

sche Übertragung der azonischen Stücke den in diesen vorhandenen falschen Schein konserviert hat.

Accursius hatte, wie immer wieder zu sagen: zu aller Kritik an seiner Leistung hinzuzudenken ist, eine immense, langwierige Arbeit zu bewältigen. Dass er es sich einfach gemacht, sich an Azo gehalten, dessen Text zu verbessern, von seinen Mängeln zu reinigen gesucht und dazu sporadisch sich an Hugolinus angelehnt, dessen Apparat als seine erste Hilfe ausgeschlachtet hat, ist ihm gewiss nicht anzukreiden, ist im Gegenteil – wie jede Beschränkung in der gelehrten Arbeit – sein Verdienst. Eine wahre Kompilation des in der glossatorischen Arbeit Geleisteten war zu seiner Zeit keine geringere, eher eine größere Aufgabe als es die Schaffung eines Corpus Glossarum heute wäre.[23] Sie war, zumal von einem Einzelnen, auch schon im 13. Jahrhundert wohl gar nicht zustande zu bringen. Aber gerade dann, wenn wir ihm dies zugute halten, verbietet sich die Annahme, es sei seine sog. *ordinaria glossa* eine verlässliche Quelle für das, was in »der Glosse« geleistet worden ist; es könne darüber etwas Verlässliches gesagt werden, ohne auf die Quellen dieses accursischen Apparats zurückzugehen, ohne die Geschichte seines Textes zu eruieren, ohne eine Kritik des Textes der *gl. ord.*

23 Die Aufgabe war seinerzeit eine größere wegen der Vielzahl der Handschriften, in denen die glossatorische Arbeit erhalten war, und sie ist, nachdem die Überlieferung auf wenige Hss geschrumpft ist und diese dank deren möglicher Verfilmung auch an ein und demselben Ort vorhanden sein und, falls es dort mehrere Lesegeräte gibt, selbst simultan benutzt werden können, einfacher geworden – einfacher noch als zur Zeit Seckels (für den dieses Corpus, worauf hier zurückzukommen sein wird, ein Projekt gewesen ist). Die Aufgabe ist heute eine einfachere dank eben der Möglichkeit der Verfilmung und dank der umfänglichen Sammlung der Filme im Frankfurter MPI, wo allerdings nach dessen Umzug in einen prächtigen, weitläufigen Neubau die Möglichkeit der Benutzung der Mikrofilme eine doch sehr reduzierte ist: das eine noch vorhandene Lesegerät ist zu benutzen in einem kleinen Raum, in dem außer diesem Gerät auch die Photokopiergeräte stehen und deretwegen ein Kommen und Gehen ist.

V. *Ex nudo pacto actio non nascitur* – l. 7,5

I. Vorbemerkung: Accursius' substantiell eigener Anteil an der *gl. ord.*

Es liegt der Ausführung der bisherigen Exempel nicht die Absicht zugrunde, den Beweis dafür anzutreten, dass die Arbeit des Accursius sich erschöpft hat in der reinen Redaktion – mit dem azonischen Apparat als der zu redigierenden Vorlage und dem Apparat des Hugolinus als dem Hilfsmittel für den Fall des Versagens der Vorlage. Es ist nicht gesagt, und es sind die ausgeführten Exempel nicht zu lesen als Beweisstücke für die Annahme, dass wir es in der *gl. ord.* allein in der Art und Weise, in der die Substanz präsentiert ist: allein in formaler Hinsicht mit Accursius zu tun haben und die Substanz überall nur von Azo und – ab und an – von Hugolinus oder Dritten entlehnt ist. Es soll hier durchaus nicht in Abrede gestellt werden, dass es in der *gl. ord.* auch eine genuin accursische Substanz gibt und diese auch nicht allein innerhalb der ihrer Provenienz nach azonischen oder hugolinischen Glossen vorhanden ist; es gibt sie nicht allein in Ergänzung oder Fortführung der darin erörterten und beantworteten Sachfragen. Es gibt auch und auch durchaus nicht selten den Fall, dass zu einer Frage, zu der dem Benutzer des Apparats nach des Accursius Einschätzung auf die Sprünge zu helfen war, weder bei Azo noch bei Hugolinus noch sonst in der glossatorischen Arbeit etwas vorhanden war und er also selbst die Frage hat beantworten, selbst die Glosse, anstatt bloß die hier oder dort vorhandene zu bearbeiten, hat schreiben müssen.[1] Von den vielen kurzgefassten, meist einzelne Worte oder Redewendungen der Litera erklärenden Glossen, von denen man wohl gemeint hat, sie seien in die *gl. ord.* aus der *antiqua glosa* rezipiert, ist gewiss nicht alles, aber doch eine erhebliche Anzahl, wenn nicht sogar das meiste, im Ganzen accursisch, ein großer Teil davon auch erst in der Bearbeitung der ersten Version des Apparats zu deren Text als *additio* hinzugekommen, sodass an der accursischen Herkunft dieser Zutaten kaum ein Zweifel besteht.[2] Man kann namentlich diese kurzgefassten Erklärungen einzelner

1 Die Bezeichnung des Accursius als »Redaktor der Glosse« (Hugo) und des Hugolinus als des »letzten, der Glossen geschrieben hat« (Savigny) ist nicht zu beanstanden, wenn man sie *cum grano salis* nimmt und sich das *granum* in quantitativer Hinsicht nicht allzu klein vorstellt. Beide Äußerungen werden ja auch nur so gemeint gewesen sein, d. h. als eine Provokation derjenigen, die Accursius für den Kompilator der Glosse halten und doch auch noch ihn zu den Glossatoren rechnen.

2 Ich sage ›kaum‹ aus doppeltem Grund: zum einen befindet sich unter diesen *additiones* nicht wenig, was textgleich auch der azonische oder der hugolinische

Worte den frühen Glossen zuzurechnen versucht sein, solange man in Accursius den Kompilator »der Glosse« sieht und diese Erklärungen ihrer simplen, selbst trivialen Beschaffenheit wegen für passender hält in eine Zeit, als es zunächst darum gehen musste, sich des Wortgebrauchs der römischen Juristen zu vergewissern, deren Fachsprache zu erlernen und zu lehren – für passender in diese frühe Zeit als in die späte, der Accursius angehört. Wer indessen sieht, in welchem Ausmaß dieser sich an die azonische, notfalls aus Hugolinus ausgebesserte Substanz hält und wie er in der Redigierung dieser Substanz zu Werke geht, wie er nämlich bemüht und imstande ist, diese dem Leser eingängiger, die Lektüre bequemer zu machen, dem Verständnis auch des unkundigen Lesers nahe zu bringen – wer also von der Arbeit des Accursius sich da ein Bild macht, wo sie auf die Arbeit seiner nächsten Vorgänger unmittelbar bezogen ist und sie so in ihrer Eigenart mehr oder weniger handgreiflich zu Tage tritt, wer also den Text der *gl. ord.* nicht bloß in der Horizontalen in den Blick nimmt, sondern auch in seiner geschichtlichen Dimension, wer also diesen Text einer geschichtlichen Kritik unterzieht, dem wird gar nicht befremdlich sein, dass ein Mann, der in dem glossatorischen Bemühen um die antike Litera über deren Mitte hinaus, gewissermaßen auf dessen Höhepunkt sich befindet, noch mit der kleinen Münze mehr oder weniger trivialer Erklärungen sich abgibt. Es passen diese simplen Erklärungen in sein Programm. Sie sind Teil des Bemühens, die im azonischen Apparat vorhandene Substanz benutzerfreundlicher zu gestalten, sie auf eine dem Absatz bei der Menge förderliche Weise fortzuführen und zu vollenden. Auch sie sind darum – wie die Ergänzungen innerhalb der die azonisch-hugolinische Substanz fortschreibenden Glossen – der Arbeit an dieser Substanz als Zutaten zu dieser untergeordnet. Auch sie gehören noch im weiteren Sinn dieses Wortes zur Redaktion.

Es ist dies, wie überhaupt alles hier zu diesem Abschnitt vorweg Gesagte, zur Anschauung zu bringen am Beispiel des Apparats zu § 5 l. 7, der ein vorzügliches Demonstrationsobjekt auch darum ist, weil die ihn eröffnende Glosse zu den Anfangsworten der Litera, sc. *quin immo* in dem Teil, mit dem sie beginnt, nicht

Apparat hat; es sind mithin diese Apparate auch noch bei der Bearbeitung der ursprünglichen Version des Textes benutzt worden. Zum anderen kann nicht schlechthin alles, was in der ursprünglichen Version des Textes nicht vorhanden war und später in diesen integriert worden ist, ohne weiteres Accursius zugerechnet werden. Dass der Text, wie ihn Accursius hinterlassen hat, in den wenigstens 2 Jahrhunderten, in denen er abgeschrieben, vervielfältigt worden ist, sich rein erhalten hätte, nicht auch von Späteren rezensiert worden wäre, ist ohne weiters auszuschließen. Die Unterscheidung der accursischen von den fremden *additiones* ist in der Geschichte des Textes der *gl. ord.* das wohl schwierigste Stück, s. dazu Näheres bereits MG insbes. S. 53, 159–61 sowie hier im Exkurs zu Abschn. VIII.

nur formal, sondern auch substantiell eine Arbeit des Accursius ist[3] und wir so, bei dem außerordentlichen Umfang dieses Teils, von dieser Arbeit mehr und anderes zu sehen bekommen, als das gewöhnlich möglich ist. Wir bekommen zu sehen, was Accursius, wenn er einmal nicht bloß der »Redaktor der Glosse«, nicht nur die von anderen geschriebenen Texte aufbereitet, sondern selbst ein Glossator ist, und dies auch in der Beantwortung einer nicht simplen und kurz zu erledigenden Frage, zu leisten imstande ist.

II. L. 7,5 Teil 1 der Litera:

> Ulpianus libro quarto ad edictum ... Quin immo interdum format ipsam actionem, ut in bonae fidei iudiciis: solemus enim dicere pacta conventa inesse bonae fidei iudiciis. sed hoc sic accipiendum est, ut si quidem ex continenti pacta subsecuta sunt, etiam ex parte actoris insint: si ex intervallo, non inerunt, nec valebunt, si agat, ne ex pacto actio nascatur ...

Die Frage, um die es in der auf *quin immo* bezogenen Glosse in deren rein accursischem (1.) Teil geht,[4] steht in einem nicht ohne weiteres sichtbaren, aber bei näherem Hinsehen doch unabweisbaren Zusammenhang mit demjenigen, was in dem anschließenden, auf das hier wiedergegebene Stück der Litera bezogenen (aus vier Glossen bestehenden) Apparat die Hauptsache ist. Die Frage folgt auf eine noch näher zu bezeichnende Weise aus der azonisch/hugolinischen Substanz dieser an die gl zu *quin immo* sich anschließenden vier Glossen, und sie wird offenbar, wenn man den Blick zunächst auf diese vier Glossen und deren Herkunft richtet, also die den Apparat zu l. 7,5 eröffnende Glosse zu *quin immo* vorerst noch beiseite lässt.

3 Sie ist zu unterteilen in: 1. einen accursischen Anfangsteil, der knapp 2/3 des Ganzen ausmacht; 2. einen azonischen Teil, der da beginnt, wo der Text fortfährt mit: *et nota quod pactum sex modis vestitur* (es geht insoweit um einen der vielen Fälle, wo Azo in seinem Apparat auf seine Summe verweist und Accursius das dort von Azo Gesagte in den Apparat einstellt, was für den Benutzer gewiss bequemer ist und dem Bearbeiter auch die Gelegenheit bietet, noch etwas hinzuzufügen, zu korrigieren) sowie 3. einen Schlussteil, der zur 1. Version des Textes eine *additio* ist, in der c. f. allegierten Institutionenstelle: *de oblig. l. ex consensu* mit *in princip.* beginnt, also dieses Allegat präzisiert und der 2-stufig sein könnte. Zu dem ganz am Ende genannten *Job.* = Hiob s. bereits hier o. N. 6 im Abschn. IV.

4 Ob es um dieselbe Frage auch noch in dem mit: *item interdum ideo dicit* etc. beginnenden Schluss geht, sei vorerst dahin gestellt.

1) *Die azonisch/hugolinische Substanz der* gll. ord. *zu* in bonae fidei iudiciis/ex continenti/ex parte/ex pacto

Azo	*Gl. ord.*	Hugolinus
	quin immo: s. den Text hier u. nach N. 15	informat: etiam novam i. e. prescriptis verbis paret ut C de rerum permut. l. rebus et de pactis inter ept. et ven. l.ij
in bonae fidei iudiciis: idem* in contractibus stricti iuris ut infra si certum pet. l. lecta. solemus enim dicere: quod dic. ut C de pactis inter empt. et ven. l.j.	in bonae fidei iudiciis: i. e. contractibus. sed quid in iudiciis stricti iuris? Resp.: idem ut pariant et informant ut infra si certum pet. l. lecta et C e. l. petens. quidam tamen dicunt tantum novam parere ut C de donat. l. legem et l. cum re et de rerum permut. l. rebus et de rei uxor. act. l.j § accedit. Item quid si nudum pactum non est principale, sed accessorium, puta poenale ut C de contrah. stip l. nuda. item quid si tale pactum est vestitum ex quo una pars agit … a quo vestiatur.	in bonae fidei iudicis: idem in contractibus stricti iuris, quia non solam novam actionem pariunt, sc. prescriptis verbis, sed etiam veterem informant sec. b et job ut infra si certum petatur l. lecta. alii dicunt tale pactum novam tantum parere actionem ut C de de donat. l. legem et l. cum res et de rerum permut. l. rebus et de rei uxor. act. § accedit.
ex continenti: antequam ad alia divertant ut infra de duobus reis l. duos § ult. et l. si ex duobus et infra de test. l. heredes § ult. et ponuntur exempla C e. l. petens. pacta: ut generaliter de vestimentis pactorum scias, notandum est, quod sex modis vestiuntur pacta, licet enim lex non vocet vestitum, sic tamen bene vocatur, quod dic. ut in summa. ineunt: nisi sunt de natura contractus. ——— * Die Hss haben statt *idem* häufig das für *infra* gebräuchliche Kürzel (Arras, Bamberg 11, Stockholm)	ex continenti: antequam ad alia divertant negotia ut infra de duob. reis l. duobus in fi. et l. si ex duobus et infra de test. l. heredes palam et infra de adult.l. quod ait lex § fi. et infra de verb. obl. l. continuus in princ. sed an ex talibus pactis non servatis posset dari rei ven.? Resp. non ut C de probat. … vel dic. ut ibi. [ex parte: i. e. ut pariant actionem] [ex pacto: sc. nudo]	ex continenti: quod dic. ut infra ad l. Jul. de adult. l. quod ait lex et test. l. heredes § ult. et infra de verb. obl. l. continuus et infra de duob. reis l. duos § ult.

Durch das hier vorweg Bemerkte sind bereits erledigt: im azonischen Apparat die Glosse zu *pacta*, die in der *gl. ord.* dem 2. Teil der Glosse zu *quin immo* zugrunde liegt; in der *gl. ord.* selbst die beiden Glossen zu *ex parte* und zu *ex pacto*, die beide (durch die eckigen Klammern gekennzeichnet) *additiones* zu der ursprünglichen Version des Textes dieses Apparats sind und zu deren Qualität als an sich simple Zutaten zu der vorangehenden Hauptsache nichts weiter zu sagen ist.[5] Diese Hauptsache, aus der in der hier zunächst noch zurückgestellten Glosse zu *quin immo* auf eine noch näher zu bezeichnende Weise deren Anfangsteil folgt, betrifft die in das Zentrum der Lehre von den *pacta* gehörende Aussage der Litera, es könne ein nackter Vertrag,[6] wenn er eingegangen werde in unmittelbarem Zusammenhang mit einem Akt, der eine Klage begründet, diese formieren, gestalten, also deren regulären Inhalt (denjenigen, den diese Klage ohne das *pactum* hätte) verändern. Die Litera verweist zu dieser möglichen, den Inhalt einer Klage verändernden Wirkung als Beispiel (wie es des *ut* wegen scheint) auf die *bonae fidei iudicia*. Sie fährt dann aber doch – mit *solemus enim* etc. – so fort, als sei es eine Eigenart eben dieser *iudicia*, dass die *nuda pacta* in sie eingehen und so auch von dem gemäß der *bona fides* urteilenden Richter zu

5 Auf die Glossen dieses leichtgewichtigen Kalibers, die im Apparat zu § 5 noch folgen, sei zur Komplettierung des Bildes schon hier eingegangen: Zu der in der Litera stattfindenden zweimaligen, litanei- oder repetitorartigen Wiederholung von *ne ex pacto actio nascatur* ist zu *pacto* jeweils notiert: *sc. nudo*, was jeweils eine *additio* ist. Dies gilt ferner für die Kurzglossen am Ende des Apparats zu § 5 zu: *praestetur/ingressu/iudiciis/pactum*. Schon zur 1. Version des Textes gehören hier die Notizen zu: *extra naturam/bonae fidei* sowie *locum habebit*: diese ist accursisch, jene beiden anderen, etwas gewichtigeren sind azonisch (zu *bonae fidei*) bzw. hugolinisch (zu *extra naturam*, in der *ut – ausculandum* bei Hugolinus fehlt und in der *gl. ord.* eine *additio* ungeprüften Alters ist). Mit zu erledigen ist hier noch zum einen die Glosse zu der Litera *obligationem* a. E. von § 4: sc. *efficacem* (womit gesagt ist, dass es besser *actionem* heißen würde): sie ist azonisch; sowie ferner aus dem azonischen Apparat zu § 5 *ineunt* (s. hier o. in der Wiedergabe dieses Apparats): sie fehlt in der *gl. ord.*, wo die Sache, um die es geht, in der gl zu *adeo* vorhanden ist. Diese ihrerseits stammt aus dem Hugolinus-Apparat, und dies ist der Fall auch bei den drei folgenden zu *ex eodem/nondum/ab emptione*, aber diese sind zum ursprünglichen Text der *gl. ord.* erst addiert.

6 *nudum pactum* (s. diesen Ausdruck in der Litera im letzten Satz von § 4) durch »formlosen Vertrag«, »simpele afsprak« wiedergeben (wie in den Übersetzungen von Knütel bzw. Spruit) bringt in ein an und für sich nicht verständliches Wort einen Sinn, der ungenau ist: gehört die Kaufvereinbarung etwa nicht zu den formlosen Verträgen und wieso ist ein *pactum de non petendo* eine simple Absprache, die Kaufvereinbarung dagegen nicht? Warum nicht das, was die Litera auf eine erklärungsbedürftige Weise sagt, auch auf eine erklärungsbedürftige Weise wiedergeben? Um nicht päpstlicher als der Papst zu sein, belasse ich es, wie bei *pactum* (s. o. im Abschn. I N. 10) so auch hier dabei, dass ein *pactum* als ein nackter Vertrag bezeichnet ist; ich lasse *pactum nudum* im Weiteren am besten uneingedeutscht.

beachten seien. Dem (dass also die Litera von § 5 dahin zu verstehen sei, dass es um etwas gehe, das zwar allen, aber auch nur den *bonae fidei iudicia* eigen sei) wird von Azo, von Hugolinus und in der *gl. ord.* widersprochen: es gelte dies, dass nämlich das *pactum*, wenn es *in continenti factum* (im Weiteren: *i. c. f.*) ist, in das *iudicium* eingehe, wie für das *bonae fidei*, so auch für das *stricti iuris iudicium*; hier wie dort gelte insoweit *idem*.

In dieser Aussage stimmen unsere drei Apparate überein, und es ist also insoweit nicht zu sagen, ob und von welchem der beiden früheren, oder ob überhaupt von einem dieser beiden, der zeitlich letzte, sc. die *gl. ord.* abhängig ist. Anders verhält es sich insoweit bei dem, was dieser überall gleichen Aussage als Beleg für das überall gleiche *idem* folgt: Azo belegt (sc. in seiner Glosse zu in bonae fidei iudiciis) diese Aussage mit *infra si certum* etc. = D 12,1,40, wo (*circa mediam*) in Hinsicht auf eine Stipulation eben dies auch gesagt ist: *pacta in continenti facta stipulationi inesse creduntur.*[7] Dieses Allegat hat nicht Hugolinus, wohl Accursius, aber bei diesem steht (in seiner Glosse zu *in bonae fidei iudiciis*) das Allegat dieser *l. lecta* zu einer Aussage, die – in einer etwas anderen Formulierung – auch bei Hugolinus (sc. in dessen Glosse zu *in bonae fidei iudiciis*) vorhanden und bei diesem der Beleg, also die Begründung für das überall gleiche *idem* als der grundlegenden Aussage ist: es soll zwischen *bonae fidei* und *stricti iuris iudicia*, was die Einbeziehung der *pacta i. c. f.* betrifft, kein Unterschied sein, weil (*quia*!) solche *pacta* nicht bloß eine neue Klage, eine *actio* nämlich *praescriptis verbis* erzeugten, sondern auch auf die alte Klage, mit deren Begründungsakt das *pactum* in dem vorausgesetzten engen Zusammenhang steht, in einer deren Inhalt gestaltenden Weise einwirkten. Diese von Hugolinus bloß auf *b(ulgarus)* und *jo(annes)*, also auf keine Stelle in den *leges* gestützte Aussage: ein *pactum i. c. f.* könne eine neue Klage begründen und auch die alte inhaltlich gestalten; die Aussage also über die Wirkung eines solchen *pactum* ist dafür, dass dies für *iudicia* sowohl *bonae fidei* als auch *stricti iuris* gelte, gewiss keine Begründung. Accursius sagt dies dann auch zu seinem *idem* nicht so; er vermeidet das hugolinische *quia*, aber weist zu diesem *idem* auch seinerseits hin auf die mögliche doppelte Wirkung eines *pactum i. c. f.*: dass eine neue Klage dadurch erzeugt und die vorhandene Klage dadurch gestaltet werden könne, und hieran erst schließt er das Allegat an, das zu dem *idem* bei Azo die treffliche Begründung ist. Es ist dies keine Begründung, kein Beleg zu dem, was ihm in der *gl. ord.* vorangeht und was dorthin, weil es – dem *quia* bei Hugolinus zum Trotz – das *idem* weder begründet noch plausibel macht, auch nicht gehört. Es kann die Aussage über die doppelte Wirkung der *pacta i. c. f.* zwischen dem *idem* und

7 Dass dies und vielleicht auch noch Weiteres interpoliert ist, s. Index Interpol., ist hier beiseite zu lassen. Im justinianischen Recht und somit für die Glosse war es jedenfalls so.

dem dazu trefflichen Allegat von D 12,1,40 in der *gl. ord.* nur stehen, weil es dort bei Hugolinus als Begründung für das *idem* steht: Wiederholt sich in zwei Texten verschiedener Verfasser der Fehler des einen, wenn auch in (der Vermeidung des *quia* wegen) abgeschwächter Form, bei dem anderen und ist sicher, dass dieser jenen Text gekannt: vor seinen Augen oder in seinem Kopf gehabt hat, dann ist die Möglichkeit, dass dieser unabhängig von jenem denselben Fehler begangen hat, doch wohl auszuschließen.[8] In der *gl. ord.* ist m. a. W. die Azo-Glosse mit diesem Hugolinus-Stück angereichert, was dadurch noch unterstrichen wird, dass auch im Weiteren die *gl. ord.* dasjenige sagt, was bei Azo fehlt, aber bei Hugolinus vorhanden ist: der Hinweis auf die Meinung der von Accursius in *quidam* umgetauften *alii* sowie auch und noch deutlicher in der Glosse zu *ex continenti*, deren Text in der *gl. ord.* der azonische ist und nur zu den azonischen Allegaten auch noch diejenigen des Hugolinus hat.

Es bleibt zur Präzisierung der Abhängigkeit der *gl. ord.* teils von Azo und teils von Hugolinus der Blick noch zu richten auf die Differenzen, also auf das, was bei Hugolinus anders ist als bei Azo und in der *gl. ord.* anders ist als bei jenen beiden.

Eine geringfügige, aber vielleicht doch nicht ganz unbedeutende Differenz zwischen der *gl. ord.* und dem azonischen Apparat ist die Position des Allegats der l. *petens* = C 2,3,27: Die Stelle steht bei Azo am Ende der Glosse zu *ex continenti*. Sie fehlt dort in der *gl. ord.*, steht in dieser aber in der Glosse zu *bonae fidei iudiciis* und dort im Anschluss an das Allegat von D 12,1,40 – der *l. lecta*. In der sozusagen azonischen Position ist jene *l. petens* mit ihrer Aussage: *seu antecessit* (sc. einer *placiti servandi causa* vorgenommenen Stipulation) *pactum seu post statim interpositum sit*, ein trefflicher Beleg für das, was mit *ex/in continenti* gemeint ist.[9] Die Stelle ist, da es in ihr um ein *pactum* im Zusammenhang mit einer Stipulation geht, ein tauglicher Beleg auch dafür, dass ein *pactum* auch in ein *iudicium stricti iuris* eingeht, mithin von dem gemäß dem *ius strictum* urteilenden Richter zu beachten ist. Insofern steht die Stelle in der *gl. ord.* in deren Glosse zu *bonae fidei iudiciis* nicht schlechthin verkehrt – stünde sie dort

8 Hier wie auch sonst frage ich mich, ob und inwieweit Accursius aus der Erinnerung an etwas früher einmal Gelesenes heraus, also aus dem Gedächtnis und nicht aus unmittelbarer Anschauung dessen, was andere gesagt haben, seine Glossen geschrieben hat. Dass er ein ganz außerordentliches Gedächtnis gehabt haben muss, steht außer Frage. Erklärt sich etwa daraus nicht auch, dass er da, wo er den Text eines anderen übernimmt, darin einzelne Wort, wie immer wieder festzustellen ist, durch Synonyma ersetzt?

9 Es muss also das *pactum*, um *in continenti* mit einem eine Klage begründenden Akt vorgenommen zu sein, diesem Akt nicht nachfolgen, es kann ihm auch vorangehen; es muss, wie noch trefflicher Azo in der Summe 2,3,4 sagt: *paululum ante contractum vel paululum post contractum vel in ipso contractu* eingegangen sein.

nur nicht im Anschluss an die diese Einbeziehung der *pacta i. c. f.* in die *iudicia stricti iuris* aussprechende Digestenstelle, sc. 12,1,40 und stünden dort beide Stellen nicht als Belege dafür, dass solche *pacta pariant et informent*: dass solche *pacta* den Inhalt einer Klage gestalten können, gleich ob über diese in einem *bonae fidei* oder *stricti iuris iudicium* zu entscheiden ist, was – wie bei Azo – durch die Digestenstelle hinreichend belegt ist – aber wieso soll ein solches *pactum* eine Klage auch begründen können? Dafür gibt diese Stelle nichts her,[10] und dafür fehlt in der *gl. ord.*, soweit deren Text hier mitgeteilt ist, überhaupt ein Beleg – anders als bei Hugolinus und anders wohl auch als bei Azo. Jener hat in seiner Glosse zu *informat* eben diese Aussage: dass ein *pactum*, das n. b. *in continenti* mit einem eine Klage begründenden Kontrakt eingegangen ist, eine neue, sc. eine *praescriptis verbis actio* begründen könne, und er allegiert für diese Aussage C *de rer. perm.* = 4,64,6 sowie *de pactis int. empt.* = 4,54,2. Im azonischen Apparat ist dasselbe so nicht gesagt; auch dieser hat aber doch den einen dieser beiden bei Hugolinus vorhandenen Belege, nämlich C 4,54,2 und dazu – vorangestellt – die Aufforderung: *quod dic(as/es?) ut* – und Azo selbst wird gewusst und mag darauf vertraut haben, dass auch sein Leser weiß, was denn nun so wie in dieser Stelle zu sagen ist. Tatsächlich sagt diese Stelle für den Fall eines Verkaufs mit einem sog. Rückkaufvorbehalt (eine – genauer gesagt – durch ein *pactum* in den Verkauf eingefügte Rückkaufvereinbarung), dass bei Ausübung des Rückkaufrechts der Verkäufer (bzw. dessen Erbe) gegen den Käufer (bzw. dessen Erben) eine *actio praescriptis verbis vel ex vendito dabitur.* Die Stelle belegt mithin die klagebegründende Wirkung (also die Wirkung außer der in unserer l. 7,5 ausgesprochenen Gestaltungswirkung), sodass diese Wirkung und auch jene, wie Hugolinus klipp und klar sagt, in den *leges* begründet ist, und es bleibt dort, sc. in C 4,54,2 nur einigermaßen undeutlich, was mit dem Zusatz: *vel ex vendito* gemeint ist: was sollen wir denn nun, Azos Aufforderung: *vel dic.* folgend, insoweit sagen können oder müssen?

Der Sinn dieses *vel ex vendito* ist von Azo in seinem Apparat (wie auch bei Hugolinus) offen gelassen. Es ist dies, wie überhaupt die doppelte Wirkung, die die *pacta i. c. f.* sollen haben können, dass sie nämlich, um mit Accursius zu reden, *pariant et informent*, ausgeführt von Azo in seiner Summe zu C 2,3 in den §§ 16 bis 18, und so ist dort in der Tat auch zu sehen, *quod dic. ut C de pactis inter empt. et ven. l. ij* – was damit in seiner Glosse von Azo gemeint ist: *pactum enim in continenti factum*[11] ... *prescriptis verbis actionem dat ut infra de pactis inter empt l.ij*

10 Sie ist dafür bei Azo angeführt wohl in der Summe (in dem Textstück, das hier oben im Text sogleich folgt), was als ein – freilich nicht sehr starkes – Indiz für die Benutzung der Summe durch Accursius immerhin bemerkenswert ist.

11 Es folgt hier mit *i. e.* eingeleitet das, was hier o. N. 9 bereits zitiert ist, sc. die Präzisierung dessen, was *in continenti* heißt, sowie die Feststellung, dass bezüg-

(= C 4,54,2!) et infra e. l. petens (= C 2,3,27(!). Informatur quoque vetus actio per hoc pactum in continenti factum i. forma quedam attribuitur veteri actioni ad quam modo datur, ut ff. e. ti.l iuris § quin immo (= D 2,14,7,5) … Ideo dicitur informari veterem actionem, quia quedam nova forma i. qualitas attribuitur. est qualitas actionis ut dicitur bone fidei vel stricti iuris. Hic ergo ex vendito actio … licet sit bone fidei sui natura et originem, tamen novam formam dicitur assumere, quia (que?) dicitur stricti iuris ideo, quia in locum actionis prescriptis verbis, que ex pacto nascitur, ipsa datur; prescriptis verbis autem actio semper est stricti iuris, nisi … et ista propter subrogationem … substantia tamen actonis eandem esse non nego. Es ist in diesem Text da, wo es in ihm darum geht, dass durch ein *pactum* (außer dass aus ihm eine Klage gegeben wird) auch die *vetus actio* informiert werde, indem sie nämlich die Qualität einer *actio stricti iuris* annehme – es ist insoweit nicht nochmals C 4,54,2 angeführt. Aber *hic ergo ex vendito actio* etc. kann doch nur gesagt sein mit dem Blick auf diese Stelle und deren die *actio praescriptis verbis* und diejenige *ex vendito* betreffende Aussage: jene ist die *nova actio*, diese die *vetus actio*, und diese erhält durch das *pactum* entgegen ihrer ursprünglichen Natur die Qualität einer *actio stricti iuris*, sodass es dann auch gleichgültig ist, mit welcher von beiden der sein Rückkaufrecht geltend machende Verkäufer gegen den Käufer vorgeht.

Es geht hier nicht darum, ob Azo in dieser doch sehr raffinierten Angleichung der *vetus actio* an die (durch das *pactum* erzeugte) *nova actio* und ob ihm also in diesem seinen Verständnis des *vel ex vendito*-Passus in C 4,54,2 zu folgen ist. Es ist ferner auch nicht, jedenfalls nicht mit Sicherheit zu sagen, ob Azo, als er in seiner Arbeit an dem Apparat zum Digestum vetus zu unserer l. 7,5 *quod dic. ut C de pactis inter* etc. notierte, dasjenige vor Augen hatte, was von ihm mit Bezug auf diese Codex-Stelle in der Summe gesagt ist. Es war dies eher nicht der Fall; er hätte, wie es sonst seine Gepflogenheit ist und er das auch hier, sc. im Apparat zu l. 7,5 nur zwei Glossen später, nämlich zu *pacta* tut, den Hinweis auf die Ausführung in der Summe gegeben, also – sei es mit, sei es ohne Anführung der Codexstelle – *quod dic. ut in summa* gesagt.[12] Geht darum, weil dies fehlt, die

lich dieser *pacta* zwischen *bonae fidei* und *stricti iuris iudicia* nicht zu unterscheiden sei, und dies auch hier mit dem Zitat von D 12,1,40.

12 Bei der Verweisung auf die Summe in der Glosse zu *pacta* geht es, wie hier bereits bemerkt, um die Ausführung der *sex modi*, die *vestiuntur pacta*: ein *pactum* so bekleiden, dass aus ihm eine Klage entsteht. Diese Ausführung hat es also z. Z. der Glosse zu § 5 – *pacta* bereits gegeben, und zudem geht diese Ausführung zu den *sex modi* geradezu nahtlos (wie hier noch zu zeigen sein wird) über in diejenige zu der doppelten Wirkung der *pacta i. c. f.*, in der C 4,54,2 das zentrale Allegat ist. Auch diese Ausführung lag also bereits vor, als im Apparat zum Digestum vetus, sc. zu l. 7,5 – *pacta* wegen der *sex modi* auf die Summe verwiesen worden ist. Aber dies ergibt doch nicht zwingend, dass mit der Glosse zu *pacta* die Glosse *quod dic.* etc. gleichen Alters ist und darum zur Zeit dieser Notiz auch schon die Summe mit der Ausführung der doppelten Wirkung der *pacta i. c. f.*

Glosse im Apparat zu l. 7,5 demjenigen, was in der Summe zu der allegierten Codexstelle gesagt ist, zeitlich voraus, ist sie also (im odofredianischen Sinn) *minor glossa*, dann steckt in ihr der Vorbehalt, dass das, was man sagen soll *ut C 4,54,2* noch der näheren Ausführung bedarf. Und zu dieser näheren Ausführung hätte dann die Arbeit an der Summe die nächstpassende Gelegenheit gegeben.

Wie dem aber auch sei: ob die Glosse *quod dic. ut* etc. mit der übernächsten zu *pacta* gleichzeitig (und dann später als in der Summe der hier einschlägige Text) oder aber – der Summe vorausgehend – *minor glossa* ist – Accursius hat gewiss beides vorgelegen.[13] Er hatte mithin in Azos Arbeit: in dessen Summe und Apparat vor Augen dasjenige, was Hugolinus in seiner Glosse zu *format* klipp und klar sagt und ebenso, wie das auch Azo tut, belegt: mit dem Allegat von C 4,54,2. Ist die *gl. ord.* das Produkt einer mit Hilfe des Hugolinus ausgeführten Bearbeitung des azonischen Apparats – warum fehlt dann aber in ihr die Azo-Glosse *quod dic.*? warum aus dem Hugolinus-Apparat die Glosse zu *informat*? warum ist in der *gl. ord.* von der doppelten Wirkung der *pacta i. c. f.* nur an unpassender Stelle, nur wie nebenbei (in der Glosse zu *in bonae fidei iudiciis*) die Rede? Der Grund hierfür wird deutlich im Studium der Glosse, mit der Accursius seinen Apparat zu l. 7.5 eröffnet. Diese Glosse, sc. zu *quin immo* ist in ihrem 1. Teil, wie hier eingangs gesagt, ein Eigenprodukt des Accursius; sie ist nicht nur formal, sondern auch substantiell dessen Arbeit. Sie ist die Reaktion auf etwas, was bei Azo (in dessen Apparat und Summe) und auch bei Hugolinus in der Tat fehlt, worin man einen Mangel beider Apparat erblicken kann – einen Mangel, dem abzuhelfen Accursius in seinem Bemühen, den azonischen Apparat gleichsam auf Vordermann: in die rechte Ordnung zu bringen, sich hat angelegen sein lassen. Es war ihm ein Anstoß, dass – bei Azo in dessen Summe und bei Hugolinus in dessen Apparat – von der klagebegründenden Wirkung eines *pactum i. c. f.* die Rede war – so, als sei diese Wirkung eine Selbstver-

vorlag. Warum, wenn es so gewesen wäre, die Verweisung auf die Summe nicht auch in der Glosse *quod dic.*? Der Benutzer des Apparats, der nicht weiß, was denn nun so wie in C 4,54,2 zu sagen ist, soll sein Studium des Apparats fortsetzen, er wird so zu der Glosse zu *pacta* und von dieser in die Summe kommen und dort, nachdem er über die *sex vestimenta* belehrt ist, auch zu den *pacta i. c. f.* kommen und dort schließlich erfahren, was zu l. 7,5 wie in C 4,54,2 zu sagen sein soll? Das ist denn doch wohl auch von Seiten Azos zu viel der Zumutung, also eher nicht anzunehmen. Auch die Arbeit an der Summe wird sich über einen längeren Zeitraum erstreckt haben, und es wird in dieser Zeit die den Apparat: die Glossen betreffende Arbeit nicht vollständig darnieder gelegen haben.

13 Dass ihm auch die Summe vorgelegen hat, ist ohnehin wahrscheinlich und ergibt sich auch schon daraus, dass er dasjenige, wovon Azo in der Glosse zu *pacta* sagt, es sei *notandum ut in summa* eben so ausführt, s. in der Glosse zu *quin immo* deren 2. Teil (und dazu hier o. N. 3).

ständlichkeit. Diese Wirkung war bei beiden: bei Azo und Hugolinus – mit dem Allegat von C 4 54,2 – nicht ohne Fundierung. Aber dieses Fundament erwies sich doch als ein zweifelhaftes mit dem Blick auf das, was der Aussage über die formierende Wirkung eines solchen *pactum* hier in l. 7,5 unmittelbar vorangeht – mit dem Blick auf den letzten Satz von § 4 dieses Digestenfragments: ... *nuda pactio obligationem non parit, sed parit exceptionem*. Wie kann man angesichts dessen, dass ein *pactum* eine Klage *nicht* soll begründen können, sagen, es sei das doch auch möglich, wie C 4,54,2 zeige? Weder von Azo noch von Hugolinus ist diese Frage gestellt, geschweige denn zu ihrer Beantwortung etwas unternommen. Es fehlt im Apparat des einen wie des anderen das, was – in der Sprache der Glossatoren – eine *continuatio* heißt: die Erklärung, ob und wie das, was in einer *lex*, einem Paragraphen gesagt ist, sich in der Aussage des folgenden Paragraphen, der folgenden *lex* fortsetzt: ob und wie diese aufeinander folgenden Aussagen miteinander harmonieren.[14] Diese bei Azo hier zweifellos nicht vorhandene Erklärung zu geben, diese hier auch aus dem Hugolinusapparat nicht zu füllende Lücke zu schließen, ist des Accursius Absicht im 1. Teil seiner zu *quin immo* geschriebenen Glosse.

2) *Der 1. Teil der Glosse zu* quin immo *als Accursius' Zutat zu der azonisch/hugolinischen Substanz der* gl. ord. *zu l. 7,5*

Es wird den Text dieses 1. Teils – trotz seines Umfangs – im Ganzen hier mitzuteilen nicht unangebracht sein, von der Mitteilung aber doch ausgenommen werden können das Stück etwa in der Mitte, das ein *novum intellectum* ausführt, von dem ich nicht zu sagen weiß, wie dies zu dem, was ihm vorangeht und nachfolgt, passen kann. Was in diesem Stück gesagt wird, ist offensichtlich abwegig, sodass man von ihm, sc. diesem *novum intellectum* dann auch gemeint hat, es sei *de mente aliorum.*[15]

> Quin pro etiam, et haec dictio ›immo‹ potest adversari ei, quod dixerat de exceptione danda quasi minus plene dixerit. sic corrigitur minus plene dictum, ut infra ad l. Rho. de iac. l. fi. §. pe et § fi. vel verius adversatur ei, quod dixerat actionem non dari, sed certe hoc dari non infert, sed infert informari. sed dic ex vi attractiva illius dictionis ›etiam‹, quae sumitur ex illa ›quin‹, hanc dictionem ›immo‹ duo operari: et quod actionem pariat ut C de pact. inter empt. et ven. l. ii,

14 *continuationes* (*legum/paragraphorum*) fehlen in den Apparaten beider nicht etwa überhaupt; sie werden gegeben, wo der Zusammenhang nicht evident ist, so ist z. B. hier die Glosse zu den Anfangsworten von § 4 – *sed cum nulla*, wie in der *gl. ord.*, so auch bei Azo und Hugolinus vorhanden.

15 Jason de Mayno? In den Hss mit dem Text der *gl. ord.* in dessen ursprünglicher Version ist dieses Stück (durchweg?), in den Apparat integriert, vorhanden, sodass sich an der accursischen Herkunft eigentlich nicht zweifeln lässt. Fehlt in ihm nicht vor *novum* ein *secundum quosdam*?

et quod informet, ut ponit exempla, et sic haec dictio ›ut‹ exemplificative ponitur. vel dic novum intellectum ... Et dicitur ideo actio informari a pacto: quia cum actio ex vendito consueverit dari ad pretium, hic poterit dari ad hoc ut Romam vadas, si hoc incontinenti convenit, et ita impletur haec actio a pacto ut vestis impletur ab homine, et informatur ut saccus a frumento ut hic et C de pact. inter empt. l. ii. item et ideo dici potest informari, quia cum actio ex vendito sit bonae fidei sui natura, erit stricti iuris, cum loco eius praescriptis verbis actio detur, quae est stricti iuris ut supra si quis cau. si eum. §. fin. nec enim actio praescriptis verbis suam naturam immutat, ut sit bonae fidei, immo est stricti iuris ut arg. infra de act. emp. l. idem. §. i. item ›interdum‹ ideo dicit, quia si ex intervallo non informat, ut sequitur. sed cum velit probare, quod nudum pactum hoc faciat: quare de eo non posuit exemplum, sed de vestito cohaerentia contractus? sed dic.: hoc esse nudum sui natura, sed cum nascitur, vestimenta sibi proxima sunt quae assumit.

Der erste Eindruck, es solle zu *quin immo* bloß eine Erklärung dieser Worte gegeben werden, stellt sich sogleich als verkehrt heraus. Zwar wird *quin* die Bedeutung von *etiam* zugeschrieben, aber dann doch zu *immo* gesagt, es könne die (mit diesem *immo* eingeführte) Einschränkung durch die folgende Aussage einen doppelten Bezug im Vorhergehenden haben; es könne damit das Folgende entgegen (oder wohl besser: ab-)gesetzt werden von dem, was zuvor gesagt war hinsichtlich einer *exceptio* einerseits und einer Klage andererseits (dass durch ein *pactum nudum* diese nicht begründet werden könne, wohl aber jene. Welche von diesen beiden Aussagen *in fine* von § 4 soll im Folgenden, sc. in § 5 eingeschränkt, berichtigt, präzisiert werden? Das ist die Accursius am Anfang dieser seiner Glosse bewegende Frage, und in dieser Frage ist ihm gewiss auch zu folgen, auch weiß man nicht, warum es, um diese Frage zu stellen und zu beantworten, der doch wunderlichen Umdeutung von *quin* in *etiam* bedarf. Hat *quin immo* hier seine gewöhnliche Bedeutung von: ja sogar/vielmehr,[16] dann ist der Bezug des Folgenden auf das Vorhergehende, die *continuatio* also des in § 4 Gesagten in der Aussage von § 5 offenbar: ein *pactum* kann mehr bewirken als bloß gegen eine Klage ein Gegenrecht begründen; es kann sogar auf die Klage selbst einwirken, zwar eine solche nicht begründen, wohl aber die begründete gestalten,[17] deren Inhalt verändern. Die Kontinuation der §§ 4 und 5 in dieser nächstliegenden Weise zu erklären, ist unserem sog. Glossator nicht eingefallen oder, und das doch wohl eher, nicht genehm gewesen. Er hat vor sich oder in seinem Kopf Azo und Hugolinus: sowohl bei diesem als auch bei jenem die Aussage, ein *pactum* könne auch eine Klage begründen. Diese Aussage seiner beiden Vorlagen mit der Litera der §§ 4 und 5 zu harmonisieren – darauf will er

16 »jedoch« (Knütel), »nochthans« (Spruit) geht gewiss auch.

17 »unmittelbar gestalten« (Knütel) geht ebenfalls, aber klingt doch so, als werde, wenn gegen eine Klage eine *exceptio* erzeugt wird, durch diese die Klage mittelbar gestaltet – ist das so?

hinaus, und so erklärt er für richtiger (*verius*!), dass das Folgende sich absetze von der die Begründung einer Klage durch ein bloßes *pactum* verneinenden Aussage am Ende von § 4.

Die Schwierigkeit der Annahme, es sei dies *verius*, ist unübersehbar: von der Begrünung einer Klage durch ein *pactum* ist im Folgenden, sc. in § 5 der Litera keine Rede, bloß die andere, die gestaltende Wirkung ausgesprochen.[18] Daran ist nicht vorbei zu kommen (*sed certe hoc dari* etc.) – oder geht das nicht etwa doch? Man kann sagen (und ich kann das auf *sed dic.* Folgende nun nur in wörtlicher Übersetzung wiedergeben): aufgrund der Anziehungskraft jenes Wortes *etiam*, das aus jenem *quin* abgeleitet ist,[19] leistet dieses Wort *immo* einen zweifachen Dienst (es ist dadurch der Bezug auf ›zwei‹ hergestellt), nämlich dass ein *pactum* sowohl eine Klage begründet, wie in C 4,54,2 gesagt ist, als auch gestaltet, wie hier mit dem Exempel des *pactum*, das *i. c.f.* in ein *bonae fidei iudicium* eingeht, gesagt ist. Man müsste den Sinn dieses Satzes: *sed dic. ex – ponit* verstehen, und man könnte – vielleicht – von einer mit Scharfsinn ausgeführten *continuatio* sprechen. Ich vermag in diesem Satz, da mir der Sinn verschlossen, namentlich die *vis attractiva* ein Rätsel ist, nur zu sehen, wie hier ein Kaninchen aus dem Hut gezogen: die Codexstelle, die die Begründung einer neuen *actio* durch ein bloßes *in continenti* mit einem Kaufvertrag eingegangenes *pactum* ausspricht, mit der Aussage in den §§ 4 und 5 unserer Digestenstelle, der *continuatio* dieser beiden Paragraphen wegen, auf eine wunderliche Weise harmonisiert wird.

Doch damit in dieser Glosse zu *quin immo* noch nicht genug des Wunderlichen! Nach dem *novus intellectus*, der nun folgt und hier, wie gesagt, beiseite bleibt, geht es mit: *et dicitur ideo* etc. darum, was man sich unter der Gestaltungswirkung eines *pactum* (unter dem *informari*, von dem unser § 5 handelt) vorzustellen hat. Die Gedankenfolge ist gleich der bei Azo in dessen Summe, wo, nachdem dargelegt ist, dass ein *pactum* eine Klage begründen könne und dafür C 4,54,2 als Beleg angeführt ist, dann ebenfalls die informatorische Wirkung eines *pactum* an der Reihe ist. Was hierzu von Accursius zunächst gesagt wird, ist allerdings bei Azo und offenbar überhaupt ohne Vorbild: Es soll einer Klage *ex vendito*, die gewöhnlich auf den Kaufpreis gehe, durch ein *pactum i. c.f.* der andere Inhalt gegeben werden können: *ut romam vadas* – es wird also ein Vertrag als Kaufvertrag geschlossen (die Parteien, besser gesagt, reden von Kauf) und zusätzlich vereinbart, es solle für die von dem einen zu leistende Sache der andere nicht einen bestimmten Geldbetrag zahlen, er solle vielmehr etwas tun, eine Reise nach Rom machen. Da aber doch das *pactum*, um die informatorische

18 Verkehrt daher Spruit, indem er sagt, ein *pactum* »geeft grond voor een actie«.

19 Oder soll die *vis attractiva* daraus abgeleitet sein?

Wirkung haben zu können, *in continenti* eingegangen sein muss – so also, dass es in den Kontrakt, dem es hinzugefügt wird, Eingang findet und damit *huic contractui* (um so zu reden wie im Fortgang der Litera von § 5) *legem dat*, gestaltet es doch wohl eher diesen Kontrakt im Ganzen um: es macht aus dem, was die Parteien Kauf nennen oder als Kauf zunächst im Sinn hatten, ein *pactum do ut facias.*[20] Es handelt sich mithin in der accursischen Argumentation um ein verunglücktes Exempel dafür, was ein *pactum* gestaltend soll bewirken können. Unser sog. Glossator war mit ihm offenbar auch selbst nicht zufrieden. Er fährt mit *item et ideo* etc. fort und gibt noch ein weiteres Exempel und nun auch ein zweifellos besseres: es folgt nun das Exempel, mit dem Azo in der Summe die informatorische Wirkung eines *pactum* veranschaulicht, dass nämlich die *actio ex vendito* durch das *pactum* entgegen ihrer ursprünglichen Qualität zu einer *stricti iuris actio* umgestaltet wird, und auch der von Accursius dafür angegebene Grund ist derselbe wie bei Azo oder lehnt sich doch jedenfalls an den azonischen an: *quia in locum actionis prescriptis verbis … ipsa datur; precriptis verbis actio autem est stricti iuris*, sagt Azo, und Accursius: *cum loco eius praescriptis verbis datur, quae est stricti iuris.* Dieser Gleichklang ist, zumal bei der Absonderlichkeit der Begründung, doch wohl schwerlich ein Zufall. Die Glosse zu *quin immo* ist, wie gesagt, in ihrem 1. Teil ein zwecks Ergänzung des azonischen Apparats unternommenes Eigenprodukt des Accursius, aber doch ein solches, in dem Azo mit dem, was er in der Summe zu der informatorischen Wirkung eines *pactum* sagt, hindurch scheint und noch sichtbar ist.

Nach einer doch schon trivialen Erklärung zu der Litera *interdum* schließt der accursische Teil unserer Glosse mit einer Frage, mit der es, je nachdem wie sie zu lesen ist, entweder um eine Belanglosigkeit geht und zu deren Beantwortung auch abermals in Azos Summe die Vorlage vorhanden ist, oder aber sie trifft den Nagel auf den Kopf und die im Anschluss an Azo gegebene Antwort ist der Frage nicht gemäß. Die Frage ist – unter Erhaltung dessen, was in ihr so oder so gelesen werden kann – diese: Wenn es in der Litera darum geht zu beweisen,[21] dass ein *nudum pactum* bewirken kann *hoc* – wieso wird dann in der Litera nicht ein Exempel gegeben, kein Beleg angeführt *de eo*? Wieso ist dann in ihr nur angeführt das *pactum*, das – *in continenti factum* – wegen dieser seiner Kohärenz mit einem zur Begründung einer Klage geeigneten Kontrakt zu den *pacta vestita* zu zählen ist? Ist *de eo* im Vorangehenden zu beziehen auf das *nudum pactum* (das n. b. *hoc* bewirkt!), dann betrifft die Frage bloß den Zweifel, wie es in der Litera

20 Es ist ein *pactum*, durch das *aliquid extra naturam contractus, sc. venditionis conveniat.*

21 *velit probare* – das Subjekt, das etwas beweisen will, kann nur der Verfasser der Litera sein, also der Gesetzgeber, sei dies Justinian oder der Jurist, dessen Text die Stelle überliefert.

denn überhaupt um die Wirkung eines *nudum pactum* gehen kann, wo doch der Fall, um den es in ihr geht, gar kein Fall eines *nudum pactum* sein könnte, weil er zu den *pacta vestita* gehöre. Zu dieser Frage passt die Antwort, die den genannten Zweifel damit beseitigt, dass es sich bei den *pacta i. c. f.* wohl um ein *nudum pactum* handele – um ein *pactum*, das *nudum* sei *sui natura* und das erst, wenn es zur Welt gekommen sei, sich die Kleider anziehe, die ihm die nächsten seien, anders als die sozusagen regulären *pacta vestita: re, verbis* etc., die mit ihren Kleidern, mithin schon angekleidet zur Welt kommen. Es ist dies nicht mehr und nicht weniger als die nüchterne Wiedergabe dessen, was Azo (sc. in seiner Summe) auf eine für ihn nicht gerade typische Weise hier wie folgt sagt: *pactum quidem sui nativitate nudum est … sed cum natum est, ante et retro aspicit et oculos aperit, an precesserit vel sequi possit vel statim insit aliquis contractus, cuius variis et grisiis pennis seu vestibus induatur(?) ut borream rabiemque procelle expellat et suum suo domino in augendo auxilium prebeat.* Warum so viel Worte? Es scheint, als sei ihm dieser Fall: dass ein *nudum pactum*, wenn es *i. c. f.* ist (und informatorische Wirkung hat), auch eine Klage soll begründen können, nicht recht geheuer: eine wunderliche und darum auch nur auf eine wunderliche Weise zu beschreibende Erscheinung gewesen ist.

Die Frage, mit der Accursius den ihm eigenen Teil der Glosse zu *quin immo* abschließt, ginge in die gleiche Richtung, wenn in ihr *de eo* auf das vorangehende *hoc* zu beziehen wäre. Dieses *hoc* ist dasjenige, was ein *pactum i. c. f.* soll bewirken können, und das soll ein Zweifaches (*duo*) sein. Für die eine dieser beiden Wirkungen: für die informatorische, die in der Litera ausdrücklich genannt ist, kann nun allerdings nicht gesagt werden, es fehle *de eo* ein Exempel. Im Fortgang der Litera: in dem, was man in § 5 dessen 2. Teil nennen kann, wird diese Wirkung gleich an zwei, wenn nicht sogar drei Exempeln demonstriert. Aber gerade dies: dass in der Litera des § 5 nicht bloß allein die eine Wirkung, sc. das *informare* expressis verbis genannt ist, sondern dass es auch in den gegebenen Exempeln allein um diese geht – dies wirft doch die Frage auf, ob an die andere Wirkung, dass ein *nudum pactum* eine Klage soll begründen können, hier: in der Litera von § 5 überhaupt zu denken ist. Hätte der Autor dieser Litera an diese Wirkung gedacht – wie soll man verstehen können, dass er dafür (*de eo*) kein Exempel gibt, sich auf die informatorische Wirkung und deren in den Exempeln stattfindende Veranschaulichung beschränkt?

Mit dieser Frage ist in Zweifel gezogen, ob denn das, was zuvor gesagt war: dass ein *nudum pactum* auch eine Klage begründen könne, richtig sein kann. Es wäre Accursius, wenn die Frage am Ende seines Teils der Glosse zu *quin immo* so zu lesen wäre, sich des zuvor Gesagten in der Hauptsache nun doch nicht sicher gewesen. Die Antwort, die er gibt, die er der azonischen Summe entlehnt, passt gewiss nicht zu dieser Frage. Aber gibt er nicht die unpassende Antwort und weicht er also nicht der Frage aus, weil er sich außer Stande sieht, die passende

Antwort zu geben? Ich würde ihm, wenn dem so wäre, auch hier meinen Respekt nicht versagen.

3) *Die ahistorische Qualität der accursischen Zutat zu der azonisch/hugolinischen Substanz der* gl. ord. *zu § 5 l. 7 – Teil 1*

Die passende Antwort kann, auch liegt sie nicht auf der Hand, nur diese sein: In der Darstellung der möglichen Wirkungen eines *nudum pactum*, wie sie in den §§ 4 und 5 D 2,14,7 vorliegt, ist die klagebegründende Wirkung *verneint*, die bloß *exceptiones* erzeugende sowie die den Inhalt einer Klage gestaltende Wirkung ausgesprochen, mithin *bejaht*, und davon, dass ein solches *pactum* auch eine Klage, sc. eine *actio praescriptis verbis* begründen könne, ist in dieser Darstellung *keine Rede*, und dies ist deswegen nicht der Fall, weil der Verfasser dieser Darstellung diese Wirkung gar nicht kennt. Dies ist eine unmögliche Antwort, wenn dieser Verfasser Justinian ist, in dessen Gesetzgebung die Fälle bekannt sind, in denen aus einem *pactum do ut des, do ut facias* etc., einem *pactum i. c. f.* eine *actio praescriptis* gegeben ist und die darum mit den *vestimenta re, verbis, literis, consensu* zu den *pacta vestita* gehören, in der Kategorie dieser *pacta* die beiden letzten und irregulären Fälle sind.[22] Mit dem Blick auf die justinianische Gesetzgebung im ganzen kann von der Darstellung der möglichen Wirkungen eines *nudum pactum* in l. 7, 4 und 5 D 2,14 nur gesagt werden, dass sie unvollständig ist. Sie bedarf der Ergänzung durch einen Hinweis auf die Stellen in den *leges*, in denen eine *actio praescriptis verbis* aufgrund eines *nudum pactum cohaerentia contractus* und *rei interventu* gegeben wird. Sie bedarf zumindest der Ergänzung, wie sie bei Azo und vollkommener bei Hugolinus in deren beider Apparate vorhanden ist. Hierbei, sc. diesen Hinweis zu geben, kann es bewenden lassen, wer für einen Leser schreibt, von dem er erwartet, es sei diesem die Eigenart der justinianischen Gesetzgebung bekannt: dass es darin ein *vetus* und ein *novum i*us gibt, dass jenes in den Digesten und dieses im Codex zu finden ist und hier etwas tatsächlich Neues: dort noch Fehlendes bestimmt sein kann. Accursius hatte einen anders beschaffenen Leser vor Augen – einen, von dem er meinte, es sei ihm alles zu erklären, alles vorzusagen. Was ihn – hier – von Azo und Hugolinus unterscheidet und des weiteren kennzeichnet, ist, dass er meint, es müsse und könne die Unvollvollständigkeit in den Digesten

22 Und als irregulär auch empfunden werden, s. Azo in der Summe § 4 *in principio*: *Et est notandum quod … ultimis duobus modis vestitur* (sc. *pactum*) *post navitatem* etc. In der *gl. ord.* ist dasselbe m. a. W. und allein in Hinsicht auf das *vestitum rei interventu* gesagt – soll das heißen: im Fall des *vestimentum cohaerentia contractus* sei es gerade so wie in den 4 regulären Fällen *re, verbis, literis, consensu*, dass *dicitur vestitum sic ut nullo tempore fuerit sine vestimento*?

sozusagen an Ort und Stelle behoben, nämlich mittels einer *continuatio* der §§ 4 und 5 in diese Stelle etwas hineingelesen werden, wovon dort nichts zu sehen ist. Was Accursius abgeht, ihm jedenfalls hier fehlt, ist die Einsicht in die geschichtliche Dimension der justinianischen Gesetzgebung, dass die *leges* zumal der Digesten wenigstens zwei Verfasser haben, dass es hier um einen Text Ulpians geht und dass diesem Juristen am Anfang des 3. Jahrhunderts durchaus noch unbekannt sein konnte, was dreihundert Jahre später: in der justinianischen Gesetzgebung anerkannt ist. Dass dem in der Tat so war, dass das Recht z. Z. Ulpians noch dasselbe war wie zu Gaius' Zeit und allein *re, verbis, literis* und *consensu* eine klagbare Obligation sich begründen ließ, ein *nudum pactum* dazu auch *rei interitu* und *cohaerentia contractus* außerstande war – dies und nichts weiter als dies ist in der *continuatio* der §§ 4 und 5 zu lesen.[23] Dies haben dort vielleicht auch bereits Azo und Hugolinus gelesen und – aus dem hier soeben bereits genannten Grund – in ihren Apparaten zu bemerken unterlassen. War dem nicht so, war die geschichtliche Dimension der justinianischen Gesetzgebung in deren ganzem Ausmaß auch ihnen noch nicht bewusst (und hierfür mag mehr sprechen als für jenes), so waren sie doch so klug, zu einer Frage, die sie bei der Beschränktheit ihrer Sicht nicht beantworten konnten, zu schweigen, sich nicht auf die Darlegung eines Zweifels einzulassen, den sie nicht zu beheben wussten, und so den Leser, der sich fragt, wie Ulpian so, wie wir das in den §§ 4 und 5 unserer l. 7 lesen, hat schreiben können, im Stich zu lassen. Es kennzeichnet Accursius, dass ihm solche Enthaltsamkeit nicht passt. Und so haben wir in der Glosse zu *quin immo* in deren accursischen Anfangsteil den verfehlten Versuch, in die Litera Ulpians etwas hineinzulesen, was erst in nachklassischer, wenn nicht gar erst justinianischer Zeit sich herausgebildet hat und zur Geltung gelangt ist.

III. L. 7,5 – 2. Teil

> … ut puta post divortium convenit, ne tempore statuto dilationis dos reddatur, sed statim: hoc non valebit, ne ex pacto actio nascatur: idem Marcellus scribit. et si

23 Die heutige Romanistik, zu der hier in Hinsicht auf l. 41 D 2,14 im Exkurs zu Abschn. XIII noch Näheres zu sagen sein wird, unterschätzt die Aussagekraft der in diesen beiden Paragraphen überlieferten ulpianischen Lehre von den *pacta*, indem sie jedenfalls die Klagbarkeit des *pactum do ut des* etc. *rei interventu* schon dem klassischen Recht zuschreibt. Es gehört dies zu dem Bestreben dieser Romanistik, die Kluft zwischen dem klassischen und dem justinianischen Recht abzuflachen und so auch das heutige und das klassische Recht einander wieder näher zu bringen, sodass dann auch jenes von diesem soll profitieren können und auch die romanistische Arbeit durch die Inhalte, die sie klärt, dem heutigen Recht nützlich wäre.

> in tutelae actione convenit, ut maiores quam statutae sunt usurae praestentur, locum non habebit, ne ex pacto nascatur actio: ea enim pacta insunt, quae legem contractui dant, id est quae in ingressu contractus facta sunt. idem responsum scio a Papiniano, et si post emptionem ex intervallo aliquid extra naturam contractus conveniat, ob hanc causam agi ex empto non posse propter eandem regulam, ne ex pacto actio nascatur. quod et in omnibus bonae fidei iudiciis erit dicendum. sed ex parte rei locum habebit pactum, quia solent et ea pacta, quae postea interponuntur, parere exceptiones.

Was den hier wiedergegebenen 2. Teil der Litera des § 5 angeht: den Teil, in dem die vorangegangene allgemeine Aussage zu den möglichen Wirkungen eines *nudum pactum* durch Exempel veranschaulicht wird, so ist insofern hier zweierlei vorweg zu bemerken. Eingedenk dessen, dass man keine Glossen lesen sollte, ohne zunächst die Litera zu lesen, sich in diese hineinzudenken und sich deren Schwierigkeiten zu vergegenwärtigen, seien zum einen hier (zur Einstimmung sozusagen in das, was auch hier die Hauptsache sein soll: in die Erörterung dieser Exempel durch Azo, Hugolinus und in der *gl. ord.*) vorweg die beiden Möglichkeiten bezeichnet, die Litera dieses 2. Teils unseres § 5 zu lesen und zwischen den Exempeln den sie möglicherweise verbindenden Zusammenhang aufzudecken. Zum anderen ist vorweg etwas zu sagen zum Text des das 1. Exempel betreffenden Hugolinus-Apparats. Dessen Überlieferung ist hier eine besondere: sie weist eine nicht sogleich mit der Mitteilung des Textes oder in dessen Analyse zu erledigende Schwierigkeit auf – eine Schwierigkeit, deren Überwindung für die Einsicht in diese Überlieferung auch nicht ohne Belang ist.

1) *Die Exempel zur informatorischen Wirkung der* pacta in continenti facta *im Allgemeinen*

Wer nach einer allgemein gehaltenen Aussage mit der Anführung von Exempeln fortfährt, will das allgemein, abstrakt Gesagte einsichtiger, deutlicher, sozusagen handgreiflich machen, gewissermaßen (insofern das Allgemeine erst in seiner Anwendung sich als wahr erweist) begründen. Was genau aber soll durch die drei Exempel deutlicher, begründeter werden, als es aufgrund des vorher Gesagten ist? Was sollen uns diese Exempel mehr lehren, als wir im Vorhergehenden bereits gelernt haben?

Dass ein *pactum*, das – im 1. die Rückgabe einer *dos* betreffenden Exempel – geschlossen wird nach der Scheidung der Ehe, nachdem also durch die Scheidung die Klage auf Rückgabe der *dos* innerhalb der dafür statuierten Frist entstanden ist – dass ein solches *pactum* die Klage auf sofortige Rückgabe nicht begründen, für die begründete Klage die Frist nicht verändern kann, ist eine doch gewiss sehr simple Aussage: wenn überhaupt ein solches *pactum* zu spät kommt, um an dem, was aufgrund der Scheidung gilt, noch etwas ändern zu können, dann doch gewiss dieses *post divortium* geschlossene *pactum*. Wie soll man auch sich diesen Fall realistischerweise vorstellen: wenn der Ehemann mit der sofortigen Rückgabe (was zu diesem *pactum* doch gehört!) einverstanden ist – warum gibt er dann die *dos* nicht sofort zurück? Erst war er einverstanden und dann hat er es sich anders überlegt?

In dem anschließenden *tutela*-Exempel ist irritierend, dass die Zeit, zu der das die Höhe der wegen Eigenverwendung von Mündelgeld durch den *tutor* zu zahlenden Zinsen betreffende *pactum* geschlossen worden ist, nicht genannt ist, jedenfalls nicht mit der scheinbaren Eindeutigkeit wie im *dos*-Exempel.[24] Soll damit, dass das *pactum* zustande gekommen ist *in tutelae actione*, gesagt sein, es sei abgeschlossen worden *finita tutela*: nachdem also damit die *actio tutelae* entstanden ist und wegen eigenverwendeten Mündelgeldes Zinsen in bestimmter Höhe geschuldet sind,[25] dann ist ebenso selbstverständlich wie im Fall des *pactum post divortium*, dass es sich um ein *pactum ex intervallo* handelt – um ein *pactum*, das zu spät zustande gekommen ist, um an der Zinshöhe etwas ändern zu können. Beide Male wäre – von Ulpian oder wer sonst diese Exempel gegeben hat[26] – etwas gesagt, was sich von selbst versteht, und es wäre dem Leser, dem Exegeten herauszufinden überlassen, wann denn derartige *pacta* eingegangen werden müssen, um *in continenti* zu sein: um die *actio rei uxoriae*, die *actio tutelae* inhaltlich gestalten, formieren zu können. Dem Leser wäre das auf der Hand Liegende gesagt und das Schwierige vorenthalten.

Nicht bloß selbstverständlich, sondern geradezu pleonastisch scheint die Aussage des 3. – einen Kauf betreffenden – Exempels zu sein: Eine *conventio*

24 Was namentlich bereits Knütel, Contrarius consensus (1968) S. 66 bemerkt hat: der Zeitpunkt des *pactum*-Abschlusses sei »überhaupt nicht genannt«; es soll dieses Manko »bezeichnend« sein, nämlich indizieren, dass das Exempel im Ganzen eine nachklassische Zutat zu dem ulpianischen Text sei. Was Knütel S. 65 auch für das 1. Exempel annimmt, weil die Unterscheidung von *in continenti* und *ex intervallo* als Schuldgrund einen Vertrag voraussetze, woran es bei der *a. rei uxoriae* fehle.

25 Knütel (vor. N.) S. 66 versetzt diesem Exempel, das er wie das *divortium*-Exempel »wenig geeignet« nennt, den Todesstoß durch die Annahme, die *usurae statutae* seien die *usurae centesimae*, sc. die höchstzulässigen Zinsen überhaupt: ein *pactum*, durch das *maiores usurae* als diese ausbedungen werden, ist – egal, wann es geschlossen wird – unwirksam. Hat ein nachklassischer Bearbeiter dieses, wie ich sagen würde: *total* ungeeignete Exempel der Aussage Ulpians, die »ohne Begründung« (Knütel) ergangen war, angehängt, »um die Stelle als Beleg in sein System einzufügen«, dann war dieser Mann doch wohl von allen guten Geistern verlassen.

26 S. dazu Knütel a. a. O. mit Nachweisen, worauf hier nicht einzugehen ist. Ich spreche im Folgenden der Einfachheit halber von dem Autor des Textes dieser Exempel als Ulpian und lasse offen, ob dieser Autor nicht ein Bearbeiter des ulpianischen Textes ist.

post emptionem ex intervallo ist geschlossen *ex intervallo*;[27] sie kommt zu spät, kann an den von Rechts wegen aus einem Kauf entstehenden Klagen inhaltlich nichts mehr ändern. Irritierend ist in diesem Exempel, und es hat irritiert, dass anders als bei den Exempeln 1 und 2 der konkrete Inhalt der *conventio* nicht genannt, also nicht gesagt ist, was entgegen dem, was beim Kauf regulär ist, die Paktierenden haben verändern wollen. Gesagt ist nur und allerdings, dass das, was in der *conventio post emptionem ex intervallo* vereinbart ist, *aliquid extra naturam contractus est*. Aber warum nun dies, wenn es nur darum geht, ein weiteres Exempel dafür zu geben, dass und wann eine *conventio* eine solche *ex intervallo* ist? Es scheint dieses *aliquid extra* etc. in dieser Reihe offensichtlich verspäteter *pacta/conventiones* ein Fremdkörper zu sein. Aber entfernt man dieses Stück daraus, streicht man es aus dem, was Ulpian geschrieben hat, heraus,[28] dann erhält man eine Aussage, wie sie platter nun wirklich nicht sein kann: *ex intervallo* ist, was *post emptionem ex intervallo* vereinbart wird und woraus also nicht bloß nicht aus dem Kauf, sondern überhaupt nicht geklagt werden, bloß eine *exceptio* entstehen kann.

Man lernt mithin aus allen drei Exempeln nichts, worüber man im Zweifel sein könnte. Man erhält das zuvor Gesagte nur in der Anwendung auf drei Klagen, über die in einem *iudicium bonae fidei* zu urteilen ist. Geht es bloß darum, drei solcher Klagen anzuführen? soll nur bemerkt werden, dass dazu auch die *actiones tutelae* und *rei uxoriae* gehören?

Indessen wird aber doch, wer im Exempel 1 und 2 den Inhalt der Vereinbarung angegeben hat, diesen in seinem 3. Exempel anzugeben nicht unterlassen. Es geschieht dies dann ja auch nicht, wenn man nur nicht aus dem *emptio*-Exempel *aliquid extra naturam contractus* heraus streicht, den Text vielmehr so, wie er überliefert ist, zu verstehen sich bemüht. Der Unterschied zwischen den beiden ersten Exempeln und diesem dritten sog. Exempel ist bloß, dass Papinian (unterstellt, dieser ist hier im Ganzen der Autor) dasjenige, was *ex intervallo* nicht wirksam vereinbart werden kann und von Ulpian und Marcellus konkret angegeben worden ist, abstrakt bezeichnet. Das heißt: was in den Exempeln 1 und 2 vereinbart ist: sofortige Rückgabe der *dos*, höhere als die für die *a. tutelae* bei Eigenverwendung von Mündelgeld »gesetzlich« bestimmten Zinsen – das ist, abstrakt gesagt, *aliquid extra naturam contractus/dotis/tutelae*:

27 Die neuere Lesart dieses an *post emptionem* angeschlossenen *ex intervallo* als eine Präzisierung zu *post*: dass es nämlich um eine *conventio* gehe, die nach »einige(r) Zeit« (Knütel), »na een zekere tijdsverloop« (Spruit) zustande gekommen sei, also (um mit Azo o. N. 9 zu reden) später als nur *paululum post*, könnte die Streichung dieser Worte erübrigen. Sie klingen freilich wie eine schülerhafte Glosse.

28 So Knütel (o. N. 24) S. 66, der dieses Exempel im Übrigen für ulpianisch hält.

Der Tutor, der aus dem von ihm zu verwaltenden Vermögen Geld für sich selbst verwendet, nimmt: er gewährt – besser gesagt – sich quasi ein Darlehen, und wenn dafür Zinsen gezahlt werden sollen, dann bedarf es dazu einer Stipulation, wie das auch beim Kauf so ist, wenn vom Kaufpreis gegen Stundung Zinsen gezahlt werden sollen. So etwas kann nicht *per pactum* vereinbart werden, selbst dann nicht, wenn die Zinsen höhere als die »gesetzlichen« sein sollen und so dem Mündel etwas Gutes geschähe. Und dies: dass es für die Begründung einer Verzinsungspflicht einer Stipulation bedürfte, ein *pactum* dazu nicht taugt, ist nicht deswegen anders, weil hier eine gewisse Verzinsung bestimmt ist. – Was die *dos* betrifft, so gehört zu ihr, es ist m. a. W. der *natura* des durch Hingabe einer *dos* entstehenden Rechtsverhältnisses gemäß, dass das als *dos* Hingegebene erst nach der Scheidung der Ehe und dann auch nicht Knall auf Fall, vielmehr erst nach einer bestimmten Frist zurückzugeben ist. Hierüber ist nun allerdings, was nämlich diese Frist betrifft, eine Vereinbarung zulässig – eine Vereinbarung auch durch ein bloßes *pactum*: *de die reddendae dotis hoc iuris est, ut liceat pacisci*(!), *qua die reddatur, dum ne mulieris deterior conditio fiat*, wie D 23,4,14 zufolge Paulus gesagt hat. Wann muss dieses *pactum*, damit es wirksam ist: den regulären Inhalt des mit der Hingabe einer *dos* begründeten oder zu begründenden Rechtsverhältnisses umformen kann, geschlossen werden? Zum regulären (um nicht zu sagen: gesetzlichen) Inhalt des mit der Hingabe einer *dos* entstehenden Rechtsverhältnisses gehört auch die Rückgabe der *dos* nach der Scheidung bei Lebzeiten der Ehefrau an diese. Auch das kann (in dem Fall, wenn die *dos* nicht von der Frau, sondern einem Dritten, etwa dem Vater der Frau gegeben wird) abbedungen werden: der Dritte kann sich – und dies nun durch Stipulation – ausbedingen, dass die Rückgabe an ihn erfolgt. Diese Stipulation muss, wie in D 24,3,29 (Ulpian) überliefert, im Fall der Hingabe der *dos* nach der Eheschließung zugleich (also *in continenti*) mit der Hingabe erfolgen, und nur bei Hingabe der *dos* schon vor der Eheschließung kann sie vor oder nach der Hingabe (*ex intervallo* zu dieser) stattfinden, wenn nur beides vor der Eheschließung stattfindet. Was die Rückgabe der *dos* an einen anderen als die Ehefrau angeht, kann m. a. W. das als *dos* bezeichnete Rechtsverhältnis,[29] das nach der Eheschließung mit der Hingabe der *dos* und vorher trotz Hingabe erst mit der Eheschließung zustande kommt, mit einem anderen als dem »gesetzlichen« Inhalt begründet, aber nicht das mit dem gesetzlichen Inhalt begründete nachträglich (*ex intervallo*) verändert werden. Das geht nicht einmal durch Stipulation – und wie sollte dann für ein auf Umformung der

29 Dieses und somit die *actio rei uxoriae* wird nicht durch Vertrag begründet, aber doch durch einen sozusagen rechtsgeschäftlichen Akt, sc. der *datio dotis*, was hier zu bemerken ist in Hinsicht auf die Ansicht, das *dos*-Exempel sei zur Demonstration der Unterscheidung *in continenti/ex intervallo*. »wenig geeignet« (s. o. N. 25).

Rückgabefrist gerichtetes *pactum* etwas anderes angenommen werden können? Die Frage sei hier vorerst dahingestellt. Sie wird uns in unseren Glossen wieder begegnen und dort auch ihre Beantwortung finden.

Hinzuweisen ist in dieser Vorbemerkung nur noch auf das, was man die Logik wird nennen können, die (in diesem 2. Teil von l. 7,5) die drei Exempel miteinander verbindet. Ulpian entscheidet den *dos*-Fall gerade so, wie der *tutela*-Fall entschieden ist, und die *mutatis mutandis* gleiche Entscheidung folgt der Regel, die – am Beispiel eines Kaufs – Papinian formuliert hat, sodass insofern dann auch von *idem*, sc. derselben Entscheidung zu reden ist. Zu dieser Logik gehört, es stünde ihr jedenfalls gut zu Gesicht, dass man die Litera so liest, wie sie, soweit ich sehe, die Glosse und auch noch die Späteren gelesen haben: das *dos*-Exempel ist im Ganzen Ulpian;[30] dieser und auch nur er hat zu diesem Fall sich geäußert und ihn eben so entschieden, wie Marcellus den *tutela*-Fall entschieden hat, oder, anders gesagt, *idem* wie Marcellus (im *tutela*-Fall) nimmt Ulpian (im *dos*-Fall) an, und beide entscheiden gemäß dem, was Papinian zur Bezeichnung der Regel gesagt hat.[31] Marcellus (wie in obiger Wiedergabe der Litera!) zu dem 1. Exempel zu ziehen, dieses erst mit: *idem Marcellus scribit* abzuschließen (anstatt wie im Vulgattext vor *idem* einen Punkt und nach *scribit* einen Doppelpunkt zu setzen) ist eine (ich weiß nicht, durch wen) eingeführte,[32] durch nichts begründete Neuerung und setzt das in dieser neueren Lesart – namenlose! – *tutela*-Exempel einem Verdacht aus, den es – vielleicht – gar nicht verdient.

30 Oder, wenn von einem Bearbeiter des Ulpiantextes in diesen eingefügt, von dem Bearbeiter.

31 Ist der *natura-contractus*-Gedanke als eine mancherlei umfassende Theorie byzantinisch, dann folgt daraus nicht, dass Papinian das Wort nicht benutzt, die Theorie durch Benutzung des Wortes nicht inspiriert hat.

32 Von den hierzu eingesehenen Ausgaben des Digestum vetus haben die frühen (Clayn 1476; Jenson 1478/80 oder – s. Spangenberg – 1477?; Herbort 1482), aber auch noch Fradin 1531, à Porta 1552, 1557 noch die in den Hss wohl durchweg anzutreffende Lesart, dass nach *nascatur* und nach *scribit* jeweils ein Punkt steht und somit das *idem*, das Marcellus schreibt, das Vorhergehende ist. Andere neuere Ausgg., aber auch schon Koburger [= Koberger] 1482) und de Tortis 1492 haben nach *scribit* einen Doppelpunkt (Senneton 1550, Iuntas 1591; Koberger zudem vor *Idem* ein §-Zeichen) oder ein Komma (Rembolt/Blaublomm 1523); gar keine Interpunktion, sc. nach *scribit* hat Jenson, aber vor *Idem* – wie Koberger – ein §-Zeichen, sodass das Folgende von dem Vorhergehenden abgesetzt ist. Anders, nämlich so, wie hier oben wiedergegeben, nämlich den Doppelpunkt vor *idem* und einen einfachen Punkt nach *scribit*, vielleicht erst Mommsen (wegen der Position des Doppelpunkts in der Florentina?).

2) *Das die Fälligkeit der Rückgabe einer* dos *betreffende Exempel im Besonderen*

a) *Die Überlieferung des* dos-*Exempels im Hugolinusapparat*

Zu dem *dos*-Exempel haben die beiden den Hugolinusapparat überliefernden Hss in Paris und Seo zu *post divortium* eine Glosse, deren jeweiliger Text seiner erheblichen Differenzen wegen hier zunächst getrennt und, auch insoweit beide Überlieferungen übereinstimmen, vollständig mitgeteilt sei – unter Weglassung bloß des für die Bereinigung der Differenzen irrelevanten (die Ansicht des Martinus referierenden) Anfangsteils und des insoweit ebenso irrelevanten Schlusses.[33] Die Wortunterstreichungen in Paris – sie betreffen einige der in Seo fehlenden Worte – hat auch das Original, ob von der Tinte, mit der der Text geschrieben ist (und dann wohl von dessen Schreiber), ließe sich vielleicht vor Ort: im Original feststellen. Die in runde Klammern gesetzten Fragezeichen stehen hier (wie auch sonst) da, wo ich mir der Lesung nicht sicher bin; Ausrufungszeichen sind (außer zur Bestätigung der Lesung) gesetzt, um den Finger auf Differenzen zwischen Paris und Seo zu legen. Auch hier ist der Text in Paris und in Seo nicht durch Absätze unterteilt; diese sind hier eingefügt zur Verdeutlichung des Hauptstücks, das in Seo vorhanden und von dem anzunehmen ist, dass es in Paris, wo es nicht ist, fehlt.

Paris	Seo
job contra et ponit exemplum cum pactum factum (!) fuit sive ante contractum matrimonium vel postea et ex intervallo i. e. in continenti post dationem dotis vel ante dationem.	job contra et ponit exemplum cum pactum fuit sive ante contractum matrimonium vel p(ost?) divortium (!) et ex intervallo i.(et?) t(un?)c non (!) in continenti post dationem dotis vel ante dationem. tunc cum(enim?) pactum esset int(!?)validum, ne ex? sed secus si fiat in continenti post dationem dotis vel ante dationem.
nam lex dicit quod constante matrimonio (!) potest fieri ex intervallo et in continenti. si vero fiat constante matrimonio de dote restituenda pactum sive in continenti sive ex intervallo erit invalidum ut infra soluto matrimonio (!). quotiens.	nam lex dicit quod constante matrimonium (!) potest fieri ex intervallo et in continenti de dote restituenda vel non (?) pactum sive in continenti sive ex intervallo ut infra soluto matrimonium (!). quotiens.

Der Schlüssel zur Feststellung, was wo fehlerhaft und wie zu emendieren ist, liegt in dem Allegat, auf das in Paris wie in Seo das *contra* des Johannes, also dessen Opposition (gegen die von Martinus vertretene Ansicht) hinausläuft, sc. D 24,3,29, wo – wie hier im Vorangehenden bereits bemerkt – hinsichtlich der

33 S. beides hier u. in der Quellenwiedergabe nach N. 35. Amiens hat auch hier noch den Azo-Apparat, s. hier o. in der Einleitung N. 5.

Stipulation, mittels derer der Vater der Ehefrau und Geber der *dos* sich deren Rückgabe an sich selbst ausbedingt, danach unterschieden wird, ob *dos*-Hingabe und Stipulation vor oder nach der Eheschließung erfolgen. Dies ergibt, dass:

I. 1) das Stück, das Seo (in der vorstehenden Wiedergabe durch die Absätze gekennzeichnet) zwischen *dationem* und *nam lex* etc. hat, in Paris ausgelassen ist – es ist dort infolge eines Homoioteleuton von *dationem* auf *dationem* bei der Abschrift, also infolge eines Versehens des Kopisten übersprungen worden. 2) Davor ist in Paris zwar richtig *postea* (und fehlerhaft in Seo das sinnlose *divortium*) *ex intervallo*, aber dann ist doch wie in Seo weiter zu lesen: *non* (!) *in continenti post dationem dotis vel ante dationem.* Es geht hier um den Fall, dass das *pactum* (betr. die Rückgabefrist) *post contractum matrimonium* geschlossen ist *ex intervallo*, also nicht im Zusammenhang (*in continenti*) mit der Hingabe der *dos*: dann nämlich (*tunc enim*!) wird es sein (*erit*!) *invalidum*. Anders dagegen, wenn es in diesem Fall, dass das *pactum post contractum matrimonium* (oder: *constante matrimonio*) mit der *datio dotis* zugleich (*in continenti*) geschlossen ist: dann, und auch nur dann, soll es wirksam sein, also nicht, wie angeblich Martinus in dem Fall des *pactum constante matrimonio* annimmt,[34] schlechthin. Dies muss aufgrund der allegierten l. *quotiens* gesagt sein, und es muss also in Paris das Stück, das diese Aussage enthält, fehlen, bevor es dann weiter gehen kann mit der Begründung: *nam lex dicit* etc.

II. Diese Begründung ist sowohl in Seo als auch in Paris in mehrfacher Hinsicht fehlerhaft: 1) in gleicher Weise insofern, als am Anfang gesagt ist: *constante* (*matrimonio/um*), während richtig ist: *ante* (und demgemäß richtig dann auch in Seo: *matrimonium*!) – *constante* ist falsch, weil a) das Folgende: *si vero – matrimonio* (zum Fehlen dieses Stücks in Seo hier sogleich) voraussetzt, dass vorher von einem anderen Fall die Rede ist, dass nämlich das *pactum ante matrimonium* geschlossen worden ist, und weil b) die allegierte l. *quotiens* die Aussage: *potest fieri ex intervallo et in continenti* nur für den Fall *ante* hat, für den Fall *constante* hingegen das Gegenteil sagt. 2) In unterschiedlicher Weise sind Paris und Seo fehlerhaft insoweit als: a) Paris für den Fall: *si vero fiat* etc. für beide Unterfälle: *sive in continenti sive ex intervallo* dieselbe Entscheidung: *pactum erit invalidum* hat – statt für den Fall, dass *in continenti pactum factum sit*: *valebit.* b) Die sich aus der l. *quotiens* heraus als notwendig erweisende Differenzierung, nämlich: *valebit* (*si in continenti*) – *erit invalidum* (*si ex intervallo*) fehlt auch in Seo. Aber dort fehlt noch mehr: aa) das in Paris unterstrichene: *si vero fiat constante matrimonio* – vom Schreiber ausgelassen in der Annahme, dieser Fall sei bereits (s. o. 1) erledigt?; sowie bb) überhaupt jede Entscheidung (sc. das in Paris unterstrichene: *erit invalidum*) vor dem Allegat *ut infra soluto* etc. – vom

34 Von Martinus als Vertreter/Autor dieser Ansicht wird hier noch zu handeln sein.

Schreiber weggelassen in Konsequenz der Weglassung von *si vero fiat* etc. (s. aa)?, weil er nicht verstand, wie es, nachdem gesagt war: *potest fieri ex intervallo et in continenti*, nun *sive in continenti sive ex intervallo* (*pactum factum est*) die Entscheidung lauten konnte: *erit invalidum*? Es wäre dies ein Schreiber, der besser daran getan hätte, hier gar nicht mitzudenken.

Wie auch immer aber diese – über das Homoioteleuton hinaus gehenden – Fehler zu erklären sein mögen – aus ihrer dank der allegierten l. *quotiens* möglichen Feststellung folgt: zum einen wie der von seinen Fehlern gereinigte Text zu lauten hat (s. dessen rekonstituierte Wiedergabe hier sogleich), und zum anderen allgemein zum Verhältnis von Paris und Seo dies: 1. Seo kann nicht abgeschrieben sein (jedenfalls nicht allein) aus Paris. Es wäre vorhanden in Seo sonst doch wohl nicht (gegen Ende des Anfangsstücks) das treffliche *non* und sicher nicht das Stück *tunc enim – dationem*; ein derart umfängliches Homoioteleuton ist schwerlich mittels Konjektur zu emendieren. 2. Paris und Seo stammen ab von derselben Vorlage, denn: a) aus ihr stammt das (nach *nam lex dicit quod*) in beiden Hss – n. b. übereinstimmend falsche! – *constante*; b) nach *si vero fiat* etc. die *eine* Entscheidung: *erit invalidum* für die Fälle: *sive in continenti sive ex intervallo* (sc. *pactum factum sit*) – was beides, wie hier bereits bemerkt, den Schreiber von Seo zu seinen Auslassungen veranlasst haben könnte. 3. Geht man davon aus, dass Hugolinus einen fehlerfreien Text zur Abschrift gegeben (oder im Hörsaal diktiert?) hat, dann ist nicht dieser die Vorlage, von der Paris und Seo abstammen; diese beiden Hss sind vielmehr von dieser hugolinischen Urschrift Abkömmlinge allenfalls 2. Grades. Es spricht hiergegen nicht, dass Paris, wie an anderen Stellen immer wieder zu sehen ist, einen umfänglicheren Apparat hat als Seo: mehr, vor allem kürzere Glossen, sowie innerhalb der übereinstimmenden Glossen Ergänzungen, die in Seo fehlen. Diese Erweiterungen zeugen von einer Überarbeitung des Apparats, die dem Schreiber von Paris vorgelegen hat und von ihm, wenn deren Produkte nicht in seiner Vorlage in den Apparat bereits integriert waren, in die Abschrift, die Paris hat, integriert worden sind,[35] während der Schreiber von Seo entweder von ihnen abgesehen oder aber sie – und das doch eher – gar nicht gehabt hat. Dass der Autor der Überarbeitung Hugolinus ist, wird sicher, aber doch auch nur zu vermuten sein.

35 Wie das in den die *gl. ord.* überliefernden Hss zu beobachten ist, in denen die *additiones* in einigen Hss als solche zu dem Text der 1. Version des Apparats hinzugefügt (was namentlich so ist in Vatikan Pal 738) und in jüngeren Hss in den Text integriert sind, sodass sie als solche, ohne die älteren Hss einzusehen, nicht mehr erkennbar sind.

b) *Das die Fälligkeit der* dos-*Rückgabe betreffende Exempel bei Azo, Hugolinus und in der* gl. ord.

Die Erörterung der Problematik des *dos*-Exempels in unseren drei Apparaten ist – im Hugolinusapparat in der hier soeben begründeten Emendation – die folgende:

Azo	Gl. ord.	Hugolinus
ut puta: vel legas ut litera sonat prima facie et y dixit. vel dicas ita: ut puta convenit, ne tempore statuto post divortium dos redditur, sed statim i. e. constante matrimonio vel melius statim i. e.divortio facto. sed hanc et primam lectionem rebrobo, quia quandocumque: vel ante vel post divortium fiat, parere debet replicationem ut infra si unus § pactus et l emptor et l. pacisci. vel melius hic dicit pactum nullum quantum ad actionem.	ut puta post divortium: secundum m pone exemplum: soluto matrimonio ex intervallo quis fecit pactum de dote reddenda citeriori * die: non valet, ne ex pacto etc. sed si ante finitum matrimonium, valet quandocumque, cum videatur fieri in continenti ut arg. infra man. l. qui negotia. et secundum hoc verba illa: post divortium determinant verbum convenit.	post divortium: exemplum ponitur secundum m tale: aliquis fecerat pactum soluto matrimonio et ex intervallo de dote reddenda post divortium citeriori die: non valebit, ne ex pacto etc. si post contractum matrimonium ante divortium vel in continenti postea (?) divortium fierit, esset validum ut arg. infra man. l. qui negotia. job. contra et ponit exemplum, cum pactum factum fuit sive ante contractum matrimonium vel postea et ex intervallo i. e. non in continenti post dationem dotis vel ante dationem. tunc enim pactum erit invalidum, sed secus si fiat in continenti. nam lex dicit, quod ante matrimonium potest fieri ex intervallo et in continenti; si vero fiat constante matrimonio de dote restituenda, valebit, si in continenti factum est, si vero ex intervallo, erit invalidum ut infra de solut. matrim. l. quotiens. et illa verba: post divortium determinant (sc. verbum:) statuto, sed secundum m illud verbum: convenit.
post divortium: dicunt quidam fieri in continenti durante matrimonio quandocumque fiat arg. infra man. l. qui § negot. sed nos contra ut infra solut. matrim. l. quotiens. quando ergo? Respondeo: statim nuptiis contractis, tunc enim actio ex stipulatu nascitur, quod ex eo patet, quia dos debetur, ut peti possit sub conditione, que conditio est exstitura, sc. si solvatur matrimonium, ergo interim est obligatio ut infra de cond. indeb. l. quod si § sub(!) ea. arg. contra infra de bonis damp. l. sed si alia § i. fi. (?*)	sed jo ponit, cum pactum factum fuit ante contractum matrimonium vel post ex intervallo etiam durante matrimonio. nam lex dicit, quod etiam durante matrimonio dicitur fieri ex intervallo ut infra solut. matr. l. quotiens. et secundum hoc verba: post divortium determinant verbum statuto.- Sed contra utrumque est infra de pac. dot.l. de die et l. sequens. sed dic., quod ibi fuit facta in continenti, alias obtinet, quod hic dicitur. sed adhuc videtur, quod mulieri replicatio tantum detur ex huiusmodi pacto, cum per se habeat actionem, quam non habet, ut statim dicet.	
convenit: idem esset etsi post datam dotem conveniret.		
valebit: quamvis in dotem.		

ne ex pacto: licet nascatur replicatio secundum job. nascatur (?) secundum hoc quod ponimus casum huius §, queritur: si promissum est aliquid michi sub conditione et interim pendente conditione remittatur michi a debitore conditio: an statim possim agere? quod non videtur. nam et huic mulieri debetur dos sub conditione: si solvatur matrimonium, et licet interim ei conditio sit remissa, non agitur, quod in omni conditione recipias. nam ex stipulatione interim non agitur, quia non exstiterit conditio, nec ex pacto, quia nudum est, arg. optimum infra de const. pec. l. id quod. sed arg. contra infra de peric. et com. rei ven. l. si in venditione. preterea pactum prorogat commissionem pene ut dicimus infra de verb, obl. l. cum stipulatus sim michi et infra de arbit. l. Celsus § idem. cur ergo citius non inducit ? item arg. contra infra de adimp. le. l. iij § conditio. --------- * sic Amiens, Paris 4463, in anderen Hss ist als contra allegiert: de bonis damp. si usuf. l. fili in fi. – sic Stockholm, Bamberg 13, Vatikan 2512 u. a.	 sed secundum hoc quod [sic] ponimus [casum] huius § secundum joannem, queritur: si promissum est aliquid mihi sub conditione et interim pendente conditione remittatur mihi a debitore conditio: an statim possim agere? quod non videtur. nam et huic mulieri debetur dos sub conditione, si solvatur matrimonium, et licet interim ei (!) conditio sit remissa, non agit, quod in omni conditione recipias. nam ex stipulatione interim non agitur, quia non exstitit interim conditio, nec ex pacto, quia nudum est, arg. infra de const. pec. l. id quod. sed arg. contra infra de peric. et com. rei ven. l. si in venditione. praeterea pactum prorogat commissionem paene ut diximus(!) infra de verb. obl. l. cum stipulatus sim mihi et infra de arbit. l. Celsus § idem ait. cur ergo [ut petatur] citius non inducit? [sed faciliores sumus ad liberandum]. item arg. contra infra de adim. le. l iij § conditio et inst. de codicillis § ult. [item quid si in ipso fine matrimonii? Resp.: non dicitur fieri in continenti, cum prius sit nata actio, ut statim dices]. --------- * ulteriori (wie in den späteren Ausgg. jedenfalls häufig, aber auch schon Herbort 1482, de Tortis 1492, Blaublom 1523, hingegen anteriori Clayn 1467) ist jedenfalls nicht der Text der ersten Version.	

Wird in ein und demselben Buch (und es ist hier als einem Buch zunächst von dem azonischen Apparat die Rede) ein und dieselbe Frage mehrfach und auf verschiedene Weise beantwortet, dann kann es dafür, wenn die Möglichkeit, dass an dem Buch mehrere Autoren, ohne sich abzustimmen, arbeiten, auszuscheiden ist, nur die eine Erklärung geben: Der eine Autor hat dieselbe Frage mehrfach zu verschiedenen Zeiten behandelt; er hat, unzufrieden mit der früheren Behandlung, dieselbe Sache erneut in Angriff genommen; er ist nun im 2. Anlauf zu einer anderen Antwort gelangt, und er hat, entgegen dem, was sich gehört, das Frühere neben dem Älteren stehen gelassen, zu streichen versäumt, aufgeschoben oder gar für unnötig gehalten.[36] Er hat an seinem Buch wie (um dieses Bild nochmals zu bemühen:) an einem Strickstrumpf gearbeitet und im Laufe der Zeit das Strickmuster (um im Bild zu bleiben) gewechselt, und er hat so diejenigen, die es etwa unternahmen, die Arbeit zu vollenden, ihre Stücke aufeinander abzustimmen, das Überholte auszuscheiden – kurzum: die Arbeit zu redigieren, vor eine nicht leichte Aufgabe gestellt.

Die Frage, um die es im *azonischen Apparat* mehrfach: nicht weniger als selbst dreimal geht, betrifft das zeitliche Verhältnis der Scheidung der Ehe zu dem *pactum*, durch das die Ehefrau sich die Rückgabe des *dos* sofort nach der Scheidung ausbedingt. Betrifft (so lautet die Frage) die Entscheidung in der Litera, dass das *pactum* nicht gelte, dasjenige *pactum*, das nach der Scheidung geschlossen wird, sodass ein vorher geschlossenes als gültig anzunehmen wäre, oder betrifft sie auch ein vor der Scheidung geschlossenes *pactum*: ein solches, das *constante matrimonio* oder selbst schon *ante matrimonium* geschlossen worden ist? Diese Frage muss zugrunde liegen, und sie ist also, wenn auch unausgesprochen, gestellt mit der Entscheidung in der gl zu *convenit*: Betroffen (sc. von dem Urteil: *non valebit*) sei auch das *pactum* (die *conventio*) *post datam dotem*, wovon sinnvollerweise doch nur zu reden ist, wenn in dem Moment, in dem etwas als *dos* gegeben wird, die Ehe erst noch zu schließen war oder schon und noch bestand. Um dieselbe Frage geht es im Anfangsstück der gl zu *post divortium* sowie aber auch schon in der gl zu *ut puta*, wo jeweils referiert ist, es gebe über die Entscheidung dieser Frage einen Dissens, wo aber dieses Referat, ohne sachlich zu differieren, auf eine andere Weise gegeben wird: Liest man die Litera so, wie sie *prima facie* klingt, dann geht es um ein nach der Scheidung geschlossenes *pactum*, und es ist dann ein davor geschlossenes für wirksam zu halten – auf diese Weise, wenn auch etwas kürzer als hier, ist die eine der

36 Für unnötig gehalten, wenn und solange das Buch nicht zur Publikation bestimmt, es sich um sozusagen des Autors Handexemplar handelt: warum sollte der Autor streichen, wovon er in seiner Erinnerung hat, wann er es geschrieben hat? Auf die Frage der Publikation namentlich des azonischen Apparats wird hier u. im Abschnitt XI zurückzukommen sein.

beiden im Dissens befindlichen Ansichten wiedergegeben in der gl zu *ut puta*, mit nur anderen Worten dieselbe Ansicht zu *post divortium*, und während dort, sc. zu *ut puta*, als derjenige, der diese Ansicht vertritt, Irnerius mit seiner Sigle angeführt ist, ist hier, sc. zu *post divortium* von den Vertretern dieser Ansicht nur als *quidam* die Rede, ist also jener: die *lucerna iuris* (um von Irnerius wie Odofredus zu reden) in der Namenlosigkeit verschwunden.[37] Während so dieselbe Frage in selbst dreierlei Gestalt sich gestellt findet, ist die Divergenz in der Beantwortung der Frage nur eine zweifache: Die Antwort ist dieselbe wie in der gl zu *convenit* in der gl zu *post divortium*, indem dort die Ansicht der *quidam* zurückgewiesen wird (*nos contra*!) mit dem Hinweis auf die l. *quotiens* (29 D 24,3), aus der sich, in allerdings differenzierterer Weise, dasjenige ergibt, was vereinfachend zu *convenit* gesagt ist. Zu *ut puta* aber werden beide Ansichten, also auch der Standpunkt, der zu *post divortium* – mit *nos contra* – eingenommen wird, zurückgewiesen oder, wie man besser wird sagen müssen, für irrelevant erklärt, weil im Prozess mit dem Mann der Ehefrau als der Klägerin aus dem *pactum*, egal, wann es geschlossen ist, gegen die Verteidigung des Mannes, dass die Rückgabe der *dos* noch nicht fällig sei, die Gegeneinrede (*replicatio*) aus dem geschlossenen *pactum* zuzugestehen sei. Diese Ansicht: es schade dem Mann die *replicatio pacti*, ist ausgesprochen auch in der gl zu *ne ex pacto* und dort als eine Ansicht des Johannes bezeichnet, sodass, wie die Entscheidung in den Glossen zu *convenit* und *post divortium*, so auch diejenige zu *ne ex pacto* und *ut puta* sich entsprechen. Es lässt sich hieraus mit einiger Sicherheit erschließen, in welcher zeitlichen Aufeinanderfolge die einzelnen Stücke dieses Apparats verfasst worden sind:

Die azonische Arbeit hat ihren Anfang auch hier wieder[38] in den drei kurzen, die Sache auf eine mehr oder weniger stichwortartige Weise erledigenden Glossen zu *convenit*, *valebit* und *ne ex pacto*.[39] Jedenfalls das zu *convenit* und zu

37 Weil, wie mit dem Blick auf Hugolinus' Glosse zu *post divortium* zu fragen ist, der Ansicht des Irnerius sich Martinus angeschlossen hat, und so von beiden als *quidam*, als den Vertretern einer zu verwerfenden Ansicht, als von *alii* (wie in der Glosse statt *quidam* auch gesagt wird) zu reden ist? Die auf Irnerius zu beziehende Sigle *y* (s. dazu des Näheren meinen in ZRG (RomA) 134 (2017) erscheinenden, ›Irnerius' Sigle‹ betreffenden Aufsatz) haben alle den azonischen Apparat überliefernden Hss, das für Martinus charakteristische, unzial-artige *m* die beiden Hss des Hugolinus-Apparats in Seo und Paris und auch, soweit ich sehe, die Hss der *gl. ord.*, wo nur ein Mal (in Vatikan Pal 738) die geschriebene Azo-Sigle in diejenige des Martinus verbessert ist, s. hierzu auch noch u. N. 47.

38 S. dasselbe wie hier im Abschnitt IV bei N. 9 und 19.

39 In der gl zu *valebit* ist, falls sie nicht unvollständig überliefert ist (sie ist so, wie sie hier wiedergegeben ist, in allen den azonischen Apparat überliefernden Hss, gelegentlich wie in Bamberg 11, sogar nur *dotem*) die Aussage derart verkürzt, dass ich sie nicht verstehe.

ne ex pacto Gesagte zu einer Zeit zu sagen, als dasselbe zu *ut puta* und *post divortium* schon auf eine, zudem ausführlichere Weise gesagt und somit im Apparat vorhanden war – wem sollte so etwas einfallen?! Ihr Verhältnis zu jenen beiden die Sache ausführlicher darstellenden Glossen ist das der Skizze zu der Ausarbeitung des Skizzierten, und gewiss doch geht für gewöhnlich die Skizze der Ausarbeitung zeitlich voraus.[40] Diese drei Glossen waren mithin, nachdem die Ausarbeitung gemacht ist, auch zu beseitigen; sie sind tatsächlich durch das zu *post divortium* und zu *ut puta* Gesagte ersetzt, ihre Streichung mithin kein Substanzverlust.

Anders liegt die Sache im Verhältnis der beiden gll zu *ut puta* und zu *post divortium*. Auch insoweit ist allerdings doch wohl auszuschließen, dass von diesen beiden diejenige zu *ut puta* bereits vorhanden war, als diejenige zu *post divortium* geschrieben wurde. Wer die mehreren zur Beantwortung einer Frage vertretenen Ansichten allesamt verwirft, wird nicht, nachdem er das getan hat, den Standpunkt einer dieser Ansichten sich zu Eigen machen. Von demjenigen, was in der anfänglichen Skizze vorhanden war, bedurfte auch am ehesten das zu *convenit* Gesagte der Verdeutlichung, und so wird Azo zunächst auch diese unternommen, also die Frage, die zu *convenit*, ohne ausdrücklich gestellt zu sein, entschieden wird, nun zunächst gestellt haben. Sie ist tatsächlich, auf die kürzest mögliche Weise, dadurch gestellt, dass die Alternative bezeichnet ist, um die es geht: die Position, die als eine von *quidam* vertretene Ansicht mit der Entscheidung (zu *convenit*): *idem etsi post datam dotem convenisset* verworfen ist. Und während diese Entscheidung zu *convenit* die Frage noch offen gelassen hat, wie denn so zu entscheiden sein kann angesichts einer Litera, die so klingt, als sei das *pactum*, das nicht erst *post divortium* geschlossen ist, wirksam, ist nun zu der Entscheidung, es sei auch ein *ante divortium* geschlossenes *pactum* unwirksam, wenn es nämlich erst *post dationem dotis* geschlossen ist, eine Begründung gegeben: durch das Allegat von D 24,3,29 zum einen sowie des Weiteren durch den Hinweis darauf, dass in dem Fall, wenn etwas als *dos* gegeben ist, deren Rückgabe unter der (aufschiebenden) Bedingung, dass die Ehe aufgelöst wird, geschuldet und die Obligation auf Rückgabe auch bei noch schwebender Bedingung bereits entstanden sei. Auch nun: mit dieser doppelten Begründung ist das Gesagte formal alles andere als weitschweifig. Es ist nur das Allernotwendigste gesagt, namentlich die Differenzierung hinsichtlich der Wirksamkeit des *ante divortium* geschlossenen *pactum*, wie sie der allegierten *l. quotiens* zu entnehmen ist, nicht ausgeführt, mithin dies dem Leser aus dieser Stelle zu entnehmen überlassen, und auch der Übergang von dem Allegat zu dem

40 Sie kann später als die Ausarbeitung gemacht sein von demjenigen, der einen ausgearbeiteten Text frei vortragen will und sich dafür – etwa für den Hörsaal – eine Erinnerungsstütze anfertigt, worum es hier aber doch gewiss nicht geht.

Hinweis darauf, dass es hier um den Fall einer aufschiebend bedingten Obligation gehe und wann eine solche zur Entstehung komme, findet doch auf eine sehr abrupte Weise statt; es wären ein paar Worte mehr schon nützlich gewesen.[41] Aber es ist nun doch alles so, wie es die azonische Art im Schreiben von Glossen zu sein scheint, kurz und bündig gesagt. Es gab darum auch, um von derselben Sache noch ein weiteres Mal zu handeln, nicht mehr den formalen Grund, dass die Erörterung (wie im 1. Durchgang: in der gl zu *convenit*) allzu knapp geraten war. Der Grund dafür, dass das dann – mit dem in der gl zu *ut puta* vorliegenden Ergebnis – geschehen ist, muss also in der Sache selbst liegen. Es muss Azo das, was er zur Begründung der Position, die er mit seinem *nos contra* und mit dem Allegat von D 24,3,29 gegen die Ansicht der *quidam* eingenommen hatte, zu denken gegeben haben; es muss ihm dies zweifelhaft geworden sein. Warum sollte er auch, wenn dem nicht so gewesen wäre, die zu *post divortium* eingenommene Position, sc. sein *nos contra* nun im 3. Anlauf ebenfalls verwerfen, wie das in der gl zu *ut puta* doch geschieht?

Das Bedenken, das zu dieser gl zu *ut puta* den Anstoß gegeben hat, tritt hervor in der Glosse, die hier, weil sie in den Hss keinen festen Bezug in der Litera hat, an das Ende des Apparats gestellt wiedergegeben ist und im Folgenden, weil sozusagen lemma-los, mit ihren Anfangsworten: *secundum hoc* zitiert wird. Das darin Ausgeführte schließt sich an, ist also veranlasst durch das am Ende der gl zu *post divortium* Gesagte, dass nämlich die Verpflichtung zur Rückgabe der *dos* als eine aufschiebend bedingte *interim* schon vorhanden, *statim nuptiis contractis* entstanden[42] und somit das die quasi-gesetzliche Stundung der Rückgabe der *dos* beseitigende *pactum* auch schon dann, wenn es *interim*, sc. *ante divortium* (oder: *pendente conditione*) geschlossen wird, ein *pactum ex intervallo* und darum unwirksam sei. Die Ehefrau (wenn sie hinsichtlich der Rückgabe die Berechtigte ist) soll sich m. a. W. eine Verbesserung ihrer Position als aufschiebend bedingt Berechtigte *pendente conditione* nicht durch ein bloßes *pactum* ausbedingen können; dies soll so nicht zu bewirken sein. Und wie – so wird von Azo nun

41 Der Hinweis ist zu lesen als ein Argument gegen die Ansicht der *quidam*, die, indem sie das *pactum ante divortium* schlechthin für wirksam erklären, so entscheiden, als sei in dem ganzen Zeitraum von der Hingabe der *dos* bis zur Scheidung, also *pendente conditione* die Obligation auf Rückgabe noch in der Entstehung begriffen und so jedes *pactum ante divortium* auch *in continenti* geschlossen. Die Frage (nach dem Allegat von D 24,3,29): *quando ergo*? setzt dies voraus, ist also mit der Ergänzung zu lesen: wann also, wenn das in der allegierten Stelle Gesagte gelten soll, entsteht die Obligation auf Rückgabe? Nimmt man mit Azo an: sogleich mit der Eheschließung, dann (und aber auch nur dann!) ist klar, dass so, wie in der allegierten Stelle, zu differenzieren ist.

42 Sofern dann auch bereits die Hingabe der *dos* stattgefunden hat, was Azo als selbstverständlich voraussetzen dürfte.

in dieser gl *secundum hoc* gefragt und damit das zuvor (i. f. der gl zu *post divortium*) Gesagte in Zweifel gezogen – wie ist es bei einer aufschiebend bedingten Verpflichtung überhaupt (*in omni conditione*!) mit einem *pendente conditione* (formlos) gewährten Erlass der Bedingung, sodass diese sozusagen gestrichen sein und der Berechtigte nicht nur und erst bei Eintritt der Bedingung, sondern sofort soll klagen können? Die Analogie jenes (aufgrund von D 24,3,29 – *quotiens* dem Klang der Litera von l. 7,5 zuwider anzunehmenden) Falls und dieses Falls eines Bedingungserlasses erzwingt deren gleiche Entscheidung: kann ein *pendente conditione* geschlossenes *pactum* jenes, sc. dass nach der Scheidung früher als erst nach Ablauf der ›gesetzlichen‹ Frist geklagt werden kann, nicht bewirken, dann kann durch ein solches auch nicht dies bewirkt werden, dass der Berechtigte, weil die Bedingung gestrichen wäre, sofort klagen kann – und *vice versa*.

Azo sagt dies, indem er, wie es die glossatorische: mit den *leges* redende, alles mit diesen belegende Art ist, die Stellen allegiert, die bezüglich der Frage des Erlasses der Bedingung *pendente conditione* die relevanten sind: *de constit. pec. l. idem quod* – D 13,5,19 als die Grundlage eines *argumentum* dafür, dass es so rechtens ist, wie in der gl zu *post divortium* angenommen, und vier Stellen als Grundlage für das *argumentum contra*, dass also die dort eingenommene, auf D 24,3,29 gestützte Position nicht haltbar sei – vier Stellen, die hier anzuführen und in Betracht zu ziehen sich erübrigen wird.[43] Zwischen das dritte und das vierte Allegat ist die Frage eingefügt: *cur ergo citius non inducit?*[44] – wenn der formlose Erlass der Bedingung bewirkt, dass der Berechtigte sofort klagen kann, wenn dies doch rechtens ist, warum soll dann nicht früher (als ›gesetzlich‹ statuiert) klagen können die Ehefrau, die *pendente conditione* sich die sofortige Fälligkeit der *dos*-Rückgabe nach Scheidung ausbedungen hat? Die Frage ist nicht als eine rhetorische (deren Bejahung selbstverständlich ist) zu lesen. Ein *contrarium* in den *leges* ist nicht schon aufgelöst damit, dass mehr Stellen für das eine als für das andere angeführt werden, zumal dann nicht, wenn von der mit nur einer Stelle belegten Position gesagt ist, es ergebe diese Stelle für diese Position ein Argument, das *optimum* sei. Das »Gescheite« mag zwar nicht immer, aber es kann auch in der Minorität existieren.[45] Die Frage: *an ergo citius non inducit*? ist von Azo gestellt als Ausdruck seines Zweifels, ob das forsche *nos*

43 Von diesen vier Stellen belegen zwei die Prorogation des Verfalls einer versprochenen Strafe (als einer bedingten Verpflichtung), sodass man auch sagen könnte, das *contra*-Argument hat eine dreifache Grundlage.

44 Zu lesen ist: *cur ergo ut petatur citius* etc. Die Frage ist nicht verstümmelt überliefert, worauf hier zurückzukommen sein wird, s. u. bei N. 54.

45 »Alles … Gescheite existiert in der Minorität« hat Goethe (zu Eckermann am 11.2.1829) gesagt und »alles« doch wohl mit einem Augenzwinkern.

contra, mit dem er – gestützt auf D 24,3,29 – die Ansicht der *quidam* verworfen hat, gerade dann, wenn man den Fall des *dos*-Exempels als Fall einer aufschiebend bedingten Obligation begreift, Bestand haben kann. Und es wird dann auch eben dieser Zweifel gewesen sein, der ihn dazu veranlasst hat, die in den gll zu *convenit*und zu *post divortium* verhandelte Sache noch ein weiteres: ein drittes Mal aufzunehmen und nun – zu *ut puta* – damit zu erledigen, dass der auf sofortige Rückgabe der *dos* nach erfolgter Scheidung verklagte Ehemann, wenn er die Unwirksamkeit des *pactum* als eines solchen *ex intervallo* einwendet, mit der aus diesem *pactum* auf jeden Fall sich ergebenden *replicatio* zurückzuschlagen ist und es also darauf gar nicht ankommt, wie das *dos*-Exempel hinsichtlich der Aufeinanderfolge von *dotis datio*, *matrimonium* und *pactum* genau zu denken ist. Begreift man den azonischen Apparat nicht als das Produkt einer Arbeit, die in einem kontinuierlich verfolgten Arbeitsgang abgeschlossen worden ist, nicht als eine Arbeit sozusagen aus einem Guss, sondern als Abbild des mehrfach und immer erneut unternommenen Versuchs, sich der jeweiligen Problematik zu bemächtigen, das Erreichte in Frage zu stellen und formal und inhaltlich zu verbessern, und liest man seine einzelnen Stücke gegebenenfalls wie hier entgegen ihrer räumlichen Aufeinanderfolge[46] gleichsam von unten nach oben: zunächst die gl zu *convenit*, sodann diejenige zu *post divortium* und schließlich die räumlich erste zu *ut puta*, dann werden alle Einzelstücke auch in ihrer Aufeinanderfolge plausibel; sie erzählen gleichsam eine Geschichte – die Geschichte eines in der Arbeit zurückgelegten Weges, und es bleibt darin irritant allein, dass die im zweiten Anlauf genannten *quidam* im dritten Anlauf auf ein bestimmtes Individuum, sc. auf Irnerius reduziert werden.

In der Position, die bei Azo (zu *post divortium*) die von *quidam* vertretene Ansicht bzw. die Ansicht des Irnerius (zu *ut puta*) ist, hat Hugolinus in seiner gl zu *post divortium* Martinus. Dessen Sigle ist zum Verwechseln ähnlich der azonischen Sigle,[47] weit weniger auch derjenigen des Irnerius, sei diese das einfache *y* oder das auch bei Irnerius-Glossen nicht ungebräuchliche *yr.*[48] Auch

46 Womit nicht gemeint ist die Aufeinanderfolge der Glossen auf dem Rand neben der Litera, vielmehr die Aufeinanderfolge der Lemmata in der Litera. Dass sich beides entspricht, ist die Regel erst in der *gl. ord.*: es ist dies eine der Eigenschaften dieses Apparats, wodurch dieser eben ›ordentlicher‹ als alle älteren Apparate ist.

47 S. zu dieser auf der altertümlichen, unzialen Schreibweise des *m* beruhenden Verwechslung: MG S. 270 N. 496 sowie hier in den Hss der *gl. ord.*, die meist wie Hugolinus das *m* des Martinus haben, gelegentlich aber auch (und sicher falsch!) die azonischen Sigle wie in München 28176 und 3506, in dieser letzten verbessert in das azonische *az.*

48 Dessen sich auch Henricus de Bayla bedient haben soll, s. Savigny, Geschichte IV 34–7 (und dazu, dass »Yr., als Unterschrift von Glossen, niemals (!) von Irnerius

die Tatsache, dass alle den azonischen Apparat überliefernden Hss hier das auf Irnerius zu beziehende *y* haben, macht die Möglichkeit, dass im azonischen Apparat aus dem auch in diesem ursprünglichen *m* in der Abschrift ein *y* geworden ist, sehr unwahrscheinlich. Eine Möglichkeit, die mehr für sich hat, die vor allem auch durch den Befund gestützt wird, der sich aus den die *antiqua glosa* überliefernden Hss ergibt,[49] ist, dass die Ansicht, für die Hugolinus Martinus anführt, auch schon von Irnerius vertreten, von diesem also begründet worden ist und Martinus sich ihr angeschlossen hat, dass darum Azo zunächst von dieser Ansicht als einer von *quidam* vertretenen spricht und dass er dann angesichts dessen, dass Hugolinus für diese Ansicht allein Martinus anführt, hiergegen opponiert und den wahren Urheber dieser Ansicht nennt. Es läge darin also eine Distanzierung von, eine gewisse Stichelei gegen Hugolinus, und es gehört dazu, um dies anzunehmen, nur auch, dass zu der Zeit, als Azo seinem Apparat mit der gl zu *ut puta* das Stück hinzugefügt hat, das hier das zeitlich letzte ist, ihm aus dem Apparat des Hugolinus jedenfalls die hier einschlägige Glosse bekannt gewesen ist. Auf die Frage, wie dies sein kann, wird hier bei anderer Gelegenheit zurückzukommen sein.[50]

Was die andere im azonischen Apparat hier vorkommende Sigle betrifft, sc. diejenige des Johannes Bassianus (*jo./job.*), so steht diese nur i. fi. der Glosse zu *ne ex pacto*; es wird nur die – in die gl zu *ut puta* übernommene – Lösung des Falles mittels der *replicatio*, deretwegen der Ehemann die Sache jedenfalls soll verlieren müssen, dem Johannes zugeschrieben. Hugolinus, bei dem von dieser Lösung nichts zu sehen ist, schreibt seinem Lehrer, der auch Azos Lehrer ist, die auf D 24,3,29 gestützte Lösung zu, die Azo in seiner gl zu *post divortium* sich zu eigen macht – die Lösung, dass der Fall des *pactum*, durch das die Ehefrau sich die Rückgabe der *dos* sofort nach der Scheidung ausbedingt, in Analogie zu dem Fall der Stipulation zu entscheiden ist, durch die sich der Geber der *dos* deren Rückgabe an sich selbst versprechen lässt. Diese Analogie ist – für Hugolinus und doch auch in der Tat – so evident, dass bei der detaillierten Entwicklung dieser Lösung durch Hugolinus der Leser seines Apparats über dessen eigene Position nicht im Zweifel sein kann: es ist dies auch die Ansicht des Schülers.

verstanden werden« dürfe (Savigny), bereits MG 35, wozu nachzutragen ist Besta, L'Opera di Irnerio I [1896] 86–8: »glosse segnate in un codice con *yr*, hanno spesso in altri la semplice *y*, propria d'Irnerio« – die Frage ist zu schwierig, um sie hier erledigen zu können). – Eine Verwechslung des sicher Irnerius bezeichnenden *y* mit dem unzial-artigen *m* der Martinus-Sigle (bei der die beiden ersten Schäfte des *m* einem *o* ähneln und der 3. Schaft ebenfalls gerundet, aber bis unter die Schreiblinie herunter gezogen wird) ist gewiss nicht unmöglich, aber kann doch nur einem unterlaufen, der sehr flüchtig hinsieht.

49 S. diesen hier u. im Exkurs zu diesem Abschnitt.

50 S. hier u. im Abschn. XI unter A III.

Was insoweit Azo in seiner gl zu *post divortium* betrifft, so ist es doch gewiss nicht zu kühn, in sein *nos contra* hinein zu lesen, dass er mit *nos* von seinem Lehrer und sich selbst spricht und sich nicht (wie n. b. Hugolinus!) so schülerhaft gerieren will, auch noch detailliert auszuführen, was der Lehrer mit dem Hinweis auf die *l. quotiens* im Einzelnen gemeint hat. Es könnte ihn auch bekümmert haben, statt eine eigene Lösung zu präsentieren, nur diejenige bieten zu können, die schon sein Lehrer gefunden hat.[51] Durch die gl zu *ut puta* wäre dann, wenn der Ansatz auch zu dieser von Johannes stammt, auch dies bereinigt gewesen.

Es bleibt zu dem *dos*-Rückgabe-Exempel in den Blick zu nehmen die Arbeit des Accursius. Deren Procedere ergibt sich auch hier aus den Mängeln des azonischen Apparats als ihrer Vorlage – aus demjenigen, was diesem Apparat, wie auch und wohl auch besser zu sagen ist, zu seiner Vollendung fehlt. Es ist aus diesem Apparat der in diesem erhalten gebliebene Verlauf der azonischen Arbeit und also deren geschichtliche Dimension zu entfernen. Es sind also die drei *minores glosae*, mit denen die azonische Arbeit begonnen hat, ersatzlos zu streichen. Sie sind in ihrer sachlichen Aussage durch Azo selbst ersetzt durch die beiden Glossen zu *post divortium* und *ut puta*. Aber auch diese beiden können nicht nebeneinander bestehen. Mit der gl zu *ut puta* ist verworfen, dass es um die Alternative geht, die zu *post divortium* bezeichnet und im Sinne der einen der beiden in Frage stehenden Lösungsmöglichkeiten entschieden ist. Diese Entscheidung ist, wie in der gl *secundum hoc* ausgeführt, eine fragwürdige. Aber sie darum, weil sie das ist, überhaupt zu verwerfen und das zu *post divortium* Gesagte zu streichen, mithin bloß das Neueste: die gl zu *ut puta* zu erhalten – eine derartige Radikalkur wird demjenigen eine zu vermeidende Unvorsichtigkeit sein, der das Vorhandene zwar zu verbessern, aber möglichst auch zu erhalten bestrebt ist. In der redaktionellen Arbeit gehört es sich nicht, so zu verfahren, wie das Azo zu *ut puta* tatsächlich tut und alles vom Tisch zu wischen, was zur Lösung des Problems seit Irnerius und/oder Martinus erwogen und angenommen worden ist, und auch im azonischen Apparat war das durch die Erhaltung der Vorstufe zu der die Sache abschließend erledigenden gl zu *ut puta* ja nicht wirklich geschehen. Zu gehen war zwecks Vollendung des Apparats, sc. von Accursius also ein Mittelweg: Es war nicht so direkt wie Azo zu sagen: *reprobo et hanc et primam lectionem*; dies war wegzulassen und somit die gl zu *post divortium* zu erhalten, aber doch in diese die johannitische Lösung mittels der *replicatio pacti* aufzunehmen. Es war ferner auch der Dissens zwischen den *quidam*, sc. Irnerius und/oder Martinus auf der einen und Johannes auf der anderen Seite

51 Von einer Scheu, gegen Johannes zu opponieren, kann bei Azo keine Rede sein. Was auffällt, ist, dass er die Übereinstimmung häufiger, als Hugolinus das tut, verschweigt.

nicht auf die azonisch wortkarge Weise zu erledigen, vielmehr gefälliger: nach dem Vorbild, das zu *post divortium* Hugolinus gegeben hat, durch eine ausführliche Darstellung dem Leser eingängiger zu präsentieren sowie schließlich aber auch nicht beiseite zu lassen, dass die Entscheidung, die Johannes der Ansicht des Martinus entgegengesetzt hat, eine fragwürdige ist: es war die Glosse, in der Azo diese Fragwürdigkeit ausgeführt hat, sc. die gl *secundum hoc* an das Ganze anzufügen und dieses damit abzuschließen.

Wie die *gl. ord.* zu *post divortium* kaum mehr und nicht weniger als dieser Kompromiss ist, wird hier kaum noch der Ausführung bedürfen.[52] Es wird genügen, nur auf zweierlei hier noch besonders hinzuweisen. (1) Die ausführlichere Darstellung des Dissenses Martinus ./. Johannes löst sich von ihrer Vorlage, sc. der Hugolinus-Glosse zu *post divortium*, indem in der Wiedergabe der Ansicht des Johannes die Differenzierung, wie diese durch die allegierte *l. quotiens* (D 24,3,29) vorgegeben ist: das *pactum* und die *datio dotis* gehen der Eheschließung voraus oder folgen ihr nach; beides findet gleichzeitig (*in continenti*) oder mit zeitlicher Unterbrechung (*ex intervallo*) statt, in einer bis zur Unkenntlichkeit vereinfachten Weise wiedergegeben ist: Dass das zeitliche Verhältnis von *pactum* und *datio dotis* gleichgültig ist, wenn beide der Eheschließung vorangehen, ist gar nicht gesagt, obwohl die Unterscheidung: *pactum factum fuit ante contractum matrimonium vel post* gemacht wird. Gesagt ist zur Wirksamkeit oder Unwirksamkeit nur etwas zu der Alternative, dass das *pactum factum fuit post contractum matrimonium vel durante matrimonio*: das Gesetz (sc. die allegierte *l. quotiens*) sage, auch ein in diesem Zeitraum geschlossenes *pactum* sei *ex intervallo* geschlossen, und das muss heißen: es sei unwirksam. Es ist dieses *pactum* dann in der Tat (gemäß dem, was die allegierte *lex* sagt) unwirksam, wenn es, auf die *datio dotis* bezogen, *ex intervallo* geschlossen ist, und es ist, auch *durante matrimonio* geschlossen, wirksam, wenn dem nicht so ist, wenn nämlich *datio* und *pactum in continenti* stattfinden. Was in der Wiedergabe der Ansicht

52 Substantiell mehr als bei Azo und Hugolinus hat die *gl. ord.* in dem Hinweis (s. hier in der Wiedergabe nach dem 1. in diese eingefügten Absatz) auf die beiden Stellen aus *de pactis dotal.* etc. = D 23,4,14 und 15, aus denen sich die Abdingbarkeit der für die Fälligkeit der *dos*-Rückgabe geltenden Regel durch ein bloßes *pactum* ergibt. Die Stellen sagen nichts zu der von Martinus und Johannes in Hinsicht auf unsere l. 7,5 erörterten Frage, wann ein solches *pactum*, um wirksam zu sein, geschlossen werden muss, sodass Accursius' Annahme, sie seien *contra* zu deren beider Lehre, sowie auch seine *solutio* dieses angeblichen *contrarium* nur als abwegig zu bezeichnen sind oder doch den sozusagen freizügigen Umgang mit dem Wort *contra* belegt. – Bloße Redaktion des Hugolinus-Textes (und ein sicheres Indiz für dessen Benutzung) ist die Verwendung dessen, was Hugolinus i. fi. seiner Glosse über die *determinatio* der Worte *post divortium*: über deren Bezug auf *statuto* oder auf *convenit* sagt. Accursius sagt dasselbe jeweils da, wo es hingehört.

des Johannes durch Accursius vollkommen fehlt, ist die *datio dotis* als der Akt, auf den bezogen die Frage: ist das *pactum in continenti* oder *ex intervallo* geschlossen? überhaupt nur sinnvoll gestellt werden kann. Es hat den Anschein, als habe Accursius bei seinem Bemühen, den Leser seines Apparats nicht bloß, wie Azo, auf die *l. quotiens* zu verweisen, sondern ihm, wie Hugolinus, mehr zu bieten und auch zu sagen, in welcher Weise gemäß dieser *lex* hinsichtlich der Wirksamkeit und Unwirksamkeit des *pactum* zu differenzieren ist, die Hugolinus-Glosse in derjenigen Überlieferung vor Augen gehabt, wie diese in Paris ist – in einer Überlieferung, in der zwar anfänglich (in der Wiedergabe der Ansicht des Johannes) die *datio dotis* vorkommt, aber deren Relevanz doch undeutlich bleibt und sodann – infolge des dem Kopisten unterlaufenen Homoioteleuton und seiner sonstigen Ausfälle – völlig verloren geht. Accursius hätte, wenn dem so wäre, und es kann kaum anders als so gewesen sein,[53] sich von der Hugolinus-Glosse da gelöst, wo ihm diese ihres verderbten Zustandes wegen keine Hilfe mehr bieten konnte. Anstatt nun aber in dieser Situation die notwendige Differenzierung aus der allegierten *l. quotiens* sich selbst zu erarbeiten und so die Martinus zugeschriebene Ansicht als unhaltbar darzutun, hat er sich mit einer Aussage begnügt, zu der ihn Azo durch den Schluss seiner gl zu *post divortium* (*quia dos debetur … sub conditione* etc.) inspiriert hat: Geht es in dem *dos*-Rückgabe-Exempel um den Fall einer bedingten Obligation und entsteht diese *statim nuptiis contractis*, ist also die Obligation *interim/pendente conditione* bereits vorhanden, dann kann man nicht, wie angeblich Martinus, sagen, das *pactum* sei, egal, wann es in diesem *interim*-Zeitraum geschlossen worden ist, *in continenti* geschlossen (und also wirksam); denn *durante matrimonio* ist dann schon *ex intervallo* – vorausgesetzt aber doch, wie die allegierte *l. quotiens* ergibt, es ist in diesem Zeitraum das *pactum* nicht *in continenti* mit der *dotis datio* geschlossen. Azo, der sich mit dem bloßen Allegat der *l. quotiens* begnügte, musste diese Voraussetzung nicht aussprechen, wohl aber doch derjenige, der es unternahm, seinen Leser an die Hand zu nehmen und ihm zu sagen, was er in der *l. quotiens* lesen werde.

(2) Bei der Anfügung der azonischen gl *secundum hoc* in der *gl. ord.* an die gl zu *post divortium* war es nahezu zwingend, dass deren azonischer Schluss gestrichen

53 Hätte Accursius, was die Alternative ist, den Text so, wie Hugolinus ihn geschrieben hat und wie er hier aufgrund der *l. quotiens* rekonstruiert worden ist, vorgelegen – wie hat er diesen *casus secundum joannem* in seinem Text dergestalt verunstalten können? Es mag ihm darum gegangen sein, kürzer als seine Vorlage zu reden, zumal die wahre Lösung diejenige aufgrund der *replicatio pacti* sein soll und auch die auf die *l. quotiens* gegründete Lösung, wie aus Azos gl *secundum nos* ersichtlich, eine fragwürdige ist. Aber Accursius: gerade er würde doch zu einer Verkürzung des ihm vorliegenden Textes, die dessen Sinn in etwa erhält, imstande gewesen sein.

wurde; der Hinweis darauf, dass es bei der durch die *l. quotiens* vorgegebenen Sicht um den Fall einer bedingten Obligation gehe und bei einer solchen die Obligation *pendente conditione* bereits entstanden sei – dies konnte nun: in der *gl. ord.* wegbleiben. Es ist dies bereits im azonischen Apparat zweimal: eben am Ende der gl zu *post divortium* und dann nochmals in der gl *secundum hoc* gesagt, was ein nicht geringes Indiz dafür ist, dass in diesem Apparat auch diese beiden Glossen nicht sozusagen *in continenti* verfasst worden sind, zwischen beiden ein *intervallum* liegt. Die gl *secundum hoc* ist, angefügt an die *gl. ord.* zu *post divortium*, von Accursius übernommen unter Einfügung von *secundum joannem* gleich am Anfang, im Übrigen aber doch fast ohne die sonst üblichen redaktionellen, mehr oder weniger gleichgültigen Veränderungen, die eine Paraphrasierung des Textes der Vorlage mehr vortäuschen, als dass ihretwegen davon die Rede sein kann. Erhalten ist – in der n. b. ursprünglichen Version des Textes der *gl. ord.* – namentlich Azos Breviloquenz in der Formulierung der Frage, auf die das Ganze hinausläuft: *cur ergo citius non inducit?* Es ist schon in dieser ursprünglichen Version des Textes allerdings weggelassen, dass das die Lösung *secundum joannem* unterstützende, aus D 13,5,19 – *de const. pec.* etc. zu entnehmende Argument *optimum* sei. Es ist dadurch, dass dies nun nicht mehr gesagt ist, die Fragwürdigkeit dieser Lösung eher noch schärfer zum Ausdruck gebracht, jedenfalls die Irritation beseitigt, ob mit diesem *optimum* nicht gesagt sein soll, es komme dieser Stelle doch mehr Gewicht zu als den vier als *contra* allegierten Stellen. Was im Text dieser ursprünglichen Version als störend empfunden werden könnte, ergibt sich daraus, dass schon dieser Text nicht mehr die azonische Glosse zu *ut puta* hat und somit nicht mehr Azos Aussage, dass und warum auch die Lösung *secundum joannem* zu reprobieren ist und eben darum, weil sie doch zu verwerfen ist, es zu ihr auch keiner Entscheidung bedarf, also die Frage: *cur ergo* etc. unbeantwortet bleiben kann. Warum das so sein kann, das ist zwar durch die Aufnahme der *replicatio*-Lösung *secundum joannem* in die *gl. ord.* zu *post divortium* vorhanden, aber diese Glosse scheint doch auch die Entscheidung für eine andere Lösung *secundum joannem* zu geben, die in ihr selbst als fragwürdig bezeichnet wird. Es dürfte diese Unebenheit im Text der ursprünglichen Version gewesen sein, die dazu geführt hat, dass auf die Frage: *cur ergo* etc.? dann später doch noch eine Antwort gegeben worden ist: *sed faciliores sumus ad liberandum.* Es handelt sich bei dieser Antwort nicht bloß um eine *additio* zur ursprünglichen Version des Textes, sondern allem Anschein nach auch um eine recht späte. Sie ist später jedenfalls als die stilistische Verbesserung der Frage, die dadurch stattgefunden hat, dass in diese Frage nach *ergo* eingefügt worden ist: *ut petatur.*[54] In Vatikan Pal 738, in der dem Text der ursprünglichen Version

54 Statt *petatur* in manchen Hss auch *commitatur* oder auch, was sicher falsch, *computatur.*

durchweg ein Teil der *additiones* hinzugefügt ist, ist dieses *ut petatur* – auf dem Rand! – vorhanden und von jener Beantwortung der Frage noch nichts zu sehen. In den ebenfalls vatikanischen Hss Pal 739 und lat 1413, die auch sonst einen Teil dessen, was *additio* zum ursprünglichen Text ist, bereits in den Apparat integriert haben, ist eben dies auch geschehen mit *ut petatur*, jenes *sed faciliores* etc. hingegen ist noch eine Notiz auf dem Rand.[55] Ob darum anzunehmen ist, dass diese *additio* schon nachaccursisch ist, dass es nicht noch Accursius, sondern erst einem Späteren eingefallen ist, die Frage überhaupt und auch in dieser Weise zu beantworten, dürfte auch bei Heranziehung weiterer Hss[56] schwerlich zu entscheiden sein. Man möchte Accursius wünschen, dass diese Komplettierung seines Apparats nicht sein Einfall gewesen ist: Wir tun uns leichter dabei, einen Mann freizusprechen, als ihn zu verurteilen – gewiss, wenn es um eine Straftat geht. Aber warum dies hier, wo der Vorteil, der dem einen verbleibt, wenn *citius* nicht geklagt werden kann, für die Gegenpartei ein Nachteil ist? Man muss schon ein rechter Tor sein, um auf die Frage, die Azo offen gelassen hat, die seinen Zweifel daran zum Ausdruck bringt, ob das Problem wirklich mittels der aus der *l. quotiens* hergeleiteten Differenzierung zu lösen ist, überhaupt eine Antwort zu geben. Ein Tor ist, wem im Zweifel zu verharren, unklug, nicht erträglich ist. Und wer so beschaffen ist, dem mag auch die mit dieser *additio* gegebene Antwort einfallen.

Exkurs

betr. die *antiqua glosa* zur Frage des Falls, auf den die Aussage des *dos*-Rückgabe-Exempels zu beziehen ist.

Aus den die *antiqua glosa* überliefernden und mir zur Verfügung stehenden Hss[57] ergibt sich zu der hier im Betreff bezeichneten Frage das Folgende: Nichts dazu haben Douai 576, Paris 4450, Leipzig 876, Vatikan 1406, 2705 und Pal 737

55 In Vatikan Pal 739 von einer anderen (späteren?) Hand als derjenigen, die hier sonst die *additiones* schreibt.

56 Herangezogen sind hier noch Salisbury, Stuttgart, wo *ut petatur* in den Apparat integriert und die Frage noch ohne jede Antwort ist; ferner Bamberg 13, Kopenhagen GKS 394, wo beide *additiones*, also auch die Beantwortung der den Zweifel an der die Haltbarkeit der aus *l. quotiens* hergeleiteten Lösung zum Ausdruck bringende Frage in den Apparat integriert sind.

57 S. MG 22 f., von den dort genannten Hss entfallen hier (wegen Rasur) Madrid 675, Vatikan Borghese, (wegen eines erst späteren Beginns der Litera) Paris 9644, Wien, Leipzig 873 (auf dem Film hier nicht lesbar); von Paris 4458A und Bamberg 12 ist mir z. Z. kein Film zur Hand. Hinzu kommen (zu den MG 22 f. genannten Hss) Alençon 173 und Troyes 174.

(im Bereich von D 2,14 unglossiert), Vic, Alençon.[58] In Gent, London 11C III, Padua, Stockholm, Trier, Troyes 174, Torino F II 14, Vatikan 1405 ist interlinear über *post divortium*notiert: *iam nata* (oder *nata iam*) *repetione*, also die Aussage, die Entscheidung der Litera, dass das *pactum* unwirksam sei, betreffe (jedenfalls oder allein) den Fall eines nach Entstehung der Forderung auf Rückgabe der *dos* geschlossenen *pactum*. In Gent steht dieser Aussage voran (vor dem Einfügungszeichen!) das auf Irnerius zu beziehende *y*; sonst ist sie ungesigelt,[59] also Irnerius als der Autor nur, aber immerhin doch dadurch indiziert, dass es sich um eine interlineare Glosse handelt.[60] Dieselbe Aussage: *nata* etc. haben als Randglosse München 3887 sowie Vatikan 1408 und jene Hs mit dem (dem Einfügungszeichen vorangestellten!) auf Irnerius zu beziehenden *y*. Dieser hat also, wie aufgrund dieses Befunds anzunehmen ist, zwar nicht wortwörtlich gesagt, die Litera sei so zu lesen wie sie *prima facie* klinge. Aber die von Azo (in seiner Glosse zu *ut puta*) derart zum Ausdruck gebrachte sachliche Aussage ist in der Tat – mit einer hier sogleich noch zu bemerkenden Einschränkung – diejenige des Irnerius. – Was Martinus betrifft (von dem Azo n. b. gar nicht und Hugolinus so spricht, als sei er der einzige oder doch der prominenteste Vertreter dieser Ansicht), so haben München 3887, Stockholm, Trier, Troyes 174, Vatikan 1408 als Randglosse: *idem esset et si post datam dotis hoc convenisset* – und dies ohne Sigle Trier, Troyes 174; mit der azonischen Sigle und auch von der den azonischen Apparat schreibenden Hand, also in diesen Apparat integriert Stockholm; mit dem (unzialen) *m* des Martinus die Münchner und die vatikanische Hs sowie dasselbe (einschließlich der Sigle!) interlinear und unmittelbar an die gl *nata* etc. anschließend Gent.[61] Dass diese Glosse in Stockholm im azonischen Apparat sich befindet, könnte der Verwechslung der Martinus- und Azo-Siglen zuzurechnen sein[62] – womit dasjenige, was diese

58 Die dort auf *post divortium* bezogene Randglosse ist keine *antiqua glosa*: was sie sagt (s. hier u. N. 63), ist gesagt *secundum job* und schließt auch mit einer Sigle, die sicher keinem der älteren Glossatoren gehört und ich auch keinem der neueren zuzuordnen weiß.

59 Und das namentlich auch in Padua und Torino F II 14, sodass sie auch bei Besta, L'Opera d'Irnerio (1896) Vol. II fehlt, aber deswegen doch nicht auch schon für Irnerius schlechthin auszuscheiden ist, s. hierzu meine hier o. N. 37 a. Arbeit). Was in Troyes 174 vor dem Einfügungszeichen steht, kann ich auf dem Film nicht entziffern.

60 S. dazu MG N. 206 und 230 sowie demnächst in meiner (in ZRG [RomA] 134 [2017] erscheinenden) ›Irnerius' Sigle‹ betr. Abhandlung.

61 Sodass diese interlineare Glosse dort im Ganzen lautet: *y § iam nata repetione. Idem esset et si post datam dotem hoc convenisset. m.*, womit der Bezug der *m*-Glosse auf die *y*-Glosse evident ist; dasselbe, aber weniger deutlich, Vatikan 1408.

62 Oder beruht auf bewusster Rezeption dieser *antiqua glosa* in den azonischen Apparat im Zuge einer späteren Bearbeitung, deren Spuren in dieser Hs, wie sich im Weiteren zeigen wird, s. in Abschn. XII unter III 1, auch sonst sichtbar sind.

Glosse sagt, als des Martinus Beitrag zu dieser Thematik anzunehmen hinreichend gesichert ist. Dann aber ist zu sagen, dass Martinus, indem er sich mit *idem esset* auf das von Irnerius Gesagte bezieht, in der Tat der Meinung des Irnerius insoweit gefolgt ist, als auch er das *post divortium nata iam repetione* geschlossene *pactum* für unwirksam erklärt. Aber er hat es dabei doch nicht belassen; er ist darüber hinausgegangen, indem er *idem*, also das, was Irnerius für das *nata repetione* geschlossene *pactum* bemerkt hat, für zutreffend erklärt auch in dem Fall eines nach der Hingabe der *dos* geschlossenen *pactum*. Dies aber heißt: das *in continenti* mit der Hingabe der *dos* geschlossene *pactum* ist wirksam, und es ist wirksam, da die *dos* ja nicht erst *post divortium* gegeben wird, wenn es *ante divortium/constante matrimonio* geschlossen ist, aber das eben auch nur, wenn der Abschluss *in continenti* mit der *dotis datio* erfolgt ist. Dass ein solches *pactum* schlechthin, sc. ohne diese Einschränkung wirksam ist, davon kann also nur und allenfalls die Rede sein als einer Ansicht allein des Irnerius. Es muss dies aber auch nicht einmal dessen Ansicht gewesen sein; es kann dessen Glosse nur und allerdings so verstanden werden, als solle mit ihr dies gesagt sein – und um eben diesem Verständnis vorzubeugen, um den Schein, dass Irnerius dies hat sagen wollen, zu zerstören, hat Martinus der Irnerius-Glosse hinzugefügt: *idem esset* etc. Und er hat so darauf hingewiesen, dass es auf die *datio dotis*: ob *in continenti* mit oder *ex intervallo* zu dieser das *pactum* geschlossen ist, ankommt. Ist aber dies das richtige Verständnis der Martinus-Glosse, dann ist die Ansicht des Martinus in der Hugolinus-Glosse zu *post divortium* auf eine unzutreffende, jedenfalls missverständliche Weise wiedergegeben, namentlich auch der Gegensatz zwischen Martinus auf der einen und Johannes auf des anderen Seite verkehrt dargestellt. Dass es auf die *datio dotis* und das Verhältnis, in dem zu diesem das *pactum* steht, ankommt, hat nicht erst Johannes, sondern bereits Martinus bemerkt;[63] dieser ist also nicht zu jenem überhaupt *contra*; vielmehr hat Johannes unter Hinweis auf die *l. quotiens* nur differenzierter als Martinus gesagt, wie das Verhältnis von *datio dotis* und *pactum* genau sein muss, damit das *pactum* wirksam sein kann.

63 Und jener vielleicht auch gesagt. Die hier herangezogenen Hss haben – ausgenommen Alençon 173 – nichts mit der Johannes-Sigle. Nicht einmal dazu, dass der Verweigerung der sofortigen Rückgabe der *dos* die Ehefrau die *replicatio pacti* entgegensetzen kann (was Azo *secundum job.* sagt), ist dieser angeführt; in Trier und Troyes 174 steht (bezogen auf *statim*) dies: *ad actionem licet ad replicationem prosit* mit dem *R* des Rogerius. In Alençon 173 aber ist zu *post divortium* (s. o. N. 58) gesagt: *idem esset si etiam constante matrimonio dummodo fieret (sc. matrimonium?) ex intervallo post dotis prestationem ut infra solut. m. quot. pact(!) secundum job licet quidam dixerunt contra infra mandati Q* (?) *nega* (?) – es folgt die Sigle, die ich (s. o. N. 58) nicht zuzuordnen weiß. Es handelt sich ersichtlich um eine formal und inhaltliche unzulängliche Wiedergabe des Meinungsstands.

Es bleibt die Frage, ob nicht doch dem, was im Hugolinus-Apparat gesagt ist, mehr Vertrauen gebührt als dem hier ermittelten handschriftlichen Befund. Es stellt sich diese Frage umso dringlicher, als ebenso wie im Hugolinus-Apparat der Sach- und Streitstand auch in der *gl. ord.* wiedergegeben ist und Hugolinus sowie auch Accursius zu den Glossen des Martinus und des Irnerius doch einen weit weniger beschränkten Zugang gehabt haben werden, als er heutzutage vorhanden ist, als jedenfalls ich ihn mit den wenigen hier herangezogenen Hss habe. Es ist indessen, bevor diese handschriftliche Basis für zu gering erachtet wird, zweierlei zu bedenken:

Die Hugolinus-Glosse überliefert das, was Hugolinus gesagt und/oder geschrieben haben muss, wie hier für ihren 2., die Ansicht des Johannes betreffenden Teil gezeigt worden ist,[64] auf eine nur als erbärmlich zu bezeichnende Weise. Sie ist darum dafür, dass sie die Ansicht des Hugolinus besser, korrekter wiedergibt, ein doch gewiss suspekter Zeuge. Allein schon die Tatsache, dass sie von der Ansicht des Irnerius, die Hugolinus doch nicht entgangen sein kann, gar nichts sagt, zeigt die Unzulänglichkeit ihres Referats auch in diesem ihrem 1. Teil. Für das, was Irnerius angenommen hat, haben wir aber das Zeugnis nicht allein der hier herangezogenen Hss, sondern auch dasjenige Azos, der von den Glossen des Irnerius und des Martinus nicht entfernter als Hugolinus gewesen ist. Er war nur und allerdings im Umgang mit der *antiqua glosa*: in der Wiedergabe der Meinungen derjenigen, die in dem glossatorischen Bemühen um das Verständnis der Litera ihm vorangegangen waren, von einer gewissen Nachlässigkeit, unbekümmerter oder (wenn man so will) souveräner als sein Mitschüler Hugolinus, mehr auf die Sache als auf die dazu vertretenen Meinungen konzentriert. Aus dieser seiner, schon des Öfteren festgestellten Art ist plausibel, dass er zunächst, als ihm die Lösung *secundum joannem* noch nicht zweifelhaft war, sc. in seiner gl zu *post divortium* nicht einmal Irnerius nennt, nur von *quidam* spricht, und sodann (sc. zu *ut puta*) nun zwar diesen, die *lucerna iuris* (um abermals mit Odofredus zu reden) beim Namen nennt, aber nichts von Martinus und dessen zu der Irnerius-Glosse unternommener Klarstellung oder Berichtigung sagt: Er lässt weg, was aus seiner Sicht und ja auch wirklich nur ein erster Schritt in die, wenn nicht richtige, so doch bessere Sicht ist; er übergeht, was zu der Ansicht des Johannes nur eine Vorstufe ist, was dieser aufgegriffen und differenzierter, perfekter gesagt hat – eine Vorstufe, die zu kennen in der Sache nichts bringt, allein demjenigen interessant ist, dem es um die Geschichte der Glosse: wie nämlich deren Einsichten sich nach und nach herausgebildet haben, zu tun ist. Und die Ansicht, die Azo weglässt, ist schließlich ja auch nur

64 S. hier o. im Text bei und nach N. 33.

die Ansicht eines Mannes, der in Azos Schule nicht gerade eine Respektsperson gewesen zu sein scheint.

Was schließlich noch Accursius und den 1., das *exemplum secundum Martinum* betreffenden Teil seiner gl zu *post divortium* angeht, so ist die Abhängigkeit seines Textes von dem entsprechenden Stück der Hugolinus-Glosse derart evident, dass angesichts des Befundes aus den hier herangezogenen Hss die Frage allein ist: Hat Accursius für das, was in der Darstellung der Hugolinus-Glosse die Ansicht des Martinus ist oder zu sein scheint, eine andere Quelle und eine bessere gehabt, als es die hier herangezogenen Hss sind? Dass für die *antiqua glosa* ihm mehr und auch andere als diese Hss zur Verfügung gestanden haben, ist ohne weiteres anzunehmen. Aber wie kann es sein, dass in seinen Hss Irnerius gar nicht vorkam und die Ansicht des Martinus anders als in den uns erhaltenen, nämlich so, wie sie in der Hugolinus-Glosse erscheint, dargestellt war? Dass unter den von ihm eingesehenen Hss nicht eine war, in der die Martinus-Glosse ebenso gestanden hat wie in den hier benutzten Hss: bezogen (durch das *idem* an ihrem Anfang) auf die Glosse des Irnerius und so als eine Fortsetzung: Berichtigung oder Klarstellung zu dieser – dies ist doch gewiss eine unrealistische Annahme und davon ist also auch ohne weiteres abzusehen. Was dann anzunehmen bleibt, ist allerdings dies: Accursius hat es bei der Hugolinus-Glosse belassen, ohne das, was diese ihm als Meinung des Martinus bot, zu überprüfen, ohne auch nur eine einzige Hs heranzuziehen und sich ein eigenes Verständnis dessen zu verschaffen, was zu dem *dos*-Rückgabe-Exempel angenommen worden ist. Er hat im blinden Vertrauen auf das, was ihm im Hugolinus-Apparat vorlag, seine Glosse aus diesem Apparat abgeschrieben und nur ein wenig daran herumredigiert. Sein Vertrauen war derart blind oder es war ihm das, was die *antiqua glosa* in der Litera gelesen hatte, derart gleichgültig, dass ihn nicht einmal Azos Anführung des Irnerius irritiert hat und ein Anstoß gewesen ist, sich zu vergewissern, wer denn nun hier was vertreten hat. Sein Produkt: die *gl. ord.* ist für die ältere Glosse, wie hier sich ein weiteres Mal und auf eine eklatante Weise zeigt, eine Quelle, mit der man die Arbeit an »der Glosse« beginnen mag und auf die sich zu verlassen bequem und leichtfertig ist.

VI. Der Erlass einer Nachlassschuld durch die *maior pars creditorum* l. 7,19

Hodie tamen ita demum pactio huiusmodi creditoribus obest, si convenerint in unum et communi consensu declaraverint, quota parte debiti contenti sint: si vero dissentiant, tunc praetoris partes necessariae sunt, qui decreto suo sequetur maioris partis voluntatem.

I. Die Sachfrage

Die Aussage dieses Paragraphen, der das langwierige aus Ulpians Edictskommentar entnommene Fragment dieser l. 7 beschließt,[1] ist weitestgehend und selbst im ganzen, solange jedenfalls man über das Gesagte sich keine Gedanken macht, klar: Es geht – einsetzend schon mit § 17 – um den Fall, dass ein Nachlassgläubiger demjenigen, der zum Erben berufen ist, aber die Erbschaft noch nicht angetreten hat, einen Teil der Schuld – durch ein *pactum de non petendo* – erlässt – durch ein *pactum*, wie man neuerdings auch sagt, *ut minus solvatur*. Es geht in § 19 darum, was zur Wirksamkeit eines solchen Erlass-*pactum* auf der Gläubigerseite erforderlich ist in dem Fall, wenn es mehrere Nachlassgläubiger gibt.[2] Die auf diese Frage zunächst, nämlich in Satz 1 dieses Paragraphen gegebene Antwort ist derart, dass die Frage damit erschöpfend beantwortet zu sein scheint: die Gläubiger müssen alle dasselbe wollen; sie müssen darin übereinstimmen, dass und wie viel dem potentiellen Erben und Schuldner erlassen sein soll; und jeder büßt also nur das ein, was er einzubüßen willens ist. Es kann damit nicht gemeint sein, dass der einzelne Gläubiger nicht mit

1 In der Litera der Glossatoren, im sog. Vulgattext beginnt in l. 7, 18 (nach *scribit*) mit *Marcellus autem libro octavo* etc. eine neue *lex*, sodass unser § 19 in den Allegaten der Glosse bezeichnet wird als *l. marcellus § hodie*.

2 Ob »Gesamtvergleich«, wovon in diesem Fall (sowie in dem Fall des *pactum* mit einem *suus/necessarius heres*, um diesen zu veranlassen, von seinem *ius abstinendi* keinen Gebrauch zu machen, worum es hier in § 19 – s. § 17 – nicht geht) gesprochen zu werden pflegt (s. etwa Kaser § 150 II 3c, Knütel; Übers; hingegen neutral, nämlich ›afspraak‹ Spruit), die treffende Bezeichnung ist, sei dahingestellt. Der Fall ist der eines Innominatkontrakts *facio* (ich erlasse) *ut facias* (damit Du die Erbschaft antrittst), wofür anzunehmen sein wird, dass der Erlass gegenstandslos ist, solange und wenn die Erbschaft nicht angetreten wird, sodass es nicht etwa einer Kondiktion des Erlasses bedarf. Wozu dient hier das Wort ›Vergleich‹, wenn nicht dazu, eine Verbindung herzustellen zwischen dieser Ulpianstelle und dem Zwangsvergleich des modernen Rechts? Ich belasse es im Folgenden dabei, von Erlass-*pactum* zu sprechen.

Wirkung allein für sich mit dem potentiellen Erben paktieren könne.[3] Aber Gesamtwirkung hat allein ein *communis consensus*; sie findet nur statt, wenn alle dasselbe wollen. Der Fortgang der Litera in § 2 stellt diese mit aller Entschiedenheit (*conveniunt in unum et communi consensu*!) gegebene Antwort insoweit nicht in Frage, als zu dem Fall, wenn die Gläubiger sich nicht einig sind, gesagt wird, es seien dann, damit ein Erlass, der alle Gläubiger bindet, zustande kommt, die *praetoris partes* erforderlich: Was privatautonom nicht zustande kommt, kann (und mag auch begründeterweise) noch gehen von oben herab, par ordre sozusagen du mufti und viel mehr und anderes als das: als der Inhaber eines bloß durch seine Tradition erhabenen Amtes wird der Prätor jedenfalls in justinianischer Zeit nicht mehr gewesen sein[4]). Aber dann kommt, ganz am Ende dieses Paragraphen, in einem auf den Prätor zu beziehenden Relativsatz, noch die Aussage, dass dieser Prätor in seiner Entscheidung über den Erlass demjenigen, was die Mehrheit der Gläubiger willens ist, folgen werde – der Prätor wird das tun, weil er das muss? Wird – oder muss – er folgen einer Mehrheit, die über den Erlass, dass nämlich ein solcher überhaupt gewährt werden soll, sich einig ist und nur über die Erlassquote im Dissens sich befindet, oder der Mehrheit auch dann, wenn eine Minderheit gegen jeglichen Erlass ist? Und warum überhaupt soll der Prätor seine *partes* einsetzen und noch entscheiden müssen, wenn das, was die Mehrheit will, ihm die Entscheidung verbindlich vorgäbe? Oder ist das Futurum (*sequetur*) nur das, was es auch sein kann, nämlich eine Aussage, über das, was ein Prätor wahrscheinlich tun wird, aber nicht tun muss? Berichtet Ulpian aus seiner Erfahrung: er kenne diese Herren, es sei ihre Gewohnheit, sich an das zu halten, was die Mehrheit will? Und ist es anders: *muss* der Prätor der Mehrheit folgen, wozu braucht er dann überhaupt seine *partes*? Um festzustellen, dass es eine Mehrheit gibt? Und stellt

3 Beseler Beitr. II 96 hält die Aussage des ersten Satzes für ungenau: »wenn man das (in diesem Satz Gesagte) wörtlich nimmt, so kann der einzelne *creditor* mit dem Erben kein *pactum de non petendo* abschließen, was ganz gewiß kein Gesetzgeber jemals gewollt hat«. Ganz gewiss hat aber auch Ulpian das nicht sagen wollen, und vielleicht hat das bei ihm Vorangehende dieses wörtliche Verständnis auch geradezu ausgeschlossen. Warum *huiusmodi* anstößig sein soll (ebenfalls Beseler), sehe ich nicht; s. zu Beselers Interpolationsverdacht im Übrigen hier u. N. 24. Albertario, Hodie ist mir nicht zugänglich. Zu weiterer Textkritik s. Ernst ZRG RA 132 (2015) 19 sowie noch hier u. N. 24.

4 Womit nicht gesagt sein soll, die Aussage jedenfalls zu den *partes praetoris* gehöre allein der justinianischen Zeit an. In der Sache wird alles, so unbegreiflich es auch klingt (s. das hier o. im Text sogleich Folgende), von Ulpian sein, namentlich auch das *hodie* am Anfang: es geht, wie sich aus l. 10 eod. t. ergibt, um eine Angelegenheit, in deren Regelung die Kaiser durch zwei Reskripte eingegriffen haben: Pius und sodann Marc Aurel, und das von diesem Bestimmte ist für Ulpian das, was *hodie* gilt, s. hierzu auch noch das hier im nächsten: l. 10 betreffenden Abschnitt Folgende.

er fest: es gibt keine, aber doch eine Minderheit, die sich über Erlass und Erlassquote einig geworden ist, hat er sich dann aus der Sache herauszuhalten, den Plan eines Gesamterlasses für gescheitert zu erklären?

Der Sinn eines solchen vor Antritt der Erbschaft mit dem zum Erben Berufenen geschlossenen *pactum* liegt auf der Hand: Vor Antritt der Erbschaft haben die Gläubiger (ihr Schuldner ist, wie gesagt, nicht *necessarius heres*) niemanden, gegen den sie vorgehen könnten. Der Nachlass: die in diesem vielleicht vorhandenen Aktiva, aus denen die Nachlassgläubiger mehr oder weniger befriedigt werden könnten, ist herrenlos; der Nachlass ruht und bleibt ruhen, wenn nicht, wie in unserem heutigen (deutschen) Recht (in dem Fall nämlich, dass alle ausschlagen, die zu Erben berufen sind) der Staat als der quasi Letztberufene die Sache in die Hand nimmt. Ist in dieser oder einer ähnlichen Weise keine Vorsorge getroffen, fehlt dergleichen in einer Rechtsordnung, die wie die römische die Wahrung der Interessen der Individuen prinzipiell diesen selbst überlässt, in der die Einzelnen noch nicht in dem Maße, wie es uns geboten erscheint, am Gängelband des Staates geführt werden, dann ist es allerdings das Interesse aller, dass der zur Erbschaft Berufene diese antritt, dass den Nachlassgläubigern ein Schuldner kreiert wird und dass, damit dies geschieht, dem Berufenen, der wegen der möglichen Überschuldung des Nachlasses zögerlich ist, ein materieller Anreiz zum Erbschaftsantritt gegeben wird – eben durch einen Erlass eines Teils der ihm drohenden Schulden. Beruht aber hierauf: auf dem Interesse aller der Einsatz des Prätors – wieso ist dann dieser zum Eingreifen nur legitimiert, wenn über den Erlass die Mehrheit eines Willens ist? Die Mehrheit vertritt: sie besorgt das Interesse auch der Minderheit? das Interesse auch derjenigen, die in der Minderheit sind, weil sie die Sache für noch nicht ausgereizt, die Erlassquote, die die Mehrheit gewähren will, für unnötig hoch halten, oder die darauf vertrauen, dass die Erbschaft auch ohne Erlass *pietatis causa* angetreten wird? Was dieser § 19 durch den ihn beschließenden Relativsatz sagt, ergibt, wenn das Futur als ein Sollen gelesen wird,[5] eine Lösung, die nicht Fisch und nicht Fleisch zu sein scheint: in der die obrigkeitliche Fürsorge mit dem Mantel einer quasi-privatautonomen Regelung zugedeckt ist.

5 Die Übersetzungen: Knütel, Spruit belassen es bei dem Futur, aber das doch wohl nicht, um die Frage zu entscheiden, sondern um sie, wie es sich für den Übersetzer ja auch gehört, an den Interpreten weiter zu geben.

II. Die Quellen

Was unsere beiden Glossatoren sowie des einen Schüler und Redaktor zu diesem Paragraphen sagen, ist dies:

Azo	*Gl. ord.*	Hugolinus
infra de reg. iur. l. aliud § 1 (D 50,17,160,1) hic notari potest, res inter alios acta aliis non preiudicat.	[pactio huiusmodi: sc. de remittenda parte debiti heredi]	infra ad munic. l. quod maior pars C de decur. l. nominationum (?) infra depos. l. si plures D de test.archad. ob carm. infra de reg. iur. l. aliud § refert.
infra de privile.cre. l.ij(?) (D 42,5,16,1) infra de rebus auct. iud. por. l. cum plures (D 42,5,15) infra de amistr. tu. l. iij § quod (D 26,7,3,7) infra de tute. te. l. mihi (?) (C (!) 5,28 ?) infra de tu. vel(!) cu. da. l. ubi (D 26,5,19) infra ad municip. l. quod maior (D 50,1,19) C de legat. l. peult. (C 10,65,5) C de decur. l. nominat. (C 10,32, 45) infra quod cuiusque univ. l. nulli (D 3,4,3) de decret. ab or. fac. l. in lege (D 50,9,3) C de prediis l. ij (C 10,34,2) infra aut. de ali. et emphi. § emphi. i. fi. (Nov. cxx 6,1 u. 2) infra de test. l. ob carmen § ult. (D 22,5,21,3) infra de cur. bo. da. l. ij (D 42,7,2) infra depositi l. si plures (D 16,3,14)	creditoribus: sc. omnibus. sed si non omnes consentiant, eis tantum, qui consentiunt, nocet. quota parte: habet locum dictum huius legis et sequentium secundum Irn. et secundum omnes, quando omnes vel maior pars consentiunt in remittendo. sed est discordia quantum quilibet remittat. sed quid, si quidam sunt, qui nolunt aliquid remittere? dicunt quidam non habere locum has leges, ut innuit hac litera ›quota etc.‹. sed contrarium potest dici, quia eadem est ratio. sed quae est haec aequitas sive ratio, quod alii adstringuntur pactas aliorum stare? Resp.: quia pro eorum utilitate fieri videtur, cum talia tunc fiant, quando debitor non est solvendo. nec enim alias est verisimile, quod illi iactarent vel effunderent pecunias suas ut infra de probat. l. cum de indebito § 1. item non haberet defunctus heredem. item non haberent creditores quem convenirent. item nota hic, quod omnes facere videntur, quod facit maior pars ut infra … (die hier folgenden Allegate s. im azonischen Apparat in der Position: 7, 1, 3, 15, 4, 16, 14, 13, 10, 11, 9; zwischen 4 und 16 ist in der *gl. ord.* eingeschaltet: infra instit. de satisdat. tut. § 2 i.fi., zwischen 13 und 10: quandoque etiam duae partes necessaria sint. Es fehlen mithin aus dem azon. Apparat die Allegate 5, 6, 8, 12.)	creditoribus: omnibus, sc. si omnes consentiant vel maior pars. nam et si pauciores consentiant, simul ipsis obest, licet non ceteris. Sed si absente herede omnes vel maior pars consentiat, hec eis non nocet. sed etsi consentiant, licet in quota parte dissentiant, in maiorem partem eligentium sententia est sequenda, quia in illa omnes videntur consentire.

Der *azonische* Apparat ist hier so wiedergegeben, wie er in Bamberg 11 überliefert ist, jedoch ohne die azonische Sigle, die am Ende eines jeden Allegats steht, ferner ohne das jedem Allegat voranstehende *ar(gumentum)* und auch ohne das noch davor, sc. vor jedes Allegat gesetzte Bezugszeichen. Dieses ist in der Litera bei *maiori* wiederholt, sodass die Kette der Allegationen insgesamt als eine Glosse zu diesem Lemma erscheint. Ebenso ist es in allen anderen den azonischen Apparat überliefernden Hss mit einigen wenigen unbedeutenden Differenzen. Die Ausnahme in der Übereinstimmung, die von Bedeutung sein könnte, betrifft die hier nach dem 1. Allegat wiedergegebene Glosse *hic notari* etc.: Sie fehlt in einigen Hss im Ganzen und in einigen fehlt das *non* vor *preiudicat*. Wo es sie – mit oder ohne diese Negation – gibt, ist sie nie auf ein einzelnes Wort der Litera bezogen, und es steht zu ihr auch nie Azos Sigle. Dies sowie auch die Form, die sie meist hat, nämlich die Form eines spitzwinkeligen, auf der Spitze stehenden Dreiecks (d.i. in der *antiqua glosa* die Form der sog. *notabilia*, die es als solche bei Azo, auch bei Hugolinus und in der *gl. ord.* nicht mehr gibt) lässt vermuten, dass sie eine in den Apparat rezipierte *antiqua glosa* ist und dass die Rezeption nicht Azo, sondern der Abschrift seines Apparats (der damit eine gewisse Bearbeitung erführe) zuzurechnen ist.

Zur Wiedergabe des *Hugolinus-Apparat* ist zu bemerken, dass in dessen Überlieferung die Glosse zu *creditoribus* nur in Paris vorhanden ist, in Seo und London also der Apparat, dem azonischen insoweit gleich, nur aus den hier wiedergegebenen reinen Allegationen besteht.

Womit zur Sache, um die es hier geht, zu kommen ist.

III. Interpretation

Die Antwort auf die Frage, die in dieser Untersuchung die konstante ist – auf die Frage nach der Abhängigkeit der *gl. ord.* von dem azonischen Apparat oder/und demjenigen des Hugolinus: was ist Accursius' Vorlage gewesen und wie hat er von dieser Gebrauch gemacht? – hierauf die Antwort zu geben, lässt sich auch hier nicht mit einigen wenigen Worten erledigen.

1) Azo

Des Accursius Vorlage war hier wohl auch, aber gewiss nicht allein der azonische Apparat. Keine einzige der Fragen, die der Text dieses Paragraphen durch seinen Schluss herausfordert und die in der hier der Wiedergabe der Quellen vorangestellten Einleitung bezeichnet sind, wird von Azo gestellt, geschweige denn beantwortet. Sein Apparat ist beschränkt auf die Allegation, wenn nicht schlechthin, dann doch wohl nahezu aller Stellen, in denen in den *leges* (der Digesten, des Codex, des Authenticum) gesagt ist, dass das, was eine Mehrheit will, Geltung habe auch für die Minderheit. Sollte Azo das hier zwischen dem ersten und dem zweiten Allegat wiedergegebene Notabile selbst in seinen Apparat aufgenommen haben, dann hat er damit doch nichts gesagt, was über die gegebenen Allegate hinaus ginge: diese sind entweder von der Regel: *quod res inter alios acta aliis non praeiudicat* die Ausnahmen, oder ausnahmsweise, nämlich in den Fällen der allegierten Stellen gilt: *quod res inter alios acta aliis praeiudicat*. Dass dieser Satz mit der Negation zu *praeiudicat* die Regel wiedergibt, ist derart selbstverständlich, dass das Vorhandensein und das Fehlen dieser Negation die Aussage dieses Notabile nicht tangiert, und eben diese Selbstverständlichkeit verstärkt dann auch den Zweifel, ob ein Mann von Azos Statur es für nötig gehalten haben könnte, dieses Notabile in seinen Apparat zu rezipieren. Es handelt sich eher um eine Zugabe seitens einer den azonischen Apparat in der Abschrift redigierenden Bearbeitung. Das Fehlen der Aussage dieses Notabile, wie in den meisten Exemplaren, die den azonischen Apparat überliefern, so auch im azonischen Apparat selbst ist darum auch keine eine Ergänzung erheischende Lücke – wie das wohl in Hinsicht auf die Tatsache zu sagen sein könnte, dass im azonischen Apparat zu einer Erklärung nicht allein aller angeführten Ausnahmen, sondern auch nicht einmal zu derjenigen Ausnahme, die von jener Regel dieser unser § 19 zu machen scheint, jeglicher Ansatz fehlt. Was der azonische Apparat bietet, ist nicht mehr als eine durch ihre Weitsicht beeindruckende Materialsammlung für die Behandlung eines Themas, die auf eine spätere Zeit vertagt, auf die lange Bank geschoben und dort liegen geblieben ist, wenn nicht gar Azo, sogleich oder später, zu der Einsicht gekommen ist, dass mit den in den *leges* gegebenen Mitteln eine Erledigung dieses Themas überhaupt unausführbar ist. Je nachdem ist hier ein weiteres Mal von einer Unfertigkeit des azonischen Apparats zu reden oder aber von einer – aus der die Materie durchdringenden Einsicht hervorgegangenen – Selbstbescheidung. Einen gewissen Kontrast zu Azo bietet in seinem Apparat, nachdem er sich, wie in dessen Überlieferung in Seo und London ersichtlich, zunächst ebenfalls und in den Allegaten selbst noch mehr als Azo beschränkt hatte, Hugolinus sowie, auf den einen und den anderen gestützt und wohl auch darum mit einer gewissen Eigenständigkeit sogar in formaler Hinsicht, die *gl. ord.*

2) *Hugolinus*

Was zunächst Hugolinus angeht, so begnügt dieser sich mit nur fünf der 16 Allegate,[6] die im azonischen Apparat zusammengestellt sind.[7] Er wird, ja er

6 Mit sechs, wenn man aus dem Titel *de reg. iur.* mitzählt: *l. semper* = fr. 34 (D 50,17); die Stelle ist bei Hugolinus nur in Paris.

7 Diese hier wiedergegebenen 5 Allegate hat der Apparat in Seo und in Paris, und nichts davon ist in London. Die dort vorhandenen reinen Allegationsglossen

muss, wenn ihm die anderen 11 nicht unbekannt gewesen sind, gemeint haben, er könne es bei diesen fünf belassen; er brauche nicht für jede dieser 16 Stellen festzustellen, was dafür, dass dem Akt der Mehrheit die Minderheit unterworfen wird, die *ratio*, der diese Unterwerfung rechtfertigende Grund ist. Er wird dies gemeint haben, weil unter seinen fünf Stellen sich diejenige befindet, durch deren Aussage die Lösung für alle Fälle, wenn nicht sich aufdrängt, dann doch jedenfalls sich anbietet: *ad municipalem* etc. (D 50,1) l. 19: *quod maior pars curiae fecit, pro eo habetur ac si omnes egerint.*[8] Eben hierauf: dass der Akt der Mehrheit als der Akt aller gelte, läuft dasjenige hinaus, was er in seiner gl zu *creditoribus* sagt. Bezogen auf eine Aussage der Litera, die, solange man nicht deren Schluss gelesen hat, gar keinen Zweifel daran lässt, dass *in unum* alle übereinkommen müssen und selbst hinsichtlich der Erlassquote es eines Konsenses aller bedarf, damit der Erlass alle bindet – bezogen hierauf sagt Hugolinus bereits im ersten Satz seiner Glosse: alle müssen konsentieren, und er setzt sogleich hinzu: *vel maior pars*. Der Leser wird mit diesem Zusatz, da die Mehrheit doch mitnichten alle sind, tatsächlich bloß vor eine Frage gestellt, und er erhält auf diese eigenartigerweise auch nicht etwa sogleich die Antwort. Was folgt, ist zunächst die Selbstverständlichkeit, dass, wenn nur wenige (*pauci* – eine Minderheit?) übereinstimmen, das *pactum* nur diese bindet. Es wird dies gesagt – des einleitenden *nam* wegen – als eine Begründung für die voranstehende Aussage. Es ist tatsächlich eine Begründung dafür, dass, damit ein jeder gebunden ist, jeder zustimmen muss – und keineswegs eine Begründung auch dafür, dass alle auch dann gebunden sind, wenn nur eine Mehrheit zugestimmt hat. Warum dies, dass die Mehrheit hinreichen soll, um alle zu binden, richtig sein kann, bleibt auch in dem, was nun als Nächstes und Übernächstes folgt, noch offen: Der (zukünftige) Erbe muss, wenn alle oder die Mehrheit sich einig sind, präsent sein; die Einigung muss also in seinem Beisein erfolgen. Dass der Konsens Wirkung für und gegen den Erben nur hat, wenn er mit diesem zustande kommt, kann damit, weil sich dies von selbst versteht, doch nicht gemeint sein.

sind wohl durchweg, jedenfalls nicht allein hier von älterer Hand; sie sind Bestandteile der in dieser Hs in einer oder mehreren Schichten vorhandenen älteren Glossierung, gehören also zu dem, was ich der Einfachheit halber die *antiqua glosa* nenne. Diese Tatsache, dass der Hugolinusapparat dieser Handschrift frei ist von reinen Allegationsglossen, ist das deutlichste Indiz für das, was hier in der Einleitung zu dieser Untersuchung bereits konstatiert ist, dass es sich nämlich bei diesem Apparat (den Hugolinusglossen, besser gesagt, dieser Londoner Hs) um einen der dort vorhandenen älteren Glossierung beigeschriebenen Auszug handelt – um einen Auszug, dem zugrunde liegt der Apparat, wie ihn Seo hat, und der gelegentlich auf den Stand der im Vergleich zu Seo fortgeschrittenen Version des Apparats in Paris gebracht ist, wozu im weiteren Verlauf dieser Untersuchung weitere Belege folgen werden.

8 In Paris und Seo steht zu dieser Stelle das *h* des Hugolinus.

Und auch daran, dass ein von drei Schiedsrichtern zu fällender Schiedsspruch, über den die *maior pars* von zwei Schiedsrichtern einig ist, nur wirksam ist, wenn bei dieser Einigung der dissentierende dritte anwesend gewesen ist (s. D 4,8, 17,7), kann hier doch schwerlich gedacht sein. Von dem Prätor und seinen *partes* ist jedenfalls gar nicht die Rede – wenn nicht daran gedacht ist bei der *sententia*, von der dann im 4. Satz des Ganzen die Rede ist[9] – in dem Satz, worin zunächst, nämlich direkt nur gesagt ist, dass auch bei einem nur die Quote des Erlasses betreffenden Dissens dasjenige gelte, was die Mehrheit in dieser Hinsicht wolle. Womit aber auch, nämlich indirekt gesagt ist: auch wenn (*sed et si*!) der Dissens schon das Ob des Erlasses betrifft, kommt es darauf an, was die Mehrheit will, und diesem Willen der Mehrheit, also deren *sententia sequenda est*: die Mehrheit bestimmt das Maß und auch das Ob des Erlasses. Es ist davon, dass der Prätor etwas zu bestimmen habe, und also davon, dass, wenn nicht alle zustimmen, die privatautonome Regelung der Erlassfrage gescheitert ist und nur noch ein obrigkeitliches Diktat stattfinden kann, keine Rede. Es ist davon keine Rede – dank der Mehrheit! Die Lösung erscheint im Ganzen als eine privatautonome,[10] *quia* – und erst nun: mit diesem abschließenden *quia in illa omnes videntur consentire* – erhält der Leser auf die seit dem ersten Satz offene Frage eine gewisse Antwort – weil und wenn anzunehmen ist, dass *in illa, sc. in qua maior pars consentit*, alle konsentieren. Gilt der Wille der Mehrheit als der Wille aller, dann kann niemand einwenden: das habe ich aber doch nicht gewollt.

Der Leser erhält am Schluss dieser Glosse eine Antwort, und kann mit dieser freilich nicht zufrieden sein. Denn wer sagt: wo steht denn, es sei so, dass alle wollen (oder doch alle so angesehen werden, als würden sie wollen), was nur die Mehrheit will? Es fehlt am Schluss dieser Glosse dasjenige, was zur glossatorischen Argumentation gehört wie das Salz zur Suppe: damit die gegebene Begründung komplett ist, gehört es sich, dass sie mit einer Stelle in den *leges*, mit einem Allegat belegt wird; es gehörte sich hier zu schließen mit: *ut infra ad munic. l. quod maior*. Dazu muss diese Stelle, da sie unter den reinen Allegationsglossen vorhanden ist, nicht in diese Glosse selbst aufgenommen werden, aber es gehört sich zu Hugolinus' Zeit doch nicht mehr, dass dem Leser überlassen wird, sich den Beleg selbst zu suchen; ordentlicherweise verbindet man nun wenigstens die zu belegende Aussage mit dem Beleg durch die

9 Was nur in Frage kommt, wenn *eligentium* auf die vorangehenden Worte: *maiorem partem* und nicht auf das anschließende: *sententia* zu beziehen ist.

10 Der »Gesamtvergleich« bedürfe, wie Kaser (o. N. 2) in Hinsicht auf das *pactum* dieses unseres Paragraphen sagt, »magistratischer Bestätigung«. Abgesehen davon, dass der Magistrat, wenn der Erlass von wirklich allen Gläubigern gewährt wird, gar nicht gefragt ist: was hat er, wenn er der Mehrheit zu folgen hat, noch zu bestätigen? Soll der Prätor als beurkundender Notar fungieren?

Anbringung von Bezugszeichen. Hat Hugolinus dies zu tun hier unterlassen, weil ihm diese *l. quod maior* als Beleg nicht recht zu passen schien und ihm auch ein anderes passendes Allegat fehlte? Weil ihm zweifelhaft war, ob das, was in dieser l. 19 – *quod maior* D 50, 1 gesagt ist, nämlich von der *curia*, von der Erledigung also öffentlicher Angelegenheiten in einem dafür zuständigen, aus mehreren Einzelnen bestehenden Gremium, sich auf den Fall dieses unseres § 19 D 2,14,7: auf eine die *utilitas singulorum* betreffende Frage[11] übertragen lässt? Hat er gesehen, dass auch sein anderes Allegat: l. 160,1 D 50,17 *refertur ad universos, quod puplice fit per maiorem partem*? dass ferner die Entscheidung in der l. *si plures* D 16,3: das Freiwerden des Depositars in dem Fall, wenn der Deponent gestorben ist unter Hinterlassung mehrerer Erben, von denen nur erst eine Mehrheit die Erbschaft angetreten hat, und die Rückgabe der deponierten Sache an diese Mehrheit stattgefunden hat, nicht oder nur auf eine sehr oberflächliche Weise damit zu begründen ist, dass die Minderheit, die noch zögert, die Erbschaft anzutreten, dasjenige wolle, was die Mehrheit will?[12] Hat Hugolinus etwa gesehen, dass, wenn es so simpel ist, dass alle wollen, was die Mehrheit will, der altehrwürdige für die *utilitas singulorum* konstitutive Merksatz: *quod res inter alios acta aliis non praeiudicat* auf schwankenden Boden gesetzt ist? Die bloße Tatsache, dass Hugolinus zwischen seiner gl zu *creditoribus* und seinen Allegaten keine Beziehung herstellt, diese nicht in jene aufgenommen und eingearbeitet hat[13] – dies allein ist gewiss zu wenig, um ihm diesen Zweifel zuzuschreiben und ihm daher das Bewusstsein zuzurechnen, dass ihm jene Glosse nicht mehr gewesen ist als ein Versuch zu einem Thema, auf das Azo und offenbar zunächst auch er selbst sich erst gar nicht eingelassen hat. Aber dies ist doch bei einem Mann, dem Gründlichkeit und Eigenständigkeit abzusprechen leichtfertig wäre, auch nicht auszuschließen. Spricht nicht auch die doch sonderbare Gedankenfolge in dieser gl zu *creditoribus* dafür, dass er sich seiner Sache: seines Grundes für die Geltung der Mehrheitsentscheidung

11 Es gehe mit dem Erlass-*pactum*, dem »Gesamtvergleich«, wie Kaser sagt, darum, »den Ruf des Verstorbenen zu schonen«, diesen nicht »den Schimpf der venditio bonorum erleide(n)« zu lassen (so Windscheid, Pandekten § 358 N 2), womit diese Sache aber doch nicht den Angelegenheiten gleich ist, die in einer *curia* zu erledigen sind. S. zu diesem Ansehen des Verstorbenen auch noch hier u. im Text nach N. 20 sowie auch Windscheid im Fortgang seiner N. 2.

12 Offensichtlich unbrauchbar und also an sich allegationsuntauglich sind Hugolinus' viertes und fünftes Allegat: dass die Mehrheitsentscheidung in der *curia* nur gilt bei Anwesenheit von zwei Dritteln des Stimmberechtigten: D 10,32,45 (*l. nominationem*); dass beweisrechtlich der übereinstimmenden Aussage mehrerer Zeugen gleicher *honestas* zu folgen sei: D 22,5,213 (*ob carmen § ult* – von der dort vorhandenen Einschränkung: *non enim multitudinem respici oportet* etc. ganz abgesehen).

13 Was er zwar nicht durchweg, aber doch auch nicht selten tut.

nicht sicher ist? Es müsste jedenfalls demjenigen, der sich – in Kenntnis dessen, was bei Azo und Hugolinus zu diesem § 19 vorliegt – an eine erneute Bearbeitung der Frage begibt: was begründet im hier gegebenen Fall die Maßgeblichkeit dessen, was die Mehrheit will? durch was kann überhaupt eine Prävalenz der Mehrheitsentscheidung begründet sein? – es müsste dem, der sich dieser Sache erneut annimmt, der überhaupt alle Allegate in die lemmabezogenen Glossen einarbeitet oder sie, weil für die jeweilige Sache irrelevant, weglässt, die Brenzligkeit der von Hugolinus gegebenen Begründung aufgegangen sein – bei einiger Eigenständigkeit seiner Arbeit, einiger Unabhängigkeit von seiner Vorlage.

3) Accursius

In seinem Apparat zu § 19 schließt Accursius sich weder formal an Hugolinus an, wie er es da, wo er zu einer ihm als erörterungsbedürftigen Frage bei Azo nichts hatte, woran er sich anschließen konnte, so häufig tut, noch begnügt er sich in der Sache mit dem von Hugolinus Gesagten. Er geht namentlich in der Begründung für die Geltung der Mehrheitsentscheidung über diesen hinaus, reichert dessen Begründung mit weiteren Argumenten an, und er macht dadurch die Sache statt besser eher noch schlimmer, als sie es bei Hugolinus schon ist. Anstatt dessen Lösung in ihrer Fragwürdigkeit offen zu legen, sucht er diese Lösung abzusichern, den Zweifel, den die Glosse des Hugolinus bei allen, die dessen Worte nicht für bare Münze nehmen, herausfordert, zu ersticken.

Die *gl. ord.* zerlegt, was bei der in ihr sonst zu beobachtenden Tendenz, kleinere Glossen in eine größere zusammen zu ziehen, schon seltsam ist, die eine Glosse des Hugolinus zu *creditoribus* in zwei Stücke: Zu diesem Lemma *creditoribus* geht es – verkürzt – nur um das, was bei Hugolinus in dessen beiden ersten Sätzen (sc. bis *licet non ceteris*) gesagt ist: alle müssen dem Erlass-*pactum* zustimmen, und tun sie das nicht, dann sind von diesem *pactum* allein die Zustimmenden betroffen. Accursius' Verkürzung dessen, was Hugolinus sagt, besteht hauptsächlich in der Streichung von *vel maior pars* – mit der Folge, dass dann von denjenigen, die zustimmen, nicht als *pauci* die Rede sein kann. Es ist mit dieser Streichung also dasjenige (hugolinische) Stück getilgt, das nicht nur zu der Aussage im ersten Satz der Litera nicht passt, sondern auch durch das bei Hugolinus Folgende: *nam et* etc. nicht begründet wird, also tatsächlich nur eine offen bleibende Frage aufwirft. Vollständig weggelassen ist dann das bei Hugolinus Folgende betreffend die Absenz des potenziellen Erben beim Konsens der Gläubiger – es ist dies weggelassen, weil es etwas dunkel ist und/oder weil, wenn man das Gemeinte klarstellt, die Aussage trivial erscheinen könnte: wie soll es zu einem *pactum* kommen können, wenn der, mit dem es geschlossen werden muss, wegen seiner Absenz nicht beteiligt ist?[14] Was sodann bei Hugolinus folgt und bei diesem das 3. und letzte Stück ist, betrifft – vordergründig – nur die *quota pars* (sc. *debiti*), und da diese in der Litera selbst vorkommt, kann es scheinen, dass es besser ist (und wird Accursius gemeint haben, es sei besser), dasjenige, was nun zum Schluss noch zu sagen ist, auch auf dieses Lemma zu beziehen und daraus also eine eigene Glosse zu machen, zumal das, was Hugolinus sagt, dem unkundigen Leser doch besser direkt und auch ausführlicher zu sagen ist.

Denn warum leitet Hugolinus das zur *quota pars* direkt Gesagte ein mit: *sed et si*? Wer eine Aussage beginnt mit ›aber auch‹, hat zuvor etwas gesagt und, wenn nicht gesagt, dann doch etwas gedacht, wofür das im Fortgang Gesagte ebenfalls gelten soll. Und dies kann hier nur sein: Besteht unter den Gläubigern ein Dissens nicht erst über die Erlassquote, sondern schon darüber, ob dem (potentiellen) Erben überhaupt ein Erlass gewährt werden soll, dann gilt, wie eben *auch* im Falle des die Quote betreffenden Dissenses, dass *in maiorem partem eligentium sententia sequenda* (*est*), *quia* etc. Hugolinus setzt m. a. W. in seinem Text unausgesprochen etwas voraus, das derjenige, der deutlicher reden, der es seinem Leser einfacher machen will, diesem besser klipp und klar sagt: Der Dissens kann betreffen den Erlass überhaupt; er kann betreffen nur die Erlassquote; und für beide Fälle muss dasselbe gelten. Dies beides auszusprechen und nicht, was das Erste betrifft, auf einen Leser zu vertrauen, der die Einleitungsfloskel: *sed et* richtig zu deuten weiß, ist zudem hier auch geradezu geboten dadurch, dass die Gleichbehandlung beider Fälle: die Maßgeblichkeit der Mehrheitsentscheidung auch in dem vorausgesetzten Fall des Dissenses über den Erlass überhaupt noch gar nicht ausgemacht ist, dass sie ebenso wie in dem anderen Fall noch einer Begründung bedarf. Denn immerhin – und hiermit nun beginnt Accursius' Langfassung des von Hugolinus allzu verkürzt Gesagten – hat Irnerius gesagt und sagen überhaupt alle, es ist m. a. W., wenn *omnes* wirklich alle sind, die einhellige Meinung, dass das Dictum dieses Paragraphen den Fall betreffe, wenn darüber, dass überhaupt ein Erlass gewährt werden soll, alle übereinstimmen, aber eine *discordia* über das Quantum dessen besteht, was ein jeder erlassen soll.[15] Es ist im accursischen Text hier etwas sonderbar, wie dies

14 Die Aussage ist nicht trivial, wenn man in ihr liest: auch wenn es auf das Dekret des Prätors ankommt, muss das *pactum* doch geschlossen werden, der potentielle Erbe mitwirken, aber dieser Sinn kommt doch nicht recht zum Ausdruck, die Aussage ist insoweit dunkel, und sie ist zudem geeignet, schlafende Hunde zu wecken: ist es das *pactum*, das den Erlass bewirkt, oder der Prätor? Kann nicht auf das eine oder auf das andere verzichtet werden?

15 Soweit ich sehe (in den 38 hierzu eingesehenen Hss, die allesamt anzuführen sich hier erübrigen dürfte), hat die *gl. ord.* in knapp der Hälfte der 21 Hss, in denen der Text ein fortgeschrittener ist, hier in der Wiedergabe der Ansicht des Irnerius

das Dictum dieser *lex*[16] (sc. dieses Paragraphen) *secundum omnes* sein kann, wo es doch, wie es dann heißt, nur *quidam* sind, die dies sagen. Doch mag dies: ob das, was Irnerius sagt, die einhellige oder nur eine auch, sc. von *quidam* vertretene Meinung ist, dahingestellt sein. Was Irnerius angeht, so war er in der Tat dieser Meinung; seine Glosse, die, mit anderen Worten, eben dies sagt, ist in den Hss, die uns die *antiqua glosa* überliefern, so häufig anzutreffen und hinreichend häufig auch mit der auf Irnerius zu beziehenden Sigle versehen, dass an diesem als dem Autor dieser Meinung kein Zweifel besteht.[17] Und nicht allein, wenn man annimmt, was doch höchst wahrscheinlich ist, dass nämlich die Hss mit der

(nach *omnes*): *vel maior pars* und so auch die Ausgg. (Clayn 1476; Jenson 1478/80; Herbort 1482; de Tortis 1492; Blaublomm 1523; Senneton 1550; a Porta 1552; Iuntas 1591; hingegen anders, sc. ohne diesen Zusatz in den Ausgg. Koberger 1482 sowie die Hss: Vatikan Pal 739; Bamberg 13; Göttingen 23; Fulda; Stuttgart; Subiaco; Vendome; Vatikan 1413; Troyes 135 (in den beiden letzten mit dem Zusatz als *additio*); in Kopenhagen GKS 394 ist *vel maior pars* durch darunter gesetzte Punkte getilgt. Die 17 (hier herangezogenen) Hss mit dem Text der 1. Version haben alle dies *vel maior pars*; in einer, nämlich in Vat Pal 738 ist dies aber immerhin durchgestrichen (und fehlt wegen dieser Streichung in Vat Pal 739? s. zum Verhältnis dieser beiden Hss noch hier u. Abschn. VIII im Text bei N. 22). Trotz der Vielzahl der Hss, die, obwohl ihr Text sonst derjenige der 1. Version ist, dieses *vel maior pars* haben, zögere ich anzunehmen, dass dies, sc. *vel maior pars* nach *omnes* der accursische Text ist. Es ist in der Sache verkehrt: es gibt das, was Irnerius gesagt hat (s. hier u. N. 17), nicht allein unrichtig wieder, sondern zerstört geradezu in dessen Aussage die Logik. Hat Accursius dies geschrieben, dann handelt es sich um eine Fehlleistung seinerseits: bei Hugolinus steht *vel maior pars* nach *omnes* am Anfang von dessen Glosse; es hat ihn, sc. Accursius dort gestört, war aber doch als das, was es zu begründen galt, in seinem Kopf hängen geblieben und ist ihm daraus zu früh in die Feder geflossen? Vielleicht hat er auch selbst noch den Fehler beseitigt, aber das doch auf eine Weise, die nur demjenigen deutlich war, der in der Sache der irnerianischen Logik mitdachte – wie derjenige, der in Pal 738 *vel maior pars* gestrichen hat.

16 Von dem Plural, sc. *leges* ist die Rede in Hinsicht auf l. 8, wo es darum geht, wie: in welcher Weise die *maior pars* festzustellen ist.

17 Sie lautet: *si dissentiunt in ea quota, parte tertia vel quarta vel alia tali contenti sint, locum habent hec responsa*; sie steht meist (Paris 4450; London Royal 11CIII; Vat 2705 und 1405; Padua) interlinear, ebenso und mit voranstehendem *y* Torino F II 14, jeweils beginnend über, also zu: *si vero dissentiant* (eigenartig, nur partiell zu entziffern, aber in der Sache wohl dasselbe in Alençon 173); wo sie Randglosse ist, mit dem irnerianischen *y* vor dem Einfügungszeichen (Gent, München 3887) oder am Schluss (so Madrid 675; Troyes 174); es fehlt in ihr gelegentlich *vel alia tali* (nach: *quarta*), und es gibt in ihr selbstverständlich keine Kommata. Diese sind hier eingefügt zur Verdeutlichung des Sinnes: wenn der Dissens die Quote betrifft, also mit einem Drittel oder Viertel oder einem noch geringeren Bruchteil alle einverstanden sind, dann sind alle dafür, dass überhaupt ein Erlass gewährt wird. Zu bemerken ist noch, dass die Hss der *gl. ord.* nicht selten hier

antiqua glosa z. Z. des Hugolinus, also im frühen 13. Jahrhundert noch weit zahlreicher waren, als sie das heute sind – nicht allein dann kann als sicher angenommen werden, dass diese Glosse, diese Meinung des Irnerius auch Hugolinus bekannt gewesen ist. Ohne sie auch nur zu erwähnen, hat dieser sich über sie hinweggesetzt.[18] Und darin (wenn auch nicht in der völligen Außerachtlassung des Irnerius) ist ihm Accursius, im Ausdruck zurückhaltender (*potest dici*!), aber doch mit hinreichender Bestimmtheit (*eadem est ratio*!) gefolgt – ohne zu erkennen zu geben oder gar zu erkennen, dass für des Irnerius Meinung doch einiges mehr spricht als *haec litera quota etc.:*

Wem der Satz: *quod res inter alios acta aliis non praeiudicat* nicht nur irgendein *notabile*, sondern ein solches von besonderem Rang, ein leitendes: den Charakter einer Rechtsordnung bestimmendes Prinzip ist – wer dies in seinem Kopf hat, wird sich in dem hier gegebenen Fall, dass der zum Erben Berufene durch einen Erlass eines Teils der Nachlassverbindlichkeiten zum Antritt der Erbschaft bestimmt werden könnte, von der wahrhaft privatautonomen Lösung nicht leicht abbringen lassen. Er wird geneigt sein, darauf zu bestehen, dass für die Erreichung des guten, weil allen nützlichen Zwecks eines Erbschaftsantritts jeder Nachlassgläubiger ein Opfer zu bringen willens sein muss, sodass der Zweck nicht erreicht wird, wenn auch nur einer diesen Opferwillen nicht hat. Bestimmt nun das Gesetz (der Kaiser n. b. durch ein Reskript!), dass schon eine Mehrheit ausreichend ist, um die Erlassfrage für alle entscheiden zu können, mithin nicht alle opferwillig sein müssen, und ist im Gesetz nicht eindeutig, dass jede der beiden Fragen, um die es hinsichtlich des Erlasses geht: soll überhaupt etwas erlassen werden, und, wenn ja, wie viel? mit der Mehrheit soll entschieden werden können – in diesem Zweifel wird derjenige, dem es um das Prinzip geht, dasjenige Verständnis des Gesetzes für das richtige halten, bei dem das Prinzip nicht gänzlich über Bord geht: Dass überhaupt etwas erlassen werden soll, müssen alle von dem Erlass Betroffene wollen, und nur wenn insoweit Einstimmigkeit vorhanden ist und diese bloß in Betreff der Quote fehlt, kann über diese aufgrund der Mehrheit entschieden werden. Denn – um mit Paulus D 1,3,14 zu reden – quod *contra rationem iuris introductum est non est producendum ad consequentias*. Irnerius' Ansicht ist m. a. W. eine wohl fundierte.[19]

secundum p(statt *y*) haben, was bei der Nähe der Schreibweise von y und p gewiss ein Fehler der Abschrift ist.

18 Was doch auch dafür spricht und dann auch nicht allzu verwunderlich ist, wenn diese seine Glosse zu *creditoribus* sozusagen im Versuchsstadium stecken geblieben ist.

19 Dass von dieser Fundierung in seiner Glosse nichts zu sehen ist, darf nicht dazu verleiten, sie nicht als Irnerius' Fundierung anzunehmen. Die *antiqua glosa* und zumal die Irnerius-Glossen sind von einer Kürze, die zu Recht (meiner Erinnerung nach: von Pescatore) als lakonisch bezeichnet worden ist. Sie geben das Resultat wieder und lassen weg die Überlegung, die Arbeit, die das Resultat

Hugolinus, indem er sich darüber stillschweigend hinwegsetzt, ist zugute zu halten, dass er dies in einer Glosse tut, in der, je mehr man in sie und in die Sache selbst eindringt, ihr bloß tentativer Charakter zu Tage tritt.

Von anderem Kaliber ist, was Accursius zu sagen hat. Er stellt, nachdem er für beide Fälle, sc. des Ob und des Quantums die Geltung derselben *ratio* behauptet hat, die Frage, was denn nun dafür, *quod alii adstringuntur pactis aliorum stare*, diese *ratio* sei – die *ratio* wohlgemerkt, aus der dieselbe Entscheidung für beide Fälle sich ergeben soll.[20] Die Erstreckung des Erlasses über die Mehrheit, die ihn will, hinaus auf die Minderheit, die ihn verwirft, diene deren *utilitas*, geschehe in deren Interesse, weil ein Erlass dieser Art einem Schuldner gewährt werde, der insolvent sei – der Mehrheit also soll die Minderheit sich zu fügen haben, wenn das, was jene will, für alle nützlich ist? Mein Wille ist unbeachtlich, wenn das, was ich will, mir schädlich ist? Und warum gilt das, sc. die Unbeachtlichkeit meines Willens nur, wenn das, was mir nützlich ist, die Mehrheit will? warum nicht ungeachtet dieser Mehrheit? Weiß diese, was mir nützlich ist, besser als ich? Es kann doch so sein, dass die Minderheit gegen einen Erlass überhaupt oder gegen die von der Mehrheit gewollte Quote deswegen opponiert, weil sie meint, der berufene Erbe werde die Erbschaft antreten auch bei einer geringeren Quote oder selbst ohne jeden Erlass: zur Wahrung des Ansehens des Erblassers, weil die Pietät ihm den Antritt gebietet. – Es schließt sich an diesen fadenscheinigen Grund bei Accursius an, was wegen der Überleitung mit *item – item* dafür, dass die Frage zu bejahen ist, zwei weitere und je für sich bestehende Gründe zu sein scheinen, aber tatsächlich doch nicht das, sondern eine Komplettierung des erstgenannten Grundes sind. Denn nützlich kann mir als Nachlassgläubiger die Gewährung eines (Teil)Erlasses der Erblasserschuld doch nur sein, weil und wenn dieser Erlass den berufenen Erben veranlasst, die

produziert hat. Sie sind, wie man auch sagen kann, weniger redselig als die späteren. Und von der Entwicklung der Glosse von ihren Anfängen bis zur *gl. ord.* kann man darum, allen Respekt beiseite lassend und auf eine zugespitzte Weise, auch sagen, dass in diesem Zeitraum die Redseligkeit immer mehr zugenommen hat – man sehe das Beispiel, um das es hier zu l. 7, 19 geht.

20 Die Frage ist, so scheint es, inspiriert durch die Aussage des hier wiedergegebenen und bereits erwähnten *notabile*. Sie ist, bezogen auf den gegebenen Fall unseres § 19, nicht exakt gestellt: es geht hier darum, dass die Minderheit durch das *pactum* der Mehrheit (und nicht schlechthin *alii aliis*!) adstringiert sein soll. Diese Ungenauigkeit schon in der Fragestellung (dass nämlich die Frage zu allgemein gestellt ist) wird auf die Art und Weise, in der die Antwort gegeben wird, nicht ohne Wirkung gewesen sein. Die Antwort ist oder scheint doch jedenfalls dadurch, dass die folgenden Stücke jeweils mit *item* an das voranstehende angeschlossen sind, eine vierfache zu sein: nicht weniger als vier Gründe soll es also dafür geben, dass die gestellte Frage zu bejahen ist – und wer sollte bei so viel Gründen noch daran zweifeln, dass es auf die Minderheit nicht ankommt!

Erbschaft anzutreten und so der Erblasser einen Erben und ich als Gläubiger einen Schuldner bekomme – einen, der nicht tot ist, sondern in Anspruch genommen, verklagt werden kann. *Item* vor dem an 2. Stelle genannten Grund mag noch angehen, da insofern (als der *defunctus* einen Erben bekommt) von einer Nützlichkeit des Erbschaftsantritts sich doch schlecht reden lässt: dem Toten kann es nichts nützen, dass er einen Erben bekommt; sein diesseitiges Ansehen wird ihm als etwas Irdisches im Jenseits gleichgültig sein, und die *utilitas* für den, der die Erbschaft antritt, ist allenfalls sentimentaler Natur. Verfehlt aber ist jedenfalls das *item* vor dem Argument, die *creditores* hätten vor dem Erbschaftsantritt niemanden, den sie in Anspruch nehmen könnten. Überhaupt nur darum, weil sie nun: nach dem Erbschaftsantritt einen zu verklagenden Schuldner haben, kann ihnen das Erlass-*pactum* nützlich sein. Bis zu dem 3. *item* geht es m. a. W. nur um einen einzigen ernst zu nehmenden Grund dafür, dass die aufgeworfene Frage zu bejahen sei, und dieser eine Grund ist, so treffend er in anderer Hinsicht auch ist, in Hinsicht auf die Frage, warum für die Minderheit gelten soll, was die Mehrheit will, jedenfalls eine in der Sache verfehlte Ansicht. Accursius greift in diesem scheinbar dreigliedrigen Teil seiner Begründung etwas auf, er rezipiert in seinen Apparat, was in der *antiqua glosa* eine offenbar ebenfalls irnerianische Glosse sagt: *ratio huius pacti* (sc. des dem berufenen Erben gewährten Teilerlasses) *est ideo partem remitti, ut heres pro parte sese i(a?)lliget obligationi.*[21] Dass der Berufene als Erbe einen Teil der Schuld übernimmt, ist die *ratio* des Erlass-*pactum* und mitnichten die *ratio* dafür, dass dieses *pactum* für alle wirkt, wenn nur eine Mehrheit den Erlass überhaupt und/oder eine bestimmte Erlassquote will. Und so bleibt dann in der *gl. ord.* zur Beantwortung der Frage, um die es geht, nur die eine Antwort übrig, die – nach dem 3. abermals verfehlten – *item* folgt: Es sei hier zu bemerken, und das heißt doch: es gehe hier in unserem § 19 um eine Anwendung der Regel, *quod omnes facere etc.*

Zu dieser Einsicht, wenn von einer solchen überhaupt die Rede sein kann, war – ganz am Ende seiner Glosse – schon Hugolinus gelangt, und so ergibt sich im Vergleich dessen, was bei diesem und in der *gl. ord.* vorhanden ist, das Fazit:

21 Torino F II 14; Vatikan 2705 und 1405; Padua; Troyes 174; Gent; München 3887; in den beiden zuerst genannten Hss handelt es sich um eine interlineare, in den fünf anderen um eine Randglosse, die beiden zuletzt genannten haben vor dem Einfügungszeichen die auf Irnerius zu beziehende, in Torino voranstehende Sigle *y* (Troyes hat den Schluss dieser Glosse im Falz, sodass eine dort vielleicht stehende Sigle auf dem Film nicht sichtbar ist). Fehlt aber diese Sigle zu einer interlinearen Glosse, dann kann Irnerius als Autor doch in Frage kommen, wozu hier zu verweisen ist auf das MG N. 206 sowie 230 bereits Gesagte sowie ergänzend dazu auf meine in ZRG RomA 134 (2017) erscheinende ›Irnerius' Sigle‹ betr. Arbeit.

Alles ist hier um einiges ausführlicher, teils besser, teils schlechter gesagt als dort, und die Klärung der Sachfrage, um die es geht, ist um nichts über das dort, sc. bei Hugolinus Gesagte hinaus gebracht. Es ist, wie hier eingangs gesagt war, eben wirklich nur der bei Hugolinus anklingende und berechtigte Zweifel, ob diese Identifizierung dessen, was die Mehrheit will und tut, mit dem Willen und Tun aller, ob also dieser demokratische Mystizismus hier der Weisheit letzter Schluss ist, erstickt – durch die Anhäufung weiterer Argumente, die bei näherem Hinsehen das nicht treffen, wofür sie angeführt sind, durch die Verbindung der bei Hugolinus auf dem Rand belassenen gesetzlichen Belegstellen mit diesem Mystizismus[22] und durch die Vermehrung dieser Belegstellen aus dem bei Azo vorhandenen und von diesem geschaffenen Fundus.[23]

Im Verlauf einer langwierigen Arbeit – und man nenne aus der Welt des Rechts eine, die – von einem Einzelnen geleistet – so langwierig war wie die accursische! – wird ein jeder, der in ihr tätig ist, bessere und schlechtere Tage haben: Tage des Gelingens, Tage des So-la-la und Tage für den Papierkorb (für den bei manchem, was, wie vielleicht diese ganze Untersuchung, hinein gehört, der Autor sich nicht entscheiden kann). In welche dieser Kategorien der Tag fällt, an dem Accursius diese seine Glosse zu *quota parte* geschrieben hat, ist hier dargelegt. Über die Ausfälle schweigend hinweg zu gehen und nur die gelungenen Stücke zu präsentieren, mag ein Gebot der Höflichkeit, selbst der Gerechtigkeit sein, und kommt doch nicht in Frage, wenn in den Stücken des Versagens etwas sichtbar wird, was die Arbeit im Ganzen charakterisieren könnte. Accursius' Arbeit ist, wie sich immer wieder zeigt und also anscheinend

22 Die These von Ernst (in seiner hier o. N. 3 a. Abhandlung), dass »der Vorrang der maior pars« von jeher ein völlig unbestrittener Bestandteil der römischen Rechtskultur gewesen sei, der »Vorzug der Mehrheit vor der Minderheit (auch) selbstverständlich« sei (S. 47 a. a. O.), ist m. E. zu allgemein formuliert. Zu berücksichtigen ist, dass im Staatswesen, wo vor allem dieser »Vorzug« gelten kann, in Rom für die wichtigsten Ämter, in denen die Entscheidung derselben Sache mehreren Personen zustand, die römische Kollegialität gegolten hat, was näher auszuführen hier zu weit führen dürfte.

23 Nicht aus diesem Fundus, also Accursius' eigene Zutaten sind: die Institutionenstelle (1,24,1 c. f.) sowie die – fälschlich als *infra* bezeichnete – Stelle *de bon. aut.* etc. – C 7,72,10. Wie diese Stelle hierhin gehören kann, verstehe ich nicht. Die Inst.-Stelle liegt auf einer Linie mit D 26,7,37 und 42,7,2 und mag der Vollständigkeit halber hinzugefügt worden sein. – Aus dem azonischen Fundus fehlen: D 26,5,19; C 10,65,5; 10,34,2 (weil sie nicht als Anwendungsfälle der aus D 50,1,19 und 50,17,160,1 zu abstrahierenden Regel erkannt sind?), ferner *infra de priv. cred.* (s. zu dieser Rubrik Mommsen ed. maior), d. i. D 42,5,16,1 (weil unergiebig dafür, dass die Minderheit der Mehrheit zu folgen hat?) sowie schließlich *infra de tu. te. mihi* (weil nicht identifiziert? *de tutela testamentaria* ist als Titel nur vorhanden im Codex, sc. 5,28, also nicht *infra*, aber dort keine *l. mihi* und auch sonst nichts, was einschlägig sein könnte.

im Ganzen darauf ausgerichtet, eine Hinterlassenschaft seines Lehrers: den azonischen Apparat zugänglicher zu machen, ihn umzuformen, sodass seine Benutzung leichter, bequemer, praktischer wird, weniger in ihm als bekannt vorauszusetzen, die Lücken auszufüllen und also – im hier gegebenen Fall – dem Benutzer mehr zu bieten als eine bloße Materialsammlung, ihm die Möglichkeit eines Verständnisses dieses Details der *leges* darzulegen und unter Abwägung aller relevanten Gesichtspunkte die vorzügliche Möglichkeit zu bezeichnen. Es liegt in der Tendenz einer solchen Arbeit der Fortführung eines von anderen begonnenen Kommentars, wenn nicht gar des Schreibens von Kommentaren überhaupt, dem Leser die eigene Arbeit abzunehmen, an seiner, sc. des Lesers Stelle zu denken und diesem also nicht zu sagen, er möge die Lösung, weil man sie selbst nicht sehe, doch gefälligst selbst finden. Erfolgreiche Schreiber von Kommentaren werden zu vermeiden suchen, so etwas einzugestehen. Es könnte dem Absatz ihres Produkts bei der Menge hinderlich sein. Accursius hat in der Geschichte des Rechts jedenfalls in Europa angesichts des Zeitraums seiner Wirkung, seiner Bedeutung für die Rezeption des römischen Rechts auf dem europäischen Kontinent, wie feststehen dürfte, den erfolgreichsten, am meisten abgesetzten Kommentar geschrieben.

Exkurs

Es gehört nicht mehr zum Thema dieser Untersuchung, wird aber doch wohl auch nicht ganz unangebracht sein, hier zu § 19 D 2,14,7 mit einem Versuch zu schließen, die *ratio* dafür aufzuhellen, dass der Prätor in seinem Dekret dem Willen der Mehrheit, wie es in der Litera heißt, folgen werde.

Zu folgen ist im Verständnis der Litera zunächst und aus dem hier bereits dargelegten Grund Irnerius: Alle müssen darin übereinstimmen, dass der Erlass gewährt und so der zum Erben Berufene dazu gebracht wird, die Erbschaft anzutreten und einen Teil der Verbindlichkeiten des Erblassers zu übernehmen. Kommt dann darüber, wie viel erlassen werden soll, keine Einigkeit zustande, dann kann, falls der Nachlass auch Aktiva aufweist, es sein, ja es spricht, da eine Mehrheit vorhanden und die Mehrheit nicht *pro numero personarum* zu errechnen ist, sondern eine solche *pro modo debiti* sein muss (s. l. 8 l. c.), selbst einiges dafür, dass ein solcher von der Mehrheit gewährter Erlass dem zum Erben Berufenen angesichts der Nachlassaktiva genügt und ihn zum Antritt der Erbschaft veranlasst – mit dem Effekt, dass er dann zwar die Minderheit voll befriedigen muss, aber doch wegen des von der Mehrheit ihm gewährten Erlasses einen gewissen Profit macht. Mit dem Effekt aber auch, dass die Minderheit, die nun volle Befriedigung erhält, von dem Opfer, das die Mehrheit erbringt, profitiert. Die Mehrheit kann die Minderheit nicht zwingen, sich an dem Opfer zu beteiligen. Dazu bedarf es einer mit Macht über die Einzelnen ausgestatteten Instanz. Dafür bedarf es des Prätors und dessen *partes*, eines obrigkeitlichen Dekrets.[24] Und dieses wird der Prätor zu erlassen in Erwägung ziehen, wenn nach seiner Einschätzung ohne sein Eingreifen die Sache so ablaufen wird, dass die Minderheit von dem Opfer der Mehrheit profitiert. Es kommt auf die Einschätzung des Prätors an, weswegen dann auch in der Litera gesagt ist, dieser *werde* der Mehrheit folgen. Er muss das nicht. Er wird das Dekret nur erlassen, wenn seine Einschätzung ist, dass die Minderheit bei ihrer Weigerung, sich der Mehrheit anzuschließen, nur darauf spekuliert, von dem Opfer der Mehrheit profitieren zu können. Es könnte sein, dass dies von Ulpian deutlicher: mit mehr Worten gesagt war als in der Überlieferung, die wir von seinem Text haben, noch vorhanden sind. Der Zwangsvergleich des modernen Rechts, von dem gesagt wird,[25] er habe seine geschichtliche Wurzel in diesem Ulpiantext, ist von dem Fall, den Ulpian entschieden hat, jedenfalls weit entfernt.

24 *praetoris partes necessariae sunt*, für Beseler (o. N. 3) formal anstößig und darum ein Indiz für die justinianische Provenienz des Ganzen, trifft m. E. ins Schwarze. Man muss sich von der Vorstellung eines »Zwangsakkords« lösen, also davon, dass es die Mehrheit sei, die zu dem Teilerlass die Minderheit »nötigen kann« (Windscheid o. N. 11) und die dafür, dass sie das kann, »ein richterliches Dekret erwirken (müsse)«, eine »magistratische Bestätigung« (Kaser o. N. 10) brauche. Zwingen kann die Einzelnen nur der Staat; dazu (und überhaupt nur dazu) ist dieser *necessarius*, was gewiss kein unrömischer, erst byzantinischer Gedanke ist. In dem Versuch von Ernst (s. o. N. 3), die Echtheit des überlieferten Textes als »Arbeitshypothese« zu unterstellen und die Notwendigkeit des prätorischen Dekrets darzutun (s. im Text bei sowie in der N. 87), dürfte es m. E. auf das Vorhandensein einer *maior pars* als Voraussetzung für das prätorische Dekret nicht ankommen.

25 Windscheid o. N. 11.

VII. L. 10 – pr: Die Wirkung eines potenziell mehrere betreffenden Beschlusses für die bei der Beschlussfassung Abwesenden

§ 1: Die Wirkung einer Strafstipulation zur Sicherung eines *pactum de non petendo*

Ulpianus libro quarto ad edictum: Rescriptum autem divi Marci sic loquitur, quasi omnes creditores debeant convenire. quid ergo si quidam absentes sint? num exemplum praesentium absentes sequi debeant? sed an et privilegiariis absentibus haec pactio noceat, eleganter tractatur: si modo valet pactio et contra absentes. et repeto ante formam a divo Marco datam divum Pium rescripsisse fiscum quoque in his casibus, in quibus hypothecas non habet et ceteros privilegiarios exemplum creditorum sequi oportere. haec enim omnia in his creditoribus, qui hypothecas non habent, conservanda sunt.

1 Si pacto subiecta sit poenae stipulatio, quaeritur, utrum pacti exceptio locum habeat an ex stipulatu actio. Sabinus putat, quod est verius, utraque via uti posse prout elegerit qui stipulatus est: si tamen ex causa pacti exceptione utatur, aequum erit accepto eum stipulationem ferre.

I. Vorbemerkung zur Wiedergabe der Quellen

Die Vorgehensweise des Accursius, von der in den bisherigen Abschnitten wegen der Beschränkung auf jeweils nur einige wenige Glossen nur in eher noch abstrakter Weise die Rede war, dass nämlich Accursius seiner Arbeit den azonischen Apparat zugrunde gelegt, den azonischen Text, genauer gesagt, als Vorlage benutzt, diese verbessert und ergänzt hat und dies vornehmlich mittels des Hugolinusapparats – dieses Procedere des Hineinflechtens von Hugolinusstücken in den azonischen Text ist in der hier folgenden Wiedergabe des mit insgesamt 12 Glossen hinreichend umfangreichen Apparats zu l. 10 pr und § 1[1] sozusagen handgreiflich gemacht: Es ist zu jedem Stück im Text der *gl. ord.* das ihm im azonischen und / oder Hugolinus'schen Apparat entsprechende Stück

1 Zu dem noch zu l. 10 gehörenden § 2 ist hier nur zu sagen, dass von den beiden kurzen Glossen, aus denen der accursische Apparat insoweit besteht, diejenige zu *paciscatur* eine *additio* zum ursprünglichen Text dieses Apparats ist, und nicht gewichtiger als diese ist (hinsichtlich dessen, worum es hier geht) die andere zu *doli*. Bemerkt sei ferner noch, dass die Sachfragen, um die es in diesen drei Stücken geht, obwohl alles aus demselben Buch Ulpians stammt, eine jeweils andere und ohne Zusammenhang mit dem ist, was unmittelbar vorangeht, weswegen sie dann auch von Lenel in seiner Palingenesie verschieden beziffert sind.

mitgeteilt, indem buchstäblich, und strikter als im Bisherigen, neben die *gl. ord.* links der azonische und rechts der Hugolinus'sche Text gesetzt ist. Die innerhalb der einzelnen Glossen hier, sc. in der folgenden Wiedergabe vorhandenen Absätze gehören also auch hier nicht etwa den Autoren dieser Texte an, die die leserfreundliche und Papier vergeudende Einrichtung von Absätzen innerhalb ihrer Glossen hier wie überhaupt nicht kennen. Die Absätze sind von mir eingefügt – eben um zu einer gewissen Evidenz zu bringen, was in Worten nur weit weniger eingängig zu machen ich imstande wäre. Die Evidenz setzt freilich einen Leser voraus, der in der mittleren Spalte, sc. im Text der *gl. ord.* zu lesen beginnt, am Ende eines jeden Absatzes nach links und nach rechts blickt und das, war er dort liest, mit dem in der *gl. ord.* Gelesenen kollationiert. Was bei diesem Vergleich sich als different erweist, wird im Folgenden zur exakten Feststellung dessen, was Accursius' Anteil an der *gl. ord.* ist, in den Blick zu nehmen und zu gewichten sein.

Die hier unmittelbar folgende Mitteilung erfasst zunächst die Apparate unserer drei Glossatoren zum *principium* von l. 10. Das soeben Gesagte gilt auch für die mit der *gl. ord.* zu *si pacto* (nach dem hier in die Wiedergabe eingefügten waagerechten Strich) folgende Mitteilung der Apparate zu § 1 dieser lex – ausgenommen nur die Glosse, deren Bezug in der *gl. ord.* das letzte Wort dieses Paragraphen, sc. *ferre* ist. Insoweit findet die Mitteilung in Hinsicht auf das, was in der *gl. ord.* der 2. Teil dieser Glosse ist, auf eine andere, zu gegebener Zeit[2] noch zu erläuternde Weise statt. Zur Wiedergabe unserer drei Apparate sei vorweg noch bemerkt, dass die in der Wiedergabe befindlichen eckigen Klammern auch hier bezeichnen: im Text der *gl. ord.* dasjenige, was zur ersten Version dieses Textes eine *additio* ist,[3] hingegen im Hugolinus-Apparat diejenigen Stücke, die nur die Hugolinus-Hs in Paris hat.

2 S. u. im Text bei N. 26.

3 Was von den fünf kleinen Glossen am Anfang bei dreien der Fall ist. Davon sind zwei, nämlich die zu *tractatur* und *repeto* dem azonischen Apparat entnommen, dieser ist also hier, wie auch sonst häufig zu sehen, auch noch bei der Bearbeitung der ursprünglichen Version benutzt worden. Ohne Vorlage ist hier mithin allein das zu *debeam* Notierte, dessen Sinn ein guter ist, wenn damit gesagt sein soll, dass die Frage im Text nicht als eine rhetorische zu lesen ist.

Azo	*Gl. ord.*	Hugolinus
	rescriptum: cuius sententiam habuimus s. e. [l. iuris gen.] § hodie et l. maiorem.	rescriptum: cuius sententia recitatur s. e. et suum § hodie et l. maiorem.
	[debeant: sic ut statim dicit.]	
	convenire: presentialiter	
tractatur: disquirendo *	[tractatur: disquirendo.]	tractatur: apud ulpianum.
repeto: sc. recordor. *	repeto: i. e. recordor.]	repeto: ad memoriam redacco [vel recolo].
hypothecas: sc. expressas. vel tacitas, ut puta successit ei, qui non habuit ypothecam, tunc enim iure eius utitur ut infra de usur. l. cum quidam § fiscus.	hypothecas: sc. tacitas vel expressas, ut quia successit ei, qui non habet hypothecam, tunc enim iure eius utitur ut infra de iure fisci l. fiscus.	hypothecas non habeat: quod est, cum succedit non habenti ypothecas ut infra de usur. l. cum quidam § fiscus et infra de iure fisci l. fiscus.
	Item quia sit ex maleficio quis fisco obligatus, quo casu fiscus alii non prefertur ut C de penis fiscalibus cred. l. j libro x [et infr de iure fisci l. quod placuit].	et etiam ubicumque quis est obligatus fisco ex maleficio, quia deliqd. (?).
alioquin ex se habet expressam vel tacitam ut C in quib. causis pig. tac. contr. l j et ij.	alioquin ex suo contractu habet tacitam hypothecam ut C in quib. causis pi. tac. contr. l.j et ij et infra de iure fisci l. aufertur § fiscus.	alias autem generaliter habet y(pothecam) ut infra de privileg. fisci.l. aufertur § fiscus et C in quib. ca. pig. tac. contrahitur l. ij.
	privilegiarios: ut qui funeravit testatorem vel deposuit apud mensularios ut infra de relig. l. impensa et infra de priv. cre. l. si ventri. et isti et quidam alii similes sunt privilegiati in actione personali, non autem habent tacitum pignus ut diximus C qui potiores in pig. hab. l.eos.	privilegiarios: (1) puta qui funeravit testatorem. qui deposuit apud mensularium ut infra de privi. cre. l. si ventri et de relig. l. impensa. (2) qui non habent tacitam ypothecam. Sed et(?) loquitur de eo, qui mutuavit in refectionem edificiorum i. e.(?) privilegandus(?)

		ut infra de privileg. cre. l.si ventri et habent tacitam ypothecam ut infra quib. mo. pig. tac. c. l. j.
infra man. l. si precedente § lucius contra **	creditorum: sc. presentium. sed videtur absenti non fieri preiudicium [nec privilegiato] ut infra man. l. si precedente § fin, quae est contra. sed dic., quod ibi habebat pignus, hic non. sed alii dicunt, quod hic non totum remittebat, ibi sic et ideo non fieri ei preiudicium.	infra man. l. si precedente § lucius contra.
ceteros privilegiarios: hoc tamen intellige, cum isti absentes, si presentes, contradixissent, horum exemplum sequi tenentur secundum quod supra distinctum est l. et suum § ult. et l. maiorem. nam invitus dissentiens dicitur ut infra de rit. nupt. l. in eo § deinde.	item hoc intellige, quando hi absentes haberent necesse consentire, si presentes essent, ut quia presens est maior pars ut supra e. l. iurisgen. § hodie et l. maiorem. nam absens dissentiens esse dicitur ut de ritu nupt. l. in eo § deinde.	
sequi oportere: sed privilegio speciali utitur ut in actionibus personalibus veluti si ad refectionem domus etc. immo habet ypopthecam ut infra qui. c. pi. ta. con. l. j. Item *** privilegium est aliud in personalibus actionibus aliud in pignoribus persequendis ut infra mand. l. si precedente § lucius contra		
hypothecas: aliter est, cum creditores dant inducias quinquenales ei, qui vult cedere bonis, nec enim habet locum ratio eorum, qui hypothecas habent ut C de cess. bo. l. i § nulla	hypothecas: aliter est, cum creditores dant inducias quinquenales ei, qui vult cedere bonis, nec enim habet locum ratio eorum, qui hypothecas habent ut C de cess. bo. l. fi. § nulla.	
———	———	———
si pacto: ut puta facto de non petendo.	si pacto: sc. facto de non petendo.	si pacto: quo creditor remisit debitori suo id quod ei debebat.
ex stipulatu: i. e. stipulatione vel dic. penam in incerto constituisse. ****	ex stipulatu: i. e. ex stipulatione certi condictione ut infr si certum pet.. vel dic., quod factum nomine	*ex stipulatu*: i. e. ex stipulatione i. e. condictio certi vel ex stipulatu actio si (in?) incertum loco po(e?)ne

	pene fuit promissum, quod est res incerta ut infra de verb. obl. l. ubi autem § qui id, unde agitur ex stipulatu ut inst. de verb. obl. in prinoc.	est stipulatus puta domum fieri [ut infra instit. de verb. obl. in princ.]
utraque: alterutra ut subiicit sic et C de bo. que lib. l. ult. § ipsum aut filium. hoc tamen verum est, nisi transactio facta sit per aquilianam stipulationem et accept (!?), tunc enim reus petit penam et perpetuam habet securitatem ut infra e. si unus § sed si pactum (!?). contra est tamen ar. C de transact. l. ubi pactum. Infra de rei ven. l. non solum infra de pact. dot. l si pater § mulier C. e. l. si pacto C de transact. l. cum proponas infra de doli except. apud cels. § quesitum infra de cond. fur. l. si pro fure § furti	utraque: altera vel utravis ut subiicit. et infra de pac. do. l. si pater § si mulier et C e. l. si pacto et infra de rei ven. l. non solum in fi. et C de transact. l. cum nota et infra de except. l. apud celsum § labeo. similis expositio est C de bo. que lib. l. fi § ipsum aut filium. et haec sunt vera, nisi transactio fuerit facta per aquilianam stipulationem., tunc enim reus petit poenam et perpetuam habet securitatem ut C de transact. l. ubi, quae est contra. [item haec vera in poene conventionali, secus in legali ut infra de cond. fur. l. si pro fure § furti, quae est contra.]	utraque: alterutra. C qui bonis cedere pos. l.ult. infra de pact dot. si pater § mulier. C de transact. cum proponas contra. infra de verb. obl. l. ita stipulatus contra qui rome. infra de transact. qui fidem et pacto. infra si certum pet. rogasti. C e. si pacto [l. quo penam] infra quib. modis pi. et y. l. si consensu (?) infra de doli excep. l. ap. § labeo.
accepto (… ferre): nisi aliud convenit ut C e. l. si pacto C de transact. l. cum proponas contra infra de verb.obl. l. ita stipulatus § ult. infra de verb. obl. l. qui Rome § ult. Contra --------- * Fehlt in Paris 4463 ** In Vatikan 1408, Paris 3887 antiqua glosa, fehlt überhaupt in Arras, im azon. Apparat Paris 4463, München 14028, s. auch noch die hier folgende N. *** Item – fin. fehlt überall außer in Vatikan 1408 und Stockholm , in 1408 ersichtlich ein Nachtrag. ****Fehlt in Paris 4463	ferre: nisi aliud convenit ut infra de verb. obl. l. ita stipulatus in fi.. et C de transact. l. cum proponas et infra tit. i. l. qui fidem. vere enim est commissa pena ut infra de verb. obl. l. qui Rome in fi., quae est contra. sed obiicitur ei exceptio, quod accepto ferre tenetur ut hic.	prout elegerit: nisi aliud inter eos actum sit ut infra de verb. obl. l. ita stip. contra l. qui Rome C de transact. cum proponas Contra infra de transact. l. qui fidem contra pacto (?)

		<u>utatur</u>:
		econtra si utatur actione ex sti-
	/[ad penam]	pulatu /, exceptio non erit
	/similiter rato	obiicienda actori, nisi / manen-
		te pacto penam {sim} stipula-
	{[fuerit]} { [et]}	tus. {sed} hoc faciebat in lege
	{[ista]}	{hac} dubitationem, quia vide-
		batur exceptio pacti sublata sti-
		pulatione pene novandi animo
	{semper presumebatur}	secuta, cum olim {fieret nova-
		tio, etsi non exprimeretur, ut
		novatio fieret} ut infra de act. et
		obl. l. obligationum si fere § fi..
	{contra }	sed hodie {non sic, nisi expres-
		sim agitur} ut C de novat. l. fi.
	{unde si agatur, ut novatio fiat}	{quod si fiat}, tantum ad penam
	{et non}	agitur. [et sic non exprimatur]
		habet locum, quod hic dicitur.
	{ - }	quod autem huius {modi} pac-
	{ - }	tum possit {per novationem} in
		aliam obligationem transfundi,
	/ ex eo, quod ex { - }	probatur / {quia naturalis et
		civilis
	{ - }	obligatio}huius modi pacto
	{nascitur}	naturalis {oritur} obligatio,
	{ut dicemus infra e. l. si unus	{quod sic probatur, quia si in
	§ pactus, quae naturalis potest	stipulatione deduceretur, trans-
	novari}	funderetur tunc naturalis et
		civilis obligatio. ergo si simpli-
		citer fiat pactum et nudum et
		utile m(odo?) naturalis oritur
		obligatio, que per novationem
		in aliquam sequentem posse
		transfundi constat} ut infra de
		novat. l. i.. restat ergo, quod hic
	/ [vel secundum vetera si fuit	loquitur secundum iura
	actum, quod non fiat novatio]	hodierna /.
	{quid si centum sub pena pro-	sed {pone: promisi centum
	misisti – an rem (!) et penam	certa die et, si non solverim,
	petam? videtur utrumque peti,	promisi penam x. non solvi ad
	quia hoc contrahentes sensisse	diem, nunc petis sortem cen-
	videntur.	tum – numquid poterit(! s ?)
		etiam x petere pro pena an, si
		petat(ur?) x nomine pene,
		minueatur x de sorte? quod
		non videntur sensisse contra-
		hentes et forsan hoc casu pena
		poterit peti insolidum, cum
		videatur id (?) fieri(?) contra-
	{ - }	hentes etc.} sed {in} hac lege

	{tacite vel espresse [quod fiat novatio]} {tunc non} {-} {tacite vel espresse hoc agebatur} {omnes} /[predictis] // videtur ergo referre, an centum et, si non dederit, det cc nomine pene, an centum sub pena cc promittat [sed contra puto in questione predicta, quia tantum valet … si praeses.]	non fuit actum {ut utroque posset uti. sc. exceptione et pene petione} et ideo non obstat infra de act. et obl. l. obligationem fere § fi., quia {nec tunc} fiebat {novatio nec fieri presumabitur}, nisi {hoc tacite agatur vel agi presumabitur} ut infra de novat. l.{ij}. item non obstat / infra de except. do. l. ap. § labeo. //

III. Interpretation

1) *betr. Azo, Hugolinus und die* gl. ord. *zu l. 10 pr.*

a) *Die in l. 10 pr. entschiedene Sachfrage*

Es wird nicht untunlich sein, auch hier zunächst, bevor die Qualität unserer drei Apparate zu bestimmen sein wird, sich der Sache zu vergewissern, um die es zunächst im *principium* dieses Fragments aus Ulpians Ediktskommentar geht: Der Fall ist weiterhin derjenige von l. 7,17: Der oder die Gläubiger schließen nach dem Tode ihres Schuldners mit dessen Erben, bevor dieser die Erbschaft angetreten hat, ein Erlass-*pactum*. Die Frage ist weiterhin die zu diesem Fall in § 19 (sc. l. 7) gestellte, was nämlich zur Wirksamkeit eines solchen *pactum* auf der Gläubigerseite erforderlich ist. An die dortige Feststellung, es sei *hodie* so, dass die Gläubiger, damit das *pactum* für alle wirksam ist, *in unum convenerint* und, wenn es daran fehle, der Prätor die Sache zu entscheiden habe, schließt sich das nun in l. 10 pr Gesagte an[4] mit der Frage, wie es denn sei, wenn (man kann und muss hier in Ergänzung der Litera annehmen:) eine Zusammenkunft, Versammlung der Gläubiger stattgefunden hat und auf dieser auch über den zu gewährenden Erlass eine Einigung zustande gekommen ist, aber einige Gläubiger an dieser Versammlung nicht teilgenommen haben: Gilt das, worüber die Anwesenden sich einigen, auch für die Abwesenden oder sind deren (nicht abgegebene) Stimmen als Nein-Stimmen zu werten, so dass es für die Gewährung des Erlasses allenfalls einen Konsens der Mehrheit der Gläubiger geben

4 Mit der Bezeichnung des Reskripts, aus dem das, was *hodie* gelte, sich ergebe, sc. als Reskript M. Aurels.

kann ? Die Antwort auf diese an sich doch simple Frage, wird von Ulpian auf eine merkwürdig gewundene Art gegeben. Er präzisiert seine Frage: *quid si quidam eorum (sc. creditorum) absentes sint*? in einer weiteren Frage und formuliert diese mit: *num exemplum praesentium absentes sequi debeant*? dergestalt, dass man diese für eine rhetorische halten und in ihr lesen könnte, dass die Einigung der Anwesenden die Abwesenden nicht tangiere: soll denn etwa auch für die Abwesenden das gelten, worauf die Anwesenden sich einigen?[5] Man möchte diese Frage verneinen, *sed* – so beginnt das Folgende, und ich gebe dieses zunächst so wieder, wie ich meine, es verstehen zu können – aber man kann das doch nicht tun (sc. die Frage nicht verneinen), ohne zu berücksichtigen, dass dieselbe Frage auch bezüglich der abwesenden privilegierten Gläubiger[6] erörtert wird, und insofern ist nochmals zu reden[7] von dem Reskript, das demjenigen, das M. Aurel erlassen hat, vorausgegangen ist: von dem Reskript des Pius, in dem auch für den Fiskus und die anderen privilegierten Gläubiger bestimmt ist, dass, wenn die Gläubiger, für deren Forderungen nichts Besonderes gilt, übereinkommen, dem Schuldner einen Erlass zu gewähren, dieser auch gegen jene gilt. Wenn aber dem – kraft dieses Pius-Reskripts – so ist, also für die abwesenden Privilegierten gilt, was die anwesenden sozusagen gewöhnlichen Gläubiger bezüglich des Erlasses beschließen, dann wäre es nicht *eleganter*, nämlich logisch nicht richtig anzunehmen, es gelte auch für die abwesenden (gewöhnlichen) Gläubiger nicht dasjenige, worauf sich die anwesenden einigen; es müssten, wenn alle: die Abwesenden wie die Anwesenden gewöhnliche Gläubiger sind, wirklich alle zu dem Erlass, damit er alle trifft, auch ›ja‹ sagen. Dies muss es sein, was Ulpian hat zum Ausdruck bringen wollen und vielleicht deutlicher, als es in der Litera von l. 10 überliefert ist, auch zum Ausdruck zu bringen vermocht hat.[8]

5 So in ihrem Duktus auch die Übersetzung von Knütel und wohl auch Spruit (wenn ›soms‹ dem deutschen ›etwa‹ entspricht). Von Spruit wird dann aber doch diese Tendenz zur Verneinung der gestellten Frage dadurch wett gemacht, dass das Folgende der Litera gemäß übersetzt, also nicht das einleitende *sed* als ›überdies‹ gelesen wird.

6 »Gläubiger mit Vorzugsrechten« (Knütel) sind auch Gläubiger, die ein Pfand haben, diese werden dann im Weiteren aber doch von den *privilegiarii* unterschieden (besser auch insoweit Spruit: ›bevoorrechte‹). Es geht um mit einem *privilegium exigendi* ausgestattete Forderungen. Da mir als Gegensatz zu ›privilegierte‹ kein besseres Wort einfällt, spreche ich im Weiteren von den nicht derart privilegierten als ›gewöhnlichen‹ Gläubigern.

7 Die Litera *repeto* übersetzt Spruit: ›ik herhaal‹, dagegen Knütel wie (Heumann-) Seckel und übrigens auch Azo (*recordor*!) ›ich erinnere‹ – *repeto* i. S. von ›ich wiederhole‹/›sage nochmals‹ kann nur sagen, wer von dieser Sache bereits einmal gehandelt hat.

8 In neuerer Zeit, sc. seit Gradenwitz ist man sich wohl darüber einig gewesen, dass jedenfalls *in his – habet* interpoliert sei, weil die Hypothek, von der in diesem

b) Hugolinus und Azo

Weder von Azo noch von Hugolinus und eben darum, wie ich nun doch schon werde sagen dürfen, auch nicht in der *gl. ord.* ist dies: der Schluss von dem, was aufgrund des Pius-Reskripts für die abwesenden privilegierten Gläubiger gilt, auf die Gläubiger, deren Forderungen die gewöhnlichen und von denen einige bei der Beschlussfassung über den Erlass abwesend sind, zu klarem Ausdruck gebracht. In der Litera kann dies gelesen werden am ehesten noch in dem Schlusssatz: *haec omnia – sunt* und vielleicht auch schon zuvor in dem Passus: *si modo valet pactio et contra absentes*. Aber dass dies hierin – der konditionalen Ausdrucksweise ungeachtet – auch wirklich gelesen wird – wie kann ein Kommentator dieses Textes das zu bemerken für unnötig halten, von einer dies klarstellenden Glosse absehen? diesen gleichsam in der Luft hängenden Passus unglossiert durchgehen lassen? Dass die abwesenden dem Exempel der anwesenden (gewöhnlichen) Gläubiger zu folgen haben, ist – als Meinung Azos – dessen Glossen nur mit einiger Phantasie zu entnehmen und – als Hugolinus' Meinung – in dessen Glossen überhaupt nicht zu finden. Nicht nur die Hauptsache, sondern überhaupt die einzige Sache scheint für Hugolinus zu sein die Hypothek des Fiskus sowie die sozusagen schlichte Privilegierung gewisser Gläubiger: welche Gläubiger mit einer solchen Privilegierung versehen sind und in welchen Fällen der Fiskus für seine Forderungen keine Hypothek hat –

Passus die Rede ist, nur die Legalhypothek des Fiskus sein könne, diese erst von Caracalla dem Fiskus eingeräumt worden sei und daher von ihr Pius nicht habe reden können, s. Gradenwitz, Interpolationen (1887) 20, 89. Man muss dann aber doch auch vor diesem Passus schon *fiscum quoque* streichen, wenn man nicht eine gewisse Privilegierung des Fiskus auch schon vor Carcalla, nämlich z. Z. des Pius annehmen will. Wohl eher nicht überhaupt zu streichen, wie Lenel, Paling. angenommen hat, aber doch für korrumpiert zu halten ist der Schluss: *Haec enim – sunt*, worauf hier zurückzukommen sein wird. Und das ist, wie mir scheint, auch noch nicht alles: Wieso wird denn – und von wem? – *eleganter* traktiert, ob *privilegariis absentibus haec pactio noceat*? Dass dem so ist, das zu erkennen und darzutun, bedarf es doch gar keines Scharfsinns, keiner Logik. Es ergibt sich simpelweg aus dem Reskript des Pius, und dessen Bestimmung ist eher eine solche, die gegen die Logik: als ein *ius singulare contra rationem iuris introductum* ist. Das *eleganter* steht m. a. W. in dem überlieferten Text an der falschen Stelle; es gehört dahin, wo, ausgehend von der Rechtslage aufgrund des Pius-Reskripts, auf die Rechtslage geschlossen wird, die das Reskript M. Aurels festgeschrieben hat: es ist, um das hier o. im Text Gesagte noch einmal etwas anders zu sagen, nicht anzunehmen, dass die Bestimmung dieses jüngeren Reskripts (alle müssen zustimmen!) das ältere Reskript (die abwesenden Privilegierten müssen nicht zustimmen!) hat außer Kraft setzen wollen. Wenn aber diese, sc. die abwesenden Privilegierten nicht zustimmen müssen, dann auch nicht jene, die ebenfalls *absentes* und nicht einmal privilegiert sind – die ›Eleganz‹ ist dieser Schluss gleichsam *a maiore ad minus*.

das ist sein, sc. Hugolinus' Thema. Und es scheint dies auch Azo die Hauptsache zu sein, wenn er auch in der Unterrichtung über diese Sache weniger gründlich verfährt als Hugolinus, nämlich von den beiden von diesem genannten Fällen, in denen es so ist, dass der Fiskus keine Hypothek hat, nur einen nennt und diesen einen auch nur mit einem einzigen Allegat belegt,[9] sowie hinsichtlich der *privilegiarii* (in der gl. zu *sequi oportere*) überhaupt nur den Fall erwähnt, der in der Lehre von den *privilegiaria exigendi* sozusagen der schwierige ist – den Fall der Gewährung eines Kredits für die Restitution eines Gebäudes, in Hinsicht auf den in l. 24 (*si ventri*),1 von einem *privilegium exigendi* die Rede ist, aber anderen Orts, nämlich in l. 1 D. 20,2 (*quibus causis pignus* etc.) doch gesagt ist, dass diesem Gläubiger für seine Forderung ein *pignus* zustehe, er also *hypothecam tacitam* habe, so dass von dem in jener l. 24,1 genannten *privilegium* zu sagen ist, es sei ein spezielles, dieser Kreditgläubiger gehöre gar nicht zu den von dem Pius-Reskript betroffenen *privilegiarii.* Wer aber denn zu diesen gehört, hält Azo – anders als Hugolinus – gar nicht für der Rede wert. Auf die diese *privilegiarii* betreffende Bestimmung des Pius-Dekrets ist bezogen bei ihm nur und allerdings das in der gl zu *non habent / ceteros privilegiarios* Gesagte: dass diese, obwohl abwesend, gehalten seien, dem Exemplum der (bei der Beschlussfassung über das Erlass-*pactum*) Anwesenden zu folgen, also dieses *pactum* auch ihre Forderungen treffe – dies sei zu verstehen, es gelte m. a. W. dies nur dann, wenn die Abwesenden, wären sie anwesend gewesen, dem Erlass widersprochen hätten, und die hierzu folgenden Allegate von l. 7,19[10] und l. 8 sowie der abschließende Hinweis darauf, dass – wie in D. 23,2,45,5 – *de ritu nuptiarum etc.* gesagt – derjenige, ohne dessen Willen etwas geschieht, dissentiert – dies und jene Allegate ergeben, was gemeint ist: die Anwesenden müssen, auf die Gesamtheit der Gläubiger gesehen, die Mehrheit, die abwesenden Dissidenten in der Minderheit sein, damit für diese gelten kann, was jene wollen und beschließen. Dies ist zu dem, was das Pius-Reskript zu den *privilegiarii* bestimmt, eine nicht auf der Hand liegende, aber doch zweifellos zutreffende Klarstellung. Aber es ist dies doch – bei Azo – auch nur zu diesen *privilegiarii* gesagt, und nur ein Leser, der weiß, dass das, was für diese gilt, auch für die gewöhnlichen Gläubiger, wenn von diesen ein Teil abwesend ist, gelten muss, wird das von Azo in Hinsicht auf die *privilegiarii* Gesagte auch für die nicht privilegierten, gewöhnlichen Gläubiger in Anwendung bringen. Die Gleichbehandlung der privilegierten und der

9 Das von den beiden, die Hugolinus hat, auch das schlechtere ist, nämlich die Aussage: keine Hypothek! auf weniger deutliche Weise ergibt als das von Hugolinus angeführte andere.

10 Dass mit *l. suum § ult.* diese Stelle in Bezug genommen ist, ergibt sich daraus, dass, wie hier bereits bemerkt, im Vulgattext l. 7 mit § 17 schließt und § 18 (wegen des Anfangs: *Marcellus*) eine eigene *lex* ist.

gewöhnlichen Gläubiger und warum es *eleganter* ist, diese Gleichbehandlung anzunehmen, muss der Leser selbst herausfinden; die Regel, dass beide Fälle gleich zu behandeln sind, erfährt m. a. W. in der gl zu *ceteros privilegiarios* eine gewisse Einschränkung – ohne dass die Regel selbst ausgesprochen ist.

Azo und wohl auch Hugolinus werden diese Regel – als die Aussage des *principium* dieser l. 10 – gelesen haben in dem Satz am Ende dieses *principium*: *haec enim omnia in his creditoribus, qui hypothecas non habent, conservanda sunt* – wie das auch heute wohl, jedenfalls in unseren neuesten Übersetzungen zu geschehen pflegt. Aber es geschieht dies in diesen Übersetzungen doch dadurch, dass die Litera so, wie sie nun einmal überliefert ist, nicht strikt beim Wort genommen wird. Es wird ihr etwas hinzugefügt, was in ihr nicht ist, und es wird das, was in ihr ist, nicht überall exakt in die Übersetzung übernommen: »All dies muss folglich (!) bei den Gläubigern, die keine Pfandrechte haben, ebenfalls (!) beachtet (!) werden«; »dit alles dient immers (!) ten aanzien van schuldeisers die geen hypotheekrechten hebben gelijkelijk (!) in acht genomen (!) te worden« – *conservare* ist nicht gleichbedeutend mit: ›beachten / in acht nehmen‹, *enim* nicht mit ›folglich / immers‹, und ein mit ›gelijklijk / ebenfalls‹ synonymes (lateinisches) Wort kommt in der Litera gar nicht vor.[11] Übersetzer, zumal wenn sie an der sog. Zielsprache sich orientieren, laufen Gefahr, die in dem zu übersetzenden Text vorhandenen Schwierigkeiten nicht in die Übersetzung zu übernehmen, vielmehr ihrem Leser den Text verständlicher zu machen, als er ist, ihn stillschweigend zu emendieren. Die Glossatoren sind nicht anders, nur offener zu Werke gegangen. Sie sagen dem Leser das, was er zum Verständnis der Litera braucht, in ihren vorzüglich mit *subaudi / quasi dicit* eingeleiteten Glossen – und hier: zu diesem doch an und für sich unverständlichen Schlusssatz ist im azonischen und Hugolinus'schen Apparat nichts dergleichen geschehen, hat Azo sich damit begnügt, in seiner Glosse zu *hypothecas* darauf hinzuweisen, dass das für den Fall des von den Gläubigern ihrem Schuldner gewährten Erlasses aufgrund der angeführten Reskripte Geltende nicht auch in dem Fall gilt, wenn die Gläubiger ihre Forderungen einem Schuldner langfristig stunden, der ihnen die *cessio* seiner Aktiva anbietet.[12] Auch hier wieder ist es so, dass gesagt wird,

11 Womit nicht gesagt sein soll, dass dieses ›ebenfalls/gelijkelijk‹ nicht zum Verständnis notwendig ist: was für die privilegierten Gläubiger durch das Pius-Reskript bestimmt ist, muss ›ebenfalls/gelijkelijk‹ für die gewöhnlichen Gläubiger gelten, und auch *conservare* ist richtig: es bleibt in der neuen, auf dem M. Aurel-Reskript beruhenden Rechtslage das in dem älteren Reskript Bestimmte *erhalten.* Es ist eben nur *haec omnia* im Vorangehenden gar nicht gesagt und daher auch *enim* nicht verständlich. Der Satz mag bei Ulpian so wie in unserer Überlieferung gestanden, aber dieser muss mehr als im Vorangehenden vorhanden gesagt haben.

12 Wozu es bei Hugolinus keine entsprechende: lemma-bezogene Glosse, nur das einschlägige Allegat gibt.

wofür die im Erlassfall geltende Regel nicht gilt, ohne dass die Regel in der Litera und im Apparat zu einem klaren Ausdruck gebracht ist.

Dem Benutzer seines Apparats eher zu wenig als zu viel zu sagen, war, wie schon mehrfach zu bemerken war, Azos Art beim Schreiben von Glossen. Diese Art ist weit weniger ausgeprägt bei Hugolinus festzustellen und bei Accursius geradezu in das Gegenteil umgeschlagen, dass dem Leser – in der *gl. ord.* – auch noch das gesagt wird, was dieser, wenn er nicht ganz unerfahren oder unaufmerksam und schläfrig ist, sich selbst sagen kann und wird. Hier: hinsichtlich des Fehlens einer klaren Aussage zu der simplen Frage: *quid si quidam absentes sint*? verfährt indessen Hugolinus ebenso wie Azo, gehen beide in ihren Glossen sozusagen auf die Dörfer, scheinen beide wie die Katze um den heißen Brei herum zu schleichen, hat beider Apparat dieselbe und eine wahre, d. h. nicht nur aus dem Vertrauen auf einen verständigen und aufmerksamen Leser zu erklärende Lücke. Dass davon: von einer Unfertigkeit beider Apparate hier in der Tat zu reden ist, ist im Hugolinus-Apparat auch unübersehbar. Denn zu dessen Glossen, von denen hier bereits die Rede war, sc. zu den Glossen, in denen die Lehre von den *privilegiarii* und der Hypothek des Fiskus ausgebreitet wird, kommt hinzu das Allegat von D. 17,1 (*mandati*), 58,1 (*si precedenti § lucius*) mit der Bezeichnung dieser Stelle als *contra* – und es fehlt zu diesem *contrarium* die *solutio*; es fehlt selbst, was als Minimum sich gehören würde, der Vermerk: *solve ut ibi*! Es geht aber in dieser *contra*-Stelle um den Fall, den auch das *principium* unserer l. 10 betrifft: die Gläubiger eines verstorbenen Schuldners sind mit Mehrheit übereingekommen und der Prätor hat demgemäß dekretiert, dass von dem Erben des Schuldners dessen Gläubiger (nur) einen Teil des Geschuldeten erhalten, und bei der dem prätorischen Dekret zugrunde liegenden Übereinkunft der Gläubiger über den Erlass war ein weiterer Gläubiger abwesend. Das Besondere dieses Falles ist allerdings, dass die Forderung dieses abwesenden Gläubigers spezifiziert ist: sie ist entstanden in Ausführung eines ihm auf Veranlassung des Schuldners erteilten Kreditauftrags, sodass er bei einem Ausfall seiner Forderung gegen den Schuldner bzw. dessen Erben bei seinem Auftraggeber Regress nehmen kann. Die Frage zu diesem Fall aber ist doch, ob das durch das prätorische Dekret für allgemein verbindlich erklärte Erlass-*pactum*, wie die Forderung des Gläubigers gegen den Schuldner, so auch dessen Regress gegen den Regressauftraggeber kürzt. Und diese Frage wird für den Fall, dass der Gläubiger bei der Übereinkunft über den Erlass nicht anwesend und dem Erlass nicht zugestimmt hat, sondern eben abwesend gewesen ist, verneint. Das *pactum* schadet ihm, dem Abwesenden insoweit nicht; dass er, wie in l. 10 pr gesagt, dem *exemplum praesentium sequi debet*, hat insoweit für ihn keine Geltung. Gilt dies aber, wenn auch nur bezüglich seiner Regressforderung nicht, wieso kann es dann wohl für den abwesenden Gläubiger im Fall von l. 10 pr gelten, über dessen Forderung, was deren Herkunft angeht, dort nichts gesagt ist? Diese

Frage gilt es zu beantworten; dieses *contrarium* bedarf einer *solutio*, um zu dem Fall von l. 10 pr mit Sicherheit sagen zu können, es gelte für die (gewöhnlichen) Gläubiger dasselbe wie für die privilegierten; es müssten wie diese, so auch jene, obwohl sie abwesend waren und obwohl zu den Dissidenten gehört, wer – als Abwesender – *invitus* ist, dem Exempel der Anwesenden folgen. Und weil dieses *contrarium* im Apparat des Hugolinus ohne Auflösung bleibt, eben darum fehlt dort auch auf die Frage, um die es in l. 10 pr in der Hauptsache geht, die Antwort. Die Antwort war zu geben mit der Auflösung dieses *contrarium*.

Was den azonischen Apparat angeht, so unterscheidet sich dieser von dem des Hugolinus in puncto dieses *contrarium* dadurch, dass in ihm schon die *contra*-Stelle, sc. D 17,1,58,1 allem Anschein nach fehlt.[13] Will man nicht das weniger Wahrscheinliche annehmen, dass nämlich Azo diese Stelle bei seiner Arbeit an dem Apparat zu l. 10pr nicht präsent gewesen ist oder das *contrarium*, das durch jene Stelle vorhanden ist, nicht erkannt hat, dann ist anzunehmen, dass er die *contra*-Stelle nicht notiert hat, weil ihm die *solutio* des durch sie gegebenen *contrarium* nicht präsent war: Er hat, was es noch zu erledigen galt, aufgeschoben, auf die Arbeit am Apparat zu der *contra*-Stelle vertagt, wo es, worauf hier sogleich zu kommen ist, in der Tat auch eine *solutio* zu diesem *contrarium* gibt. Als dann aber dort diese *solutio* ausgeführt war, hat er hier, sc. zu l. 10 pr versäumt, die *contra*-Stelle nachzutragen und mit dem in einem solchen Fall üblichen *solve ut ibi*-Vermerk zu versehen, wenn ihm nicht gar, was jedenfalls nicht auszuschließen ist, Zweifel daran gekommen sind, ob die dort gegebene *solutio* der Weisheit letzter Schluss, ob sie nicht verbesserungsbedürftig ist.[14] Ob

13 Sie fehlt überhaupt in Bamberg 11 und Paris 4459, steht in Arras (ohne Bezeichnung des § und ohne den *contra*-Vermerk) bei l. 8, obwohl für sie bei l. 10 der Raum nicht fehlt. Die übrigen Hss des Azo-Apparats haben sie entweder von alter Hand mit einer kürzeren oder längeren *solutio* oder auch ganz ohne eine solche (so München 3887, Paris 4451, Vatikan 2512, Gent, Stockholm, München 14028) oder aber von neuerer Hand, also als Zutat zum azonischen Apparat (so Vatikan 1408, Amiens, was auch für Paris 4463 anzunehmen ist). Das Allegat der Stelle ist mithin eine *antiqua glosa*; sie ist von Azo nicht in seinen Apparat rezipiert worden, und das ist von Späteren als eine Lücke empfunden worden, die sie mit der *antiqua glosa* oder auch eigenständig (wie in Amiens der dort die Sigle :- benutzende Anonymus) ausgefüllt haben. Die Stelle ist, wie noch zu bemerken bleibt, auch in den nur die *antiqua glosa* überliefernden Hss anzutreffen, so z. B. in Troyes 174, wo die *solutio* lautet: *hic aliquam partem remittere voluit, ibi vero prorsus nichil.*

14 Sie stellt, auf das Allegat von *infra de pact. l. rescriptum* (also unsere l. 10) bezogen, zwei Solutionsmöglichkeiten dem Leser anheim: *ibi in partes dissentiebant, hic prorsus. vel hic loquitur de eo privilegiato, qui pignus habebat, supra* (besser, wie aber nur in München 14028: *ibi*) *cum non habebat, quod supra ostendit, cum dicit: hypothecam non habet. Privilegium et hypothecam habet, qui in refectionem credidit ut infra de quibus cau. pi. tac. con. l. 1. alii contra: privilegium tantum habent*

aber dem so ist oder nicht – es ist im azonischen Apparat nicht anders als bei Hugolinus: auch in ihm, sc. bei Azo fehlt wegen des Fehlens einer *solutio* zu dem durch D 17,1,58,1 gegebenen *contrarium* auch die Aussage, dass die gewöhnlichen Gläubiger in der Tat wie die *privilegiarii* dem Exempel der bei der Beschlussfassung über den Erlass Anwesenden zu folgen haben. Es ist die Unzulänglichkeit des azonischen Apparats hier nur weniger evident als bei Hugolinus, sodass, wer sie nicht sogleich erkennt, auf sie aufmerksam wird jedenfalls dann, wenn – und dadurch, dass – er zur Verbesserung des azonischen Apparats den des Hugolinus heranzieht.

c) *Die* gl. ord.

Accursius hat (um nun: nach Klärung der Beschaffenheit des azonischen und des Hugolinus-Apparats schlussendlich auf die *gl. ord.* und deren Qualität zu kommen) zur Verbesserung des azonischen Apparats den des Hugolinus wie folgt benutzt:

quidam alii ut diximus C qui pot. in pi. ha. l. eos. Alle den azonischen Apparat überliefernden Hss haben diese Glosse, allerdings Vatikan 2512 wortreicher und auch in der Sache etwas anders und Gent mit der Besonderheit, dass ihr Text bis: *hypothecam non habent* (und das ist der eigentliche Solutionsteil!) von der Hand des vorazonischen Apparats dieser Hs. geschrieben und dem dann von der Hand des azonischen Apparats der Schluss, aber dieser auch erst beginnend mit: *qui infectionem (!) credidit* hinzugefügt ist. Was die beiden Solutionen angeht, so handelt es sich dabei mithin um eine in den azonischen Apparat rezipierte ältere Glosse (wohl derjenigen, die in den hier N. 13 bezeichneten Hss mehr oder weniger umfänglich überliefert ist) und dieser ist hinzugefügt, dass es einfach privilegierte Gläubiger und den mit einer Hypothek ausgestatteten *privilegiatus* von D 20,2,2 gebe. Ist die *antiqua glosa* von Azo selbst in seinen Apparat (n. b. zu D 17,1,58,11) rezipiert und mit dem die *privilegiati* distinguierenden Schluss versehen worden (zur Rezeption reiner Solutionsglossen in den azonischen Apparat s. MG S. 251 ff.), dann könnte diese Rezeption in Ermanglung von etwas Besserem und unter dem Vorbehalt eines besseren eigenen Einfalls stattgefunden haben: dass es hier, sc. in D 17,1,58,1 um einen *privilegiatus* geht, der eine Hypothek hat, ist eine pure Unterstellung und geht zudem über das, was es zu erklären gilt, hinaus: Es geht um die Forderung des abwesenden *creditor* nur gegen den *mandator*; das *pactum* erfasst nicht diese Forderung, wohl diejenige gegen den Erben des verstorbenen Schuldners, und das ist deswegen so, weil das *pactum* überhaupt nur kraft des prätorischen Dekrets über die Gläubigermehrheit hinaus wirksam ist – eines Dekrets, das aber doch im Interesse allein des Erben des Schuldners ergeht, allein diesem helfen will und dem darum auch nur eine auf die Forderung gegen diesen beschränkte Wirkung zuzugestehen ist. Dass er dies so gesehen hat, ist Azo nicht zu unterstellen, wohl aber ist nicht von der Hand zu weisen, dass ihm die in der *antiqua glosa* vorhandenen *solutiones* nicht geheuer gewesen sind.

(a) In der gl zu *hypothecas* ist dem einen Fall, der im azonischen Apparat als Beispiel dafür, dass der Fiskus keine Hypothek hat, angeführt ist, der andere, bei Hugolinus hier außerdem vorhandene hinzugefügt – mit der Konsequenz, dass nun, da beide Fälle angeführt sind, das azonische, bei nur einem Fall zutreffende *ut puta* ungenau wurde: es war zu ersetzen und ist ersetzt durch *quia*. Das bei Azo, wegen des nur einen Beispiels, ungenaue *alioquin* war hingegen nun – mit den beiden Beispielen – in Ordnung und also zu erhalten. – Von den beiden Belegen, die Hugolinus dafür gibt, dass der Fiskus für eine Forderung, die ihm als Rechtsnachfolger einer Privatperson zusteht, keine Hypothek hat, übernimmt Accursius den zweiten Beleg: er allegiert nur D 49,14,6 (*de iure fisci* etc.); er lässt weg und streicht im azonischen Apparat den anderen Beleg, sc. D 22,1,17,5 (*de usuris* etc.), und dieser ist auch – im Vergleich zu jenem bei Hugolinus auch vorhandenen und bei Azo fehlenden – der schlechtere: die fragliche Aussage weniger direkt belegende.

(b) Zu *privilegiarios* wird die von Azo gelassene Lücke geschlossen mit den beiden Exempeln, die hier Hugolinus anführt und denen dieser hinzufügt,[15] dass die Gläubiger dieser beiden Exempel nicht *tacitam hypothecam* haben, wie sie demjenigen *privilegiatus* zuerkannt wird, dessen Forderung aus der Gewährung eines Kredits zur Wiederherstellung von Gebäuden herrührt. Accursius lässt diese Hinzufügung des Falles einer Kumulierung von *privilegium exigendi* und Hypothek weg, belässt es aber doch bei dem Hinweis darauf, dass die Gläubiger in den angeführten Exempeln keine *tacita hypotheca* haben, was doch, wenn der Sonderfall des Baukredits wegbleibt, nicht recht verständlich ist. Über Hugolinus hinausgehend und auch eine nützliche Ergänzung ist, dass es nicht bei den beiden Exempeln belassen, sondern diesen hinzugefügt ist der Hinweis darauf, dass es noch weitere Fälle privilegierter Gläubiger (*similes privilegiati*) gibt, wozu dann am Ende dieser Glosse mit *ut diximus* etc. die Stelle angeführt ist, bei der die Frage, wer zu den *privilegiati* gehört, am vollständigsten behandelt ist – in der *gl. ord.* zu C 8,17,9 (*qui potius* etc.) l. *eos* und wie dort kaum anders von Azo in seinem Apparat zu dieser Codexstelle.[16] So ist in der *gl. ord.* zu unserer l. 10 klar, dass mit den beiden am Anfang gegebenen Exempeln die Frage, wer zu

15 In einer eigenen Glosse mit demselben Bezug auf *privilegiarios*, was so aussieht, als sei die zweite der ersten erst nach einem zeitlichen Intervall hinzugesetzt worden.

16 Bezogen dort wie in der *gl. ord.* auf *personalibus actionibus competent.* (benutzt für den azonischen Codex-Apparat ist hier die Hs Bamberg 21). Den Hinweis auf den Apparat zu dieser Codexstelle (s. in der *gl. ord.* a. E. der gl zu l. 10pr – *privilegiarios*) gibt Azo in seinem Apparat zum Dig. vet. a. E. seiner hier o. N. 14 wiedergegebenen gl zu D 17,1,58,1. Dass Accursius diesen Hinweis dort gesehen hat, ergibt sich aus seiner, sc. Accursius' gl zu *creditorum*, um die es hier als Nächstes geht.

den *privilegiati* gehört, nicht erschöpfend beantwortet ist. Etwas wunderlich ist, was Hugolinus, dem die weiteren Fälle privilegierter Gläubiger doch nicht unbekannt gewesen sein können, dazu veranlasst hat, in seine Glosse zu *privilegiatos* nur diese beiden Fälle aufzunehmen – und warum gerade diese? Tatsächlich fehlen diese beiden bei Azo in dessen gl zu C 8,17,9 und eben darum dann auch in der *gl. ord.* Es scheint, als seien diese beiden Exempel Zutaten des Hugolinus zu einer älteren Zusammenstellung der *privilegiati*,[17] und es ist jedenfalls deren Übernahme in die *gl. ord.* zu diesem Lemma und die Eröffnung dieser Glosse mit diesen beiden in jener Zusammenstellung nicht enthaltenen Exempeln ein sicheres Indiz für deren Herkunft aus dem Hugolinusapparat.

(c) Es mag sein, dass Accursius nicht des Hugolinus-Apparats bedurft hat, um zu bemerken, dass seine Vorlage, sc. der azonische Apparat, indem darin D 17,1,58,1 nicht allegiert war, eine Lücke aufwies. Sein Blick in den Hugolinusapparat ergab, was er zu tun hatte: Es war diese Stelle als *contra*-Stelle in die Vorlage einzustellen und mit einer *solutio* zu versehen. Wie Accursius in dieser Hinsicht, in der auch Hugolinus ihn im Stich ließ, zu Werke gegangen ist, ergibt der Vergleich seiner gl zu *creditorum* mit der Solutionsglosse, die der azonische Apparat bei der *contraria lex* hat: diese Glosse, soweit es in ihr um die *solutio* des *contrarium* geht,[18] wird von Accursius in seinen Apparat zu unserer l. 10 pr übernommen – nicht ohne sie mittels einiger an ihr vorgenommenen Veränderungen sich zueigen zu machen: ihr eine auf die *contra*-Stelle hinführende Einleitung voranzustellen, die Reihenfolge der beiden Solutionsmöglichkeiten umzudrehen und diejenige, die bei Azo voran steht und nun, sc. in der *gl. ord.* in der zweiten Position sich befindet, als die Ansicht von *alii* zu bezeichnen, was doch auch die andere ist und was auch insofern eine willkürliche Veränderung ist, als beide Möglichkeiten doch in gleicher Weise an den Haaren herbei gezogen sind. Dass Azos Schweigen zu diesem *contrarium* hier, sc. bei l. 10 pr ein beredtes sein, seine Unzufriedenheit mit den vorhandenen *solutiones* zum Ausdruck bringen könnte, sodass derjenige, dem es um eine Verbesserung des Apparats nicht bloß in formaler Hinsicht geht, sich angestoßen fühlen wird, über eine dritte und bessere *solutio* nachzudenken – dies zu tun, ist Accursius' Sache nicht. Er beschränkt sich – hier jedenfalls ist es so! – auf das Formale, und so fügt er an dieses dem azonischen Apparat an anderer Stelle entnommene Stück noch ein weiteres Stück Azo an: dessen gl zu *ceteros privilegiarios* – ein Stück, dessen Aussage (von der hier bereits die Rede war) doch zu gewichtig ist, um aus ihr ein Anhängsel an jene Solutionsglosse zu machen. Da zwischen

17 In der azonischen gl zu C 8,17,9 steht am Ende der Zusammenstellung *secundum job*.

18 S. o. N. 14.

dieser und jenem auch kein engerer sachlicher Zusammenhang besteht, kann ihn zu dieser Maßnahme überhaupt nur veranlasst haben das Bestreben, dem Apparat eine andere äußere Struktur, gleichsam ein anderes Gewand zu geben: die vielen kürzeren Glossen der Vorlage zu weniger zahlreichen *maiores glosas* zusammen zu fassen und damit auch die bei den vielen kleinen Glossen oftmals schwierige Herstellung des Bezugs in der Litera und somit den Abschreibern ihre Arbeit zu vereinfachen. Es wäre dies hier nicht zu bemerken gewesen, wenn dasselbe Verfahren der Aufnahme vieler kleiner Glossen des azonischen Apparats in eine umfänglichere der *gl. ord.* im Vergleich dieser beiden Versionen des Apparats nicht immer wieder begegnen würde.

2) *Azo, Hugolinus und die* gl. ord. *zu l. 10 § 1*

Was hier zu dem Apparat zum *principium* unserer l. 10 festgestellt worden ist, setzt sich *mutatis mutandis* fort bei § 1 dieser *lex* (die Sachfrage, um die es nun geht, s. im hier unmittelbar Folgenden unter (3)).

a) *Die* gll. (ord.) *zu* si pacto / ex stipulatu / utraque

In der *gl. ord.* (1) zu *si pacto* ist es bei der azonischen Glosse zu diesem Lemma belassen, die Hugolinus-Glosse unbenutzt geblieben. – (2) Zu *ex stipulatu* hat das, was es dazu zu sagen gilt, der azonische Apparat nur in Stichworten, Hugolinus perfekter und die *gl. ord.* den Text des Hugolinus in Vollendung. – (3) Zu *utraque* hat Azo im Vergleich zu Hugolinus den fortgeschritteneren Text, und bei diesem ist es dann auch in der *gl. ord.* im Wesentlichen geblieben. Es sind nur die im azonischen Apparat noch reinen Allegationsglossen zufolge deren Aufnahme in die lemma-bezogene Glosse als reine Allegate beseitigt. Es ist aus dem azonischen Text weggelassen, was in diesem in n. b. allen ihn überliefernden Hss vorhanden und nicht verständlich ist: *et accept.* (nach *per aquilianam stipulationem*) sowie das diese Aussage abschließende Allegat von *infra e. l. si unus § sed si pactum* (einen Paragraphen dieses Anfangs gibt es in dieser l. 27 nicht; in § 6 *sed si id actum* kann nicht gemeint sein). Hinzu kommt ferner nur und allerdings noch, dass der Anfang dieser Glosse bei Accursius ein anderer ist: das eine (azonische) *alterutra*, das auch Hugolinus hat, ist ersetzt durch zwei Synonyma, womit also auch nur auf eine andere Weise gesagt ist, was Azo und Hugolinus mit ihrem *alterutra* sagen:[19] ist dem Schuldner die Schuld durch ein *pactum* erlassen und dieses durch eine Strafstipulation gesichert, dann

19 Ob die Übereinstimmung beider in diesem Wort darauf beruht, dass beide hier dieselbe *antiqua glosa* benutzen, scheint mir festzustellen nicht der Mühe wert zu sein.

sollen, wie in der Litera auf eine, ihres *utraque* wegen, zunächst etwas undeutliche Weise gesagt ist, beide Wege: die Klage aus der Stipulation und die Verteidigung gegen eine Inanspruchnahme mittels der *exceptio pacti*, dem Schuldner zur Verfügung stehen, aber beide doch nicht etwa kumulativ, vielmehr nur alternativ, wie Azo und Hugolinus durch ihr *alterutra* und die *gl. ord.* durch *altera* und *utravis* präzisieren und dies auf diese doppelte Weise auch nicht etwa besser, klarer, präziser als auf jene einfache. Die Veränderung scheint eine der im Vergleich des Textes der *gl. ord.* mit den Texten Azos und Hugolinus immer wieder festzustellenden Veränderungen bloß um der Veränderung willen zu sein – diktiert von dem Streben, die fremden Worte durch eigene zu ersetzen und sich so, statt den fremden Text bloß zu kopieren, diesen sich zueigen zu machen. Es scheint dies auch hier so zu sein, und es ist dies hier nur nicht mit Sicherheit zu sagen angesichts der Gestalt, die die *gl. ord.*, was diesen Anfang ihrer gl zu *utraque* betrifft, in den Hss hat: *altera vel utravis* lesen wohl alle, namentlich auch bereits die älteren Ausgaben,[20] von den 24 hierzu eingesehenen Hss aber mit Sicherheit nur eine: im Vatikan Pal 739, und diese hat von der *gl. ord.*, wie immer wieder festzustellen ist, nicht den ursprünglichen Text. Alle Hss, die diesen ursprünglichen Text wohl haben (nämlich 13 von den hierzu eingesehenen 24) haben (statt *alterutra*): die meisten *ultra*, einige *ult.* (und dies mit einem Abkürzungsvermerk über dem letzten Buchstaben) oder auch *alta* (= *altera*?), eine Hs (Vatikan Pal 738) *utra* mit einer Verbesserung von *ut* in *alte* (von einer Hand, die vielleicht diejenige ist, die in dieser Hss den ursprünglichen Text mit vielen der später in den Apparat integrierten *additiones* versieht, wodurch diese Hs einen besonderen Wert hat); alle haben – verkürzt oder ausgeschrieben – *vel*, aber dann statt *utravis*: *utrius*, die meisten *ultius* oder *ultrius*, einige sogar *uterque*. In den Hss mit einem fortgeschrittenen Text ist es (außer Vatikan Pal 739, s. o.) ähnlich, wenn nicht noch schlimmer (statt *utravis*: *verius*!), was im Einzelnen wiederzugeben und zu belegen sich erübrigen wird. Die Entzifferung desjenigen, was dann in den gedruckten Ausgaben und wunderlicherweise schon in Vatikan Pal 739 *altera* sowie (nach dem *vel*) *utravis* lautet, hat offenbar den meisten Schreibern Schwierigkeiten bereitet, und über deren Ursprung lässt sich nur spekulieren. Vielleicht hat doch auch Accursius es bei dem azonischen *alterutra* belassen, aber dieses Wort in seine beiden Bestandteile: *altera* und *utra* zerlegen und sagen wollen, es sei damit zweimal dasselbe gesagt, und man könne stattdessen auch nur sagen: *altera* oder nur *utra* (sc. *via*). Dies wäre eine Erläuterung, also eigentlich eine Glosse zu der azonisch/Hugolinus'schen Glosse und, so kleinkariert es auch ist, doch respektabler als die Ersetzung des einen Wortes *alterutra* durch das eine oder andere Synonym. In den

20 Clayn 1476; Jenson 1478/80; Koberger 1482; Herbort 1482; de Tortis 1492; Rembolt-Blaublomm 1523.

Abschriften wäre dieser Sinn dann verloren gegangen und das, was nun in den Ausgaben ist, erst durch späte Emendation des in der handschriftlichen Überlieferung Verderbten zustande gebracht worden.

b) *Die* gl. (ord.) *zu* ferre

Die in der *gl. ord.* auf *ferre*, sc. auf das letzte Wort des § 1 bezogene und damit den Apparat zu diesem Paragraphen abschließende Glosse besteht, wie durch den hier: in die Wiedergabe dieser Glosse eingefügten Absatz verdeutlicht ist, aus zwei Teilen mit je einer eigenen Aussage. Beide Aussagen betreffen zwar in der Litera deren Aussage, dass dem Schuldner, dem seine Schuld durch ein strafbewehrtes *pactum* erlassen ist, im Fall seiner Inanspruchnahme durch den Gläubiger zwei Wege, zwei Rechtsmittel zur Verfügung stehen, aber diese beiden, sc. die Verteidigung mittels der *exceptio pacti* und die Einforderung der stipulierten Strafe nur alternativ. Dies sei – so die Aussage im 1. Teil der gl zu *ferre* – anders bei entsprechender Vereinbarung, so dass dann der Schuldner und Stipulationsgläubiger beide Wege kumulativ gehen könne, womit der Aussage der Litera nur eine Aussage hinzugefügt ist, die sie als die Regel bestätigt. Von anderem Gewicht: von grundsätzlicher Natur ist dasjenige, worum es in Teil 2 dieser Glosse geht – nämlich um die Frage, ob es nicht vielmehr so sei, dass der Schuldner / Stipulationsgläubiger, von dem Gläubiger / Stipulationsschuldner in Anspruch genommen, überhaupt nur die Strafsumme von diesem verlangen könne, weil das *pactum* und mit diesem die daraus sich ergebende Einrede durch die Stipulation noviert und aufgehoben sei. Ist diese Frage zu bejahen, und sie wird dann mittels einer Unterscheidung dessen, was *olim* rechtens war und nun aufgrund der *iura hodierna* rechtens ist, für das *olim* (aufgrund der *iura vetera*) geltende Recht in der Tat bejaht, dann gilt gar nicht, was in der Litera – als die n. b. nach Meinung Ulpians zutreffende Ansicht des Sabinus – gesagt ist, und es ist dann auch der Präzisierung dieser Aussage in Teil 1 dieser Glosse, dass damit nur die Regel ausgesprochen sei, der Boden entzogen.

aa) *Die* gl. ord. *zu* ferre *als ein Kompositum aus Azo und Hugolinus*

Hugolinus handelt, ebenso wie Accursius in dieser seiner zweiteiligen Glosse, von beidem, aber von dem einen und dem anderen in zwei eigenen Glossen, mit einem je eigenen Bezug in der Litera. Er bezieht die Klarstellung, dass dasjenige, was die Litera zu dem Verhältnis der beiden dem Schuldner zur Verfügung stehenden Wege sagt, nur gelte, *nisi aliud actum sit*, exakt auf eben diese Aussage der Litera, dass der Schuldner beide Wege gehen könne *prout elegerit*. Und es wird die Argumentation zu der Frage, deren Bejahung jener Klarstellung die Grundlage entzieht, sc. zu der Frage, ob der Schuldner nicht überhaupt nur aus der Strafstipulation vorgehen und die *exceptio* gar nicht geltend machen könne, bezogen auf die Aussage der Litera, die die Alternative betrifft, dass der Schuldner *exceptione utatur.* Es mag diese Aufteilung dessen, was in der *gl. ord.* in der einen Glosse zu *ferre* zusammengefasst ist, im Hugolinusapparat dadurch zustande gekommen sein, dass dort die Erörterung der grundsätzlicheren, logisch vorrangigen Frage, ob das in der Litera Gesagte nicht überhaupt verkehrt ist, ein späterer Zusatz ist. Immerhin gibt es diese Erörterung, sc. die gl zu *utatur* nur in Paris und nicht in dem, was in Seo der Hugolinusapparat ist.[21] Aber auch wenn dem so ist, wenn also die gl zu *utatur* eine spätere Zutat ist zu einer früheren (in Seo vorhandenen) Version des Apparats, in der das zu *prout elegerit* Gesagte bereits vorhanden war, auch dann ist doch durchaus plausibel, dass das, was addiert wurde, nicht in diese bereits vorhandene Glosse aufgenommen, sondern als eigene Glosse mit einem eigenen Bezug in der Litera in den Apparat eingefügt wurde. Es ist dies begründet in (es ist jedenfalls passend zu) dem Charakter des Apparats als einem lemmatischen Kommentar. Alles, was es in einem solchen zu der Litera als dem zu kommentierenden Text zu sagen gibt, ist zu sagen in Bezug auf diejenigen Worte/Aussagen der Litera, die den Anlass dazu geben, überhaupt etwas zu sagen, und das ist hier nun einmal, wenn das *prout elegerit* durch eine dieses klarstellende Glosse bereits besetzt war, die sich anschließende Aussage, dass der Schuldner *ex causa pacti exceptione utatur* – dann

21 Es gibt dort zu diesem Lemma ein Bezugszeichen, aber zu diesem nichts von der Hand, die den Hugolinusapparat schreibt, wohl – auf dem unteren Rand und von anderer Hand – eine Glosse, deren Text derjenige der *gl. ord.* zu *ferre* Teil 2 ist. Steht dieser Text auf Rasur (was auf dem Film nicht zu erkennen ist), dann könnte das durch die Rasur Getilgte der Hugolinustext zu *utatur* sein. Es ist dies nicht auszuschließen, aber doch deswegen nicht wahrscheinlich, weil auch London, dessen Hugolinusglossen, wie schon häufig festgestellt, auf dem Stand des in Seo vorhandenen Apparats sich befinden, den Hugolinustext der gl zu *utatur* nicht hat, wohl eine eigene: von dem Text dieser Glosse abgelöste Erörterung der in ihr behandelten Novationsproblematik, was hier wiederzugeben sich erübrigt. Das Wahrscheinliche ist mithin, was Seo und London betrifft, dass spätere Benutzer/Eigentümer dieser beiden Codices bemerkt haben, dass in dem Hugolinusapparat, den Seo hat und der für die Hugolinusglossen in London benutzt ist, eine Erörterung der Frage, wie sie in Paris in Ergänzung der ursprünglichen Version des Hugolinusapparats *zu utatur* vorhanden ist, fehlt, und diese Lücke ist in Seo und London geschlossen worden – auf unterschiedliche Weise: Der Eigentümer/Benutzer von London hat auf der Grundlage dessen, was in der fortgeschrittenen Version des Apparats in Paris zu *utatur* vorhanden (oder aus der dies entnommen ist, s. hierzu noch u. in N. 27), die dort erörterte Novationsproblematik in einer Paraphrase wiedergegeben, während in Seo deren Eigentümer/Benutzer es sich einfach gemacht und den Text der *gl. ord.* abgeschrieben hat, die es zur Zeit des Eintrags der Hugolinusglossen in London vielleicht noch gar nicht gab.

soll er, so sagt die Litera, dem Gläubiger die stipulierte Strafe – durch *acceptilatio* – erlassen müssen. Geht er hingegen (so die Überlegung ganz zu Anfang der gl zu *utatur*) den anderen Weg, macht er den Verfall der Strafe geltend, dann müsste ihm die *exceptio* versagt werden – und wie soll das rechtens sein können, wenn ihm die Einrede schon durch die (Straf)stipulation, nämlich durch deren novierende Wirkung genommen ist?! Dies ist in Fortsetzung des in der Litera Gesagten die Überlegung am Anfang dieser gl zu *utatur*, und dass so im Apparat des Hugolinus erst in 2. Linie, scheinbar nachrangig, eine Frage erörtert wird, die zu klären ist, bevor das zu *prout elegerit* Gesagte zu sagen einen Sinn hat, dies ist ein Mangel dieses Apparats, wenn von dem lemmatischen Charakter eines Kommentars als einem Mangel zu reden ist.[22]

In der *gl. ord.* ist der lemmatische Charakter des Kommentars durchaus nicht beseitigt, aber doch im Vergleich jedenfalls der 1. Version ihres Textes[23] mit deren Vorlagen: mit dem azonischen Apparat und dem des Hugolinus häufig abgeschwächt, gleichsam verwässert. Es ist in ihm immer wieder zu sehen das Bestreben, die vielen mehr oder weniger kurzen Glossen, die den lemmatischen Kommentar kennzeichnen, in *maiores glosas* zusammen zu fassen, diese mit einer Einleitung zu versehen und durch weitere redaktionelle Eingriffe in die rezipierten Texte dafür zu sorgen, dass diese *maiores glosas* kontinuierlich: ohne immer wieder in die Litera hineinsehen zu müssen, sich lesen lassen. Der Apparat löst sich, wo immer dergleichen stattfindet, gewissermaßen von der

22 Was man doch wohl sagen muss, wenn der kommentierte Text nicht dadurch zusammengehalten wird, dass in ihm ein Gedanke kontinuierlich traktiert: in seinen Voraussetzungen dargetan, in seinen Konsequenzen verfolgt wird, wenn in seinen Teilen – kurz gesagt – kein Zusammenhang ist, weil er aus Fragmenten von unterschiedlicher Provenienz besteht, wie das namentlich bei den Digesten der Fall ist. Die glossatorische Arbeit ist, weil sie auf die lemmatische Weise auf Texte bezogen war, deren Stücke, eben Fragmente an und für sich zusammenhanglos sind, ein Unternehmen, das auf tragische Weise von seinem Beginn an zum Scheitern verurteilt war, das nicht gelingen konnte, indem die Arbeit damit beginnen musste, sich der Bedeutung der in der Litera vorkommenden Worte zu vergewissern und die Parallel- und *contra*-Stellen zu sammeln, und indem, je mehr die Arbeit voranschritt, sie umso mehr dazu kommen musste, den Zusammenhang, der den kommentierten Texten fehlte, in dem Kommentar herzustellen: aus diesem ein zusammenhängendes Ganzes zu machen. Und je mehr dies geschah, umso mehr hatte der Text, die Litera, das Gesetz das Nachsehen.

23 Wo der Text ein fortgeschrittener ist: die *additiones* zur ursprünglichen Version in den Text integriert sind und also jedenfalls in den (gedruckten) Ausgaben ist das Erscheinungsbild des lemmatischen Kommentars wieder ausgeprägter deswegen, weil ein Großteil der *additiones* aus kurzen Notizen zu einzelnen Wörtern der Litera besteht – aus Notizen, deren inhaltliches Gewicht allerdings für gewöhnlich nicht dem der azonischen Kurzglossen entspricht.

Litera; die alten Lemmata, auf welche in einer solchen *maior glosa* deren Bestandteile bezogen waren, entfallen; das neue Ganze wird bezogen in der Litera auf den Anfang oder das Ende eines Paragraphen oder Fragments, und der Charakter des lemmatischen, d. i. der auf einzelne Worte oder Wortfolgen bezogene Kommentar bleibt nur dadurch erhalten, dass eine solche *maior glosa* auf das erste oder das letzte Wort eines Satzes, eines Paragraphen, einer *lex* bezogen wird.

So sind hier die bei Hugolinus auf *prout elegerit* und *utatur* trefflich bezogenen Aussagen in der *gl. ord.* als die beiden Teile nur einer Glosse bezogen auf den Schluss des § 1: auf *ferre*, obwohl die eine so wenig wie die andere mit der Aussage, in der dieses *ferre* das Prädikat ist, dass nämlich der sich mit der *exceptio pacti* verteidigende Schuldner dem Gläubiger die verfallene Strafe erlassen müsse, gar nichts zu tun haben. Um den Anschluss an die Litera inhaltlich herzustellen, muss der Leser in dieser ein Stück weiter zurückgehen: bis zu *utraque via uti posse prout elegerit.* Und derjenige, der dies tut, wird, wenn er nicht einfach nur hinnimmt, was der Text ihm bietet, wenn er nicht lesen kann, ohne sich über das Gelesene herzumachen und über dessen Qualität ein Urteil zu bilden – der kritische Leser wird hier sich wundern, warum ihm die beiden Fragen, um die es in dieser einen Glosse geht, in der verkehrten Reihenfolge präsentiert werden: Zunächst muss doch klar sein und also geklärt werden, dass der Schuldner das Wahlrecht, das ihm in der Litera zugestanden wird, überhaupt hat, und erst wenn dies klar ist, hat es einen Sinn darauf hinzuweisen, dass der Schuldner die Wahl aber doch nur in der Regel hat und dass diese bei entsprechender Vereinbarung außer Kraft tritt. Dass Accursius umgekehrt verfährt, ist die Folge seines Procedere. Die Vorlage, von der er ausgeht, die er zu erhalten und zu verbessern unternimmt, den Bedürfnissen, wie er sie sieht, und seinem Geschmack gemäß umformt, ist der azonische Apparat. Seine Glosse zu *ferre* ist in ihrem 1. Teil die azonische – und also nicht die zwar inhaltlich gleiche, aber anders formulierte des Hugolinus. Es ist in diesem 1. Teil der azonischen Apparat fortgeschrieben, indem demjenigen, was bei Azo mit dem nicht gerade plausiblen Bezug auf *accepto* gesagt ist, mit *ferre* ein kaum anderer und jedenfalls nicht besserer Bezug gegeben ist.[24] Und es sind ferner diejenigen Stellen in den *leges*, mit denen dieses *nisi aliud convenit* sich belegen lässt und die auch in der

24 Der Bezug ist insofern kein anderer, als zu *ferre* als Prädikat *accepto* gehört. Diesen Bezug von *nisi aliud convenit* haben alle den azonischen Apparat überliefernden Hss – außer Arras 586, wo der Bezug (wie bei Hugolinus) *prout elegerit* ist, und Bamberg 11, wo dasselbe mit Bezug auf *exceptione utatur* gesagt ist, was beides sicher eine Verbesserung und sicher besser auch als der accursische Bezug auf *ferre* ist. Dieses *ferre* hat den Vorzug vor *accepto* eben nur, weil es das letzte Wort dieses Paragraphen ist.

Überlieferung des azonischen Apparats noch in der Kette der Allegationen stehen und so noch reine Allegationsglossen sind, in die lemma(sc. auf ferre)-bezogene Glosse aufgenommen – mit der Angabe, was der Leser speziell aus D. 45,1,122,6 – *l. qui rome § ult.* entnehmen soll.[25]

Nachdem in dieser Weise die azonische Vorlage (sc. die gl zu *accepto*) mit Hilfe der in dieser Vorlage vorhandenen Mittel verbessert war, stand Accursius vor der Frage, ob es hierbei, was diesen § 1 unserer l. 10 angeht, sein Bewenden haben konnte, ob seine Vorlage nicht doch auch hier wieder eine Lücke aufwies, indem darin von Azo nichts zu der Frage gesagt ist, ob das Wahlrecht, das die Litera – gestützt auf Sabinus und mit dem Beifall Ulpians – dem Schuldner zugesteht, diesem nicht richtigerweise zu versagen, ob es ihm nicht durch die novierende Wirkung der Strafstipulation genommen ist. Was Accursius in Hinsicht auf die Entscheidung dieser Frage durch den Kopf gegangen ist, wird sichtbar in der

25 Die Umformung der reinen Allegationsglossen in lemma-bezogene Glossen ist, wie sich hier zeigt und gezeigt sei, nicht eine von Accursius *ab ovo* begonnene Arbeit. Dieser hat nur fortgesetzt und vollendet, womit schon im azonischen Apparat (wie auch bei Hugolinus) begonnen ist: In allen diesen Apparat überliefernden Hss mit zwei (hier zunächst zurückgestellten) Ausnahmen schließt die lemma-bezogene gl *nisi* etc. mit: *ut*; es folgt (von derselben Hand/Tinte!) ein Bezugszeichen, und dieses ist in der von dieser Glosse abgesonderten Kette der Allegate wiederholt bei: *C e. si pacto* (C 2,3,14); *C de transact. cum proponas* (C 2,4,17); *infra de verb. obl. ita stip. § ult* (D 45,1,115,2 i. f.). In derselben Kette befinden sich – außer meist noch anderem – auch *infra tit .i.* (= 1. Titel) *qui fidem* (D 2,15,6) sowie *infra de verb.obl. qui rome § ult.* (D 45,1,122,6), aber bei diesen beiden nicht wie bei den drei vorgenannten das Bezugszeichen vom Ende der lemma-bezogenen *nisi aliud*-Glosse. Die Aufnahme dieser drei in diese lemma-bezogene Glosse ist also eben durch das Bezugszeichen vorgegeben – sei es durch Azo selbst, sei es durch den, der dessen Apparat für die Abschrift zugerichtet hat. In den beiden Hss, in denen es anders als in der Regel ist, besteht dieses andere dann auch darin, dass die drei durch das Bezugszeichen gekennzeichneten Allegate in der lemma-bezogenen Glosse selbst, sc. an deren Ende stehen: so in Paris 4463 (wo die Umformung, von der hier die Rede ist, durchweg stattgefunden hat) sowie in Arras 586 und Vatikan 1408. Zu bemerken ist noch, dass die Allegationskette (und darin die fünf hier einschlägigen Allegate) nicht selbst zum azonischen Apparat gehört, sondern der azonischen Arbeit durch die *antiqua glosa* vorgegeben war, was in den Hss ersichtlich ist, in denen der azonische Apparat dieser alten Glossierung hinzugefügt ist, wie eindeutig in Stockholm, Vatikan 2512, weniger eindeutig ebenda 1408, wo in der alten Kette radiert zu sein scheint. Azos Arbeit ist also – genau genommen – hier nicht die Materialbeschaffung, sondern die sichtbare Zuordnung des geschaffenen Materials zu der Litera. Und die Leistung des Accursius erschöpft sich darin, dass er diese Zuordnung (durch die beiden Stellen D 2,15,17 und 45,1,122,6) komplettiert und ausgeschieden hat C 2,3,14, aber dies doch gewiss nur deswegen, weil diese Stelle nicht wie die vier anderen eine *contra*-Stelle ist.

Entscheidung, die er getroffen und ausgeführt hat. Er hat das, was zu dieser Frage bei Hugolinus vorhanden ist, sich zu eigen gemacht und auf die Weise, die den geringsten Aufwand erforderte, in seine Vorlage aufgenommen. Er hat dasjenige, wovon er also gemeint haben muss, dass es in seiner Vorlage fehle, einfach an das, was zu *ferre* in dieser vorhanden war, angehängt. Dies und jenes in die von der jeweiligen Sache her gebotene Reihenfolge zu bringen, hätte ihn mehr Mühe gekostet; er hätte sich dazu auf die Sache selbst und nicht nur auf deren formale Beschaffenheit einlassen müssen. Seine Arbeit ist, wie nur immer wieder zu sagen ist, die des Redaktors, und sie ist dies hier auch als eine solche nicht eine sehr gründliche. Zu sagen aber ist dies hier nicht allein wegen der verkehrten Aufeinanderfolge der beiden zu *ferre* behandelten Fragen, sondern auch und mit noch mehr Berechtigung angesichts der Qualität dessen, was aus dem Hugolinus-Apparat Accursius in seine Vorlage implantiert hat und angesichts der Mühe, die er sich mit der Verbesserung dieses seines Implantats gegeben hat.

Diese Mühe ist hier oben (unter II i. fi.) dadurch sichtbar gemacht, dass die Hugolinus-Glosse zu *utatur* und Teil 2 der *gl. ord.* zu *ferre* simultan wiedergegeben und alle accursischen Veränderungen gesondert mitgeteilt sind – in der Weise, dass alles, was zu dem Hugolinus-Text ein accursischer Zusatz ist, auf dem Rand und die Stelle der Einfügung im Text durch Schrägstriche (/) angegeben ist, hingegen die in der *gl. ord.* ausgelassenen und die anders als bei Hugolinus zum Ausdruck gebrachten Textteile in geschlängelte Klammern { } gesetzt,[26] diese auf dem Rand wiederholt und in ihnen dort die andere accursische Formulierung mitgeteilt bzw. die Auslassung durch einen waagerechten Strich (–) angegeben ist. Der Leser hat also den reinen Hugolinus-Text, wenn er diese Klammern und jene Schrägstriche unbeachtet lässt, und er hat den reinen Text der *gl. ord.*, wenn er in den Text hinein nimmt bzw. aus ihm weglässt, was neben diesem auf dem Rand verzeichnet ist. Über die Qualität der Modifikationen: der accursischen Auslassungen, Zusätze und Veränderungen ist zu einem fundierten Urteil nicht zu gelangen, ohne zuvor ein Urteil über die Qualität dieser Hugolinusglosse zu *utatur* im Ganzen zu fällen.

26 Die eckigen Klammern sind auch hier gebraucht zur Kennzeichnung dessen, was zur 1. Version des Textes der gl. ord. eine *additio* ist. Von dem Gebrauch runder Klammern ist abgesehen wegen deren Verwendung für Zusätze meinerseits.

bb) *Die dem 2. Teil der* gl. ord. *zu* ferre *zugrunde liegende Hugolinus-Glosse zu* utatur *in substantieller Hinsicht: Novation eines* pactum de non petendo *durch Strafstipulation?*

Accursius muss der Meinung gewesen sein, Hugolinus' auf *utatur* bezogene Aussage sei im Großen und Ganzen, also abgesehen von einigen Details, in Ordnung; das Fehlen des in ihr Gesagten im azonischen Apparat sei mithin ein Mangel, den zu beheben das von Hugolinus Gesagte nicht schlechthin untauglich, vielmehr bei gehöriger Verbesserung des Details bestens geeignet sei. Er kann aber dieser Meinung nur gewesen sein, weil er das, was Hugolinus sagt, einer wirklich gründlichen Prüfung gar nicht unterzogen, vielmehr nur daraufhin durchgesehen hat, ob Hugolinus das, was er sagen will, auch in die – nach des Accursius' Geschmack – treffliche Form gebracht hat.[27]

Hugolinus ist, wie hier in aller Kürze bereits gesagt war, der Meinung, es könne, wenn ein Gläubiger seinem Schuldner die Schuld durch ein *pactum* erlässt, also sich verpflichtet, diesen nicht in Anspruch zu nehmen, und für den Fall, dass er dieser seiner Verpflichtung zuwider handelt, durch Stipulation eine Strafe verspricht – es könne durch diese Strafstipulation jenes Erlass-*pactum* noviert werden, also das *pactum* und die darin begründete Verpflichtung aufge-

27 Im Bisherigen ist, wie der kritische Leser bemerkt haben wird, vorausgesetzt, dass dem Text der *gl. ord.* der Hugolinus-Text zugrunde liegt und die Abhängigkeit nicht die umgekehrte ist. Die Annahme, dass Teil 2 der *gl. ord.* zu *ferre* das Original ist und davon die gl zu *utatur* im Hugolinus-Apparat eine bearbeitete Fassung hat, ist nicht ohne weiteres von der Hand zu weisen, sie ist nicht ohne alle Indizien, aber doch mit der Wahrscheinlichkeit, die an Sicherheit grenzt, zu verwerfen. Die Indizien sind: 1) nicht schon das Fehlen dieser Glosse in Seo und in London, wohl aber doch, dass dort aus der *gl. ord.* zu *ferre* deren 2. Teil eingefügt ist und hier, sc. in London von derselben Sache auf eigenständige Weise gehandelt ist – es gab, als dies unternommen wurde, weder von Hugolinus den Apparat, wie ihn Paris hat, noch die *gl. ord.* 2). Die im Text, wie ihn Paris hat, festzustellenden Ungereimtheiten, von denen hier noch zu handeln sein wird (s. im hier folgenden Unterabschnitt cc), sowie 3) die Bezeichnung der letzten *lex* eines Titels als l. *fin(alis)* in der *gl. ord.* und auch in Paris, während in Seo eine solche *lex* durchweg noch auf die ältere, auch im azonischen Apparat noch gebräuchliche Weise als *ult(ima)* bezeichnet wird. Aber diese Redeweise: *fin.* statt: *ult.* (s. dazu auch bereits Jakobs, FS Kleinheyer S. 338 bei und in N. 127) ist in Paris, soweit ich sehe, in allen Stücken festzustellen, die dort vorhanden sind und in Seo noch fehlen; sie ist also eine nicht allein in der *gl. ord.* anzutreffende Neuerung. Die Sache entscheidend aber ist, dass schlechterdings nicht plausibel ist, wie einer, der den Text der *gl. ord.* vor sich hat, daraus einen Text herstellen kann, wie ihn Paris hat, während das Umgekehrte durchaus einleuchtet, wie jeder einsehen wird, der die einzelnen Differenzen zwischen dem Text in Paris und in der *gl. ord.* ins Auge fasst, was hier noch geschehen wird.

hoben und nur noch die Strafe zu entrichten sein. Hugolinus hält dies nicht nur für möglich, sondern ist selbst der Meinung, es sei dies *olim* (oder, wie man stattdessen auch wird sagen können, im *ius vetus*) auch so rechtens gewesen, indem nach diesem alten Recht die Novation, sc. die Aufhebung der einen Verpflichtung und der Bestand allein noch der durch die Stipulation begründeten neuen Obligation ohne weiteres eingetreten sei – ohne dass Gläubiger und Schuldner einen speziell auf diese Wirkung gerichteten Akt vorgenommen hätten. Und dasselbe soll – nach Hugolinus' Meinung – auch nach den *iura hodierna* stattfinden können, allerdings nach diesem für ihn (Hugolinus) geltenden Recht nur unter der Voraussetzung eines den Novierungswillen zum Ausdruck bringenden Akts.[28] Dass dem einst so war und nun so ist: eine Strafstipulation n. b. ein *pactum de non petendo* novieren kann! – daran hat Hugolinus einen gewissen Zweifel allein im Hinblick darauf, dass die aus dem Erlass-*pactum* entstehende Verpflichtung nur eine *naturalis obligatio* ist. Und er überwindet diesen Zweifel in einer Argumentation, die in ihrem Verlauf, so wie

28 Das Recht welcher Zeit Hugolinus das *olim* geltende nennt, wage ich nicht mit letzter Sicherheit zu sagen. Seine *iura hodierna* sind gewiss die *leges* des justinianischen Corpus und hier speziell C 8,41,8, wonach Novation nur stattfinden soll, wenn die Parteien *specialiter remiserint priorem obligationem et hoc expresserint*, und wo auch gesagt ist, es werde dies bestimmt zur Beseitigung der *veteris iuris ambiguitates*. Diese Konstitution liegt, wie nicht anders annehmbar ist, Hugolinus' Unterscheidung dessen, was für die Novation aufgrund der *iura hodierna* gilt und *olim* gegolten hat, zugrunde. Ist für ihn also nicht *olim* das *ius vetus* und also, wie in dieser Konstitution, einfach alles bis auf Justinian, mithin das gesamte vorjustinianische Recht? Jedenfalls ergab sich für ihn aus dieser Konstitution, dass das Recht der Novation im *ius vetus* zunächst ein anderes war und dieser andere Rechtszustand noch in der Zeit des *ius vetus ambiguus* geworden ist. Sein *olim* geltendes Recht ist also das *ius vetus*, bevor es in diesem zu dieser *ambiguitas* gekommen ist. So wenig aber wir heute uns sicher sein können, wann genau diese *ambiguitas* entstanden ist, so wenig kann auch Hugolinus gewusst haben, ob dies erst in der heute sog. nachklassischen Zeit der Fall gewesen (wie noch Schulz, Classical R. L S. 485 und Kunkel–Joers/Wenger S. 200 angenommen haben) oder es bereits im Verlauf der klassischen Zeit dazu gekommen ist (wie Kaser S. 648 angenommen hat und in dessen sich der Kritik enthaltenden Schule man annehmen wird). Zu Anfang dieser Zeit: z. Z. also – um die Sache auf den hier relevanten Mann zu bringen – des Sabinus wird das Recht doch sicher noch so gewesen sein, wie es als *olim* geltend Hugolinus angibt, und dass dies Hugolinus anders gesehen, bei seinem *olim* an eine noch frühere Zeit gedacht hat, ist m. E. auszuschließen. Wenn hier im Weiteren von dem *olim* geltenden Recht auch als *vetus ius* die Rede ist, dann ist dies mithin *cum grano salis* zu lesen – mit dem Vorbehalt gesagt, dass das, was Justinian C 8,41,8 verordnet hat, eine Entwicklung abschließt, deren Anfänge bis in die klassischen zurückreichen *könnten*.

sein Text überliefert ist, nicht nachvollziehbar,[29] in ihrem Resultat aber eindeutig ist: Dass auch eine Naturalobligation *per novationem in aliam sequentem posse transfundi constat*: dass dies an sich geht, steht für das alte wie für das neue Recht fest, und es kommt also nach Hugolinus nur darauf an, ob ein den Novierungswillen zum Ausdruck bringender Parteiakt vorhanden ist oder fehlt. In dem in l. 10 § 1 gegebenen Fall soll dieser Akt fehlen, und es soll allein deswegen eine Novation, die in diesem Fall *olim* stattgefunden habe, hier nicht eingetreten, mithin der Stipulationsschuldner und Gläubiger der durch das *pactum* erlassenen Forderung zu beidem verpflichtet sein – zur Unterlassung der Inanspruchnahme des Stipulators und zur Entrichtung der stipulierten Strafe, so dass dann der Stipulator zwischen diesem und jenem die Wahl habe.

Es ist diese hier in aller Ausführlichkeit referierte Meinung des Hugolinus ein doch gewiss absonderlicher, schon fast abwegig zu nennender Einfall, und das ist auch aus mehr als nur einem Grund zu sagen. Der Begriff der Novation ist, dass die Obligation, von der sie als einer begründeten ausgeht, mit ihrem wesentlichen Inhalt in eine andere, durch eine Stipulation zu begründende Obligation transferiert wird,[30] sodass in dieser *sequens* und in jener *prior obligatio* geschuldet ist *idem* und nur in der *sequens obligatio*, damit die ganze Prozedur überhaupt einen Sinn hat, im Vergleich mit der *prior obligatio* auch *aliquid novi* ist.[31] Es bedarf auch nicht etwa der Darstellung dessen, was eine Novation ist, in den (zu Hugolinus' Zeit noch unbekannten) Institutionen des Gaius, um dies zu wissen und um zu bemerken, dass hier, sc. im Fall von l.10,1 an eine Novation gar nicht zu denken und der Gedanke, sollte er einem kommen oder begegnen, zurückzuweisen ist: Aus dem *pactum* ist der Gläubiger der zu erlassenden Schuld verpflichtet, den Schuldner nicht in Anspruch zu nehmen; aus der Stipulation aber schuldet er die Strafe, und diese ist, mag sie in der Zahlung einer Geldsumme oder in was auch immer sonst bestehen, jedenfalls nicht *idem*, sondern ein *aliud*.[32] In diesem Punkt, dass nämlich aus der alten, mit dem

29 Wovon hier besser bei den accursischen Verbesserungen des Hugolinus-Textes zu reden ist, s. hier u. N. 49.

30 D 46,2,1, wo *transfusio*, des anschließenden *translatio* wegen, nicht als ›Umwandlung‹, vielmehr genau so: als ›Übertragung‹ zu lesen und darum doch wohl auch für Ulpian zu streichen ist, s. Index Interpol.

31 Ist in ihr nichts Neues, dann ist die Schaffung einer neuen Obligation Unsinn; ist in ihr etwas Neues, dann hat die Erhaltung der alten nur einen Sinn, wenn die Parteien das so wollen – dies ist, mit meinen Worten, das *olim* geltende Recht, wahrhaft klassisch. Die Harmonisierung des klassischen und des justinianischen Rechts durch die Annahme, auch in klassischer Zeit habe gegolten *quod actum est* (Kaser, s. o. N. 28), ist nichtssagend. Was gilt im Zweifel?

32 Die Hingabe und Annahme eines *aliud* ist, weil keine *translatio* des Geschuldeten, *datio in solutum*, wie nicht anders als heute auch den Glossatoren bekannt gewesen ist – und wie dann nicht Hugolinus?

Novationsakt der *translatio* erledigten und der durch diesen Akt begründeten neuen Obligation dasselbe und dieses nur mit der einen oder anderen Modifikation geschuldet ist, gibt es auch keine Differenz zwischen dem, was *olim*, im *ius vetus* gegolten hat und aufgrund der *iura hodierna*, im justinianischen Recht gilt. Unsere Stelle selbst, sc. § 1 l. 10 liefert für diese Übereinstimmung den Beleg. Denn es ist hier doch die Meinung des Sabinus, dass der aus dem *pactum* und aus der Strafstipulation Berechtigte *utraque via* zur Verfügung hat, nach seiner Wahl die Einrede also aus dem *pactum* erheben und die Entrichtung der Strafe fordern kann. Es ist Sabinus, dessen Recht, wie auch für Hugolinus anzunehmen ist,[33] dasjenige ist, das *olim* gegolten hat, gar nicht auf den Gedanken gekommen, es habe eine Novation, die nach dem Recht dieser Zeit doch ohne weiteres hätte stattfinden müssen, hier in der Tat stattgefunden und es könne also überhaupt nur die Strafe verlangt werden. Will man nicht annehmen, Sabinus habe nur von dem Fall gehandelt, dass die Parteien den Ausschluss der Novation besonders vereinbart haben, und Ulpian, der des Sabinus Meinung für *verius* erklärt, habe nicht gesehen oder für nötig gehalten zu bemerken, dass allein für diesen Fall die Ansicht des Sabinus begründet ist, und weder dieses noch jenes sagt Hugolinus,[34] dann erweist sich dessen Ansicht, es finde eine Novation, wie sie *olim* stattgefunden habe, hier allein nach den *iura hodierna*: wegen des Fehlens eines die Novation anordnenden Parteiakts nicht statt, als schlechterdings unhaltbar und – angesichts des doch unzweifelhaften Begriffs der Novation – selbst als unbegreiflich.

Wie Hugolinus auf den Gedanken gekommen ist, hier, sc. zu dieser Stelle, zu der er seine Glosse schreibt, von der Möglichkeit einer Novation zu handeln und die Lösung darin zu finden, dass das in dieser Stelle Gesagte richtig sei allein nach den *iura hodierna* des justinianischen Rechts, wird in einem gewissen Maße begreiflich gegen Ende seiner Argumentation, sofern man die Stelle, von der es dort heißt: *et ideo non obstat*, sich vergegenwärtigt. Es handelt sich um das Paulusfragment D 44,7,44,6 (*de act. et obl.* etc.), das in der Lehre von den Strafstipulationen bei der Frage, wie die Klage aus einer solchen zu den Rechtsmitteln sich verhält, die dem Stipulator, um dasjenige zu erzwingen, was, wenn es unterbleibt, die Strafe verfallen lässt, zustehen, bis in unsere Zeit hinein viel erörtert und zu einem doch wohl fragwürdigen Ansehen gelangt ist.

Paulus' Fall in diesem aus seinem Ediktskommentar exzerpierten Fragment ist, dass durch Stipulation versprochen ist der Bau eines Schiffes und eine Strafe für den Fall, dass der Bau unterbleibt. Paulus' Frage ist, ob es in diesem Fall um zwei Stipulationen geht, sodass bei Verfall der Strafe, die Verpflichtung, das

33 S. o. N. 28.

34 Wie auch nicht Accursius in der 1. Version des Textes der *gl. ord.*, wohl aber dann in einer *additio* zu diesem Text, worauf hier zurückzukommen ist.

Schiff zu bauen, nicht aufgehoben wird,[35] oder ob in der nur einen Stipulation eine *translatio* und *quasi* eine Novation stattfindet: *an vero transferat in se et quasi novatio prioris fiat*,[36] was dann, von Paulus oder von wem auch sonst, als *magis verum* bezeichnet wird. Dies wird (denn allein dies kann) Hugolinus dazu gebracht haben, eine Novation für möglich zu halten selbst dann, wenn aus der *prior* und der *sequens obligatio* nicht *idem* geschuldet ist. Dies muss ihn veranlasst haben, danach zu fragen, ob nicht auch in der Fallkonstellation unserer l. 10,1 durch eine Strafstipulation die Novation eines *pactum de non petendo* stattgefunden hat. Die Quelle dieses Einfalls ist diese Paulusstelle! Und es haben sich für Hugolinus ersichtlich keine Skrupel daraus ergeben, dass dort nur *quasi* von einer *novatio* die Rede ist. Hugolinus musste dieses *quasi* nicht bedenklich stimmen, wenn (und es hat ihn dies nicht bekümmert, weil) er bei Paulus das gelesen hat, was wohl alle Späteren und bis in die jüngste Zeit sicher alle Neueren[37] dort lesen: derjenige, der den Bau des Schiffes versprochen hat sowie eine Strafe, wenn er nicht baut, schuldet, wenn er dann nicht baut und die Strafe verfällt, nur noch diese; es findet eine Novation statt insoweit, als die Verpflichtung zu bauen wegfällt, und diese ist nur *quasi* eine *novatio*, weil das, was zunächst geschuldet war, und das nun allein noch Geschuldete nicht *idem* ist.[38] Ersichtlich nicht unbekümmert ist Hugolinus gewesen um das Ergebnis, dass Paulus, wenn wir seinen Text in dieser Weise verstehen,[39] sich in einem Gegensatz befindet, sich distanziert von dem, was jedenfalls Ulpian und Sabinus angenommen haben, dass nämlich mit dem Verfall der Strafe (bei Eintritt der

35 *Ut duae stipulationes sint, pura et conditionalis, et existens sequentis conditio non tollat priorem.* Die Übersetzung Spruit: »of het ... om twee stipulaties gaat ... en of niet bij vervulling ... de eerste word opgeheven« hat die Verneinung: *non* (vor *tollat*) an der – doch wohl auch im Holländischen – verkehrten Stelle: das *et* (*existens*) ist zu lesen: so (= mit der Konsequenz) dass nicht! Es wäre zwischen den beiden Möglichkeiten: *duae/una stip.* doch anderenfalls im Ergebnis gar kein Unterschied.

36 Die Litera hat nicht, was in der Wiedergabe ihrer Aussage hier eingefügt ist: die *eine* Stipulation (in der die *translatio* stattfindet). Aber nach den vorangehenden *duae stipulationes* muss nun doch von der Rechtslage bei Annahme nur einer Obligation die Rede sein; es ist m. a. W. diese eine Obligation zu *transferat in se* als das Subjekt hinzu zu denken. Diese eine Obligation transferiert etwas in sich, und es ist also nicht etwa gesagt: »die zweite Stipulation nimmt die erste in sich auf« (Knütel S. 265), »de tweede (doet) de erste in zichzelf overgaan« (Spruit) – ›dat doet‹ die erste und einzige!

37 S. Knütel, Stipulatio poenae (1976) S. 265 ff. und die dort Zit.

38 S. Knütel vor. N., der das Resultat dann in die mit der praktischen Aufschrift: »sukzessive Konkurrenz« versehene Schublade ablegt.

39 In der soeben dargelegten Weise, dass eine *translatio* dessen, was Inhalt der *prior obligatio* gewesen ist, in die *sequens obligatio* gar nicht stattfindet (obwohl doch Paulus *transferat* sagt, s. hierzu noch u. N. 44).

Bedingung, unter der diese versprochen ist) beides geschuldet ist und der Berechtigte die Wahl hat, das eine zu verlangen oder auf dem anderen zu bestehen. Dass dies Hugolinus bekümmert hat, zeigt seine Begründung dafür, warum *infra de act. et obl. l. obligationum fere § fi. non obstat*. Es soll das *ideo* nicht der Fall sein *quia nec tunc etc.* – was doch nur heißen kann: auch in dem Fall des Paulus findet die *novatio* nur dann statt, wenn das wenigstens stillschweigend vereinbart oder als vereinbart zu vermuten ist; es ist dann dort also auch nicht anders als im Sabinus / Ulpian-Fall unseres § 1 l. 10, wo die Novation nicht stattgefunden haben soll, weil es an der dafür nach den *iura hodierna* erforderlichen Vereinbarung fehlt. Was Paulus sagt ist also – n. b. für Hugolinus! – eine Aussage zu dem Recht, wie es *olim* war, zum *ius vetus*? seine (sc. Paulus') *quasi novatio* findet statt, weil die Novation *olim* ohne weiteres stattfand?[40] Und wie haben dann Sabinus und Ulpian etwas anderes lehren können? Auch deren Recht war doch dieses *olim* geltende!

Die von Hugolinus unternommene Harmonisierung dessen, was von Paulus (jedenfalls so, wie in D 44,7,44,6 überliefert) als *verum* bezeichnet wird, mit demjenigen, was im Anschluss an Sabinus Ulpian für *verius* hält, erweist sich als mithin haltlos gerade in der Stelle, die Hugolinus dazu gebracht haben muss, bei unserem § 1 l. 10 das Stattfinden einer Novation für möglich zu halten. Die Harmonisierung ist mit Hilfe der Veränderung, die im Recht der Novation festzustellen ist zwischen dem, was für diese *olim* gegolten hat und was aufgrund der *iura hodierna* gilt, nicht zustande zu bringen. Es ist, schärfer gesagt, bei unserem § 1 l. 10, sc. bei dem Sabinus / Ulpian-Fall, auf den bezogen Hugolinus seine Glosse geschrieben hat, der Gedanke an eine Novation überhaupt verfehlt, die *quasi novatio*, von der bei Paulus die Rede ist, überhaupt beiseite zu lassen;

40 Läse man im Text des Hugolinus: *et ideo non obstat …*, *quia nec tunc* etc. dieses *tunc* als ›damals‹ / ›zu jener Zeit‹, dann wäre dessen Aussage: damals, sc. zur Zeit des Paulus war es so, dass eine *novatio* nicht stattfand, wenn nicht vereinbart war, dass sie stattfinden solle. Aber dies ist doch die Rechtslage gemäß den *iura hodierna*, weswegen ich meine, *tunc* lesen zu müssen als: ›dann‹ (nämlich findet die *novatio* nicht statt, wenn sie nicht vereinbart ist): sie muss, damit sie stattfindet, besonders, wenigstens stillschweigend vereinbart sein. Für *tunc* in jenem Sinn von ›damals‹ spricht allerdings das *fieri* im Imperfekt. Aber wie soll zu diesem das folgende *presumabitur*, sc. das Futur passen? Der Text (n. b. des Hugolinus) macht einen flüchtig niedergeschriebenen Eindruck und eben darin mag auch die Ursache dafür liegen, dass die Argumentation, wie hier bereits bemerkt, zur Frage der Novierungsfähigkeit einer Naturalobligation formal nicht nachvollziehbar ist (s. o. N. 29 und dazu u. N. 49 und 50). Handelt es sich bei dieser Glosse im Ganzen nicht vielleicht um die – schlechte – Nachschrift von etwas, was Hugolinus im Hörsaal (als Erörterung einer *quaestio*?) vorgetragen hat? S. hierzu auch noch u. im Text nach N. 53.

diese Novation ist nur zu begreifen als eine sog. Sondermeinung des Paulus,[41] wenn sie nicht ganz anders zu verstehen ist, als sie seit Hugolinus wohl gemeinhin verstanden wird. Für die Bestimmung des Verhältnisses der Klage aus einer Strafstipulation zu den Rechtsbehelfen, die der Stipulator hat, um dasjenige, worum es ihm primär geht, durchzusetzen, kommt es im justinianischen wie im klassischen Recht: *olim* (um mit Hugolinus' Worten zu reden) wie auch *hodie* gewiss darauf an, was die Parteien in *dieser* Hinsicht (in Hinsicht *nicht* auf eine Novation!) wollen und agieren. Sie können überein kommen und gegebenenfalls gilt, dass der aus der Strafstipulation Berechtigte beides: sowohl das primär Geschuldete als auch die Strafe verlangen kann. Sie können überein kommen und gegebenenfalls gilt, dass bei Verfall der Strafe allein noch diese geschuldet, das primär Geschuldete durch die Strafe ersetzt sein soll. Haben sie sich weder auf dieses noch auf jenes geeinigt, ist in dieser und in jener Hinsicht von ihnen keine Klarheit geschaffen, dann bleibt nur anzunehmen, dass zwar beides soll verlangt werden können, aber nur das eine oder das andere – *utrumque prout (stipulator) elegerit.*

Mit dieser – sowohl justinianischen als auch klassischen – Rechtslage steht nicht im Einklang, was zu dem gegebenen Fall in der Paulusstelle gelesen wird, dass ohne eine entsprechende Übereinkunft der Parteien nur die Strafe soll verlangt werden können. Es ist dies weniger in formaler Hinsicht als im Kern, in der Sache eine suspekte Entscheidung: das Recht darauf, dass das Schiff gebaut wird, soll wegfallen allein dadurch, dass derjenige, der das Schiff zu bauen hat, das nicht tut! Dieser soll denjenigen, dem es primär um das Schiff geht, mit der Strafe abspeisen können, und das auch noch ungeachtet dessen, wie hoch der Betrag der Strafe ist.[42] Ist das die Entscheidung des Paulus, dann ist diese, vom

41 Was für Hugolinus, wie besonders zu bemerken ist, nicht in Frage kam: Sondermeinungen ergeben zu der Frage, die sie betreffen, eine »Klassikerkontroverse«, die anzunehmen in unserer Zeit so leicht fällt, wie sie in Hugolinus' Zeit ein Unding gewesen ist. Denn sind die Digesten: die darin überlieferten Entscheidungen der römischen Juristen das geltende Recht, dann schaffen entgegengesetzte Entscheidungen darin ein Vakuum, und man stelle sich vor den Richter in einem Prozess, in dem die eine solche Kontroverse betreffende Frage entscheidungserheblich ist: was soll dieser Richter den Parteien sagen? Dass er nicht sagen könne, wer von ihnen Recht habe? Dass sie beide Recht haben? »Klassikerkontroversen« finden in den Digesten die Historiker. Juristen sind sie in den *leges* ein Horror, und Hugolinus war ein Jurist, seine *leges* standen in allen Teilen des justinianischen Corpus – auch in den Digesten.

42 S. Savigny, Obligationenrecht II S. 277 N. i: »ein solcher Vertrag (dass Primärleistung und Strafe kumulativ geschuldet sein sollen, kann) auch ohne ausdrückliche Bezeichnung desselben geschlossen werden, wenn etwa der Betrag der Strafe so unverhältnismäßig gering ist ... etc., womit nicht gesagt ist, es könne aus der Vereinbarung einer höheren Strafe auf die Vereinbarung geschlossen werden, dass nur die Strafe geschuldet sein soll.

Standpunkt eines Juristen aus, so unschädlich wie nur möglich zu machen, wie Savigny (in dem das Juristische und Geschichtliche eins geworden war) das unternommen hat.[43] Es ist mit dieser Entscheidung, um es salopp zu sagen, nicht auch noch auf die Dörfer zu gehen, wie Hugolinus das getan hat, indem er diese *quasi novatio* auch bei dem Fall unseres § 1 l. 10 ins Spiel gebracht und nur auf eine geschichtlich evident unzulängliche Weise wieder daraus zu entfernen vermocht, wenigstens für das zu seiner Zeit geltende Recht zunichte zu machen versucht hat – Hugolinus, der eben nur ein (sozusagen ungeschichtlicher) Jurist war. Es ist, wenn man diese *quasi novatio* als eine paulinische Entscheidung auf eine plausible Weise nicht aus dem, was das Recht zu sein hat, zu entfernen weiß,[44] von ihr bei l. 10,1 besser überhaupt zu schweigen, wie Azo das getan hat, und dieser doch wohl auch schwerlich deswegen, weil er von der paulinischen *quasi novatio* nichts gewusst hat, weil ihm D 44,7,44,6 entgangen wäre. Niemals war, nachdem die Digesten wieder bekannt geworden waren, die Kenntnis aller ihrer Details eine umfassendere als in der die Schule der Glossatoren abschließenden Phase. Aufgrund der Arbeit der Früheren war alles bekannt,

43 In zwei Schritten, indem er nämlich: 1) eine Aufhebung des Hauptvertrags bei Verfall der Strafe *quasi novatione* bei den römischen Juristen nur gefunden hat in D 44,7,44,6, wenn der Hauptvertrag eine Stipulation war – womit unser § 1 l.10 mit dem *pactum* als Hauptvertrag aus dem Spiel ist; und indem er 2) die Alternativität, wie sie u. a. in eben dieser Stelle sich findet, zur Regel erklärt und gemeint hat, dass diese »für das heutige Recht allgemein (!)« anwendbar sei, s. Savigny vor. N. 277–8.

44 Um sie daraus zu entfernen, bedarf es, wie hier: in einer auf die Geschichte des Textes der *gl. ord.* ausgerichteten Arbeit anzumerken doch wohl nicht unangebracht ist, keines großen Aufwands, namentlich keiner Kritik des Textes. Es ist nur in der Litera von D 44,7,44,6 das Prädikat *transferat* beim Wort und als Subjekt hinzu zu nehmen die *una stipulatio*, um die es nach den vorangegangenen *duae stipulationes* nun geht, s. o. N. 36. Es ergibt sich dann, dass diese eine Stipulation in sich etwas transferiert; es bleibt in ihr mithin das primär geschuldete *navem fieri* und also, wie es zur Novation gehört, *idem* erhalten, und es tritt nun, sc. mit Eintritt der Bedingung nur die Zahlung der Strafe und somit ein für eine reguläre *novatio* untypisches *novum* hinzu, sodass auch nur *quasi* von einer solchen zu reden ist. Ist aber aus dieser einen Stipulation nun *utrumque* geschuldet, dann stellt sich auch des Weiteren die Frage: beides kumulativ oder alternativ? Und es kann dann, wie Sabinus in seinem Fall, gesagt werden: nur das eine oder andere, was nicht sagen kann, wer *duae stipulationes* anzunehmen für das Richtige hielte. Paulus vertritt bei diesem Verständnis seines Textes keine Sondermeinung. Es geht ihm darum, die Voraussetzung dafür zu bezeichnen, dass in einem Fall wie dem seinen die Entscheidung des Sabinus zur Geltung kommen kann. Es spricht für das andere Verständnis auch nicht Paulus D 36,2,24pr (s. aber Knütel a. a. O. S. 267 f.): der Erbe soll statt des legierten *penum* schon dann *decem* leisten können, *si noluerit penum dare*. Das *penum* zu leisten, ist in sein Belieben gestellt, die *navis* zu bauen hingegen nicht.

und nur wusste man nicht auch schon auf alle im Studium der *leges* sich stellenden Fragen die alle Details in die zum Recht gehörende Harmonie bringenden Antworten zu geben. Und nichts spricht auch dafür, dass man sich dessen nicht auch bewusst war. Nichts spricht angesichts dessen, dass nur die Dummen auf alle Fragen die Antwort parat haben, dagegen anzunehmen, dass nicht gerade die Besten zu Fragen, die sie auf eine sie selbst überzeugende Weise nicht zu beantworten wussten, geschwiegen, die Antwort zu geben aufgeschoben, sich auf eine bloße Zusammenstellung möglicher *solutiones* ohne Entscheidung beschränkt haben. Auch für Hugolinus ist dies in Hinsicht darauf, dass es in seinem Apparat die Glosse zu *utatur* und D 44,7,44.6 als einer *contra*-Stelle zunächst[45] nicht gibt, nicht auszuschließen, also nicht etwa mit Sicherheit oder auch nur Wahrscheinlichkeit anzunehmen, dass ihm erst bei der Überarbeitung seines Apparats die *quasi novatio*: das Paulus-Fragment bekannt geworden ist. Es spricht zumindest ebenso viel und – bei einem Mann von Rang des Hugolinus – selbst mehr dafür, dass er mit dieser *quasi novatio* und D 44,7,44,6 zunächst nicht fertig zu werden gewusst, dass er auf sozusagen bessere Zeiten, in denen die Erleuchtung sich einstellen würde, gehofft hat. Und wenn dies für sein anfängliches Schweigen die doch wohl plausiblere, weil ihm adäquatere Erklärung ist, wie sollte dasselbe nicht auch für Azo anzunehmen sein?! Der Unterschied zwischen diesem und jenem wird mithin hier eher sein, dass Hugolinus dann doch noch dazu gekommen ist, einen Versuch zu unternehmen, diese *quasi novatio* unschädlich zu machen, indem er die Entscheidung des Paulus in das Recht abgeschoben hat, das *olim* für die *novatio* gegolten habe, und Azo, weil er der Klügere und hier auch Bedenklichere war, dies nicht eingefallen und er überhaupt nicht dazu gekommen ist, zu einem ihn selbst befriedigenden Resultat zu gelangen.

cc) *Accursius als reiner Redaktor der Hugolinus-Glosse zu* utatur

Azos Apparat bedurfte, wie ihm selbst nicht verborgen geblieben sein kann, wie in so vieler Hinsicht, so auch in dieser einer Ergänzung, und es bedurfte zu dieser Ergänzung der eigenen Arbeit oder eines Mannes seiner Statur – eines Mannes, der selbst Glossen schrieb, sich der jeweiligen Sache stellte und über sie zu einem selbständigen Urteil zu gelangen bestrebt und fähig war und der nicht die Hauptsache seiner Arbeit darin sah, die Glossen anderer zu redigieren, sie dem gemeinen Verstand zugänglich zu machen, der sich auf das Formale beschränken musste, weil ihm bei dem Umfang seines Unternehmens für mehr gar nicht

45 Sofern Seo, was alle Wahrscheinlichkeit für sich hat, die ursprüngliche Version dieses Apparats überliefert.

die Zeit blieb. Accursius mag ab und an mehr gewesen sein als nur der Redaktor fremder Texte – hier war er es nicht! Er macht sich Hugolinus' untauglichen Versuch zu eigen, indem er an dessen Text Veränderungen anbringt: einiges bloß anders, einiges auch besser, namentlich kürzer sagt und einiges hinzufügt, aber alles dies mit fast vollkommener Erhaltung der Substanz.

Es wird, um dieses Urteil zu substantiieren, nicht erforderlich sein, hier jedes Detail durchzunehmen und zu analysieren, das in der *gl. ord.* anders als bei Hugolinus ist und das durch die hier gewählte Wiedergabe beider Texte (s. o. im Text bei N. 26) evident gemacht sein sollte. Es wird genügen, nur zu denjenigen Verkürzungen und Zutaten etwas zu bemerken, die die Aussage in der Sache zwar nicht verändern, aber doch tangieren und bei denen nicht ohne weiteres ersichtlich sein dürfte, was zu ihnen die Veranlassung gewesen ist.

In dem Stück, in dem es darum geht, was hinsichtlich des Stattfindens einer Novation *olim* gegolten hat und *hodie* gilt, ist (sc. nach *olim:*) *fieret – fieret* verkürzt zu: *semper presumabitur*; (sc. nach *hodie*:) *non – agitur* zu: *contra* sowie nach *agitur*: *si non exprimatur* zu: *et non*, womit jeweils getilgt ist Hugolinus' Ausdruck: *exprimere / expressim* – und dies doch gewiss zu dem Zweck klarzustellen, dass die *olim* eine Novation ausschließende und sie *hodie* begründende Vereinbarung nicht ausdrücklich getroffen sein muss, also auch eine stillschweigende, mithin *tacite* getroffene Vereinbarung diese oder jene Wirkung hat. Um dieselbe Klarstellung geht es dann im Schlussstück dieser Glosse da, wo nach *actum*: *ut – petitione* ersetzt ist durch: *tacite vel expresse*[46] und sodann wenig später mit dem *tacite vel expresse hoc agebatur* als Ersatz für (bei Hugolinus nach *fiebat*) *novatio – presumabitur* sowie (nach *nisi*) *hoc – presumabitur.* Was Hugolinus hier, sc. in seiner Begründung dafür, dass D 44,7,44,6 *non obstat*, sagt,[47] macht in seiner sprachlichen Form einen etwas unglücklichen Eindruck, ergibt aber doch in der Sache, dass er nicht wirklich gemeint hat, die das Stattfinden einer Novation *olim* ausschließende und *hodie* begründende Vereinbarung müsse in der Tat *expressim* erfolgen: es soll genügen, wenn das eine oder andere nur zu präsumieren, aus den Umständen als gewollt zu entnehmen ist oder eben, wie Accursius das nennt, *tacite* stattfindet. Dass Accursius in seiner redaktionellen Arbeit nicht gründlich und ohne Geschick verfahren wäre, wird von ihm hier niemand sagen können.

Von den beiden noch verbleibenden umfänglicheren Kürzungen betrifft die eine den 2. Teil dieser Glosse, der mit *quid autem* beginnt und in dem es darum geht, dass auch eine *naturalis obligatio* novierungsfähig sei. Das ganze Stück beginnend bei Hugolinus mit *quod sic – constat* (bis vor das Allegat von D 46,2,1

46 Wozu dann später addiert ist: *quod fiat novatio*.

47 Und wovon hier o. im Text nach N. 40 bereits die Rede war.

– *de novat. l. i*) ist in der *gl. ord.* ersetzt durch: *ut – novari*. Die Kürzung verschont und gibt in eigenen Worten wieder das Resultat, und es ist mit ihr vollständig beseitigt die auf dieses Resultat hinführende Argumentation.[48] Die Argumentation ist unter Erhaltung bloß ihres Resultats weggelassen allein der Kürzung halber – oder etwa weil diese, wie hier bereits einmal bemerkt, nicht nachvollziehbar ist?[49] Sie hat auch Accursius nur in dieser – uns aus Paris bekannten

48 Zu dieser Argumentation gehört in dem Ersatzstück auch nicht etwa deren Anfang: *ut dicemus infra eo. L. si unus § pactus*. Denn dies ist der Beleg noch dafür, dass aus einem *pactum* (*de non petendo*) eine *naturalis obligatio* hervorgehe – *oritur* oder, wie Accursius mit einer seiner gleichgültigen Veränderungen sagt, *nascitur*. Gleichgültig und gewiss nicht besser ist im Vorhergehenden auch die Streichung von *huius* (vor *modi*) und *per novationem*; bei dem Verweis auf das zu l. 27,2 Gesagte geht es wohl um die in der Litera dieser Stelle auf *ipso iure* bezogene Glosse.

49 Sie tritt in dem Text, wie er in Paris ist (und es gibt ihn n. b. nur dort!), sozusagen auf der Stelle: Eine nachvollziehbare Aussage ergibt sich zunächst, wenn man nach dem ersten *probatur quia* überspringt *naturalis et civilis obligatio*, also diese vier Worte in dem Anfangssatz, wie in der *gl. ord.*, aber auch in Paris (hier durch Unterpunktierung) geschehen, tilgt. Die Aussage am Anfang ist dann: ein *pactum* dieser Art, sc. ein *pactum de non petendo* kann durch Novation in eine neu zu schaffende Obligation transfundiert werden, weil aus ihm auch eine Obligation und diese auch primär, die *exceptio* nur sekundär hervorgeht und weil zu einer Novation nun einmal zwei Obligationen gehören. Da diese aus einem *pactum d. n. p.* hervorgehende Obligation nur eine *naturalis obligatio* ist, müsste jetzt der Beweis dafür folgen, dass auch eine solche Obligation novierungsfähig ist. In der Tat geht der Text dann auch mit einem abermaligen *probatur quia* weiter, aber dies klingt durch das voranstehende *quod sic* so, als solle nun bewiesen werden, dass die aus einem *pactum d. n. p.* hervorgehende Obligation nur *naturalis obligatio* ist, wozu dann in dem Folgenden: *si in stipulatione – constat* aber doch nichts zu finden ist, woraus sich entnehmen ließe, dass die Obligation, die aus einem *pactum d. n. p.* hervorgeht, nur *naturaliter* eine Obligation sei. Was in diesem auf das 2. *probatur quia* folgenden Stück, in dem nun wieder von *naturalis et civilis obligatio* sowie (und auch das also wieder zum 2. Mal!) davon die Rede ist, dass *naturalis oritur obligatio*, gesagt werden soll – das herauszufinden ist, zumal auch, wie durch die Fragezeichen gekennzeichnet, ich einiges (und auch vor Ort!) nicht habe entziffern können, eine wahre Crux: Am Ende dieses Stücks ist allegiert *infra de nov.* etc = D 46,2,1. Auch dort geht es in der Angabe dessen, was zu einer Novation gehört, um die *civilis et naturalis obligatio*; im *principium* ist gesagt, die *obligatio*, die im Zuge einer *novatio* entsteht (die *sequens obl.*), könne sein *vel civilis vel naturalis*, und so dann auch am Anfang von § 1: *non interest qualis processit obligatio utrum naturalis vel civilis;* im Weiteren heißt es dann aber: *qualiscumque igitur obligatio sit, quae prae(!)cessit, novari … potest*, sodass man dort dann lesen kann, worum es hier – in dieser Hugolinusglosse in deren auf das 2. *probatur quia* folgende Stück – geht: auch das *prius debitum*, sc. die Obligation, von der die Novation ausgeht, soll *naturalis* sein können. Hugolinus dürfte es um einen Beweis dafür gegangen sein, warum das so sein, warum eher noch für die *prior* als für die *sequens obl.*

– unzulänglichen, nicht verbesserungsfähigen Gestalt vorgelegen?[50] Es bedarf, um dies zu vermuten, nicht der Annahme, dass das von Accursius benutzte Exemplar des Hugolinusapparats der Codex Paris ist. Die fortgeschrittene Version des Apparats, wie sie dort ist, kann und wird es doch wohl in mehreren Exemplaren gegeben haben, und es ist auch darum vielleicht der Mühe wert, alle noch existierenden Exemplare des Digestum vetus noch einmal daraufhin durchzusehen, ob es diesen Apparat nicht doch noch ein weiteres Mal gibt.[51] Denn je mehr Exemplare desselben Textes zur Verfügung stehen, umso größer ist, wie hier nochmals zu sagen ist, die Chance, den wahren Text festzustellen, da das, was in dem einen Exemplar nicht zu entziffern oder unverständlich ist, in einem anderen zu lesen und zu verstehen man das Glück haben kann. Ich spreche hier aus der Erfahrung, die ich mit dem azonischen Apparat dank der 12, partiell selbst 13 Hss, die diesen Apparat überliefern,[52] gemacht habe.

Nicht von derselben Qualität wie diese die Novierungsfähigkeit einer *naturalis obligatio* betreffende Kürzung ist die andere, die hier noch in den Blick zu nehmen ist: die Ersetzung des ganzen Stücks am Anfang des 3. Teils dieser Glosse: *sed pone – contrahentes etc.* durch: *sed quia – videntur*, wodurch dieses hugolinische Stück fast ohne Substanzverlust auf fast ein Drittel reduziert ist. Es geht um die Frage, ob und wie das im Fall der Litera gegebene Resultat, dass der

gelten muss, dass sie *naturalis* sein kann – um einen Beweis, den er – irgendwie – darin gefunden hat, dass die *naturalis obligatio* in die Stipulation deduziert wird. Er müsste, um diesen Beweis zu führen, einiges mehr gesagt haben, als in dem uns von seiner Glosse überlieferten Text enthalten ist. Dies aber: dass hier auf eine unzulängliche Weise verkürzt wiedergegeben scheint, was Hugolinus gesagt haben müsste, deutet darauf hin, dass diese Glosse gar nicht aus Hugolinus' eigener Feder stammt, sondern nur der Report von etwas ist, was Hugolinus anderenorts gesagt, vielleicht nur im Hörsaal vorgetragen hat.

50 Fehler von der Art, wie sie bei einer Abschrift unterlaufen, lassen sich in gewissem Maße verbessern; im Falle eines Homoioteleuton etwa kann klar sein, dass etwas fehlt, und kann auch zu vermuten sein, was das Fehlende ist. Dieser unser Text mit darin zweimal wiederkehrend: *probatur quia/civilis et naturalis obligatio/oritur nat. obl.* macht mir nicht den Eindruck eines aus nachlässiger Abschrift entstandenen Produkts, klingt eher wie der Text eines Reportators, der dem Vortrag des Professors nicht recht zu folgen vermocht hat. Aber wie ist dann dieser Text in den Apparat gelangt, der in Paris doch derjenige des Hugolinus ist? S. hierzu, dass nämlich Stücke des Pariser Apparats aus Hugolinus' Vorlesung stammen, auch und vor allem noch im Abschn. XI im Text vor N. 61.

51 Die Mühe, die (und das Geld, das) diese Arbeit kostet, ist ersichtlich aus den Aufbewahrungsorten der Hss des Digestum vetus, die ich noch nicht eingesehen habe und für die ich daher auch nicht ausschließen kann, dass sie den Hugolinusapparat überliefern. Die Hss, um die es noch zu gehen hat, lassen sich mit nicht allzu großer Mühe dem Verzeichnis von Dolezalek entnehmen, sodass sich deren Bezeichnung erübrigt.

52 S. diese in MG bei und in N. 20.

Stipulator nur entweder die Erlasseinrede zu erheben oder die Entrichtung der Strafe zu verlangen berechtigt ist, Bestand haben kann, angesichts dessen, dass in dem Fall, wenn eine Geldsumme und, falls diese nicht bezahlt wird, eine Strafe zu zahlen versprochen sind, die Kumulierung der Strafe mit dem primär Geschuldeten (*utrumque*!) die richtige Entscheidung sein kann.[53] Während Accursius diesen Vergleichsfall in die Fragestellung integriert und zur Entscheidung sowie zu deren Begründung mit einem Minimum an Worten sich begnügt, tritt Hugolinus all dies: die Darstellung des Vergleichsfalls, die Fragestellung, die Entscheidung und deren Begründung derart in die Breite, dass man sich vorkommt wie in dem Hörsaal eines Professors, dem es darum geht, jeden seiner Hörer zu erreichen, über keinen einzigen Kopf hinweg zu reden, und der, damit das nicht geschieht, damit ihn jeder versteht, von der Fallschilderung die Fragestellung absondert, diese in ihre beiden Alternativen zerlegt und die Begründung der Entscheidung aus dem, was die Kontrahenten gemeint haben, gleich zweimal anbringt. Diese redselige, sozusagen demokratische Breite ist das wohl deutlichste Indiz dafür, dass der Text dieser Glosse nicht am Schreibtisch entstanden, nicht aus der Feder dessen geflossen ist, der für einen Leser schreibt, nicht für einen, der sich für sein Verständnis Zeit nehmen kann – wie das gewiss zu sagen ist von der freilich nicht ganz unschädlichen Breviloquenz, durch die Accursius sich hier hervortut.

Von den accursischen Veränderungen des (wie auch immer zustande gekommenen) Hugolinus-Textes bleiben als bemerkenswert übrig die beiden größeren Zutaten: Am Ende des 2. Teils und das ist im Anschluss an das Resultat, es sei hier, sc. in § 1 l. 10 von der Rechtslage gemäß den *iura hodierna* die Rede, denen zufolge ohne einen darauf gerichteten Akt der Parteien keine Novation eintrete – im Anschluss hieran ist, dieses Resultat einschränkend, hinzugefügt: oder auch von der Rechtslage nach altem Recht, wenn die danach ohne weiteres stattfindende Novation durch besonderen Parteiakt ausgeschlossen sei. Diese Zutat ist zum ursprünglichen Text der *gl. ord.* eine *additio*, also auch nur vermutlich eine accursische Veränderung. Sie zeugt von einer nicht nur geringfügigen Einsicht in die Sache,[54] legt den Finger auf die Schwachstelle in der hugolinischen Argumentation, und bestätigt aber doch auch den Eindruck, der aus einem ausgebreiteteren Studium der *additiones* sich aufdrängt, dass nämlich die in diesen vorhandenen Verbesserungen des Textes der 1. Version nur ein

53 Und die richtige Entscheidung ist, wenn, wie Hugolinus den Fall bildet, die *sors* 100 und die *poena* 10 ist. Ob Accursius sich bei der Weglassung der Zahlenangabe etwas gedacht hat? S. dazu auch noch u. N. 56.

54 Die andere *additio* hier am Anfang zu *ex stipulatu, sc. ad penam* ist hingegen fliegengewichtig.

notdürftiges Flickwerk sind. Accursius (wenn ihm diese *additio* gehört[55]) hat immerhin bemerkt, dass die Aussage des Hugolinus zur Rechtslage nach den *vetera iura* in der Weise, wie er, sc. Accursius sich diese zunächst zu eigen gemacht hat, nicht stimmen kann. Es geht, wie hier nochmals zu sagen ist, *hic*, sc. in diesem § 1 l.10 um eine Ansicht des Sabinus; dessen Ansicht betrifft die Rechtslage, wie sie *olim* war, sc. diejenige im *vetus ius*, und wenn danach die (Straf)Stipulation das *pactum de non petendo* ohne weiteres aufgehoben hat, dann kann der Stipulator nicht, wie aber doch Sabinus meint und Ulpian für *verius* hält, die Wahl haben zwischen der Einrede aufgrund des *pactum* und der Einforderung der Strafe. Es kann dies nur gelten, wenn der Automatismus der novierenden Stipulation durch eine darauf gerichtete Vereinbarung der Parteien ausgeschaltet wird – eben dadurch, dass *fuit actum quod non fiat novatio.* Fügt man aber dies, wie es sicher geboten ist, der Ansicht des Hugolinus hinzu, so wirft das doch auch nur die weitere Frage auf, wie Sabinus das, was er annimmt, hat annehmen und wie vor allem Ulpian ihm hat folgen können, ohne zu bemerken, dass ein Fall vorausgesetzt ist, in dem das Stattfinden einer Novation durch eine besondere Vereinbarung ausgeschlossen war.

Schon zum Text der 1. Version der *gl. ord.* gehört die Zutat am Ende des von Hugolinus übernommenen Textes: *videtur ergo – promittat*, wozu dann später addiert ist: *sed contra puto in questione ista* etc. und womit also das zuvor in Ergänzung des Hugolinus-Textes Gesagte zurückgenommen wird – *in ista questione* und also vielleicht nicht schlechthin. Es dürfte schwerfallen, über dasjenige, was hier zunächst (und das auch zweifellos von Accursius) gesagt ist sowie sodann (und vermutlich von demselben) zurückgenommen wird, keine Satire zu schreiben. Ich gebe mir Mühe, das nicht zu tun: Anzunehmen sei also (*videtur ergo*), dass es darauf ankomme, ob jemand verspricht: ich zahle 100 und, wenn ich das nicht tue, 200 *nomine poenae*, oder aber: ich zahle 100 bei einer Strafe von (*sub poena*) 200.[56] Es soll einen Unterschied machen, und das doch wohl im Ergebnis, ob etwas *nomine poenae* oder *sub poena* versprochen wird? Das eine kostet den Versprechenden mehr als das andere? Die *additio* zum Text der 1. Version nimmt dies zurück, indem sie sagt, *sub poena* besage *tantum quantum* und also ebenso viel, wie wenn jemand verspreche: 10 und, wenn er diese nicht zahlen sollte, 20. Ich fürchte, dies ist subtiler gedacht, als ich zu denken vermag. Worauf es ankommt bei der *quaestio*, die Hugolinus (mit: *sed pone* etc.) aufge-

55 Die Mühe, ihr vermutliches Alter festzustellen, habe ich bislang gescheut.

56 Das ist nun nicht etwa der Fall, wie ihn Hugolinus bildet, bei dem das Zahlenverhältnis 100:10 und die Kumulierung gewiss das Richtige ist. Beträgt die Strafe das *duplum* der *sors*, wie in dem Fall, den Accursius hier bildet, dann ist doch im Zweifel ebenso gewiss, dass nur die Strafe zu zahlen ist – und 300 nur, wenn dies von den Parteien unzweifelhaft bestimmt ist.

worfen und die Accursius, aus welchem Grunde auch immer, allzu sehr verkürzt hat, indem er zunächst weder den Betrag des primär Geschuldeten noch die Höhe der Strafe genannt hat, ist nach Meinung von diesem und jenem: *quod contrahentes sensisse videntur*, und wie darüber einen Aufschluss soll geben können, ob etwas *poenae nomine* oder *sub poena*, mit dem Gebrauch dieser oder jener Worte versprochen wird, ist mir unerfindlich, und es ergibt sich dazu auch nichts aus den Stellen, die im Schluss dieser *additio* allegiert sind, namentlich nicht aus D 10,2,25,13 – *idem iuris*.

Welch eine Mühe ist von Accursius darauf verwandt worden, um Hugolinus' Glosse zu *utatur* sich zu eigen zu machen, um dessen Text ein besseres Aussehen zu geben. Und wie einfach hätte er es gehabt, wenn er es bei seiner azonischen Vorlage belassen hätte. Er hätte dann nur und allerdings auf die Sachfrage, die Hugolinus behandelt, sich einlassen und fragen müssen, warum diese nicht auch für Azo ein Thema gewesen ist.

VIII. Das *pactum in personam conceptum* und dessen Wirkung zugunsten Dritter – l. 17,5

Paulus libro tertio ad edictum ... Pactum conventum cum venditore factum si in rem constituatur, secundum plurium sententiam et emptori prodest, et hoc iure nos uti Pomponius scribit: secundum Sabini autem sententiam etiam si in personam conceptum est, et in emptorem valet: qui hoc esse existimat et si per donationem successio facta sit.

I. Das *contrarium* l. 17,5 ./. l. 7,8 und dessen Auflösung bei Azo, Hugolinus und in der *gl. ord.*

Die folgende Wiedergabe dessen, was zu diesem Paragraphen bei Azo, Hugolinus und in der *gl. ord.* gesagt ist, beginnt mit einer Glosse, die bei Azo, weil sie in der Litera erst auf *in personam conceptum* bezogen ist, in seinem Apparat nicht wie hier in dessen Wiedergabe am Anfang steht, die bei Hugolinus, der *supra eodem l. iurisgen. § pactorum* = l. 7,8 als *contra* allegiert, eine auf dieses reine Allegat bezogene Solutionsglosse ist,[1] und die in der *gl. ord.* hier, sc. bei l. 17,5 überhaupt fehlt. Sie ist in der *gl. ord.* vorhanden bei der Stelle, die Hugolinus' *contra*-Allegat ist, sc. bei l. 7,8, wo sie in der auf *ut personale* bezogenen Glosse deren 2. (mit *et nota* beginnender) Teil ist.

Es geht in jener l. 7,8 darum, und es ist hier in l. 17,5 vorausgesetzt, dass ein *pactum in rem* oder *in personam* konzipiert: auf eine Sache oder auf eine Person bezogen sein könne. Es klingt das dort (von Ulpian) zu dem auf eine Person bezogenen *pactum* Gesagte so, als sei das Recht aus einem solchen *pactum* auf dessen Parteien beschränkt, so dass etwa die *exceptio pacti de non petendo* allein dem mit dem Gläubiger paktierenden Schuldner zustehen könnte, und es ist hier (von Paulus) als eine Ansicht des Sabinus angeführt, dass ein von dem Verkäufer einer Sache abgeschlossenes *pactum*, selbst wenn es *in personam* konzipiert ist, ebenso wie das *in rem* konzipierte *pactum* auch zugunsten des Käufers (der hinsichtlich des *pactum* ein Dritter ist!) wirke, und es ist zudem

1 In Seo und Paris ist das so; in London scheint diese Glosse lemma-bezogen zu sein, ist aber das Lemma in der Litera nicht kenntlich gemacht. Hinzu kommt in London, dass als *contra* nicht nur l. 7,8, sondern auch *infra e. l. idem* § 1 = 25,1 D 2,14 der *solutio* voransteht, sodass diese auf zwei *contraria* bezogen ist. In Seo und Paris ist diese 2. Stelle, wie in der folgenden Wiedergabe ersichtlich, erst in der Ausführung der *solutio* angeführt, was indiziert, dass London auch von Seo keine reine Abschrift ist.

gesagt, dass dies selbst dann gelte, wenn die Sache nicht verkauft, sondern verschenkt, das *in personam* konzipierte *pactum* also nicht von einem *venditor*, sondern einem *donator* abgeschlossen wird.[2] Dass in Hinsicht auf diese wirkliche oder scheinbare Divergenz in der Aussage von l. 7,8 und von l. 17,5 bei Azo und auch in der *gl. ord.* nicht von einem *contrarium* die Rede ist, Azo in seiner Glosse zu *in personam conceptum* l. 7,8 nicht einmal anführt, lässt nicht etwa darauf schließen, dass Accursius und Azo von dem, was *contra* zu nennen ist, einen engeren Begriff hatten als Hugolinus. Für Azo und Accursius ist, wie hier keines Beleges bedürfen wird, nicht anders als für Hugolinus *contra* jede Aussage, die neben einer anderen nicht bestehen kann ohne eine Erläuterung: nicht ohne beide Aussagen aufeinander abzustimmen. Und ob diese Abstimmung bei der einen oder bei der anderen *contraria lex* stattfindet: ob sie – wie in der *gl. ord.* – schon da erfolgt, wo in den *leges* zu der Unterscheidung der *pacta* in solche, die *in rem*, und solchen, die *in personam* konzipiert sind, der Grund gelegt wird, oder aber erst da, wo diese Unterscheidung bezüglich des *pactum in personam* ergänzt, sozusagen verfeinert wird, ist gewiss gehupft wie gesprungen. Es ist also von des Accursius Vorgehensweise, die Abstimmung schon bei l. 7,8 vorzunehmen, nicht zu sagen, es sei dies zu der Positionierung der Erläuterung erst bei l. 17,5 in den Apparaten von Azo und Hugolinus eine Verbesserung. Dies ist hingegen wohl und nur nicht ganz bedenkenlos zu konstatieren hinsichtlich der Art und Weise, wie dort von Accursius und hier von Azo und Hugolinus die Erläuterung ausgeführt wird:

2 Dass der die *donatio* betreffende Zusatz als interpoliert verdächtigt wird, s. Index Interpol., kann hier dahinstehen. Zu fragen ist jedenfalls, ob dieser Zusatz noch zu dem gehört, was Sabinus gesagt hat und von Paulus nur referiert wird oder ob er erst von Paulus (wenn nicht gar von einem Späteren) herrührt, der damit dann doch sich der Ansicht des Sabinus anschließen würde. Wenn im Folgenden von diesem Zusatz als einer Ansicht des Sabinus die Rede sein wird, dann soll damit zu dieser Frage wie auch zu dem Interpolationsverdacht nicht Stellung genommen sein.

Azo	*Gl. ord.*	Hugolinus
in personam: pactum personale potest dici, cum paciscor, ne petatur ab aliquo me vivo, et ita hic accipitur et hic proprius potest dici temporale. dicitur etiam personale, cum pactum sit, ne petatur a te tantum et tunc non prodest nec fideiussoribus nec successoribus in rem. in primo casu prodest omnibus ut infra de statu lib. l. si is cui et l. servus § si heredi.	ut personale (in l. 7,8): … item nota pactum personale dici duobus modis: primo quod ad unam personam tantum porrigitur, non ultra et ita infra e. l. idem § personale. secundo ideo, quia cum persona extinguitur, sed ea vivente ad plures competit, et de hoc sunt quatuor exempla: cum venditore, cum donatore, cum filio servove, quorum pactum proficit emptori, donatario, patri et domino, sed viventibus paciscentibus, infra e. l. et heredi in princ. et l. si tibi § actum conventum. in rem autem …	supra e. l. iurisgen. § pactorum contra Solutio: pactum personale dicitur duobus modis, sc. quod non transgreditur personam et de tali loquitur et infra e. l. idem § i. contra dicitur personale, quod est factum in re ipsa (Seo: et persona) et transgreditur ad personam in re illa succedentem, sed si decebat is, cui primo factum est, iam non proderit succedentibus in rem et sic non progreditur ultra mortem, unde recte posset dici e tale(! personale?), et de tali hic loquitur. vel secundum quod est idem (l. 25?) § i contra (!?) speciale est in iiij casibus, i. e. ut pactum personale cum venditore, donatore, servo factum filiove prosit emptori, donatario, patri et domino vivo venditore, donatore, servo filiove ut hic et infra e. l. et heredi.

Dass zu dem Text der *gl. ord.* der azonische Text nicht die Vorlage: dass er nicht das Produkt einer Bearbeitung dessen ist, was Azo sagt, ist evident. Accursius verfährt, auch übernimmt er nicht einfach den Text des Hugolinus, doch wie dieser: Er spricht wie Hugolinus einleitend davon, dass es zwei *modi* eines *pactum* gebe; er stellt, wie wiederum Hugolinus, das sozusagen strikt personenbezogene *pactum* voran und führt bei dem anderen *modus* die vier Fälle an, um die es auch nach Hugolinus gehen soll und von denen Azo nicht nur gar nicht redet, sondern auch, indem er in Hinsicht auf diesen *modus* sagt, ein *pactum* dieser Art *prodest omnibus*, etwas sagt, was er so nicht meinen kann. Die Differenz der *gl. ord.* zum Text des Hugolinus und eine gewisse Verbesserung dieses Textes besteht darin, dass er die Personenbezogenheit bei dem 2. *modus* kürzer und präziser zum Ausdruck bringt, indem er namentlich vermeidet, von den Dritten, auf die die Wirkung dieser *pacta* sich erstreckt, als von *in rem succedentes* zu sprechen: von den vier Fällen, um die es gehen soll, ist doch allenfalls in den zwei ersten: bei der *venditio* und der *donatio* zu sagen, es finde eine *successio in rem statt*, und ob davon wie im Fall der *donatio* zu sprechen ist auch im Fall des Verkaufs, ist doch jedenfalls zweifelhaft. Es wird darauf hier zurückzukommen sein.

Zu bemerken ist hier zur Qualität der accursischen Verbesserung in der Bezeichnung des 2. *modus* noch das Folgende: Die accursische Verkürzung in der Bezeichnung dieses *modus* ist ersichtlich dadurch zustande gebracht, dass von den beiden von Hugolinus alternativ angeführten *solutiones* in der *gl. ord.* eine einzige gemacht ist. Denn tatsächlich lässt Hugolinus offen, ob der 2. *modus* nur die (beiden) Fälle einer *successio in rem* betrifft oder aber ein Sammelsurium von vier nicht auf einen Nenner zu bringenden Fällen ist, nämlich außer den Fällen der *venditio* und der *donatio* auch noch die zugunsten eines *paterfamilias* oder eines *dominus* von einem Sklaven oder Haussohn geschlossenen *pacta* umfasst. Es fehlt m. a. W. in der *gl. ord.*, indem dort nur *et hoc sunt* (*quattuor exempla*) gesagt ist, dasjenige, was im Text des Hugolinus mit *vel secundum* zum Ausdruck gebracht ist. Die Überlieferung dieses Textes ist nun aber an eben dieser Stelle die Folgende: In Seo schließt sich an dieses eindeutige, weil (wie hier in der Wiedergabe ausgeschriebene) *secundum* unmittelbar an: *speciale est* etc., ebenso in Paris, wo es nur einige Mühe kostet, das dort auf *vel* folgende Kürzel als *secundum* zu lesen, und allein London hat an das auch dort wie in Seo eindeutige *secundum* unmittelbar anschließend: *lot* – es ist die Ansicht diese *lot*: des Lotharius, dass es bei dem 2. *modus* um vier Fälle gehe! Und ob dem zu folgen oder ob der 2. *modus* nicht auf die Fälle einer *successio in rem* zu beschränken ist – das ist es, was Hugolinus offen lässt. Accursius hat – und darin besteht seine doch gewiss bedenkliche Verbesserung! – diese Unentschiedenheit beseitigt. Es könnte sein und es ist nur nicht mit Sicherheit zu sagen, dass er dazu bestimmt worden ist dadurch, dass in seinem Text des Hugolinus-Apparats wie in Paris (und Seo) nur *secundum* stand und er – anders als der Bearbeiter dieses Texts in London – nicht wusste und sich nicht die Mühe gemacht hat zu ermitteln, was im Anschluss an dieses an und für sich doch unverständliche *secundum* fehlt.

II. Das von dem Verkäufer mit demjenigen, der die Kaufsache für sich in Anspruch nimmt, geschlossene *pactum* und dessen Wirkung zugunsten des Käufers

1) *Die Quellen*

Azo	*Gl. ord.*	Hugolinus
	[pactum conventum cum venditore: possidente fundum alienum] [factum: a domino fundi]	
	emptori prodest: cum post pactum vendiderit. vel dic. etiam si ante. sed certe cum sit in persona, videtur quod ita demum prosit, si post venditionem factum fuerit. nec obstat infra e. l. nisi et infra de except. l. 7 (?) in § rei et infra e. l. idem § i, quae sunt contra, quia iam nihil operaretur haec pactio, nisi in emptore operaretur ut arg. infra de leg. i l. si qando, cum bonae fidei venditor alienavit, unde nec habet nec dolo desiit habere, cum ante pactum alienavit. [vel dic. quod etiam ante] * et est ratio, quia per consequens rediret contra venditorem, qui de evictione tenetur ut infra e. l. quod dictum est et est arg. C de usu. rei iudicati l. fi. in fi. et infra de petit. here. l. sed et si § item si rem et infra si fa. furt. fec. dic. l. quotiens § plane. sed mortuo venditore emptori non prodest, licet venditoris heredes teneantur de evictione, quia si ipsi [heredes] possideant, possunt conveniri ut infra e. l. et si heredi in princ.	(1) emptori prodest: * cum postea vendidit vel etiam ante. sed cum est in persona factum, ita demum potest dici emptori prodere, si post venditionem fuerit factum. nec obstat infra e. nisi et infra de except. l vii in princ. et infra e. l. idem § i contra, quia est hic inductum, ut aliquid operaretur tale pactum, alioquin esset inutile, cum ille alienavit iam forte non poterat queri ante pactum re bona fide alienata. (2) in emptorem validum: ** si enim emptori non prodest nec venditori, cum adversus eum regressum habeat re evicta [arg. ad hoc C de usu. rei i. l. fi. in fi. et infra de pet. her. l. sed et si lege § item si rem et infra si fam. fur. fec. l. quotiens et infra e.l. quod dictum.] sed mortuo venditore emptori non prodest, cui re evicta venditoris heredes tenetur de evictione, quia et si ipse heres possidet, tali pacto se tueri non possit ut infra e. et heredi.
per donationem: numquid est hoc verum etiam, si donatarius de evictione re evicta regressum non habeat?	Sed secundum hanc rationem videtur, quod non debeat ei proficere, qui per donationem successit, cum regressum non	sed secundum *** hanc rationem videtur, quod non debeat prodere ei, qui succedit per donationem, cum ipse non

Resp.: ita. sed contra videtur infra e. l. quod dictum. sed certe illud non est verum in hoc casu vel similibus eo, quod tantum hic facit successio quantum in aliis habilis(! casibus?) regressus de evictione vel de restituenda pecunia soluta. hoc enim in heredibus videmus, a quibus non peti mea(!) non interest et tamen prodest eis, nisi forte in casu interest ut instit. qui manu. non pos. § licet ibi enim valde etc. (I 6, 1 valde enim?). idem est in fideiussoribus quoque paciscentibus, quia, licet eorum non intersit a reo non peti, prodest tamen ut infra e. l. idem et l. videlicet. Si dicas, ibi loquitur de generali pacto Resp.: et hoc est generale* isto vivente, nam de tali pacto personali hic dicit. idem quoque in pacto eius, qui bona fide michi servit ut infra de accept. l. spec. adquir. sic et infra de const. pec. l. si post con.	habeat ut infra e. l. quod dictum est. sed dici potest hic intellegi de eo, qui habet regressum, cum promissum fuit ut C de de evict. l. ij vel a pactione incepit et** non ita si a donatione ut C de iure dot. l. i. vel verius dic., quod ideo ei [emptori et donatario] prodest, quia successit in rem ipsam, in qua pactum factum est. sic est in fideiussore, quod si fiat ei pactum, prodest reo, licet non intersit fideiussoris, quia sit pactum in rem ipsam ut infra e. l. idem § fi. et l. sequens. nec obstat, si dicas, quod in dicta l. idem loquitur de generali pacto personali, quia hoc est generale isto vivente. idem*** quoque quod (?) in pacto eius, qui bona fide mihi servit ut infra de accept. l. spec. adqui. sic et infra de const. pec. l. si post. [existimat: ut pactum factum donatori prosit donatario sive in rem sive in personam factum sit pactum.	habet regressum de evictione **** et sic infra e. l. quod dictum. sed dici possit hoc intelligendum ab eo, qui habet regressum, quod est, cum pactum donationis recessit rei traditioni vel cum promissum est de evictione. si autem incepisset donatio ab ipsa traditione vel non esset promissum, agi non posset ut C de iur. dot. l. i et C de evict. l. ij. vel dic., quod melius est, quod ei ideo prodest, quia succedit in rem ipsam, super qua pactum factum est. sic video in fideiussore, quoniam, si fiet ei pactum, prodest reo, licet non intersit fideiussoris, cum reus agere vel regressum adversus fideiussorem habere non possit. sed hoc est ideo, quia factum est pactum in rem ipsam et ipse reus habet eam ut infra e. l. idem in duobus § ult. et l. sequens.
* generale fehlt in einigen Hss	* Es fehlt in der 1. Version des Textes nicht nur dieses Stück. Es hat das Folgende auch in der Litera mit *validum* ein eigenes Lemma, worauf hier zurückzukommen sein wird. **et – donatione haben die Hss mit dem Text der 1. Version, auch noch spätere (wie Vatikan 1413), es fehlt in manchen Ausgg., auch in jüngeren Hss? *** Zum Fehlen von idem – post in den Hss und Ausgg. s. hier im Exkurs.	* Die Glosse fehlt im ganzen in Seo und London. Es gibt dort auch zu diesem Lemma kein zum Hugolinus-Ap. gehörendes Bezugszeichen, wohl in Seo von der diesen Apparat n. b. ergänzenden Hand zu conventum: contemplatione rei; venditore: cuius creditor pactum fecit de pignore non petendo; emptori: cum postea vendidit; validum: forsan vivo venditore – die beiden letzten sagen, auf das Äußerste verkürzt, dasjenige, was in Paris in den beiden

		hier wiedergegebenen Glossen ausgeführt ist, s. noch die hier folgende N. ** Seo hat das Bezugszeichen dieser Glosse in der Litera bei Sabini autem sententiam. Sie ist aber sicher keine additio, sondern in den Hugolinus-Ap. auch schon in Seo integriert. *** nach secundum hat Seo das m des Martinus. **** de evictione – regressum fehlt in Paris, was sicher ein Homoioteleuton ist und abermals indiziert, dass Seo keine Abschrift von Paris ist.

2) *Interpretation*

a) *Die Hugolinusglossen zu* emptori prodest *und* validum *als Accursius' Zutaten zu der azonischen Glosse zu* per donationem

Die *gl. ord.* zu *emptori prodest* ist, wenn der erste Eindruck nicht täuscht, ein aus drei Stücken gebildetes Kompositum: es sind darin, substantiiert gesagt, zu einer Glosse vereinigt aus dem Apparat des Hugolinus dessen beide Glossen zu *emptori prodest* und *validum* sowie aus dem azonischen Apparat dasjenige, was in dessen Glosse zu *per donationem* der Schluss: *si dicas – fin.* ist. Es ist mithin dasjenige, was bei Azo diesem Schluss vorangeht und die Frage betrifft, wie es sein kann (wie – genauer gesagt – Sabinus hat meinen können), dass das, was in der Litera zum Verkauf der Sache, bezüglich derer der Verkäufer ein *pactum* geschlossen hat, gesagt ist,[3] auch für die Schenkung gelten soll – es ist dieses azonische Stück

3 Gesagt ist weder, welchen Inhalts das *pactum* ist, noch was die Rechtsposition dessen ist, mit dem der Verkäufer das *pactum* geschlossen hat. Es muss sich, wie in dem, was in der Litera vorhergeht, um ein *pactum de non petendo* handeln, und es muss dieses, obwohl personenbezogen, die Sache betreffen, die verkauft wird – diese Sache nimmt ein Dritter als die seine in Anspruch, und dieser Dritte kommt mit dem Verkäufer überein, diesen auf Herausgabe der Sache nicht in Anspruch zu nehmen. Das *pactum* erlässt sozusagen dem Besitzer der Sache die diesem drohende Vindikation. Wie in der Litera, so ist auch noch von Azo, Hugolinus und auch noch in der 1. Version des Textes der *gl. ord.* von Accursius zur näheren Bestimmung des Falls, um den es geht, nichts gesagt. Was insoweit die *gl. ord.* hat zu: *pactum conventum cum venditore* sowie zu *factum* sind *additiones* zum ursprünglichen Text der *gl. ord.*, deren Alter hier vorerst dahingestellt bleiben kann. Beide gehen in der Kennzeichnung des Falles zu weit: das Eigentum an der Sache ist zwischen dem Verkäufer und dem Dritten im Streit:

ersetzt durch die beiden Hugolinus-Glossen. Der Effekt und doch wohl auch der Zweck dieser Maßnahme, an die Stelle des azonischen Textes denjenigen des Hugolinus in den Apparat einzustellen, liegen auf der Hand. Der Leser erhält so die Ausführung dessen, was Azo, indem er nur zu dem Schenkungsfall etwas sagt, unausgesprochen voraussetzt. Es wird dem Leser gesagt, es könne dafür, dass das von dem Verkäufer abgeschlossene *pactum* auch für den Käufer wirksam sei, also auch diesem Dritten daraus die Erlasseinrede zustehe, nicht von Belang sein, ob das *pactum* dem Verkauf zeitlich vorangehe oder nachfolge. In beiden Fällen hätte der Käufer, stünde ihm die Einrede aus dem *pactum* nicht zur Verfügung und müsste er also die Kaufsache demjenigen, der mit dem Verkäufer das *pactum* geschlossen hat, herausgeben, wegen dieser Eviction gegen den Verkäufer den Regress – und das *pactum*, das doch, auch ist es eine personales, keinen anderen Zweck hat als den, die Sache der Vindikation zu entziehen und sie also dem Verkäufer so zu sichern, als sei sie die seine, wäre wirkungslos. Es würde – genauer gesagt – die ihm zukommende Wirkung nur haben, solange derjenige, der sich den Erlass ausbedingt, die Sache in der Hand hat; es würde seine Wirkung verlieren, sobald dieser die Sache veräußert. Die Sache wäre in der Hand dessen, dem sie so, als sei sie die seine, durch das *pactum* gesichert werden soll, unveräußerlich; sie wäre die seine nur mit dieser doch gewiss nicht unerheblichen Einschränkung.

Dies ist von Azo, was die Gleichgültigkeit der zeitlichen Aufeinanderfolge von *pactum* und Verkauf betrifft, *expressis verbis* gar nicht gesagt und auch, was den Regress angeht, den der Käufer, würde das *pactum* nicht auch zu seinen Gunsten wirken, nehmen kann und wird, mehr angedeutet als ausgesprochen – angedeutet aber doch immerhin dadurch, dass er – von dem Fall allein der schenkungshalber erfolgenden Weitergabe der Sache redend – die Drittwirkung des *pactum* damit begründet, dass in diesem Fall die *successio* bewirke, was in den anderen einschlägigen Fällen des bei Eviction stattfindenden Regresses wegen so sei. Der azonische Apparat macht es, wie sich hier ein weiteres Mal zeigt und abermals zu sagen ist, seinem Benutzer nicht leicht. Er setzt hier einen Leser voraus, der die Rechtslage im Fall eines Verkaufs, ohne dass sie ihm dargelegt wird, durchschaut und von dem, weil er das tut, auch zu hoffen ist, er werde selbst darauf kommen, dass die zeitliche Aufeinanderfolge von Verkauf und *pactum* gleichgültig sein muss. Der von Azo hier vorausgesetzte Leser ist, überspitzt gesagt, er selbst.

ob der Dritte ihr *dominus* ist und der *fundus*, wenn es um einen solchen geht, für den Verkäufer *alienus*, ist nicht zu sagen. Ich bezeichne im Weiteren denjenigen, mit dem der Verkäufer das *pactum* schließt, daher auch als Eigentumsprätendenten.

Es ist evident, dass der Verfasser der *gl. ord.* einen anderen Benutzer des Apparats im Auge hat, dass es Accursius um einen Kommentar geht, der im Studium der Litera den Leser fürsorglicher behandelt und ihm die Anstrengung des eigenen Nachdenkens abzunehmen bestrebt ist – einen Kommentar für den Praktiker, für den die Zeit, die das Nachdenken kostet, Geld ist. Es ist, woran auch zu denken ist, als schreibe Azo für sich selbst und Accursius für andere. Und er tut dies: er ergänzt, verbessert, interpoliert die Arbeit seines Lehrers hier mithilfe eben des Hugolinus. Er rezipiert dessen beide Glossen, unterzieht diese ihrerseits einer Bearbeitung, und so gründlich diese Arbeit hier ist, was Azo betrifft, so oberflächlich scheint sie in Hinsicht auf Hugolinus zu sein, was zu verifizieren einen genaueren Blick in dessen beide Glossen, die Klärung namentlich ihres Verhältnisses zueinander erfordert.

b) *Accursius' Zutaten zu Hugolinus' Glossen zu* emptori prodest *und* validum

aa) Die beiden Hugolinusglossen in ihrem Verhältnis zueinander

Zum Fall eines personenbezogenen *pactum* sagt Hugolinus' hier sog. gl (1),[4] es wirke dieses *pactum* zugunsten des Käufers der Sache nur dann (*ita demum*!), wenn der Verkäufer und derjenige, der das Eigentum an der Sache für sich in Anspruch nimmt, das *pactum* abgeschlossen haben, nachdem die Sache bereits verkauft war. Die schon durch dieses *ita demum* nicht fragwürdige Annahme, für den anderen Fall eines dem Verkauf vorangehenden Abschlusses des *pactum* sei dem Käufer die Einrede des Erlasses zu versagen, wird befestigt durch die für jenen Fall eines dem Verkauf nachfolgenden *pactum* gegebene Begründung dafür, dass dann dem Käufer die Einrede zustehe – so unzulänglich diese Begründung auch zum Ausdruck kommt:[5] Gehe der Verkauf (die *alienatio*, wie Hugolinus sagt) dem Abschluss des *pactum* voraus, dann könne es sein, dass diese, sc. die Veräußerung *bona fide* stattgefunden habe und darum den Veräußernden im Verhältnis zu dem Eigentumsprätendenten keine Haftung treffe,

4 Sie ist hier so genannt wegen ihres zeitlichen Verhältnisses zu der anderen als gl (2) bezeichneten, von dem hier im Weiteren zu handeln sein wird.

5 Sie ist hier aus Paris (zu Seo und London s. bereits hier o. in der N.* zur Wiedergabe des Hugolinus-Apparats) wortwörtlich wiedergegeben, kann aber doch so von Hugolinus nicht geschrieben worden sein: vor *quia est* oder in dem dann Folgenden fehlt etwas und a. E. (in dem *cum ille etc.*-Satz) ist wenigstens die Wortfolge durcheinander geraten, diese müsste zumindest sein: *cum ille alienavit ante pactum, iam forte non potest queri re bona fide alienata.* Gemeint kann nur sein, was hier in der *gl. ord.* perfekt gesagt ist, wovon hier noch die Rede sein wird. Eine mögliche Erklärung für den schlechten Zustand des überlieferten Textes s. hier u. in Abschn. XI im Text vor N. 61.

für ihn also das *pactum* auch ohne Interesse und Wirkung wäre – und es würde dann, wenn es auch für den Käufer keine Wirkung hätte, überhaupt nichts bewirken: *inutile* sein. Da aber nach dem Willen der das *pactum* schließenden Parteien damit etwas bewirkt werden soll (es sei *inductum ut aliquid operaret*), sei ihm diese Wirkung wenigstens für den Käufer zuzugestehen. Ich frage mich, wie es möglich sein kann, dass Hugolinus mit dieser Begründung dafür, dass entgegen der Regel: *alteri pacisci nemo potest* hier dem *pactum* Drittwirkung zuzugestehen sei, auch nur einen Moment hat zufrieden sein können: Das *pactum* soll nicht unwirksam sein können, weil die Parteien, die es schließen, wollen, dass es wirksam ist?

Der primäre Sinn eines solchen *pactum* ist doch gewiss der Schutz desjenigen, der es mit dem Eigentumsprätendenten abschließt. Es soll jedenfalls auch diesem nützlich sein. Ist es aber, weil es vor der Veräußerung abgeschlossen ist, für den Käufer ohne Wirkung, steht also diesem dann aus dem *pactum* die Erlasseinrede nicht zu, dann nützt es im Endeffekt auch dem Verkäufer nichts. Denn zwar ist dieser dann gegen eine Inanspruchnahme durch den, mit dem er das *pactum* geschlossen hat, geschützt, aber das *pactum* nützt ihm doch nichts, weil dieser nun, da er den Verkäufer, des *pactum* wegen, nicht in Anspruch nehmen kann, sein Glück bei dem Käufer suchen: sein Eigentum gegen diesen verfolgen, von diesem die Sache vindizieren wird, und es wird dann dieser, weil und wenn er als ein Dritter in den Schutz des *pactum* nicht einbezogen ist, bei dem Verkäufer Regress nehmen. Mit eben dieser Überlegung beginnt bei Hugolinus dessen gl (2): *si enim* (wenn nämlich es so ist, wie in der gl (1) gesagt, dass das *pactum*) *emptori non prodest nec venditori* (sc. *prodest*), *cum adversus eum* etc. – man kann diesen Anfang der gl (2) doch gar nicht anders als bezogen auf das in der gl (1) Gesagte lesen. Man vergegenwärtige sich, um sich dieses Bezugs der gl (2) auf das in der gl (1) Gesagte zu vergewissern, die Alternative: die gl (2) wäre die ältere (und eben darum außer in Paris auch in Seo vorhanden); die gl (1) würde, wie es tatsächlich der Fall ist, in Seo fehlen als die jüngere; sie wäre allein in Paris vorhanden, weil es sich dort um eine überarbeitete, ergänzte Fassung des Textes handelt, den Seo überliefert; sie wäre zu dem ursprünglichen Text des Apparats, den Seo hat, eine derjenigen *additiones*, die im Vergleich beider Texte immer wieder festzustellen sind und die Überarbeitung des Apparats, allem Anschein nach nämlich durch Hugolinus, bezeugen. Man vergegenwärtige sich, was dies, nähme man es als auch hier geschehen an, bedeuten würde: Hugolinus hätte die in der Litera (von Sabinus) angenommene Wirkung des *pactum* zugunsten des Käufers zunächst begründet aus dem Interesse des Verkäufers, nicht dem Regress eines Käufers der Sache ausgesetzt zu sein; er hätte diese – die Regel *alteri pacisci nemo potest* einschränkende – Wirkung damit in einer Weise begründet, bei der es darauf, ob der Verkauf dem *pactum* vorhergeht oder nachfolgt, nicht ankommt. Und sodann:

nachdem er also auf die Frage, wie diese sabinianische Drittwirkung sich erklären lässt, diese Antwort bereits hatte, wäre ihm eingefallen, dass die Frage auch auf eine andere Weise sich beantworten lässt – nämlich dergestalt, dass das *pactum* Drittwirkung hat, weil und wenn das Interesse, das zu schützen das *pactum* abgeschlossen wird, ein Interesse allein des Dritten ist. Bei dieser Begründung wäre die Meinung des Sabinus nur für diesen Fall richtig; dem *pactum* wäre – anders gesagt – zugunsten des Käufers die Wirkung zu versagen; es würde schützen allein den Verkäufer, wenn dieser *ante venditionem* das *pactum* abschließt. Es müsste (n. b. bei dieser Begründung) für den Käufer aber auch ohne Wirkung sein im Fall eines *post venditionem* abgeschlossenen *pactum*, sofern nämlich dann der Verkäufer bei der Veräußerung, weil er wusste, dass die Sache nicht ihm gehörte, dolos war. Der Schutz des Käufers: die Wirkung des *pactum* zu dessen Gunsten hinge somit davon ab, ob der Verkäufer wusste oder nicht wusste, dass die Sache, die er veräußert, nicht die seine ist. Weiß er das, dann dient das *pactum* dazu, ihn vor der Haftung wegen dolosen Besitzverlusts, sc. der Haftung im Verhältnis zu dem Eigentumsprätendenten zu bewahren; dann ist im Verhältnis zu diesem er – der Verkäufer – geschützt, und weil dem so ist, hätte der Käufer gegen die Vindikation des Eigentumsprätendenten nicht die Erlasseinrede, müsste er diesem die Sache herausgeben. Diese Begründung fällt nicht demjenigen ein, der jene in der gl (2) vorhandene bereits parat hat. Der Fall, um den es geht, ist in der gl (1), indem darin, was das Interesse des Verkäufers angeht, nur dessen Haftung im Verhältnis zu dem Eigentumsprätendenten in Betracht gezogen wird, nicht zu Ende gedacht. Dies geschieht mit der Einbeziehung der anderen Dimension des Falles: mit dem Blick auf das Verhältnis zwischen Verkäufer und Käufer sowie dem Regress, den dieser gegen jenen nehmen kann und wird, wenn das *pactum* nicht auch zu seinen Gunsten wirkt, erst in der gl (2). Diese ist die jüngere, weil in ihr die in der gl (1) aufgeworfene Frage auf eine alle drei Dimensionen des Falles einbeziehende Weise beantwortet, weil in ihr der Fall weiter und zu Ende gedacht wird.

Wenn aber dem so ist, dann ist hier: mit den Worten am Anfang der gl (2) auch gesagt, es sei in der gl (1) die Sache, um die es gehe, auf eine unzulängliche Weise erledigt; die dort gegebene Begründung dafür, dass das *pactum* für den Käufer wirke, sei defizitär und also auch das Ergebnis verkehrt, dass das *pactum* für den Käufer nur dann wirke, wenn es *post venditionem* abgeschlossen sei. Es ist so von Hugolinus (der, wie anzunehmen ist, sich die Sache, nachdem er sie mit der gl (1) erledigt hatte, noch einmal vorgenommen hat) auf eine nicht direkte, aber doch bei einiger Einsicht in die Sache durchsichtige Weise gesagt, es müsse, was die Einbeziehung des Käufers in den Schutz des *pactum* angeht, die zeitliche Aufeinanderfolge von *pactum* und Veräußerung doch gleichgültig sein. Es ist m. a. W. durch eben diesen Anfang der gl (2): *si enim* etc. das zuvor in der gl (1) Gesagte zurückgenommen; diese Glosse ist mit ihrer das personale *pactum* betreffenden Aussage als aus dem Apparat auszuscheiden bezeichnet, auch ohne dass dies expressis verbis gesagt ist.

Die Tatsache, dass die gl (1) in der Überlieferung des Hugolinusapparats in Seo und in London fehlt, ist darum auch nicht etwa einem Versehen zuzuschreiben. Was Seo angeht, so ist allein plausibel, dass bei der Herstellung spätestens der Abschrift, deren Resultat der Text in Seo ist, bemerkt worden ist, dass in dieser Glosse etwas gesagt ist, wovon in der nächsten Glosse gesagt wird, dass es nicht stimme. Von dem Text der Vorlage, von der Seo die Abschrift hat, ist dann aber auch anzunehmen, dass er jedenfalls hier einer gewissen Rezension unterzogen worden ist; die Auslassung der gl (1) ist Emendation dieses Textes – ausgeführt, wenn nicht von dem Kopisten selbst, dann – und dies doch wohl auch eher – von einem Mann, der die abzuschreibende Vorlage – mit welcher Konstanz und Gründlichkeit auch immer – für die Abschrift durchgesehen und zugerichtet hat.[6] Dasselbe ist *mutatis mutandis* zu sagen aber auch in Hinsicht auf London. Von der Hand, die dort die mit der Sigle des Hugolinus versehenen Glossen schreibt, gibt es dort weder die gl (1) noch die gl (2). Von einer anderen (nicht allein hier tätigen) Hand, die ersichtlich jünger ist, ihre Glossen nicht mit einer Sigle versieht und von deren Text ich bislang nur Bruchstücke zu entziffern vermocht habe,[7] ist vorhanden eine Erörterung der Frage, um die es in der gl (2) geht. In den von dieser Erörterung entzifferten Stücken ist sichtbar, dass sie in Kenntnis unserer beiden Hugolinus-Glossen verfasst worden ist, aber sich doch von deren Text löst, dass sie also von der Sache dieser beiden Glossen auf eine formal eigenständige Weise handelt. Der Verfasser dieser den Hugolinusapparat hier ergänzenden Glosse (einer Additionsglosse, deren Autor hier ersichtlich ein anderer als Hugolinus ist) hat allem Anschein nach bemerkt – nicht allein, dass unter den Hugolinusglossen dieses seines Codex diese beiden gll (1) und (2) fehlen. Er hätte, wäre ihm nur dies aufgefallen, doch das Fehlende nachgetragen, nicht eine eigene Erörterung unternommen. Es muss ihm vielmehr auch anstößig gewesen sein die Art und Weise, wie Hugolinus in diesen seinen Glossen die Frage der zeitlichen Aufeinanderfolge von Veräußerung und *pactum* behandelt, dass nämlich zunächst gesagt ist, es komme für die Einbeziehung des Käufers in den Schutz des *pactum* darauf an, dass dessen Abschluss der Veräußerung nachfolgt, und dass eben dies sodann zurückgenommen wird. Es dürfte selbst noch einen Schritt weiter zu gehen und anzunehmen sein, dass schon das Fehlen dieser beiden Glossen in dem, was in London der Hugolinusapparat ist, auf derselben Einsicht beruht, dass die eine etwas sagt, was die andere nicht gelten lässt. Es wäre dies die Einsicht eines Mannes, der den ihm zur

6 S. hierzu das bereits hier in der Einleitung im Text nach N. 30 Gesagte.

7 Auf dem Mikrofilm, den ich von dieser Hs habe, habe ich diese Glosse gar nicht lesen können, und nicht viel besser ist es mir vor Ort ergangen.

Abschrift zur Verfügung stehenden Hugolinusapparat nicht unbesehen in die Londoner Hs übernommen, nicht bloß kopiert, vielmehr unter Einsatz seines juristischen Verstandes rezensiert und für die Abschrift ausgeschieden hat, was ihm anstößig und – jedenfalls hier – besser auf eine andere Weise zu sagen war. Ist also nicht das Fehlen unserer beiden Glossen in London dem Verfasser der dort vorhandenen Additionsglosse zuzuschreiben? Ich lasse diese jedenfalls hier nicht zu bewältigende Frage dahingestellt. Für die Besonderheit in der Überlieferung des Hugolinusapparats, wie sie an der hier relevanten Stelle in London vorhanden ist, sehe ich jedenfalls keine andere Erklärung als die Einsicht, dass die beiden in Paris vorhandenen Glossen nicht zueinander passen, dass der Hugolinusapparat hier eine Unstimmigkeit aufweist, die bei seiner Abschrift, seiner Vervielfältigung, seiner Benutzung schwerlich unbereinigt bleiben kann.

bb) Die Qualität der an den Hugolinusglossen von Accursius vorgenommenen Veränderungen

Accursius hat für den Apparat, den wir die *gl. ord.* nennen, beide Glossen benutzt, beide in seinen Apparat rezipiert, und das – in der ursprünglichen Version seines Textes – auch noch gerade so wie bei Hugolinus – bezogen auf zwei (und auch wie bei Hugolinus dieselben) Lemmata, was doch, da die zweite die Erörterung der Frage, um die es in der ersten in der Hauptsache geht, bloß fortsetzt, schon an sich irritant und später und offenbar schon alsbald dann auch beseitigt worden ist.[8] Es ist durch diese Zweiteilung in der Behandlung ein und derselben Sache geradezu evident, dass Accursius den Text seiner gl zu *emptori prodest* von Hugolinus übernimmt, und nicht etwa, wie der Verfasser der Additionsglosse in London, nur in Kenntnis dessen, was Hugolinus sagt, eine eigene, den Hugolinus-Text paraphrasierende Darstellung gibt. Er übernimmt den Hugolinus-Text, aber er tut das doch auch hier wieder nicht, ohne ihn redaktionell zu überarbeiten. Seine Zutat: das ihm Eigene ist die Redaktion des Vorhandenen, und seine redaktionellen Eingriffe in den rezipierten Text, deren Zweck doch dessen Verbesserung gewesen sein muss, machen auch deutlich, dass die Art, wie die Sache bei Hugolinus steht, ihm nicht überhaupt missfallen hat:

Er konserviert die gl (1) mit ihrer Aussage, es komme für die Drittwirkung des *pactum* darauf an, dass dieses erst nach dem Verkauf abgeschlossen worden ist, und er verdeutlicht durch sein *unde nec habet nec dolo desiit habere* den von Hugolinus mit *non potest queri re ante pactum bona fide alienata* bezeichneten Grund dafür, dass das *pactum*, würde es nicht für den Käufer wirken, *inutile*

8 S. zu dieser Beseitigung und deren Alter im Exkurs zu diesem Abschnitt unter II.

wäre. Er verdeutlicht, verbessert, was jedenfalls aufgrund des in der gl (2) Folgenden doch besser überhaupt zu streichen gewesen wäre. Und so kann er dann, weil die Aussage der gl (1) und somit die Frage, ob die zeitliche Aufeinanderfolge von *pactum* und Verkauf von Belang ist, erhalten bleiben soll, in der gl (2) es nicht bei deren Anfang belassen: Der Satz, mit dem Hugolinus sich selbst korrigiert, in dem dessen Erklärung zu lesen ist, es sei das zuvor Gesagte unzutreffend, konnte, wenn eben dies zuvor Gesagte erhalten blieb, nicht ebenfalls erhalten bleiben, geschweige denn verdeutlicht werden – und so ist dann auch Hugolinus' *si enim – venditori* im Zuge der Übernahme der gl (2) in die *gl. ord.* gestrichen; es ist – in der ursprünglichen Version des Textes – sogleich der dem Verkäufer drohende Regress als der Grund, als die *ratio* angegeben, warum das *pactum etiam in emptorem validum* sein müsse. Dass dann, wenn dies die *ratio* für die Wirkung des *pactum* zugunsten auch des Käufers ist, die zeitliche Aufeinanderfolge von *pactum* und *venditio* irrelevant sein muss, ist in dieser ursprünglichen Version des Textes der *gl. ord.* noch nicht gesagt, aber doch offenbar schon alsbald und dann doch wohl auch noch von Accursius selbst hinzugefügt worden, sodass in der fortgeschrittenen Version des Textes Hugolinus' Anfang: *si enim – venditori*, sc. dessen Einsicht, dass die Aussage der gl (1) zu revidieren sei, ersetzt ist durch: *vel dic. quod etiam ante.*[9]

Es ist damit deutlich, dass Accursius, wenn diese *additio*, wie anzunehmen ist, von ihm stammt, das wahre Verhältnis der beiden Hugolinus-Glossen: dass die zweite revidiert, was in der ersten gesagt ist, durchaus durchschaut hat. Die Frage ist nur und allerdings, ob er mit der Rezeption der gl (2) in seinen Apparat auch den von Hugolinus in dieser seiner Glosse eingenommenen Standpunkt sich zu eigen macht oder ob er nicht lediglich anführt, wie die Sache der Wirkung des *pactum* für den Käufer: dieser sabinianische Bruch mit der Regel *alteri pacisci nemo potest*, noch auf eine andere Weise begründet werden kann – auf eine Weise, bei der es für die Drittwirkung des *pactum* darauf nicht ankommt, dass das *pactum* nach der Veräußerung geschlossen worden ist. *Vel dic. quod etiam ante* klingt – wegen des voranstehenden bloßen *vel* (auf das n. b. kein *verius* oder *melius* folgt!) – in der Tat so, als enthalte er sich einer eigenen Entscheidung, und *expressis verbis* kommt eine solche auch im Weiteren nirgends zum Ausdruck.

Alles Weitere ist der Text des Hugolinus. Es ist dies – angesichts dessen, dass manches kürzer als von Hugolinus gesagt ist, angesichts auch der stilistischen, den Ausdruck der Sache gar nicht oder nur geringfügig verbessernden Veränderungen – von dem Hugolinus-Text jedenfalls eine sich von diesem Text kaum entfernende Paraphrase.[10] In der Sache geht es – in der *gl. ord.* wie bei Hugolinus

9 S. auch dazu hier im Exkurs II.

10 Von der Grenze zwischen einer Abschrift, bei der gelegentlich etwas verbessert wird, und einer Paraphrase wird man wohl sagen können, sie sei eine fließende.

– nun um dasjenige, worauf Azo in seinem Apparat sich beschränkt hat – wie nämlich für den Fall der Schenkung dasselbe wie für den Verkaufsfall soll gelten können, wo doch der Beschenkte wegen Eviction keinen Regress nehmen kann und daher die Wirkung des *pactum* zugunsten des *donatarius* nicht durch das Interesse dessen, der sie veräußert, zu begründen ist. Accursius gibt dafür, und das n. b. wie Hugolinus und anders als Azo, drei Erklärungen, und eben da, wo in Hinsicht auf die dritte Hugolinus sagt: *vel dic. quod est melius*, sagt Accursius dasselbe unter Verkürzung von *quod est melius* zu *verius*, sc. *vel verius dic.* In dem in der *gl. ord.* zu der gl (2) an deren Anfang addierten Text fehlt, wie hier soeben bereits bemerkt, dieses *melius / verius* (womit in Solutionsglossen, die mehrere Solutionsmöglichkeiten referieren, gesagt zu werden pflegt, für welche der Verfasser sich entscheidet): fehlt dieses *melius / verius* in der *additio* am Anfang mit Absicht oder etwa nur versehentlich? Die Frage ist nicht zu beantworten, ohne die anderen *additiones* zum ursprünglichen Text der *gl. ord.* mit in den Blick zu nehmen.

Melius / verius sei – so geht es an eben dieser Stelle bei Hugolinus und Accursius weiter – *quod ideo ei* (Hugolinus: *ei ideo*) *prodest*, und niemand kann hier daran zweifeln, dass *ei*, sc. derjenige, dem das *pactum* auch zugute kommen soll, der Beschenkte ist. Die hier, sc. zu *ei* in den ursprünglichen Text der *gl. ord.* eingefügte *additio* sagt: *emptori et donatario* – auch dem Käufer also soll aus dem *pactum* die Einrede zustehen, weil auch er (wie es dann heißt) *successit* (Hugolinus: *succedit*) *in rem ipsam in* (Hugolinus: *super*) *qua pactum factum est*!? Es ist dies richtiger, jedenfalls besser gewiss als die beiden voranstehenden, allein den Schenkungsfall betreffenden Erklärungen. Aber ist es richtiger auch als das zum Kauf zuvor Gesagte, dass dem Käufer die Einrede zustehen müsse wegen des Interesses des Verkäufers, damit nämlich dieser nicht dem Regress des Käufers ausgesetzt ist? Soll mit der Einfügung des *emptor* an dieser Stelle dies gesagt sein, dass es auf den dem Verkäufer drohenden Regress des Käufers gar nicht ankomme, weil auch dieser ein *successor in rem* und die *successio* die *vera ratio* für die Drittwirkung des *pactum* sei, dann fehlt in der *additio* am Anfang der dem Hugolinusapparat entnommenen gl (2): *vel dic. quod etiam ante* mit Bedacht ein *verius* oder *melius*; es wäre, da nicht sowohl dies als auch jenes *verius* sein kann, Absicht, dass dies dort nicht gesagt ist; es wäre zunächst nur mit dem aus dem Hugolinus-Apparat entlehnten Text ausgeführt, was die *ratio* auch sein könne, aber was die wahre: die allen anderen überlegene *ratio* ist, wäre nun erst hier gesagt. Ist Accursius der Autor beider *additiones*: der zu Anfang: *vel dic.* etc. und der Einschaltung auch des *emptor*,[11] dann hätten wir hier nun endlich seine, sc.

11 Was aufgrund des hier im Exkurs unter II dargelegten handschriftlichen Befundes anzunehmen nicht mehr als, aber doch immerhin wahrscheinlich ist.

Accursius' eigene Entscheidung, und es wäre dies nun auch eine Entscheidung nicht bloß darüber, ob dieses oder jenes nicht besser kürzer oder anders zum Ausdruck zu bringen ist, sondern eine in die Sache selbst eingreifende Entscheidung.

Wir hätten hier, sc. in der Einschaltung des *emptor* es mit einem Mann zu tun, der in der Sache, um die es in seiner Vorlage geht, sich von dieser löst, gewissermaßen einen eigenen Standpunkt einnimmt, sich von Hugolinus als dem Verfasser seiner Vorlage und n. b. auch von Azo distanziert.[12] Den Käufer wie den Beschenkten als *successor in rem* zu begreifen und derart zu begründen, dass das *pactum* des Verkäufers auch für den Verkäufer wirksam ist, dass es also auch für diesen wirkt ungeachtet dessen, ob dem Verkäufer von dieser Seite der Regress droht oder nicht – diese scheinbar so simple Lösung kann jedenfalls Azo nicht im Sinn gehabt haben. Seine Begründung für die Wirkung des *pactum* zugunsten des Beschenkten hätte anderenfalls nicht so lauten können, wie sie in seinem Apparat steht: *quod tam hic facit successio quantum in aliis (sc. casibus) regressus de evictione*. Und auch bei Hugolinus ist, wie bereits bemerkt, daran doch nicht zu zweifeln, dass es bei seinem *ei*, dem das *pactum prodest*, *quia in rem ipsam succedit*, um keinen anderen geht als um (wie es kurz vorher heißt) *ei, qui succedit per donationem*, dass mithin der *donatarius* und allein dieser gemeint ist. Die Litera, um deren Verständnis es Azo, Hugolinus und Accursius geht, mag so gelesen werden können, als sei in ihr gesagt: dasselbe wie für den Käufer *existimat* (sc. Sabinus) *in donatarium, quia etiam per donationem successio facta est.*[13] Aber so kann Azo und so kann auch Hugolinus die Litera nicht gelesen

12 Von Hugolinus jedenfalls als dem Verfasser des Textes, den er rezipiert, aber doch auch von dem, was in Hugolinus' hier oben wiedergegebener, das *pactum personale* in zwei *modi* zerlegenden Solutionsglosse gesagt ist: Accursius geht auf Distanz zu der dort vorhandenen hugolinischen Unentschiedenheit.

13 Die Wortfolge: dass die *successio* nicht vor, sondern nach *per donationem* steht, schließt dieses Verständnis wohl nicht aus. Es kommt darauf an, ob *successio* mit dem bestimmten oder unbestimmten Artikel zu lesen ist. Die neueren Übersetzungen dieser Stelle: Knütel und Spruit, haben den bestimmten Artikel: *die* Rechtsnachfolge, *de* opvolging, und sie sagen damit, sei es bewusst, sei es unbewusst, dass es um eine Rechtsnachfolge auch bei dem zuvor genannten Verkauf gehe, s. aber auch Seckel-Heumann av *successio* 2a). Um dies auszuschließen, muss man übersetzen: wenn durch Schenkung *eine* Rechtsnachfolge/ *een* opvolging stattgefunden hat. Die Frage, wie zu lesen ist, bleibt offen, wenn man den Text mit Mommsen emendiert, nämlich *qui hoc esse* durch *quin prodesse* ersetzt, wozu den Anstoß gegeben haben wird der sicher falsche Bezug von *qui* (auf *emptorem*) sowie das holprige *hoc esse*. Die Mommsen'sche Emendation betrifft die florentinische Lesart, von der auf eine mir rätselhafte Weise diejenige der Vulgat-Hss abweicht: *in emptorem validum(!) hoc esse* (PU, *esse hoc* V) *existimat* und die dann in Anlehnung wohl an die Florentina erst spät emendiert worden ist zu *valet* (s. hierzu im Exkurs zu diesem Abschnitt unter I). Das florentinische

haben; ihnen beiden muss die *donatio* ein Fall wie die Erbfolge (dem Musterfall einer *successio*) gewesen sein, sodass das *pactum* auch für den *donatarius* wirkt eben deswegen, weil er – wie der Erbe – ein *successor* dessen ist, der das *pactum* abgeschlossen hat und als ein solcher unter die Regel: *alteri pacisci nemo potest* gar nicht fällt. Und eben darum, weil das ihrer Meinung nach so ist, konnten sie auch nicht umhin, für den Käufer – mit der Abwehr des Regresses – eine besondere Begründung zu geben.

Es geht hier n. b. nicht darum, ob diese oder jene Art, die Litera zu lesen, die richtige ist. Es geht um die Qualität der *gl. ord.*: der Arbeit des Accursius als des vermutlichen Autors der *additio* zu dem hugolinischen, in die *gl. ord.* rezipierten *ei*. Beruht nicht doch, wie schon in der die gl (2) einleitenden *additio* das Fehlen eines *melius* oder *verius* auf einem Versehen, so nun auch hier die Einfügung (sc. nach *ei*) des *emptor*, auf bloßer Unbesonnenheit?[14] In der Redaktion seiner Vorlagen: des Apparats seines Lehrers Azo und der zur Verbesserung dieses Apparats benutzten Hugolinus-Glossen, war Accursius unbestreitbar ein Meister. Aber auch dem, der Meisterliches zustande zu bringen vermag, kann es passieren, dass ihm etwas daneben gerät und dies zumal dann, wenn es nur um die Revision eines bereits geschaffenen Textes: um eine *additio* zu der ersten Version des Textes geht, bei der das Durchdringen der Sache unwillkürlich zurücktritt hinter die Prüfung der Präzision im Ausdruck des bereits Gesagten. Die andere *additio*, die in dieser Glosse vorhanden und hier noch zu berücksichtigen ist: der Zusatz *heredes* zu *ipsi*, beruht auf der Besorgnis, es könne ein unaufmerksamer Leser sich fragen, wer denn nun diese *ipsi* seien. Bloß *ipsi* war ihm zu unbestimmt,[15] und so gibt er dort dann auch nur eine Nachhilfe für unaufmerksame Leser.[16] Zu unbestimmt war ihm dann – im Fortgang des von Hugolinus entlehnten Textes – auch *ei* – und die Beseitigung *dieser* Unbestimmtheit hätte er benutzt, um sich von Azo und Hugolinus in der Frage, deren

qui ist jedenfalls unhaltbar und wird tatsächlich auch von Knütel emendiert, indem so übersetzt wird, als stehe hinter *valet* ein Punkt (der bei Mommsen dort stehende Doppelpunkt ist dessen Zutat?) und so aus der die *donatio* betreffenden Aussage ein eigener Satz gemacht ist.

14 Sicher auf einem Versehen beruht die Einfügung allein des Käufers, sc. nach *ei* nur *emptori* in Madrid 12080, was in den 53 hierzu eingesehenen Hss (s. diese hier im Exkurs zu diesem Abschnitt) nicht noch ein 2. Mal vorkommt.

15 Was auch dann zu sagen ist, wenn er bemerkt hat, dass diese *heredes* auch bei Hugolinus stehen.

16 Von ähnlicher Qualität sind auch, wie keiner Ausführung bedürfen wird, die drei noch übrigen *additiones*, von denen allerdings schon die beiden ersten (zu *pactum conventum* etc. und *factum*) möglicherweise und wohl sicher die dritte (zu *existimat*) nachaccursisch sind, s. auch hierzu im Exkurs zu diesem Abschn. unter II.

Behandlung das diese ganze Glosse bestimmende Thema ist, zu distanzieren: an die Stelle der *ratio* für die Drittwirkung des *pactum* eine andere zu setzen, als jedenfalls Azo und Hugolinus (als der Autor seiner Vorlage für die Verbesserung des azonischen Apparats) sie angenommen haben? Und das hätte er getan durch die Einfügung bloß dieses einen Wortes *emptori*! Auf eine noch verstecktere Weise hätte sich der Dissens doch gewiss nicht zum Ausdruck bringen lassen. Warum ist, wenn es um diesen Dissens ginge, nicht wenigstens der gl (2) an deren Anfang nicht ein *secundum az(onem) et h(ugolinum)* hinzugefügt?

Der aufmerksame Leser (und mit einem solchen wird der Redaktor bei aller Fürsorge für die Unaufmerksamen doch auch rechnen) wird durch dieses *emptori*, statt belehrt zu werden, auch geradezu in Verwirrung gebracht. Er wird auf den Verkaufsfall zurückverwiesen und so doch auch auf die Frage, die der Ausführung der *ratio* für die Wirkung des *pactum* zugunsten auch des Käufers voransteht, ob nämlich die zeitliche Aufeinanderfolge von *pactum* und *venditio* von Belang ist: Weil und wenn die Verhinderung des Regresses die *ratio* dafür ist, dass das *pactum* auch für den Käufer seine Wirksamkeit haben muss, deswegen und jedenfalls dann muss es gleichgültig sein, ob es der Veräußerung vorausgeht oder nachfolgt. Ist nun aber die wahre *ratio* auch für den Verkaufsfall die *successio*, soll und kann dann auch für diesen Fall gelten: *vel etiam si (pactum) ante (donationem factum est) prodest (emptori)*? Selbst wenn diese Frage zu bejahen wäre, passt die Tatsache, dass das nicht auch *expressis verbis* geschieht, schlecht zu einem Mann, der meint, er müsse im Vorhergehenden seinem Leser sagen, mit *ipsi* seien die *heredes* gemeint, dem die Herstellung eines mundgerechten Textes hier wie offenbar überhaupt ein Ideal seiner Arbeit ist. Ob das zeitliche Verhältnis von *alienatio* und *pactum* von Belang ist – das herauszufinden ist nun dem Leser überlassen, und dieser wird, wenn er das zu tun unternimmt, vor der Frage stehen, ob es nun: mit dieser anderen *ratio* nicht so sein muss, dass überhaupt nur ein der *alienatio* vorausgehendes *pactum* auch zugunsten des Erwerbers wirken kann. Denn der Rechtsnachfolger tritt in die Rechtsverhältnisse ein, die zur Zeit der Rechtsnachfolge, sc. der Veräußerung der Sache in Hinsicht auf diese begründet sind. Es bedürfte eines besonderen Grundes, damit der Rechtsvorgänger, nachdem die Rechtsnachfolge stattgefunden hat, für seinen Nachfolger noch etwas bewirken kann. Es bedürfte dafür eines Vertrages zugunsten des Nachfolgers als eines Dritten, und gäbe es diesen Vertrag, wäre also das *alteri pacisci nemo potest* nicht mehr das geltende Recht – die Frage, ob ein *pactum* für einen anderen wirksam sein kann als für denjenigen, der es schließt, wäre auf eine andere Weise zu stellen und zu beantworten und nicht mehr das durch das *alteri nemo potest pacisci* gegebene grundsätzliche Problem des Sabinus und seiner mittelalterlichen Interpreten.

Auch Azo und Hugolinus sagen nichts zu der Frage, wie dann, wenn es die *successio* ist, deretwegen das *pactum* zugunsten des *donatarius* wirkt, die zeitliche

Aufeinanderfolge von *pactum* und Veräußerung sein muss, damit diese Wirkung eintreten kann. Aber Azo handelt von dieser Frage überhaupt nicht, und für Hugolinus ist der Schenkungsfall, was die *ratio* der Drittwirkung angeht, hier jedenfalls ein besonderer und sein Versäumnis ist darum auch nur, dass er die Frage nicht für diesen Fall erneut stellt und beantwortet. Sie muss auch und gerade für den Verkaufsfall, wenn es auch in diesem Fall um eine *successio* gehen soll, erneut gestellt und beantwortet werden. Und so liefert die Tatsache, dass das nicht geschieht, doch dem Zweifel zusätzliche Nahrung, ob derjenige, der zu dem hugolinischen *ei* den *emptor* hinzugefügt hat, ob also, wie zu vermuten ist, Accursius sich dabei wirklich bewusst gewesen ist, dass er damit in der Sache einen eigenen Standpunkt einnahm, sich von Hugolinus und Azo löste. Es kann gut sein, dass der Übereifer, dem Leser, wie zu *ipsi*, so auch hier dasjenige zu bieten, was dieser bei einiger Aufmerksamkeit sich selbst sagen kann und wird, diese *additio* produziert hat. Sie ist, wenn nicht unbesonnen, dann in ihren Konsequenzen nicht bedacht. Sie ist so oder so kein Zeugnis redaktioneller, auch die Aussage in der Sache mitbedenkender Gründlichkeit.

Es bleibt in Hinsicht auf diese Qualität der l. 17,5 betreffende Arbeit des Accursius der Blick schließlich noch auf einen Effekt zu richten, der in der Exegese zu dieser Stelle mit einer gewissen Zwangsläufigkeit eintritt, wenn die Wirkung des *pactum* zugunsten des Käufers nicht allein damit erklärt wird, es finde auch in diesem Fall eine Rechtsnachfolge statt, sondern wenn diese Erklärung auch mit dem Epitheton versehen wird, sie sei *verius*. Es ersetzt dieses *verius* auf eine scheinbar gleichgültige Weise nur das *melius* im Text des Hugolinus. Aber während dieses *melius* sich (sc. bei Hugolinus) doch nur auf die beiden voranstehenden, allein den Schenkungsfall betreffenden Erklärungen bezieht, und dasselbe auch noch für das accursische *verius* in der 1. Version des Textes der *gl. ord.* gilt, erhält mit der Einfügung des *emptor* dieses *verius* einen Bezug auch auf die azonisch / hugolinische Erklärung für den Verkaufsfall: Dass das *pactum* zugunsten des Käufers wirkt, weil er der Rechtsnachfolger des Verkäufers sei, soll anzunehmen richtiger / besser sein als die Begründung der Wirkung des *pactum* zugunsten des Käufers aus dem Interesse des Verkäufers, nicht dem Regress des Käufers ausgesetzt zu sein. Besser als diese Erklärung ist jene gewiss insofern, als sie simpler ist und so auch des Beifalls derer sicher sein kann, denen das faites simple der Kochkunst eine Devise auch für die juristische Arbeit ist. Aber richtiger: *verius* ist sicher nicht sie zu nennen. Sie ist eine andere, die jene nicht ausschließt, sowie umgekehrt auch jene diffizile nicht diese simple. Es ist nur und allerdings so, dass, wenn die Wirkung des *pactum* zugunsten des Käufers in einem eigenen Interesse des Verkäufers begründet ist, es zur Begründung dieser Wirkung des Sukzessionsgedankens gar nicht bedarf, hingegen umgekehrt die Einordnung des Verkaufs als Fall einer Rechtsnachfolge jene Begründung, dass es gelte, den Regress zu verhindern, nicht vollständig ins Leere gehen lässt. Für den Verkaufsfall selbst bedarf es zwar nicht dieses diffizileren Gedankens, wenn der Käufer als Rechtsnachfolger des Verkäufers zu denken ist. Aber zu denken ist, über die Litera hinaus, nicht allein an diesen Fall. Wird von demjenigen, der das *pactum* mit dem Eigentumsprätendenten schließt, die Sache vermietet oder verpachtet, dann ist es sein Interesse, dass der Mieter, der Pächter in den Schutz des *pactum* einbezogen ist, damit er nicht deren Regress ausgesetzt ist. Nicht wegen des Verkaufsfalls, aber in Hinsicht auf diese Fälle,[17] in denen an eine *successio* schwerlich zu denken ist, bedarf es als Erklärung für die Drittwirkung des *pactum* deren Begründung aus dem Interesse des Paciszenten, keinem Regress ausgesetzt zu sein, wenn er die Sache aus der Hand gibt. Es ist eben darum auch diese Begründung im Verhältnis zu derjenigen, die auf das Stattfinden einer *successio* gestützt ist, für gleichwertig zu halten; es ist geradezu verkehrt, diese im Verhältnis zu jener als *verius* zu bezeichnen. Mit diesem *verius* (und der Einfügung des *emptor*) ist die Aussage der Litera reduziert auf die Fälle des Verkaufs und der Schenkung als den beiden Fällen einer Singularsukzession, und es liegt in diesem *verius* zudem die Erklärung, es komme für eine Begründung der Einbeziehung des Käufers in das *pactum* des Verkäufers gar nicht auf dessen Interesse an, dem Regress des Käufers nicht ausgesetzt zu sein. Es ist alles, was in dieser Glosse in der Ausrichtung auf die Frage, ob die zeitliche Aufeinanderfolge von *pactum* und Veräußerung von Belang ist, gesagt wird, doch in Wahrheit als irrelevant beiseite geschoben. Und so ist dann auch nicht verwunderlich zu sehen, wie eben dies geschieht in der Zeit, der Accursius das Verständnis der zu den *leges* von Azo und Hugolinus geschriebenen Glossen zu erleichtern bestrebt gewesen ist – in der Zeit, die man wegen ihres ständigen Bezugs auf die accursische Glosse nicht zu Unrecht die postglossatorische nennt[18] und in dieser Zeit auch durch keinen Geringeren als denjenigen, der sie – wie kein anderer – geprägt haben dürfte.

c) *Bartolus' von der* gl. ord. *abhängige Exegese zu l. 17,5*

Bartolus, sc. in seiner l. 17,5 betreffenden Exegese, spricht in Hinsicht auf das in der hier sog. gl (1) sowie in der gl (2) in deren erstem, den Verkaufsfall betreffenden Teil Gesagte als von zwei Lesarten der Litera (*legitur lex duobus modis*), und er meint, es sei die eine (die er immerhin noch ihrem wesentlichen Inhalt nach wiedergibt) und die andere (von der er nur sagt, dass bei ihr auch ein

17 Ob bei den *aliis* (*casibus*), von denen Azo in diesem Zusammenhang, sc. des Regresses spricht, hieran gedacht ist?

18 Nicht zu Unrecht, wenn man davon absieht, dass der accursische Apparat nicht »die Glosse« ist.

vor der Veräußerung geschlossenes *pactum* zugunsten auch des Käufers wirke[19]) – es sei diese ebenso wie jene sog. Lesart hervorgegangen aus der Furcht davor, dass das hier, sc. in l. 17,5 Gesagte im Widerspruch stehe zu der in der *l. idem § personale* (l. 25,1) ausgesprochenen strikt personalen Wirkung eines *pactum*, aus der Furcht vor diesem *contrarium*: *huius timore* sei es zu diesen beiden Lesarten gekommen – *huius timore* ist in Bartolus' Lectura die stereotype, ein wenig überhebliche Einleitung zu Ansichten, die er referiert und von denen er sich sodann bald mehr, bald weniger distanziert. Und so geschieht das sodann auch hier. Er findet die *solutio* zu diesem *contrarium* zwischen den ll. 17,5 und 25,1[20] gemäß der *vera opinio* darin, dass von den *personalia pacta* auf zwei verschiedene Weisen gesprochen werden könne (*dicitur duobus modis*): außer dem strikt personalen *pactum*, von dem in l. 25,1 die Rede sei, gebe es ein solches, das zugunsten Dritter wirke, aber doch auf die Person beschränkt sei insofern, als es diese Drittwirkung nur habe, solange derjenige, der es geschlossen habe, lebe [21] – *et ita loquitur hic* (sc. in 17,5): *vivo igitur paciscente transit ad emptorem et donatarium non eo mortuo*. Warum das so sein kann, wie also zu erklären ist, dass es hier in dieser l. 17,5 um einen Anwendungsfall dieses mit einer gewissen Drittwirkung ausgestatteten *pactum* geht – diese Frage, die Hugolinus zu seinen beiden Erklärungsversuchen veranlasst hat, zu der dem Leser etwas zu sagen die Aufgabe der Exegese ist – einem Leser, der verstehen will, warum es so sein kann und muss, wie es in der Litera gesagt ist, einem Leser, der mithin die Frage hat, wie Sabinus zu seiner Ansicht gekommen sein kann, – diese Frage lässt Bartolus in dieser Ausführung seiner *solutio* unbeantwortet.[22] Die Antwort steht seiner Exegese, wie ein Leitsatz, wie ein *abstract* oder (um in der Sprache jener Zeit zu bleiben) als ein *summarium* voran: *pactum personale vivo paciscente porrigitur ad successorem in rem etiam titulo singulari*. Dies ist in der Form, weil von den Hörern

19 *secundo modo sive ante sive post (sc. venditionem pactum factum fuit)* – es wird also bei diesem 2. *modus* weggelassen der diese *lectio* tragende Grund. Und warum das, wenn nicht Bartolus der Meinung war, es sei dieser Grund gar nicht der Rede wert?

20 Der Ausführung dieser *solutio* steht voran (und an die Wiedergabe jener zwei Lesarten ist angeschlossen): *tunc ad contrarium rn* (mit einem waagerechten Strich über dem *n*, was nicht anders zu lesen ist als f. 88rb (in der Exegese zu l. 7,5 *ut puta post divortium* etc.): erst dies Folgende und nicht etwa eine der zuvor bezeichneten Lesarten ergibt zu dem *contrarium* die zutreffende Auflösung!

21 *Notata* sei diese Distinktion der *pacta personalia in l. iurisg. § pactorum supra eod.* Er selbst sagt dort, sc. zu l. 7, 8 nichts dergleichen, und es kann daher nur das, was in der *gl. ord.* zu dieser Stelle notiert (und hier eingangs wiedergegeben ist) gemeint sein. Der Bezug ist bei Bartolus im Zweifel eben die *gl. ord.*

22 Indem er davon spricht, das *pactum* gehe auf den Käufer/Beschenkten über (*transit*!), ist nur angedeutet, dass in diesen Fällen eine *successio* stattfinde und so die Drittwirkung zu verstehen sei.

seiner Lectura leicht mitzuschreiben und auswendig zu lernen, von höchster Perfektion und in der Sache die durch ihre Simplizität überzeugende Lösung. Zu ihr hat Accursius den Grund gelegt durch die doch wohl unbesonnene Einfügung des *emptor* in den aus dem Hugolinus-Apparat entlehnten Text. Und so haben wir in Bartolus' Exegese ein Beispiel dafür, einen wie schlechten Dienst man »der Glosse« erweist, wenn man diese mit dem Produkt des Accursius identifiziert – ohne deren Text einer geschichtlichen Kritik zu unterziehen, ohne der Frage nachzugehen, woher denn Accursius seinen Text hat und mit welchen Zutaten ihn sein Apparat überliefert.

Exkurs

betr.

I . die Geschichte der Litera

II. die Textstufen im Apparat der *gl. ord.*

auf der Grundlage der folgenden (gedr.) Ausgaben und Hss des Dig. Vetus:

Ausgg.: Clayn 1476; Herbort 1482; Jenson (1477?); Koberger 1482; de Tortis 1492; Blaublomm 1523; Fradin 1531; Senneton 1550; Porta 1552 und 1557; Iuntas 1591; D. Gothofredus 1612.

Hss:[23] Brüssel 5671 und 19119; Bamberg 13; Basel C I 4*; B.-Kues 280*, 281, 283, 284*; Bologna; Bourges*; Darmstadt; Douai 575*; Durham; Fulda; Firenze Acquisti 417*, 158*; Gerona*; Göttingen 23*; Klosterneuburg*; Kopenhagen Thott*, GKS; Kornik*; Leipzig 877(*?); Leiden*; London Br. Libr. Additional*, Royal 11DIII* und 11D IV, Arundel, Harley 3700; London Lambeth P.; Madrid 12080; Montpellier*; München 3506*, 14022*, 28176*; Paris Arsenal*; Salisbury; Stuttgart; Subiaco; Toledo 32–2*; Troyes 175; Tübingen; Vatikan lat. 2511* und 1413, Pal lat. 738* und 740*, 739, 731, 734, Santa Maria M., Patetta. Vendome; Vic*.

I. Die Geschichte der Litera

1) sie ist in allen *Hss* mit einer Ausnahme: *validum hoc esse* (oder *esse hoc*) *existimat* (statt dieses letzten Wortes vereinzelt: *existimo*(Basel); *existimamus* (München 28176); *existimatur* (Vat Pal 740); *existimant* (Vat Pal 738; Fulda); vor *existimat* ist eingefügt: *tamen* (London Arundel);

23 Zu deren näherer Bezeichnung sei auch hier auf das Hss-Verzeichnis von Dolezalek/van de Wouw verwiesen. Die mit einem Asterisk* versehenen Hss sind diejenigen, die sich in dieser Untersuchung wie schon in meinen früheren Arbeiten als solche erwiesen haben, die den Text der *gl. ord.* in dessen ursprünglicher Version überliefern.

und so auch noch in den frühen *Ausgg* (sc. alle hier genannten bis einschließlich Blaublomm)

2) anders ist es

in den *Hss* allein in Vat Pal 739: *valet* (statt *validum*) und sodann *qui hoc esse* etc. – dies ist die Litera Florentina (zu deren Emendation s. Mommsen)

sowie in den neueren (hier o. nach Blaublom genannten) *Ausgg*.: sie haben ebenfalls das florentinische *valet*, aber dann (nach einem Punkt): *Qui hoc esse* (Gothofredus) oder (die übrigen) *Idem existimat* etc. (womit auf eine weniger einfühlsame Weise als durch das Mommsen'sche *valet quin prodesse* die florentinische Lesart in Ordnung gebracht ist).

II. Die Textstufen im Apparat der *gl. ord.*

1) Alle Hss, die die ursprüngliche Version des Apparats überliefern, haben: a) bezogen auf *emptori prodest* und auf *validum* je eine eigene gl; b) sie haben weder die beiden gll am Anfang zu *pactum conventum cum venditore* und *factum* noch die abschließende zu *existimat*; c) überall ist der Anfang der hier sog. gl (2): *et est ratio* und fehlt in dieser gl: (nach *ipsi*) *heredes* und (nach *quod ideo ei*) *emptori et donatario*; d) die gl (2) endet (im Anschluss an *vivente*) mit dem Satz: *idem – post*.

2) In den Handschriften mit einem sonst fortgeschrittenen Text ist:

a) die Zweiteilung (s. o. 1) erhalten in: Brüssel 19119; Leipzig 878; B.-Kues 281 und 283; Darmstadt; Stuttgart; Salisbury, Vatikan Pal 739 sowie Santa Maria Maggiore; hingegen beseitigt, indem die gl (2) an die (auf *emptori prodest bezogene*) gl (1) angefügt ist, in: Brüssel 5671; Troyes 135; Vendome; London 11DVI; Arundel; Harley; Lambeth; Fulda; Durham; Vatikan 1413; Tübingen; Göttingen; Bamberg; Kopenhagen GKS 394; Subiaco; Vatikan Pal 734 sowie Patetta. Wo die Zweiteilung erhalten ist, ist zu deren Beseitigung meist der Ansatz vorhanden dadurch, dass in einer *additio* zum Ende der gl (1) (Salisbury) oder auch in den Apparat integriert (Darmstadt, B.-Kues 281) gesagt ist: *vel dic. quod etiam ante*; eigenartig auch in dieser Hinsicht Vat Pal 739: Von der den Apparat schreibenden Hand hat die gl (2) (zu *valet*, s. o. I 2) den Anfang des Textes der 1. Version, sc. *et est ratio* sowie am Ende der gl (1), sc. nach *alienaverit* ein im Apparat ungebräuchliches Bezugszeichen und zu diesem von jüngerer Hand außerhalb des Apparats und somit als eine *additio* nochmals die gl (2), aber diese nun mit dem Anfang: *vel dic. quod etiam ante et erit (!) ratio* und mit dem Schluss *vivente* – es ist m. a. W. der den Text der 1. Version abschließende Satz: *idem – post* (s. o. 1 d) weggelassen. Zu dieser Addition der gl (2) hat eine Hand, die vielleicht eine 3. ist, den Tilgungsvermerk: *va - cat* gesetzt – wenn dies geschehen sein sollte wegen des Vorhandenseins der gl (2) im Apparat, dann ist doch nicht bemerkt worden, dass der Anfang different ist.

Auch in den Hss, in denen die Zweiteilung beseitigt ist, ist in der nun nur noch einen Glosse manchmal und irritanterweise noch das Lemma der gl (2), sc. *validum* vor *et est ratio* vorhanden – so z. B. in Vatikan Patetta, Madrid 12080.

b) Die beiden gll am Anfang (s. 1 b) fehlen (sc. im Apparat und als *additio*): in Brüssel 19119; Vat Pal 739, B.-Kues 283; Leipzig 878; Vatikan Santa Maria Maggiore;

sie sind vorhanden: als *additiones* in Vatikan 1413 und Patetta; Bamberg; Troyes; Tübingen (hier nur die 1.); in den Apparat integriert überall sonst, sc. in den Hss mit fortgeschrittenem Text.

c) In den Text der gl (2) ist überall integriert: *heredes* (nach *ipsi*) und *emptori et donatario* (nach *ei*); anders nur Leipzig 878, wo der Text hier überhaupt derjenige der 1. Version, und anders, nämlich nach *ei* nur *emptori* Madrid 12080.

d) Der Schluss der gl (2) ist nicht selten (Brüssel 19119; Vatikan Patetta; Durham; Leipzig 878; London 11DVI und Lambeth; Darmstadt; B.-Kues 281; Kopenhagen GKS (hier aber mit dem Tilgungsvermerk *va – cat*) derjenige des Textes der 1. Version, sc. *post*, sonst überall *vivente*.

Die den Apparat abschließende gl zu *existimat* fehlt überall außer, in den Apparat integriert, in Vendome; sie ist vorhanden hingegen in allen (auch den frühen!) Ausgg.

Zur Komplettierung des handschriftlichen Befunds ist schließlich der Blick noch zu richten auf diejenigen Hss, in denen der Text des Apparats zwar derjenige der 1. Version, aber dieser Text mit *additiones* versehen ist, was der Fall ist in London Additional; München 28176 sowie in Vatikan Pal 738 und hier (in dieser dritten) auf die folgende besonders bemerkenswerte Weise: Von ein und derselben Hand ist am Ende der gl (1) die dort stehende accursische Sigle sowie am Anfang der gl (2) das dort stehende Lemma *validum* sowie dann die beiden nächsten Worte *et est* (vor *ratio*) durchgestrichen; am Ende der gl (1), sc. im Anschluss an *alienaverit* ist notiert: *vel dic. quod etiam ante et erit alia* und dies durch Bezugszeichen verbunden mit dem Anfang der gl (2), d. i.(nach den soeben genannten Streichungen) *ratio*; auf dem seitlichen Rand ist addiert: *heredes* (zu *ipsi*) und *emptori et donatario* (zu *ei*);[24] zu dem Satz am Ende der gl (2): *idem – post* ist der Tilgungsvermerk gesetzt. Stünde in Vat Pal 739 (s. o. unter II. 2 a) der Tilgungsvermerk nicht bei der addierten, sondern bei der im Apparat befindlichen gl (2) – es wäre der Apparat dort und hier (sc. in Pal 738) nahezu identisch: an der Nahtstelle der beiden gll (1) und (2) steht: *vel dic. quod etiam ante*; der Fortgang ist dann hier wie dort *et erit* (dieses *erit* ist auch in Durham, aber sonst wohl nirgends!); das dann in 738 folgende *alia* fehlt allerdings in 739

24 Dies und nur dies auch in London Additional, vielleicht auch in München 28176 (wo die Randnotiz auf dem Film kaum lesbar).

und dort ist auch bereits in den Apparat integriert, was hier, sc. in 738 noch *additio* (zu *ipsi* und *ei*) ist, und es ist am Schluss die Tilgungsanweisung ausgeführt. Eine unmittelbare Abstammung des Textes, den 739 hat, von dem in 738 vorhandenen möchte ich deswegen allerdings doch nicht annehmen, die Verwandtschaft dürfte eine entferntere sein.

Doch kann und muss dies hier dahingestellt bleiben. Für die Ermittlung der Stufen im Text der *gl. ord.* erheischen diese beiden Hss jedenfalls vorzügliche Beachtung. Sie überliefern – auf unterschiedliche Weise – von den *additiones* zur ursprünglichen Version des Textes der *gl. ord.* diejenigen, die die ältesten zu sein scheinen; sie machen mithin in der Entwicklung des accursischen Apparats sichtbar dessen erste über den in der ursprünglichen Version gelegten Grund hinausgehende Stufe. Sie überliefern die *additiones*, als deren Autor mit der größten Wahrscheinlichkeit Accursius anzunehmen ist – aufgrund der Annahme, dass Accursius, nachdem er relativ frühzeitig eine 1. Version seines Apparats fertig gestellt hatte, diese Version seines Textes nochmals und vielleicht auch mehrfach selbst überarbeitet, sc. mit *additiones* versehen hat. Die nächste Stufe in der Entwicklung des Textes der *gl. ord.* und Zeugnisse einer abermaligen Revision des Textes sind die beiden gll am Anfang zu *pactum conventum cum venditore* und *factum.* Sie sind jünger als jene und können daher auch nur mit geringerer Wahrscheinlichkeit Accursius zugeschrieben werden. Sie sind älter indessen als die Addition der gl zu *existimat*, deren Fehlen in nahezu allen hier herangezogenen Hss eher auf schon nachaccursische Provenienz schließen lässt. All dies sind bloß Vermutungen, über die hinaus zu kommen, auch mit der Heranziehung weiterer Hss, wenig Hoffnung besteht – angesichts eines Textes, der in einem Zeitraum von mehr als zwei Jahrhunderten unzählige Mal kopiert worden ist und dabei nicht bar jeder Rezension geblieben sein kann. Es ist dieses Resultat, so dürftig und unbefriedigend es auch ist, immerhin aber doch noch mehr als es die leichtfertige Annahme wäre, alles das, was in den gedruckten Ausgaben der *gl. ord.* vorhanden und mit der Sigle des Accursius versehen ist, stamme aus dessen Feder.

IX. Die Beschränkung eines Erlass-*pactum* auf den Schuldner einer durch Bürgschaft gesicherten Verbindlichkeit – l. 22

Ulpianus libro quarto ad edictum nisi hoc actum est, ut dumtaxat a reo non petatur, a fideiussore petatur: tunc enim fideiussor exceptione non utetur.

I. Die Problematik dieser Beschränkung im justinianischen Recht als der *lex lata* der Glosse

Im Fall einer durch Bürgschaft gesicherten Schuld ist es – nach der Aussage dieser *lex* – möglich, dass einem *pactum*, durch das dem Schuldner seine Verpflichtung erlassen wird, von den das *pactum* schließenden Parteien eine auf den Schuldner beschränkte Wirkung gegeben wird: Wenn der Gläubiger und der Schuldner es so wollen und darin übereinkommen,[1] dass allein der Schuldner und nicht auch der Bürge frei ist, dann soll das gelten; es soll dann der Gläubiger trotz Befreiung des Schuldners den Bürgen weiterhin in Anspruch nehmen können. Jedenfalls nach justinianischem Recht ist diese Aussage in zweifacher Hinsicht anstößig, fragwürdig, erklärungsbedürftig.[2] Der Gläubiger hat – anders als nach klassischem Recht – nun im justinianischen Recht nicht mehr die freie Wahl, den Schuldner oder den Bürgen in Anspruch zu nehmen; der Bürge hat gegen seine Inanspruchnahme die Einrede der sog. Vorausklage; er kann die Leistung verweigern, solange der Gläubiger es nicht erfolglos unter-

1 Die Litera ist: *si hoc actum est* – was damit, dass »in Wahrheit gemeint war« (Knütel), »het de bedoeling was« (Spruit), m. E. nicht ganz treffend wiedergegeben ist.

2 Im vorjustinianischen Recht wird sie plausibel, wenn man in diesem zurückgeht bis in die Zeit, in der die Verpflichtung des Bürgen und diejenige des Hauptschuldners eigenständige Verpflichtungen sind (nicht die eine akzessorisch zu der anderen ist) und darum auch der Gläubiger nach seiner Wahl sich entweder an den Schuldner oder an den Bürgen halten kann, erst mit der Wahl des einen (durch Vollzug der Litiskontestation mit diesem) den anderen verliert. Einem solchen Recht ist konform, dass das Erlass-*pactum* mit dem Schuldner das Recht des Gläubigers, sich an den Bürgen zu halten, nicht beeinträchtigen muss: Kann der Gläubiger nach seiner Wahl den einen oder den anderen in Anspruch nehmen, warum sollte er, wenn er mit dem einen übereingekommen ist, ihn nicht in Anspruch zu nehmen, nicht den anderen noch in Anspruch nehmen können? Da die Glossatoren, obwohl ihnen bewusst war, dass das justinianische Recht (als das *novum ius*) nicht gleich dem Recht der römischen Juristen (als das *olim* geltende *vetus ius*) ist, so weit zurück zu sehen nicht imstande gewesen sind, musste ihnen l. 22 eine *crux* sein.

nommen hat, Befriedigung durch den Schuldner zu erhalten, und diese Einrede: das *beneficium executionis* der Nov. 4,1 wird zwangsläufig peremptorisch, wenn der Gläubiger sich der Möglichkeit, den Schuldner in Anspruch zu nehmen, durch das *pactum* mit diesem überhaupt begeben hat. Der Bürge braucht ferner nun – nach justinianischem Recht – nur zu leisten gegen Abtretung der Forderung des Gläubigers gegen den Schuldner, und er braucht also auch gar nicht mehr zu leisten, wenn der Gläubiger vom Schuldner des Erlass-*pactum* wegen gar nichts mehr zu fordern, sich der zu zedierenden Forderung begeben hat. Was diese zweite durch das Erlass-*pactum* ebenfalls peremptorisch werdende Einrede aus dem sog. *beneficium cedendarum actionum* betrifft, so ist dasselbe schon im vorjustinianischen Recht expressis verbis anerkannt im Rahmen des durch die Ausführung eines Kreditauftrags zustande kommenden Verhältnisses, in dem der Auftrageber, da er des Mandats wegen dem Beauftragten dessen Aufwendungen ersetzen muss, für die Rückzahlung des von diesem einem Dritten gewährten Kredits einzustehen hat und insoweit einem für diesen Dritten sich verpflichtenden Bürgen gleich ist: *Si creditor a debitore culpa sua causa ceciderit* (und wenn in diesem Fall, dann doch noch eher, wenn er durch ein Erlass-*pactum* die *causa* aufgegeben hat), *prope est, ut actione mandati nihil a mandatore consequi debeat, cum ipso vitio accederit, ne mandatori possit actiones cedere.*[3] Unterstellt man schon der vorjustinianischen Zeit die Einsicht in die bürgengleiche Stellung des (Kredit-)Auftraggebers, so wird und kann man dasselbe auch schon für den genuinen Bürgen als vorjustinianisches Recht annehmen, auch ist es für diesen Bürgen in einer unserer Quellen für das vorjustinianische Recht nicht geradezu ausgesprochen. Es ist, wenn man einem Recht alles das zurechnet: als in ihm enthalten annimmt, was aus dessen Sätzen erst *per analogiam* folgt, auch schon vom Standpunkt dieses Rechts wie jedenfalls nach justinianischem Recht unbegreiflich, erklärungsbedürftig, wie die Aussage dieser unserer l. 22 rechtens soll sein können.

Die Exegese hat es – um in der Sprache der Glosse zu reden – in Hinsicht auf diese l. 22 mit zwei Konträraussagen zu tun, von denen die eine erst durch das justinianische Recht als dem *ius novum* und die andere außer diesem auch schon dem *ius vetus*, das die Digesten überliefern, angehört.

3 S. D 46,3,95,11 (Pap. 28 *quaest.*).

II. Die Quellen

Es folgt hier dasjenige, was zur Auflösung dieser beiden *contraria* bei Azo, Hugolinus und in der *gl. ord.* ausgeführt ist – auf eine formal jeweils eigene, in der Sache hingegen, wie es scheinen kann, nur geringfügig divergierende Weise:

Azo	*Gl. ord.*	Hugolinus
fideiussore: sed cum hodie novo iure prius conveniatur reus ut infra aut. de fideiussoribus col. j in principio*, pactum personale reo factum agendi licentiam creditori perimisse videtur. Respondeo: (1) forte hic loquitur, cum fideiussor consenserat** personali pacto, unde beneficium nove constitutionis non habet. alioquin haberet et ita creditor contra nullum ageret. non utetur: immo etiam personale pactum prodest fideiussori, quia removebit creditorem, quia non potest ei cedere actionem ut infra de solut. l. stic. § pult. respondeo: (3) non prodest ei pacti exceptio, ut hic dicitur, licet prosit ei doli exceptio ut ibi. sed doli exceptio interdum non dabitur, si consensit. sed (et ?) in quo casu forte hic loquitur. (4) vel cum reus solvendo non est, contra quem cedi actionem non expedit fideiussori et ideo nichilominus convenitur. (2) vel hic loquitur, cum fideiussor beneficio cedendarum actionum specialiter renuntiavit***. ——— * sic Stockholm, München 14028, primo responso u. a. Vatikan 1408.	non utetur: hoc non videtur stare posse veteri vel novo iure: veteri quia cum creditor fideiussorem convenit, tenetur ei cedere actionem, quod is non potest facere, ergo exceptione repellitur ut infra de solut. l. stic. § penult.; novo non, quia novo habeat prius reum convenire, repellet fideiussor creditorem, nisi reum principalem conveniret, quem convenire iam non potest ut in Auth.de fideiussoribus § primo [collat. prima. Solutio ad utrumque: (1) fideiussor hic consensit huic personali pacto, und nihil iam potest obiicere fideiussori et sic etiam non obstat infra e. l. fin. in princ. et C de usuc. rei iudic. l. fin. in fi. et infra de iureiur. l. duobus 2. resp. (4) alii dicunt, quod hic reus non erat solvendo, unde actionem cedit vel prius eum conveniri fideiussori non expedit. (3) alii dicunt, quod, licet pacti exceptio sibi non prosit, doli tamen prodest ut supra e. l. rescriptum § plerumque. (2) alii dicunt, quod renuntiavit beneficio cedendarum actionum et beneficio novae constitutionis, quod facere potest ut C e. l. penult.	infra de solut. stic. contra infra e. l. ult. contra infra aut.de fideiussoribus contra C de usuc. rei iud. l. ult. in fi. contra infra de iureiur. l. duobus (1) quod hic dicitur intellige de eo fideiussore, qui consensit et interfuit tali pacto [sic notavi supra quod quisque iuris l. iij § si is]. (2) vel de eo, qui renuntiavit omni privilegio, cum fideiussit. (3) vel dic., quod ibi non nititur ex(1) pacto reo facto nec ex eo opponit exceptionem. cum enim opponit exceptionem, ut cedantur sibi actiones, non nititur exceptione pacti reo facti [sed exceptione legis] (4) vel hoc intellige de reo, quem constat non esse solvendo. ad solvendam contrarietatem potes etiam illam solvere tribus modis. [5) vel dic.: illa corrigit istam.]

** sic Stockholm, Vatikan 1408, sonst – wohl überall – conscripserat. *** sic Vatikan 1408 und 5212, sonst – wohl überall – convenit.		

III. Interpretation

1) *Die Erörterung der Problematik im Hugolinusapparat und die Mängel in dessen Überlieferung*

Zu beginnen ist mit einer Erläuterung zur Wiedergabe des Textes des Hugolinus-Apparats,[4] wozu das Folgende zu bemerken ist: 1) Die den (mit *vel* – *vel* etc. aneinander gereihten) Solutionsmöglichkeiten voranstehenden, im Text der *gl. ord.* und des azonischen Apparats wiederholten Ziffern sind auch hier Zutaten meinerseits, weswegen sie in runde Klammern gesetzt sind. Sie sollen ermöglichen, im hier Folgenden auf die einzelnen *solutiones* in abgekürzter Weise Bezug zu nehmen, und es soll durch sie zudem der Blick auf dasjenige gelenkt werden, was in den drei Apparaten in der Sache einander entspricht. 2) Die eckigen Klammern (n. b. im Hugolinus-Apparat) bezeichnen auch hier wieder diejenigen Stücke des Textes, die in Seo und London nicht, hingegen wohl in Paris und Amiens[5] vorhanden sind. 3) Der *solutio* (1) steht überall (außer in

4 Eine Quelle für diesen ist hier außer Paris, Seo und London die Hs Amiens 347, in der im Allgemeinen der Apparat der azonische ist: dieser Apparat ist, wie in N. 4 der Einleitung zu dieser Untersuchung bereits bemerkt, noch vorhanden f. 22 va; die b-Kolumne, die mit dem Schluss der Litera von D 2,14,21,1 beginnt, hat dann auf dem Rand den Hugolinus-Apparat und so fortlaufend bis f. 27 vb c. m. (bei der Litera von D 3,2,4,3/4). Es folgt an dieser Stelle ein Apparat, dessen Glossen gesigelt sind *ar*, und so fortlaufend bis f. 29 ra c. m.: dort (bei der Litera von D 3,3,8,1/2) wechselt von Glosse zu Glosse die Sigle *ar* mit der azonischen Sigle, die dann noch auf diesem Folio und im Weiteren wieder konstant die einzige ist. Ob auch die mit *ar* gesigelten Glossen schon die azonischen sind, habe ich, da hier nicht von Belang, festzustellen bislang nicht unternommen. Ich kann, da ich diese Hs nur aus einen Mikrofilm kenne, nicht sagen, ob der Hugolinus-Apparat auf Rasur steht: ob sich etwa jemand die Mühe gemacht hat, den in dieser Hs zunächst durchgehend vorhandenen azonischen Apparat auszuradieren und durch Hugolinus zu ersetzen. Und völlig rätselhaft ist, was einen Menschen, der den azonischen Apparat in dieser seiner Hs oder, falls er ein Kopist oder der Instrukteur eines solchen ist, als zu kopierende Vorlage vollständig hat, dazu veranlassen kann, ein längeres Stück davon wegzulassen und durch Hugolinus zu ersetzen: hatte die kopierte Vorlage eine Lücke und es war keine Hs des azonischen Apparats verfügbar, aus der diese Lücke sich hätte füllen lassen?

5 Wie hier so befindet sich der Hugolinustext dieser Hs (s. dazu hier die vorige N.) auf dem Stand des Textes in Paris: was dieser mehr hat als Seo und London, hat

London) voran ein Bezugszeichen und dieses selbe Zeichen steht auch bei dem ersten Allegat, sc. *de solut. stic. contra.*, sodass die folgenden *solutiones*, sc. (2), (3) usw. allesamt zu lesen sind als Solutionsmöglichkeiten zu dem durch diese Stelle in den Digesten (46,3,95,11) und somit im *vetus ius* begründeten *contrarium*. 4) In dem an die Bezeichnung der *solutio* (4) sich anschließenden Satz: *ad – modis* (mit dem in Seo und London diese Solutionsglosse[6] abschließt und dem in Paris und Amiens noch die *solutio* (5) folgt) ist die Überlieferung des Textes in mehrfacher Hinsicht anstößig:

a) in Seo (und auch nur dort) steht in diesem Satz nach *contrarietatem* ein Bezugszeichen und dasselbe Bezugszeichen bei den dieser Glosse voranstehenden Allegaten vor dem ersten und dem dritten, so dass *contrarietatem* mit diesen beiden Allegaten, sc. den *contra*-Stellen im *ius vetus* (D 46,3,95,11) und *novum* (Nov. 4,1) verbunden ist. Stünde dieses Zeichen allein bei dem dritten Allegat, sc. der *contra*-Stelle im *ius novum*, so wäre deutlicher, was mit diesem Satz zu sagen doch nur die Absicht gewesen sein kann: Was das zweite, durch die Stelle in den Authentiken gegebene *contrarium* betrifft, so sei dieses in derselben Weise aufzulösen, wie das zu dem voranstehenden, sc. zu dem durch die Digestenstelle gegebenen *contrarium* ausgeführt sei. Es werden m. a. W. von Hugolinus in dieser einen Solutionsglosse beide *contraria* erledigt – in der Weise, dass die Möglichkeiten der Solution zunächst zu dem einen *contrarium*, sc. dem durch das *ius vetus* gegebenen, ausgeführt werden und diese sodann auf das andere übertragen, also diese Möglichkeiten auch für das andere als gültig erklärt werden – was auf eine nur und allerdings auch perfektere Weise in der *gl. ord.* geschieht, indem in dieser die Bezeichnung der *contra*-Stellen im *ius vetus* und *novum* an den Anfang gestellt ist[7] und dann mit Bezug auf beide zugleich (*ad utrumque*!) die Möglichkeiten der Solution ausgeführt werden. Die *gl. ord.* ist insofern die perfekte Ausführung dessen, was im Hugolinus-Apparat nur erst

auch Amiens. Zu bemerken ist hier, dass in Paris in der *solutio* 3 nach *exceptionem* fehlt *cum – exceptione* – zufolge doch gewiss eines Homoioteleuton von *exceptionem* auf *exceptione*. Seo, London und auch Amiens können daher auch hier nicht reine Abkömmlinge von Paris sein.

6 Wovon in London nur mit einer Einschränkung, von deren Bezeichnung hier abgesehen werden kann, zu reden ist.

7 Wo sie zwar auch bei Hugolinus stehen, aber (in Seo, Paris und Amiens – anders, was die Allegate betrifft, auf eine hier nicht relevante Weise London) als eigene und nicht lemma-bezogene Glossen: der Hugolinus-Apparat konserviert hier noch die alle älteren Apparate kennzeichnende Beschaffenheit, die darin besteht, dass das Allegat und dessen Erläuterung in je eigenen Glossen enthalten sind, die Erläuterung auf das Allegat bezogen und diesem kein Bezug in der Litera gegeben ist.

angelegt: noch sozusagen in der Arbeit ist,[8] und dies: dass nämlich Accursius sich hier – in formaler Hinsicht – an Hugolinus hält, zeigt ein Blick auf die formale Struktur des azonischen Apparats: Es sind in diesem nicht allein die *contraria* in zwei eigenen Glossen behandelt, sondern es geschieht das zudem auch so, dass der Eindruck entstehen kann, als seien die Möglichkeiten der Solution für das eine *contrarium* und für das andere nicht dieselben.

b) Der Fortgang des – an die *solutio* (4) (sc. des Hugolinus-Apparats) angeschlossenen – Satzes nach *contrarietatem* ist so, wie er hier wiedergegeben ist, in keiner der hier vier den Apparat überliefernden Hss vorhanden: *potest* (!) *etiam et* (!) *illam solvere tribus primis* (!) *modis* liest Paris; *primis* hat auch London, stattdessen *prescriptis* Seo, und so wie hier: *tribus modis* allein Amiens; *et* ist überall vorhanden (auch in Paris), aber überall mit dem dafür gebräuchlichen Kürzel geschrieben, ebenso auch *etiam* sowie *potest*, dies allerdings – außer in Paris – verkürzt zu *pot* (mit dem die Abkürzung angebenden Strich über dem letzten Buchstaben). Die Grammatik gebietet, dieses *pot* als *potes* zu lesen, also die Auflösung zu *potest* (sc. die Pariser Lesart) zu verwerfen; und mit *etiam* und *et* ist zweimal dasselbe gesagt, also das eine oder das andere und doch eher das *et* als das *etiam* zu streichen. Dass derart (und mithin so wie hier oben in der Wiedergabe des Hugolinus-Apparats geschehen) zu emendieren ist, bedarf kaum der Erwähnung; die Emendation ist insoweit fast selbstverständlich, aber wahrhaft rätselhaft ist dann, ob zwischen *tribus* und *modis* etwas einzufügen ist und, wenn ja, was: *primis* (wie in Paris und London)? *prescriptis* (wie in Seo[9])? Und wieso überhaupt *tribus*? Geht es im Vorangehenden, sc. bezüglich der durch die Digestenstelle gegebenen *contrarietas*, wie es doch jedenfalls den Anschein hat, um vier – mögliche – *solutiones*, wieso ist dann nun – und das n. b. in der gesamten Überlieferung: in Paris, Seo, Amiens und London! – nur von drei Möglichkeiten: *tribus modis* die Rede? Soll es nun, sc. bezüglich des durch das *novum ius* gegebene *contrarium* wirklich nur um drei – mögliche – *solutiones* gehen – welche der zuvor genannten vier soll dann hier nicht einschlägig sein? Das *tribus* erheischt mit dem Blick auf die voranstehenden vier *modi* eine Präzisierung. Fügt man aber dieser Präzisierung halber zwischen *tribus* und *modis* ein – wie in Paris und London – *primis*, dann entfällt für das durch das *ius*

8 Man sieht m. a. W. noch mehr die Arbeit selbst, nicht bloß deren Resultat: geht es um mehr als um nur ein *contrarium*, so wird man sich zunächst das eine und erst nach dessen Erledigung das andere vornehmen, und man kann dann feststellen, dass dasselbe wie für dieses auch für jenes zu sagen ist. Um beide zugleich zu behandeln, muss man das Ergebnis der Einzelprüfung kennen, wie das eben für Accursius aufgrund des Hugolinus-Apparats der Fall war.

9 *primis* ist in London verwunderlich, weil der Text in London sonst i. d. R. auf dem Stand von Seo sich befindet – wie hier betr. die *solutio* 5, sc. deren Fehlen sowohl in Seo als auch London.

novum gegebene *contrarium* die *solutio* (4); fügt man ein *prescriptis* (wie in Seo), dann ist ausgeschieden für dieses *contrarium* die *solutio* (1): die durch das *ius novum* gegebene Einrede der Vorausklage soll also der Bürge auch dann haben, wenn er dem zwischen Bürgen und Schuldner geschlossenen Erlass-*pactum* zugestimmt (*solutio* (1)) hat? Die Zustimmung nimmt ihm allein die mit der Stelle aus dem *ius vetus* belegte Einrede, dass er nur gegen Abtretung der Forderung des Gläubigers gegen den Schuldner zu leisten brauche? Wie soll das Hugolinus angenommen haben können? Und wie soll er der Meinung gewesen sein können, in dem Fall, wenn die Insolvenz des Schuldners feststeht (*solutio*(4)), stehe dem Bürgen zwar nicht das *beneficium cedendarum actionum*, wohl aber die Einrede der Vorausklage zu? Von der Sache her ist m. a. W. *primis* verkehrt, ebenso *prescriptis*, und es scheint zudem, weil das eine wie das andere dadurch veranlasst ist und weil es ja doch um vier *solutiones* gehen soll, auch *tribus* nicht haltbar zu sein. Aber dieses *tribus* lässt sich doch auch nicht – wie *prescriptis* und *primis* – einfach tilgen. Denn nicht nur ist es – anders als *primis* und *prescriptis* – überall vorhanden. Es müsste auch, da *modis* allein nicht geht, durch etwas anderes ersetzt werden – und was sollte das sein können? So spitzfindig dies alles auch ist – es kann diese Frage: was hat Hugolinus hier denn nun gesagt? doch nicht unbeantwortet bleiben.

2) Die Erörterung der Problematik im azonischen Apparat und die Mängel in dessen Überlieferung

Die Schreiber von Seo, London und Paris, von deren Hand in dem Text nach *tribus* vorhanden ist *primis* bzw. *prescriptis*, hatten ihren Blick gerichtet auf das, was in dieser Glosse vorhergeht. In ihrem Kopf war noch dasjenige virulent, was sie gerade geschrieben hatten. Da dort vier *modi* unterschieden werden und nun von nur dreien die Rede ist, haben sie gemeint, durch *primis* bzw. *prescriptis* klarstellen zu müssen, welche von den voranstehenden *modi* auch für die *contrarietas*, um die es nun geht, gültig sein soll. Wer eine Abschrift besorgt, malt nicht bloß die Buchstaben ab, die er vor sich hat; er kann nicht umhin, in gewissem Maße in dem von ihm zu kopierenden Text mitzudenken, aber er ist doch fixiert auf das, was ihm vorliegt. Man richte indessen den Blick auf das, was zu den beiden von Hugolinus in dieser einen Glosse erörterten *contraria* der azonische Apparat hat: Zu dem durch das *ius novum* gegebene *contrarium* (um das es in der einen Glosse bei Hugolinus in 2. Linie in dem Satz geht: *ad solvendum – tribus modis*), hat Azo eine eigene, auf *fideiussore* bezogene Glosse und in dieser nur den einen *modus* der *solutio* (1). Zu dem anderen, sc. dem mit der Stelle aus dem *ius vetus* belegten *contrarium* (um das es bei Hugolinus zunächst geht) gibt Azo in einer auf *non utetur* bezogenen, also zweiten Glosse drei *solutiones*; er also löst dieses *contrarium* – dem Anschein nach – *tribus modis*!

Hieran: an dieser azonischen oder doch azonisch erscheinenden Verteilung der vier *modi*, so dass bei dem einen *contrarium* nur ein einziger *modus* und bei dem zweiten die drei anderen *modi* stehen – hieran wird Anstoß nehmen, wer der Meinung ist: alle vier *modi* gelten für beide *contraria*! Wer das meint, und Hugolinus war ersichtlich dieser Meinung, wird – mit dem Blick n. b. auf den azonischen Apparat! – zu eben diesem auf Distanz gehen und dieser seiner Distanzierung Ausdruck gebend sagen: *illam contrarietatem* (sc. der durch das *ius novum* gegebenen, zu dem der azonische Apparat nur einen einzigen Solutionsmodus hat) *potes solvere etiam tribus modis*, nämlich außer durch die eine, die zu diesem *contrarium* bei Azo steht, auch durch die drei, die dort nur zu dem anderen *contrarium* ausgeführt sind. Was Hugolinus in dem auf die *solutio* (4) folgenden Satz sagt, dass er nämlich nun nur von *tribus modis* redet, ist m. a. W. plausibel mit Bezug auf die formale Beschaffenheit des azonischen Apparats – als Kritik also an der dort vorhandenen, dissonanten Zuordnung der *solutiones* zu den beiden *contraria*.[10] Und diese Kritik wird denjenigen, dessen Arbeit die Verbesserung des azonischen Apparats ist, umso mehr veranlassen, sich hierin von dem azonischen Apparat zu lösen und wie Hugolinus zu verfahren, wenn er sich nicht vorstellen kann, dass Azo wirklich der Meinung ist, das *contrarium*, das bei diesem das zweite ist, sei allein durch die in der auf *non utetur* bezogenen gl (2) ausgeführten *tres modi* zu lösen; es gelte die *solutio* (1) nicht auch für dieses *contrarium* und nicht alle vier gälten auch für jenes. Der Bürge, der dem Erlass-*pactum*, das nach dem Willen der Paciszenten allein den Schuldner befreien soll, zustimmt: der mit den Paktierenden insoweit konsentiert – dieser Bürge sagt damit doch: so soll es, auch was mich angeht, sein; auch wenn Du, Gläubiger, Dich an den Schuldner nicht mehr sollst halten können, bin ich damit einverstanden, dass ich Dir als Schuldner noch erhalten bleibe – und wie soll dieser Bürge dann, nimmt der Gläubiger ihn in Anspruch, diesem mit Erfolg entgegenhalten können, er brauche erst zu leisten, wenn der Gläubiger erfolglos den Schuldner in Anspruch genommen hat?

Man kann im Zweifel darüber sein, wie dieser Konsens des Bürgen mit dem Gläubiger und dem Schuldner betreffs des zwischen diesen geschlossenen *pactum*, also seine Zustimmung zu diesem einzuordnen ist: ob sie nicht als Erklärung des Verzichts, wie auf das *beneficium cedendarum actionum*, so auch auf das *beneficium executionis* zu deuten ist – als *renuntiatio* beider *beneficia*, mithin

10 Die gewiss berechtigte Frage, wie dies: dass Hugolinus in der Arbeit an seinem Apparat den azonischen Apparat im Blick gehabt hat, sein kann, sei hier vorerst dahingestellt. There are things (wie ich nicht besser als mit den Worten Raymond Chandlers sagen kann) that are facts, because they have to be facts, because nothing makes sense otherwise. Auf die Frage wird zurückzukommen sein, s. Abschn. X bei und in N. 56 sowie Abschn. XI A. III.

omni privilegio. Aber daran kann doch, wer einen juristischen Verstand hat, nicht zweifeln, dass dem Bürgen wegen dieser seiner Zustimmung die Einrede, erst leisten zu müssen, nachdem der Schuldner erfolglos in Anspruch genommen worden ist, zu versagen ist. Dass tatsächlich auch Azo dies so sieht, dass an seinem juristischen Verstand zu zweifeln es auch hier durchaus keinen Anlass gibt, ist ersichtlich in seiner (scheinbar nur das im *ius vetus* begründete *contrarium* betreffenden) Ausführung der *solutio* (3): Bei der Einrede: ‚Leistung nur gegen Abtretung der Forderung gegen den Schuldner' gehe es nicht um die *exceptio pacti* (die dem Bürgen in unserer l. 22 versagt wird), vielmehr um die *exceptio doli*, und diese stehe dem Bürgen nicht zu, wenn er zu dem Erlass-*pactum* seinen Konsens erklärt habe, also nicht in dem Fall, von dem hier, sc. in l. 22 – *forte loquitur.*[11] Es hat sich für Azo, wie hierdurch doch schon fast evident ist, von selbst verstanden, dass die *solutio* (1) auch für das durch das *vetus ius* gegebene *contrarium* gilt, also alle vier *modi* auch für dieses gelten. Dass für das eine und für das andere *contrarium* die *solutiones* verschiedene sind, ist dann aber doch tatsächlich bloßer Schein – ein Schein, der entstanden ist dadurch, dass das, was von Azo zu dem einen und dem anderen *contrarium* in seinem Exemplar des Digestum vetus notiert und von ihm als zusammengehörig gedacht war, einen verschiedenen Bezug in der Litera erhalten hat – wer auch immer das ›verbrochen‹ haben mag.

Die Besorgung dieses Geschäfts, den Allegaten und dem dazu Notierten in der Litera einen Bezug zu geben, sie in lemmabezogene Glossen umzuformen und sie so benutzerfreundlicher zu machen,[12] gibt dem Apparat sozusagen den letzten Schliff, und diesen anzubringen wird Azo, wenn er selbst sich damit überhaupt abgegeben, wenn er diese Arbeit nicht delegiert hat, häufig und

11 Der Gläubiger handelt, wenn er von dem Bürgen, ohne diesem die Forderung gegen den Schuldner abzutreten, die Leistung verlangt, nicht dolos (und ist also nicht mit der *exceptio doli* zurückzuschlagen) in dem Fall, wenn der Bürge selbst durch seinen Konsens daran mitgewirkt hat, dass gegen den Schuldner keine Forderung mehr besteht. Die *solutio* (3) ist also von der *solutio*(1) an sich nicht verschieden: sie ist deren Präzisierung. Hugolinus wird das nicht anders gesehen haben, sagt das aber nicht so wie Azo; seine (sc. des Hugolinus *solutio* (3)) ist wirklich verständlich nur mit dem Blick auf den azonischen Apparat. Für die *gl. ord.*, die sich hier so verkürzt ausdrückt wie Hugolinus, gilt dasselbe: man braucht, um die *gl. ord.* zu verstehen, den azonischen Apparat!

12 Zu vergessen ist bei dieser Benutzerfreundlichkeit allerdings nicht deren Effekt, dass es nun, statt der die alten Apparate kennzeichnenden drei Formen: Notabilia, Allegationen, lemmabezogene Glossen, nur noch eine Glossenform gab. Nachdem die Notabilia schon im azonischen und hugolinischen Apparat nicht mehr gebraucht waren, ist es nun erst, sc. mit der Beseitigung der reinen Allegationen möglich geworden, den Apparat in einem geschlossenen, die Litera umschließenden Block zu schreiben und aus den *libri legales* Bücher zu machen,

jedenfalls hier eine *cura posterior* gewesen sein. Dieser letzte Schliff wird, wo er noch fehlte, angebracht worden sein von denen, die die Abschrift, die Verbreitung, die Publikation des Apparats besorgt haben, und wenn das nicht Azo selbst gewesen ist,[13] dann waren das die Schreiber oder, falls diesen, wie wohl meist, der hinreichende Sachverstand fehlte, diejenigen, die den Apparat für die Abschrift zugerichtet haben, von denen die Schreiber, wo diese im Zweifel waren, sich in ihrer Arbeit haben instruieren lassen. Seien es diese, seien es die auf eigene Faust operierenden Schreiber – jene oder diese haben hier nicht bemerkt, dass das, was von Azo zu der Stelle im *ius novum* und zu derjenigen im *ius vetus* bemerkt war, wenn diesen beiden Notizen ein Bezug in der Litera zu geben war, denselben Bezug erhalten musste, dass dieser Bezug die Aussage der Litera: *tunc enim – utetur* im Ganzen sein musste und dass beide Bemerkungen also auch in nur eine Glosse unter nur einem Bezugszeichen zusammen zu fassen waren. Die Schreiber, aber doch auch diejenigen, die deren Arbeit anzuleiten hatten, waren damit vor eine Aufgabe gestellt, die zu besorgen die meisten, wenn sie sie überhaupt erkannt haben, nicht für ihre Sache gehalten haben werden.[14] Es ging hier um mehr als um eine Reproduktion, von der eine Verbesserung offensichtlicher Fehler zu erwarten ist. Es bedurfte einer in den Text der Vorlage eingreifenden Redaktion – einer Arbeit, wie sie dann von

deren hässliches Design durch Illuminierung der Initialen: durch bunte Bilder erträglich zu machen, ebenso kostspielig wie vergeblich gewesen ist. Das Studium »der Glosse« in einer Hs des 14. und 15. Jahrhunderts und, wenn die Glosse der Zugang zu den antiken Quellen des römischen Rechts war, dessen Studium, war für sozusagen zartbeseitete Zeitgenossen eine wahre Zumutung.

13 S. zu dieser Frage noch hier u. im Abschn. XI N. 67 sowie bereits MG S. 248 f.

14 Unter den Hss, die den azonischen Apparat überliefern, befindet sich eine: Paris 4451, die dadurch, dass es in ihr hier anders als in den übrigen ist, für das hier im Text Gesagte einen gewissen Beleg liefert: Während überall sonst mit nur geringfügigen, nicht erwähnenswerten Varianten der Apparat zu l. 22 der hier mitgeteilte ist, hat diese eine Hs von der Hand, die in ihr den azonischen Apparat schreibt, zu dieser *lex* nichts. Auf dem Rand neben deren Litera stehen von einer anderen, sicher nicht älteren, eher jüngeren Hand: die beiden *contra*-Stellen, zunächst diejenige im *ius novum* (sc. *aut.* etc.), direkt darunter diejenige im *ius vetus* (*de solut.* etc.); vor diese ist gesetzt ein Bezugszeichen, das in der Litera bei *non utetur* wiederholt ist; der einen wie der anderen *contra*-Stelle steht das Einfügungs-/Paragraphenzeichen voran und diese beiden Zeichen sind durch einen von dem einen zu dem anderen gezogenen Strich miteinander verbunden, mithin die beiden *contra*-Stellen in eine auf *non utetur* bezogenen Glosse zusammengezogen. Zu der voranstehenden *contra*-Stelle ist bemerkt: *eodem modo solve*, zu der anderen (sc. *de solut.* etc.): *sed dic. hic fideiussorem pacto consensisse* (d. i. die bei Azo zu der anderen *contra*-Stelle stehende *solutio 1*). *vel quod licet non prosit ei quod ad pacti exceptionem prosit tamen alia via quia* etc. – das Weitere klingt, den Bruchstücken, die ich davon habe entziffern können, nach zu urteilen, wie eine Paraphrase dessen, was bei Azo die *solutio* 3 ist. Die Hand,

Accursius unternommen worden ist und wozu diesem eine gewisse Anleitung im Apparat von Hugolinus vorgegeben war. Dessen Glosse lässt kaum einen Zweifel daran, dass die beiden vorweg bezeichneten *contraria* auf dieselbe und also auf vierfache Weise zu lösen sind. Es irritiert in dieser Glosse nur in dem auf die 4. Solutionsmöglichkeit folgenden Satz vor *modis* das *tribus*, dessen Bezug auf den azonischen Apparat ohne dessen Kenntnis nicht verständlich ist;[15] es ist auch zunächst etwas unklar, von welcher *contrarietas* in diesem Satz die Rede ist, was aber dann doch durch *illam*, d. i. von den beiden als *contra* allegierten Stellen die entferntere, mithin das Allegat aus dem *ius vetus*, sich aufklärt, und es fehlt dieser Glosse im Ganzen der Bezug in der Litera, sc. das Lemma; sie ist noch eine an das *contra*-Allegat angehängte Glosse, bezogen zunächst nur auf die Stelle im *ius novum* und erst nach Ausführung der *solutiones* auch auf diejenige im *ius vetus*.

3) *Accursius' Reaktion auf die Mängel in dem, was ihm bei Azo und Hugolinus vorgelegen hat*

In welch anderer Weise, als von Hugolinus vorgemacht, bei der Bearbeitung des azonischen Apparats zu verfahren war, liegt mit der Einsicht in die Mängel der hugolinischen Weise auf der Hand: Das Ganze musste *ein* Lemma erhalten, alles denselben Bezug in der Litera bekommen, und dies musste die mit *non utetur* schließende Aussage, das Lemma mussten also diese beiden Worte sein. Es waren sodann – wie bei Hugolinus! – die beiden *contra*-Stellen anzuführen, aber sogleich auch zu sagen, dass die vier folgenden *solutiones ad utrumque contrarium* gehören. Bei der Ausführung dieser vier *solutiones* ist dann eine gewisse, aber doch durchweg unbedeutende Distanz der *gl. ord.* zu Hugolinus nicht zu verkennen: In der *solutio* 1 sind die beiden anderen von Hugolinus vorange-

die diese Glosse schreibt, ist in dieser Hs auch sonst anzutreffen; sie schreibt *additiones* zum azonischen Apparat, meist ohne Sigle, ab und an ist die Sigle das *h* des Hugolinus. Der Verfasser der Glosse, um die es hier zu l. 22 geht, kannte also, so ist zu vermuten, auch den Hugolinusapparat; er hat diesen, so ist des Weiteren zu vermuten, zur Ergänzung des azonischen Apparats, in welchem Umfang auch immer, benutzt. Und er hat hier zu l. 22 das, was dazu bei Azo steht, weggelassen; es ist von ihm also in den Text des azonischen Apparats eingegriffen und das Weggelassene durch eine eigene Darstellung ersetzt worden. Er hat, wenn auch auf eine noch sehr unvollkommene Weise dasselbe getan, was dann auf perfekte Weise von Accursius ausgeführt worden ist. – S. zu dieser Hs Paris 4451 auch bereits MG insbes. S. 276 f.

15 Ob die Reparatur dieses *tribus* (sc. durch die Zutat von *primis* bzw. *prescriptis* – s. hier o. im Text bei N. 9) von den Schreibern oder deren Instrukteuren stammt, ist nicht einmal mit annähernder Sicherheit zu sagen.

stellten und von ihm als reine Allegationsglossen auch konservierten Allegate (*C. de usuc.* etc., *infra de iure iur.* etc.) eingefügt und so ebenfalls lemma-bezogen; in der *solutio* (2) sind da, wo Hugolinus von *omni privilegio* spricht, die beiden einschlägigen Privilegien mit ihrem Namen benannt, sodass jeder weiß, wovon hier die Rede ist. Die *solutio* (3), bei der man nur raten kann, was damit von Hugolinus gemeint ist, erhält dadurch, dass die *exceptio pacti* und die *doli exceptio* unterschieden werden, einen azonischen Klang, wovon hier bereits die Rede war. Die *solutio* (4) erhält mit *unde actionem – expedit* eine Begründung, die zum Verständnis dieser *solutio* der Unkundige notwendig haben mag. Die auffälligste, aber doch in der Sache völlig unbedeutende (die Abhängigkeit zu verschleiern bestimmte?) Veränderung ist, dass in der Aufeinanderfolge der *solutiones* die 4. mit der 2. ihren Platz getauscht hat. Was aber die ebenso auffällige Bezeichnung der *solutiones* (2), (3) und (4) als eine jeweils von anderen vertretene Ansicht betrifft, sc. die bei Hugolinus nicht vorhandene Einleitung jeder dieser *solutiones* mit *alii dicunt*, so ist zur Bewertung des Gewichts dieser Veränderung der Blick nochmals auf den azonischen Apparat zu richten – auf die Differenz, die dieser Apparat zu dem des Hugolinus, über die Zuordnung der *solutiones* zu den beiden *contraria* hinaus, aufweist:

Die *solutio* (1), dass nämlich der Bürge, wenn er dem Erlass-*pactum*, das der Schuldner mit dem Gläubiger schließt, zustimmt, sich seiner Inanspruchnahme durch den Gläubiger nicht widersetzen kann, ist im azonischen Apparat mit der Partikel *forte* versehen, und dieses selbe *forte* steht auch da, wo diese *solutio* in der (azonischen) Glosse zu *non utetur* wiederkehrt, sodass daran, dass Azo mit Bedacht davon gesprochen hat, der Bürge habe *forte* dem Erlass-*pactum* zugestimmt, nicht zu zweifeln ist. Bei Hugolinus fehlt dieses *forte*, und in der *gl. ord.* ist es deswegen, weil die *solutio* (1) von den drei anderen – als von Ansichten, die von *alii* vertreten würden – abgesetzt ist, hinzuzudenken nicht einmal möglich: die *solutio* (1) ist in der *gl. ord.* diejenige, die sich der Autor zu eigen macht, und dieser gibt sich so umsichtig und freundlich, dass er seine Leser darauf hinweist, es gebe auch noch andere: von *alii* vertretene *solutiones*. Bei Hugolinus, indem bei diesem das azonische *forte* und die accursischen *alii* nicht vorkommen, bleibt offen, in welchem Verhältnis zueinander der Leser die vier *solutiones* sehen soll; es ist keiner der Vorzug gegeben, sodass man meinen könnte, Hugolinus habe nicht zu entscheiden vermocht oder nicht entscheiden wollen, ob überhaupt einer und welcher der Vorzug vor den anderen zukommt, er habe die Entscheidung zu treffen seinem Leser zugeschoben.

Die Partikel *forte* kann den Sinn unseres (deutschen) ‚vielleicht' haben und kann also gelesen werden als Ausdruck der Unentschiedenheit. Bei Azo, der dieses *forte* nur in und zu der *solutio* (1) hat, wäre damit gesagt, er sei sich nicht sicher, ob unsere l. 22 den Fall voraussetze, dass der Gläubiger dem Erlass-*pactum* zugestimmt hat, was, wenn er dies hat sagen wollen, doch sonderbar wäre, da bei den anderen drei *solutiones* das *forte* weggelassen ist und also bezüglich des Vorliegens dieser Fälle Azo sich sicher gewesen wäre. Indessen hat *forte* auch den Sinn unseres (deutschen) ›etwa‹. Es ist, wo es in diesem Sinn gebraucht ist, das Gesagte nicht schlechthin so, sondern etwa dann, wenn ... In diesem Sinn steckt in dem *forte* der Vorbehalt, dass es auch noch andere Fälle gibt, in denen es ebenso ist wie in dem Fall, dass es *forte* so ist – bezogen auf die Aussage unserer l. 22 ist durch das *forte* bei der *solutio* 1 mithin gesagt: so wie in dieser *lex* gesagt, dass der Bürge in Anspruch genommen werden könne, obwohl der Schuldner – kraft des Erlass-*pactum* – frei sei, so ist es etwa dann, wenn der Bürge diesem *pactum* zugestimmt hat; es gilt dies (in l. 22 Gesagte) dann wegen dieser Zustimmung. Es gilt dies ferner aber auch ohne diese Zustimmung, wenn der Schuldner insolvent ist, und es gilt dies – auch bei Fehlen der Zustimmung – schließlich auch bei Verzicht des Bürgen auf seine *privilegia.*[16]

Das *forte* bei der *solutio* (1) beugt so (und dass es so und nicht anders im azonischen Text zu lesen ist, wird keiner weiteren Begründung bedürfen) der Annahme vor, die *solutio* 1 sei – im Verhältnis zu den anderen Solutionsmodi – die bessere, es gebühre ihr vor den anderen der Vorzug. Bei Hugolinus ist, indem dort dieses *forte* nicht vorhanden ist, dasselbe nicht gesagt, aber dasselbe, als auch von Hugolinus gemeint, doch auch nicht auszuschließen: die Aneinanderreihung und Verbindung der einzelnen *solutiones* mit *vel* kann durchaus gelesen werden als: so, wie in dieser l. 22 gesagt, ist es, wenn ... oder wenn ... usw. Unterstellen wir Hugolinus die gehörige Einsicht in der Sache, um die es geht, dann werden wir, zumal wenn er den azonischen Apparat vor Augen hatte, bei ihm in der Sache keine Differenz zu Azo finden – nur eben eine Ausdrucksweise, die – als Ausdruck der Unentschiedenheit – missverstanden werden konnte. Accursius hat sie missverstanden, und es passte ihm nicht, dass die Entscheidung darüber, welche der Solutionsmöglichkeiten die vorzugswürdige ist, an den Leser delegiert war. Die Bequemlichkeit des Lesers war ihm ein seiner Arbeit die Richtung weisendes Anliegen; es war also dem Leser nach Möglichkeit zu sagen, was er für das Richtige zu halten hat. Und damit dies so klar wie möglich gesagt ist, schiebt er die *solutiones* 2 bis 4 den *alii* als deren Ansicht in die Schuhe – ohne diese anderen namhaft zu machen. Es handelt sich in Wahrheit gar nicht um die Ansichten von namenlosen *alii*: Wie die *solutio* 1, der Accursius den Vorzug gibt, so sind auch diese *solutiones dicta* jedenfalls auch von Azo und wohl auch von

16 Da die *solutio* (3) von der *solutio* (1) nicht an sich verschieden ist (s. bereits hier o. N. 10), kann sie hier wegbleiben. Besonders zu bemerken ist aber doch wohl noch, dass, wenn das *forte* bei Azo in dem hier oben dargelegten Sinn zu lesen ist, aus diesem *forte* auch die Zusammengehörigkeit aller vier *solutiones* folgt, also deren Verteilung auf zwei auf verschiedene *contraria* bezogene Glossen sich als willkürlich erweist.

Hugolinus, mag auch die eine oder die andere oder mögen sie allesamt aus der älteren Glosse rezipiert sein. In den für die *antiqua glosa* mir zur Verfügung stehenden Hss habe ich sie nicht gefunden.

Es bleibt im Hugolinus-Apparat noch dessen *solutio* (5) und deren Fehlen in der *gl. ord.* Sie fehlt in der Überlieferung des Hugolinusapparats auch in Seo und London, was zu dem Schluss verleiten könnte, dass Accursius den Hugolinus-Apparat – hier – nicht in der in Paris und Amiens vorhandenen fortgeschrittenen Version benutzt hat. Aber da er dies sonst doch wohl tut – warum dann hier nicht? Zu fragen ist, ob nicht diese *solutio* etwas an sich hat, was Accursius – in seine Arbeit – nicht gepasst hat.

Die Schwierigkeit des Verständnisses dieser *solutio* (5) besteht darin, dass nicht deutlich ist, welche von den beiden *contrariae leges*, um die es geht, mit *illa* und welche mit *ista* gemeint ist. In dem dieser *solutio* vorangehenden (an die *solutio* (4) angeschlossenen) Satz mit seinen ominösen *tribus modis* ist, wie hier bereits gesagt, *illam* (sc. *contrarietatem*) diejenige, die durch *infra de solut. l. Stichus*, sc. durch diese Stelle im *ius vetus* gegeben ist. Ist nun in der *solutio* (5) *illa* eben diese *lex* und demzufolge *ista* die *autentica de fideiussoribus*, also das *ius novum* der Nov. 4,1, dann ergibt sich eine Aussage, die schlechterdings unverständlich ist. Dass die eine *lex* durch eine andere korrigiert wird, ist dann – und auch nur dann! – zu sagen, wenn die korrigierende *lex* die jüngere, die korrigierte *lex* die ältere ist: die Novelle 4,1 kann einer Stelle in den Digesten derogieren, aber nicht kann das Umgekehrte stattfinden. Einen Sinn ergibt die Aussage der *solutio* (5) also dann, wenn *illa lex* die Nov. 4,1 ist und also zu lesen ist, dass diese es sei, die *istam*, sc. unsere l. 22 korrigiere. Es ergibt sich dann eine Aussage, wie sie *eleganter* und trefflicher nicht sein kann: die Digesten konservieren in der *l. Stichum § penult.* (46,3,95,11), indem daraus für den Bürgen allein das *beneficium cedendarum actionum* sich herleiten lässt, im Übrigen den alten Rechtszustand, dass die Verpflichtung des Bürgen und diejenige des Hauptschuldners eigenständige Verpflichtungen sind und darum der Gläubiger den Bürgen in Anspruch nehmen kann, auch wenn er den Schuldner in Anspruch zu nehmen, von diesem Befriedigung zu erlangen, noch gar nicht versucht hat. Ein Ausdruck eben dieses Rechtszustandes aber ist, wie hier eingangs bereits bemerkt,[17] unsere l. 22. Die Nov. 4,1 beseitigt durch die Einführung des *beneficium executionis* das, was von diesem Rechtszustand noch übrig ist, und durch sie ist mithin auch l. 22 overruled: dem *beneficium cedendarum actionum* das *beneficium executionis* an die Seite gestellt und l. 22 obsolet. Ist aber dem so, dann ist obsolet auch das Bemühen, diese *lex* zu retten durch eine Ermittlung und Zusammenstellung der Fälle, in denen es so sein kann, dass der Gläubiger sich an den Bürgen halten

17 S. o. N. 2.

kann, obwohl er sein Recht gegen den Schuldner aufgegeben hat. Ist die *solutio* (5) die wahre *solutio*, dann sind m. a. W. die vorangehenden, zum alten Rechtszustand gehörenden vier anderen *solutiones* ersatzlos zu streichen.

Es ist mir sehr zweifelhaft – nicht dass Hugolinus so gedacht, wohl aber dass Accursius dies als den hinter der *solutio* (5) stehenden Gedanken erfasst hat. Denn hätte er das getan, dann wäre seine Vorgehensweise, diese *solutio* (5) wegzulassen, um nicht die vier bei Hugolinus und Azo vorhandenen *solutiones* zu desavouieren, eine Maßnahme wider besseres Wissen. Ist ihm dies nicht zuzutrauen, dann bleibt allerdings für das Fehlen der *solutio* (5) in der *gl. ord.* nur die missliche Erklärung, dass in dieser *solutio* Accursius nicht erkannt hat, was in ihr *illa* und was *ista lex* ist.

Es war – so oder so – in der Arbeit an der *gl. ord.* ein schwarzer Tag, an dem Accursius diese seine gl zu *non utetur* verfasst hat.

X. Die Gleichschaltung des Erlass-*pactum* mit der Novation, Solution, Litiskontestation und Akzeptilation in der aktiven Gesamtobligation – l. 27 pr.

Paulus libro tertio ad edictum. Si unus ex argentariis sociis cum debitore pactus sit, an etiam alteri noceat exceptio? Neratius Atilicinus Proculus, nec si in rem pactus sit, alteri nocere: tantum enim constitutum, ut solidum alter petere possit. idem Labeo: nam nec novare alium posse, quamvis ei recte solvatur: sic enim et his, qui in nostra potestate sunt, recte solvi quod crediderint, licet novare non possint. quod est verum. idemque in duobus reis stipulandi dicendum est.

I. Die paulinisch-labeonische Logik in der in l. 27 pr vorhandenen Aussage

Es geht um den Fall, dass von mehreren das Geldgeschäft betreibenden Gesellschaftern – von zweien, wie der Einfachheit halber im Weiteren gesagt sei, – einer mit dem diesen beiden gemeinsamen Schuldner ein Erlass-*pactum* schließt. Selbst wenn dieses *pactum* ein solches *in rem* und ihm also eine über die das *pactum* schließenden Parteien hinausgehende Wirkung nicht per se abzusprechen ist, soll ihm diese Wirkung hier zu versagen sein; der Schuldner soll mithin, wenn er von dem anderen Gesellschafter in Anspruch genommen wird, diesen nicht mit der *exceptio pacti* zurückschlagen können. Dass *in casu* so zu entscheiden sei, dafür führt Paulus, so wie die Litera dieses Fragments überliefert ist, vier Autoritäten an: Neraz, Atilicinus, Proculus und Labeo, und er vermerkt in Hinsicht auf deren Entscheidung, zwar nicht was das Ergebnis betrifft, wohl aber in der dafür gegebenen Begründung eine gewisse Differenz zwischen dem zuletzt und den drei zuerst Genannten – zwischen den drei Jüngeren und demjenigen, dessen Entscheidung diese, wie anzunehmen jedenfalls nahe liegt, gefolgt sind. Deren Begründung, die Paulus zunächst referiert, ist sehr kurz, geradezu lakonisch: es sei – für *argentarii socii* – nur bestimmt (*constitutum*!), dass von ihnen einer allein die Forderung im Ganzen geltend machen, also der Schuldner durch Leistung an nur einen die Schuld auch im Verhältnis zu dem anderen tilgen könne. Die Begründung dieser labeonischen (wie man wird sagen können) Gefolgsleute ist, dass ein anderes als dies nicht bestimmt sei. Für Paulus (vorausgesetzt, die überlieferte Litera ist auch im Weiteren die seine) war dies als Begründung ersichtlich nicht genug; er hätte es dabei sonst doch belassen. Er setzt hinzu, ergänzt also das sozusagen proculianische Argument[1]

1 Dass es proculianisch i. S. des frühklassischen Schulengegensatzes ist, soll damit nicht gesagt sein, ist aber, zumal auch noch Labeo und gewissermaßen (s. u. N. 3) Celsus hinzukommen, auch nicht auszuschließen.

dadurch, dass er nun noch Labeo und dessen Begründung anführt: es könne der eine, obwohl an ihn *recte*, sc. mit befreiender Wirkung auch gegenüber dem anderen geleistet werden könne, auch nicht die Forderung in seiner Person neu begründen; er könne sie m. a. W. auch nicht novieren, nicht durch eine Forderung, aus der er allein berechtigt wäre, ersetzen – wie nämlich (*enim*!) auch an denjenigen, der in der Gewalt eines anderen ist, wenn er Geld ausleiht, zwar die Rückzahlung *recte* stattfinden, die Rückzahlungsforderung aber von diesem nicht noviert werden könne. Paulus setzt dieser (jedenfalls dem Anschein nach) labeonischen Argumentation hinzu: es sei das richtig (*verum*), und es gelte dasselbe wie für *argentarii socii* auch in dem Fall zweier Gesamtgläubiger (*in duobus reis stipulandi*[2]).

Paulus wird das von Labeo Gesagte für *verum* nicht nur gehalten haben mit Beschränkung auf das den Fall des Geld ausleihenden Gewaltunterworfenen betreffende Stück am Ende der labeonischen (oder doch labeonisch erscheinenden) Argumentation. Dieser Fall und seine Entscheidung (dass nämlich der Gewaltunterworfene, obwohl er die Rückzahlung, mit dem Effekt der Befreiung des Schuldners, annehmen kann, aber die Forderung auf Rückzahlung zu novieren nicht die Macht hat[3]) ist in der labeonischen Argumentation deren Schluss oder, besser gesagt, deren Grundlage: Aus der Entscheidung dieses Falles folgt die Entscheidung im Fall der *argentarii socii*, dass einer von diesen die Forderung, obwohl an ihn allein die Leistung *recte* stattfinden kann, nicht im Alleingang soll novieren können, und es folgt – für Labeo, wie es scheint – daraus, dass einer dieser *socii* die beiden gemeinsam zustehende Forderung allein nicht novieren kann, die Entscheidung der Frage, um die es geht, dass nämlich das *pactum*, das nur einer mit dem Schuldner schließt, für diesen nicht die *exceptio* gegen den anderen begründen kann, auch ist das *pactum in rem* geschlossen und auch kann die Leistung *recte* an nur einen erfolgen. Was Paulus überzeugt hat, was er als *verum* bezeichnet, ist doch wohl die Logik dieser Argumentation im Ganzen und somit auch deren das *pactum* betreffende Resultat. Er stimmt daher auch der Entscheidung der von ihm angeführten vier Juristen nicht nur »stillschweigend« zu;[4] er erklärt diese Entscheidung mit und aus der ihr von Labeo gegebenen Begründung ausdrücklich für richtig. Und er überträgt schließlich, sc. *in fine* seines in dieser Stelle überlieferten Textes diese – n. b. das *pactum* betreffende – Entscheidung auf den Fall zweier aus einer

2 Für zwei »Gesamtschuldner« (Knütel) ist offensichtlich falsch, richtig Spruit: »schuldeisers«.

3 Die Digesten überliefern den Fall und seine Entscheidung in dem Celsus-Fragment D 46,2,25, was aber doch nicht heißt, dass beides: Fall und Entscheidung nicht älter sind.

4 Wie Savigny in seiner nicht hoch genug zu rühmenden Exegese zu dieser Stelle Obl.recht I 172 ff. gemeint hat.

Stipulation hervorgegangener Gesamtgläubiger, von denen einer mit dem Schuldner ein *in rem* konzipiertes Erlass-*pactum* schließt.

Auch geht es hier vornehmlich um die Glosse: um dasjenige, was unsere drei Apparate-Verfasser in ihrem Bemühen, sich der Litera dieser Paulusstelle zu bemächtigen, zustande gebracht haben; auch ist an sich darauf auch hier das Interesse gerichtet – es wird doch nicht unangebracht sein, sich hier zunächst der von Paulus gebilligten und hier soeben sog. labeonischen Logik noch etwas genauer zu vergewissern. Wie keine wahre Glosse zu verstehen ist ohne das Wort oder die Aussage, auf das (oder die) sie sich bezieht, so ist auch über den Apparat zu einer einzelnen Stelle in den *leges* und dessen Qualität nicht zu einem begründeten Urteil zu gelangen, ohne diese Stelle verstanden zu haben, und es wird sich hier auch zeigen, dass, wer etwa versuchen würde, sich das Verständnis dieser unserer Paulusstelle aus dem azonischen, hugolinischen oder/und dem accursischen Apparat zu erarbeiten, nicht weit käme, eher verzweifeln könnte, wofür der Grund: die Konzentration der glossatorischen Arbeit auf die Auflösung der in den Quellen festgestellten *contraria*, die Herstellung der Widerspruchsfreiheit in den Quellen ihrer *lex lata* hier im Folgenden einsichtig zu machen sein wird.[5]

Von (labeonischer) Logik war hier soeben die Rede nicht in dem wohl mehr unter Philosophen und in dem ›Rechtstheorie‹ genannten Fach gängigen Sinn der Deduktion aus einem vorausgesetzten, vorgegebenen Obersatz im Wege des sog. syllogistischen Schlusses.[6] Nicht um diese Logik, sondern um die im Schließen von einem Fall (und dessen Beurteilung) auf den anderen, um die *de similibus ad similia* prozedierende, also in der Fallanalogie tätige, um die noch unbefangene, genuin juristische Logik geht es in der von Paulus wiedergegebenen und von ihm als wahr bezeichneten Argumentation. Der vorausgesetzte, durch Labeo oder selbst schon diesem vorgegebene Fall ist, wie bereits gesagt, der am Ende dieser Argumentation bezeichnete. Wie auch immer derjenige, der in der Gewalt eines anderen steht, an das Geld, das er ausleiht, gekommen sein mag – die Forderung auf Rückzahlung des ausgeliehenen Geldes stand jedenfalls nicht ihm, sie stand seinem Gewalthaber zu, und ebenso wäre es auch gewesen, wenn er diese Forderung hätte novieren, durch eine neue hätte ersetzen können:

5 Odofredus' in seinen *lecturae* fast litaneiartig wiederkehrendes Dictum, es seien eben die Glossen, die das Verständnis der *leges* schwierig machten (s. in seiner Lectura zum Dig. vetus an den von mir FS Kleinheyer S. 289 N. 54 angeführten Stellen), ist hier, wie sich auf eine nicht anders als ebenso schwierige Weise zeigen wird, nicht einmal eine Überspitzung.

6 Mit dem es für die einzelnen Fälle nur eine aus dem Obersatz abgeleitete Beurteilung gibt, so dass auch die Ableitung nur so viel taugen kann wie der Obersatz – und was kann dieser taugen, wenn es der staatliche Gesetzgeber ist, der ihn vorgibt – eine Instanz, die einzelne Fälle zu entscheiden nicht kompetent ist?

die Forderung aus der Novationsstipulation wäre nicht die seine, sie wäre eine Forderung seines Gewalthabers geworden. Für diesen Fall stand es nun offenbar – es hätte sonst die Argumentation von ihm nicht ausgehen können – fest, dass der Gewaltunterworfene über die Forderung disponieren konnte, indem er sie einzog, nicht aber in anderer Weise – nicht einmal durch eine Novation, also nicht einmal dann, wenn der Erfolg der Einwirkung, der Novation heißt, dem Gewalthaber zustünde, dieser nun statt der Darlehensforderung die Forderung aus der novierenden Stipulation hätte und sein Verlust jedenfalls nicht ein totaler wäre. Geht nicht dies, wie zur Zeit Labeos festgestanden haben muss, dann kann schon gar nicht rechtens sein im Fall zweier *argentarii socii*, dass der eine den anderen um seine Forderung bringt durch Novation – in einer Weise also, die ihm, sc. dem einen eine Forderung verschafft und den anderen zunächst einmal mit leeren Händen dastehen lässt. Der andere steht mit gleich leeren Händen da allerdings auch dann, wenn der eine die Forderung einzieht,[7] wozu diesem die Befugnis zusteht – eine Befugnis, die aber auch, wie vorausgesetzt ist, dem Gewaltunterworfenen zusteht. Von dieser dem *argentarius* zustehenden Befugnis sagt – in seiner Wiedergabe der proculianischen Begründung – Paulus, sie sei *constitutum*. Savigny hat in seiner unsere Stelle betreffenden Exegese[8] ohne weiteres und also doch gewiss dieses Wortes *constitutum* wegen angenommen, dass die Einziehung der Forderung jedem einzelnen Gesellschafter »durch kaiserliche Konstitutionen … gestattet« worden sei.[9] *Argentarii*, die das Geldge-

7 Vorausgesetzt, dass die Leistung mit ihrer Entgegennahme durch den einen nicht in das Gesellschaftsvermögen fällt, also keine Surrogation stattfindet. Dass der andere gegen den einen aus dem Gesellschaftsverhältnis vorgehen kann, ändert nichts daran, dass seine Hände zunächst einmal leer sind.

8 S. o. N. 4; das hier o. im Text Folgende geht über das von Savigny Angenommene nur unwesentlich hinaus.

9 *constituere* hat gewiss auch den Sinn von ›festlegen‹, ›bepalen‹, wie Knütel bzw. Spruit übersetzen. Aber in dieser seiner Grundbedeutung ist dieses Wort, jedenfalls in einem für Juristen bestimmten Text, nicht zu verwenden, ohne dass deutlich ist oder gemacht wird, wodurch etwas »festgelegt«/»bepaald« ist, was dann auch bei Spruit und Knütel nicht fehlt, indem sie in die Aussage, »dass allein der andere die Gesamtsumme fordern kann«/»dat de andere bankier de totale schuld kan vorderen« einfügen ein: »damit« (sei festgelegt)/»dan« (immers is bepaald). Dieses »damit«/»dan« weiß ich nicht anders zu beziehen als auf die im vorhergehenden Satz genannte »Erlassabrede«/»afspraak«. Da diese von dem Schuldner und dem einen ›bankier‹ getroffen worden ist, wären es also diese Parteien des *pactum*, die »festgelegt«/»bepaald« hätten, »dass allein der andere die Gesamtsumme fordern kann«. Anstoß ist an dieser Aussage (abgesehen davon, dass sie anders gemeint sein wird, als sie klingt: es soll doch wohl nicht wirklich allein »der andere« fordern können!) deswegen zu nehmen, weil sie zu der Annahme verleiten kann, die das *pactum* schließenden Parteien könnten auch ein anderes, sc. die Wirkung des *pactum* auch zu Lasten des anderen bestimmen, es sei also die Frage, was sie »festgelegt«/»bepaald»haben, eine

schäft gemeinsam, mithin als *socii* betreiben, waren, wenn für sie *literis*, sc. durch Eintragung in ihre Geschäftsbücher eine Forderung begründet war,[10] hinsichtlich dieser Forderung zwar gewissermaßen *correi*. Aber es musste doch, weil sie *socii* waren, zweifelhaft sein, ob sie nicht die für sie gemeinsam begründete Forderung auch nur gemeinsam geltend machen konnten. Zur Beseitigung dieses Zweifels, der sie in ihrer Geschäftstätigkeit nicht wenig zu behindern geeignet war, indem er sie bei der Eintreibung ihrer Außenstände, um auf ›Nummer sicher‹ zu gehen, zu gemeinschaftlicher Aktion zwang, zwecks Erleichterung also der Geschäftstätigkeit dieser antiken *banker* bedurfte es eines positiven Rechtsatzes, eben »kaiserlicher Konstitutionen«. War aber dergestalt jedem die Macht eingeräumt, das Geschäft der Einziehung einer gemeinschaftlichen Forderung ohne Einschaltung des anderen: im Alleingang zu betreiben, dann standen die Juristen vor der Frage, ob sie darüber hinausgehen und auch andere Einwirkungen auf die Forderung dem einzelnen Gesellschafter zugestehen sollten und konnten.

Diese Frage haben Proculus, Atilicinus und Neraz (um sie ihrer Anciennität nach zu nennen) verneint, wobei auf ihre Entscheidung von Einfluss gewesen sein mag, dass diese Konstitutionen von der Regel eine Ausnahme statuieren und, *quod contra rationem iuris introductum est, ad consequentias* zu produzieren ihnen gegen den Strich gegangen sein könnte: Soll doch der Kaiser, wenn er mehr als das ausdrücklich Bestimmte in Geltung setzen will, das gefälligst auch konstituieren! Was Labeo angeht, so kann es allerdings sein und spricht schon einiges dafür, dass er vor dieser Frage noch gar nicht gestanden hat[11] – man

»Frage der Auslegung« ihres *pactum* (so in der Tat offenbar Kunkel/Jörs § 131 N. 10, s. auch Kunkel/Honsell § 107 N. 23; richtig zu unserem fr. 27 pr., sc. hinsichtlich der »Gläubigermehrheit« Kaser § 154 (S. 658). Dies ist indessen die Rechtslage erst, nachdem der förmliche Erlass, sc. derjenige, der eine Akzeptilation erfordert, obsolet geworden war, also erst im »heutigen«, sc. gemeinen Recht (s. Savigny Oblig.Recht I S. 178; Windscheid Pandekten, 8. Aufl., § 295 N. 4). Dies kann nicht Paulus, der die Wirkung des Erlass-*pactum* zu Lasten des anderen schlechthin verwirft, gemeint haben, und für den darum auch die ›Festlegung‹/›bepaling‹ durch eine von den Parteien abgesonderte, ihnen übergeordnete Instanz stattgefunden haben muss – durch Gesetz, also eben durch eine (oder mehrere) »kaiserliche Konstitution(en)«.

10 Dass die Forderung jedenfalls nicht durch Stipulation begründet war und also durch Literalkontrakt begründet worden sein wird, ist – mit Savigny – deswegen anzunehmen, weil eine Stipulation die *argentarii zu duo rei stipulandi* gemacht hätte und zwischen dem Ausgangsfall unserer Stelle und dem Fall in deren Schlusssatz: *idemque* etc. gar kein Unterschied wäre. Für die Glosse (die, weil sie die Gaius-Institutionen nicht hatte, den Literalkontrakt nicht kannte!) lag, wie schon hier bemerkt sei, hier eine nicht geringe Schwierigkeit.

11 Hätte Labeo sich in Hinsicht auf diese Frage geäußert – warum nennt Paulus ihn dann nicht mit den drei Jüngeren in einem Atemzug?

müsste denn annehmen, dass es diese Konstitutionen oder von ihnen doch wenigstens die erste schon zu seiner Zeit gegeben hat, also schon Augustus sich dieser Erleichterung im Betreiben von Bankgeschäften angenommen hätte.[12] Labeo wird in unserer Stelle auch erst von Paulus ins Spiel gebracht – damit nämlich, dass von ihm, sc. Labeo bereits der Schluss von der (dem Gewaltunterworfenen zustehenden) Einziehungsbefugnis auf eine andere Einwirkung auf die Forderung – auf eine solche selbst, die n. b. den Berechtigten nicht mit leeren Händen dastehen lässt, – verworfen worden ist. In der Konsequenz dieser Entscheidung im alten, von der neueren Gesetzgebung doch wohl noch unberührten Recht liegt, dass dasselbe auch dann gelten muss, wenn im Interesse des Bankengewerbes die Einziehungsbefugnis bei gemeinschaftlicher Betreibung des Bankgeschäfts jedem einzelnen *banker* durch ein (kaiserliches) Gesetz explizit zugestanden wird, zumal in diesem neueren Fall eine Novation, bei der nur einer der beiden *banker* aktiv wird, für den anderen eine gravierendere Folge als in jenem Fall hätte. Kann aber diese Art der Einwirkung auf eine Forderung mittels Novation, wenn die Forderung mehreren zusteht, von diesen mehreren nur einem allein nicht zugestanden werden, auch steht diesem einen nun kraft Gesetzes das Einziehungsrecht zu, dann kann – außer eben zur Einziehung – auch zu einer anderen Einwirkung auf eine Forderung, die dem, der nicht tätig ist, die Forderung nehmen würde, derjenige, der allein tätig wird, nicht das Recht haben – also dieser nicht die Befugnis zum Abschluss eines Erlass-*pactum* mit dem Schuldner, das, damit es auch den andern trifft, *in rem* abgeschlossen wird.

Zu sprechen ist – im Hinblick darauf, dass es zur Zeit Labeos jene »kaiserlichen Konstitutionen« noch nicht gegeben haben könnte – daher auch besser von einer paulinisch-labeonischen Logik – einer Logik, die bei Labeos *dictum* zum Fall des Gewaltunterworfenen ansetzt und dieses *dictum* in die Entscheidung des durch die neuere Gesetzgebung bei den *argentarii socii* aufgekommenen Falls fortdenkt. Der eigentliche ›Denker‹ wäre also hier – und ist jedenfalls auch! – Paulus, der, indem er bei Labeo ansetzt und den neueren (nämlich durch die neuere Gesetzgebung aufgekommenen) Fall auf eine – man kann wohl sagen: mustergültige – Weise dem alten Fall und dessen Entscheidung zuordnet, um die Frage herum kommt, ob gesetzlich statuierte Ausnahmen nicht unter Umständen doch einmal der Erweiterung fähig sind, und der, indem er *idemque Labeo dixit* sagt, Labeo als eine Autorität für das anführt, was in der Konsequenz einer von Labeo angeführten und gebilligten Entscheidung sich ergibt.

Wie dem aber auch sei: ob die Logik dieser Argumentation weniger Labeo als Paulus zuzuschreiben ist – hinreichend klar ist jedenfalls, wenn man der Logik

12 Oder, wenn Labeo Augustus überlebt haben sollte und in den Sielen gestorben ist, Tiberius schon in den Anfängen seines Imperiums.

dieser Argumentation sich vergewissert, wie die Novation in sie hinein gekommen ist und welches Gewicht dieser die Novation betreffenden Aussage zukommt. Mit dieser Art der Einwirkung auf eine Forderung zu argumentieren, ist durch das labeonische Exempel: durch den von diesem entschiedenen älteren Fall vorgegeben, und sie ist darum auch nur *pars pro toto* aller möglichen Einwirkungen auf eine Forderung außer deren Einziehung.[13] Das zur Novation Gesagte ist – um mit Savigny zu reden – bloß »eine Einschaltung zur Bestätigung des vorhergehenden Satzes«.[14] Um diesen das Erlass-*pactum* betreffenden Satz geht es, und allein das dazu Gesagte: allein das Resultat der Argumentation und nicht auch dessen bei Labeo ansetzende Herleitung, soll also gelten auch im Fall der *duae rei stipulandi*, um den es im *principium* dieser l. 27 an dessen Schluss dann auch noch geht: *idemque* … etc. Es soll also nicht etwa auch gelten, dass, wenn von den zwei Gläubigern aus einer Stipulation nur der eine mit dem Schuldner eine Novation vornimmt, durch diese dem anderen die Forderung *nicht* genommen würde! Der Novationsakt, auch wenn ihn nur einer der beiden heute sog. Gesamtgläubiger mit dem Schuldner vornimmt, vernichtet die (novationsrechtlich sog. *prior*) *obligatio* im Verhältnis auch zu dem anderen – so wie diesem die Forderung außer durch deren Einziehung auch genommen wird durch den Formalakt des Erlasses, sc. durch eine Akzeptilation, auch wenn diese zwischen dem Schuldner und nur einem der mehreren Gesamtgläubiger

13 Nicht einmal (so ist zu lesen) zu einer Novation ist befugt, wer zur Einziehung befugt ist! Der Einziehung könnte, und müsste doch wohl auch, hinzugerechnet werden die Einforderung des Geschuldeten mittels einer Klage, sodass die mit dem Vollzug der Litiskontestation eintretende Konsumption auch den *argentarius* träfe, der nicht klagt. Hiermit könnte in einem Zusammenhang stehen und sich erklären die Gleichstellung der *argentarii socii*, deren *nomina simul sint*, mit den *duo rei stipulandi* (bezüglich derer die Gesamtwirkung dieser Konsumption außer Frage steht, s. das hier im Text sogleich Folgende) in dem aufgrund des von nur einem der *argentarii* geschlossenen *compromissum* stattfindenden Prozess, in dem der *arbiter*, wenn er die Klage abweist, dem klagenden *argentarius* die Beschreitung des regulären Rechtswegs verbietet, s. Paulus (ed 13) D 4,8,34. Aus Savignys Behandlung dieser Stelle (o. N. 9, S. 150, 193) werde ich nicht recht klug. Ich vermute, es ist die mit der Einziehung der Forderung verbundene Gesamtwirkung auf deren gerichtliche Geltendmachung und die mit dem regulären Prozess verbundene Gesamt(konsumptions)wirkung auf den schiedsrichterlichen Prozess übertragen worden, dies Letzte allerdings nicht ohne erhebliche Bedenken, s. in der zit. Stelle das *fortasse poterimus*, wo ich im Übrigen das *alias* mit ›sonst‹ i. S. von ›an sich‹ übersetzen würde.

14 Eine »Einschaltung«, deren Autor n. b., wenn nicht Labeo, dann doch Paulus ist. Es handelt sich also nicht etwa um eine »Glosse«, die in nachklassischer Zeit in den Paulustext eingefügt worden wäre, was Savigny so auch nicht gesagt hat und im Index Interpol. daher auch wohl zu Unrecht als Savignys Annahme bezeichnet ist. Ein nachklassischer Glossator, der sich in Labeos Schriften auskennt, wäre ja auch ein toller Bursche.

stattfindet, und so wie auch im Falle einer Klage, die nur einer gegen den Schuldner erhebt, die mit diesem vollzogene Litiskontestation *totam rem in litem* deduziert: auch dem anderen die Forderung und das Recht zu klagen nimmt.

Gesagt ist all dies – n. b. zu den *duo rei stipulandi,* nicht zu den *argentarii socii*! – in D 46,2,31,2 von Venuleius, bezüglich nur der Akzeptilation in D 46,4,13,12 von Ulpian und in D 45,2,2 von Javolen sowie bezüglich nur der Litiskontestation in D 45,2,16 von Gaius. Und nichts spricht dafür, dass all dies – n. b. die *duo rei stipulandi* betreffend – Paulus anders gesehen hätte, zumal dieser, D 13,5,10 zufolge, dem *constitutum pecuniae* die Gesamtwirkung zuerkennt und auch den Folgen des prozessualen Agierens nur des einen Wirkung auch gegen den anderen beimisst – der Zuschiebung des Eides an den Schuldner in D 12,2,28 sowie des für den Kläger negativen Ausgangs eines aufgrund des nur von einem mit dem Schuldner eingegangenen Kompromisses in D 4,8,34. Auch und gerade für Paulus ist mithin anzunehmen, dass auch seines Erachtens, wenn es um *duo rei stipulandi* geht, jede von nur einem *reus* vorgenommene oder veranlasste Einwirkung auf die Obligation auch den anderen trifft und von dieser Gesamtwirkung nur das *pactum de non petendo*, das mit dem Schuldner nur einer der beiden *rei* schließt, auszunehmen sein soll – aufgrund der bei Labeo ansetzenden Argumentation, die in unserer l. 27 pr überliefert und hier nachzuvollziehen unternommen worden ist.

So zwingend, jedenfalls einleuchtend diese Argumentation hinsichtlich der *duo argentarii socii* auch ist, die Übernahme ihres Resultats für die *duo rei stipulandi* ist nicht schon damit plausibel, dass sie sozusagen einem guten Zweck dient: Könnte auch ein Erlass-*pactum* von nur einem der *rei stipulandi* mit dem Schuldner so geschlossen werden, dass es auch gegen den anderen *reus* wirkt, würde etwa dem *in rem* geschlossenen *pactum* diese Wirkung zugestanden,[15] so würde wohl bei jedem Erlass-*pactum* sich die Frage stellen, die man doch besser nicht gestellt bekommt – die Frage: was haben die das *pactum* schließenden Parteien, sc. der eine *reus* und der Schuldner denn nun gewollt – eine Wirkung des *pactum* zugunsten nur des einen oder zugunsten beider *rei*? Paulus' Entscheidung in unserer l. 27 pr lässt diese Frage erst gar nicht aufkommen, indem er dem *pactum* eine über dessen Parteien hinausgehende Wirkung schlechthin, sc. selbst wenn es *in rem* geschlossen ist, versagt. Womit aber doch, was nicht zu übersehen ist, nicht gesagt ist, dass von dem einen *reus* und dem Schuldner der Erlass nicht derart zustande gebracht werden kann, dass auch dem anderen die Forderung genommen ist. Es geht das nicht durch ein *pactum*; es geht durch eine Akzeptilation: mittels des dazu gehörenden Rechtsakts. Wenn das *ius quo utitur* so ist und so lange es so ist, dass in ihm dieser Formal-Akt des Forderungserlasses

15 Wie man wohl meint, s. o. N. 9 c. f.

zur Verfügung steht, dann ist auf eine harte, aber eben dadurch eindeutige, auf wahrhaft (wie man wird sagen können) römische Weise zu entscheiden, ob die Obligation im Ganzen beseitigt ist oder im Verhältnis des Schuldners zu demjenigen, der bei dem Erlass nicht mitwirkt, fortbesteht. So nützlich aber dieser Effekt der Entscheidung des Paulus in l. 27 pr auch ist, wäre sie nicht auch innerlich begründet, nicht eine Folgerung aus dem, was das klassische Recht ist, nicht der sozusagen klassischen Schwäche eines jeden *pactum*[16] konform, wir könnten ihr das Gütesiegel, paulinisch zu sein, schwerlich zuerkennen.[17]

II. Die Quellen

Die hier folgende Wiedergabe dessen, was in ihrem Bemühen, sich der Litera von l. 27 pr zu bemächtigen, Azo, Hugolinus und Accursius zustande gebracht haben, wird eingeleitet durch den Apparat zu dieser *lex* in derjenigen Gestalt, in der er zu dieser Stelle in der Hs Paris lat 4450 vorhanden ist. Wohl kaum dieser Apparat selbst, aber doch ein Apparat dieser alten, zu den einzelnen *leges* die einschlägigen Stellen verzeichnenden und sich in der Allegation dieser Stellen auch nahezu erschöpfenden Art wird jedenfalls Azo und Hugolinus bei der Arbeit an ihren Apparaten vorgelegen haben; es erklärt sich so jedenfalls die Ausrichtung ihrer Glossen auf diese Stellen. Es geht vornehmlich und fast auch nur um alle diejenigen Stellen, die hier soeben – die *duo rei stipulandi* betreffend – in der heute gebräuchlichen Zitierweise angeführt worden sind[18] und die nun nochmals in ihrer mittelalterlichen Zitierweise wiederzugeben und mit einer (in runde Klammern gesetzten) Kurzbezeichnung ihrer Materie zu versehen, den Nutzen haben könnte, demjenigen, der das im azonischen, hugolinischen und accursischen Apparat Gesagte nachzuvollziehen unternimmt, die Mühe der Identifizierung der Allegate abzunehmen.[19]

16 Die ja vor allem darin sich äußert, dass es (als *pactum de non petendo*) die zu erlassende Forderung selbst nicht trifft, zu ihr nur eine Gegenforderung und auf deren Grundlage eine *exceptio* erzeugt.

17 S. zur Absonderung des *pactum de non petendo* von den anderen Formen der Einwirkung auf eine Forderung gerade durch Paulus auch noch hier im Abschn. XII unter I.

18 Es fehlt von diesen Stellen jedenfalls dem Anschein nach D 45,2,16 betr. die Litiskontestation, die allerdings in D 46,2,31,2 vorhanden ist, sodass deswegen, weil jene l. 16 – *ex duobus stip.* nicht allegiert ist, nicht auch in der Sache etwas fehlt, s. hierzu aber auch noch u. N. 21.

19 In die eckigen Klammern ist gesetzt, was von den Allegationen des Pariser Apparats bei Azo, Hugolinus und Accursius nicht vorhanden ist. Diese Stellen beziehen sich (bis auf eine, die ich nicht zu identifizieren vermag) speziell auf den Fall des Gewaltunterworfenen und stehen in einem Zusammenhang mit der Frage, wie man sich vorstellen kann, wie dieser Gewaltunterworfene an das

de recept. si duo. cc.	(4,8,34 betr. compromissum)
de duobus r. cum l. ij	(45,2,2 betr. Akzeptilation)
[ad Velleianum. quamvis (?)]	(16,1,8??)]
de iureiur. in duobus. cc.	(12,2,28pr – Eideszuschiebung)
de accept. per iusj. cc.	(46,4,13,12 – Akzeptilation)
[de iure dot. Si fili. fa. si p.	(23,3,24 – si filia; 44 – si pater)]
[de rescin. ven. l. j	(18,5,1)]
de novat. et del. si rem cc. si unus. ult.[20] cc.	(46,2,31,1 s. hier weiter u.)
de const. pec.	(s. hier weiter u.)
de novat. cc. cui. si rem cc. dubitari	(46,2, 10. 31. 34 – l. 31,1 – si duo betr. Litiskontestation, Akzeptilation, Novation)
de duob. r. con. cc. l. ij.[21] Solutio: hic de illis et (?) sunt vel litem con testati ibi contra.[22] vel sic: hic faciendo deteriorem ione(?). ibi non faciendo. quod verum est.	(45,2,16 (?) – betr. Litiscontestation)
de iurejur. cc. si duo Solutio: hic de aliis (!) qui non sunt vel qui litem con testati non fuerant. ibi de sociis vel qui litem con testati sunt.	(12,2,13)
de constit. pec. si vero duo. idem	(13,5,8 (si vero mihi?).10.)

ausgeliehene Geld gekommen ist, wovon Azo, Hugolinus und auch Accursius nicht handeln und was auch für die Aussage dieser Stelle ohne Belang ist. Ob aber deswegen, weil dies so ist, diese Stellen bei Azo und Hugolinus fehlen, oder ob sie in Azos und Hugolinus' Vorlage nicht vorhanden waren, ist nicht zu entscheiden. Außer Betracht lasse ich den Allegatsbestand in anderen die *antiqua glosa* überliefernden Hss. In den mir bekannten Hss dieser Art ist er überall geringer, am umfänglichsten noch im Vatikan 1405 und 1512 (hier von alter, nicht den azonischen Apparat schreibenden Hand), auch in Troyes 174. Was in diesen Hss als *antiqua glosa* des Weiteren (über die bloßen Allegate hinausgehend) vorhanden ist, wird im Folgenden, soweit bei Azo, Hugolinus und in der *gl. ord.* dazu ein Anlass besteht, nach und nach mitgeteilt werden. – Zu bemerken ist schließlich noch, dass in der obigen Wiedergabe weggelassen ist die am Anfang des Allegats in dessen mittelalterlicher Zitierweise stehende Kurzbezeichnung der Richtung, in der die allegierte Stelle zu suchen ist (sc. sofern es sich um eine Stelle in den Digesten handelt als *supra* oder *infra*): vor allen hier mitgeteilten Stellen ist also, um genau zu sein, ein *infra* zu ergänzen.

20 Gemeint sein wird § *si duo*, der in dieser *lex* der § *ult(imus)* ist – mit *si unus* beginnt l. 27pr!

21 Nachdem diese l. 2 hier weiter o. bereits allegiert war, könnte nun gemeint sein *l. ex duobus stip.*: zu dieser l. 16 haben die folgende *solutio* (in perfekter Fassung, s. dazu die folgende N.) im Vatikan 1408, auch Stockholm, München 3887, Douai 575 sowie Hugolinus.

22 Der Text dieser *solutio* ist bis zu diesem *contra* evident unvollständig, was der Grund dafür sein könnte, dass diese *solutio* ein weiteres Mal dem folgenden Allegat hinzugefügt ist, dort mit vollständigerem Text, allerdings auch statt *illis* nun (und schlechter!) *aliis*. Den vollständigen Text dieser solutio: *hic de illis / iis qui socii non sunt vel qui litem contestati non fuerant. ibi de sociis vel qui litem*

Azo	*Gl. ord.*	Hugolinus (a)
	alteri (non) nocere:	
(1) infra de recept. l. si duo contra. Solutio: dicunt quidam speciale est in argentariis. hec est nulla, quia in lege contraria expressim ponit in argentariis, ut unius pactum alteri noceat et supra e. l. idem. alii dicunt: hic re erant socii, non conventione ut instit. de oblig., que ex quasi contr. § item. Sed certe, licet ita evitent contrarium de pacto, videtur (? nec?) tamen contrarium in novatione, quia ita dicit eos non posse renovare, quod est hic contra infra ...	immo videtur nocere ut infra de arbit. l. si duo, quae est contra. Solutio: dicunt quidam hoc speciale est in argentariis, quod nihil est, quia in lege contraria specialiter in eos dicit valere, nam similes sunt aliis reis ut supra e. l. idem. alii dicunt, quod hic erant socii re, non conventione ut Instit. de oblig. quae ex quasi contr. § item [si inter aliquos]. [alii dicunt illud in sententia, hoc in simplici pacto]. vel verius: hic cum ab alio est iam lis contestata ut infra de duobus reis l. ex duobus. [vel ibi de re dubia, hic de certa donanda].	(1) infra der arbit. l. si duo contra Solutio: hic pactum alterius non impedit, quod infra sententiam arbitri facit m.. vel hic nomina disiuncta, ibi simul. vel speciale est in argentario, ubi multa alia specialia invenio. vel hic non erant socii, quod autem dicit sociis subaudi: incidenter in aliqua re et de tali societate loquitur infra com. div. l. ij et inst. de oblig. que ex quasi contr. § item si inter.
(s. den Fortgang des Textes dieser Glosse hier u. bei #	Item alia ratione videtur nocere ut infra de iureiur. l. duobus in princ., quae est contra. sed illud est in delatione ... l. postea § fi. Sed lis contestata ab uno alteri nocet ut infra de duobus l. ex duobus. vel dic. hic re, non conventione socii erant, ut modo dixi in solutione alterius contrarii.	

contestati sunt s. in Vatikan 1408, Stockholm (jeweils zu *de duob. r. ex duobus* – 45,2,16), ebenso in Troyes 174 (aber dort als *solutio* zu *de novat. Cui* (l. 10) *diu* (?) *non ideo* (l. 25). *si rem. si duo* (l. 31,1), Douai 575, München 3887 (diese beiden mit Verkürzung des 2. Satzes zu: *ibi contra* sowie zu l. 2 und 16 D 45,2; Douai zu l. 1); überall ohne Sigle – außer in Douai und München, wo zu ihr – wie bei Hugolinus (s. im hier Folgenden) die Martinussigle steht; s. in München allerdings auch interlinear (zu *idem dicendum*) die Kurzfassung: *si non sunt socii* mit der Sigle des Rogerius – beides kann richtig, und die Martinussigle bei Hugolinus muss darum nicht verkehrt sein. – Das hier oben Folgende: *vel sic – verum est* habe ich außer in Paris 4450 nirgends gesehen; es passt mit dem, was es sagt, auch nicht hierhin. Ich vermute, dass die in Paris vorhandene Allegationskette von zwei Vorlagen abstammt und bei der Zusammenfügung einiges schief gelaufen, insbes. nicht vermieden ist, dass das aus der einen Quelle Übernommene nicht noch ein weiteres Mal angeführt wurde.

	Item videtur adhuc hic nocere ut infra de accept. l. per iusiur. § fi. et infra de duobus reis l. ij*, quae sunt contra. sed aliud est in acceptilatione quam in pacto ut infra de liber. lega. l. si is qui § i et l. si quis reum in princ. § i.	(2) infra de duob. reis con. l. ij (b) solutio: hic de his (c), qui socii non sunt vel qui litem contestati non fuerant, ibi de sociis vel qui litem contestati sunt m. simplici pacto remittere non potest ut hic, sed per acceptilationem, item per novationem potest. [et ita potest solvi.]
tantum enim*: non aliter lego, i. e. tantum habet alter de iure potestatem.	tantum enim: i. e. tantum sortitur de iure potestatem quasi dicat non remittere.	
# (3) de novat. l. si rem § si duo. nam** cum hii argentarii insolidum agerent, ergo erant rei credendi re saltem*** ut infra de duob. reis con. l eadem. dic. ergo unum non posse novare vel pacisci, quin teneatur socio. vel non posse, cum ab alio lis est contestata ut infra de duob. re. l. ex duobus.	nam nec novare: immo videtur, quod possit novare, nam cum hi argentarii insolidum agerent, ergo erant rei credendi re saltem [licet non sint socii] ut infra de duob. reis l. eadem. sed alter eorum credendi non potest novare ut infra de novat. l. si rem § si duo. sed dic. unum non posse novare ut hic, quin teneatur socio, ut ibi. vel dic. non posse, cum ab alio lis est contestata ut infra de de duob. re. l. ex duobus.	(3) infra de novat. l. si rem § si (Seo: sed!) contra. Solutio: hic specialiter id agebatur, ibi vero non [e converso michi videtur] [ut solidum alter petere possit non autem remittere] (d)
recte solvatur: hic erant socii, alioquin contra ut infra de duob. re. l. ex duobus	recte solvatur: sc. antequam sit lis ab alio contestata ut infra de duob. reis l. ex duobus, quae est contra. vel dic., si sint socii, ut hic, etiam postea, aliud si non sint socii ut ibi.	recte solvatur: puta titium, cum stipulatus sim michi aut titio ut infra de novat. l. cui. vel aliter: unus ex argentariis non potest novare post litem contestatam factam ab alio conreo – subaudi: quamvis ei recte solvatur – subaudi:: ante litem contestatam factam a conreo.
infra de duob. r. l. eand..et l. ij infra de recept. si duo contra infra de novat. si rem contra § si duo et l. ult. infra de iureiur. l. duobus contra. (so die reinen Allegate in München 14028, s. hierzu noch hier u.)		infra de iureiur. in duobus infra de arbit. si duo infra de accept. per ius. §ult infra de novat. si rem § si duo infra de duob. r. ex duobus infra de duobus r. l. ij (alle in fi. mit dem contra-Vermerk)

in duobus reis stipulandi: qui non sunt argentarii, sunt tamen socii, nam supra de reis credendi similiter locutus est et (iam?) de sociis. supra**** e. enim unumquemque solidum petere dixit. et hec omnia lego in sociis, cum tamen unus primo litem contestatus est vel ei constitutum est.	in duobus reis stipulandi: qui non sunt argentarii, sunt tamen socii, nam supra de duobus reis similiter locutus est et (& ?) sociis. et possunt omnia plane intelli(e ?)gi, cum unus est primo litem contestatus vel ei est constitutum ut infra de const. pec. l. idem est.	in duobus reis stipulandi: (1) ut peterent, non etiam remitterent (e) simplici et nudo pacto, sc. ut pactum cum uno factum alteri non obsit licet [enim ei] solvi possit. (2) arg. supra in principio, ubi loquitur de argentariis (f), qui erant similiter duo rei credendi, sed non facti per stipulationem, sed re, quod fieri potest ut infra de infra de duob. reis l. eandem et sic iste casus discrepit de superiori.
—	—	—
* Das Bezugszeichen zu dieser Glosse in den Hss häufig bei alteri nocere. ** Stockholm: tertii dicunt quod (statt nam). *** In den Hss häufig res oder re. s. **** supra – sociis nicht in Vatikan 1408 = Homoiot.!	* l. 3 wie in manchen Ausgaben (Blaublomm 1523, a Porta 1552, Iuntas 1591, aber auch in einigen Hss, selbst solchen, deren Text der ursprüngliche (Vatikan Pal 740, München 14022). Richtig ist, da es im Folgenden auch um Akzeptilation geht, *l. ij* – und so auch die Mehrzahl der Hss (Vatikan 2511, 1413, Pal 738, 739, Stuttgart, Tübingen).	(a) die eckigen Klammern bezeichnen das, was Paris und Amiens *weniger* als Seo haben. (b) Der Bezug der folgenden *solutio* ist in Seo : *l. ex duobus* = 16 (D 45,2). Das 1. Stück dieser *solutio*, sc. der Text bis zu der Sigle des Martinus (*m*) ist indessen der Text einer *antiqua glosa* und diese überall, wo sie als eine solche überliefert ist (s. dazu hier in N. 19), überall auf *l. ij – cum duo* bezogen, wie das auch in Amiens (hier aber nach l. ij: ex) und Paris der Fall ist. Da es im 2. Stück der *solutio* auch um Akzeptilation geht, ist dieser Bezug auf *l. ij* auch der zutreffende. (c) Paris und Amiens: *illis*. (d) Die in Paris und Amiens im ganzen fehlende Glosse ist, wie etwa in München 3887, Stockholm, Vatikan 1408 ersichtlich eine *antiqua glosa*, die in Seo in den Hugolinus-Apparat geraten oder rezipiert ist. (e) Paris/Amiens: *ut petere, non etiam ut remittere possit*. f) Das Folgende nicht in Paris, wo der Kopist mit dem Text der gl zu *recte solvatur* (ab: *non potest*) fortfährt.

III. Interpretation

1) *Die Fortführung des azonischen Apparats in der* gl. ord.

Eine Eigenart der *gl. ord.*, durch die dieser Apparat sich in seinem äußeren Erscheinungsbild von allen älteren Apparaten absetzt – eine Eigenart, die zu bemerken in dieser Untersuchung schon mehrfach sich eine Veranlassung ergeben hat, ist der unmittelbare Bezug aller ihrer Glossen auf eine in einzelnen Worten der Litera vorhandene Aussage, die benutzerfreundliche Umformung namentlich aller reinen Allegate und der unmittelbar auf diese bezogenen Glossen in solche, die auf unmittelbar sichtbare Weise litera / lemma-bezogen sind.

a) Umformung

Wer mit der Intention, den Apparat in dieser Weise umzuformen, sich an eine Bearbeitung des azonischen Apparats begibt, hat in diesem als erstes der als *contra* allegierten Stelle D 4,8,34 – *si duo* sowie der dazu gegebenen *solutio* einen Bezug in der Litera zu geben, und er kann nicht im Zweifel darüber sein, dass dieser Bezug die Aussage sein muss, es schade dem einen Gesamtgläubiger nicht das von dem Schuldner mit dem anderen Gläubiger vereinbarte Erlass-*pactum*; es kann also das Lemma zu jener *contra*-Stelle und der dazu gegebenen *solutio* nur sein: *alteri* (*non*) *nocere*. Wird aber dieser Bezug hergestellt, dann ist im Fortgang der Solution des durch diese *l. si duobus* gegebenen *contrarium* unübersehbar anstößig, dass die azonische Argumentation zur Solution dieses *contrarium* mit dem Satz, der mit *sed certe licet* beginnt, übergeht auf ein anderes (sc. auf das durch D 46,2,31,1 gegebene) *contrarium* und dessen Auflösung. Dies ist anstößig, der azonische Apparat mithin einer Verbesserung bedürftig zum einen deswegen, weil zu diesem anderen *contra*-Allegat, dessen Aussage nach, ein anderes Stück der Litera, sc. ein anderes Lemma passender ist als das *alteri nocere*:[23] Zu der l. *si rem § si duo* ist *contra* in unserer l. 27pr deren Aussage, es könne der eine Gesamtgläubiger die Schuld *nicht* mit Wirkung gegen den anderen novieren; es ist also das zu der Aussage jener *l. si rem* hier gehörige, einem Bearbeiter sich aufdrängende Lemma: *nam nec novare*. Die Herstellung *dieses* Bezugs (sc. durch Accursius) aber ist die Aufspaltung der einen Glosse des azonischen Apparats in

23 Im azonischen Apparat ist dies nicht oder doch weniger anstößig, weil auch das anfänglich erörterte *contrarium* ohne Bezug in der Litera ist. Der unmittelbare Anschluss des 1. an das 2. Stück wird auch gar nicht azonisch, vielmehr erst in der Abschrift zustande gekommen sein, sodass Accursius mit der lemma-bezogenen Aufspaltung des Ganzen in zwei Glossen nur diesen Fehler der Abschrift beseitigt hat.

zwei Stücke sowie die Versetzung des 2. Stücks hinter das, was zu (dem in der Litera vorangehenden) *tantum enim* von Azo gesagt und zu sagen ist, und es drängen sich dann mit einer gewissen Zwangsläufigkeit zwei weitere Eingriffe in den azonischen Text auf: Es ist in dem 1. (auf *alteri nocere* zu beziehenden) Stück in der Glosse zu diesem Lemma die Solution des durch D 4,8,34 – *si duo*[24] gegebenen *contrarium* zu einem Abschluss zu bringen; es ist also zu entscheiden, wie dieses *contrarium* denn nun aufzulösen sein soll. Im azonischen Text ist nicht ganz deutlich, aber doch anzunehmen, dass das am Schluss des Ganzen Gesagte die Solution zu beiden in dieser Glosse erörterten *contraria* sein soll: Hat die Litiskontestation mit einem der beiden Gläubiger stattgefunden, dann kann der andere die Forderung nicht mehr novieren, und es kann auch dessen *pactum* den einen nicht mehr tangieren[25] – es ist dann also unbedenklich die Aussage in unserer l. 27pr bezüglich des *pactum* ebenso wie bezüglich der Novation. Diese Entscheidung ist mithin bei – zwecks Herstellung des Lemma-Bezugs vorgenommener – Aufspaltung des Ganzen in zwei Stücke bereits am Ende des 1. Stücks zu treffen; es ist mithin die auf *alteri nocere* bezogene Glosse so abzuschließen und dann aber auch im azonischen Text die Konzession zu streichen, die mit *sed certe pacto* an die voranstehende *solutio* gemacht ist[26] und die zu machen, wenn es auf die Litiskontestation als den primären Akt ankommt, unnötig ist. Es ist dann schließlich am Anfang des 2. Stücks (also in der auf *nec novare* zu beziehenden Glosse) durch die Voranstellung von *nam cum – l. eadem* schärfer zum Ausdruck zu bringen, warum hier, wie in der *l. si rem*, der

24 Die Bezeichnung des Titels, in dem diese l. 34 – *si duo* steht, in der hier o. wiedergegebenen Weise als *de recept(is)* haben, mit Ausnahme des azonischen Apparats in Gent, alle diesen Apparat überliefernden Hss (davon einige *except.* statt *recept.* (Bamberg 11, München 14028) und auch von den die 1. Version des Textes der gl. ord. überliefernden Hss alle hierzu eingesehenen (Vatikan Pal 738 und 740, lat 2511; München 3506 und 14022; B.-Kues 284; Leiden), aber auch noch solche mit einem sonst fortgeschrittenen Text (Tübingen, Vatikan 1413 und Pal 739). In der letztgenannten ist *recept.* durchgestrichen und darüber *arbit.* notiert, und mit dieser Bezeichnung wird die Stelle angeführt von Hugolinus sowie in der *gl. ord.*, aber in dieser erst, wie es scheint, da, wo deren Text ein jüngerer ist.

25 Dass dies die *solutio* auch zu dem ersten *contrarium* sein soll, ist jedenfalls anzunehmen aufgrund des den Apparat zu dieser *lex* im Ganzen abschließenden Satzes am Ende der gl zu *in duobus reis stip.*: hec omnia lego in sociis, cum tamen unus primo litem contestatus … est.

26 Dass nämlich mit dieser: die *argentarii* seien *socii* nicht *conventione*, sondern *re*, der Aussage in l. 27pr die Widersprüchlichkeit nur in Hinsicht auf das eine *contrarium* genommen sei. Es geht Accursius also darum, eine Erklärung für alle *contraria* zu haben, also l. 27pr so zu lesen, dass *omnia intelligi possunt*, wie es – das azonische *hec omnia lego* variierend – in der *gl. ord.* zu *in duobus reis stip.* heißt.

eine Gesamtgläubiger an sich mit Wirkung auch gegen den anderen eine Novation müsste vornehmen können.

Sieht man darin, dass im azonischen Apparat hier noch nach Art der älteren Apparate der unmittelbare Bezug der Allegate auf ein Stück der Litera fehlt, einen Mangel dieses Apparats, einen Grund, an ihm Verbesserungen anzubringen, dann ist von der *gl. ord.*, was ihr Verhältnis zu dem azonischen Apparat angeht, hier doch auch zu sagen, dass sie nichts weiter: nicht weniger und nicht mehr ist als der von diesen seinen Mängeln befreite azonische Apparat.

b) Substantielle Erweiterung

Nichts anderes ist festzustellen hinsichtlich der übrigen Differenzen zwischen dem azonischen Apparat und der *gl. ord.* – hinsichtlich der die vorhandene Substanz nicht bloß redaktionell umformenden, sie vielmehr erweiternden Zutaten. Jeder Kommentar soll im Verständnis des Textes, auf den er sich bezieht, eine Hilfe bieten; für jeden Kommentator stellt sich daher die Frage, wie weit er in seiner Hilfeleistung zu gehen, für wie unkundig und phantasielos er den Benutzer seines Apparats zu halten hat. Wenn in der Litera von mehreren *argentarii socii*, die einen Schuldner haben, die Rede ist, dann muss dem Unkundigen[27] gesagt werden, dass von diesen mehreren jedem das Ganze geschuldet ist: *quibus idem in solidum debeatur* – wie die *gl. ord.* zu *sociis* notiert.[28] Ist in der Litera die Rede von einem *pactum*, das einer der *socii* mit dem Schuldner eingeht, dann bedarf es des Einsatzes einiger Phantasie für die Annahme, dass das *pactum*, von dem hier die Rede ist, ein solches *de non petendo* ist, wie die *gl. ord.* zu *pactus sit* sagt. Und es ist wieder der Unkundige, dem – außer den durch ihre Aussage am meisten irritierenden *contrariae leges* – auch noch die anderen *leges* zu nennen sind, die das in jenen *leges* Gesagte ebenfalls sagen, die mithin ebenso *contra* sind, und dem diese Dubletten der Vollständigkeit halber dann auch – mittels eigener *solutiones* – zu erklären sind. Auch für diese ist dann der Bezug in der Litera anzugeben, wofür in dieser hier kein anderes Lemma als das *alteri nocere* in Frage kommt, sodass diese Komplettierung des Apparats anzufügen ist an das erste – n. b. azonische – Stück der auf dieses Lemma bezogenen Glosse.[29] Was die *gl.*

27 Und ich meine hiermit denjenigen, der die im Weiteren erörterte Problematik noch nicht erfasst hat.

28 In Übernahme einer *antiqua glosa*, zu der in den Hss gelegentlich die Sigle des Martinus anzutreffen ist, wie in Vatikan 1408, München 3887, jeweils interlinear.

29 Bemerkenswert ist hier die Überlieferung des azonischen Apparats in Paris 4463, wo, wie bereits bemerkt (s. namentlich hier in der Einleitung bei N. 31), dieser Apparat mit Stücken des Hugolinus-Apparats angereichert ist: die azonische Solutionsglosse, wie sie hier o. wiedergegeben ist, hat dort den Bezug auf den Anfang von l. 27pr., sc. *si unus*; sie schließt mit der azonischen Sigle, und daran

ord. in dieser wie in jener Hinsicht dem azonischen Apparat hinzutut, dient demselben Zweck wie die Verbindung aller Stücke des Apparats mit einzelnen Worten der Litera und deren in ihnen enthaltenen Aussagen: Es macht den Apparat benutzerfreundlicher als Azo ihn, aus welchem Grunde auch immer, hinterlassen hat. Es fördert den Absatz des Apparats, den Azo, wenn ihm diese Förderung nicht eine aufzuschiebende oder zu delegierende Mühe gewesen ist, mit solch kleinen Münzen zu fördern als etwas unter seiner Würde Stehendes erachtet haben dürfte.

Es bleibt im Verhältnis der *gl. ord.* zum azonischen Apparat die Differenz zwischen den Glossen, deren Lemma hier wie dort *recte solvatur* ist. Dass das hier, sc. in der *gl. ord.* Gesagte unabhängig von dem ist, was Azo zu diesem Lemma gesagt hat, ist gewiss auszuschließen. Beide Elemente der azonischen Glosse, dass nämlich hier, sc. in l. 27pr die Gläubiger *socii* waren und dass sich aus der *l. ex duobus* – D 45,2,16 etwas ergebe, was *contra* sei, hat auch die *gl. ord.*, und es geht in ihr auch um nichts weiter als um diese beiden Elemente. Es geht darum, klipp und klar zu sagen, sozusagen zu entfalten, was Azo, unbekümmert um das Verständnis eines Lesers, auf die komprimierteste Weise sagt und meinen muss: Dass an einen der beiden *argentarii* geleistet werden kann mit befreiender Wirkung auch im Verhältnis zu dem anderen, sei dadurch begründet, dass es sich bei diesen beiden *argentarii* um *socii* handelt; sei dem nicht so, dann gelte auch nicht jenes, sc. das Freiwerden des Schuldners im Verhältnis auch zu dem, an den er nicht leistet, – es gilt dies aber, wie der allegierten *l. ex duobus* zu entnehmen ist, erst dann nicht, wenn zwischen dem Schuldner und einem der *argentarii* die Litiskontestation stattgefunden hat. Vor der Litiskontestation (*antequam*!) ist es also auch dann so, dass durch die Leistung an den einen im Verhältnis auch zu dem anderen Befreiung eintritt, und dass es danach (*postea*!) nicht mehr so ist, das soll gelten auch nur in diesem Fall, dass die mehreren Gläubiger keine *socii* sind. In dem Fall, dass sie das doch sind, und das soll hier, sc. in l. 27pr anzunehmen sein, soll das in der *l. ex duobus* Gesagte nicht gelten; es soll also der Schuldner, auch nachdem er von einem der Gläubiger verklagt ist, mit befreiender Wirkung auch diesem gegenüber noch an den anderen leisten können. Eben dies und nichts weiter als dies sagt zu *recte solvatur* die *gl. ord.*, und dass dies auch das richtige Verständnis des azonischen Kurzkommentars zu diesem Lemma ist, also auch die *gl. ord.* nur deutlicher redet, als Azo es in seiner Glosse für nötig gehalten hat, ist auf eine jeden Zweifel beseitigende Weise

anschließend werden die beiden bei Azo fehlenden, in der *gl. ord.* ergänzten *contraria* betr. D 46,4, 13,12 (*de accept.* etc.) und D. 45,2,2 (*de duob. r.* etc.) erledigt und dies so wie bei Hugolinus und auch mit dessen Sigle am Ende dieses 2. Textstücks. Der Hugolinus-Text ist hier paraphrasiert, die Azo-Glosse im 1. Stück wortgleich mit der sonstigen Überlieferung dieser Glosse.

ersichtlich in der azonischen Summe zum Codextitel *de duobus reis* etc. (8,39) § 9 i. f.: *si duo sint rei stipulandi et unus praeveniat alterum litem contestando contra communem debitorum, amodo non potest alteri solvi ut ff. eo. l. ex duobus ij,*[30] *nisi (!) forte isti rei stipulandi erant socii ut ff. de pactis* (D 2, 14) *l. si unus* (= 27pr!!) *i. Respo.*[31] Stehen die beiden Gesamtgläubiger (um dies nochmals mit den heutzutage gebräuchlichen Worten zu sagen) miteinander in einem Gesellschaftsverhältnis, dann kann, auch wenn von dem einen *socius*-Gläubiger der Schuldner bereits verklagt und so mit diesem der Streit bereits befestigt ist, dieser Schuldner noch an den anderen Gläubiger leisten – er soll das, wie Accursius in aller Deutlichkeit sagt, *recte* können, und das heißt, so unglaublich, weil schlechterdings nicht nachvollziehbar das auch ist: es befreit den Schuldner die Leistung an denjenigen, dem er aufgrund der Konsumptionswirkung der Litiskontestation gar nichts mehr schuldet, auch im Verhältnis zu dem anderen, mit dem er aufgrund eben dieser Wirkung es allein noch zu tun hat! Würde man hierin eine Beseitigung dieser Wirkung n. b. für die aktive Correalobligation sehen,[32] so würde man damit nur die Frage aufwerfen, warum diese Beseitigung nur für die Gesamtgläubiger gelten soll, die *socii* sind, während es im Übrigen dabei bleibt, dass *convenit et uni recte solvi et unum iudicium petentem totam rem in litem conduci* (D 46,2,31,1 – l. *rem § si duo*).

Es wird sich schwerlich in der *gl. ord.* eine Stelle finden lassen, in der – in n. b. inhaltlicher Hinsicht! – Accursius' Abhängigkeit von der azonischen Arbeit deutlicher zu sehen ist als in dieser Glosse zu *recte solvatur* in deren Bemühen zu verdeutlichen, was Azo in seiner Glosse in stichwortartiger Verkürzung sagt. Es

30 Gemeint sein muss in diesem Titel l. 16 – *ex duobus*; mit *ij* ist hier angegeben, dass es sich um die 2. mit diesen Worten beginnende *lex* handelt.

31 Auf diese Stelle in Azos Summe ist zu beziehen Bartolus in seiner unsere l. 27pr betr. Lectura: Die Ansicht, die Azo in der Summe vertrete, sei *totum contrarium* zu derjenigen *opinio*, die er (Bartolus) für *verissima* hält. Dass auch diese *verissima opinio*, wie Bartolus des Weiteren sagt, von Azo vertreten werde, ist unrichtig: es beruht diese Annahme auf der oberflächlichen Wiedergabe der azonischen Ansicht durch Accursius in dessen Glosse zu der *contra*-Stelle D 45,2,16 (zu *egerit*), wie ersichtlich ist in Bartolus' Lectura zu dieser Stelle, in der er *plenissime* ausführt, was die *gl. ord.* bei l. 27pr. *multum succincte* sage, s. in dieser Lectura § 7, wo c. m. die Rede ist von der *glosa in hanc l. ex duobus, quae dicit hanc opinionem fuisse Azonis*: es ist die *gl. ord.*, die ihm sagt, was die azonische Ansicht ist! Es ist also nicht etwa so, dass Bartolus hier den azonischen Apparat selbst eingesehen und zu verstehen sich bemüht hätte. Er kennt Azos Summe, aber den azonischen Apparat jedenfalls hier (s. aber auch noch u. Abschn. XI N. 1) nur in Accursius' bei D 45,2,16 verkürzter Wiedergabe. Hinter die *gl. ord.*: in die ältere Glosse zurückzugehen, ist nicht seine, sc. Bartolus' eben wahrhaft postglossatorische Sache.

32 Expressis verbis ist dies erst durch Justinian und von diesem anscheinend auch nur für die passive Correalobligation geschehen, s. C 8, 40(41), 28,2 und dazu Kaser § 154 N. 34.

ist diese Abhängigkeit hier umso bemerkenswerter angesichts des Hugolinus-Apparats und angesichts der in der *gl. ord.*, wenn man deren Text mit dem dieser beiden älteren Apparate kollationiert, immer wieder festzustellenden Benutzung dieses Apparats zur Verbesserung von jenem.

2) *Die wirklichen und scheinbaren Unzulänglichkeiten des Hugolinus-Apparats*

Fast nichts, jedenfalls nur sehr wenig ist in der *gl. ord.* von einer Benutzung des Hugolinus-Apparats hier: in der gl. ord. zu l. 27pr. zu sehen. Dass es zu dieser Stelle nicht nur um drei oder vier, sondern um insgesamt sechs *contrariae leges* geht,[33] wird Accursius nicht erst durch den Hugolinus-Apparat bekannt geworden sein. Von dort, wenn nicht ebenfalls aus der *antiqua glosa*, mag er wohl entlehnt haben seinen zu der azonischen gl zu *tantum enim* gemachten, das von Azo Gesagte erläuternden Zusatz: *quasi dicat non remittere.*[34] Alles andere aber und zumal das, was des Hugolinus Apparat kennzeichnet und seine Arbeit und so doch auch ihn selbst von Azo jedenfalls hier unterscheidet, fehlt in der *gl. ord.*:

a) Zu dem *contrarium*, das durch D 4,8,34 – *si duo* gegeben ist, beginnt die *solutio* bei Hugolinus (Ziffer (1) in der obigen Wiedergabe seines Apparats) mit der Mitteilung dessen, was Martinus zur Auflösung dieses *contrarium* angenommen habe, dass nämlich der *sententia* des *arbiter* eine Wirkung zukomme, die dem *pactum* des einen der *argentarii* als einem bloßen *pactum* abgehe – bei Azo, bei dem auch sonst zu beobachten ist, dass er die *antiqua glosa* mit Stillschweigen übergeht, so als ob die Glosse überhaupt erst mit Johannes und vor allem mit seiner eigenen Arbeit begänne, ist davon, was hier doch wohl

33 Nämlich auch um die beiden durch *de duob. r. l ij* (D 45,2,2) und *de accept. l per iusiur. § ult.* (D 46,4,13,12) gegebenen *contraria*. Im azonischen Apparat ist jene Stelle nicht als *contra* bezeichnet und diese überhaupt nicht vorhanden. Hingegen hat Hugolinus beide, aber beide sind als *contra*-Stellen auch unter den reinen Allegaten der *antiqua glosa*, so dass auch diese Accursius' Quelle gewesen sein kann.

34 Dass der Zweck der Erläuterung erreicht und das von Azo Gesagte dadurch deutlicher ist, kann ich nicht sagen. Azos Einleitung: *non aliter lego* (die bei Accursius fehlt) setzt voraus, dass es zu *tantum enim constitutum* auch eine Lesart gibt, die anders als die seine ist, und in der Tat sagt zu eben diesen Worten eine interlineare Glosse: *ex tacito pacto inter socios* (Vatikan 1408, München 3887, Stockholm), wozu (außer in Stockholm) die Sigle des Martinus steht. Offenbar dieser war mithin der Meinung, die Befugnis zur Einziehung sei begründet und auf die Einziehung beschränkt durch stillschweigende Parteiabrede. Wenn Azo, wie doch wohl anzunehmen, sich dagegen erklärt, indem er die Einziehungsbefugnis eine *potestas de iure* nennt, dann ist Accursius Version von Azos Glosse deren Verharmlosung. War Accursius die *antiqua glosa* zu *tantum enim* nicht bekannt?

Martinus sagt,[35] gar keine Rede, und so verfährt in der 1. Version des Textes der *gl. ord.* auch Accursius, dem erst bei der Überarbeitung dieser Version, sc. in einer *additio* zu dieser die Ansicht des Martinus als bemerkenswert aufgefallen ist, der aber auch nun, da er sie sozusagen unter ›ferner liefen‹ doch noch anbringt, sich nicht dazu versteht, den Namen des Martinus zu nennen, und sich für die Unart entscheidet, von denjenigen, deren Ansicht man nicht teilt, als *alii* oder *quidam* zu reden. – Was bei Hugolinus im Fortgang der *solutio* zu diesem durch D 4,8,34 gegebenen *contrarium* folgt, ist angestoßen dadurch, dass auch in der *contra*-Stelle, sc. D 4,8,34 von den *duobus argentariis* die Rede und dort gesagt ist, was hier in l. 27pr. fehlt: es seien nämlich die *nomina* dieser beiden *argentarii simul*. Es fehlt dies bei Azo und wie bei diesem in der *gl. ord.* Es könnte sich um eine Beobachtung handeln, die Hugolinus selbst gemacht (und nicht von anderen übernommen) hat, und die er hier notiert, wo er zunächst einmal alles zusammenzustellen scheint, was zur *solutio* dieses *contrarium* in Erwägung zu ziehen einem einfallen kann. – Es folgt als Drittes eine Erwägung, an der Hugolinus, wenn sie nicht sogar sein eigener Einfall ist, ein gewisses Gefallen zu finden scheint, indem er sie – in der 1. Person redend – mit einer Art Begründung versieht: es gehe hier, sc. in unserer l. 27pr mit der Versagung der Gesamtwirkung des *pactum* um eine Spezialität des Rechts der *argentarii*, eine Besonderheit sozusagen des Bankrechts, in dem er auch sonst noch viele Besonderheiten finde, was von Azo und wie von diesem in der *gl. ord.* zwar als die Ansicht von *quidam* verzeichnet, aber doch auf rüde Weise (*nulla*! *nil*!) von der Hand gewiesen wird, nämlich damit, dass dasjenige, was aus der *contra*-Stelle sich ergebe, dort doch *expressim* (*specialiter*, wie Accursius, vielleicht in Anlehnung an Hugolinus *speciale*, zu sagen vorzieht) auch für *argentarii* gesagt sei.[36] Hugolinus kann dies doch schwerlich übersehen haben, und so erweist sich diese seine Solutionsglosse eben wirklich nur als eine penibel ausgeführte Zusammenstellung aller Erwägungen, die einer, der noch auf der Suche nach der richtigen Auflösung des *contrarium* sich befindet, anstellen und notieren mag. – Von anderem Kaliber als dies und das unmittelbar davor Gesagte ist das letzte Stück dieser Zusammenstellung: es ist dies, wie der nächsten Glosse, in der es um das die *solutio* zu dem durch die *l. ex duobus* (16 D 45,2) gegebenen

35 So jedenfalls Hugolinus, s. diese Glosse mit der Sigle des Martinus aber auch in München 3887, als freilich ungesigelte *antiqua glosa* in Stockholm, Troyes 174, Vatikan 2512 und 2705 – sonst? 1408? jedenfalls nicht Torino, Padua!

36 Und die Gleichstellung der *argentarii socii* mit *duo rei* auch in der *l. idem* (=25, sc. mit *duo rei promittendi*) sich finde, was Azo nur mit diesem Allegat sagt und Accursius in seiner Aversion gegen reine Allegate dem Leser mit den die Aussage des Allegats nacherzählenden Worten sagt. Das in der *gl. ord.* hier vorangehende: *quia in* etc. ist zu dem von Azo Gesagten eine evidente, redaktionelle Verbesserung.

contrarium geht, zu entnehmen ist, abermals, wie auch schon das 1. Stück dieser Zusammenstellung, eine Ansicht oder – vielleicht besser gesagt – eine Erwägung des Martinus: hier, sc. in unserer l. 27pr waren die *argentarii* keine *socii*.[37] Dass sie hier aber doch als solche bezeichnet sind, das ist, wie doch wohl auch schon Martinus gesehen und gemeint haben muss, wie jedenfalls Hugolinus hinzufügt, so zu verstehen, dass sie zufällig (*incidenter*!) Gesellschafter geworden, dass sie in eine Gemeinschaft, ohne sie einzugehen, sozusagen geraten sind, indem sie sich von demselben Mann beide dasselbe haben versprechen lassen. Nur diese Erklärung, dass hier von *socii* nicht als sozusagen wahren Gesellschaftern die Rede sei, zieht auch Azo in Erwägung und lässt – hier! – beiseite das vorangehende *non erant socii*,[38] und er gesteht ihr auch eine gewisse Plausibilität zu: sie sei eine unzulängliche nur und allerdings in Hinsicht auf das andere: das den Wirkungsbereich der von nur einem der *argentarii* vorgenommenen Novation betreffende *contrarium*, und so wie Azo, so verfährt hier – abermals – die *gl. ord.*, außer dass in ihr, aus dem hier bereits angeführten Grund (s. o. bei N. 26), das gewisse Zugeständnis an diese Möglichkeit der Solution weggelassen ist. Was Hugolinus angeht, so verfährt er hier wie in dieser Glosse zu dem durch D 4,8,34 gegebenen *contrarium* überhaupt: er enthält sich, wie zu allem anderen, so auch zu dieser letzten Solutionsmöglichkeit jeder Stellungnahme, beschränkt sich eben auf eine reine Zusammenstellung der für die Solution möglicherweise relevanten Gesichtspunkte.

b) Es kommt bei Hugolinus als nächstes an die Reihe das *contrarium*, das durch l. 2 – *cum duo* D 45,2 gegeben ist (Solutionsglosse (2) in der obigen Wiedergabe). Dieses *contrarium* ist gegeben insofern, als die Gesamtwirkung, die hier, sc. in l. 27pr die *argentarii socii* betreffend für das *pactum* und die Novation verneint ist, dort angenommen wird für die beiden Fälle der *petitio* und der Akzeptilation[39] – für die Fälle mithin, dass von den zwei Gläubigern nur einer gegen den Schuldner klagt (und so die Litiskontestation zustande bringt) oder dass nur einer dem Schuldner den Erhalt des Geschuldeten erklärt und so die Schuld akzeptiliert, mithin förmlich erlässt. Der azonische Apparat hat zu l. 27pr diese *contra*-Stelle in allen Hss, die diesen Apparat nicht als Zutat zu einer älteren Glossierung überliefern, unter den (hier oben wiedergegebenen) reinen Allegationsglossen, aber dazu nirgends den *contra*-Vermerk und so auch überall ohne

37 Dass auch Azo diese Worte, also die Glosse des Martinus vor Augen hat, zeigt der Anfang seiner gl zu *recte solvatur* – woher dort sonst das Imperfekt? Die *antiqua glosa* ist ihm durchaus nicht gleichgültig; er neigt nur dazu, sie nicht als eine solche zu bezeichnen, deren Autor nicht zu benennen.

38 Was dann, wie bereits bemerkt, am Anfang der gl zu *recte solvatur* steht – die Trennung von diesem und jenem zeigt, dass er die Ansicht eines anderen nicht referiert, aber sich doch stückweise aneignet.

39 ... petitione acceptilatione(ve) tota solvitur obligatio.

solutio.[40] Die *gl. ord.*, die, wie hier bereits bemerkt, über Azo hinausgehend alle in Frage kommenden *contra*-Stellen nicht nur anführt, sondern auch mit einer *solutio* versieht, gibt eine solche auch hier im letzten Stück ihrer gl zu *alteri nocere*. Ob das dort von Accursius Gesagte inspiriert ist durch die *solutio* des Hugolinus, ist vorerst nicht zu sagen; es gilt zunächst sich zu vergewissern, was zur Auflösung dieses *contrarium* Hugolinus sagt und annimmt.

In Betracht zu ziehen ist der Text dieser seiner Glosse zunächst ohne den ihn abschließenden Satz: *et ita potest solvi*. Dieser Satz ist, wie zu der obigen Wiedergabe angemerkt, vorhanden allein in Seo, fehlt also in Paris und Amiens und somit in den beiden Hss, die – nach den bisherigen Feststellungen – von dem Text des Hugolinus-Apparats eine Version haben, die über das in Seo Vorhandene hinausgeht, indem in ihnen dieser Seo-Text erweitert ist, die vorhandenen Glossen nicht selten ergänzt, neue hinzugefügt sind.[41] Was dort, sc. in Seo vorhanden ist: *et ita potest solvi*, und hier, sc. in Paris und Amiens fehlt, kann im Zuge der Bearbeitung, deren Produkt die Erweiterung des in Seo überlieferten Textes ist, gestrichen worden sein – gestrichen dann aber doch wohl von Hugolinus selbst und durch diesen deswegen, weil er zu der Einsicht gekommen ist, es sei das von ihm zunächst Gesagte (*et ita potest solvi*) falsch oder zu sagen doch nicht exakt. Es kann aber ein solcher in Paris und Amiens fehlender und in Seo vorhandener Zusatz auch von demjenigen stammen, der bei der Abschrift, deren Produkt Seo ist, nicht mechanisch verfahren, vielmehr in dem abzuschreibenden Text mitgedacht[42] und für richtig gehalten hat, dem

40 Anders nur Paris 4463, s. dazu bereits hier o. N. 29. In den Hss, in denen der azonische Apparat einer älteren Glossierung hinzugefügt ist (wie in Vatikan 1408, Stockholm, München 3887, auch Vatikan 2512, wo die Rasur hier die von der alten Hand geschriebenen reinen Allegate nebst der dazu gehörenden *solutiones* verschont hat, s. über diese besondere Qualität dieser vatikanischen Azo-Hs bereits MG N. 23), steht die Stelle unter den reinen Allegaten der alten Hand und dort auch mit dem *contra*-Vermerk (s. hierzu auch noch u. N. 44). Eine Erklärung für diese Divergenz, dass die den azonischen Apparat schreibende Hand zwar diese Stelle aufnimmt, sie aber nicht als *contra* bezeichnet, sehe ich nicht.

41 Wozu daran zu erinnern ist, dass die von Accursius benutzte Version des Hugolinus-Apparats, wie schon des Öfteren gezeigt, die in Paris (und hier auch in Amiens) überlieferte ist. London, wo die Hugolinus-Glossen durchweg, wie es scheint, auf dem Stand der in Seo vorhandenen sind, hat von der die Hugolinus-Glossen schreibenden Hand weder die *contra*-Stelle (diese aber wohl von alter Hand) noch die *solutio*, um die es hier geht, s. zu London im Übrigen noch hier u. N. 47.

42 Es kann derselbe sein, von dessen Arbeit bereits hier o. Abschn. VIII im Text bei N. 6 ein Stück festgestellt worden ist; s. auch Abschn. IX bei N. 9, wo die Zutat allerdings auch reine Schreiberarbeit sein kann.

Leser hier zu sagen, was Hugolinus in dieser seiner Solutionsglosse gemeint und zu sagen nicht für erforderlich gehalten oder versäumt hat. Es geht bei dem Schlusssatz: seinem Vorhandensein in Seo und seinem Fehlen in Paris und Amiens in jedem Fall um eine Redaktion des Hugolinustextes, und es ist nur der Redaktor in dem einen und in dem anderen Fall ein anderer – Hugolinus selbst, wenn der Schlusssatz bei der Bearbeitung der älteren Version des Apparats aus diesem entfernt worden ist, und ein von Hugolinus verschiedener Redaktor, wenn dieser Satz nur verdeutlicht, was Hugolinus gesagt hat und mit dem Gesagten gemeint haben muss. Ob dies oder jenes anzunehmen ist, ist nicht zu entscheiden, wie eine Analyse dieser Solutionsglosse und die Feststellung des Zusammenhangs zwischen den beiden Stücken, aus denen sie offensichtlich besteht, ergeben wird:

Das erste Stück ist, wie hier bereits bemerkt und auch Hugolinus, indem er zu ihm die Sigle des Martinus setzt, deklariert, eine *antiqua glosa*. Wo diese in den die *antiqua glosa* überliefernden Hss vorhanden ist, lautet sie – mit einigen geringfügigen, aus der Nachlässigkeit der Kopisten zu begreifenden Varianten[43] – gerade so, wie Hugolinus sie wiedergibt; sie ist dort allerdings fast überall ungesigelt,[44] was aber doch kein hinreichender Grund ist, Hugolinus' Zuschreibung zu desavouieren. Das nach der Martinus-Sigle beginnende Stück ist, soweit ich sehe, nirgends sonst (auch nicht seinem Inhalt nach) vorhanden. Es ist also anzunehmen, dass dieses zweite Stück von Hugolinus nicht rezipiert, vielmehr er selbst dessen Autor ist – es ist sein eigener Beitrag zur Lösung dieses *contrarium*. Worin genau dieser Beitrag besteht: ob es bloß um eine Erläuterung, Klarstellung, Präzisierung dessen geht, was bereits Martinus gesagt hat, oder um ein *aliud*, ob also Hugolinus sich gegen das von Martinus Gesagte erklärt und die *solutio* dieser alten Glosse durch ein andere und bessere ersetzen will – diese Frage ist nicht zu beantworten, solange nicht deutlich ist, was die Aussage des Martinus in dieser seiner Glosse ist. Dass aber diese Aussage deutlich wäre, ist doch gewiss nicht zu sagen: *Hic* soll es um diejenigen gehen, die keine *socii* sind,

43 Von deren Wiedergabe ich absehe.

44 Die Ausnahme ist München 3887, wo im vorazonischen Glossenbestand dieser Hs (also von alter Hand) zu *infra de duob. r. con l ij* notiert ist: hic *de illis qui socii non sunt aut* (!) *qui litem non contestati sunt. ibi contra. m.* Das Vorkommen der Siglen in diesen alten Apparaten: wo sie gesetzt sind und wo nicht, ist einigermaßen rätselhaft – ich vermute, dass die frühen Glossatoren, solange deren Zahl noch eine kleine war, ihre Glossen selbst überhaupt nicht gesigelt haben, die Siglen erst gesetzt worden sind von denjenigen, die eine Glosse in den Apparat ihrer Hs aufnahmen und die entweder über deren Autor im Zweifel waren oder ihn, weil er ihnen selbst evident schien, zu nennen für unnötig hielten, s. hierzu meine in ZRG (RomA) 134 (2017) erscheinende Arbeit betr. ›Irnerius' Sigle‹.

ibi dagegen um *socii*. Nun sind aber doch gerade *hic*, und das ist in l. 27pr., die *argentarii* als *socii* bezeichnet, und es ist *ibi*, sc. in D 45,2,2 keine Rede davon, es seien die *duo rei stipulandi* auch *socii*; es mag das dort anzunehmen sein, aber gesagt ist das – anders als in l. 27pr – dort eben nicht, und es soll also nach des Martinus Meinung das gerade Gegenteil von dem, was in der Litera gesagt ist, anzunehmen richtig sein!? Es kommt, das Verständnis zusätzlich erschwerend, hinzu, dass an beide Alternativen (*socii non sunt* / *socii sunt*) jeweils mit *vel* beginnend eine Aussage dazu angeschlossen ist, ob eine *litiscontestatio* stattgefunden hat, also gegen den Schuldner die Klage erhoben ist oder nicht: *hic*, also von denjenigen, die keine *socii* sind, war der Schuldner nicht verklagt, *ibi*, also von den *duo rei stipulandi* war das wohl geschehen,[45] und weder hier noch dort ist – n. b. in der Litera – davon, dass der Schuldner von den *socii* oder nicht-*socii* verklagt worden ist, die Rede. Ich weiß keine Glosse zu nennen, deren Verständnis mir mehr Kopfzerbrechen bereitet hat, als diese Martinus-Glosse. Ich schlage den Knoten durch und nehme an, dass das, was Martinus sagen will und auf eine provokante, kunstvolle oder gekünstelte, elegant klingende Weise sagt, das Folgende ist: Die *argentarii* heißen *hic*, sc. in l. 27pr *socii* nicht etwa, weil sie mit dem Zweck, gemeinschaftlich das Bankgeschäft zu betreiben, miteinander einen Vertrag geschlossen hätten; sie sind hinsichtlich der Forderung gegen diesen einen Schuldner gemeinschaftlich berechtigt nicht *conventione*,[46] sondern *re* oder *incidenter*[47] – nämlich dadurch, dass sie sich von ein und demselben Mann dasselbe haben versprechen lassen. Derart in eine gemeinschaftliche Berechtigung (man kann doch wirklich sagen:) ›geratene‹ Gläubiger werden auch *socii* genannt, aber es gilt – für Martinus n. b.! – für sie nicht das, was für sozusagen reguläre *socii* anzunehmen ist: Bei diesen trifft das Handeln des einen auch den anderen, es wirkt auch für und gegen diesen; bei jenen handelt jeder nur für sich, trifft das Handeln eines jeden nur ihn selbst. Daher wirkt *hic*: in l. 27pr, weil es um derartige sozusagen irreguläre Zufalls-Gesellschafter geht, das *pactum* des einen nicht gegen den anderen, kann einer allein handelnd die Obligation auch nicht novieren, weil eine Novation die Obligation im Ganzen vernichten würde und also auch den anderen träfe, und es muss also auch

45 Wobei der Tempuswechsel von *fuerant* auf *sunt* – mir jedenfalls – ein zusätzliches Rätsel zu lösen aufgibt. Auch dieser Wechsel ist überall vorhanden – mit der Variante in Vatikan 2512, wo in der 1. Alternative *fuerant* voran steht: *sunt u* (über diesem *u* steht ein waagerechter Strich, sodass dies an sich nicht in *vel* aufzulösen ist).

46 Wie in Hinsicht auf das durch D 4,8 (*de recept.*), 34 gegebene *contrarium* Azo und die *gl. ord.* zu der dort anonymen *alii* zugeschriebenen Solutionsmöglichkeit: *hic erant socii re* etc. sich ausdrücken.

47 Wie Hugolinus in seiner *solutio* zu dem vor. N. genannten *contrarium* und auch eine interlineare, ungesigelte Glosse in London sagen.

ebenso sein, wenn nur einer dem Schuldner die Akzeptilation erklärt. Dasselbe, also keine Gesamtwirkung des *pactum*, keine Novation und auch keine Akzeptilation durch nur einen, gilt aber auch, wenn es sich um reguläre (Vertrags-) *socii* handelt, aber dann doch nur, wenn einer von diesen den Schuldner bereits verklagt hatte, als der andere mit dem Schuldner das *pactum* schließt, mit diesem eine Novierung der Obligation unternimmt oder ihm den Erlass der Forderung förmlich erklärt. Bei ›regulären‹ *socii* gilt m. a. W. dasselbe, sc. das in l. 27pr zum *pactum* und zur Novation Gesagte bezüglich derjenigen, die noch nicht geklagt hatten – *qui litem contestati non fuerant*, womit derjenige, der sich so ausdrückt, impliziert, dass einer die Klage gegen den Schuldner bereits erhoben und die Litiskontestation mit der zu dieser gehörenden Gesamtwirkung bereits zustande gebracht hatte.[48] Was *ibi*, sc. in D 45,2,2 gesagt ist, dass nämlich durch Klageerhebung, durch Akzeptilation *tota solvitur obligatio*, also diese Akte, auch hat sie nur einer vorgenommen, Gesamtwirkung haben, gilt mithin allein für ›reguläre‹ *socii*, und es gilt das für diese, gleichviel ob[49] sie geklagt haben: die mit der Litiskontestation verbundene Gesamtwirkung tritt ein kraft der Macht eines jeden, mit Wirkung für und gegen den anderen zu handeln.

Was diese *solutio*, von deren sozietätsrechtlicher Fragwürdigkeit hier nicht zu handeln ist, kennzeichnet, ist, dass sie die möglichen Einwirkungen auf eine Forderung in eine Reihe bringt, dass in ihr sozusagen gleichgeschaltet sind das *pactum* mit der Novation, der Akzeptilation und der Litiskontestation: Ob die Gesamtwirkung diesem oder jenem Akt zukommt oder ihm diese Wirkung abzusprechen ist, hängt davon ab, ob die mehreren Gläubiger derselben Forderung (reguläre) *socii* sind oder nicht; es soll nicht zu differenzieren sein nach der Art der Einwirkung auf die Forderung, sondern nach der Qualität der Personen, denen die Forderung gemeinschaftlich zusteht. Ist es dies, was Martinus hat sagen wollen und auf eine jedenfalls in der Überlieferung seiner Glosse allzu kunstvolle Art sagt, und hat Hugolinus, wie diesem doch gewiss zu unterstellen ist, dies in der Glosse des Martinus gelesen, dann ist klar, was zur *solutio* dieses *contrarium* sein, sc. des Hugolinus nun (sc. im 2. Teil dieser seiner Glosse) folgender Beitrag ist: Er tritt zu Martinus, ohne sich mit einer Verdeutlichung dessen, was dieser sagt, aufzuhalten, in Opposition; er verwirft des Martinus Gleichschaltung des *pactum* mit der Akzeptilation und der Novation. Was zu diesen Akten ihrer juristischen Qualität nach gehört, dass nämlich durch

48 *vel qui* etc. ist also ganz einfach zu lesen als: oder wenn die *argentarii* doch *socii* sind; s. aber auch noch die folgende N.

49 Dass *vel* diese Bedeutung haben kann, bedarf keines Belegs. Was mich stört, ist, dass so das erste und das zweite *vel* nicht in derselben Bedeutung gelesen sind, die Harmonie in der Komposition dieser Glosse nur eine scheinbare, gekünstelte ist.

sie *tota solvitur obligatio*, eben dazu: zu einer solchen Wirkung ist ein *pactum* seiner simplen: nur ein Gegenrecht gegen die fortexistierende Forderung begründenden Qualität wegen nicht imstande, mögen die mehreren Gläubiger *socii* sein oder nicht. Der Zusatz (sc. am Ende der Hugolinus-Glosse): *et ita potest solvi*, sagt: so und also nicht auf die Weise, wie Martinus sich die *solutio* zurecht gelegt hat, vielmehr allein aufgrund der Einsicht in die unterschiedliche Qualität der in Frage stehenden Einwirkungen auf eine Forderung kann das *contrarium* gelöst werden. Ist also wegen des Fehlens dieses Zusatzes in Paris und Amiens (als den beiden von dem Apparat des Hugolinus eine spätere, überarbeitete und der Intention nach verbesserte Fassung überliefernden Hss) anzunehmen, dass der Autor dieses *et ita* etc. ein anderer als Hugolinus ist, dann ist doch auch anzunehmen, dass dieser andere dasjenige, was Hugolinus gesagt hat, nur gleichsam auf den Punkt, nur schärfer, auf eine zugespitzte Weise zum Ausdruck bringt – auf eine an dieser Stelle am Ende der das durch D 45,2,2 gegebene *contrarium* betreffende *solutio* allerdings zu spitze, zu scharfe Weise. Denn dieser Zusatz klingt oder kann doch so gelesen werden, als solle das, was Hugolinus im Gegensatz zu Martinus sagt, nun überhaupt die *vera solutio* sein, zumal sie auch die Novation, von der ja in dieser l. 2 D 45,2 nicht die Rede ist, einbezieht. Dies aber ist hier, sc. am Ende der D 45,2,2 betreffenden *solutio* doch eine voreilige Aussage; es ist dies hier doch noch nicht zu sagen – angesichts dessen, dass in der Litera der Stelle, um deren Verständnis es geht, sc. in l. 27pr nun einmal das *pactum* und die Novation als gleichgeschaltet erscheinen; angesichts dessen, dass das, was hier bezüglich der Novation gesagt ist, konträr zu dem in l. 31,2 – l. *si rem.§ si duo* (D 46,2) ist oder doch zu sein scheint. Es kann mit dem, was Hugolinus hier sagt, vorerst nur die Richtung bezeichnet sein, in der die *vera solutio* zu finden möglich ist; es ist zu dieser also nur erst der Ansatz gegeben, und von dieser kann als der *vera solutio* erst die Rede sein nach Auflösung des hier noch offenen *contrarium* zwischen l. 27pr und jener l. 31,2 D 46,2; erst nachdem eine Erklärung dafür gefunden ist, wie Paulus dazu gekommen ist, die Novation mit dem *pactum* in einem Atemzug zu nennen, scheinbar gleichzustellen und beiden die Gesamtwirkung, die in der *contra*-Stelle für die Novation bejaht wird, in dem Fall der *argentarii socii* abzusprechen. Da diese Klärung im Apparat des Hugolinus am Ende der Glosse zu dem durch D 45,2,2 gegebenen *contrarium* noch aussteht, hat der Autor des diese Glosse abschließenden Satzes: *et ita* etc. den Mund sozusagen zu voll genommen; er hat ›hurra‹ gerufen, bevor die Brücke genommen war. Doch warum soll diese Voreiligkeit nicht schon Hugolinus selbst unterlaufen sein? Warum soll er nicht selbst, um seinen Gegensatz zu Martinus zu schärferem Ausdruck zu bringen, zunächst mehr gesagt haben, als an dieser Stelle bei gehöriger Vorsicht gesagt werden konnte? Die Vorsicht hat sich dann ergeben im Zuge der kritischen Durchsicht seines Textes; sie hat sich ergeben bei dessen Revision, deren Resultat in Paris und Amiens überliefert ist. Es ist das zunächst Zuviel-Gesagte zurückgenommen worden durch Streichung von *et ita potest solvi*. Es ist, dies anzunehmen, doch nicht weniger plausibel, als es die Annahme ist, dass der Autor dieses Schlusssatzes ein anderer als Hugolinus ist. Ob es so oder so gewesen ist, muss somit (und es kann dies aber auch) hier dahingestellt bleiben.

c) Die *solutio* zu der Frage des die Gesamtwirkung der Novation betreffenden *contrarium* (Solutionglosse (3) in unserer Wiedergabe) findet in Hugolinus' Apparat, wie sich erst bei näherem Hinsehen offenbart und darum auch nicht ohne weiteres zu konstatieren ist, auf zwei Glossen verteilt statt – in einer nach alter Art auf das *contra*-Allegat *infra de novat.* etc. (= D 46,2,31,2) bezogenen und in einer auf die neuere Weise lemma-bezogenen Glosse, deren Bezug also in der Litera und dort die mit den Worten *nec novare / recte solvatur* schlagwortartig bezeichnete Aussage ist. Dass es auch noch in dieser lemma-bezogenen Glosse, in der n. b. weder die *contra*-Stelle noch das Wort *solutio* vorkommt, um diese *solutio* geht, ergibt sich aus der Unzulänglichkeit dessen, was mit direktem Bezug auf die *contra*-Stelle und auch mit der Bezeichnung als *solutio* gesagt ist.

Es war, so heißt es in der allegat-bezogenen Glosse, hier, sc. in l. 27pr speziell vereinbart *id*, und daran: an der speziellen Vereinbarung also dieses *id* fehle es *ibi*, sc. in der *contra*-Stelle. Was kann dieses *id* anderes sein als das, worum es hier in l. 27pr geht? Es geht hier aber in der Hauptsache, jedenfalls in erster Linie um das von nur einem der *argentarii* mit dem Schuldner geschlossene *pactum* sowie darum, dass dieses, auch ist es *in rem* geschlossen, zulasten des anderen *argentarius* nicht wirksam ist. Soll dies: dass dem *pactum* keine Gesamtwirkung zukommt, der Inhalt der von dem einen *argentarius* mit dem Schuldner getroffenen Vereinbarung sein? Es war m. a. W. diese Wirkung durch eine speziell darauf gerichtete Vereinbarung ausgeschlossen worden? Es würde dann aber doch, wenn eine Vereinbarung dieses Inhalts zwischen dem Schuldner und dem einen *argentarius* nicht getroffen war, das *pactum* Gesamtwirkung haben und so eben diejenige Wirkung, die ihm in unserer l. 27pr abgesprochen ist. In Frage kommt allenfalls das Umgekehrte: das *pactum*, das nur einer schließt, hat Gesamtwirkung, wenn das speziell vereinbart wird,[50] und ohne eine solche gilt das, was *hic*, sc. in l. 27pr bestimmt ist. Eben dies sagt der Schluss dieser allegat-bezogenen Glosse: *e converso michi videtur*. Dieser Schluss ist vorhanden – hier abermals! – nur in Seo. Es kann Hugolinus, wenn er bei der Bearbeitung seines Apparats nicht von allen guten Geistern verlassen gewesen ist, ihn nicht gestrichen haben; das Fehlen dieses Schlusses in Paris und Amiens kann mithin so nicht zu erklären sein. Hier kann es daher in der Tat nur so sein, dass derjenige, der den Text des Hugolinus für die Abschrift, die in Seo vorhanden ist, präpariert hat, die

50 Wie man das neuerdings in unserer Stelle lesen zu können meint, s. o. N. 9.

Unausgegorenheit dieser auf das *contra*-Allegat bezogenen Glosse bemerkt und mit *e converso* etc. bezeichnet hat. Es kann sich bei dieser Glosse nur handeln um einen ersten und nicht zu Ende gedachten Versuch, den Hugolinus, falls er ihn überhaupt selbst unternommen und nicht bloß rezipiert hat, jedenfalls dadurch als misslungen beiseite schiebt, dass er – und nun lemma-bezogen – noch einen zweiten Versuch unternimmt in der gl zu *nec novare / recte solvatur.*

Das in dieser Glosse Gesagte ist zu lesen als Antwort auf die Frage: wie kommt angesichts dessen, dass in der *l. si rem § si duo* bei einer gemeinschaftlichen Forderung jedem der mehreren Gläubiger die Befugnis zur Novation zugestanden wird, Paulus hier dazu, diese Befugnis zu verneinen? Die Antwort, die gegeben wird, ist eine zweifache, und es wird, obwohl die eine nicht neben der anderen bestehen kann, nicht gesagt, welche von den beiden die zutreffende oder doch die bessere sein soll. Man muss also lesen: *Entweder* ist der Fall, den Paulus in dem in l. 27pr überlieferten Stück seiner Litera im Auge hat und entscheidet, derselbe wie derjenige, zu dem wir seine, sc. Paulus' Entscheidung in der *l. cui* (10 D 2,14) haben – der eine *argentarius*, der im Alleingang mit dem Schuldner die Forderung zu novieren unternimmt, ist nur *solutionis causa adiectus* (an den n. b. gezahlt werden, der aber sonst nichts mit der Forderung anstellen kann). *Oder* aber der hier, sc. in l. 27pr vorausgesetzte Fall ist derjenige, den in D 45,2,16 – *ex duobus* Gaius entscheidet: bevor der eine *argentarius* die Forderung zu novieren unternimmt, hat der andere den Schuldner bereits verklagt und also geht, wegen der Konsumptionswirkung der Litiskontestation, wie dort die Zahlung, so hier die Novation ins Leere. Nimmt man für l. 27pr diesen oder jenen Fall als gegeben an – also so oder so ist das in dieser *lex* in deren Aussage zur Novation liegende Hindernis ausgeräumt, und es kann mithin die *solutio* diejenige sein, die in der Solutionsglosse zu dem durch die l. *ij – cum duobus* D 45,2 gegebenen *contrarium* bezeichnet ist, dass nämlich ein *pactum* seiner sozusagen simplen Natur wegen das nicht bewirken kann, wozu Akzeptilation und Novation imstande sind. Auf diese oder jene Weise: so oder so kann das durch die *l. si rem § si duo* gegebene *contrarium* aufgelöst werden, und es ist auf diese Weise aber doch tatsächlich nicht aufgelöst, weil nicht gesagt und auch gar nicht zu sagen ist, ob der von Paulus hier in l. 27pr entschiedene Fall dieser oder jener, weil von dem einen wie von dem anderen hier nichts zu sehen ist. Die Anführung dieser beiden sich n. b. gegenseitig ausschließenden Fälle als Erklärung dafür, dass eine Novation durch nur einen der beiden *argentarii* in l. 27pr als nicht möglich bezeichnet wird, ist darum auch nichts anderes als Hugolinus' Eingeständnis, die *vera solutio* nicht bezeichnen zu können. Von diesem Eingeständnis aber ist es nur ein kleiner Schritt bis zu der Einsicht, dass nicht alle *contraria* in den *leges*, nicht alle Disharmonien namentlich in den Pandekten auf die Weise zu bereinigen sind, dass die nicht zueinander passenden Aussagen auf verschiedene Fälle bezogen werden. Diese in neueren Zeiten dann sog. Pandektenharmonistik war die Methode der glossatorischen Arbeit schon seit ihren Anfängen, seitdem zu jeder Stelle notiert war, was zu deren Aussage, diese bestätigend oder ihr widersprechend, anderenorts vorhanden ist. Sie ist das in der Glosse überall sichtbare, ständig praktizierte Verfahren, und Hugolinus wäre mit umso mehr Berechtigung der Letzte zu nennen, der Glossen geschrieben hat, wenn er deutlicher als andere bemerkt hätte, dass die Widerspruchsfreiheit, ohne die Recht (was auch immer dazu heutzutage man sagen mag) nicht existiert, auf diesem bisher in der Glosse beschrittenen Weg zu erlangen eine Illusion ist.

Es ist dies als Hugolinus' Einsicht mit umso größerer Gewissheit anzunehmen, wenn dieser bei seiner Arbeit dasjenige vor Augen gehabt und darauf reagiert hat, was zur Auflösung des durch D 46,2,31,2 – *si rem § si duo* gegebenen *contrarium* im azonischen Apparat zu lesen ist. Auf diesen zunächst sowie sodann auch auf das, was aus diesem Apparat unter der Hand des Accursius geworden ist, ist daher hier schließlich nochmals der Blick zu richten.

3) *Hugolinische Bedenklichkeit versus azonische Entschiedenheit*

Die Einsicht, dass in Hinsicht auf eine existente Forderung ein *pactum* nicht zu bewirken vermag, was in dieser Hinsicht Akzeptilation und Novation wohl bewirken können, wird Azo nicht überhaupt fremd gewesen sein; zwischen ihm und Hugolinus wird es darüber keinen prinzipiellen Dissens gegeben haben. Aber dass so: aufgrund eben dieser Einsicht für das in l. 27pr zur Novation Gesagte eine andere Erklärung gefunden und gegeben werden muss, als sie in dieser Stelle gegeben zu sein scheint, davon ist bei Azo auch nicht ansatzweise die Rede. In Hinsicht auf das *contrarium*, das durch die *l. si rem § si duo* (D 46,2 – Ziff. (3) in unserer Wiedergabe seines Apparats) gegeben ist, gibt er eine *solutio*, in der für das *novare* und das *paciscere* dasselbe angenommen wird und für die ohne Belang ist, dass durch eine Novation in anderer Weise als durch ein *pactum* auf die Forderung eingewirkt wird: zu dem einen wie zu dem anderen soll der eine *argentarius* im Alleingang mit Wirkung gegen den anderen nicht imstande sein, damit er nicht (*quin*!) diesem, der sein *socius* ist, haftet.[51] Oder aber es soll hier, sc. in l. 27pr der Fall derselbe sein wie in der *l. ex duobus* (16 D 45,2), und die

51 Der zugrunde liegende Gedanke müsste sein: eine Wirkung des *pactum* / der *novatio* zulasten des anderen liefe dem Interesse dessen, der mit dem Schuldner das *pactum* schließt / die *novatio* vornimmt, zuwider, weil dieser, wenn ihm, der *novatio* / des *pactum* wegen, die Forderung genommen wäre, gegen ihn Regress nehmen würde und könnte – oder kürzer gesagt: der eine kann die Wirkung zulasten des anderen, da diese seinem Interesse zuwider liefe, gar nicht wollen. Dass Azo bei dieser *solutio* es nicht hat bewenden lassen, wird ohne weiteres begreiflich sein.

novatio sowie das *pactum* von dem einen mit dem Schuldner erst zustande gebracht worden sein, nachdem der andere den Schuldner bereits verklagt hatte, sodass, wie in jener *l. ex duobus* die Zahlung, so hier die *novatio* und das *pactum* nur ins Leere gehen, das eine wie das andere nichts bewirken können. Diese hier (sc. mit Bezug auf die *l. si rem § si duo* als der *contra*-Stelle zu l. 27pr) noch alternativ gegebene und somit noch unentschiedene *solutio* ist dann schließlich am Ende seiner den Apparat zu l. 27pr abschließenden, die Gleichstellung der *argentarii* und der *duo rei stipulandi* betreffenden Glosse nur noch eine einzige; es sind die beiden Alternativen nun miteinander verschmolzen zu der Annahme, alles, sc. das zu den *duo rei stipulandi* und zu den *argentarii* Gesagte sei zu beziehen (*omnia lego*– wie Azo sagt, also: – ich lese alles mit Bezug auf) *socii*, von denen jedoch einer *primo*, bevor also der andere eine die Existenz oder die Durchsetzbarkeit der Forderung betreffende Vereinbarung mit dem Schuldner getroffen hat, mit diesem die Litiskontestation bereits zustande gebracht hatte.[52] Nur also um diesen einen in der *l. ex duobus* entschiedenen Fall soll es auch hier, sc. in l. 27pr gehen. Es soll also das, was dort in l. 16 D 45,2 nur bezüglich der Zahlung gesagt ist, hier bezüglich der Novation und des *pactum* ausgesprochen sein – bezüglich der Zahlung, von der ja hier auch die Rede ist, soll die Entscheidung aber doch eine andere als dort sein und dies eben deswegen, weil es sich hier bei den mehreren Gläubigern um *socii* handele.[53] Das *punctum saliens* in dem, was unsere l. 27pr sagt, ist in dieser azonischen *solutio* diese absonder-

52 Die allmähliche Verfertigung des mit diesem *lego omnia* etc. abgeschlossenen Gedankens wird sichtbar, sobald man sich die Aussage der Glosse vergegenwärtigt, die sich an die Solutionsglosse zu dem *contra*-Allegat *l. si rem. si duo* (räumlich) unmittelbar anschließt: die noch alternative und so noch unbestimmte *solutio* am Ende jener Glosse ist in dieser gl zu *recte solvatur* bereits überwunden mit der nun bereits bestimmten Aussage: *hic erant socii* (*socii* waren die *argentarii* hier auf jeden Fall!), woran sich dann auch bereits und anders als zuvor der Hinweis auf die Stelle anschließt, in der die Konsumtionswirkung der *litiscontestatio* ausgesprochen ist, sc. *l. ex duobus* etc. Es ist diese Stelle hier nur noch nicht so deutlich auf die Aussage: die *argentarii* waren hier *socii* abgestimmt, wie das dann in der nächsten Glosse in deren Resultat: *lego omnia* etc. geschieht. Die Verfertigung des Gedankens wird sich über einen längeren Zeitraum erstreckt haben, die Solutionsglosse zu dem *contra*-Allegat *l. si rem.§ si duo* noch aus der Anfangszeit der Glossen schreibenden Arbeit Azos stammen; sie wird also (im odofredianischen Sinn dieses Wortes) *minor glosa* sein.

53 Von denen einer, auch nachdem der andere den Schuldner bereits verklagt hat, die Leistung noch soll annehmen können, s. hierzu bereits o. im Text bei N. 31 und 32. Wie für Martinus in seiner hier o. im Text bei und nach N. 47 analysierten *solutio*, so sind auch für Azo die *argentarii socii* nicht etwa *conventione*; sie sind *socii* aufgrund des Faktums, dass beide von demselben sich dasselbe haben versprechen lassen; sie sind *socii*, wie Azo auch selbst sagt, *saltem re*. Aber es gilt für diese, wie entgegen Martinus Azo annimmt, nichts anderes als für

liche Entscheidung, dass, wenn zwei *socii* eine Forderung haben, an den einen noch *recte* soll gezahlt werden können *postea* (wie Accursius die azonische Sache klarstellend sagt[54]) – nachdem also der andere den Schuldner bereits verklagt hat. Kunstvoller, souveräner, man kann auch sagen: skrupelloser ist die Harmonisierung der einschlägigen Stellen nicht zu bewerkstelligen als auf diese Weise: Es wird das *contrarium* zwischen l. 27pr und l. 31, 2 (D 46,2) bereinigt, indem für jene Stelle der Fall als gegeben angenommen wird, der in l. 16 (D 45,2) entschieden ist, aber der dort entschiedene Fall wird hier unterstellt ohne dessen dortige Entscheidung, weil die Entscheidung hier vorhanden und hier wegen der Sozietät unter den mehreren Gläubigern eine andere als dort ist.

Man richte den Blick von hier aus nochmals auf den Hugolinus-Apparat und in diesem nochmals auf die Stelle, an der dort als eine Möglichkeit, das zwischen l. 27pr und l. 31,2 (D 46,2) vorhandene *contrarium* aufzulösen, angeführt ist, dass in jener Stelle der Fall gleich dem sein könne, der in l. 16 (D 45,2) entschieden ist. Hugolinus fährt, nachdem er dies gesagt hat, fort mit einem zweifachen *subaudi*: *quamvis ei* (und dieser *is* ist derjenige, der nicht novieren kann, nachdem der andere bereits geklagt hat) *recte solvatur, subaudi: ante* (!) *litem* etc. – warum der Zusatz dieses 2. *subaudi*, dass die Leistung des Schuldners an den, der nicht novieren kann, befreiend nur ist, wenn sie *vor* der Litiskontestation erfolgt, solange also die Forderung, auf die geleistet wird, noch nicht konsumiert ist, solange der Schuldner dem, an den er leistet, das Geleistete noch schuldet? Dies muss doch einem Leser nicht explizit gesagt, es muss ihm nicht eingeschärft werden. Es versteht sich dies von selbst, und man wird es also nur sagen an die Adresse desjenigen, der das, was sich von selbst versteht, nicht sieht oder leugnet. Es ist gesagt in Hinsicht auf eine *solutio* dieses *contrarium*, die in l. 27pr die absonderliche Aussage findet, es könne befreiend noch geleistet werden *postea* – an einen, dem das Geleistete gar nicht mehr geschuldet ist. Es ist gesagt, um die azonische *solutio* in dem Punkt zu treffen, der in dieser wie der springende, so auch der wunde ist. – Aus den Angeln zu heben ist diese

jene, deren gemeinschaftliche Berechtigung durch eine auf die Verfolgung eines gemeinsamen Zwecks gerichtete *conventio* begründet ist. Für die *socii* beiderlei Art gilt also, dass das Agieren des einen auch den anderen trifft, und dass dies hier, sc. in l. 27pr bezüglich des *pactum* und der Novation anders entschieden ist, ergibt sich für Azo allein daraus, dass dem *pactum*, der Novation des einen die von dem anderen zustande gebrachte Litiskontestation voraus gegangen ist. Die azonische Auflösung des *contrarium* ist somit die des Martinus in allerdings erheblich anderer Zusammensetzung ihrer beiden Elemente (*socii/litiscontetatio*). Es ist daher auch bei Azo erhalten, was die *solutio* des Martinus kennzeichnet, dass nämlich für das *pactum* und die Novation, ungeachtet der Unterschiedlichkeit ihrer Einwirkung auf die Obligation, dasselbe gilt, dass sie, wie hier o. gesagt war, bei Azo wie bei Martinus ›gleichgeschaltet‹ sind.

54 S. dies bereits o. im Text bei N. 30–32.

azonische *solutio* des Weiteren und auf eine nicht minder schlagende Weise mit dem Hinweis darauf, dass für die Annahme, der Fall sei hier, sc. in l. 27pr derselbe wie in l. 16 und die Litiskontestation auch hier der primäre Akt, in der Litera jener Stelle doch jeder Anhaltspunkt fehlt und also diese Annahme die bare Willkür ist – eine Willkür, die der gute Zweck, für das *contrarium* eine nicht alternative, sondern bestimmte *solutio* zu haben, nicht heiligt. Dieser Hinweis kann auf zweifache Weise gegeben werden: indem entweder schlicht und einfach gesagt wird, es sei von diesem Fall einer vorangegangenen Litiskontestation in l. 27pr. nichts zu sehen, oder sublimer, indem die bestimmte Annahme, es liege der Fall, der in l. 16 entschieden werde, auch hier vor, ad absurdum geführt wird: der gute Zweck eine bestimmte *solutio* zu haben, würde auch erreicht, wenn man annähme, der Fall sei hier derselbe wie in l. 10 – *cui* (D 2,14); es sei also derjenige, an den gezahlt werden, der aber nicht novieren kann, nur ein *solutionis causa adiectus*. Mit diesem Fall als einem hier möglicherweise vorliegenden beginnt Hugolinus seine gl zu *nec novare/recte solvatur*, und es liefe ihm doch derjenige ins offene Messer, dem daraufhin zu replizieren einfiele, dass Paulus, hätte er an diesen Fall hier, sc. bei seiner Entscheidung in l. 27pr gedacht, das doch wenigstens andeutungsweise gesagt hätte – hätte sagen müssen, um seine Entscheidung verständlich zu machen. Dass die Entscheidung dieser *lex* den Fall von l. 16 (D 45,2) betrifft, wo anders als in der l. *cui* der entscheidende Jurist nicht einmal Paulus ist – das soll wenigstens andeutungsweise *nicht* gesagt werden müssen? Das kann – n. b. mit Bestimmtheit! – ohne Weiteres angenommen werden? das ist eine nicht ebenso willkürliche Annahme wie jenes? Die Polemik ist auf diese sublime Weise eine versteckte: es muss weder die gegnerische Position noch gar der Gegner beim Namen genannt werden, und man hat diese Position und denjenigen, der sie vertritt, auf eine eher noch trefflichere, schonungslosere Weise zur Strecke gebracht.

Hugolinus und Azo hatten, woran hier nochmals zu erinnern ist, gemeinsam, dass sie Schüler desselben Lehrers waren. Sie waren beide Lehrer des römischen Rechts zur selben Zeit und in derselben Stadt. Beide schrieben sie jeder für sich Apparate zu denselben *leges*. Sie waren Konkurrenten um die Gunst des lernenden und des gelehrten Publikums und miteinander, wie es scheint, alles andere als freundschaftlich verbunden. Was dann später, als beide längst tot waren, von der Art, wie sie miteinander umgingen, erzählt worden ist, klingt wie ein »Märchen«;[55] es ist dies, wohl besser gesagt, die anekdotische Zuspitzung

55 S. diese Erzählung bei Savigny, Gesch. Bd. 5, 8 in der N. f.: *in palatio regulariter discordabant*, und sie trugen ihre Streitigkeiten aus mit einer Heftigkeit (*in tantum*), dass schließlich *instigante diabolo* Azo den Hugolinus beim Verlassen des Palatio umgebracht hat. Was dieser Palatio sein und was sie dort zusammen gebracht haben soll, darüber zu spekulieren ist sicher müßig: ist dieser Palast nicht nur ein Ausdruck für das, was wir ›öffentlich‹ nennen?

dessen, was wirklich stattgefunden hat und in ihrer Arbeit sichtbar ist: Sie verhalten sich in ihrem Bemühen um das Verständnis der *leges* nicht, wie es kollegialerweise geschieht und sich gehört. Jeder tut so, als kenne er die Arbeit des anderen nicht; der eine zitiert nicht den anderen, wo er mit ihm überstimmt noch wo er nicht dessen Meinung ist, etwas anderes als dieser für richtig oder besser hält. Wenn sie *in palatio* einander begegneten, gerieten sie aneinander, und sollte das nicht *regulariter* geschehen sein, so ist es doch so häufig geschehen und der Disput dann so vehement verlaufen, dass von den rencontres dieser beiden Koryphäen jener Zeit noch spätere Generationen sprachen. Und im Hörsaal, am Schreibtisch, in der Exegese einer einzelnen Stelle in den *leges* sollte den einen nicht gekümmert haben, was zu der betreffenden Stelle die Lehre des anderen war? Man müsste das Unwahrscheinliche annehmen, dass der eine die Ansichten des anderen gar nicht hat kennen können,[56] um in dieser Art des gegenseitigen Totschweigens nicht den Ausdruck gegenseitiger Geringschätzung zu sehen, um annehmen zu können, dass es dem einen nicht darum gegangen ist, in seiner Argumentation die Ansicht des anderen zur Strecke zu bringen, den anderen, der, wie man so schön und bei so vielen auch treffend sagt, in seiner Arbeit aufgeht, umzubringen. Weswegen es auch so schwer ist einzusehen, dass das, was man gesagt hat, nichts ist.

Hier, sc. zu l. 27pr ist auf der Strecke geblieben, durch Azo ›erschlagen‹ worden, in der Tat Hugolinus. Es hat bei dem Verfasser des Apparats, der die *gl. ord.* geworden ist – des Apparats, der alle anderen Apparate verdrängt hat, der in der Sicht der Späteren »die Glosse« schlechthin zu sein schien, sich durchgesetzt Azos Harmonisierung mittels der kühn-gewaltsamen Annahme, der hier entschiedene Fall sei gleich dem, der in l. 16 – *ex duobus* entschieden ist. Es hat gegen Azos Einsatz der Brechstange die Hugolinus'sche Sublimität nichts aus-

56 Der Verfasser des älteren Apparats kann den jüngeren nicht kennen – aber welcher der beiden Apparate, um die es hier geht, ist der jüngere? Azo als der an Lebensjahren wohl Ältere wird mit dem Schreiben von Glossen zum Digestum vetus früher als Hugolinus begonnen haben. Aber Azo hat, wie wir nicht allein von Odofredus wissen, sondern wie auch immer wieder in seinem Apparat festzustellen ist, begonnen mit (von Odofredus sog.) *minores glosae*, hat dann zum Codex die Summe geschrieben, hat sodann und doch gewiss auch in der Zwischenzeit an seinem Apparat weitergearbeitet und somit zum Digestum vetus noch Glossen geschrieben zu einer Zeit, als des Hugolinus Glossen, dessen Apparat, in welchen Teilen und welchem Umfang auch immer, bereits bekannt war. Sind beider Apparate, wofür doch, je weiter man in sie eindringt, um so mehr spricht, die Produkte eines über einen langen Zeitraum sich erstreckenden Arbeitsprozesses, dann ist, wenn überhaupt, dann immer nur punktuell, nur zu einzelnen Stücken zu sagen, was das Ältere und was das Jüngere ist. Und wie wurden in jener Zeit Texte publiziert, die Glossen bekannt gemacht? Der Versuch, auf diese Frage eine Antwort zu finden, sei auf den hier folgenden Abschnitt, in dem sie auf eine fundiertere Weise zu beantworten ist, vertagt.

zurichten vermocht, weil derjenige, der diese durchschaute, nicht umhin konnte zu sehen, dass die Exegese auf die harmonistische Weise, in der sie den in den *leges* festgestellten *contraria* zuleibe zu gehen gewohnt war, dieses *contrarium* nicht zu lösen, nicht alle Widersprüche aus dem Recht zu beseitigen vermochte und diese – exegetische –Wissenschaft mithin hier an ihrem Ende war, dass sie, um dem juristischen Anspruch eines von Widersprüchen freien Rechts zu genügen, sich von dem sie beherrschenden *timor contrariorum* befreien und einen neuen, einen unbefangenen, den sozusagen savignyschen Zugang zu der Litera finden musste.[57]

Hat etwa Accursius nicht durchschaut, was Hugolinus hier auf seine sublime Weise sagt? Er jedenfalls hatte den Apparat des Hugolinus zur Hand; er hat ihn allem Anschein nach benutzt doch auch hier bei der Bearbeitung seiner azonischen Vorlage. Dass die *gl. ord.* die Rubrik von D 4,8 wie Hugolinus auf die neuere Art, sc. *de arbitriis* und nicht auf die alte, im azonischen Apparat noch beibehaltene, sc. *de receptis* bezeichnet,[58] ist dafür, dass Accursius auch hier den Apparat des Hugolinus im Blick hatte, gewiss eine quantité negligeable, zumal in der ersten Version des Textes der *gl. ord.* auch noch die azonische Bezeichnung dieser Rubrik jedenfalls die Regel zu sein scheint. Doch woher weiß Accursius, dass es zur *solutio* des durch D 4,8,34 – *si duo* gegebenen *contrarium* die Ansicht gibt: *illud in sententia* (sc. *arbitri*), *hoc in simplici pacto*? Es ist dies eine verkürzte Wiedergabe dessen, was bei Hugolinus am Anfang seiner Solutionsglosse zu diesem *contrarium* steht und von Hugolinus aus der *antiqua glosa* rezipiert ist. Accursius sagt dasselbe verkürzt, in einer *additio* zur ersten Version seines Textes; er sagt, es seien dieser Ansicht *alii*, wie er das zu sagen pflegt bei Ansichten, die er sich nicht zu eigen macht. Er benutzt, wie hier schon häufiger bemerkt, den Hugolinus-Apparat auch noch bei der Bearbeitung der ersten Version seines Textes – und hier hätte er zu diesem Zweck, seinem Text den letzten Schliff zu geben, noch Exemplare des Digestum vetus mit der *antiqua glosa* herangezogen? Er hat sich doch wohl eher zu dieser Komplettierung seiner azonischen Vorlage bei Hugolinus bedient. Und was hat ihn veranlasst, von dem *pactum*, dem die Wirkung einer *sententia* (*arbitri*) abgehe, zu sagen, es sei *simplex*? In der *antiqua glosa*, wie an dieser Stelle auch bei Hugolinus, ist dieses Attribut nicht vorhanden, und es ist hier, um das *pactum* von der *sententia* abzusetzen, auch unpassend: die *sententia* ist doch

57 Den *timor contrariorum* attestiert der Glosse hier wie passim in seiner Lectura Bartolus, er fühlt sich selbst über diesen *timor* erhaben und gelangt doch hier zu keiner anderen *solutio* als derjenigen, von der er aufgrund einer Bemerkung in der *gl. ord.* zu *nam nec novare* meint, sie sei die azonische, s. hierzu bereits o. N. 31.

58 Alle hier für die *antiqua glosa* benutzten Hss, unter deren Allegaten diese Stelle ist, haben diese Titelbezeichnung und so auch, wie o. N. 24 bereits bemerkt, fast alle den azonischen Apparat überliefernden Hss.

überhaupt kein *pactum*! Wohl kann davon die Rede sein bei einem in der Form einer Akzeptilation gewährten Erlass, und auch zur Novation gehört zwischen Gläubiger und Schuldner eine Übereinkunft, ein *pactum* im weiteren Sinn des Wortes. Um von diesen eine Obligation *in totum* vernichtenden formalen Akten: von der Novation und der Akzeptilatio das *pactum*, um das es hier, sc. in l. 27pr geht, abzusetzen, um dieses als ein *aliud* zu kennzeichnen, ist es nicht nur nicht unpassend, es ist selbst trefflich, dieses *pactum* (*de non petendo*) mit dem Attribut *simplex* zu versehen, wie Hugolinus das in der Tat auch tut: Am Ende seiner das durch D 45,2,2 gegebene *contrarium* betreffenden Glosse, an der Stelle, an der er, bevor er sich das durch D 46,2,31,2 gegebene *contrarium* vornimmt, sagt, wie das *contrarium* zu lösen möglich sei, nennt er das Erlass-*pactum simplex*: ein solches kann seiner Natur nach, eben weil es nur ein simples: eben nichts weiter als ein *pactum* ist, dasjenige nicht bewirken, was durch Akzeptilation und Novation deren Natur gemäß möglich ist. In der *gl. ord.* ist dies so nicht gesagt; es kann das so auch nicht sagen, wer – wie Accursius – die azonische, die Aussage von l. 27pr sich harmonistisch zurechtrückende *solutio* sich zu eigen macht. Aber ein Rest von dem, was Hugolinus für die mögliche *solutio* im Ganzen hält, ist auch noch in der *gl. ord.* sichtbar – dort nämlich, wo in dieser die von Azo und Hugolinus nicht ausgeführten *contra*-Stellen an die Reihe kommen und erledigt werden – in der gl zu *alteri non nocere*, an deren Ende es um die Totalwirkung der Akzeptilation geht: Bei dieser sei es anders als bei einem *pactum*, womit die Differenz zwischen diesen beiden Erlassformen (dass bei einem *pactum* die Gesamtwirkung nicht eintritt, die bei Gesamtgläubigern die nur von einem erklärte Akzeptilation hat) nur konstatiert, die aber doch nur erklärt: einsichtig erst gemacht ist, wenn man das hinzudenkt, worauf Hugolinus mit der Charakterisierung des *pactum* als *simplex* einen Hinweis gibt. Man muss in der *gl. ord.* hinzudenken, was Accursius von dem *pactum* an anderer und unpassender Stelle sagt, und man hat hier dieselbe *solutio* wie bei Hugolinus – in formal und, weil die *novatio* hier weggelassen werden musste, auch sachlich verkürzter Weise.

Dies alles sind für die Benutzung des Hugolinus-Apparats durch Accursius in seiner l. 27pr betreffenden Arbeit gewiss keine Beweise, die niet- und nagelfest sind. Doch wie sollte Accursius das, wovon feststeht, dass er es sonst getan hat, hier unterlassen und von Hugolinus gar nichts angenommen haben? zur Komplettierung der Lücken, die ihm in seiner Vorlage bei Azo vorhanden zu sein schienen, hier alles selbst gemacht haben und rein per Zufall zu Übereinstimmungen mit Hugolinus gelangt sein? Die Fragwürdigkeit, das Anstößige der azonischen Entscheidung in der Hauptsache: die Auflösung der Novationsproblematik mittels der doch willkürlichen Annahme, dass in l. 27pr der Novation und dem *pactum* die Litiskontestation vorausgegangen sei, und die dazu gehörende absonderliche Annahme einer befreienden Leistung des Schuldners an den Gläubiger, der ihn nicht verklagt hat, können ihm doch nicht entgangen sein. Dies muss ihn veranlasst haben, den Apparat, den er benutzt, wo ihm der azonische Apparat nicht hinreichend zu sein scheint, auch hier heranzuziehen und zu prüfen, ob sich dort nicht etwas Besseres findet. Und dies stellte ihn vor die Frage, ob es nicht doch besser sein kann, in der Frage der Auflösung eines *contrarium* mit einem *non liquet* zu schließen, ob *hic et nunc* nicht Hugolinus' Bedenklichkeit: dessen Resignation, statt einer willkürlichen gar keine Entscheidung zu treffen, den Vorzug verdient – ob der Wissenschaft und dem Recht mit einer solchen das Problem offen haltenden, die Lösung sozusagen an »Wissenschaft und Praxis« delegierenden Entscheidung nicht mehr gedient ist als mit skrupelloser Entschiedenheit.

Wie Accursius diese Frage entschieden hat, ist hier gezeigt worden. In einer Situation wie dieser sich selbst der Sache anzunehmen, die Exegese, bevor in dieser zu den *contrariae leges* zu kommen ist, auf die Litera selbst auszurichten, war nicht seine Sache und er auch nicht Manns genug. In seinen beiden Vorlagen war nichts gesagt zu der Litera *constitutum*, zu der Frage, in welchem Sinn dieses Wort hier gebraucht ist.[59] Es stand dort nichts zu der Frage, welchen Beweiswert in der Begründung der Entscheidung des Falles der *duo argentarii*, von denen einer mit dem ihnen gemeinsamen Schuldner ein *pactum* schließt, denn eigentlich dem Exempel des Gewaltunterworfenen, der nicht novieren, wohl aber die Leistung des Schuldners kassieren kann, zukommt. Und also steht wie zu jenem Wort, so auch zu dieser Frage nichts in der *gl. ord.*, die, wie die glossatorische Arbeit im Ganzen, nachdem die Parallel- und Konträrstellen allegiert waren, auf deren Erläuterung ihre Kraft verwendet, im *timor contrariorum* befangen bleibt, in der Schaffung eines widerspruchsfreien: »geschlossenen« Systems sich abarbeitet und erschöpft. Durch die Glossen werde schwierig, was tatsächlich einfach sei, wenn man nur den *casus* der jeweiligen *lex* und den Sinn der in deren Litera vorkommenden Worte erfasst habe – dieses *dictum* des Odofredus ist, wie die meisten seiner sich vom Detail der *leges* lösenden *dicta*, ein gewiss überspitzter, ein auf eine Provokation angelegter Ausdruck einer nicht überhaupt verkehrten Diagnose.[60]

59 Ob und wie Azos Glosse zu *tantum enim* hierauf zu beziehen ist, sehe ich nicht.

60 Sie ist auch nicht etwa deswegen verkehrt, weil Odofredus, gerade was den *casus* der l. 27pr angeht, über Azo und die *gl. ord.* nicht hinauskommt: dass es um *socii* geht, von denen der eine den Schuldner bereits verklagt hat, bevor der andere das *pactum* schließt / die Novation vornimmt, ist ihm eine Selbstverständlichkeit, s. Lectura Vol. I 82ra. Die richtige Diagnose garantiert eben nicht auch schon die richtige Therapie. Odofredus' Lectura hat, wie zu dieser hier doch wohl zu sagen ist, einen bleibenden Wert gewiss nicht durch ihre juristische Qualität: Es beginnt mit ihr zur Geschichte der glossatorischen Arbeit die Sekundärliteratur, und in dieser hat sie und gebührt ihr der erste Platz.

XI. Die Aufhebung eines *pactum de non petendo* durch den *contrarius actus* eines *pactum de petendo* – l. 27,2

Paulus libro tertio ad edictum: ... pactus, ne peteret, postea convenit ut peteret: prius pactum per posterius elidetur, non quidem ipso iure, sicut tollitur stipulatio per stipulationem, si hoc actum est, quia in stipulationibus ius continetur, in pactis factum versatur: et ideo replicatione exceptio elidetur. eadem ratione contingit, ne fideiussoribus prius pactum prosit. sed si pactum conventum tale fuit, quod actionem quoque tolleret, velut iniuriarum, non poterit postea paciscendo ut agere possit agere: quia et prima actio sublata est et posterius pactum ad actionem parandam inefficax est: non enim ex pacto iniuriarum actio nascitur sed ex contumelia. idem dicemus et in bonae fidei contractibus, si pactum conventum totam obligationem sustulerit, veluti empti: non enim ex novo pacto prior obligatio resuscitatur, sed proficiet pactum ad novum contractum. quod si non ut totum contractum tolleret, pactum conventum intercessit, sed ut imminueret, posterius pactum potest renovare primum contractum. quod et in specie dotis actionis procedere potest ... etc.

Es geht zu § 2 dieser l. 27 in der *gl. ord.* um insgesamt 26 Glossen. Von diesen ist sowohl der Zahl als auch dem Umfang nach das meiste aus dem azonischen Apparat fortgeschrieben oder doch durch dessen Eigenart, in der man eine Unzulänglichkeit des Apparats mag sehen können, veranlasst, also jedenfalls der Intention nach eine Verbesserung dieses Apparats. Fortgeschrieben und dabei mehr oder weniger überarbeitet sind namentlich die beiden auf *ipso iure* und auf *in pactis factum* bezogenen Glossen, auf die ca. ¾ des ganzen Apparats (sc. zu dieser Stelle) entfällt und von denen darum hier, wie das auch schon Bartolus in seiner Lectura (*ahl*) getan hat, als den beiden *magnae glossae* zu reden ist.[1] Um die

1 In der accursischen Glosse zu *ipso iure* bezeichnet Bartolus deren Hauptstück (die von ihm sog. *quarta solutio*) als eine Ansicht *nostri glossatoris*, sagt sodann aber: *istam opinionem tenet Azo et Accursius hic ut hic videtis*, schreibt also beiden (auch Azo!) einen Anteil an dieser *opinio* zu. Dem azonischen Anteil setzt er, ohne ihn exakt zu bestimmen, entgegen Azos Ansicht in dessen Codexsumme (*et ideo Azo in summa huius tituli dicit aliter* etc.), und er findet Gleiches wie dort auch in der Glosse zu *ipso iure* – was so gelesen werden könnte, als habe Accursius aufgrund dessen, was Azo in der Summe angenommen hat, die azonische Substanz der Glosse zu *ipso iure* aufgebessert. Dass dasjenige, was zu der in dieser Glosse erörterten Problematik Azo in der Summe (zu C 2, 3 §§ 21–23) sagt, älter ist als das in der Glosse zu *ipso iure* Gesagte, ist, wie hier in der Analyse des azonischen Apparats sich ergeben wird, gut möglich. Aber alles hier Gesagte ist mit den Ausnahmen, die in der hier folgenden Mitteilung gekennzeichnet sind, von Azo

weitgehende Übereinstimmung mit, die minimale Differenz m. a. W. zu dem azonischen Text zu der größtmöglichen Evidenz zu bringen, sind von diesen beiden Glossen die azonische und die accursische Version simultan mitgeteilt[2] – in der Weise, dass dasjenige, was von dem azonischen Text in die *gl. ord.* nicht übernommen ist, in spitze Klammern, hingegen alles, was in der *gl. ord.* anders und mehr als bei Azo vorhanden ist, in runde Klammern und zudem kursiv gesetzt ist und von diesen accursischen Stücken dasjenige, was in der 1. Version des Textes dieses Apparats noch fehlt, was zu dieser Version eine (später in den Apparat integrierte) *additio* ist, in eckigen Klammern steht. Der azonische Apparat ist fortgeschrieben und dabei mehr oder weniger modifiziert, gelegentlich auch ergänzt, außer in diesen beiden *magnae glossae* des Weiteren in den gll zu: *per stipulationem*[3]*/ius/idem/dicemus/totam/imminuerit/posterius/procedere potest/redditur*, deren accursische und azonische Version hier gesondert mitgeteilt wird und wozu es bei der Kürze dieser Glossen auch wohl keiner weiteren Bemerkung bedürfen wird – ausgenommen die einigermaßen rätselhafte gl zu *posterius*, zu der einiges erläuternd zu sagen unerlässlich sein dürfte – s. hier sub C. Zu diesen 10 Glossen kommen, was die azonische Provenienz des Ganzen angeht, noch hinzu die gll zu: *veluti iniuriarum/iniuriarum/ad novum contractum/nec dicendum*, in denen es teils darum geht, die azonischen Allegate zu vervollständigen und die von Azo noch als reine Allegate belassenen Stellen auszuschreiben, sodass dem Leser überall gesagt ist, was er in den allegierten Stellen lesen soll. Von den verbleibenden 12 Glossen, deren Substanz nicht dem azonischen Apparat entnommen, auch nicht von etwas dort Vorhandenem ausgeht, ist die gl zu *prosit*, wie hier (sub B) noch näher zu zeigen sein wird, dem Hugolinusapparat entlehnt, und es besteht somit Accursius' ureigener Beitrag zu dem Apparat der *gl. ord.* zu l. 27,2 aus 11 (von n. b. 26!) Glossen,

gesagt, und es gibt auch bei Azo zwischen dem hier und dort Gesagten gar keine Differenz. Bartolus' (bei seinem Desinteresse an der Geschichte des Textes der Glosse begreifliches) Versäumnis ist, dass er nicht das von Azo in der Summe Gesagte mit der (azonischen) Vorlage zu der accursischen Glosse zu *ipso iure* vergleicht, sondern auch hier nur die *gl. ord.* benutzt und aus der in dieser vorhandenen azonischen Sigle (s. dazu hier u. N. 7) entnimmt, dass Azo an dieser einen Anteil hat, s. ein Gleiches, dass nämlich Bartolus für das, was Azo in seinem Apparat sagt, sich auf das stützt, was *secundum Azonem* in der *gl. ord.* gesagt ist, also den azonischen Apparat selbst gar nicht benutzt hat, hier o. in Abschn. X N. 30.

2 Der gesamte accursische Apparat zu l. 27,2 sowie seine möglichen Vorlagen werden, des außerordentlichen Umfangs dieses Materials wegen, mitgeteilt im Anhang zu diesem Abschnitt, was gewiss die Mühe, dies alles beim Lesen der Interpretation präsent zu haben, nicht verringert.

3 Wo die *gl. ord.* ausführt, was im azonischen Apparat zunächst in drei Glossen nur stichwortartig notiert ist.

davon 4 bereits in der 1. Version des Textes der *gl. ord.* vorhanden, die restlichen 7 zu diesem Text *additiones* sind, und wie in diesen 7 Zutaten, so geht es auch in jenen 4 bloß um Marginalien teils trivialen, teils nützlichen Inhalts, die im Einzelnen durchzunehmen und in Hinsicht auf ihren Anteil am Ganzen zu gewichten ich mir werde schenken können.

A. Die Glossen zu *ipso iure* und *in pactis factum*

Zu den beiden *magnae glossae* ist, was ihre Herkunft aus dem azonischen Apparat und ihr Verhältnis zu demjenigen angeht, was zu den in ihnen erörterten Materien bei Hugolinus vorhanden ist, in Ergänzung dessen, was durch die simultane Wiedergabe des azonischen und des accursischen Textes ohne weiteres sichtbar sein wird, hier das Folgende zu bemerken.

Nur kurz und darum hier vorweg zu erledigen ist die 2. dieser beiden *magnae glossae*, sc. diejenige zu *in pactis factum*. Sie verdankt ihren (im Verhältnis zu der anderen um einiges geringeren) Umfang der Tatsache, dass sie aus drei Azo-Glossen zusammengesetzt ist. Es sind in ihr, was hier in der Wiedergabe dieser Glosse durch die Einfügung von Absätzen (nach: *secundum jo.* sowie *possunt mutari*) kenntlich gemacht ist, zu einer Glosse vereinigt die azonischen Glossen *in ponendo*, *eo inspecto* sowie *i. e. ius naturale* – die beiden ersten schon von Azo bezogen auf *in pactis factum* und somit auf ein und dasselbe Lemma, die dritte in den Hss (des azonischen Apparats) meist und gewiss unpassenderweise auf *ius continetur*. Das zu ihr passende Lemma kann, ihres Anfangs: *i. e. ius naturale* wegen, nur *factum* sein, und sie schließt sich auch inhaltlich an dasjenige an, was in der gl *eo inspecto* gesagt ist, sodass jedenfalls diese beiden azonischen Stücke zu einer Glosse zu vereinigen sich aufdrängen musste. Was in dem vereinigten Text steht, ist, nur geringfügig von Accursius redigiert, von Azo gesagt – ausgenommen nur im 3. Teilstück die größere Einfügung: *praeterea – factum*, deren Anfang (bis *dixi*) Hugolinus' Glosse (1) zu *ius* entlehnt sein könnte,[4] während der Schluss (ab: *potest tamen*), da er eine *additio* zur 1. Version des Textes der *gl. ord.* ist, Accursius' eigener Einfall sein wird, in dessen Sinn einzudringen sich erübrigen dürfte.

4 Der im Übrigen für die Geschichte des Textes der gl. ord. zu *in pactis factum* kaum brauchbare Hugolinus-Apparat wird im Ganzen mitgeteilt wegen der Varianten im Text der diesen Apparat überliefernden Hss – Varianten, die belegen, dass das Verhältnis der in diesen Hss überlieferten Apparate zueinander das hier in der Einleitung (im Text nach N. 8) dargelegte sein wird. Nicht auszuschließen ist, dass zwischen der azonischen Glosse *i. e. ius naturale* (in der *gl. ord.* zu *in pactis factum* Teil 3) und Hugolinus' gl (2) zu diesem selben Lemma ein Zusammenhang besteht, den zu verifizieren ich allerdings nicht imstande bin. Die Tatsache, dass Accursius es bei dem azonischen Text belassen und diesen nicht durch den des Hugolinus ersetzt hat, ist jedenfalls bemerkenswert.

I. Die azonische Substanz der *gl. ord.* zu *ipso iure*

Was die gl zu *ipso iure* betrifft, so geht sie in der *gl. ord.* über das, was zu ihr im azonischen Apparat die Vorlage ist: über die Solutionsglosse zu dem durch *infra de solut. Stichum § naturalis* bezeichneten *contrarium*, in substantiell erheblicher Weise hinaus an zwei Stellen:[5] mit dem Textstück nach dem 2. (in das Ganze hier eingefügten) Absatz, also dem 3. Stück des Ganzen: *alii dicunt – ut infra de iureiur. l. fi.* sowie nach dem 4. Absatz mit dem Schlussstück dieser Glosse: *alii dicunt – coadiuvat civilem*. Der am Ende dieses Schlussstücks, sc. nach *civilem* noch folgende Herkunfts/Quellen-Vermerk lautet so, wie er hier wiedergegeben ist: *secundum B. Azo.* in einigen der gedruckten Ausgaben des Digestum vetus.[6] Der Vermerk ist hier sogleich, allem anderen voran, näher ins Auge zu fassen. Er könnte den Eindruck erwecken, alles in dieser Glosse Gesagte sei gesagt worden von Azo und von diesem im Anschluss an Bulgarus. Ein etwas gründlicherer Blick in die handschriftliche Überlieferung der *gl. ord.* ergibt, dass dem jedenfalls so nicht ist.

1) *Berichtigung des die* gl. ord. *zu* ipso iure *abschließenden Herkunfts-/Quellen-Vermerks*

Der azonische Text endet in allen diesen Text überliefernden Hss vor dem Schlussstück mit *potuit* als dem letzten azonischen Wort, und eben da steht auch in den meisten die *gl. ord.* überliefernden Hss Azos Sigle *az.*[7] An diesen

5 An drei Stellen, wenn man zu den die Substanz erweiternden Zutaten auch den Hinweis darauf rechnet, dass die Ansicht der sogleich zu Beginn genannten *quidam*, zu der hier einiges zu sagen sein wird, auf Irnerius zurückgeht.

6 In den Ausgg. Rembolt/Blaublomm (1523); de Tortis (1492); Herbort (1482) sowie Koberger (1482); Jenson (1478/80?); Clayn (1476) in diesen drei letzten: b az – das z, wie in den Hss üblich, durchweg so geschrieben, dass eine Verwechselung mit der accursischen Sigle *ac* ausgeschlossen ist. Neuere Ausgg. haben Bul. (oder Bal.) et Azo. – so a Porta (1552) und (1557); Gothofredus (1612). Bal. (et Azo.) dürfte, wie auch in der Hs London Royal 11 D III ba ac, ein Schreibfehler, in den Ausgg. Iuntas (1592), aber auch schon 1550/1 (Senneton) und Fradin (1531) ein Druckfehler sein. Denn wer soll dieser Bal. sein? In der *gl. ord.* ist Baldus ausgeschlossen und müsste (Jacobus) Balduinus, wenn auch nicht unmöglich, doch jedenfalls Azo nachgestellt sein.

7 Eingesehen hierzu und zu dem Folgenden habe ich bislang 34 Hss; das sich daraus ergebende Bild kann nach meiner Erfahrung für das Ganze sicher als repräsentativ angenommen werden. Die azonische Sigle nach *potuit* ist nicht vorhanden in London Harley 3743, undeutlich in Vatikan Pal 740 und München 28176; sie sieht aus wie getilgt in Bamberg jur 13; Firenze 158 hat nach *potuit* die accursische Sigle. In allen anderen in den folgenden Noten angeführten Hss, von denen diejenigen mit dem Text der 1. Version mit einem * bezeichnet sind, ist es

azonischen Text ist von Accursius, mit *alii dicunt* eingeleitet, angefügt aus dem Hugolinus-Apparat, und zwar aus der dort auf die als *contra* allegierte Stelle *infra de solut.* etc. (l. 95,4 D 46,3) bezogene, hier mit (2) bezeichnete Solutionsglosse[8] das hier mit (c) bezeichnete Textstück. Das Schlussstück der *gl. ord.* ist mithin nicht mehr Azo, sondern Hugolinus, es ist dessen Apparat entlehnt, und in einigen, allerdings nur wenigen die *gl. ord.* überliefernden Hss ist dann auch nach *civilem* gesagt: *sec(undum)h.*[9] Die meisten dieser Hss haben allerdings statt des *h* die als Minuskel geschriebene Sigle des Bulgarus, d. i. *b*[10] und dazu häufig und von derselben Hand noch die accursische Sigle *ac.*[11] Mit der Hand geschrieben kann ein h einem b zum Verwechseln ähnlich sein und so schon bei geringer Unaufmerksamkeit als b gelesen werden.[12] Aber deswegen ist doch wohl nicht anzunehmen, dass da, wo in den Hss *secundum b* steht, dieses *b* ein falsch gelesenes *h* ist und also Bulgarus hier überhaupt zu streichen wäre – wie hier *in fine* des Ganzen doch zweifellos Azo. Der Text des Schlussstücks der *gl. ord.* ist mit dem Text des Hugolinus kaum weniger wortgleich als der Text dieser Glosse bis *potuit* mit dem azonischen Text, und also müsste, wie dort in den genannten Hss nur *az* steht, auch hier nur *h* stehen und nicht davor ein *secundum*. Es kommt, was hier gravierender ist, hinzu, dass von dem, was Hugolinus in der genannten Glosse (2) sagt, man mit einiger Phantasie schon annehmen kann, es sei dies *secundum Bulgarum* gesagt; es habe nämlich Hugolinus aufgegriffen und fortgeführt, er habe etwas verfeinert einen Ansatz, der zur Auflösung des *contrarium* zwischen l. 27,2 und l. 95,4 (D 46,3) bereits bei

so, wie hier im Text gesagt. Eine Hs der *gl. ord.* mit dieser Position der Azo-Sigle wird Bartolus (s. zu diesem hier o. N. 1) gehabt haben.

8 Auch die mit (1) bezeichnete ist Solutionsglosse, älter als jene, was hier des näheren noch zu zeigen sein wird.

9 Vatikan Pal 738* und Patetta; Kopenhagen GKS; München 28176*; B.-Kues 280*; London Harley 3743 (sec. *h ac*).

10 Brüssel 19119 und 5671; Vatikan Pal 739 und lat 1413; Tübingen; Subiaco; Salisbury; B.-Kues 281, Firenze 158; Toledo 32–2*; Bamberg jur 13; London Royal 11 D IV und Arundel; Troyes 135.

11 Vatikan Pal 740* und S. Maria Mag.; München 3506* und 14022*; Douai 575*; Leiden*; B.-Kues 284*; Firenze 417; Basel* (*B ac*); Göttingen 23; Paris Arsenal*; London Additional; Stuttgart; *ac* von anderer, späterer Hand Brüssel 19119. Ohne jede Angabe i. fi. London 11 E III.

12 Weniger leicht ein *b* als ein *h*. Wird nämlich das b, wie in den Hss gewöhnlich, in einem Zug geschrieben: der Schaft von oben nach unten und an seinem Ende ununterbrochen fortgesetzt nach rechts in den seitlichen Bogen, dessen Ende den Schaft etwa auf halber Höhe berührt, dann ist das Produkt allenfalls bei sehr flüchtigem Hinsehen als ein h zu lesen – anders als ein h, bei dem der seitliche Bogen etwa in der Mitte des Schafts angesetzt und nach unten gezogen wird und das Ende des Schafts berührt: So braucht man in den Hss München 28176 und B.-Kues 280 schon fast eine Lupe, um zu erkennen, dass es dort tatsächlich um ein h, nicht um ein b geht.

Bulgarus vorhanden ist. Es gibt zu diesem *contrarium* tatsächlich eine Ansicht des Bulgarus – in den Hss, in denen sie überliefert ist, in einer bei l. 27,2 stehenden Glosse[13] und in dieser da, wo der Text, nachdem zunächst zwei andere Möglichkeiten der Solution dieses *contrarium* bezeichnet sind, fortfährt mit: *porro responderi potest – oriri*. Accursius kann, als er aus der Solutionsglosse (2) des Hugolinus das Stück (c) entlehnt und der azonischen Solutionsglosse hinzugefügt hat, diesen Bulgarus-Text vor Augen oder im Kopf gehabt haben, und war dem so, dann ist in der Tat plausibel, dass er dem, was er bei Hugolinus entlehnte, hinzugefügt hat sowohl ein *secundum b* als aber auch die Sigle des Hugolinus, seine Quellenangabe also gelautet hat: *h secundum b* oder *secundum b h*.[14] Es ist plausibel dann ferner auch die Divergenz in den Hss der *gl. ord.*, dass die einen *sec. h*, die anderen *sec. b* haben (und dem einen oder anderen außerdem noch die accursische Sigle hinzugesetzt ist). Den Kopisten, die ja nicht sahen, wie viel von dem Gesagten auf Bulgarus und wie viel auf Hugolinus entfiel, waren beide Siglen zuviel des Guten, und so haben dann die einen das *h* und die anderen das *b* weggelassen, die meisten das h, weil ja, der eingangs genannten *alii* wegen, Hugolinus, wenn seine Sigle wegblieb, nicht überhaupt beseitigt war. Was dann blieb, war die Unebenheit, dass nach *potuit* nur ein *az* stand und am Schluss des Ganzen vor der Sigle *b* ein *secundum*. Dies ließ sich glätten, und es ist geglättet worden dadurch, dass Azos Sigle nach *potuit* weggelassen[15] und an den Schluss des Ganzen versetzt und sodann in einem weiteren Schritt beide Siglen verdeutlicht wurden, sodass darüber, um wen es sich handelte, kein Zweifel mehr aufkommen konnte. Ist das *b* der Hss nicht ein falsch gelesenes *h*, dann geht es mithin bei allen Veränderungen nicht um unwillkürliche Abschreibversehen, nicht um Unachtsamkeit der Kopisten, sondern um Emendation, um leichtfertig ausgeführte Verbesserungen, wie das auch anzunehmen sein dürfte für das *et*, das die jüngeren Ausgaben zwischen *Bul.* und *Azo.* haben.

Gewiss werden viele, wenn nicht sogar die meisten Quellenangaben in den gedruckten Ausgaben zutreffend sein. Aber Verlass ist, wie dieses Beispiel lehren sollte, auf jede einzelne nur, wenn sie ebenso, wie sie gedruckt ist, in den Hss der *gl. ord.*, vorzüglich solchen, die deren Text in der ursprünglichen Version überliefern, vorhanden ist. Hinter eine nicht aus den Quellen belegte geschichtliche Aussage gehört immer ein Fragezeichen; es ist dieses Satzzeichen dort zu setzen oder doch hinzu zu denken.

13 Vatikan 1408; Madrid 675; Alençon 173; den Text im Ganzen s. hier u. im Anhang II.

14 Wegen des einleitenden *alii dicunt* müsste exakter Weise vor *h* jeweils ein *ut* stehen oder doch hinzugedacht werden.

15 Wie schon in einigen Hss, so fehlt sie dort überall in den hier o. N. 6 a. gedr. Ausgg.

2) *Die Problematik der in l. 27,2 vorhandenen Aussage und deren Erörterung in Azos gl* hic agebatur

Was den anderen hier bereits bezeichneten Text betrifft, mit dem in substantiell erheblicher Weise die *gl. ord.* (zu *ipso iure*) über ihre azonische Vorlage hinausgeht: das – ebenfalls mit *alii dicunt* eingeleitete – Textstück nach dem 2. und also im 3. Absatz des Ganzen, so ist auch dieses Stück zweifellos erst durch Accursius in die Glosse, die der azonische Apparat bezogen auf das Allegat von l. 95,4 D 46,3 als der *contra*-Stelle zu unserer l. 27,2 hat, eingefügt worden. Aber dasjenige, was in diesem Stück zu der Sache, um die es geht, gesagt wird, hat auch der azonischen Apparat. Es ist dies gesagt in der dort auf *ipso iure* bezogenen Glosse (die im hier Folgenden mit ihren Anfangsworten: *hic agebatur* zitiert werden wird) und in dieser an deren (nach dem 3. Absatz) mit *vel dicamus* beginnenden Schluss. Accursius hat alles in dieser gl *hic agebatur* Gesagte gestrichen – mit Ausnahme dieses ihres Schlusses, und er hat diesen in redaktionell veränderter, durchaus verbesserter Form in die andere n. b. ebenfalls azonische, auf das Allegat von l. 95,4 D 46,3 bezogenen Solutionsglosse als die 3. zu erwägende *solutio* zu diesem *contrarium*[16] eingefügt.[17] Sowohl diese Einfügung: die (besser gesagt) Transponierung dieses Stücks als auch die ersatzlose Streichung der gl *hic agebatur* im Übrigen[18] ist nicht mehr und nicht weniger als accursische Redaktion der azonischen Vorlage; sie ist eine Maßnahme, die aus dieser Vorlage einen Mangel entfernt, der offenbar wird, sobald man sich die Problematik der in l. 27,2 vorhandenen Aussage vergegenwärtigt, in Kenntnis dieser Problematik durchnimmt, was dazu in der azonischen gl *hic agebatur* sowie in der Solutionsglosse zu dem Allegat der *contra*-Stelle, sc. l. 95,4 D 46,3 vorhanden ist und zudem auch im Blick hat, was zu eben diesem *contrarium* im Hugolinus-Apparat gesagt ist.

Die Problematik dessen, was l. 27,2 sagt, war in der Glosse und sie ist auch hier keine leicht und kurz zu erledigende Sache. Wer das dazu sowie zu Azo, der

16 Ich spreche im Weiteren abgekürzt von dem *contrarium* l. 27,2 ./. l. 95,4 und bezeichne die darauf bezogene azonische Glosse als dessen Solutionsglosse, hingegen seine auf *ipso iure* bezogene Glosse, wie bereits gesagt, mit deren Anfangsworten als gl *hic agebatur.*

17 *Solutio* 1: *quidam dicunt* wird in der *gl. ord.* n. b. mit *sec. y* Irnerius zugeschrieben, *solutio* 2 R(ogerius); bei *solutio* 3 ist nur von *alii* die Rede – da, wo diese *solutio* hergenommen ist: in der gl *hic agebatur* ist zu ihr *job* = Johannes angeführt, worauf hier zurückzukommen sein wird.

18 Mit der Streichung dieser Glosse wurde deren Lemma, sc. *ipso iure* in Accursius' Vorlage frei und konnte somit die azonische Solutionsglosse auf dieses Stück der Litera bezogen, diese m. a. W. in eine lemma-bezogene Glosse verändert, der ihr bei Azo fehlende sichtbare Bezug in der Litera hergestellt werden.

gl. ord. und Hugolinus hier Folgende lesen und verstehen will, mache sich auf einiges gefasst; er wird dafür einen sozusagen langen Atem brauchen, und es wird derjenige, der die Mühe scheut und zu der folgenden Interpretation nicht überall die Quellen heranzieht, auch kaum etwas verstehen können.

Die Problematik liegt zum einen in der in dieser Stelle gegebenen Begründung dafür, dass ein zwecks Aufhebung eines *pactum de non petendo* geschlossenes *pactum de petendo* diese Aufhebung nicht – wie eine Stipulation die durch eine Stipulation begründete Obligation – *ipso iure* soll bewirken können.[19] Und problematisch ist des Weiteren die Feststellung des Falles, den diese Aussage betrifft, und dies vor allem deswegen, weil in l. 95,4 – *Stichum § naturalis* D 46,3 für den Fall einer *naturalis obligatio* ein anderes als in l. 27,2, nämlich die *ipso iure*-Aufhebung des eine solche Obligation erzeugenden *pactum* durch ein späteres, diese Aufhebung bezweckenden *pactum* bestimmt ist. Da die Tragweite einer Entscheidung, also die von dieser betroffenen Fälle sich aus ihrer Begründung ergibt und aus der Tragweite, sofern diese bekannt ist, auf ihre Begründung sich zurückschließen lässt, geht es nicht an, es wäre fehlerhaft, diese Problematik getrennt und ungeachtet jener zu behandeln.

Das Vorzügliche der gl *hic agebatur*, die – wie gesagt – Accursius, bis auf deren hier soeben bezeichnetes Schlussstück, bei seiner Bearbeitung des azonischen Apparats aus diesem heraus gestrichen hat, besteht eben darin, dass in dieser Glosse beide Fragen: wodurch ist die in l. 27,2 getroffene Entscheidung begründet? Und: welche Fälle sind von dieser Entscheidung betroffen? erörtert

19 Die Begründung: *quia in stipulationibus ius continetur, in pactis factum versatur* gilt weithin als »dunkel«, s. Knütel, Contrarius consensus (1968) 113 N. 4 und die dort Zitierten, von denen die meisten, einschließlich Knütel, der Dunkelheit wegen die Begründung für interpoliert halten. Dass diese Dunkelheit durch die beiden neueren Übersetzungen beseitigt worden ist, wird man nicht sagen können: *in pactis* »geht es nur um Tatsachen« (Knütel), »gaat het om de feitelijke situatie« (Spruit) – *in stipulationibus* hingegen »is immers het recht de grondslag«, geht es »um rechtliche Regelungen«. Was Paulus sagt ist jedenfalls: ein *pactum* gehört, anders als eine Stipulation, nicht zum *ius*; es ›verweilt‹: es befindet sich m. a. W. in ihm nach wie vor ein *factum*; es hat sich hieran nichts dadurch geändert, dass mittlerweile auch ein *pactum* für eine ›rechtliche Regelung‹ gehalten wird und zu halten ist; ursprünglich war dem nicht so, und dieser Ursprung ›versiert‹: er ist in den für die *pacta* geltenden Regeln noch immer virulent. Die Übersetzungen gehen m. E. zu leicht hinweg über den Wechsel von *continetur* zu *versatur* (wäre damit dasselbe gemeint, bliebe dies *versatur* besser weg) sowie über den Wortsinn von *versari*. Liest man dieses Verb so, wie hier wiedergegeben: ›verweilt‹, dann muss mit *ius* das *ius civile* gemeint, mithin die Begründung eine Aussage vom Standpunkt eben des *ius civile* sein – und Paulus, jedenfalls die als die seine erscheinende Begründung, ist »dunkel«, weil dies mit *versatur* nur (aber immerhin doch!) angedeutet ist.

sind[20] – womit sich dann auch fragt, ob zwischen dieser und jener Entscheidung nicht auch ein Zusammenhang besteht. So vorzüglich jedenfalls die Zusammenfassung dieser beiden Fragen ist, so unzulänglich, verbesserungsbedürftig und für den, der, was er liest, ohne Mühe verstehen will, geradezu kläglich, ist die Ausführung:

Es wird (n. b. in der gl *hic agebatur*) zunächst konstatiert, dass eine *naturalis obligatio* durch ein *pactum ipso iure* aufgehoben werde, also das, was *hic*, sc. in l. 27,2 gesagt ist (sc. dass die *ipso iure*-Aufhebung nicht stattfinde) für den Fall einer *naturalis obligatio* nicht gelte. Es wird – in dieser Glosse – nicht die Stelle in den *leges*, in der dies gesagt ist, allegiert; es wird die Kenntnis dieser Stelle also vorausgesetzt. Die Stelle, sc. l. 95,4 wird, wie anzunehmen ist, in Azos Exemplar des Digestum vetus als eine *antiqua glosa* und als reines Allegat (versehen mit dem *contra*-Vermerk) vorhanden gewesen sein.[21] Es wird sodann gefragt, warum dies so sei, wo doch, wie im Eingang zu dieser Glosse gesagt, *hic*, und das ist die Stelle, bei der diese Glosse steht, also in l. 27,2 ein anderes bestimmt ist. Die mit einiger Vorsicht, nämlich nur *forte* gegebene Begründung: *quia quod debetur solvi potest, ergo tolli* wird plausibler, als sie an und für sich ist, aus der – wie gesagt als bekannt vorausgesetzten – Litera der *contra*-Stelle: *ut pecunia numeratione, ita iusto pacto* (*nat. obl. ipso iure tollitur*): eine *naturalis obligatio* wird, indem sie durch Zahlung erfüllt wird, ohne weiteres zum Erlöschen gebracht, sie wird dadurch *ipso iure* aufgehoben, und *ita*, d. h. weil und wenn das so ist, kann auch durch ein *pactum* derselbe Effekt erreicht werden. In dem Fall, an den bei l. 27,2 zu denken ist, und das muss nach dem, was zu einer *naturalis obligatio* gesagt ist, jedenfalls der Fall sein, dass die Obligation *civiliter* begründet ist, – in diesem anderen Fall (einer von einem *pactum* betroffenen *civilis obligatio*) *nihil est, quod ei* (dem, der *pactus est de non petendo*) *debetur*; ihm steht aus dem *pactum de non petendo* nur eine *exceptio* zu, und weil diese *numeratione solvi non potest*, kann auch – so muss Azo hier gedacht haben – durch ein *pactum* (sc. *de petendo*) das die *exceptio* begründende *pactum* nicht *ipso iure* vernichtet werden. Warum sagt Azo, es sei dies nur *forte* der Grund für die unterschiedliche Entscheidung in l. 27,2 einerseits und l. 95,4 andererseits? Warum ist er sich dieser seiner Sache

20 Vorzüglicher ist dies jedenfalls im Vergleich zu der anderen: der auf die *contra*-Stelle bezogenen, von Accursius fortgeschriebenen Glosse, in der, wie hier noch zu zeigen sein wird, die erstgenannte Frage aufzufinden einige Mühe kostet.

21 Die Hss mit der *antiqua glosa*, in denen es so ist, s. hier u. in N. 50. Azo muss also, wenn er die Stelle nicht in seine Glosse aufnahm, von einem Leser ausgegangen sein, dessen Exemplar des Digestum vetus einen dem seinen gleichen Apparat hatte – oder er hat, was doch wahrscheinlicher ist, gar keinen Leser vorausgesetzt: es war seine gl *hic agebatur* ein – später noch zu ergänzender – Entwurf, und eben daher auch ihre Unzulänglichkeit: was man für sich, etwa für die zu haltende Vorlesung, notiert, ist gar nicht für das Verständnis anderer bestimmt.

nicht sicher und mahnt durch dieses *forte* sich gleichsam selbst, diese Sache noch einmal zu überdenken?

Die auf die Litera von l. 95,4 gestützte Argumentation besagt, es sei hinsichtlich der *pacta*, deren Zweck die Aufhebung eines früheren *pactum* ist, zu unterscheiden: *entweder* das frühere (das aufzuhebende) *pactum* begründet eine – erfüllbare – Verpflichtung, das spätere (sc. das aufhebende) *pactum* ist also ein sozusagen liberierendes; *oder* das aufzuhebende *pactum* ist nicht obligierend, es kann also das die Aufhebung bezweckende *pactum* nicht liberierend, sondern selbst nur *naturaliter* obligierend sein – wie das *pactum de petendo*, wenn das *pactum de non petendo* keine zu erfüllende Verpflichtung, vielmehr nur eine *exceptio* begründet. Azos Argumentation in seiner gl *hic agebatur* ist, wenn man sie in dieser Weise wiedergibt, und es ist dies doch wohl gewiss für das, was er sagt, nur ein anderer Ausdruck – es ist, sage ich, diese im Anfangsteil der gl *hic agebatur* vorhandene Argumentation ersichtlich dieselbe, die in seiner (in der *gl. ord.* lemma-bezogen fortgeschriebenen) Solutionsglosse die 3. Solutionsmöglichkeit ist – die *solutio*, die mit *nos autem omnino* eingeleitet und so als die zutreffende bezeichnet wird. Es ist diese Argumentation dieselbe aber auch wie bei Hugolinus in dessen hier mit (1) bezeichneter Glosse[22] deren mit *jo autem distinguebat* beginnender Schluss. Es ist mithin, wenn an Hugolinus' Zuschreibung nicht zu zweifeln ist, Johannes: Azos und Hugolinus' gemeinsamer Lehrer, auf den diese *solutio* des *contrarium* l. 27,2 ./. 95,4 zurückgeht: Ihr schließt sich, so scheint es jedenfalls, Hugolinus in seiner gl (1) mit der Erklärung an, es bestehe, wenn man die Sache so sehe wie Johannes, zwischen dieser und jener *lex* gar kein *contrarium, sed concordantia*. Deswegen auch, weil er ebenfalls Johannes folgt, sagt Azo in seiner Solutionsglosse *nos* (*autem*), er spricht im Plural (der mithin hier nicht ein *pluralis maiestatis* ist), und deswegen auch ist er in seiner gl *hic agebatur* so vorsichtig, dass er der Begründung, die er gibt, ein *forte* hinzusetzt: Er folgt dem, was er sozusagen als Schüler gelernt hat; er folgt seinem Lehrer: der von Johannes für die Lösung dieses *contrarium* begründeten Ansicht, ohne die Sache selbst bereits auf Herz und Nieren geprüft zu haben![23] Sie ist ihm

22 Auch diese ist, wie auch die mit (2) bezeichnete Glosse, Solutionsglosse; beiden fehlt also auch bei Hugolinus der ohne weiteres sichtbare Bezug in der Litera. Das Verhältnis dieser beiden Hugolinusglossen zueinander ist, wie hier noch zu zeigen sein wird, dasselbe wie im azonischen Apparat das Verhältnis der gl *hic agebatur* zu der (azonischen) Solutionsglosse: jene und die – eben darum hier mit (1) bezeichnete – Glosse sind die älteren, was festzustellen für die Klärung des Verhältnisses dieser beiden Apparate zueinander sich als von Belang erweisen wird.

23 Um mit Odofredus, Lectura zu D 12,6,60 (Vol. II f. 44rb) zu reden: die gl *hic agebatur* ist, auf das Ganze der azonischen Arbeit gesehen, *minor glossa*, in quantitativer und auch qualitativer Hinsicht, sie stammt aus den Anfängen der

plausibel aufgrund der Formulierung in der Litera der *contra*-Stelle: *ut numeratione, ita pacto* etc., aber sie ist für ihn damit doch noch nicht über jeden Zweifel erhaben. Er ist sich bewusst oder hat doch zumindest das Gespür, dass zur Begründung dieser Ansicht noch etwas fehlt.

Und so ist es ja auch in der Tat: Sie ist eine Begründung, die sich auf die Litera der einen *contra*-Stelle stützen, dort einen Anhalt finden kann, und die Litera der anderen, sc. derjenigen von l. 27,2 außer Betracht lässt, nämlich den dort gegebenen Grund dafür, dass es *in stipulationibus* anders sei als *in pactis*. Wenn der Grund für diese Unterscheidung ist, dass *in pactis*, anders als *in stipulationibus*, *factum versatur* – wie soll dann die Auflösung stattfinden können mittels einer Unterscheidung innerhalb der *pacta* danach, ob ein *pactum* ein liberierendes oder ein (nur) obligierendes ist? Soll etwa in einem obligierenden *pactum* (das durch ein liberierendes *ipso iure* soll aufgelöst werden können) kein *factum* enthalten sein? Warum das nicht, wenn doch *in pactis factum versatur*? Es fehlt m. a. W. der *solutio* des Johannes die sichtbare Abstimmung mit demjenigen, was in l. 27,2 als Grund dafür angegeben ist, dass ein *pactum* (*de petendo*) ein *pactum* (*de non petendo*) nicht *ipso iure* soll aufheben können.

Und es kommt noch ein Weiteres hinzu: Es ist jedenfalls nicht ohne weiteres zu sagen, ein *pactum de petendo* könne nicht liberierend sein und darum nicht *ipso iure* das frühere *pactum* vernichten, weil dieses frühere *pactum* nur eine *exceptio* und keine Verpflichtung erzeuge. Ein *pactum de non petendo* ist das (von dem Schuldner akzeptierte oder auf dessen Verlangen abgegebene[24]) Versprechen des Gläubigers, den Schuldner nicht in Anspruch zu nehmen, und es begründet also auch dieses *pactum* für den Gläubiger die *naturalis obligatio*, sich an das Versprochene zu halten – die Verpflichtung zu einem *non petere*. Weil der Gläubiger aufgrund dieser seiner Zusage zur Unterlassung der Inanspruchnahme seines Schuldners obligiert ist, steht diesem die *exceptio* zu und müsste also dieser *exceptio* auch die Grundlage entzogen sein durch das von dieser Verpflichtung *ipso iure* befreiende *pactum de petendo*, auch kann die Befreiung von der durch das *pactum de non petendo* begründeten Verpflichtung nicht *numeratione* stattfinden.[25] Es ist doch wohl nicht annehmbar, dass Azo, als er

azonischen Arbeit, als diese noch mehr den Ansichten des Johannes verpflichtet war, als das später der Fall gewesen ist. Ob die Wende, wie der zur Überspitzung tendierende Odofredus sagt, mit Azos Arbeit an der Summe eingetreten ist, kann dahin stehen, s. zu der Odofredus-Stelle meine Interpretation FS Kleinheyer S. 348 ff.

24 Ich befinde mich mit diesem Zusatz auf dem Niveau der *gl. ord.* zu *convenit: sc. consensu utriusque* etc. und bemerke dies hier stellvertretend auch für die vielen Zutaten, mit denen Accursius seine Vorlage versehen hat.

25 In der oben bei N. 13 bereits erwähnten und im Anhang II zu diesem Abschn. mitgeteilten Glosse des Bulgarus, die hier im Anhang II wiedergegeben und hier

seine gl *hic agebatur* niederschrieb, nicht gesehen hat, was doch auf der Hand liegt: dass und inwiefern die *solutio* des Johannes eine angreifbare, jedenfalls eine bedenkliche ist. Es war ihm nur und allerdings zu dieser Zeit nicht auch schon deutlich, in welcher Weise diese beiden Bedenken: ist nicht doch auch ein *pactum de non petendo* ein obligierendes *pactum*? Und wie verträgt sich diese *solutio* mittels der Unterscheidung der *pacta* in obligierende und liberierende mit dem in l. 27,2 angegebenen Entscheidungsgrund, dass *in pactis factum versatur*? – er war sich noch nicht sicher, wie diesem und jenem zu begegnen sein kann. Erst als ihm dies, über diese Sache, diese *quaestiones* weiter nachdenkend, vielleicht *docendo*, klar geworden war, erst als er meinte, beide Bedenken ausräumen zu können, erst dann hat er zur Lösung des *contrarium* l. 27,2 ./. l. 95,4 einen neuen Anlauf unternommen und in seiner – nun auf das Allegat der *contra*-Stelle l. 95,4 bezogenen – Glosse auf beide Fragen eine Antwort gegeben. Er hat so: in dieser Solutionsglosse die zur Zeit der gl *hic agebatur* ihm noch fehlenden Gründe nachgeschoben.

3) *Die Fortschreibung und Ergänzung der azonischen gl* hic agebatur *in Azos auf l. 95,4* – Stichum § naturalis *bezogener Solutionsglosse*

Wir lösen, wie es nun in dieser anderen, hier sog. Solutionsglosse heißt, das *contrarium* auf, indem wir von den *pacta*, die obligieren, diejenigen unterscheiden und absondern, die liberieren: Ein *pactum de non petendo* ist, weil es liberierend ist, durch ein *pactum de petendo* nicht *ipso iure* aufhebbar – und wer meint, uns lächerlich machen, uns ›insultieren‹ zu können mit der Frage, ob wir denn die Einzigen sein wollen, die nicht sehen,[26] dass ein *pactum de non petendo* wohl eine Obligation erzeugt, dass eben auch ein solches *pactum obligat paciscentem naturaliter ad non petendum*[27] – diesen unseren *adversarius*[28] dürfen

o. N. 13 bereits herangezogen ist, könnte eben dies gemeint sein in dem Stück, das dem im Text bei dieser N. 13 wiedergegebenen Stück: *porro responderi potest* etc. unmittelbar vorausgeht: *quia post secundum pactum nichil superest de priore, replicationi locum non esse(t?). nam ut prius – tollit pactum*. Hatte Azo von dieser Glosse eine bessere Überlieferung, dann müsste ihm das hier soeben im Text ausgeführte Bedenkliche an der *solutio* des Johannes von vornherein deutlich gewesen sein.

26 Nur so kann ich verstehen das azonische: *nonne vos soli dicitis* – ich vermag diese polemisch-rhetorische Frage nicht wortgetreu nachzuvollziehen.

27 S. dies in der Argumentation zu der hier sogleich noch in Betracht zu ziehenden *alia ratio*, deretwegen *dicendum est posterius pactum non tollere pactum de non petendo*.

28 Der polemische Ton indiziert, dass es die *adversarii* wirklich gegeben hat. Dass sie nicht beim Namen genannt werden, schließt nicht aus, dass es sich um namhafte

wir darauf hinweisen, dass es sich hierbei aber doch um eine *obligatio* handelt, *quae liberandi causa est* und darum auch *ad exemplum verae liberationis ipso iure non tollitur.* Diese *obligatio* (aus einem *pactum de non petendo*) entsteht überhaupt nur zum Zweck der Liberierung, und sie ist darum nicht den *pacta*, deren Zweck allein die Obligierung ist, zuzuordnen; sie ist nicht unter die für diese geltende Regel, dass sie durch ein *pactum ipso iure* aufgehoben werden können, zu subsumieren.

An die Raffinesse dieser Verteidigung der *solutio* des Johannes schließt sich das Argument an, mit dem nun auch noch ausgeräumt wird der in l. 27,2 genannte Grund dafür, dass ein *pactum* nicht *ipso iure* ein *pactum* aufheben könne: *in pactis* ist das so – *subaudi*, d. h. lies: *in talibus i. e. ad liberationem factis*;[29] die Litera sagt mehr, als sie sagen dürfte! Sie bedarf mithin der Reduktion, das zuviel Gesagte ist zu eliminieren: nur ein *pactum*, das zwecks Befreiung geschlossen wird, nur dieses eine *pactum*, um das es in l. 27,2 geht, kann nicht *ipso iure* durch ein *pactum*, das obligierend ist, sc. ein *pactum de petendo* aufgehoben werden. Dies ist nun doch alles andere als raffiniert. Es ist die reine *petitio principii*,[30] und man wird einem so scharfsinnigen Mann, als der Azo sich gerade auch hier erweist, nicht unterstellen können, dass er das nicht selbst gesehen hätte. Er hat es gesehen und fährt deswegen in dieser seiner Solutionsglosse fort mit einer *alia ratio*, deretwegen zu sagen sein soll, dass ein *pactum de non petendo* durch ein *posterius pactum* (sc. *de petendo*) nicht aufgehoben werden könne – mit einer *ratio*, von der auch bereits in der gl *hic agebatur*, aber dort auf eine noch kaum verständliche Weise die Rede war[31] und die hier: in dieser Solutionsglosse nun in der Breite ausgeführt wird, die kaum noch etwas zu wünschen übrig lässt.[32]

Es ist dies eine *ratio*, die *alia* insofern ist, als aus ihr heraus sich die in l. 27,2 vorhandene Entscheidung erklärt, ohne dass es auf die in dieser Stelle gegebene Begründung: *quia in pactis factum versatur* noch ankommen kann; es wird mit

Vertreter des glossatorischen Fachs handelt: Es wird der namhafteste: Hugolinus gemeint sein, worauf hier zurückzukommen sein wird.

29 Im azonischen Apparat ist *in talibus* auch eine eigene Glosse zu *pactis*, also dasselbe zweimal gesagt und darum von Accursius die kürzere Fassung zu Recht gestrichen: *in talibus* ist *minor glossa* im hier o. N. 23 genannten Sinne, weswegen sie nicht auch schon gleichzeitig mit der gl *hic agebatur* sein muss.

30 Eine *destructio istius textus*, um mit Bartolus (s. o. N. 1) zu reden. Obwohl dieser von der Glosse zu *ipso iure* im Ganzen sagt, sie sei Azonis et Accursii, redet er da, wo er sich von dem in dieser Glosse Gesagten distanziert, nur von Azo.

31 In deren 2. (mit *queritur ergo de civili et naturali* beginnenden) Teil und dort in der auf die Frage: *si ibi facit pactum, an tollatur naturalis?* gegebenen Antwort: *si dicamus – restitutus esse videtur.*

32 Das Wenige, das im azonischen Text allenfalls noch vermisst werden kann, s. in den accursischen Zutaten zu diesem Text sowie aber auch noch die hier folgende N.

dieser *ratio* diese Begründung als unnötig beiseite geschoben.[33] Dass ein *pactum de petendo*, dessen Zweck die Aufhebung des ihm vorangegangenen *pactum de non petendo* ist, diesen seinen Zweck nicht *ipso iure* herbeiführen kann, erklärt sich nämlich, wie Azo nun mit anderen (als den hier folgenden) Worten sagt, aus der Eigenart dieses *pactum de non petendo* einerseits und des *pactum de petendo* andererseits – einer Eigenart und Verschiedenheit, die zu erkennen man sich vergegenwärtigen muss, was dieses und jenes *pactum* bewirkt und nicht bewirkt. Das *pactum de non petendo* bewirkt dreierlei (*operatur tria*): es hebt *ipso iure* (in dem Fall n. b., dass die *obligatio civilis et naturalis* ist[34]) die *naturalis obligatio* auf, es setzt die *civilis obligatio* – mittels der darin begründeten *exceptio* – außer Kraft, es ›elidiert‹, mit Verlaub gesagt, die zivile Obligation, und es hat auch eine obligierende Wirkung: es verpflichtet nämlich den Paciscenten, sc. den Gläubiger *naturaliter ad non petendum*. Das *pactum* hingegen *de petendo*[35] bewirkt nicht, dass die durch das *pactum de non petendo ipso iure* erloschene *naturalis obligatio* wiederaufersteht;[36] es kann dem früheren *pactum* (*de non petendo*) dessen Wirkung, dass die *naturalis obligatio ipso iure* erlischt, nicht nehmen, hebt also dieses allein schon deswegen, weil es die erloschene *naturalis obligatio* nicht wiederbegründen kann, nicht auf. Es beseitigt bloß das durch das *pactum de non petendo* begründete Hindernis gegen die Durchsetzung der *civilis obligatio*, wodurch erreicht ist (*quare fit*[37]), dass die *vetus obligatio* (die Obligation, auf

33 Was für deren Interpolation (s. hier o. N. 19) ein besseres Argument wäre als deren angebliche (s. o. N. 19) »Dunkelheit«.

34 Dass Azo in seiner Ausführung der *alia ratio* diesen Fall voraussetzt, ist das eigentliche Manko in dieser Ausführung und ist auch von Accursius nicht verbessert. In der gl *hic agebatur* indessen ist *dies* deutlich, und es kann, solange diese Glosse im Apparat ist, auch deutlich sein dem Leser, für dessen Verständnis (seines Apparats!) zu sorgen, Azo eine *cura posterior* gewesen zu sein scheint. Er hat diese Sorge seinem Schüler hinterlassen.

35 Ich übergehe, um den Fortgang des azonischen Gedankens schärfer hervortreten zu lassen, *quod patet – notavi*, wovon ich auch *quia naturaliter – Inst. de obligationibus* etc. nicht verstehe.

36 S. dies auch in der gl *hic agebatur*: *posteriori pacto non resuscitatur*, sc. *naturalis obligatio*, s. dasselbe auch in der (azonischen) Summe C 2,3 §§ 21,22, dem dort Gesagten wird die gl *hic agebatur* zeitlich vorangegangen, diese wird *minor glosa* (im odofredianischen Sinn dieser Bezeichnung) sein, was hier zu zeigen sich erübigen wird. Wo in der Überlieferung des azonischen Apparats im Text der Solutionsglosse *dicunt quidam* das *non* (vor *resuscitat*) fehlt, wie in Bamberg (vor dem 2. *resuscitat*), handelt es sich sicher um das Versehen eines Kopisten.

37 In der diesem *quare fit* vorangehenden Aussage geht es darum, dass das *pactum de petendo* auch nicht etwa eine *naturalis obligatio* begründe, was aber, wie dann später gesagt wird, Johannes *aliquando* (bevor er auf die *solutio* mittels Unterscheidung der *pacta* gekommen ist?) angenommen habe – eine *naturalis obligatio*, deretwegen Hugolinus, darin Johannes folgend, davon spricht, dass *quattuor* von

die sich beide *pacta* beziehen) *cum effectu instituatur* – oder, wie es in der gl *hic agebatur* kaum anders heißt, *effectus actionis restitutus videtur.* Was nun, nachdem dies gesagt ist, folgt: *si obiciatur* etc. ist von einer geradezu spitzfindigen Besorgnis diktiert: es betrifft ein mit der Annahme, dass das *pactum de non petendo* nicht *ipso iure* aufgehoben wird, einhergehendes Bedenken, ob es nämlich deswegen, weil dieses *pactum* trotz des späteren seine Aufhebung bezweckenden *pactum de petendo* Bestand hat, nicht so ist, dass die nach dem Erlöschen der *naturalis obligatio* übrig bleibende: die *sola civilis obligatio* undurchsetzbar ist, eines *effectus* entbehrt: *quomodo effectus sortiri poterit?*[38] Denn bleibt das *pactum de non petendo* trotz des *pactum de petendo* bestehen, dann bleibt bestehen auch das in dem *pactum de non petendo* begründete *obstaculum* gegen die Durchsetzung der *civilis actio*, der zu dem *pactum de non petendo* m. a. W. gehörende *effectus ad excipiendum*; es bleibt, noch anders und simpler gesagt, gegen die *sola civilis actio* die *exceptio pacti* (*de non petendo*). In der gl *hic agebatur*, in deren n. b. 2. Teil, geht es, nachdem konstatiert ist, dass das *pactum de petendo* die durch das *pactum de non petendo* erloschene *naturalis obligatio* nicht wiederauferstehen lässt, überhaupt nur noch um dieses Bedenken, und man kann, weil dort der *effectus ad excipiendum* mit der *sola civilis obligatio* verbunden und gesagt ist, es könne *dieser* der *effectus ad excipiendum* fehlen, nur ahnen, was gemeint ist. Man muss das diesem Textstück der gl *hic agebatur* entsprechende, die Sache in aller Ausführlichkeit darlegende Stück der (azonischen) Solutionsglosse kennen, also diese studieren, und man versteht, was schon in der gl *hic agebatur* nur gemeint sein kann: dass nämlich jener *effectus* zu dem *pactum de non petendo* gehört,[39] also das Bedenken, das es zu erledigen gilt, darin besteht, ob nicht die *obligatio sola civilis* ihre Ineffektivität auch nach Abschluss des *pactum de petendo* behält, und man versteht so auch die Erledigung dieses Bedenkens, aber diese doch besser in der gl *hic agebatur* als hier in der Solutionsglosse. Weil die (in der Tat fortbestehende) *exceptio* durch die (aus dem *pactum de petendo* folgende) *replicatio* zurückgeschlagen wird, deswegen ist es so, dass der Effekt der Klage ihm (sc. dem Gläubiger) wiederhergestellt ist.

beiden *pacta* bewirkt werde. Azo verwirft die Entstehung dieser *naturalis obligatio* aus dem *pactum de petendo*, weil es mit diesem nicht um die Begründung einer solchen Obligation, sondern um die Aufhebung des *pactum de non petendo* gehe.

38 Dass Azo die hier o. bei N. 13 genannte und im Anhang II mitgeteilte Bulgarus-Glosse gekannt und vor Augen gehabt hat, ist nicht zu leugnen, weswegen aber doch in der *gl. ord.* seine Sigle nicht (s. dazu hier o. im Text bei N. 7) an den Schluss der Glosse zu *ipso iure* gehört.

39 Dass er dort nicht steht, sondern bei der *sola civilis obligatio*, wirft ein bezeichnendes Licht auf die Überlieferung dieser Glosse, wovon hier noch zu handeln sein wird.

Es ist gewiss keine pure Spekulation anzunehmen, dass Azo, als er in seiner Solutionsglosse dieses Bedenken mit der lapidaren *responsio*: *bene* erledigte und dazu den dem Verständnis ebenso wenig förderlichen Hinweis auf die Rechtslage beim *chirographum* und der *res iudicata* gab, die bessere, einsichtigere Erledigung in seiner gl *hic agebatur* vor Augen hatte. Sie stand, von ihm selbst geschrieben oder diktiert, in seinem Exemplar des Digestum vetus. Nicht er, erst Accursius hat diese Glosse gestrichen, und so plausibel diese Streichung an sich auch ist, so sehr es im Zuge der Bearbeitung der azonischen Vorlage auch geboten war, das in dieser Glosse in deren 2. Teil Gesagte ausführlicher und deutlicher zu sagen: das in deren 1. Teil Gesagte zu ergänzen sowie überhaupt dafür zu sorgen, dass dieselben Fragen nicht mit jeweils anderen Worten doppelt erörtert wurden, so mechanisch-gefühllos ist doch hier die Ausführung, dass nämlich das Ältere: der Anfang der azonischen Überlegung schlechthin getilgt und allein das Neuere erhalten geblieben ist.[40] Es geht nicht um sentimentale Konservierung des Alten. Es bedarf nicht nur des Neueren zum Verständnis des Älteren; es ist auch, wie im hier Vorhergehenden gezeigt, das Ältere: die in diesem vorhandene Problemstellung hilfreich für das Verständnis des Endprodukts. Der Leser, der, wie Savigny[41] einmal gesagt hat, nur das Resultat sehen will, ist der verächtliche Leser. Es gilt, auch die das Resultat produzierende Arbeit sichtbar zu machen – so mühselig zu lesen das Produkt dann auch ist.

4) *Die Vereinigung der azonischen gl* hic agebatur *mit Azos auf l. 95,4 bezogener Solutionsglosse in der* gl. ord. *zu* ipso iure

Es ist hier der Blick zu richten nochmals auf dasjenige Stück im Text der *gl. ord.*, dem in der (azonischen) gl *hic agebatur* deren 3. und letztes Teilstück entspricht und das Accursius, wie bereits bemerkt, dort entlehnt und in den Text der (azonischen) Solutionsglosse eingefügt hat. Unter den vielen Belegen dafür, dass

40 Eine insofern perfektere Redaktion ihrer Vorlage ist sichtbar in der den azonischen Apparat überliefernden Hs in München 3887, indem dort beide Glossen zu nur einer einzigen vereinigt, die ältere (sc. *hic agebatur*) der jüngeren vorangeht und das Ganze wohl das Schlussstück einer Solutionsglosse zu *infra de solut. stichum* ist. Dasselbe, nämlich Redaktion und nicht etwa Nachlässigkeit oder Willkür der Kopisten wird anzunehmen sein in den Hss des azonischen Apparats, in denen wie in der *gl. ord.* die ältere Glosse (sc. *hic agebatur*) fehlt, wie in Paris 4451 und München 14028. Die Redaktion bleibt dort freilich hinter der accursischen erheblich zurück dadurch, dass die Streichung dort nicht einhergeht mit einer Ergänzung der fortgeschriebenen azonischen Solutionsglosse. Accursius ist jedenfalls nicht der erste gewesen, der die Redaktionsbedürftigkeit der azonischen Arbeit gesehen und zu seiner Aufgabe gemacht hat.

41 Meiner Erinnerung nach: in einer seiner frühen Rezensionen.

Azo seinen Apparat in einem unfertigen, ergänzungs- und verbesserungsbedürftigen Zustand hinterlassen hat, ist die Tatsache, dass dieses Stück bei Azo in seiner Solutionsglosse fehlt und in seiner gl *hic agebatur* vorhanden ist, einer der schlagendsten. Es ist diese Tatsache beinahe nicht zu fassen. In der gl *hic agebatur* wird, indem sie mit eben diesen Worten beginnt, gesagt, es sei die *hic* vorhandene Aussage (dass ein *pactum de non petendo* nicht *ipso iure* durch ein *pactum de petendo* aufgehoben werden könne) Gegenstand einer *agitatio*, also einer Auseinandersetzung gewesen; es habe darüber – in der Vergangenheit![42] – einen das Für und Wider abwägenden Disput gegeben. Man muss im Text dieser Glosse *hic agebatur* ein gutes Stück weiter lesen, bis in deren 3. und letztes Teilstück gekommen sein, um Gewissheit darüber zu erhalten, worum genau es in dieser Auseinandersetzung gegangen ist, was in diesem Disput die entgegengesetzten Positionen gewesen sind. Das *hic*, sc. in l. 27,2 Gesagte gilt nicht, wie sogleich gesagt wird und wegen l. 95,4 D 46,3 auch nicht im Streit gewesen sein kann, in dem Fall einer *naturalis obligatio*. Es gilt also, wie man als mitdenkender Leser sich sagen kann und wird und wie auch ohne weiteres einleuchtet, im Fall einer *civilis obligatio*. Ist dem aber so: das *hic* Gesagte gilt im Fall einer *civilis obligatio* und ein anderes als dies im Fall einer *obligatio naturalis*, dann folgt daraus ohne weiteres die Frage, was denn gelten soll in dem Fall, dass eine Obligation beides ist: *quid ergo de civili et naturali*?

Wie diese – von Azo (in seiner gl *hic agebatur*) kurz und bündig und somit auf das Trefflichste gestellte – Frage zu beantworten ist, nur darüber kann *hic*, sc. in der l. 27,2 betreffenden Exegese, gestritten worden, überhaupt nur darüber kann man geteilter Meinung: allein hierin unter den Streitenden die Position der einen der Position der anderen entgegengesetzt gewesen sein. Man kann erwogen haben oder es ist selbst die Ansicht vertreten worden, dass in diesem Fall, wenn eine *naturalis* mit einer *civilis obligatio* zu *einer* Obligation verbunden ist, eben dieser Verbindung wegen die jedenfalls für die naturale Obligation geltende Regel, dass diese *per pactum ipso iure solvitur*, nicht gilt – weil nicht die zivile, deswegen kann auch die naturale nicht *ipso iure* durch ein *pactum* aufgehoben werden.[43] In dem 3. und letzten Teil seiner gl *hic agebatur* handelt Azo ersichtlich von dieser Ansicht, zieht zu ihrer Unterstützung eine Parallele zu der für die Aufgabe des Besitzes geltenden Regel, führt sodann *job*, also Johannes an, sodass es scheint, als gehe es hier um dessen Ansicht, und er verwirft schließlich diese sog. *ultima responsio* wegen der Entscheidung *infra de iur.* etc.

42 *agebatur* ist, man verzeihe die Trivialität, ein Imperfekt! Azo redet mithin so, als sei diese Auseinandersetzung erledigt, das Problem inzwischen gelöst.

43 Die für die zivile als der stärkeren geltende Regel müsse die für die schwächere naturale geltende außer Kraft setzen, s. dies bei Hugolinus in dessen Solutionsglosse (1) a. E. des 1. Teilstücks, wozu hier noch einiges zu sagen sein wird.

= D 12,2,42, *ubi obligatio erat civilis et naturalis.*[44] Was dieser *ultima responsio* in dieser gl *hic agebatur* vorangeht, ist, wie hier bereits gezeigt, die Ansicht, die besagt, es spiele keine Rolle, ob die Obligation nur eine naturale oder ob sie mit einer zivilen verbunden sei, es komme vielmehr an auf die Qualität der *pacta*, ob ein *pactum* in seiner Wirkung obligierend oder liberierend sei, und diese Ansicht ist es, die Johannes vertreten, der Azo – n. b. schon in seiner gl *hic agebatur*! – sich angeschlossen hat, für die er einen Anhalt findet in der Litera von l. 95,4 und die er verteidigt gegen das Bedenken, ob nicht, wenn man dieser Ansicht folgt, der *civilis obligatio* der *effectus* fehle. Diese Ansicht ist zu derjenigen, die in der gl *hic agebatur* in deren 3. und letzten Teilstück ausgeführt wird, nicht die Gegenposition. Von dieser Gegenposition und von dem, was genau sie besagt, ist in dieser gl *hic agebatur* gar nicht die Rede. Sie findet sich hingegen wohl, wie es scheint und jedenfalls Accursius angenommen hat, bei Azo in dessen Solutionsglosse. Sie ist dort – bezeichnet n. b. als die Meinung von *quidam*! – zu dem *contrarium* l. 27,2 ./. l. 95,4 die *prima responsio/solutio.*[45] Und so steht man dann im Vergleich dieser beiden Azo-Glossen vor der Absonderlichkeit, dass die – der Irnerius-Sigle *in fine* der *prima solutio* wegen – jedenfalls dem Anschein nach ältere Position wohl in der neueren Glosse vorhanden ist, aber in der älteren Glosse fehlt, und die Gegenposition, obwohl diese die jüngere sein müsste, in der älteren Glosse vorhanden ist, hingegen in der neueren fehlt.

Accursius in seiner Bearbeitung des azonischen Apparats konnte es hierbei nicht belassen; diese Absonderlichkeit seiner Vorlage galt es seines Erachtens zu beseitigen, und sie ist von ihm auf die simpelste, den geringsten Aufwand erfordernde Weise beseitigt worden dadurch, dass unter Streichung der älteren

44 Ob dies in dieser Stelle wirklich anzunehmen ist, kann hier dahinstehen. In der ganzen Erörterung der Frage: *quid ergo de civili et naturali*? ist sie die einzige Stelle, die dafür, dass eine zivile Obligation zugleich eine naturale ist, allegiert wird. Die Frage wird gestellt und umfänglich erörtert, ohne ihre praktische Relevanz darzutun: den Fall kann es geben, und das reicht, um ihn zu erörtern, mag auch der dafür erforderliche input in keinem Verhältnis zu dem output stehen. Wer sagt, die heutige Rechtswissenschaft sei durch die Glossatoren begründet worden, darf diese sozusagen unökonomische, an Spitzfindigkeiten ihr Gefallen findende Art der Glossatoren nicht außer Betracht lassen, und kann sich fragen, wo in der heutigen Wissenschaft vom Recht diese Art des Traktierens von Spitzfindigkeiten noch anzutreffen ist. Oder was, wenn nicht dies, soll überhaupt noch erhalten geblieben sein? Etwa das kompromisslose Streben, im Recht alle *contraria* aufzulösen?

45 S. diese Bezeichnung der Ansicht der *quidam* als *prima* (*solutio* oder *responsio*) in der *gl. ord.* am Anfang der 3. *solutio*, die ihrerseits das aus der gl *hic agebatur* entnommene Stück ist, sowie ebenda auch die Bezeichnung dieses Stücks als *econtra* zu der *prima solutio.* Beides ist n. b. erst von Accursius dem von ihm aus der gl *hic agebatur* entnommenen Text hinzugefügt.

Glosse im Ganzen deren Schlussstück in die neuere Glosse eingefügt, also die dort vorhandene Lücke mit diesem Stück geschlossen wurde und so diese anscheinend neuere Position – bezeichnet als die Ansicht von *alii* und als *econtra ad primam* (*solutionem/responsionem*) – nun wirklich von allen älteren Ansichten die *ultima responsio* ist: Sie steht – auf das Ganze gesehen – (n. b. in der *gl. ord.*) an 3. Stelle; es schließt sich an sie an die Ansicht, die mit *nos autem* etc. als die allein zutreffende bezeichnet ist, und es stehen ihr voran die beiden anderen älteren und ebenfalls zu verwerfenden Ansichten: die Ansicht von Rogerius an 2. Stelle sowie die Ansicht *secundum y* und diese doch gewiss ihres Alters wegen vorneweg. Alles ist hiermit, so scheint es, in der *gl. ord.* comme il faut – es ist in die Gestalt gebracht, die sich in einem ordentlichen Apparat gehört, und man kann meinen, es bedürfe schon eines absonderlichen Interesses, um nun noch zu fragen, wie es denn im azonischen Apparat: in der Vorlage, die Accursius in die dem Anschein nach gehörige Ordnung gebracht hat, zu der darin vorhandenen (hier soeben bezeichneten) Absonderlichkeit hat kommen – wie Azo so etwas hat passieren können.

II. Die Provenienz der *prima solutio* der *gl. ord.* zu *ipso iure* aus dem Hugolinus-Apparat

Die Position, die zu der im Schlussstück der gl *hic agebatur* bezeichneten Position *econtra*: die Gegenposition ist und die sich, wie hier soeben gesagt, in Azos Solutionsglosse – bezeichnet als die Ansicht von *quidam* – an deren Spitze befindet, ist bislang in ihrer sachlichen Aussage außer Betracht geblieben. Dass sie zu der *solutio* 3 die Gegenposition: die Ansicht, um mit Accursius zu reden, der *alii* zu derjenigen der *quidam econtra* ist, sagt Accursius; es ist dies dessen Einfügung in das von ihm aus der gl *hic agebatur* entlehnte Textstück.

1) *Das Rätselhafte der von den* quidam *vertretenen* solutio *des* contrarium *l. 27,2 ./. l. 95,4*

Damit zu der Aussage der *quidam* dasjenige, was im Schlussstück der gl *hic agebatur* von Azo gesagt war, wirklich *contra* ist, müsste diese Aussage, sc. die von den *quidam secundum yrnerium* vertretene Ansicht sein: ein *pactum* hebt *ipso iure* die *naturalis obligatio* auf und damit fällt – *ipso iure* – auch die mit dieser verbundene zivile Obligation weg. Dies, dass nämlich beide: die zivile *und* die naturale Obligation ihrer Verbundenheit wegen aufgehoben sein müssen, wenn von ihnen die eine *ipso iure* aufgehoben ist – dies und allein dies ist wirklich *contra* dazu, dass, wenn eine der beiden miteinander verbundenen Obligationen *ipso iure* nicht aufgehoben werden kann, dasselbe auch für die andere gelten muss. Dies Zweite nun ist die Meinung der von Accursius sog. (und in die

3. Position gesetzten) *alii*, und wäre jenes die Meinung der *quidam*, sc. die Ansicht *secundum yrnerium*, dann müsste dieser, es müssten jedenfalls diejenigen, die einem angeblich irnerianischen Ansatz gefolgt sind, bezogen auf die beiden *contrariae leges* 27,2 und 95,4 angenommen haben, dass es *hic*, sc. in l. 27,2 um den Fall geht, wenn die Obligation nur eine zivile ist, *ibi*, sc. in l. 95,4 um den Fall einer nur naturalen Obligation[46] und dass es um den Fall einer sowohl zivilen als auch naturalen Obligation weder *hic* noch *ibi* geht, jedenfalls nicht *hic* gehen kann, weil *hic*, sc. in unserer l. 27,2 doch die Entscheidung ist, dass eine *ipso iure*-Aufhebung *nicht* stattfindet.

So müsste es sein, wenn die von den *alii* einerseits und die von den *quidam* andererseits vertretenen Positionen wirklich einander entgegen gesetzt wären. Und so ist es, n. b. in dem Text, der bei Azo und in der *gl. ord.* die Ansicht der *quidam* wiedergibt, tatsächlich nicht. Es ist – schlimmer noch – die Ansicht dieser *quidam* so, wie sie dort wiedergegeben wird, schlechthin rätselhaft: Es soll, wie die *quidam* angeblich sagen, *ibi*, also in l. 95,4 die Obligation *civilis et naturalis* sein und also (*ideo*!) die *naturalis obligatio ipso iure* aufgehoben werden – womit doch gesagt ist: damit durch ein *pactum* die *naturalis obligatio,* wie *ibi* gesagt ist, *ipso iure* aufgehoben wird, muss die *naturalis obligatio* mit einer *civilis obligatio* verbunden sein! Die Obligation darf, damit das in l. 95,4 Gesagte gilt, nicht nur *naturalis* sein; in dem *ibi* entschiedenen Fall ist mithin zu der dort allein genannten *naturalis obligatio* eine *civilis obligatio* hinzuzudenken, damit die Entscheidung, dass die *naturalis obligatio ipso iure* durch ein *pactum* aufgehoben wird, begründet sein kann?! Und *hic*, sc. in l. 27,2 ist mithin die Entscheidung eine andere, es wird die *ipso iure*-Aufhebung hier verneint, weil es hier an einer mit der *naturalis obligatio* verbundenen *civilis obligatio* fehlt: *cum* (*hic*) *sola naturalis est*?[47] Das Rätsel dieser Unterscheidung der *hic* und *ibi* entschiedenen Fälle wird nicht aufgelöst,[48] es wird ihm die Krone aufgesetzt durch das Mittelstück des Textes dieser *prima solutio*: Es soll darin, wie durch dessen Anfang: *cum enim* deutlich ist, um eine Begründung dafür gehen, dass, wenn die *obligatio* beides: *civilis et naturalis erat*, durch ein *pactum* die *naturalis*

46 Es sei, in Hinsicht auch auf das, was hier noch folgen wird, nochmals gesagt, dass bei der Auflösung eines *contrarium* mit *ibi* die *contra*-Stelle bezeichnet wird, sc. diejenige Stelle, deren Aussage konträr ist zu derjenigen, bei der die Auflösung stattfindet, konträr also zu der Stelle *hic*.

47 So der Schluss dieser *prima solutio*, wo Accursius den azonischen Text: *est que* in *sit* verbessert hat – gewiss zu Recht, wenn das *cum*, woran sich nicht zweifeln lässt, ein kausales ist. Wunderlich ist, wie Azo ein so fehlerhaftes Latein hat schreiben können.

48 Dass es sich nicht auflöst dadurch, dass man da, wo *ibi* steht, *hic* liest *et vice versa*, bedarf keiner Ausführung.

obligatio ipso iure aufgehoben wird: die *naturalis obligatio* sei nämlich gleichsam die Genossin der *civilis obligatio* und aus dieser ihrer Verbundenheit kontrahiere sie die Korruption, wie auch eine Masse im Ganzen verderbe, wenn ihr eine geringe Dosis Gärstoff zugeführt werde. Ist mit dem die totale Korruption herbeiführenden *fermentum* die Eigenart der *naturalis obligatio*, dass sie durch bloßes *pactum* aufgehoben werden kann, gemeint, dann ist hier in diesem Mittelstück der *prima solutio* gesagt, die *naturalis obligatio*, indem sie durch ein bloßes *pactum* aufgehoben wird, führe herbei,[49] dass auch die zivile Obligation aufgehoben ist, und dann ist hier, sc. in eben diesem Mittelstück, in der Tat auch die Position vorhanden, die *contra* ist zur Ansicht derjenigen, von denen Accursius in der 3. *solutio* der *gl. ord.* als *alii* redet. Aber man kann diese Position, ganz abgesehen von ihrer Plausibilität, schon deswegen nicht als die Ansicht der *quidam* annehmen, weil dazu schlechterdings nicht passt, was diesem Mittelstück vorangeht und nachfolgt und was doch auch die Ansicht dieser *quidam* sein muss. Wer sind diese *quidam*, die in Hinsicht auf das *contrarium* l. 27,2 ./. l. 95,4 eine derart wunderliche Auflösung sich ausgedacht und dabei, wie n. b. Accursius sagt, an eine von Irnerius vertretene Ansicht sich angeschlossen haben – *secundum yrnerium* zu ihrer *solutio* gelangt sind? Und wer sind die *alii*, die – dem Text der *gl. ord.* nach zu urteilen – gegen die Ansicht dieser *quidam* opponiert und gemeint haben, es sei durch eine Umkehrung dieser Ansicht das Problem zu lösen möglich?

2) *Die* solutio *des* contrarium *l. 27,2 ./. 95,4 in der* antiqua glosa *und im Apparat des Hugolinus*

Es ist über das, was Azo die *quidam* sagen lässt, über diese in der accursischen Glosse zu *ipso iure* sog. *prima solutio* oder *responsio* nicht ins Reine zu kommen, ohne den Blick zu richten in die Hss der *antiqua glosa* sowie in den Apparat des Hugolinus und die Hss, die diesen überliefern.

a) In jenen: die *antiqua glosa* überliefernden Hss ist zu l. 27,2 nicht überall, aber doch sehr häufig als *contra* allegiert *infra de solut.* etc = l. 95,4 D 46,3[50] und dazu in einigen Hss als *solutio* notiert: *hic de civili, ibi de naturali* – dies von der

49 S. zu dieser – möglichen – Bedeutung von *contrahere* Georges shv.

50 So in Alençon 173; Madrid 675; München 3887; Paris 4450; Stockholm; Trier; Troyes 174; Vatikan 1405 (ohne den *contra*-Vermerk), 1408, 5212 (alte Hand!); in Gent von der Hand, die den Azo-Apparat schreibt, nachgetragen? In Torino F II 14 ist zu l. 27,2 der Apparat, wie dort auch an vielen anderen Stellen, von späterer Hand fast vollständig getilgt, s. dazu meinen ›Irnerius' Sigle‹ betr. Aufsatz in ZRG (RA) 134 (2017). Das Allegat und die Glosse, um die es hier geht, fehlen auch bei Besta, L'opera d'Irnerio Vol. II (1896), wofür der Grund allerdings das Fehlen der Sigle sein kann.

Hand, die auch die *contra*-Stelle schreibt und dies überall ohne Sigle.[51] Die Ansicht der azonischen *quidam* gibt es, so weit ich sehe, als *antiqua glosa* gar nicht. Es gibt diese Ansicht ebenfalls nicht im Hugolinus-Apparat in der in London vorhandenen Überlieferung dieses Apparats, wo zu dem *contrarium* l. 27,2 ./. l. 95,4 nur die eine hier (in der Wiedergabe dieses Apparats) mit (2) bezeichnete Glosse vorhanden und in dieser gesagt ist, *ibi* gehe es um den Fall einer nur naturalen Obligation, *hic* um eine naturale, die *admixta civili* sei, sodass also durch ein *pactum* nicht diese, wohl aber jene *ipso iure* aufgehoben werde.

Die drei anderen den Hugolinus-Apparat überliefernden Hss haben außer dieser Glosse (2) noch die hier als (1) bezeichnete Glosse,[52] aber von dieser (ich bezeichne sie im Folgenden mit ihrem Anfangswort als gl *refert*) nicht auch im Ganzen denselben Text: Der in Paris und Amiens vorhandene Schluss dieser gl *refert*: *sed firmior – tolli* fehlt in Seo; in dem diesem Schluss vorangehenden Satz haben nach *est per se* und vor *tollitur* Amiens und Paris: *.f. tn* (über dem *n* steht in Amiens ein waagerechter Strich = *tamen*?), hingegen Seo: *.f. si tc* (über *c* den waagerechten Strich = *tunc*?) und im 1. Teil dieser Glosse in dem Textstück: *refert – secundum y/yr*[53] ist die Aussage eine verschiedene in Paris und Amiens auf der einen und in Seo auf der anderen Seite, nämlich insofern als in den beiden Alternativen (die *naturalis obligatio* ist entweder *per se* oder sie ist *admixta civili*) in Seo die Entscheidung dieselbe ist, indem sie für beide Fälle lautet: *tollitur* (*ipso iure*),[54] hingegen Paris und ebenso auch Amiens vor dem 1. *tollitur* ein *non*, also die Verneinung der *ipso iure*-Aufhebung haben. Dieses 1. *tollitur* ist nun aber das Prädikat in der den Fall, wenn die *naturalis obligatio* ist *per se*, betreffenden Aussage, und wird für diesen Fall die *ipso iure*-Aufhebung verneint, und wird sie dann in der Alternative, sc. für den Fall, wenn die *naturalis obligatio admixta civili* ist, bejaht: fehlt m. a. W. das bei dem 1. *tollitur* vorhandene *non* bei dem 2. *tollitur*, dann ist hier – n. b. in Paris und Amiens! – mit etwas anderen Worten zwar, aber in der Sache exakt dasjenige vorhanden, was in der von Accursius sog. *prima solutio/responsio* der azonischen Solutionsglosse die *quidam* sagen, dass nämlich *ibi*, sc. in l. 95,4 die *obligatio erat civilis et naturalis* und also (*ideo*) die

51 So in Madrid 675; Stockholm; Vatikan 2512 (auch dies von alter Hand); wohl auch in Alençon 173, wo allerdings das Ende dieser Glosse, weil im Falz, auf dem Film nicht lesbar; in Gent und vielleicht auch in München 3887 von der Azo schreibenden Hand.

52 Diese fehlt, wie gesagt, in London, wo aber, wie bereits bemerkt, von einer anderen Hand als derjenigen, die hier Hugolinus schreibt, vorhanden ist die azonische Solutionsglosse *dicunt quidam*.

53 *yr* – Amiens, *y* – Seo; in Paris, weil vielleicht im Falz, nicht lesbar und vor Ort nachzuprüfen bei mehreren Gelegenheiten versäumt.

54 Interlinear und von eindeutig späterer Hand ist bei dem 2. *tollitur* ein *non* hinzugefügt.

naturalis obligatio ipso iure tollitur – hingegen *hic*, sc. in l. 27,2, wenn und weil die Obligation *sola naturalis* ist (*naturalis sit per se*, wie es in Paris und Amiens heißt) die *ipso iure*-Aufhebung durch ein *pactum* nicht stattfinden kann. Und wie in der azonischen *prima solutio*, so gibt es auch in dem Hugolinus-Text in Paris und Amiens für diese Unterscheidung der Fälle, um die es *hic* und *ibi* geht, eine (insoweit auch in Seo vorhandene) Begründung, und es ist in dieser – wie bei Azo so auch bei Hugolinus, sc. in Paris, in Amiens und insoweit auch in Seo – die Rede auch davon, dass ein *corrumpere*, eine Korruption stattfinde, die von der einen Obligation auf die andere übergreife. Diese Begründung steht, was für die Aussage in der Sache aber doch gewiss belanglos ist, bei Azo an anderer Stelle als bei Hugolinus.[55] Sie ist hier auch sozusagen nüchterner, weniger aufgebläht als bei Azo; es fehlt in ihr namentlich der Vergleich mit der Korruption einer Masse im Ganzen bei Zuführung eines Gärstoff in nur geringer Dosis. Aber das ist – im azonischen Text – auch nur eine der Klarheit der Aussage nicht einmal förderliche Zutat zu dem zuvor Gesagten, dass die *naturalis obligatio* aufgrund ihrer genossenschaftsähnlichen Verbundenheit mit einer *civilis obligatio corruptionem contrahit*.

Die hierzu im Text von Amiens, Paris und Seo entsprechende Aussage ist: *corrumpitur per eam*, und da diesen Worten hier, sc. bei Hugolinus vorangeht: *cum sit mixta civili*, kann mit diesem *eam* nur gemeint sein: die zivile Obligation, die mit der *naturalis mixta*, wie eine *socia*, um mit Azo zu reden, verbunden ist. Das aber kann, ja es muss, weil sich allein so ein nachvollziehbarer Sinn ergibt, heißen: Ist eine *naturalis obligatio per se* (ist sie, wie Azo sagt, *sola*), dann wird sie durch ein *pactum ipso iure*, eben *per se* korrumpiert. Ist sie nicht *per se*, vielmehr *mixta* (*connexa, adiuncta*) mit einer zivilen Obligation, dann wird sie allein durch eben diese korrumpiert: sie hat Bestand, wenn die zivile Bestand hat; sie leidet unter dem, worunter diese leidet; es trifft sie das, was diese trifft: Eine *civilis obligatio* aber wird durch ein *pactum* getroffen durch die daraus entstehende *exceptio*, sie wird durch das *pactum* nicht *ipso iure* aufgehoben, aber mittels der *exceptio* entkräftet, und eben so ergeht es auch der mit der *civilis* verbundenen *naturalis obligatio*: auch gegen diese begründet das *pactum* nur eine *exceptio*; auch sie wird nur entkräftet, nicht *ipso iure* aufgehoben, weil ein *pactum* diese Wirkung auf die zivile Obligation nicht hat und die *naturalis* nur von demjenigen getroffen wird, was jene trifft. Es wird dieses Verständnis des Textes, den Amiens, Paris und Seo haben, bestätigt, gleichsam unterstrichen durch das, was nun zwar nicht in Seo, wohl aber in Paris und Amiens am Schluss des 1. Teils dieser Glosse (1) gesagt ist: *sed firmior* etc.:[56] Ist die naturale mit einer zivilen

55 Bei Azo am Schluss, bei Hugolinus hingegen in dem hier sog. Mittelstück.

56 Ob des barbarischen Lateins dieses Zusatzes wegen an Hugolinus als Autor zu zweifeln ist, lasse ich dahingestellt. Es handelt sich im Verhältnis zu dem Text

Obligation verbunden, dann ist sie, sc. die naturale stärker, als wenn sie für sich allein ist; sie bietet dann kraft ihrer Verbundenheit mit der zivilen mehr Widerstand gegen eine Aufhebung durch ein *pactum*, als wenn sie für sich ist (*quam sit per se sola*); sie darf dann nur *minus tolli*: kann sozusagen nur weniger aufgehoben, eben nur elidiert, entkräftet werden.

b) Ist aber dies der Sinn dessen, was zur Begründung der Antwort auf die Frage gesagt wird, um welchen Fall es *ibi* (sc. in l. 95,4) und um welchen es *hic* (sc. in l. 27,2) geht, dann darf da, wo in dem dieser Begründung vorangehenden Text die Antwort gegeben wird, das *non* nicht bei dem 1., es muss bei dem 2. *tollitur* stehen. Dann wird derjenige, der den Text von Seo aus seiner Vorlage kopiert hat, nicht aus bloßer Unachtsamkeit das *non* bei dem 1. *tollitur* weggelassen und bei dem 2. nicht eingefügt haben. Dieser Kopist wird vielmehr so deswegen verfahren sein, weil er darüber im Zweifel war, wohin die Verneinung gehört, und weil er die Entscheidung dieses Zweifels zu treffen nicht gewagt hat. ›Lieber gar nichts als etwas Falsches‹ war das, woran er sich hier gehalten hat. So ist es in Seo zu dem unmöglichen Zustand gekommen, dass die Entscheidung, obwohl es darauf ankommen soll, ob die *naturalis obligatio per se* oder *adiuncta civili* ist, für beide Alternativen doch dieselbe ist – bei einem Zustand, den dann derjenige bereinigt hat, der das *non* zu dem 2. *tollitur* addiert (oder an den der Kopist die ihm zu schwierige Fragen weiter gegeben hat) und der damit die der folgenden Begründung gemäße, richtige Entscheidung getroffen hat.

Mit dem *non* erst bei dem 2. *tollitur* ist zudem in diesem Hugolinus-Text eine Aussage vorhanden, von der man – anders als dann, wenn es umgekehrt ist – sagen kann, sie sei zu dem *contarium* l. 27,2 ./. l. 95,4 eine *solutio secundum yrnerium*. In diesem *secundum*[57] ist hier nicht zu lesen, dass die vorangehende Aussage selbst von Irnerius sei; es ist damit nicht gesagt, es habe bereits dieser bei der Bezeichnung des Verhältnisses dieser beiden *leges* den Fall mitbedacht und mitentschieden, dass eine Obligation beides: *civilis et naturalis* zugleich ist. *Secundum y* heißt hier nur, es sei so, wie im Vorhergehenden gesagt, zu unterscheiden im Anschluss an Irnerius: auf der Grundlage dessen, was zum Verhältnis von l. 27,2 ./. l. 95,4 dieser angenommen habe; es sei also die *antiqua glosa* zu l. 27,2: *hic de civili, ibi de naturali* dessen grundlegende Unterscheidung und diese sei so fortzudenken, dass die *hic* getroffene Entscheidung, sc. keine *ipso iure*-Aufhebung der Obligation durch ein *pactum*, auch dann gelte, wenn die

von Seo um einen vielleicht ohne die gehörige Konzentration ausgeführten Zusatz.

57 Der Sinn eines solchen *secundum* kann, wie hier angemerkt sei, ein zweifacher sein: gemeint sein kann damit, dass die von einem anderen gemachte Aussage nicht wortgleich, sondern nur ihrem Sinn nach, also paraphrasiert wiedergegeben ist. Gemeint sein kann aber auch das hier oben im Text Folgende.

Obligation nicht nur eine zivile, sondern zugleich auch eine naturale ist, dass also in Verbindung mit einer durch ein *pactum* nicht *ipso iure* aufhebbaren *civilis obligatio* die *naturalis obligatio* die ihr an sich eigene Qualität, durch ein *pactum ipso iure* aufgehoben werden zu können, einbüße. Dies ist auf der Grundlage jener *antiqua glosa* eine selbst zwingende Folgerung, es sei denn es gibt für die Annahme einen Grund, also in den *leges* eine Entscheidung, dass, auch wenn die Obligation eine zivile und eine naturale ist, die naturale durch ein *pactum ipso iure* aufgehoben wird. In seiner gl *hic agebatur* hat Azo die auch von ihm angestellte Überlegung, ob nicht zu sagen sei, dass das, was für die *civilis obligatio* gelte, auch für die *naturalis obligatio* anzunehmen sei, wenn diese mit einer zivilen verbunden (*connexa*) sei, verworfen[58] – unter Hinweis auf l. 42 D 12,2, *ubi obligatio erat civilis et naturalis*, und er hat dazu bemerkt, es habe diese Stelle gefunden Johannes,[59] es habe m. a. W. dieser, nachdem er in seinem Studium der *leges* auf diese Stelle gestoßen war, erkannt, dass das *contrarium* so, wie *secundum yrnerium* anzunehmen nahe liegt, sich nicht auflösen lässt. In Hugolinus' gl (1) – *refert* folgt, nachdem darin die Auflösung *secundum y* referiert ist, ebenfalls ein *job contra*: der Hinweis darauf, dass dieser die voranstehende *solutio secundum y* verworfen habe, und es folgt dann auch bei ihm l. 42 D 12,2 als Beleg dafür, dass dieser *solutio* nicht zu folgen sei. Aber das, was (n. b. bei Hugolinus) diesem Allegat vorangeht und an jenes *sed job contra* sich anschließt: *nam – ipso iure* klingt so, als habe Johannes dagegen opponiert, dass eine *naturalis obligatio*, wenn sie *per se* ist, nicht *ipso iure* durch ein *pactum* aufgehoben werde – als habe er opponiert gegen eine Ansicht, die in dem vorangehenden Text vorhanden ist, wenn dort das *non* nicht bei dem 2., sondern bei dem 1. *tollitur* und also da steht, wo es in Paris und Amiens sich befindet.

Ein Kopist, der in seiner Vorlage zu *sed job contra* diese Begründung hat: *nam et tantum naturalis sit per se … tollitur* und der über die diesem *tollitur* vorangehenden (hier oben bereits mitgeteilten) Abbreviaturen, weil er sie nicht sinnvoll aufzulösen weiß, hinweg geht – ein sich derart von seiner Vorlage lösender Kopist muss – in dem Text dieser Vorlage mitdenkend – im Zweifel

58 Nachdem er mit der Analogie zum Verlust des Besitzes diese Annahme plausibel zu machen versucht hat.

59 *invenitur*, wie wohl durchweg in den Hss, ergibt – des Präsens wegen – keinen Sinn und passt – des Passivs wegen – nicht zu der davor stehenden Sigle des Johannes, sc. *jo*. Dass aber diese Sigle zu dem gehört, was vorangeht, ist auszuschließen. Die *solutio* des Johannes ist die Unterscheidung der *pacta* in liberierende und obligierende, und Johannes kann daher nicht derjenige gewesen sein, der das *contrarium* l. 27,2 ./. l. 95,4 in der Weise aufzulösen versucht hat, dass das, was für die zivile Obligation gilt, auf die naturale übertragen wird. Die Überlieferung der gl *hic agebatur* erweist sich auch hier wieder als eine gestörte.

darüber sein, zu welchem der beiden vorangehenden *tollitur* die Verneinung gehört, und es wird ihn diese Begründung veranlassen, das *non* zu dem 1. *tollitur* zu setzen, wenn es dort in seiner Vorlage noch nicht vorhanden war. Dass es dort nicht hingehört, lässt sich angesichts der auf das 2. *tollitur* folgenden Begründung: *quia cum sit mixta corrumpitur per eam* doch schwerlich bezweifeln – und es ist also zu bezweifeln, dass es sich bei der auf *job contra* folgenden Begründung so, wie diese in Paris, Amiens und auch in Seo überliefert ist, um den von Hugolinus geschriebenen Text handelt. Es ist anzunehmen, dass Hugolinus' Begründung für das *job contra* in etwa gelautet hat: *nam non tantum cum naturalis est per se, et si civili mixta est, tamen tollitur ut infra* etc. So oder doch so ähnlich muss das gewesen sein, was er gesagt hat. Es muss das angenommen werden sowohl wegen des Allegats von l. 42 D 12,2 als auch angesichts dessen, was Hugolinus in dieser selben Glosse in deren 3. Stück von der Lehre des Johannes sagt: war dieser, wie Hugolinus referiert, der Meinung, für das *contrarium* l. 27,2 ./. l. 95,4 eine andere und bessere Auflösung gefunden zu haben – die *solutio* nämlich mittels der Unterscheidung, ob das aufzuhebende *pactum* ein liberierendes oder ein obligierendes ist, dann muss es ihm, sc. Johannes darum gegangen sein zu demonstrieren, dass die Auflösung des *contrarium* mittels der Unterscheidung, ob die aufzuhebende Obligation nur *naturalis* ist oder *naturalis et civilis*, inakzeptabel ist. Es kann Johannes nur darum gegangen sein zu demonstrieren, dass es *nicht* darauf ankommt (*non refert*), ob der Fall so oder so ist, dass in jedem Fall die *naturalis obligatio*, ob sie *per se* oder *admixta civili* ist, durch ein *pactum ipso iure* aufgehoben wird. Um dies zu demonstrieren, musste er, da die *ipso iure*-Aufhebung der *naturalis obligatio* durch ein *pactum* in einer der beiden *contrariae leges*, nämlich in l. 95,4 *expressis verbis* ausgesprochen und dort auch von einer – mit der *naturalis obligatio* – verbundenen zivilen Obligation nichts zu sehen ist, zur Fundierung seiner Opposition gegen die *solutio secundum yrnerium* einen Beleg dafür anbringen, dass dies, sc. die *ipso iure*-Aufhebung auch dann gilt, wenn die *naturalis obligatio civili admixta est* – und dafür kann sein und war sein Beleg l. 42, D 12,2, *ubi obligatio* – wie in seiner gl *hic agebatur* Azo sagt – *erat civilis et naturalis*.[60] Das Stück *sed job – ipso iure* in der Hugolinus-Glosse *refert*

60 Ich lasse weiterhin (wie bereits hier o. N. 44) dahingestellt, ob diese Stelle wirklich so zu verstehen ist. In der 1. Alternative ihres *principium* (dem von Hugolinus sog. *primum responsum*) geht es darum, dass der aus einem Darlehen verklagte *pupillus* in dem durch Eidesleistung beendeten Prozess bestritten hatte, die Darlehensvaluta empfangen zu haben, und nicht geltend gemacht hatte das Fehlen der Zustimmung seines *tutor*, die, wenn sie vorlag, ihn *civiliter* verpflichtet hätte. Es kann hier dahinstehen, ob unter diesen Umständen mit Azo und Johannes ein Fall anzunehmen ist, *ubi obligatio erat civilis et naturalis*. Es genügt festzustellen, dass Azo dies angenommen hat, Johannes dies hat an-

klingt so, als solle bewiesen werden, dass die *naturalis obligatio*, wenn sie *per se* ist, *ipso iure* durch ein *pactum tollitur* – es hat, sage ich, diesen Klang doch auch nur für denjenigen, der darüber hinweg sieht, was in diesem Text anstößig ist: Es irritiert darin zum einen bereits die Position von *tantum* vor *naturalis* – was soll heißen: wenn nur die *naturalis est per se*? Wenn nur x blau ist, was oder wer ist nicht blau? Es klingt mit dem *tantum* vor *naturalis* ein Gedanke an, der nicht ausgeführt ist, dessen Ausführung fehlt. Und es kommen in formaler Hinsicht hinzu die nicht sinnvoll aufzulösenden, aber doch nun einmal in allen unseren Hss vorhandenen Abbreviationen nach *per se*: in Paris und Amiens: ./. (= *scilicet*?) *tn* (= *tamen*?), in Seo ./. (*scilicet*?) *si* (!) *tc* (*tunc*?). Es handelt sich um einen in der Überlieferung offenbar verstümmelten Text. Weicht man keinem Zweifel der Überlieferung aus, dann klingt dieser Text so, als sei er nicht von einer Vorlage abgeschrieben, sondern auf eine Weise, die den Schreiber überfordert hat, diesem diktiert worden.[61]

In der Überlieferung des Hugolinus-Apparats in London fehlt, wie hier bereits bemerkt, diese ganze gl *refert*. Fehlt sie dort also nicht deswegen, weil die Vorlage für die Abschrift ein Text gewesen ist, der sich hier, wie das auch sonst der Fall ist, auf dem Stand des in Seo überlieferten Textes befand? Der Kopist oder doch derjenige, der die Vorlage vor der Abschrift durchgesehen, der sie einer gewissen Revision unterzogen hat, konnte nicht im Zweifel darüber sein, dass, wenn es darauf ankommen soll, ob die *obligatio per se* oder ob sie *admixta civili* ist, zu einem der beiden *tollitur* ein *non* gehört. Die zu dem *sed job contra* gegebene Begründung aber musste ihn in den Zweifel darüber versetzen, ob das *non*, das aufgrund der dem 2. *tollitur* folgenden Begründung zu diesem 2. *tollitur* gehört, nicht stattdessen doch dem 1. *tollitur* hinzuzufügen ist. Dieser Zweifel erledigte sich, wenn diese gl *refert* von der Abschrift ausgenommen wurde, und so zu verfahren, bot sich zudem auch deswegen an, weil der Apparat zu diesem *contrarium* doch noch eine weitere Glosse hat[62] und in dieser als *prima solutio* eben dasjenige, was auch die gl *refert* sagt, sofern in dieser das *non* bei dem 2. *tollitur* steht. Ist in einem Text zweimal dasselbe gesagt: das eine Mal auf eine unzweifelhafte und das andere Mal auf eine zweifelhafte Weise, dann ist an und für sich klar, wie bei der Redaktion eines solchen Textes zu verfahren ist: es wird der Text, dessen Aussage zweifelhaft ist, zu streichen sein. Dass es zu dem Fehlen der gl *refert* in London auf diese Weise gekommen ist, sc. durch einen redaktionellen Eingriff in die – der Überlieferung in Seo gleiche – Vorlage, ist hier nur

nehmen müssen und Hugolinus in seiner Wiedergabe der Ansicht des Johannes daher nichts anderes hat sagen können.

61 Oder als habe jemand einen Vortrag mitgeschrieben, dem er nicht ganz zu folgen vermocht hat.

62 Die hier mit (2) bezeichnete Glosse, die in London auch vorhanden ist.

deswegen nicht mit Sicherheit anzunehmen, es ist dies nur zu vermuten, weil der Eingriff in die Vorlage, wenn er ein redaktioneller gewesen ist, sozusagen mit der Brechstange, ohne Rücksicht auf Verluste ausgeführt worden ist. Denn zum Apparat des Hugolinus gehören diese beiden Solutionsglossen nicht nur, weil sie in der Überlieferung (außer in London) im Apparat vorhanden, sondern auch deswegen, weil die eine ohne die andere: die hier mit (2) bezeichnete Glosse ohne die gl *refert* gar nicht zu verstehen ist. Denn an die *prima solutio* der gl (2) schließt sich an: *vel ut dicit jo.*, und es ist hier in dieser gl (2) nicht einmal andeutungsweise gesagt, was denn zur Auflösung dieses *contrarium* Johannes gesagt hat. Es musste dies auch nicht gesagt werden in einem Apparat, in dem beide Glossen vorhanden sind. Es ist dies bei Vorhandensein beider Glossen gesagt in der gl *refert* in deren letztem Abschnitt: *jo autem distinguit* etc., und dass diese Ausführung der *solutio* des Johannes in der Glosse (2) vorausgesetzt wird, ist das sicherste Indiz dafür, dass diese Glosse (2) die jüngere ist. Aber sie ist die jüngere, die, wenn die ältere fehlt, unvollständig ist.

Zu der Überlieferung des Hugolinus-Apparats in London kommt dort, wie hier ebenfalls bereits bemerkt, hinzu aus dem azonischen Apparat dessen Solutionsglosse *quidam dicunt*. Diese ist geschrieben von einer anderen Hand als derjenigen, die hier, sc. an dieser Stelle die Hugolinus-Glossen schreibt;[63] der Kopist ist somit, was Hugolinus und was Azo angeht, anscheinend nicht derselbe Mann, was nicht ausschließt, dass es doch derselbe Mann gewesen ist, der gegen die Aufnahme der Hugolinus-Glosse *refert* und für die Aufnahme der azonischen Solutionsglosse *dicunt quidam* entschieden und in dieser einen Ersatz für den Verlust gesehen hat, den der Hugolinus-Apparat dadurch erlitten hat, dass in ihn die gl *refert* nicht hinein genommen wurde.[64] Zweifellos ist die Hinzufügung der azonischen Solutionsglosse zum Hugolinus-Apparat in Lon-

63 Ob diese andere Hand in London überhaupt keine Hugolinus-Glossen schreibt, kann ich angesichts dessen, dass die Hugolinus-Glossen dort von mindestens zwei Händen geschrieben zu sein scheinen, nicht sagen.

64 Für die azonische Glosse kann dieser eine Mann einen anderen Kopisten als für Hugolinus benutzt haben, was zumal dann nicht wunderlich ist, wenn die Lücke, die im Hugolinus-Apparat entstand, falls in diesem die gl *refert* wegblieb, nicht sogleich bemerkt worden ist. Die Hand, die hier die Azo-Glosse schreibt, ist im Übrigen in London auch sonst anzutreffen. Wenn sich feststellen ließe, dass sie auch zum Apparat des Hugolinus gehörende Glossen schreibt – müsste dann nicht angenommen werden, dass die Abschrift auch dieses Apparats peu à peu über einen längeren Zeitraum hin stattgefunden hat und der die Abschrift leitende Kopf entweder überall derselbe ist oder der spätere die Arbeit des früheren fortgesetzt hat? Ich bin noch weit davon entfernt, dazu auch nur eine Vermutung anstellen zu können. Der Film, den ich von dieser Hs habe, ist, wie hier abermals zu sagen ist, von so schlechter Qualität, dass häufig ohne das Original: ohne eine Reise in das teure London nicht auszukommen ist.

don kein Akt der Willkür gewesen. Sie wird stattgefunden haben in Hinsicht darauf, dass im Hugolinus-Apparat etwas fehlt und das Fehlende durch das in der azonischen Glosse Vorhandene ausgeglichen wird. Ungewiss und nicht einmal zu vermuten ist allein, von welcher Art der Zusammenhang zwischen dem Fehlen der gl *refert* im Hugolinus-Apparat und dem Vorhandensein der azonischen Solutionsglosse ist – ob beides zu derselben Redaktion gehört, der – mit dem in London vorhandenen Resultat – der Hugolinusapparat dort unterzogen worden ist.

3) *Azos Darstellung der prima solutio als Replik auf eine im Hugolinus-Apparat vorhandene Ansicht*

Ist es so, wie hier im Vorangehenden zu zeigen unternommen worden ist: hat also 1) von demjenigen, was Hugolinus zur Auflösung des *contrarium* l. 27,2 ./. l. 95,4 in seiner gl *refert* gesagt hat, der Text dieser Glosse in Paris und Amiens – mit dem *non* bei dem 1. *tollitur* – die verkehrte Überlieferung und gibt es 2) diese wunderliche Ansicht, dass durch ein *pactum* eine *naturalis obligatio ipso iure* nicht aufgehoben wird, falls sie *per se* (oder *sola*), wohl aber falls sie *admixta civili* ist, nirgends außer in dieser – verkehrten – Überlieferung, dann sind in der azonischen Solutionsglosse (sowie in der diese fortschreibenden *gl. ord.* zu *ipso iure*) in deren *prima solutio* die *quidam*, die zur Lösung dieses *contrarium* exakt in dieser Weise unterscheiden, eine Bezeichnung des Hugolinus. Die – anders und wohl besser gesagt – in Hugolinus' Apparat in Amiens und Paris verkehrt überlieferte Ansicht ist von Azo einer unbestimmten Anzahl nicht mit ihrem Namen bezeichneter Personen zugeschrieben worden. Nicht von ihm, sondern erst von Accursius ist von dieser Ansicht gesagt, sie sei vertreten worden im Anschluss an Irnerius, sodass die *gl. ord.*, nicht aber auch schon der azonische Apparat den Eindruck erweckt, es habe diese wunderliche Ansicht ihren Ursprung in der *antiqua glosa*; sie sei zur Lösung dieses *contrarium* eine beachtliche, erwähnenswerte, weil sie auf keinen Geringeren als Irnerius zurückgehe. Für Azo ist sie, indem er von ihr als der Ansicht von *quidam* spricht, eine neuere Ansicht. Es ist dies in seinem Apparat ersichtlich daraus, dass in der anderen Glosse, die sein Apparat zu diesem *contrarium* hat, sc. in seiner gl *hic agebatur* von dieser Ansicht nichts vorhanden ist, was doch, wenn es sich wirklich um eine auf Irnerius zurückgehende Ansicht handeln würde, höchst absonderlich wäre. Diese gl *hic agebatur* ist, wie hier bereits gezeigt, Azos erster Versuch, sich des *contrarium* l. 27,2 ./. l. 95,4 zu bemächtigen, und es ist in dieser seiner älteren Glosse von der Ansicht der *quidam* deswegen noch nichts vorhanden, weil zu der Zeit, als Azo diesen Versuch unternahm, es diese Ansicht noch gar nicht gegeben hat. Es gab zu dieser Zeit nur die Ansicht, dass eine naturale Obligation, wenn sie mit einer zivilen verbunden ist, deren Schicksal teile, dass also für jene gelte, was für diese gilt, sowie des Johannes auf l. 42 D 12,2 gestützte (und von Azo übernommene) Opposition gegen diese Auflösung des *contrarium*. Es gab mithin zur Zeit der azonischen gl *hic agebatur* nur die Ansicht, von der Accursius als der Ansicht von *alii* redet und die in seiner Version des Apparats, sc. in der *gl. ord.*, indem sie dort in der Zusammenstellung der zu missbilligenden Ansichten die *ultima solutio* ist und der wahren *solutio*, sc. derjenigen des Johannes voransteht, als eine neuere erscheint. Tatsächlich ist sie die ältere; nur und gerade von ihr ist zu sagen, sie sei eine Ansicht *secundum yrnerium*, wie das dann auch bei Hugolinus geschieht, sofern man in dessen gl *refert* das *non* bei dem 2. *tollitur*, also da hat, wohin es gehört.[65]

Die Ansicht der sog. *quidam* gehört mithin, wenn es sie, als Azo seine gl *hic agebatur* geschrieben hat, noch nicht gegeben hat, der allerneuesten Zeit: Azos Gegenwart an. Erst jüngst – so ist Azos Redeweise: *quidam dicunt* etc. zu lesen – hat zu der Sache, zu der mein Standpunkt in meiner gl *hic agebatur* vorhanden ist, auch ein anderer sich geäußert und diesem ist – man höre und staune! – doch tatsächlich eingefallen, es könne eine Auflösung dieses *contrarium* sein, dass es in l. 27,2 um den Fall einer nur naturalen Obligation, in l. 95,4 hingegen darum gehe, dass die Obligation außer einer naturalen auch eine zivile ist. Azo sagt nicht, um wen es sich bei diesem anderen handelt: er meint, dieser andere sei Hugolinus und nennt diesen nicht bei seinem Namen. Er tut das, soweit ich sehe, auch sonst nie, und von dieser Manier, in einem gelehrten Streit den Gegner herabzusetzen, indem man von ihm so redet, als sei er nur irgendeiner, hier eine Ausnahme zu machen, konnte Azo umso weniger einfallen, als Hugolinus ja nicht gesagt hat, es sei diese Unterscheidung *seine* Lösung dieses *contrarium*. Auch in der verkehrten Überlieferung der gl *refert* ist nicht dies gesagt. Es ist dort allerdings auch nicht gesagt, dass dieser Lösung nicht zu folgen sei, dass sie gar nicht ernsthaft in Betracht komme, schlechthin abwegig sei. Und eben deswegen, weil dies in der gl *refert* fehlt, weil Hugolinus, wie es scheint, diese wunderliche *solutio* allen Ernstes für eine mögliche hält und so als ein Mann erscheint, der so zögerlich ist, dass er auch noch das Abwegige in Erwägung zieht – allein deswegen ist Azo diese *solutio* überhaupt erwähnenswert; er erwähnt sie, um sie mit der gehörigen Entschiedenheit zurückzuweisen, um Hugolinus, grob gesagt, eine Abfuhr zu erteilen. Azos *prima solutio* ist m. a. W. pure Polemik,[66] und es kennzeichnet seine Art des Polemisierens, dass er auf das Argument, es finde eine von der

65 Dass Accursius über Azo hinausgehend dieses *sec. y* der Ansicht der *quidam* hinzufügt, indiziert daher auch, dass hierfür seine Quelle Hugolinus ist, er sich mithin hier auf diesen verlässt.

66 Ob damit im Zusammenhang steht das Fehlen der gl *dicunt quidam* in einigen wenigen (den azonischen Apparat überliefernden) Hss, namentlich in Stockholm, wage ich nicht zu entscheiden.

einen Obligation auf die andere übergreifende Korruption statt, sich scheinbar einlässt, dieses Argument mit dem doch schiefen Hinweis auf die alles zerstörende Kraft einer geringen Dosis Gärstoff mehr lächerlich als plausibel macht, und sodann diese *solutio* mit dem lapidaren Hinweis auf l. 42 D 12,2 beiseite schiebt: ein derartiger Einfall und eine derartige Argumentation *displicet legi et nobis* – sie missfällt mir, wie sie auch Johannes, dem wir den Hinweis auf jene l. 42 zu verdanken haben, missfallen hätte.

III. Hugolinus in Azos Apparat zum *Digestum vetus*

Die Voraussetzung dafür, dass dies gleichsam zwischen den Zeilen der azonischen Solutionsglosse zu lesen, dass mithin deren *prima solutio* zu deuten ist als Replik auf das, was Hugolinus, wie Azo meint, gesagt hat, liegt auf der Hand. Es kommt dies nicht in Frage, wenn es einen Grund für die Annahme gäbe, dass Azo die gl *refert* und diese zudem in der verkehrten Überlieferung dessen, was Hugolinus wirklich gesagt hat, gar nicht gekannt haben kann. Man vergegenwärtige sich indessen auch hier wieder das Verhältnis, in dem diese beiden Johannes-Schüler zueinander gestanden haben: dass beide zu derselben Zeit und in der derselben Stadt gelebt und im selben Fach gearbeitet haben. Beide hielten gewiss über Jahrzehnte hin wohl nicht parallel, aber doch im vielleicht jährlichen Wechsel Lecturae über das Digestum vetus und der eine wie der andere arbeiteten zugleich an Apparaten zu diesem *liber ordinarius*. Azo als der vermutlich um einiges ältere wird mit dieser Arbeit früher begonnen haben als Hugolinus mit der seinen und beide werden diese Arbeit nicht in kurzer Frist abgeschlossen und als eine abgeschlossene publiziert haben. Jeder wird *docendo* und von Mal zu Mal, wenn l. 27,2 an die Reihe kam, gelernt haben, wo der Apparat noch einer Ergänzung und Verbesserung bedurfte. Die Glossen, die der eine an seinem Schreibpult seinem Exemplar des Digestum vetus hinzufügte, konnte der andere nicht kennen. In die noch in der Ausführung begriffene literarische Arbeit gewähren einander Einsicht allenfalls Freunde, und das jedenfalls sind diese beiden offenbar nicht gewesen. Aber was der eine und was der andere zur Erläuterung der Litera im Hörsaal vortrug und was von dem, was in den Glossen gesagt und zu sagen war, doch allenfalls in der Form und im Umfang, nicht aber substantiell verschieden sein konnte, gelangte auf diesem Wege in die Öffentlichkeit: der nächste Ort der Publikation, so prekär diese dann auch ist, war der Hörsaal. Es wurde das dort Gesagte von den Hörern mitgeschrieben; es ist das eine oder andere wohl auch diktiert worden, und nicht jeder, der das Gehörte oder Diktierte niederschrieb, wird das, was er so schwarz auf weiß besaß, nach Haus getragen und dort für sich behalten haben. Es werden die Mitschriften einzelner Glossen, des ganzen Apparats zu einzelnen, zumal den als besonders schwierig geltenden *leges* von denjenigen, die sie mit einer gewissen Perfektion angefertigt hatten, anderen zur Abschrift überlassen worden sein. »The text falls (wie trefflich gesagt worden ist) among the scribes«; er erhielt von diesen einen Teil seiner Gestalt, und die ersten ›scribes‹ waren Hörer, Studenten, die schrieben, was sie hörten und ihr Verstand aufzunehmen imstande war. Schlechthin alles, was zur Erläuterung der Litera Johannes gesagt hat, soll – Odofredus zufolge – auf diesem Wege allgemein bekannt, publik geworden sein.[67] Von Azos Lectura super Codice hat es gegeben und ist überliefert die Nachschrift Alexanders de S. Aegidio. Von Azos und Hugolinus' Lectura super Digesto veteri ist dergleichen nicht überliefert, aber es ist deswegen doch nicht einmal die Vermutung begründet, dass in deren Lecturae nicht mitgeschrieben und die Mitschriften nicht abgeschrieben und die Abschriften nicht verbreitet worden sind. Es ist zu vermuten allenfalls, dass die von diesen Lecturae verfertigten Mit- oder Nachschriften nicht von der Perfektion gewesen sind, die Alexanders Nachschrift der azonischen Codex-Vorlesung auszeichnet, so dass zwar diese, nicht aber jene die sozusagen ordentliche Publikation des Apparats durch eine professionelle Vervielfältigung des Textes haben überleben können. Solange diese ›ordentliche‹ Form der Publikation nicht stattgefunden hatte[68] und – angesichts des außerordentlichen Preises, den eine ›ordentliche‹ Abschrift kostete – auch noch darüber hinaus, war das Mitschreiben des mündlichen Vortrags eine Notwendigkeit und wird das Abschreiben der Mitschriften gang und gäbe gewesen sein.

Es ist in diesem Zusammenhang in Azos Solutionsglosse, sc. der gl *quidam dicunt* der Blick nochmals zu richten auf jene hier (o. bei N. 26–28) bereits in Betracht gezogene Stelle, an der Azo dasjenige, was er in seiner gl *hic agebatur* im Anschluss an Johannes zur Solution des *contrarium* l. 27,2 ./. l. 95,4 ange-

67 S. Odofredus an den von mir FS Kleinheyer S. 290 N. 66 angeführten Stellen. Odofredianische Überspitzung wird sein, dass alles von nur einem Mann, sc. Nicolaus Furiosus mitgeschrieben worden ist. Auch andere, namentlich Azo und Hugolinus werden das getan und ihre eigenen Notizen dann in der Ausarbeitung ihrer Apparate benutzt haben. Dass das hier im Text Gesagte für Odofredus' eigene Lecturae gilt, versteht sich.

68 Es ist mir mehr denn je zweifelhaft, ob dies noch zu Lebzeiten Azos (s. dazu bereits MG S. 247 ff.) wie auch des Hugolinus stattgefunden hat. Wären alle Differenzen in den Hss, die den azonischen Apparat überliefern, den Kopisten zuzurechnen: teils aus der »Nachlässigkeit der Abschreiber«, teils aus »späterer Verstümmelung«, wie Savigny, Gesch. V 13 gemeint hat, zu erklären, dann wäre allerdings an die Publikation eines von Azo abgeschlossenen Textes durch diesen selbst zu denken. Je häufiger sich jedoch der Apparat als tatsächlich unfertig erweist und die Differenzen in den Hss von den mehr oder weniger unzulänglichen Versuchen zeugen, das Vorhandene zu verbessern oder zu ergänzen, umso sicherer ist zu sagen: dass wir entweder den von Azo publizierten Text gar nicht kennen oder dass es diesen Text eben gar nicht gegeben hat.

nommen hatte, zu verteidigen unternimmt. Zur Befestigung der johannitischen *solutio* mittels der Unterscheidung, ob ein *pactum* ein liberierendes oder ein obligierendes ist, wird von Azo dort der Einwand zurückgewiesen, auch ein *pactum de non petendo* sei ein obligierendes und also sei das von ihm in der gl *hic agebatur* Gesagte: *cum vero competit* (sc. *ex pacto de non petendo*) *exceptio, nichil est quod ei* (sc. *debitori*) *debeatur*, zu sagen nicht möglich. Der Einwand ist gegen ihn, Azo, offenbar wirklich erhoben worden: er spricht von denjenigen, die ihn erhoben haben, als seinen *adversarii*, und diese haben also seine gl *hic agebatur* gekannt – eine Glosse, die Azos, wie hier gezeigt, erster Versuch war, sich der Problematik dieses *contrarium* zu bemächtigen, die somit aus einer Zeit stammt, in der eine andere Publikation als die hier beschriebene: eine andere als die Publikation mittels des öffentlichen Vortrags doch gewiss nicht in Frage kommt, was dann auch die hier konstatierte Unzulänglichkeit dieser Glosse (ihre hier sog. ›Kläglichkeit‹) erklärt. Auch hier, sc. in seiner späteren Solutionsglosse sagt Azo nicht, um wen es sich bei den *adversarii* handelt, wer in dieser Sache gegen ihn opponiert hat. Der Ton, in dem der Einwand erhoben worden ist, kann nicht ein freundlicher, er muss insultierend gewesen sein, und Azo war, wie seine Reaktion zeigt, in der Tat insultiert – und wer außer Hugolinus soll ihn derart zu treffen imstande gewesen sein? Jeden anderen als diesen seinen Mitschüler und prominentesten Konkurrenten hätte ein Mann von Azos selbstbewusster Statur doch wohl mit der Verachtung des Stillschweigens gestraft. Dass es sich also um einen von Hugolinus erhobenen Einwand handelt und mithin Azo darüber informiert war, was über seine Verteidigung der Johannes-*solutio* Hugolinus in seiner Lectura gesagt hat, daran ist auch nicht etwa deswegen zu zweifeln, weil es sich um die Verteidigung einer Ansicht eben dessen geht, der auch des Hugolinus Lehrer gewesen ist, dem beide in gleicher Weise verbunden gewesen sind. Denn Hugolinus sagt zwar in der Glosse, die seinerseits der erste Versuch ist, sich dieser Problematik zu bemächtigen, sc. in seiner gl *refert*, dass, wenn man wie Johannes darauf abstellt, ob ein *pactum* liberierend oder obligierend ist, das *contrarium* l. 27,2 ./. l. 95,4 erledigt sei: *non est contrarium sed concordantia* – wenn man so wie Johannes unterscheidet, kann man das sagen. Aber ob man zur Auflösung dieses *contrarium* so unterscheiden kann, ist damit nicht gesagt, und in seiner 2. Glosse zu dieser Problematik begnügt sich dann Hugolinus auch mit dem bloßen Hinweis auf die Ansicht des Johannes und führt nun aus, wie er sich die Konkordanz denkt – indem man nämlich sieht, *quod operatur primum pactum quod secundum*. Die Unterscheidung des Johannes war Hugolinus gewiss eine beachtliche, aber doch, anders als für Azo, hier nicht auch schon der Weisheit letzter Schluss.

Es bleibt in Hinsicht darauf, dass das, was Azo in seiner Solutionsglosse sagt, zu lesen ist als seine Replik auf Hugolinus: auf dasjenige, was dieser gegen das von Azo in der gl *hic agebatur* Angenommene eingewandt hatte, hier noch eines zu bemerken. Was Azo in jener Solutionsglosse in deren *prima solutio* die *quidam* sagen lässt, ist zweifellos das, was in Hugolinus' gl *refert* in deren erster *solutio* gesagt ist, wenn dort das *non* bei dem 1. und nicht bei dem 2. *tollitur* steht. Ein Text mit dieser – sicher verkehrten – Position des *non* hat, wie angesichts der Hss in Paris und Amiens außer jedem Zweifel steht, tatsächlich existiert, und es ist auch, wie aufgrund des hier soeben zur Publikation von Glossen Dargelegten deutlich sein wird, nicht daran zu zweifeln, dass Azo, als er seine Solutionsglosse *dicunt quidam* schrieb, von Hugolinus' gl *refert* ein Text vorgelegen haben kann, der so gelautet hat, wie er in Amiens und Paris vorhanden ist – ein Text, der das, was Hugolinus gesagt hat, verkehrt wiedergab. Aber kann annehmbar, plausibel auch sein, dass Azo dies: die Verkehrtheit der Überlieferung nicht erkannt hat? Kann er von seinem Konkurrenten so gering gedacht haben, dass er diesem die ernsthafte Erwägung einer *solutio* zugetraut hat, die offensichtlich abwegig ist? Die Frage muss und kann hier dahingestellt bleiben. Ich halte für möglich, möchte sogar annehmen, dass Azo zumindest in Zweifel darüber gewesen ist, ob Hugolinus wirklich das gesagt hat, was ihm – Azo – als von Hugolinus gesagt vorlag. Sich durch eine Anfrage bei Hugolinus zu vergewissern, kam so, wie sie zueinander standen, nicht in Frage und dürfte für Azo auch unter seiner Würde gewesen sein. Über den ihm vorliegenden Text der gl *refert* (mit dem *non* bei dem verkehrten *tollitur*) stillschweigend hinweg zu gehen und also zu verfahren wie der (das Unpassende weglassende) Bearbeiter des Hugolinus-Apparats in London, kann und wird ihm allzu wohlwollend gewesen sein. Es gab diesen Text nun einmal, er war sozusagen im Umlauf, öffentlich, und also war dem, was in ihm stand, zu widersprechen. Es war die Klarstellung, dass er – Hugolinus – das gar nicht gesagt habe, diesem zu überlassen, was dieser in seiner Solutionsglosse (2) gleich an deren Anfang dann auch getan hat. Azos – möglichem – Zweifel daran, ob Hugolinus tatsächlich ernsthaft erwogen hat, dass es in l. 27,2 um den Fall einer nur naturalen und in l. 95,4 darum gehe, dass mit der naturalen ein zivile Obligation einhergeht – diesem Zweifel war hinreichend damit Rechnung getragen, dass Hugolinus von ihm – Azo – nicht genannt, vielmehr nur von *quidam* geredet wurde. Und es durfte nur nicht auch, wie es in dem vorliegenden Text geschah, gesagt werden, diese abwegige *solutio* sei eine solche *secundum yrnerium*. Dass dies Azo in seiner *prima solutio* weglässt, obwohl es in seiner Vorlage für diese *solutio* stand, lässt schon fast darauf schließen, dass ihm diese *solutio* in der ihm vorliegenden Gestalt nicht recht geheuer gewesen ist – anders als seinem Schüler, der, indem er das hugolinische *sec. y* seiner Vorlage, sc. der azonischen Solutionsglosse hinzufügt, hier einen der trefflichsten Belege dafür liefert, wie mechanisch, wie historisch-kritiklos sein Bemühen, den azonischen Apparat zu verbessern und womöglich aus dem Hugolinus-Apparat anzureichern, gewesen und wie wenig Verlass mithin auf seine Quellenangaben ist.

B. Die Glosse zu *prosit*: das *contrarium* l. 27,2 . /. l. 62 (D 2,14)

Die Annahme, dass diese Glosse, wie hier bereits behauptet, dem Hugolinus-Apparat entlehnt ist, bedarf einer Begründung und die Feststellung, dass dem so ist, einer Bewertung angesichts dessen, was zu der in ihr erörterten Frage in der *antiqua glosa* sowie im azonischen Apparat vorhanden ist. Es geht um den Fall, dass für die durch ein *pactum* erlassene Schuld Bürgen gestellt sind und das *pactum* (*de non petendo*) durch ein *pactum de petendo* konterkariert wird. Es geht um diesen Fall und also um die Frage, ob dem *pactum de petendo* eine dem *pactum de non petendo* gleiche Wirkung zukommt, ob mithin auch jenes in seiner Wirkung sich auf die Bürgen erstreckt, sodass nicht nur diesen die *exceptio* (*pacti*), sondern gegen diese auch dem Gläubiger die *replicatio* zusteht. Es geht darum hier, sc. in l. 27,2 im unmittelbaren Anschluss an die Darlegung dessen, was zwischen Gläubiger und Schuldner im Fall der Aufeinanderfolge zweier solcher *pacta* gilt, und es geht darum auch im letzten Fragment unseres Titels, sc. in l. 62 – und hier und dort ist die Entscheidung eine andere: Dem Gläubiger wird die *replicatio* aufgrund des *pactum de petendo* wie gegen den Schuldner so auch gegen die Bürgen, wenn diese sich mit der *exceptio pacti* (*de non petendo*) verteidigen, zugestanden hier von Paulus und dort versagt von Furius Anthianus, der für richtiger (*verius*) hält, dass die *exceptio pacti*, wenn sie für den Bürgen einmal entstanden ist, diesem nicht ohne seinen Willen entwunden werden kann: *si reus, postquam pactus sit a se non peti pecuniam ideoque coepit id pactum fideiussori prodesse, pactus sit, ut a se peti liceat: an utilitas prioris pacti sublata sit fideiussori, quaesitum est. Sed verius est semel adquisitam fideiussori pacti exceptionem ulterius ei invito extorqueri non posse.* Es geht – kurzum – in der Glosse zu *prosit* um das *contrarium* l. 27,2 ./. l. 62 und um dessen *solutio*.

1) In den die *antiqua glosa* überliefernden Hss geht es um dieses *contrarium* und seine *solutio* auf zweierlei Weise: bei l. 62 in einer meist interlinearen Glosse zu *eo invito* (zu der Aussage mithin, dass Gläubiger und Schuldner dem Bürgen die *exceptio pacti* ohne dessen Einverständnis nicht nehmen können) und sowohl bei dieser l. 62 als auch bei l. 27,2 *in margine*, wo die jeweils angeführte *contra*-Stelle ein reines Allegat ist und dazu eine ungesigelte *solutio* gegeben wird. Der interlinearen Glosse (sc. bei l. 62) steht nicht selten das auf Irnerius zu beziehende *y* voran. Sie ist mithin, was dieser Sigle und der interlinearen Position wegen als hinreichend gesichert anzunehmen ist, in dem glossatorischen Bemühen um die Auflösung dieses *contrarium* der irnerianische Anfang. Sie lautet: *aut ibi fit consensu fideiussoris aut queritur exceptio interdum consensu ipsius.*[69] Es gehört zu dieser sozusagen reinen Solutionsglosse die Angabe, wo *ibi*

69 So – mit der einen oder anderen Textvariante, auf die hier noch zu kommen ist – in Padua, Vatikan 1408, 1405 und 2705, Gent, Stockholm, Trier (hier auf dem

ist, also das Allegat der *contra*-Stelle. Irnerius als der vermutliche Verfasser dieser *solutio* wird diese Stelle auf den Rand und die *solutio* dazu interlinear notiert haben. Es wird also da, wo in den Hss *in margine* zu dem Allegat der *contra*-Stelle eine *solutio* vorhanden ist, diese – in n. b. dieser Position – nicht irnerianisch, vielmehr erst von einem Späteren dem bloßen Allegat hinzugesetzt sein, wofür auch die sachliche Differenz zwischen dieser marginalen und jener interlinearen *solutio* spricht. Die marginale Glosse lautet: *ibi fideiussores consenserunt posteriori pacto hic autem non consensuerunt.*[70] Dies entspricht, zwar nicht in der Form, wohl aber in der Sache, demjenigen, was in der interlinearen *solutio* in deren 1. Stück gesagt ist. Aber dort ist dies nur eine von zwei für möglich gehaltenen Auflösungen des *contrarium*; es ist hier in der marginalen Glosse – und das ist deren inhaltliche Differenz zu der interlinearen Solutionsglosse – die andere (mit dem 2. *aut* einsetzende) *solutio* nicht vorhanden.

Wer zur Auflösung eines Widerspruchs zwei – sich gegenseitig ausschließende – Möglichkeiten sieht, beide anführt und dabei keiner dieser beiden den Vorzug gibt, ist sich beider nicht sicher. Irnerius, der Verfasser, wie jedenfalls zu vermuten ist, der interlinearen Solutionsglosse, muss im Zweifel gewesen sein, ob derart, nämlich mittels der Annahme, dass die Bürgen, um die es in l. 27,2 geht, im Fall dieser *lex* dem *pactum de petendo* zugestimmt haben, der Schein der Widersprüchlichkeit sich beseitigen lässt. Er kann und er wird sich dessen nicht

Rand mit der Sigle *y* am Ende); München 3887; s. dasselbe interlinear auch in Troyes 135 (d. i. eine Hs, deren Apparat an sich die *gl. ord.* ist: die Rasur, auf der diese dort steht, hat diese interlineare Glosse verschont), wohl auch in Torino F II 14, wo ich (sc. auf meinem Film) allerdings nur den Anfang und das Ende dieser auch dort interlinearen Glosse lesen kann (s. aber Besta, L'opera d'Irnerio Vol II S. 38); sie beginnt und ist also zu beziehen auf *invito* (nicht wie von Besta auf *non posse*); s. zu dieser Turiner Hs auch noch die hier folgenden N. sowie meine in ZRG RomA 134 (2017) erscheinende, ›Irnerius' Sigle‹ betreffende Arbeit.

70 So da, wo die *solutio* marginal bei l. 62 notiert ist: Padua, Stockholm, München 3887, Leipzig 876; wo das nur oder auch der Fall ist bei l. 27,2: *hic fideiussores consensuerunt posteriori pacto ibi non*: Alençon 173 (wo bei l. 62 auf diese *solutio* verwiesen wird: *i(b)id(em) s.*), Vatikan 1408, Gent, Leipzig 876, Torino (hier interlinear zu *prius pactum*: *posteriori pacto consensuerunt*). Der einen wie der anderen Version dieser marginalen *solutio* werden zugrunde liegen die beiden in München 3887 bei l. 27,2 überlieferten interlinearen Glossen über und also zu *contingit*: *consentientibus* sowie zu *ne fideiussoribus*: *si consentiant posteriori pacto* – diese ungesigelt, zu jener steht das (unziale) *m* des Martinus, was so zu verstehen ist, dass Martinus sich mit der auf *fideiussoribus* zu beziehenden Notiz: *consentientibus* begnügt und ein Späterer eben dies, weil es ihm zu kurz gesagt war, dahin verdeutlicht hat, dass der Konsens der Bürgen bezogen ist auf das spätere *pactum*, sc. *de petendo*, was bestätigt wird in Vatikan 1408, wo ebenfalls interlinear und auch ebenfalls mit der Martinus-Sigle zu *fideiussoribus* nur notiert ist: *consentientibus*.

sicher gewesen sein, weil dort, sc. von Paulus von einer Zustimmung der Bürgen zu dem *pactum de petendo* nicht nur keine Rede ist, vielmehr die Entscheidung, dass das *pactum de petendo* auch gegen die Bürgen wirkt, also auch gegen diese dem Gläubiger die *replicatio* verschafft, *eadem ratione* getroffen wird: es soll das aus der *ratio* folgen, aus der im Verhältnis zwischen Gläubiger und Schuldner anzunehmen ist, dass das *pactum de non petendo* für den Schuldner nur eine *exceptio* und das *pactum de petendo* dagegen nur eine *replicatio* erzeugt. Es geht hier nicht darum, ob und wie das plausibel sein kann; es ist also hier nicht darzulegen, ob und wie diese Parallelisierung von *pactum de non petendo* und *pactum de petendo* in der Tat, wie ich meine, plausibel ist. Es geht hier nur um die Plausibilität des irnerianischen Zweifels daran, dass das *contrarium* derart simpel: mittels der Unterstellung einer Zustimmung der Gläubiger zu dem *pactum de petendo* sich aus der Welt schaffen lässt. Dieser – begründete – Zweifel wird ausgedrückt dadurch, dass eine 2. *solutio* hinzugefügt und keiner der beiden der Vorzug vor der anderen gegeben wird.[71] Jedenfalls dies: Irnerius' Eingeständnis, dass die 1. *solutio* eine fragwürdige Annahme, nur sozusagen eine Notlösung ist, muss entnommen werden der 2. *solutio*, auch ist diese in ihrer sachlichen Aussage kaum zu fassen und doch wohl auch darum ihr Text in der Überlieferung ein fragwürdiger:[72] *queritur*, wie hier wiedergegeben, lesen München 3887 und Vatikan 1405, hingegen Stockholm, Torino, Trier und Vatikan 1408 *qr* (mit einem darüber gesetzten waagerechten Strich), was, weil dies von jenem die Abbreviation sein kann, kaum der Rede wert wäre, wenn nicht stattdessen (anstelle des Prädikats der 2. *solutio*) Gent *quar* (mit einem daran sich anschließenden Kürzel, sodass das Wort *quarum* zu sein scheint) sowie am Ende *illius* (statt wie sonst fast überall *ipsius* – außer Padua, wo weder dies noch jenes) und

71 Gesagt und zu sagen ist dies n. b. von dieser Irnerius-Glosse, nicht auch ohne weiteres von all den vielen späteren Glossen, die zu einem *contrarium* mehrere *solutiones* anführen und die Entscheidung, welcher der Vorzug gebührt, offenlassen und die so nur zusammenstellen, referieren, welche *solutiones* zu einem *contrarium* vertreten werden und vertretbar sind. Irnerius, wenn er der erste gewesen ist, der zu den *leges* der Digesten überhaupt Glossen geschrieben hat (wozu hier nur zu verweisen ist auf meine ›Irnerius' Sigle‹ betr. Arbeit s. hier o. N. 69 i. fi.), gibt nicht nur ein Referat von dem, was andere vertreten und für vertretbar halten: alles, was er sagt, ist seine Meinung, hält er selbst für vertretbar und ist daher, wie im hier gegebenen Fall, Ausdruck seiner Unentschiedenheit.

72 Auch den Text der 1. *solutio* hat exakt so, wie dieser hier soeben wiedergegeben worden ist, außer Gent keine der hier o. N. 69 angeführten sieben Hss, die diese Glosse überliefern: statt *ibi* haben *ubi* Stockholm und Vatikan 1408; statt *fit consensu* haben *sit consensus* Trier, Vatikan 1408 und 2705, München 3778; *sit consensu* wohl Stockholm. In München endet die Glosse mit *exceptio interdum*; bei dem, was dort dann noch folgt, kann es sich nur um das Stück einer anderen Glosse handeln.

Vatikan 2705 (einer Hs, in der die Litera und n. b. auch der Apparat sehr hohen Alters sind) als 2. *solutio* (nach *aut*): *qa'e excepté int(er)d(um) loco ipsius*. Da ein Text in der Abschrift eher simpler als schwieriger wird[73] und weil auch gar nicht zu sehen ist, wie aus dem, was Vatikan 2705 hat, in der Abschrift durch einen auf Nachlässigkeit beruhenden Fehler *queritur* werden kann, ist zu vermuten, dass Irnerius mehr als nur *queritur* gesagt und dieses *queritur* ein bewusster Eingriff in den irnerianischen Text ist, der dessen Aussage verkürzt, aber nicht verfälscht: Bisweilen (*interdum*!) sei es so, es komme m. a. W. vor und *ibi*, sc. im Fall der l. 27,2 sei anzunehmen, dass die *exceptio* erworben wird (*queritur*) durch einen *consensus* des Bürgen, indem nämlich dieser das die *exceptio* erzeugende *pactum* mit dem Gläubiger schließt.[74] Der Bürge wendet durch ein mit dem Gläubiger, aber von ihm, dem Bürgen, für den Schuldner (*loco*!) geschlossenes *pactum* diesem die *exceptio* zu (die außer diesem auch ihm als Bürgen zusteht). Weist dann der Schuldner diese Zuwendung zurück, indem er mit dem Gläubiger übereinkommt, dass dieser ihn doch soll in Anspruch nehmen können, dann dürfte die durch diese Übereinkunft: dieses *pactum* (sc. *de petendo*) erzeugte *replicatio* dem Gläubiger zuzugestehen sein auch im Verhältnis zu dem sich mit der *exceptio* (sc. *de non petendo*) verteidigenden Bürgen. Irnerius sagt nicht, dass man sich den in l. 27,2 entschiedenen Fall auf diese raffinierte, spitzfindige Weise denken müsse. Er sagt nur, wie man sich, um das *contrarium* aufzulösen, den Fall auch denken könne, dass es also eine Möglichkeit gibt, die Harmonisierung zu erreichen, auch ohne die Unterstellung einer Zustimmung des Bürgen zu dem von dem Schuldner mit dem Gläubiger geschlossenen *pactum de petendo*. Wie nicht für diese *solutio*, so entscheidet sich Irnerius auch nicht für jene, und so ist seine zweigeteilte *solutio* eben doch nicht mehr und nicht weniger als sein Eingeständnis, nicht sagen zu können, wie dieses *contrarium* aufzulösen sei.[75] Es ist sein Eingeständnis, nicht zu wissen, was man doch als Jurist wissen will und muss.

73 Weswegen auch die Vermutung für die *lectio difficilior* streitet.

74 In der 1. Solutionsalternative bezieht sich der Konsens des Bürgen auf das (die *replicatio* erzeugende) *pactum de petendo*, und dieses schließt mit dem Gläubiger der Schuldner. Es muss also doch in der 2. Alternative um das *pactum de non petendo* gehen und der Konsens des Bürgen dieses *pactum* betreffen: dieses kommt zustande (*fit*!) durch den Konsens (*consensu*) des Bürgen mit dem Gläubigers): *fit consensu fideiussoris*. Denn welchen Sinn sollte es haben, dass der Bürge dem *pactum*, das mit dem Gläubiger der Schuldner schlösse, seine Zustimmung erteilt? Diese würde ihm nichts verschaffen, was ihm aus dem *pactum* des Schuldners nicht ohnehin zusteht.

75 S. dasselbe Eingeständnis in der neuzeitlichen Romanistik in der Annahme, in der Litera von l. 62 sei dessen Schluss: *sed verius* etc. als interpoliert zu streichen, s. dazu die Nachweise im Index Interpol. Mir scheint des einleitenden *sed* wegen davor etwas zu fehlen.

Die *solutio* der Späteren bis auf Azo übernimmt, unter Führung, allem Anschein nach, des Martinus, aus der irnerianischen *solutio* nur deren 1. Alternative, dass *ibi*, sc. im Fall von l. 27,2 die Bürgen dem *pactum de petendo* zugestimmt haben. Man wird zumal für Martinus annehmen können, dass der Text, den er von Irnerius' interlinearer Glosse hatte, nicht so unzulänglich gewesen ist, wie ihn die Hss haben, die uns diesen Text überliefern. An welchen Fall Irnerius bei seiner 2. Alternative gedacht hat, wird Martinus, wie auch immer, deutlich gewesen sein; er also wird nicht von der *solutio* einfach das weggelassen haben, was ihm unverständlich gewesen ist. Er wird allerdings nicht verstanden haben, was in der Tat auch nicht zu fassen ist: wie nämlich dieser Fall, dass der Bürge ein *pactum de non petendo* mit dem Gläubiger schließt, das nicht nur ihm, sondern auch dem Schuldner und somit einem an diesem *pactum* unbeteiligten Dritten die *exceptio* verschafft, rechtlich möglich sein kann: ein *pactum* kann zugunsten eines Dritten, sodass dieser daraus berechtigt ist, geschlossen werden? Die Unschlüssigkeit dieses Falles wird für Martinus und die Späteren der Grund gewesen sein, diesen Fall wegzulassen, Irnerius' Raffinesse, seine Spitzfindigkeit oder – besser gesagt – Subtilität mit Stillschweigen zu übergehen und nur die 1. Alternative fortzuschreiben und diese dergestalt zu verdeutlichen, dass es sich bei dem mit dem Konsens des Bürgen geschlossenen *pactum* nicht um das (von Irnerius in seiner 2. Alternative anvisierte) *prius*, vielmehr um das *posterius pactum* handelt. War man sich bewusst, dass diese Lösung eine fragwürdige ist, dann wird man sich dabei niedergelegt haben, dass um der Bestimmtheit des Rechts, der auch sog. Rechtssicherheit willen eine schlechte Lösung immer noch besser ist als gar keine, das Eingeständnis des Nichtwissens den Philosophen ziert, dem reinen Historiker zukommt und den Juristen als einen für die Praxis belanglosen Theoretiker erscheinen lässt. Die Glossatoren sind aufgetreten, wie Savigny festgestellt hat, als »büchergelehrte Autoren«, mit dem Anspruch indessen, dass »nach ihrer besseren Einsicht die Praxis sich habe richten sollen«. Zu dem Beginn ihrer Wissenschaft: zu Irnerius mag der Zweifel noch passen, die Nachfolger werden ihn, je weniger ›büchergelehrt‹, je praktischer sie wurden, zu vermeiden bestrebt gewesen sein.

2) Im azonischen Apparat und zunächst in den Hss, die diesen überliefern, sieht es bei unseren beiden *contrariae leges* wie folgt aus: Bei l. 27,2 haben die meisten Hss – von der Hand n. b., die den azonischen Apparat schreibt – das Allegat der *contra*-Stelle, sc. *infra l. ult. contra*;[76] nur zwei dieser Hss[77] haben dazu eine *solutio*, nämlich: *hic fideiussore consentiente*, aber beide diese *solutio* nur von

76 So in Arras 586, Bamberg 11, Gent, München 14028, Paris 4451, 4459 und 4463, Vatikan 2512.

77 Paris 4451 und 4459.

einer ersichtlich neueren Hand. In einigen wenigen[78] ist nicht einmal die *contra*-Stelle allegiert, wohl aber diese vorhanden als *antiqua glosa* und als eine solche auch die eine oder andere der hier genannten *solutiones*. – In einem auf andere Weise ebenso wenig fortgeschrittenen Zustand befindet sich der azonische Apparat bei l. 62.[79] Immerhin drei Hss[80] haben im Apparat die *contra*-Stelle, also hier l. 27,2 und auch die *solutio*: *ibi pactus fuit fideiussore consentiente*, alle übrigen hingegen – von der den azonischen Apparat schreibenden Hand – gar nichts. Was in den drei genannten Hss als azonische Glosse vorhanden ist, hat eine weitere als *antiqua glosa.*[81] Diese ist also in jenen drei Hss in den azonischen Apparat rezipiert worden, aber doch wohl sicher nicht von Azo selbst. Diesem kann dieses *contrarium* zwar nicht überhaupt entgangen sein. Es wird in seinem Exemplar des Digestum vetus als *antiqua glosa* und versehen mit der einen oder anderen *solutio* vorhanden gewesen sein. Dass bei l. 27,2 die *contra*-Stelle in so vielen Hss, die seinen Apparat überliefern, als Bestandteil dieses seines Apparats erscheint, deutet jedenfalls darauf hin, dass die Aufnahme dieser *contra*-Stelle von ihm veranlasst worden ist und dass er im Sinn hatte, dieses *contrarium*, wenn nicht schon hier, sc. bei l. 27,2, dann bei der *contra*-Stelle l. 62 zu erörtern. Es indiziert dies eine Absicht, die er nicht ausgeführt hat – einen Defekt seines Apparats, für den nur die eine Erklärung in Frage kommt: Nichts von dem, was zur Solution dieses *contrarium* von Irnerius, von Martinus und von dessen *sequaces*[82] gesagt worden ist, hat ihn überzeugt, und er hat zudem nicht gewusst, wie deren *solutiones* durch eine bessere zu ersetzen sein könnten. Ist aus der Tatsache, dass Azo zwar das *contrarium* notiert, aber nichts zu dessen Auflösung unternimmt, nicht darauf zu schließen, dass er jedenfalls dieses für unauflösbar,

78 Stockholm, München 3887, Vatikan 1408. Zu den beiden (an der Gesamtzahl von 13 den Apparat überliefernden Hss) hier fehlenden Hss s. hier o. in der Einleitung N. 5 betr. Amiens und MG N. 20 betr. Vatikan Borghese 225.

79 In Arras 586 fällt diese Stelle in eine (vier Folien umfassende) Lücke, die in l. 40,2 nach *fide rei* beginnt und in l. 3,2 D 2, 15 mit *heredem esse* endet, was ergänzend zu MG N. 23 hier zu bemerken ist und in Arras, sc. im Original überprüft werden müsste. Bei der Paginierung, die wohl eine neuere und eine ältere Hand vorgenommen haben, ist das nicht bemerkt worden. Man muss auch, um es zu bemerken, die Litera wenigstens an den Übergängen von dem einen Folium zu dem anderen und mit Verstand lesen.

80 Bamberg 11, München 14028, Paris 4459.

81 Vatikan 2512. Diese ist eine der beiden Hss des azonischen Apparats, in denen, wie bereits MG N. 23 bemerkt, die Rasur der alten Glossen diese gelegentlich verschont hat. Die andere Hs, in der dasselbe, aber seltener vorkommt, ist München 14028, wo diese *solutio* im (azonischen) Apparat sc. von der diesen schreibenden Hand vorhanden ist.

82 Wie Odofredus diejenigen zu nennen pflegt, die den Ansichten des Martinus folgen.

für eine wahre Antinomie gehalten hat? Es dürfte doch in der Tat nicht auflösbar, nämlich nur daraus zu erklären sein, dass Paulus' klassisch anmutende Logik, dem auf ein *pactum de non petendo* bezogenen *pactum de petendo* dieselbe Wirkung wie jenem zuzuerkennen, einem Furius Anthianus nicht eingeleuchtet und Justinian einer unter den Juristen nicht ausgetragenen Kontroverse Gesetzeskraft zu geben unternommen hat. Traut man Azo diese Einsicht zu, dann besteht nicht eigentlich ein Defekt, sondern das Besondere seines Apparats hier darin, dass er schweigt, wo zu reden, also expressis verbis zu sagen, es gehe hier um eine Frage, die sich nicht mit Gründen entscheiden lasse, ein Gebot der Ehrlichkeit sein mag, aber eine solche Rede doch nichts bringt und einem Juristen, der seinen Glauben an das Recht noch nicht verloren hat, auch zuwider sein muss. Er müsste dem Richter, der den gegebenen Fall zu entscheiden hat, sagen, er könne ihm aus der Bredouille eines Gesetzes, das sich, indem es zwei sich gegenseitig ausschließende Entscheidungen gibt, selbst außer Kraft setzt, mit seiner Wissenschaft nicht heraushelfen, und also könne die Entscheidung so oder so lauten – der Richter möge entscheiden, wie er wolle. Dass Azo dies nicht sagt und eben darum schweigt, passt und gehört in das Bild, das von diesem Mann und der Qualität seiner Jurisprudenz im Detail seiner Arbeit sich zeigt und auch allein dort Stück für Stück sich auffinden lässt. Gesichert ist dieses Bild, zumal in diesem Stück, gewiss nicht. Es entspricht, zumal in diesem Stück, nur wahrscheinlich der Wirklichkeit, die so weit von uns entfernt ist, dass mit letzter Sicherheit sich gar nichts sagen lässt.

3) Aus jedenfalls anderem Holz sind geschnitten Hugolinus und Accursius. Ein *contrarium* zu verzeichnen und zu dessen Auflösung nichts zu sagen, kommt für diese beiden Schlussleuchten der glossatorischen Schule nicht in Frage. Hugolinus übernimmt aus der *antiqua glosa* die Auflösung, die schon Irnerius in Betracht gezogen hat und mit der dann die Späteren sich begnügt haben. Er lässt es dabei aber doch nicht bewenden. Wie Irnerius es getan hat, fügt auch er der einen *solutio* eine weitere hinzu, ohne dieser oder jener den Vorzug zu geben: Das *contrarium* sei auch aufgelöst, wenn man annehme, das *hic*, sc. in l. 27,2 der Bürge erst interveniert hat nach Abschluss des *pactum de petendo*, während *ibi*, sc. in l. 62 die Bürgschaft bereits vor dem *pactum de non petendo* übernommen war. Hugolinus ersetzt in der alternativen *solutio* des Irnerius dessen 2. in der einen oder anderen Weise unverständliche *solutio* durch eine andere, die sehr gut zu verstehen und gegen die auch schlechterdings nichts einzuwenden ist – außer dass der Verfasser des Textes von l. 27,2, sc. Paulus bei seiner Entscheidung an diesen Fall doch gewiss nicht gedacht hat. Hat Hugolinus das anders gesehen, warum hat er dann nicht dieser seiner 2. *solutio* vor der Zustimmungslösung den Vorzug gegeben? Und so ist dann auch hier, und hier wohl auch noch deutlicher als bei Irnerius, die Anführung der Alternativlösung sein – des Hugolinus – Eingeständnis, dass auch er nicht wisse, wie dieses *contrarium* sich auflösen lasse.

Zu des Accursius Leistung bleibt nicht viel zu sagen übrig. Ein Kompilator »der Glosse« hätte den irnerianischen Anfang des Bemühens um dieses *contrarium*, ohne seine eigene Arbeit zu beschädigen, nicht weglassen können. Ein Bearbeiter des azonischen Apparats, der sich über Azos Schweigsamkeit keine weiteren Gedanken macht, wird in dem Fehlen einer *solutio* zu dem verzeichneten *contrarium* einen – der vielen – Defekte dieses Apparats und sich also zu dessen Ausbesserung veranlasst sehen. Accursius bessert nach – hier wie so häufig – mittels des Hugolinus-Apparats. Für die 1. Alternative der *solutio* des Hugolinus hätte dessen Quelle gewiss auch die *antiqua glosa* sein können. Aber deren Bestimmtheit aufzuheben mittels des Falles, für den sich von selbst versteht, dass l. 27,2 keine Anwendung findet, das ist Hugolinus' schon fast toll zu nennender Einfall, und diesen also hat Accursius sich zu eigen gemacht, wie in der ursprünglichen Version des Textes seines Apparats, wo es zu diesem *contrarium* nur diese hugolinische *solutio* gibt, also die Glosse zu *ne fideiussoribus* noch fehlt, ersichtlich ist.[83] Erst im Nachhinein: bei der Bearbeitung des Textes dieser ersten Version ist ihm oder einem Späteren aufgefallen, dass mit dieser dem Benutzer des Apparats Steine statt Brot gegeben sind und ihm überlassen ist, die *solutio* selbst zu finden und – vielleicht – die Flinte überhaupt ins Korn zu werfen. Wer aber kauft und empfiehlt schon einen Kommentar, in dem der Benutzer sich in die Lage versetzt sieht, es selbst machen zu müssen. Häufig genug wird das unvermeidlich sein, und wird darum so etwas ein Kommentator, der seinem Leser die Arbeit abzunehmen bestrebt ist, doch nach Möglichkeit vermeiden. War der Verfasser der Glosse zu *ne fideiussoribus* nicht Accursius, dann war er doch ein Kind des Geistes, dem dessen Arbeit die Richtschnur gewesen ist.

83 Der Verfasser der Glosse zu *ne fideiussoribus* kann die unmittelbar folgende, sc. diejenige zu *prosit* nicht übersehen haben, und er hat also das dort Gesagte, dass die *solutio* eine offene sei, korrigieren wollen. Ob dieser Verfasser Accursius ist, wage ich nicht zu entscheiden: Die Glosse zu *ne fideiussoribus* fehlt noch in Hss, deren Text sonst ein fortgeschrittener ist, so in Brüssel 19119, Vatikan 739, Stuttgart, Firenze 417, Tübingen. Sie ist noch eine in den Apparat nicht integrierte *additio* in Vatikan 1413, Bamberg 13, interlinear gekritzelt in Salisbury und in den Apparat integriert in Brüssel 5671, Kopenhagen GKS, B.-Kues 281, Göttingen 23, Darmstadt. Ob die Frage der Zuschreibung durch die Heranziehung weiterer Hss sich klären lässt, ist mir bei diesem Befund zweifelhaft. Hätte Accursius, wenn er es war, der diese Glosse derjenigen zu *prosit* hinzugetan hat, sich nicht von dieser durch ein *secundum alios* oder gar *sec. h.* distanziert?

C. Die Glosse zu *posterius*

Es bleibt im Apparat der *gl. ord.* zu l. 27,2 die Abhängigkeit des accursischen Texts von dem azonischen Apparat, weil sie auch insoweit nicht ohne weiteres ersichtlich ist, noch für die Glosse zu *posterius* darzulegen. Es geht in dieser Glosse in dem Textstück *vel dic. – minoratio pretii*, auch ist dort von Azo keine Rede, um dasjenige, was Azo zu *renovare* sagt: es sei damit gemeint *quoddam novum pactum adicere*. Bei einem solchen Verständnis von *renovare* sei, so meint Accursius, mit dem Subjekt zu diesem Prädikat, sc. mit dem *posterius pactum* das den Kaufpreis herabsetzende (oder die Kaufsache reduzierende) *pactum* gemeint.[84] Die Litera sage hier also: dieses einen Teilerlass gewährende *pactum* könne den Kaufpreis renovieren, sodass dieser bestehen bleibt und nur einen partiell neuen Inhalt erhält; es sei mithin zur Gewährung dieses Teilerlasses nicht erforderlich, den Kauf *in toto* aufzuheben und einen neuen Kauf (dessen Inhalt in puncto Preis oder Sache der reduzierte wäre) abzuschließen. Folgt man diesem – nach Meinung des Accursius in Konsequenz des von Azo zu *renovare* Gesagten liegenden – Verständnis von *posterius*, dann wäre in der Litera hier nicht gesagt, das *pactum*, das den gewährten Erlass *kassiert* (das von Accursius, indem er den Kaufvertrag mitzählt, sog. *tertium pactum*) könne bewirken eine *renovatio* des Kaufvertrags, sodass dieser unter partieller Erneuerung seines Inhalts fortbesteht. Da es um dieses *pactum* in der Litera hier mit dem *posterius pactum* nicht ginge, könnte das, was dieses *pactum* bewirken soll: die Kassierung des gewährten Teilerlasses, nur auf die in der Litera zuvor (in dem Stück: *idem dicemus – novum contractum*) genannte Weise bewerkstelligt werden, also durch Aufhebung des durch das erste *pactum* reduzierten Kaufs im Ganzen und Abschluss eines neuen Kaufvertrags (mit dem ursprünglich vereinbarten Inhalt). Dies – so meint Accursius – sei die Ansicht derjenigen, die *renovare* so verstehen, wie das Azo in seiner Glosse zu diesem Wort sagt, oder es liege dies doch in der Konsequenz dessen, was dazu von Azo gesagt ist – und dies ist es, woran Accursius Anstoß nimmt, wogegen er sich erklärt, indem er – der azonischen Glosse zu *renovare* vorangestellt – sagt: es sei mit dem *posterius pactum* das den gewährten Teilerlass kassierende *pactum* gemeint: auch dieses soll den (durch das erste *pactum* renovierten) Kauf renovieren (i. S. von fortbestehen lassen) und einen anderen, nämlich den ursprünglichen Inhalt geben können.

Was Accursius zu *posterius* sagen will, ist mithin, dass es, auch was die Kassierung des gewährten Teilerlasses betrifft, beide Wege gebe: Aufhebung

84 Das *pactum quo pretium fuit diminutum*; s. auch die *additio* zu *quoddam novum* etc., sc. *minoratio pretii*; wenn damit gemeint sein soll, mit dem *novum pactum* sei die *minoratio pretii* gemeint, dann müsste es doch wohl *minorationem* heißen.

des Kaufs im Ganzen und Neuabschluss (zu den ursprünglichen Konditionen) oder stattdessen: Fortbestand des Kaufs mit dem (nun als neu zu bezeichnenden) alten Inhalt. Und damit daran, dass beide Wege zur Verfügung stehen, kein Zweifel bleibt, wird in dieser Glosse zu *posterius* dann schließlich noch darauf hingewiesen, dass in der Litera von *potest* die Rede ist und also gesagt sei: so zu verfahren, sc. mittels Aufhebung im ganzen und Abschluss eines neuen Kaufs sei nur eine Möglichkeit, es gebe also auch die andere Möglichkeit der den bestehenden Kauf erhaltenden *renovatio*, und es finde diese *renovatio* statt, *si agitur* – falls das nämlich so vereinbart werde, wie das in der *distinctio pactorum* ausgeführt sei. Also muss dann aber auch, wie in einer *additio* zu *renovare* dann gesagt wird, dieses Wort hier den zweifachen Sinn haben: *i. e. reformare vel i. e. novum pactum constituere primo sublato*. Die Annahme in der Sache, dass nämlich beide Möglichkeiten zur Verfügung stehen, erfordert, von Renovierung auch dann zu sprechen, wenn tatsächlich gar nicht renoviert, sondern alles abgerissen und im Ganzen neu gebaut wird. Wenn die Sache es erfordert, sind wir imstande, aus schwarz weiß zu machen – wir Juristen vom Schlage des Accursius können das.

Man muss Accursius gewiss zugute halten, dass er Azos Bemerkung zu *renovare* nicht unkommentiert lassen konnte. Dass mit *renovare* gemeint sei *quoddam novum pactum adicere*, ist allzu kryptisch. Entschieden zurückzuweisen ist indessen Accursius' Annahme, es könne, wer mit *renovare* diesen Sinn von *quoddam novum* etc. verbindet, nur annehmen, dass das *posterius pactum* hier das den Teilerlass gewährende *pactum* sei: *posterius pactum* heißt in der Litera dieses Paragraphen da, wo es in ihm um den Erlass der *actio iniuriarum* und um die Kassierung dieses Erlasses geht, zweifellos das *pactum*, das den Erlass *kassiert*, und wie sollte Azo mit diesem selben Wort hier nicht diesen selben Sinn verbunden haben? wie sollte er hier in der Litera nicht die Aussage gefunden haben, auch das den gewährten Erlass kassierende *pactum* sei mittels einer *renovatio* (im strengen Sinn dieses Wortes) zu bewirken möglich? Die Wirksamkeit eben dieses *pactum* ist doch das Thema dieses Paragraphen von seinem Beginn an! Was Azo mit seinem *quoddam novum* etc. hat sagen wollen, kann nur sein: So, sc. durch Hinzufügung eines neuen *pactum* haben wir uns die *renovatio* durch das den Teilerlass kassierende *pactum* zu denken: dem durch das den Teilerlass gewährende *pactum* in seinem Inhalt veränderten Kauf wird ein neues *pactum* hinzugefügt und so der Kauf abermals in seinem Inhalt geändert – durch ein *pactum*, das nur *quoddam*, also nur gewissermaßen ein neues *pactum* ist, weil das in den Kauf neu eingefügte Stück nichts anderes ist als das Stück, das aus ihm durch das erste *pactum* entfernt worden war. *Renovare* – so muss Azo gemeint haben – heißt hier gar nichts anderes als da, wo in der Litera diese Problematik schon einmal erörtert (in l. 7,6 – *adeo*) und von *reformare* die Rede ist: *ut quodammodo quasi reformatus contractus videatur.*

Was Accursius mit Bezug auf *posterius* aus Azos Glosse zu *renovare* macht, ist mithin eine Missdeutung dessen, was Azo nur gemeint haben kann, und ich kann mich des Eindrucks nicht erwehren, dass die Missdeutung nicht ganz zweckfrei und bewusst stattgefunden hat. Dass er Azo als denjenigen, der zu *renovare* dieses *quoddam novum* etc. notiert hat, nicht nennt, ist zwar in der 1. Version seines Textes noch nicht auffällig. Wer den Text eines anderen bearbeitet, wird den anderen nicht ständig beim Namen nennen. Aber warum dann in einer *additio*, die allem Anschein nach eine frühe und also aller Wahrscheinlichkeit nach eine accursische ist, die Einfügung von *secundum quosdam*?[85] warum nicht jedenfalls nun *secundum azonem*? Dass es Azo ist, der zu *renovare* notiert *quoddam novum* etc., kann Accursius doch nicht übersehen haben – warum sind es nun namenlose *quidam*, die das sagen? Hat er Azo nicht etwas unterstellen wollen, was dieser, wenn er bei Sinnen war, doch nicht gemeint haben kann? Der Zweck der Missdeutung der azonischen Glosse zu *renovare* aber liegt fast auf der Hand: In den azonischen Glossen zu unserem § 2 l. 27 ist zu der Frage: auf welche Weise ist eine partielle Veränderung des Inhalts eines Kaufs zu bewerkstelligen? geht das allein durch Aufhebung des Kaufs und Neuabschluss oder auch durch dessen Erhaltung und bloß partielle Veränderung seines Inhalts? und wann ist, wenn beide Wege zu Verfügung stehen, das eine und wann das andere anzunehmen? hat im Zweifel, wenn nichts anderes gesagt ist, dieses oder jenes als vereinbart zu gelten? – hierzu ist im azonischen Apparat an dieser Stelle, sc. bei l. 27,2 nichts ausgeführt. Diese Thematik ist von Azo behandelt da, wo sie auch in der Litera zum ersten Mal erörtert ist, also in l. 7,6 und dort von Azo in seiner dort seinem Apparat hinzugefügten *distinctio pactorum*.[86] Was dort zu den *pacta quae sunt de substantia contractus* gesagt ist, dass nämlich *quandocumque fiunt, pariunt novam actionem veteri (ut) dicit jo. sublata*, aber das doch nur: *nisi in contrario* (sc. dass der Kauf erhalten und in seinem Inhalt verändert wird) *agatur* etc. – dies hat Accursius in den azonischen Apparat zu l. 27,2 einbringen wollen, und er hat dies eingebracht in die Glosse zu *posterius*, indem er diesem Wort die doppelte Bedeutung zuschreibt, dass nämlich damit das sog. *tertium*, den gewährten Teilerlass kassierende, aber auch das den Teilerlass gewährende *pactum* gemeint sein könne, dass also die

85 Dies ist bereits in den Apparat integriert in Vatikan Pal 739, ebenda 1413, ferner in Tübingen, Brüssel 19119 – das sind Hss, in denen, wie sich immer wieder zeigt, sonst noch als solche vorhandene *additiones* bereits in den Apparat integriert sind, mithin sehr frühe Zutaten sein dürften.

86 Alle Hss des azonischen Apparats außer Gent und Paris 4463 haben diese *distinctio* bei l. 7,6, und es ist nur deren Bezug auf diesen Paragraphen nicht überall eindeutig. Bereits Seckel, Distinctiones Glossatorum 410 (7) hat diese *distinctio* als eine azonische ermittelt, ohne zu erwähnen, dass sie auch in der *gl. ord.* vorhanden ist, was hier sogleich noch näher darzutun sein wird.

Kassierung des gewährten Teilerlasses auf zweierlei Weise sich realisieren lasse und es darauf ankomme *quod agitur*. Der Zweck der Glosse zu *posterius* ist, eine von Azo an anderer Stelle erörterte Frage auch hier anzubringen, sie im Ansatz hier auch zu beantworten und den Benutzer des Apparats auf die Stelle hinzuweisen, an der er eine umfassendere Erörterung dieser Frage finden kann.

Die Angabe dieser Stelle geschieht dann allerdings auf eine wenig benutzerfreundliche, schon fast als rätselhaft zu bezeichnende Weise. Die Stelle soll sich befinden innerhalb der *distinctio pactorum* und diese *distinctio* soll stehen *supra eo(dem loco? titolo?)*. Hier, sc. im Apparat zu l. 27,2 ist von dieser die *pacta* zerlegenden Distinktion *supra* die Rede zwei Glossen zuvor, nämlich *in fine* der Glosse zu *ad novum contractum* und dort mit den Worten: *et diximus*[87] *in distinctione pactorum*, was sich unmittelbar anschließt an das Allegat von *l. iurisg.* *§ adeo* (l. 7,6) und wodurch jedenfalls nahe gelegt ist, dass diese *distinctio* eben dort, sc. bei l. 7,6 *eo. tit.* (D 2,14) ausgeführt ist. Sie steht dort in der Tat, wie hier soeben bereits bemerkt, im azonischen Apparat, und es steht jedenfalls das, worauf es hier bei l. 27,2 ankommt, mitnichten an dieser Stelle auch in der *gl. ord.* Die *distinctio pactorum* ist *eo. tit.* bei l. 7 – *iurisg.* in der *gl. ord.* angeführt an drei Stellen: in der Glosse 1. zu § 5 – *extra naturam* mit den Worten *dicam* (!) *infra proxi. in distinctione pactorum*, dieses *infra proximo* (*loco* oder *paragrapho*) ist § 6 – *adeo*, wo 2. die Glosse zu *unde illud* endet mit: *dices* (!) *in distinctione infra statim* und wo dann allerdings *statim*, nämlich zu *Julianus* und somit 3. diese *distinctio* tatsächlich angeführt wird, aber von ihr doch nur die Worte, mit denen sie beginnt (*quaedam sunt de substantia contractus ut augendo*) und wo dann wegen des Fortgangs gesagt ist: *ut dixi infra de contr. empt. l. pacta*, d. i. D 18,1,72 – und dort endlich ist die *distinctio pactorum* dann in der Tat in voller Länge vorhanden. Ist etwa ohne Bedeutung, aus bloßer Nachlässigkeit zu erklären, dass es bei l. 27,2 zweimal heißt: *diximus*, bei l. 7,5: *dicam* sowie zu l. 7,6 (zu *illud*): *dices* und sodann da, wo die *distinctio* mit ihren Anfangsworten bezeichnet ist: *dixi*? Ist bloße Nachlässigkeit, dass bei l. 27,2 verwiesen wird auf etwas, das *supra* zu finden sein soll; bei l. 7,5 und 6 – *illud* auf: *infra statim* und dann dort *statim* (nämlich zu *Julianus*) auf eine Stelle, die in Relation zu l. 27,2 durchaus nicht *supra*, vielmehr ganz im Gegenteil *infra* steht? Hätte dort, sc. bei l. 72 D 18,1 in der *gl. ord.* die *distinctio pactorum* bereits gestanden, als bei l. 27,2 auf sie

87 So in den Hss mit dem Text der 1. Version Vatikan 2511, Pal 738, München 3506 und 28176, Kopenhagen Thott, auch noch Vatikan Pal 739, sowie ebenda 1413; *dixi modo*, wie in nicht wenigen Ausgg.: Iuntas 1592, a Porta 1552, Blaublom/Remboldt 1523, Herbort 1492, Koberger 1482, Clayn1476) ist unsinnig, beruht auf falscher Auflösung des Kürzels für (*dixi*)*mus*, d. i. ein *m* mit einem daran angeschlossenen nach oben gezogenen Bogen oder auch nur dieser Bogen unmittelbar anschließend an *dixi*.

verwiesen wurde, dann wäre mit der Verweisung auf *supra* der Benutzer des Apparats in die verkehrte Richtung geschickt worden. *Supra* ist dort, sc. bei l. 27,2 allerdings die richtige Richtung, wenn in Bezug genommen ist die Stelle, an der die *distinctio* steht bei Azo: in *dessen* Apparat, und dann ist auch *diximus*: das Perfekt und der Plural nicht anstößig.[88] Die Einzahl und das Futur indizieren, dass Accursius, als er sich so ausdrückte, die Aufnahme der (azonischen) *distinctio* in die *gl. ord.* noch nicht vollzogen, dass er dies zu tun noch im Sinn hatte und dass es, als er dieses: *infra proxi.*, *infra statim* schrieb, seine Absicht war, sie eben da aufzunehmen, wo auch Azo sie hat, sc. im Apparat zu l. 7 bei § *adeo* (= 6). Und das hat er dann nicht getan, weil ihm, wie auch immer, in den Sinn gekommen ist, sie bei l. 72 D 18,1 aufzunehmen. Und weil er dies dann auch sogleich getan hat, sagt er nun bei l. 7,6 (zu *Julianus*) *dixi*: das, was *statim* geschehen sollte, habe ich bei l. 72 D 18,1 bereits erledigt! Gerade wenn die Arbeit des Accursius die Bearbeitung von etwas bereits Vorhandenem gewesen ist, kann es so sein, dass ihm während der Arbeit eingefallen ist, von seiner Vorlage abzuweichen und eine in dieser erörterte Materie an anderer Stelle unterzubringen, und dass er das dann auch sogleich ausgeführt hat.

Wie auch immer aber diese in den die *distinctio pactorum* betreffenden Verweisungen vorhandene Ungereimtheit zu erklären sein mag – diese *distinctio* ist so, wie sie in der *gl. ord.* bei l. 72 D 18,1 steht, die azonische:[89] Mit geringfügigen redaktionellen, in der Sache bedeutungslosen Eingriffen ist der azonische Text in die *gl. ord.* übernommen – gelegentlich etwas gestrichen,[90] ergänzt,[91] im Ausdruck verändert,[92] namentlich sind die schon im azonischen

88 Der Plural nicht, indem Accursius sich das von Azo Gesagte zu eigen macht und doch nicht so dreist ist und allein sich zuschreibt, was Azo gesagt hat.

89 Um die Durchführung des Vergleichs zu erleichtern, wird der azonische Text dieser *distinctio*, von dem Seckel, wie gesagt, nur den Anfang und das Ende angegeben hat, hier im Anhang III im Ganzen mitgeteilt.

90 Ohne sachliche Bedeutung ist namentlich in dem das *exemplum in donatione* betreffenden Textstück die Streichung des – nicht leicht zu verstehenden – *non* vor *dicitur nudum*: sie hat erst bei der Bearbeitung der ursprünglichen Version des Textes der *gl. ord.* stattgefunden, ob noch durch Accursius, sei dahingestellt.

91 Wie da, wo ein von Azo ausgeführtes *argumentum* für *falsum* erklärt und dazu – in einer *additio* zur 1. Version des Textes – eine Begründung nachgeschoben wird.

92 So in dem hier o. zitierten Stück *contrario* zu *contrarium*; dem Allegat von *C loca. si tibi* vorangehend statt des azonischen *quartum* (*casum*): *quintum*. Ob die Veränderung des azonischen, von *dicit jo.* abhängigen, *a. c. i.* in den *ablativus absolutus* der *gl. ord.*, die in einer *additio* zum ursprünglichen Text stattfindet, noch accursisch ist, habe ich zu verifizieren nicht unternommen. Angesichts der schon in der 1. Version des Textes vorhandenen Veränderung des azonischen Passivs: *nulla actio paritur, sed exceptio … nova prescriptio … paritur* in die aktivische Form ist eine solche Nichtigkeit Accursius schon zuzutrauen.

Text vorhandenen Allegate der anderen Position dieser *distinctio* (sc. bei l. 72 D 18,1 statt l. 7,6 D 2,14) angepasst, sodass, wo *infra* nicht mehr stimmt, nun *supra* gesagt ist und z. B. da, wo bei Azo D 18,1,72 mit den Worten *infra de pactis inter empt. et ven. l. pacta* allegiert ist, in der *gl. ord. hic* steht sowie da, wo Azo mit Bezug auf D 2,14,7,6 von *hic paragraphus* (*argumentum huius paragraphi*) spricht, die *gl. ord. supra de pactis l. iurisg. § adeo* hat.

In der Sache *prima facie* anders ist allein der Schluss dieser *distinctio*. Dieser lautet bei Azo, wie bereits von Seckel angegeben: nach dem Allegat von *C de usur. frumenti* (in der *gl. ord.* befindet sich und findet man diese Stelle ungefähr in der Mitte des Ganzen) steht im azonischen Text: *huic distinctioni additur quod est infra de prescr. verbis quod sic incipit quando pactum etc.*, hingegen in der *gl. ord.* (nachdem dort noch *infra de usur. l. etiam* allegiert ist) die Frage: *sed an revocatio per rei vendicationem detur, si pactum non versatur?* Geht man dasjenige, worauf bei Azo *in fine* seiner *distinctio* verwiesen wird, an der angegebenen Stelle, sc. in seinem Apparat zu dem die *actio praescriptis verbis* betreffenden Digestentitel[93] im Einzelnen durch und verfährt man sodann ebenso in der *gl. ord.* in demjenigen, was zur Beantwortung der Frage, ob in dem Fall, wenn ein *pactum* nicht befolgt wird, eine Rückforderung mittels einer *rei vindicatio* gegeben ist, dann wird, je weiter man in dem Text der *gl. ord.* kommt, nur umso deutlicher, dass Accursius' Unabhängigkeit von seiner azonischen Vorlage auch hier bloßer Schein ist: Es geht in der *gl. ord.* auch hier um gar nichts anderes als um das, was von Azo in seiner Glosse zum Titel *de praescriptis verbis* ausgeführt ist; es geht um die Klagen, die gegeben sind, wenn das in einem *pactum* Ausbedungene von einer der das *pactum* schließenden Parteien nicht befolgt wird: dass und wann die *a. praescriptis verbis* eingreift, wann die *condictio ob causam* und wann eine Vertragsklage, und dass in der Regel nicht, vielmehr nur in Sonderfällen eine Vindikation der gegebene Rechtsbehelf ist. Es geht

93 Der Text kann nur derjenige sein, der mit Bezug auf die Rubrik von D 19,5 in wohl allen Hss beginnt: *cum* (!) *pactum* etc., (s. diesen Text hier im Anhang III im Anschluss an den azonisch-accursischen Text der *distinctio*). In Bamberg 11 ist zu diesem Text von einer anderen Hand (als derjenigen, die hier Azo schreibt) notiert: *continua hanc no(tam?) illi C de pactis quae* (?) *incipit hic distingue*, was darauf hindeutet, dass die *distinctio pactorum* von Azo auch oder gar zuerst dem Codextitel *de pactis* (2,3) beigeschrieben und von dort dann in den Apparat zum Digestum vetus übertragen worden ist. In manchen der diesen Apparat überliefernden Hss macht sie auch durch ihre räumliche Anordnung den Eindruck einer späteren Zutat, womit sich auch erklären könnte, dass sie in einigen Hss (s. o. N. 86) fehlt, und sich zudem die Frage stellt, ob es Azo selbst gewesen ist, der diese *distinctio* in seinen Apparat zum Dig. vetus aufgenommen, ob dies nicht vielmehr erst bei der Bearbeitung seines Apparats ein anderer besorgt hat. Die Frage kann hier, da sie nicht die azonische Provenienz der *distinctio* betrifft, dahingestellt bleiben.

abermals um nicht mehr als um eine die azonischen Aussagen etwas erweiternde Paraphrase des azonischen Textes,[94] in der die Aufeinanderfolge der Aussagen eine andere dadurch ist, dass das Ganze auf die Frage nach dem Gegebensein einer *rei vindicatio* ausgerichtet ist. Die Frage nach dem Gegebensein dieser Klage steht da, wo Azo sagt, es sei zur Fortsetzung seiner *distinctio* hier dasjenige einzufügen, was er an anderer Stelle ausgeführt hat. Accursius verfährt gemäß dieser azonischen Anweisung und betätigt seine Eigenständigkeit dadurch, dass er das, was es anzufügen gilt, auf eine Frage ausrichtet, um die es auch, aber doch gewiss nicht allein und auch erst nachrangig geht, wie diese Frage dann auch bei Azo erst an die Reihe kommt, nachdem *a. praescriptis verbis*, *condictio ob causam* und die Klage aus dem Kontrakt, dem das *pactum* beigefügt ist, abgehandelt sind.

Einen in der *gl. ord.* vorhandenen Text Accursius zu zuschreiben, weil es zu diesem Text *prima facie* keine Vorlage gibt, ist, wie dieses Beispiel lehrt, leichtfertig, wie es überhaupt leichtfertig ist, von der *gl. ord.* als der Glosse schlechthin und von Accursius – mit Bartolus – als *noster glossator* zu reden. Der letzte, der eigenständig »Glossen geschrieben hat«, war, wie Savigny gesagt hat, eben doch Hugolinus.

94 Bei der *distinctio* (sc. dem Text der *gl. ord.* bis an die Stelle, an der die Frage nach einer *rei vindicatio* gestellt ist) kann nicht von einer Paraphrase die Rede sein. Insoweit ist der Text der *gl. ord.* der azonische, und es ist dieser nur ein redigierter, was hier im Einzelnen darzutun sich erübrigen wird.

Anhang – Quellen

I. Azo, Hugolinus und die *gl. ord.* zu l. 27,2 D 14,2

Azo	*gl. ord.*	Hugolinus
	convenit consensu utriusque, alias non esset pactum ut supra e. l. 1§ 1	
	[*elidetur* ut dixi supra.]	
non quidem ipso iure[1] hic agebatur ut exceptio adquisita per primum pactum sequenti pacto elidetur, quod ipso iure fieri non potest sed per replicationem. naturalis autem obligatio ipso iure per pactum tollitur hoc forte ideo, quia quod debetur solvi potest, ergo tolli. cum vero competit exceptio, nichil est quod ei debeatur, ut solvi possit, nec ergo tolli. queritur ergo de civili et naturali: si ibi facit pactum, an tollatur naturalis? si dicamus tolli, posteriori pacto non resuscitatur. quid ergo civilis operatur, cum sola civilis non possit habere effectum ad excipiendum? Respondeo: cum exceptio replicatione repellatur, effectus actionis restitutus videtur. vel dicamus ubi est civilis et naturalis, propter vinculum	*ipso iure* (*immo videtur quod ipso iure tollatur ut*) infra de solut. Stichum § naturalis contra. Solutio: dicunt quidam quod ibi erat civilis et naturalis obligatio et ideo naturalis ipso iure tollitur. Cum enim naturalis (*sit*) quasi socia civilis obligationis, ex eius societate corruptionem contrahit: modicum enim fermenti totam massam corrumpit. Hic vero, cum sola naturalis <est que> (*sit*), solo pacto tolli non potest (*secundum y*). Sed hec solutio displicet et nobis et legi: ut infra de iureiur. l. <ult.> *fi.* Primo responso. alii dixerunt ut R tolli ipso iure <exceptionis> (*i. exceptione*). Sed hoc displicet, quia hoc non est tolli obligationem <si ipsa per exceptionem elidatur> sed elidi. (*alii dicunt [econtrario ad primam] quod, si inveniatur naturalis cum civili, non possit naturalis tolli per pactum, quia una est substantia utriusque, unde una sublata necessarium esset et civilem tolli, quod esse non potest. Et quod sit una substantia innuitur infra ubi dicit: totam obligationem etc. sed expone ibi: totam i. e. omnem. at quando sola, dic ut ibi. Nam possessio animi et corporis aliter ammittitur quam possessio solius animi. sed hoc non valet quia iuncta civili tollitur ut infra de iureiur. l. fi.*) Nos <autem> (*vero*) omnino obligationem naturalem tolli per pactum dicimus: sive simplex sit sive cum alia. qualiter ergo hunc § respondebimus? Aliud certe est in pacto de non petendo, aliud <in pacto> de petendo. nam pactum de non petendo fit ad liberationem <et> pactum (*vero*) de petendo ad obligationem. et pactum de non petendo tollit ipso iure naturalem obligationem, (*pactum vero*) de petendo non resuscitat naturalem obligationem sublatam: quia <propensiores> (*proniores*) sumus ad liberandam ut infra	infra de solut. Stichum § naturalis contra (1) refert[1] an naturalis obligatio sit per se et tunc non tollitur[2] ipso iure per pactum. aut naturalis adiuncta civili et tunc tollitur[3] naturalis ipso iure, quia, cum sit mixta civili corrumpitur per eam secundum yr. sed job. contra. nam et cum tantum naturalis est per se. sc. (?) tunc tollitur ipso iure ut infra de iureiur.l. ult. in prima responsione. sed[4] firmior videtur, cum est cum civili quam cum per se sola, et ideo minus debet tolli. R. autem intellegit, quod ibi dicitur ipso iure .i. ipso iure exceptionis. sed certe non dicitur tunc proprie per exceptionem tolli sed magis elidi. job. autem distinguebat

obligationis non tollitur ipso iure naturalis, cum una dicatur obligatio connexa sc. si vero sit naturalis tantum, tollitur. Nam et possessio animi et corporis alio et alio modo ammittitur quam solius animi, et(iam?) simile petit et indissimile contrarium evenit. job. invenitur tamen (tantum?) naturalem obligationem per pactum tolli ut infra de iureiur. l. ult., ubi obligatio erat naturalis et civilis, unde non valet ista ultima responsio, quia si concurrentur in unam obligationem naturalis et civilis ubligatio, non diceretur a lege naturalem tolli sed illam totam obligationem per exceptionem.[2] infra de solut Stic. § naturalis contra.[3] Sol. (1): hic loquitur de civili, ibi de naturali obligatione vel solve ut supra in custodia(?) Sol. (2): dicunt quidam quod ibi etc. (s. den Fortgang in der gl. ord. zu ipso iure!)	de act. et obl. arrianus. (*et tu dic.quod [et sic] non est*). Nec possunt insultare adversarii ut dicant: nonne vos soli dicitis oriri obligationem ex pacto de non petendo? cur ergo illa per pactum posterius non tollit? Respondeo: <quod> (*quia*) non omnis naturalis tollitur. nam ea que fit ad liberandum, non tollitur et hoc fit propter liberationem ideoque non tollitur. Nam hi<e?>c talis obligatio <quasi> (*que*) liberandi causa est <et> ad exemplum verae liberationis ([*que fieret persolutionem*)] ipso iure non tollitur. Nec mirum (*si dicamus obligationem liberationem*), quia et libertas dicitur servitus ut infra de servi. urb. prae. l. Quod ergo (*hic*) dicitur in pactis factum versari, subaudi: in talibus i. e. ad liberationem factis ([*ut non possit tolli per pactum de petendo*]). Praeterea alia ratione dicendum est posterius pactum non tollere pactum de non petendo. Nam pactum de non petendo factum tria operatur. Nam ipso ([*quoque*]) iure tollit naturalem et elidet civilem, obligat quoque paciscentem naturaliter ad non petendum. quod patet quia, si stipulatio intercessisset, esset obligatus civiliter et naturaliter, ergo si nudum pactum, tantummodo naturaliter et quia naturaliter aliquis est obligatus furtum non facere ut inst. de obl. que ex quasi deli. in princ. Item pro me est arg. C. de transact. l. ubi pactum (*ubi accceptilationem vocat vinculum. nec obstat infra de iure dot. l. si pater § qui debitorem, ut ibi notavi*). pactum autem de petendo naturalem obligationem sublatam (*per pactum de non petendo*) non resuscitat, sed obstaculum (*sc. exceptionis*) contra civilem oppositum reiicit nec naturalem inducit obligationem ([*et forte naturalem tollit*]), <quia> (*quare*) fit, ut vetus obligatio cum effectu instituatur, non ut nova inducatur, sed contra est in pacto de non petendo. Si obiiciatur, cum civili <ergo> sola remansit obligatio: quomodo effectum sortiri poterit? Respondeo: bene, nam et hoc idem contingit in chirographo post biennium et in re iudicata sive prius non debeas sive debeas. hec enim non potest dici naturalis obligatio. Job. vero dixit aliquando, quod ex ultimo (*pacto*) nascitur naturalis obligatio et ipsa <naturalis> cum civili iungitur. quod mihi non videtur (*cum non ad hoc fieri videtur*). porro secundum pactum de non petendo (*interpositum post pactum de petendo*) non operatur illa tria. quid mir<i> (um)? quia primum iam fecit, quod fieri a sequenti non potuit. az. (*alii dicunt, quod operatur quatuor primum et quatuor secundum. tollit enim primum naturalem et inducit aliam naturalem et elidit civilem. sic et secundum*	utrum pactum fiat ad obligandum an ad liberandum. si ad obligandum, non tollitur ipso iure naturalis obligatio, sed ad liberandum ipso iure tollitur et hoc ideo, quia propensiores etc. ut infra de act. et obl. l. arrianus. Immo, ut melius dicam, non est contrarium sed concordantia. (2) (a) ibi loquitur, cum sola naturalis sine civilis erat, hic cum admixta civili. (b) vel ut dicit job. (c) vel aliter quod magis approbo, quod tot operatur primum pactum quot secundum et econverso. primum quattuor, quia tollit naturalem, inducit naturalem, inducit exceptionem, elidet civilem obligationem, et sic et secundum tollit naturalem, inducit naturalem, elidet exceptionem, coadiuvat civilem primam obigationem.

	tollit naturalem et inducit naturalem et elidit exceptionem et coadiuvat civilem. secundum B. Azo.)	
per stipulationem (1) contrariam (2) factam animo novandi i. e. acceptilatione, cum ipsa semper habeat stipulationem. (3) aliter enim non fit novatio. C de transact. l.ubi. ibi non dicit actione extincta resuscitari vel intentari sed metu pene nec de facto agit, alioquin exigetur pena, sed nec pena soluta agit, quia vetus actio est extincta ut hic nec enim plus dabit ei pene solutio quamvis alias adversarii dolus ut C de transact.l. actione et l. sub pretextu.	per stipulationem [Aquilianam factam] animo novandi, hodie expresse, olim tacite, non alias, ut subiicit hic et C de novat. l. fi. et sic non est contra infra de verb. obl. si dari, quia ibi non fuit actum tacite vel expresse. vel dic. per stipulationem i. e. per acceptilationem que sequitur Aquilianam stipulationem ut inst. quib. mo.tol. obli. § est autem. sed videtur per aliam stipulationem non tolli ut C de transact. ubi, que est contra. Sol.: ibi non dicit actionem extinctam intentari sed metu poene nec de facto agit, quia vetus actio est extincta ut hic nec enim plus dabit ei pene solutio quam alias adversarii dolus ut C de transact. l actione et l. sub praetextu, ubi si est extincta numquam resuscitatur [licet agatur actione de dolo].	
in stipulationibus cum ipsum factum stipulationis i. conceptio verborum iure civili fuit inventum, origo igitur ipsius iuris et non facti. in pactis: talibus	quia in stipulationibus [quod consistit in solennitate verborum]	in stipulationibus cum ipsum factum stipulationis i. conceptio verborum civili iure sit inventum, origo igitur ipsius iuris non facti y.
	ius civile [ut insti. de actio. § de constituta]	ius (1) civile. sed hoc non placet, quia ius naturale continetur in stipulatione ut probavit supra e. l. 1 § ult. (2) verbis iuris utimur, quia cum agimus ut aliquid intendimus exstipulatione, ita dicemus: intendo te aliquid dare facere oportere,

		que sunt iuris verba ut insti. de act. circa princ., ubi dicit: per quas intendit adversarium ei dare etc.
in pactis factum versatur (1) in opponendo beneficio pacti secundum job. (2) eo inspecto quod etc. s. den Fortgang in der *gl. ord.*	in pactis factum versatur i. e. in opponendo beneficio pacti [versatur factum, sc. quia allegat pactum factum, licet de solennitate nihil dicat] jo. eo (*ergo*) inspecto quod in <pactis> (*pacto*) vertitur factum (*non potest tolli*) alio <facto> (*pacto*) interveniente postea <infectum fieri non potest> (*ut in auth. de aequali do. § j* [*Coll vij et infra de in bello § factae*[1]]). sed de eo inspecto quod <pactum est iuris ut stipulatio etc. ius enim civile inducit obligationem super his et alio iure tollitur ut acceptilatione et contrario consensu postea interveniente> (*in eo* [*pacto stipulationis*] *vertitur ius ut in stipulatione, tolli potest alio iure civili*) <nam civilis ratio civilia iura corrumpere potest et ita id quod iuris civilis est, elidetur ipso iure, que autem facti sint, nulla iuris constitutione possunt mutari>. (*vel dic. factum verti in pactis*) i. e. ius naturale[2] <vel> (*i. e.*) naturalem obligationem arg. infra de peculio. nec servus quicquam, nam immutabile est; ius vero civile quod ex stipulatione sole<mp>ni inducitur, per aliud ius i. e. per aliam stipulationem <solempnem>tollitur ut insti. de iure nat. § penult. et insti. de legit. agn. tut. § <ult> (*fi.*). hec responsio displicet, quia omnis obligatio, sive civilis, sive naruralis tantum, per ius civile .i. per stipulationem solennem tollitur ut infra de nova. l. j § illud. (*pratererea et in stipulatione ius naturale continetur ut supra e. l. j § fi. dixi.* ([*quinetiam pactum non tollit ius civile i. e. civilem obligationem, potest tamen hec opinio defendi: ut sic factum non tollat factum, sed ius tollat ius et factum tollat ius et econtra ius tollat factum*]). immo ideo factum versari dicit in pacto ([*ut primo dixi*)], quia hoc solum <non>[3] sufficit allegare, quod mihi sit factum pactum, etiam si confiteor pactum postea intercessisse de petendo. nam nihilominus primi pacti durat exceptio. ut insti. de replic. in <primo resp.> (*princ.*), etiam si confiteor mihi factum inter absentes vel dolo vel metu. ([*et sic intellige*]): at in stipulatione ius continetur, nec enim sufficit dicere: ego sum stipulatus, si dicam accepto tulisse, non sufficit si dicam: ego interrogavi et ipse respondit, nisi hoc factum iure alleg<etur>(em), i. inter presentes et incontinenti, quia ergo is qui ex stipulatione agit, in uno oneratur, i. e. probanda solennitate stipulationis	in pactis factum[5] (1) verbis facti utimur, cum enim pactum pretendimus excipiendo vel replicando, ita dicimus male agis, quia fecisti pactum, ne aliquid amplius peteres ut infra de doli except. apud § item queritur si uniones. (2) i. e. ius naturale arg. infra de pecul. nec servus.[6] [sed certe eadem ratione debet tolli ipso iure exceptio pern replicationem, cum utraque sit de iure civili, quod falsum est ut insti. de except.][7] quod non placet job. immo ipsum factum inspicimus enim in pactis tantum factum,[8] i. e. utrum consenserint in pacto faciendo i. e. utrum sit factum pactum et non ius puta, utrum sit factum inter presentes vel absentes[9] vel utrum intervenit iuris solempnitas. sed in stipulatione inspicimus non tantum factum puta si facta est et iste interrogavit et ille respondit, sed ius i. e. talis iuris solempnitatem i. e. utrum sit

	<et> ipse debet in alio relevari et benigne debet cum eo agi, scil. ut ipso iure prima stipulatio per secundum tollatur. at in contractibus et in pactis ceteris onus probandi ei non incumbit, unde in eis sua natura custoditur, arg. ad hoc infra de iureiur. l. eum qui. i. primo respon. Et infra de proba. cum de indebito j. respon. et § j.[4] vel melius ponitur ius pro vinculo vel obligatione. at pactum de non petendo interponitur potius ad exstinguendum obligationem quam ad contrahendam. et ideo non tollitur ipso iure ([*per pactum de petendo]*) nisi forte in eo quod obligat naturaliter non petere. et ita dico omne pactum ([*obligatorium*]) tolli per contrarium pactum ut infra de reg. iur. l. nihil ([*fam.*]) re tamen integra ut in emptione. Si tamen pactum primum ius i. e. obligationem continet. Secus si extinguat. nam nec acceptilatio extinguitur per contrariam acceptilationem. [elidetur: ut supra dixi] [ne fideiussoribus: sc. consentibus in ultimo pacto de petendo.]	facta inter absentes an inter presentes, precessit interrogatio et secuta sit responsio etiam in continenti. Et hec est ratio, quare per stipulationem ipso iure tollitur prior obligatio et non per pactum, quia magis honoratur creditor, si velit probare stipulationem intercessisse, quia cogitur probare solempnitatem, quam si velit probare pactum, quia quantum in uno plus honeratur, tanto magis exhoneratur in alio.
infra e. l. ult. contra	prosit: immo videtur prodesse ut infra e. l. fi., quae est contra. sed hic consensit secundo pacto, ibi non. vel dic. quod hic ex post facto intervenit fideiussor, ibi ab initio.	infra e. l. ult. in fi. contra. Solut.: hic fideiussores consenserunt in posteriori pacto, ibi non. vel hic intervenit fideiussor ex post facto. i. e. post factum pactum de petendo, sed ibi ab initio, antequam fieret pactum de petendo.
C de transact. ubi contra. ibi non dicit actionem extinctam resuscitari vel intentari, sed pene metu nec de facto aget, alioquin exigetur pena. sed nec pena soluta aget, quia vetus actio est extincta ut hic. nec enim plus dabit et pene soluta quam alias adversarii dolus ut C de transact. l. actione et l. sub pretextu.	[tolleret: i. e. ipso iure] veluti iniuriarum: ut non possit de iure intentari, licet de facto intentetur ut C de transactionibus. l. ubi, quae est contra iniuriarum: quae nudo pacto tollitur ut supra e. l. si tibi § quaedam et etiam dissimilatione ut infra de iniur. l. non solum § 1. sed ex contumelia: vel alio modo facta iniuria ut infra de iureiur.l. non solum § iniuriarum.	
infra de iureiur. non solum		

idem dicemus: sed non per omnia. nam sicut in casu predicto per pactum tollitur actio, ita et hic. sed est hic amplius, quia ex hac nova nascitur actio extincta veteri.	[idem dicemus: ut prima obligatio ipso iure per pactum tollatur in bonae fidei contractibus et non resuscitetur, non ut nova non nascatur. et sic non per omnia idem.]	
totam: nota totam et sic infra e. § sed si stip. nam ex hoc potest notare, ut eadem sit substantia civilis et naturalis obligationis. non enim dixit omnes obligationes. potest[4] tamen dici contra ut infra de condict. inde. si reus.	totam: nota totam. nam ex hoc colligitur, quod una sit substantia civilis et naturalis obligationibus, sic et infra e. § sed si stipulatus. et hoc quidam dixerunt, sed male, nam quare diceretur tolli naturalis, si separationem non reciperet? dic. ergo totam i. e. omnem vel utramque.	
infra de rescin. ven. l. si quam rem	ad novum contractum: primo sublata ut hic et infra de rescin. ven. l. si quam rem et supra e. l. iurisgentium § adeo et dixi modo in distinctione pactorum.	
imminueret: ut quia rogavit venditorem quatenus sibi gratis de pretio dimmitteret animo donandi. et tunc nihilominus tenet primus contractus ut arg. infra loca. si tibi.	imminueret: ut quia rogavit venditorem, ut de pretio sibi animo donandi remitteret. et tunc nihilominus tenet primus contractus ut infra loc. l. si tibi habitationem. [et infra e. l. emptor in princ. aliud est ergo secundum venditionem facere, verbi gratia ut quod pro decem dedi, do pro quinque, et aliud diminuere tantum de pretio vel de re.]	
	posterius: sc. tertium de petendo toto pretio et tota re, ut initio convenerat. vel dic. quod de eodem dicit, quo pretium fuit diminutum et tunc [secundum quosdam dic.] renovatur, i. e. quoddam novum pactum adiecit [scil. minoratio pretii]. et quod dicit: potest i. e. possibile est, si agatur ut diximus supra e. in distinctione illa pactorum.	
renovare: i. e. quoddam novum pactum adiicere	[renovare: i. e. reformare vel i. e. novum pactum constituere primo sublato, quod dic. ut in distinctione pactorum]	

	procedere potest: ut posterius pactum renovet primum. i. e. novam formam ei praestet.	
	pactam mulierem: sc. incontinenti i. e. quando dedit vel quando divertit, nam alias actio sibi ex pacto non datur ut supra e. l. iurisgentium § quinimo.	
	legibus dato: sc. annua prima trima die secundum tempora huius legis, hodie vero statim immobilia, sed mobilia post annum ut C de rei uxor. actio § cum autem.	
infra de pact. do. l. de die	nec dicendum: respondet obiectioni tacitae, quae fit per l. ut infra de pact do. l. de die et l. Attilicinus.	
infra de pact do. attilic.		
non fit causa dotis deterior: hoc bonum arg., cum queritur, an valeat privilegium indultum ecclesie, ne sibi possit obiici ab ecclesia alia nisi prescriptum centum annorum, nec enim alterius ecclesie videtur conditio fieri deterior, cum primo talis fuit statuta prescriptio in omnibus ecclesiis ut C de sacrosanc. eccl. ut int.	[non fit: fictione huius legis] redditur: nota arg. cum queritur, an valeat privilegium indultum ecclesiae, ne sibi possit obiici ab alia ecclesia, nisi praescrip. centum annorum, nec enim potest alia ecclesia dicere, quod ex hoc rescripto ius suum laedatur, cum hoc erat statutum antiquitus ut C de sacrosan. eccl. l. fi. et est ad hoc infra de lib. et posth. l. filio quem et infra quibus mod. pign. et hypoth. sol. l. voluntate § fin.	
infra quib. mod. pig. vel hyp. sol. l. voluntate § ult.		
———	———	———
1. Die Glosse fehlt insgesamt in Paris 4451 und München 14028. 2. *per exceptionem* fehlt in Arras 586, München 3887, Paris 4463.	1. *facti*!, s. in der allegierten Stelle D 49,15,12,2: *facti autem causae infectae nulla constitutione fieri possunt.* Die Litera der aus dem Authentikum allegierten Stelle ist: *quod enim factum est, infectum manere impossibile est.* 2. Mit: *i. e. ius naturale* beginnt im azonischen	1. Diese gl (1) *refert* insgesamt nicht in London; s. dort aber von anderer Hand als derjenigen, die dort Hugolinus

3. Beide hier o. folgenden *solutiones* fehlen in Paris 4451, die *Solo (2)* von sicher neuerer Hand wohl ersetzt durch eine andere, dieselbe Sache verkürzt darstellende *solutio*. – Nur die *Solo (2)* fehlt in Paris 4459 und Stockholm. – Die *Solo (1)* ist in den Hss, in denen der azonische Apparat Zutat zu einer älteren Glossierung ist, meist eine *antiqua glosa*, worauf hier zurückzukommen sein wird; der Schluss dieser *Solo (1)*: *vel solve* etc. fehlt überall da, wo die *Solo (2)* vorhanden, der Hinweis auf die *custodia* (was auch immer das sein mag) überflüssig ist. – Bemerkt sei noch, dass in Paris 4463 an die hier sog. *Solo (2)* angefügt und mit der Sigle des Hugolinus versehen ist eine Zusammenfassung des von diesem in seinen gll (1) und (2) Gesagten. 4. *potest – fin* nur in einigen wenigen Hss, wie in Bamberg 11, Gent, und dürfte im azonischen Apparat hier zu streichen sein.	Apparat eine eigene Glosse; diese fehlt insgesamt in Arras 586, wo nur der Anfang interlinear notiert ist, ferner in Paris 4451 und München 3887, wo aber jeweils bei *ius continetur* ein (für anderes nicht benutztes) Bezugszeichen steht, s. hierzu o. im Text bei N. 4. 3. Dieses *non* ist vorhanden in nicht wenigen Hss, so etwa in Bamberg 11, Gent, München 14028, Paris 4459, Vatikan 2512; es fehlt (und doch gewiss zu Recht) in Paris 4463, Vatikan 1408, in den Hss der *gl. ord.* in München 28176, 3506, in den Ausgg. 1523 (Blaublom), 1550 (Senneton), 1557 (a Porta), 1591 (Juntas); diese Sache weiter zu verfolgen, wird nicht der Mühe wert sein. 4. Hier endet der Text dieser Glosse in Paris 4459.	schreibt, die Glosse *dicunt quidam* exakt so, wie diese der azonische Apparat (bis: *a sequenti non potuit* hat), daran unmittelbar anschließend und von derselben Hand ein Text, von dem ich nur einzelne Worte zu entziffern vermag, vielleicht dasselbe wie das, was sich an *potuit* in der *gl. ord.* anschließt, aber jedenfalls umfänglicher als dort. 2. So: *non tollitur* Paris und Amiens; die Verneinung, sc. *non* fehlt in Seo. 3. *non* als *additio* zu *tollitur* interlinear in Seo von anderer, jüngerer Hand als derjenigen, die dort Hugolinus schreibt. 4. *sed – tolli* nicht in Seo. 5. Die Glosse fehlt insgesamt in London. 6. In Paris, Amiens und Seo (nicht in London!) nach *servus*: *inducitur* (was n. b. nicht zu der Litera der allegierten Stelle gehört!); in Seo steht dazu ein Bezugszeichen und da, wo dieses wiederholt ist: *infra de leg. in inst.* (= *inst. de legit.*) *agna. tut. l. ult. et inst. de iure natur. peult.* = I 1,2,11 und 1,15,3, s. diese beiden Allegate bei Azo

		und in der *gl. ord.* als die beiden Belege dafür, dass das *ius naturale immutabile* sei (in der *gl. ord.* zu *in pactis factum* nach dem 2. Absatz) – diese Aussage wird von Azo und in der *gl. ord.* verworfen (*displicet*!), und so ist auch zu verstehen bei Hugolinus dessen dieses Stück abschließende Erklärung: *quod non placet job.*: was Johannes missfällt, missbilligen Hugolinus und Azo, dieser (sowie die *gl. ord.*) ohne Johannes zu nennen, s. hierzu auch noch die folgende N. Mit *inducitur* (im Anschluss an das Allegat *de pecul. nec servus*) ist also gesagt, es sei hier etwas, nämlich die beiden Allegate und die darauf zu stützende *opinio*, einzufügen, und diese Anweisung ist weggelassen in London, was, weil das Einzufügende eine doch zu verwerfende *opinio* ist, begreiflich, also keine Willkür des Kopisten ist, und was somit auch zeigt, dass dieser gut beraten war. 7. Der in eckige Klammern gesetzte Text nur in Paris und Amiens – es wird dort zu der *opinio, quae non pla-*

		cet job. (s. die vor. N.), eine Begründung nachgeschoben. 8. So: *factum* Seo und London; *factis* Paris und Amiens. 9. *presentes vel* nicht in Seo und London.

II. Bulgarus zu l. 27,2[1]

ut[2]pretor minorem ipso iure de desti … (?) causa cognita restituit, sic pactum de non petendo factum ipso iure obligatum debitorem per exceptionem defendit. ergo nec pretor nec pactum ipso iure, immo contra ipsum ius subvenit. ac si nec ius pretorium nec ius pacti dices ipsum ius, sed potius contra ipsum ius, ut ipsum ius dicas proprie ius civile. pactum et pretorem niti contra ius, quia contra ius civile. sic pactum ipso iure nichil facit, sed contra ipsum ius subvenit. nam et novissimum pactum, quia nichil habet civilis iuris, quo[3] nitatur, nichil iuris civilis deprehendit, contra quod nitatur, ideo nec ipso iure prius pactum infirmat nec ipso iure priorem obligationem, sed per replicationem adiuvat. sed in stipulatione contra est, quia[4] et que tollitur et qua tollitur utroque iure civili nititur. sane uno casu dicitur naturalem obligationem ipso iure per pactum[5] tolli ut ff. de solut. stic. aut. § natural. sed aut inproprie ponitur aut naturalis necessario[6] subauditur, forsan dices: quia post primum pactum superest civilis obligatio, necessaria est exceptio; quia post secundum pactum nichil[7] superest de priore, replicationi locum non esse, nam ut prius tollit naturalem obligationem, sic posterius naturalem tollit liberationem. et porro responderi potest pactum de non petendo tollere naturalem obligationem, ad quod maxime comparatum est, elidere vero civilem; pactum autem de petendo elidere priorem pactionem et eius effectum sc. liberationem, non[8] prorsus tollere, et ergo prius tollit naturalem obligationem, elidet civilem, posterius pactum liberationem non tollit, sed elidet et priorem elidendo pactionem adiuvat civilem obligationem. sic(ut?) est opus exceptione ex pacto[9] priore (, ita?) replicatione ex posteriori oriri (?). Si quidem in pactis factum continetur (1408: versatur) i. e. consensus ex nature motu proveniens et naturali ratione comprobatur vel factum dicitur naturalis obligatio ut infra de pecul. Nesennius. in stipulatione ius continetur, quia quod ibi facti (1408: continetur factum i. e.) est ipsa verborum conceptio a iure civili venit et originem habet.

1 Wiedergegeben aufgrund von: Madrid 675, Vatikan 1408, Alençon 173.
2 *ut – ipso iure* fehlt in Alençon auf dem Mikrofilm.
3 *quo – iuris civilis* nicht in Vatikan 1408.
4 *quia – dicitur* nicht in Alençon.
5 *per pactum*] *pactum tollere vel pacto ipso iure* Alençon.
6 Madrid: *ne contrario.*
7 *nichil* nicht in Alençon.
8 *non*] *et ideo* Alençon?
9 Das Folgende: *priore – fin.* nicht in Alençon.

III. Azo, *distinctio pactorum*[1]

hic distingue ut in distinctio pactorum: quedam sunt de substantia contractus ut de augendo vel diminuendo precio, quedam accidentalia sive extranea ut de dando codice exemplaris loco vel quid simile non attingens emptioni. que de substantia contractus dicimus esse, eadem vocant quidam de natura <ut supra de pact. l. iurisgen. § idem responsum scio>, sed nos pactum de natura dicimus esse, quod sit super id, quod est naturale (contractus) ut de evictione prestanda (certo modo vel nullo modo prestanda). quod autem de accidentalibus (diximus/ dixero), idem non (his/hiis), que fiunt super naturali<bus> contractus intelligas. item pactorum quedam in continenti, quedam ex intervallo (app/[inter])ponuntur, in continenti, i. e. cum contrahentes nondum ad alia negotia diverterint. item quedam in contractibus nominatis, quedam innominatis. pacta que (fiunt/ sunt) de substantia, quandocumque fia(u)nt, pariunt novam actionem veter(em/ [i]) dicit jo. sublata(m/[-]), nisi in contrari(o/um) agatur arg. (de pact. inter empt. et ven. l. pacta (ut hic) et (ff./infra) de rescin.ven. l ij. ego distinguo, utrum in continenti <[et tunc non tollat]>, (an/aut) ex intervallo fiat pactum <[ut tunc tollat]> arg. (ff./infra) de cond. et dem. l. non ad ea. alii dicunt veterem manere et secundum ei accedere, nisi aliud agatur (arg./ut) huius § et (infra e. l. si unus § si pactus/ supra de pact. l. iurisg. § adeo et l. si unus § sed si pactus). pacta vero, que fiunt de accidentialibus <vel de naturalibus>, si quidem ex intervallo, nulla<m> pari(tur/unt) actio<nem>, sed exceptio<nem> ut hic et (infra de pact. inter empt. et ven. l. pacta/ supra de pact. l. iurisg. § quinimo), si autem in continenti, nova<m> prescriptio<nem> vel actio<nem>pari(tur/ iunt). <et> hoc dicebat p<la> esse verum, cum sit ad agendum, secus si ad excipiendum, arg. contra (infra/ supra) de iureiur. l. sed et si posses et <infra> de libat. le. l. quid mihi et C de doat. ante nupt. l. si cum ante. et vet(us/erem) informa(tur/nt) (ad interesse vel ut fiat etiam quod convenit, quia factum venit in ea(u?)m ut infra de act. epti. l. tenr. § i). si quam reperi(at/ [ant]) informandam. interdum enim non

1 In die Wiedergabe ist integriert der Text der *gl. ord.* in der Weise, dass a) in spitze Klammern gesetzt ist, was der Text der *gl. ord.* mehr als der azonische hat, b) in runden Klammern steht, was nur von Azo oder von diesem anders als in der *gl. ord.* gesagt ist und dies derart, dass zwischen dem in der Klammer voranstehenden azonischen Text und dem anschließenden Text der *gl. ord.* ein Schrägstrich: / gesetzt ist. Den reinen azonischen Text hat mithin, wer die runden Klammern sowie alles nach dem Schrägstrich außer Betracht lässt. c) Die eckigen Klammen (in den Ergänzungen der *gl. ord.* zu dem azonischen Text) bezeichnen auch hier dasjenige, was in der *gl. ord.* nicht zur 1. Version ihres Textes gehört.

reperi(t/ [unt]) ut si contractus sit sub conditione factus et pure pactum apponitur, sicut probari potest arg. (eius) l., que est infra de pericolo et com. l. si in venditione. item ali(o/ [iud]) arg.: <[nam]> si (enim) ego vendidi presenti precio et conveni, ut amplius dares, si pluris venderes, statim potest agi ex venditione (arg. infra de contrah. ept. l. si vendid??/ ut supra e. l. haec venditio) § ult. sed (hoc ipsum videtur pactum/ hic pactum videtur pretium) sc. quod ita convenisti te facturum pendente conditione, ergo potest agi statim ut infra (de contrah. ept.)(e.) l. fundi. <quod est falsum, [nam non informatur – an pluris venditur]>. alii posuerunt exemplum in donatione, quia ex ea non oriebat actio <unde non informat>. sed hoc exemplum non valet <[secundum quosdam]>, quia sive pactum apponatur facta traditione ex causa donationis in continenti, non (!?) dicitur nudum, sive in ipsa donatione, nam in traditione non potest nasci actio ex pacto, quia non est vestitum (ab/ex) eo contractu, qui prorsus nudum est. pactum (vero/enim) <vestitum ideo> veterem (actionem) (ideo)-dicitur informare, quia, cum prius orta fuerit ad pretium, additum forma alia ut ad aliud competat. (sed) hoc colliges C de pactis inter ept. et ven. l.ij et eius concordantiis in casibus nec datur actio ex pacto in continenti apposito ut C de usur. l. quamvis et C de iur. do. l. avia et ad idem infra sol. matrim. l. quot. et infra de relig. et su. fu. l. quod si locus et de servis expor. l. servus ea lege. alii addunt (quartum/quintum) <[casum]> ut C de loca l. si tibi, quod non placet. licet autem pactum ex intervallo <[quia nudum]>non pariat actionem, secus tamen est in casibus ut C de (doat./dolo). si quis arg. infra instit. de act. § item pretor et C de dot. promis. l. ad exact. et (ff.) de pollit. l. pactum et de naut. fe. l. periculi et C de usur. l. frumenti. <et infra de usur. l. etiam> (huic distinctioni additur, quod est infra de prescript. v., quod sic incipit: quando pacta etc. < sed an revocatio … etc.)

Azo *ad Rubricam de praescriptis verbis*:

cum pactum apponitur aut in contractibus nominatis aut in contractibus innominatis. si in contractibus innominatis, due competunt actiones sc. prescriptis verbis ad interesse et condictio ob causam ad revocandum, quod fuit traditum ut in hoc titulo l. naturalis § si autem rem do et C de condic. ob c. d. l. si ut proponis et C der rer. permut..l. quoniam et l. emptionem et l. rebus. sed rei vendicatio non competit ut C de rer. permut. l. cum pluribus (?). si autem in contractibus nominatis aut (ut?) qui pactum apposuit vel (?) erat contracturus aut non. in primo casu non revocat rem, sed agit prescriptis verbis ad interesse aut actione ex eo contractu, que informata est per pactum ut C der rescin. ven. l. ea conditione. in secundo rem revocat et quidem actione ex vendito, si est solutum pretium vel alias satisfactum ut C de pact. inter empt. et ven. l. cum re.

si non esset solutum pretium, rei vendicatione intendit ut infra inst. de rer. div. § vendite. in casibus etiam soluto pretio rei vendicationem habet ut in pacto legis commissorie et addictionis in diem ut C de pact. int. empt. et ven. l. commissorie et ff. in diem addict. l ubi aut. et supra de contrah. empt. l. si quis sub. sed condictio ob c. dat. in his contractibus non habet locum ut supra de rer. permut. l. ij i. fi. et C de condict. c.d.c.non sec. l. ult., nisi in casu sc. in contractibus donationis ut C de donat. que sub modo l. j.

XII. Die Gleichschaltung des *pactum de non petendo* mit *solutio*, *petitio* und *acceptilatio* – §§ 6 und 7 l. 27:

6 Sed si stipulatus decem aut Stichum de decem pactus sim et petam Stichum aut decem: exceptionem pacti conventi in totum obstaturam: nam ut solutione et petitione et acceptilatione unius rei tota obligatio solveretur, ita pacto quoque convento de una re non petenda interposito totam obligationem summoveri. sed si id actum inter nos sit, ne decem mihi, sed Stichus praestetur: possum efficaciter de Sticho agere, nulla exceptione opponenda. idem est et si de Sticho non petendo convenerit.

7 Sed si generaliter mihi hominem debeas et paciscar, ne Stichum petam: Stichum quidem petendo pacti exceptio mihi opponetur, alium autem hominem si petam, recte agam.

I. §§ 6 und 7 in Kontinuation der in §§ 4 und 5 l. 27 D 2,14 vorhandenen Entscheidungen

Wer die Darstellung eines von ihm zu entscheidenden Falls mit ›aber wenn‹ beginnt, setzt seine Entscheidung dieses Falls von demjenigen ab, was er zuvor gesagt hat – von dem Fall oder den Fällen, die er zuvor behandelt und entschieden hat. Mit *sed si* am Anfang von § 6 ist mithin – von Paulus (3 ed.), wie der Überlieferung gemäß anzunehmen ist – gesagt, es sei in dem, was nun folgt, anders als im Vorhergehenden zu entscheiden. Im vorhergehenden § 5 geht es in den beiden Sätzen, aus denen der Text dieses Paragraphen besteht, um zwei Fälle, von denen der zweite die exakte Umkehrung des ersten ist: geschuldet sind 10 und durch ein *pactum* erlassen 20 – das ist Fall 1; geschuldet sind 20 und durch ein *pactum* erlassen 10 – Fall 2. Beide Fälle stehen in einem äußeren und, was ihre Entscheidung betrifft, doch wohl auch inneren Zusammenhang mit der allgemeinen Aussage am Ende von § 4, es sei vor allem nämlich darauf zu achten, dass ein (hier *conventio* genanntes) *pactum*, das die eine Sache betrifft oder mit der einen Person geschlossen ist, sich nicht schädlich auf eine andere Person oder Sache auswirkt.[1] Dies geschieht – so setzt sich der Gedanke fort –

1 An dem inneren Zusammenhang des Folgenden mit dieser allgemeinen Aussage ist gewiss nicht deswegen zu zweifeln, weil nach dieser Aussage ein neuer Paragraph beginnt. Bei Paulus war das sicher noch nicht so, s. zur Einfügung der Paragraphenzeichen in die *leges* der antiken Litera Mommsen, Praefatio zur editio maior der Digesten p. XI, auch p. XXXV (Übers. Hillner ZRG 121 (2004), 403, 436) sowie Mor RSDI XXVI/XXVII, 146 ff., demzufolge die Unterteilung erst und noch ›verso la metà del secolo XII in via di formazione‹ sei, aber doch

nicht im Fall 1 von § 5, wenn aufgrund der auf 20 gerichteten *exceptio* (*pacti* oder *doli*) die Klage auf die geschuldeten 10 abgewiesen wird:[2] in Höhe des die geschuldeten 10 übersteigenden Betrags ist das *pactum* gegenstandslos; es betrifft keine *alia res*, sondern gar keine. Es geschieht das, was es bei den *pacta* gemäß § 4 zu vermeiden gilt, ebenfalls nicht in dem 2. Fall von § 5, wenn aufgrund des nur einen Teil der Schuld erlassenden *pactum* nur auf den verbleibenden Betrag verurteilt wird: 10 sind im Verhältnis zu 20 ein Minus und somit keine *alia res*. Ob und wie genau sich der Gedanke fortsetzt in § 6: in dem Fall, wenn *duae res*, nämlich 10 und Stichus alternativ (durch Stipulation) versprochen sind und das *pactum* nur eine der beiden *res*, nämlich nur die 10 betrifft; ob und wie damit zusammenhängt die Entscheidung, dass die aufgrund des *pactum* gegebene *exceptio in totum* durchgreift, sodass auch die *alia res* Stichus betroffen ist – die Antwort auf diese Frage sei hier vorerst aufgeschoben. Es ist zunächst noch die (um in der Sprache der Glossatoren zu reden:) *continuatio* von jenem § 5 zu diesem § 6 genauer ins Auge zu fassen.

Das *sed si* am Anfang von § 6 setzt, wie gesagt, die Entscheidung des Falls einer alternativen Obligation mit einem nur die eine Alternative betreffenden *pactum* von der vorher gegebenen Entscheidung ab; dieses einleitende *sed si* konstatiert zwischen dieser und jener Entscheidung einen Gegensatz, wovon in Hinsicht auf § 5 Fall 1 doch nicht gut die Rede sein kann. Verschieden sind hier und dort die Fälle. Deren Entscheidung ist aber doch dieselbe: es wird der Kläger mit dem, was er verlangt, in beiden Fällen abgewiesen, und die Differenz ist nur, dass hier (sc. in § 5 Fall 1) die Entscheidung ohne weiteres einleuchtet, nicht hingegen, wie die ihr hinzugefügte Begründung zeigt, auch dort. Der Gegensatz in der Entscheidung ist evident hingegen im Verhältnis von § 6 zu § 5 Fall 2, an den das *sed si* ja auch unmittelbar angeschlossen ist: Das *pactum* betrifft hier und dort nur einen ›Teil‹ dessen, was geschuldet ist; hier und dort wird geklagt auf das Ganze;[3] und während diese Klage hier, sc. in § 6 im Ganzen soll abzuweisen sein, wird ihr dort, sc. in § 5 Fall 2 in Höhe des von dem *pactum* nicht betroffenen Teils stattgegeben. Im Fortgang des mit dem Schluss von § 4

noch ›notevoli incertezze nella divisione‹ zeige (S. 148). Die heutige Unterteilung ist danach eine erst nach und nach in der Zeit der Glosse zustande gebrachte Leistung, die sicher nicht an einzelnen Glossatoren festzumachen ist. Bulgarus als ›autore della originaria divisione‹ ist sicher nur ›una pura congettura‹ (Mor S. 151). Die stattgefundene Unterteilung zeugt von einer Einsicht in die Sache, die als eine Leistung »der Glosse« gar nicht hoch genug zu veranschlagen ist und uns Heutigen wohl auch viel zu selbstverständlich erscheint.

2 Was daran, dass gesagt ist (*prodesse … exceptionem) placet*, anstößig ist (Koschaker, FS Hanausek, 1925, 148), sehe ich nicht, ebenso wenig, was sich in der Sache ändert, wenn es sich um ein »Resumée der Kompilatoren« handelt.

3 Obwohl *decem* erlassen sind, wird in § 6 geklagt n. b. auf *decem aut Stichum*, wie in § 5 Fall 2 ungeachtet des Erlasses von x, auf xx.

einsetzenden Gedankens ist zwischen § 5 Fall 1 und § 6 der 2. Fall von § 5 und dessen Entscheidung ein offenbar zur Logik des Gedankens gehörendes, wenn nicht gar notwendiges Zwischenstück.

In der neueren, noch interpolationskritischen Exegese ist von keinem Geringeren als Pernice,[4] wenn nicht angenommen, so doch vermutet worden, dass § 5 Fall 2 (der »letzte Satz« dieses Paragraphen) auf einem Eingriff der Kompilatoren beruhe, mithin das hier soeben sog. Zwischenstück bei Paulus gefehlt habe. Pernice ging es um die Befestigung seiner Ansicht, dass im Formularprozess eine *exceptio*, so wie diese ein Bestandteil des Klagformulars ist, keine urteilsmindernde Wirkung haben konnte, dass die Beseitigung dieser ›formal harshness‹ erst der nachklassischen Zeit, wenn nicht gar erst der justinianischen Gesetzgebung angehöre.[5] Ohne sich um das *sed si* am Anfang von § 6 zu kümmern, hat Pernice seinen gegen den ganzen 2. Fall von § 5 gerichteten Interpolationsverdacht für begründet erachtet, nicht etwa, wie sich versteht, durch die Sache, dass die Entscheidung in diesem Fall eine Urteilsminderung aufgrund der *exceptio doli* oder *pacti* ist. Seine Begründung war vielmehr die gehörige formale: der Satz sei schwerfällig und der plötzliche Übergang in den Konjunktiv (sc. *efficeretur*) befremdlich. Hätte es eine urteilsmindernde Wirkung der *exceptio* gegeben, hätte also Paulus angenommen, dass bei einer Klage auf 20 wegen des (für 10) geschlossenen *pactum* die Verurteilung auf 10 hätte stattfinden können, dann hätte er – so Pernice – einfach gesagt: *exceptio doli efficitur, ut reus in decem condemnetur*; es hätte m. a. W. keinen Grund gegeben, diese einfache Feststellung in der umständlichen Formulierung: *efficeretur per exceptionem* etc. zum Ausdruck zu bringen.

Einen Grund zu solcher Schwerfälligkeit des Ausdrucks gab es aber, wie noch zu bedenken bleibt, doch noch weniger in nachklassischer und schon gar nicht in der Zeit der Kompilatoren, als der Formularprozess und die zu diesem gehörende ›formal harshness‹, deretwegen eine urteilsmindernde Wirkung der *exceptio* sich verbot, längst der Geschichte angehörte. Einen Grund sich schwerfällig, umständlich auszudrücken und, was die urteilsmindernde Wirkung einer *exceptio* angeht, im Konjunktiv zu reden, gab es weit eher in spätklassischer Zeit, als die Beamtenkognition zwar noch *extraordinaria* geheißen haben mag, aber das: nämlich extraordinär auch zu sein aufzuhören im Begriff war, als der Formularprozess durch den Amtsprozess zurückgedrängt und vielleicht auch die Grenze zwischen beiden aufgeweicht, die ›formal harshness‹, die zu jenem gehörte, durchzuhalten, einige Mühe gekostet haben wird. Paulus gehört dieser Zeit an. Ihm waren, zumal als *praefectus praetorio*, beide Prozessarten präsent.

4 Labeo II 1 298.

5 Die ›formal harshness‹ s. bei Schulz, Classical Roman Law (1951/1991) Rz 96 in seiner trefflichen Veranschaulichung der Pernice'schen These.

Ihm ging es hier in § 5 seines Textes um eine Demonstration zu der – am Ende von § 4 ausgesprochenen – Regel, dass ein *pactum in alia re factum* nicht *in alia re* eingreifen darf. Er hatte mit dem Fall, dass 10 geschuldet und ein die Inanspruchnahme auf 20 ausschließendes *pactum* geschlossen war, ein Exempel, in dem, weil 10 zu 20 ein Minus und nicht ein *aliud* ist, jene Regel nicht verletzt ist, falls aufgrund des *pactum* die Klage auf 10 abgewiesen wird. Ihm musste mit diesem Exempel sich der Fall aufdrängen, dass es umgekehrt ist: 20 geschuldet und 10 durch ein *pactum* erlassen sind und es also ebenfalls nicht um *aliae res*, sondern darum geht, dass *in maiore inest minus.*[6] Mit diesem Fall war nur nicht so leicht wie mit jenem: nicht mit einem einfachen *placet* fertig zu werden; es war dazu mehr zu sagen – eben der beiden zur Verfügung stehenden Prozessarten wegen, eben darum, weil in dem einen, dem neueren und sozusagen modernen die gewiss auch in diesem *exceptio* genannte Verteidigung des Schuldners, wenn sie begründet war, ohne weiteres die Verurteilung auf den nach Abrechnung der erlassenen 10 verbleibenden Rest von 10 zur Folge haben musste, in jenem anderen sozusagen altehrwürdigen Prozess hingegen die Klage im Ganzen abzuweisen war. Ist also Paulus nicht abzusprechen, dass er nach Erledigung des Falls, wenn 10 geschuldet und 20 erlassen sind, sich die Umkehrung dieses Falls, dass 20 geschuldet und 10 erlassen sind, vorgenommen hat, dann ist auch nicht befremdlich, dass er, statt einfach, sich schwerfällig, umständlich ausgedrückt hat: würde man im Formularprozess so entscheiden, wie das im (von der ›formal harshness‹ freien) Amtsprozess ohne weiteres möglich ist, dann würde die in die Klagformel einzufügende *exceptio* bewirken, dass auf die *reliqua decem* zu verurteilen ist. Es geht bei der Gestalt, in der Paulus' Text überliefert ist, um eine Verkürzung dessen, was Paulus wohl noch umständlicher, als hier soeben geschehen, gesagt hat: um die Beseitigung der obsoleten Unterscheidung zweier Prozessarten; es geht um eine Verkürzung, die vorgenommen worden ist, als der Formularprozess ausgestorben war, und der auch zuzurechnen ist die Ungenauigkeit des Ausdrucks, dass die dem Klagebegehren entgegen zu setzende *exceptio* dazu nötige, nur die *reliqua decem* zu verlangen (*exigere*[7]) – verlangen darf und muss der Kläger doch 20; das *pactum* mindert nicht die *intentio* seiner Klage, nicht sein Begehren; sie mindert den Betrag der Verurteilung, den Betrag, den er aufgrund des Urteils erhält.

Dass es Paulus eben doch auch um den Fall 2 von § 5 gegangen ist und dass er diesen im Ergebnis so, wie in § 5 überliefert ist, entschieden hat, ist mit umso größerer Sicherheit anzunehmen angesichts des Falls von § 6 und dessen Entscheidung, die gerade aus dem, was ihr vorangeht, plausibel wird: Es ist keine

6 *in toto pars continetur*, wie Azo, Hugolinus und die *gl. ord.* mit dem Allegat von D 44,2,7 hier notieren.

7 Es klingt dieses *exigere* so, als gelte es, eine *pluris petitio* zu vermeiden.

alia res betroffen, wenn geklagt und verurteilt wird auf weniger, als das *pactum* zum Inhalt hat. Es ist auch keine *alia res* betroffen, wenn die Klage auf mehr gerichtet ist, als dem Kläger des *pactum* wegen zusteht und die Verurteilung auf das ihm zustehende Minus erfolgt. Es ist aber wohl eine *alia res* betroffen, wenn *duae res* alternativ geschuldet sind und davon eine, sc. *decem* dem Beklagten erlassen ist, falls dann der Kläger beide alternativ verlangt und mit dieser Klage im Ganzen abgewiesen wird: von dem *pactum*, das nur *decem* betrifft, ist dann auch die *alia res* Stichus betroffen. So lautet Paulus' Entscheidung in § 6, und aus welchem anderen Grund sollte er derart, dass das *pactum* in der Tat eine *alia res* trifft, entschieden haben als deswegen, weil der Kläger im Fall von § 6 nicht ein Mehr (wie im Fall 2 von § 5), sondern ein Anderes begehrt, als ihm aufgrund des *pactum* zusteht?! Warum ein Anderes? Solange ihm noch beides – alternativ – geschuldet war, hatte er die Sicherheit, nicht nur von beiden eins zu bekommen, sondern auch jedenfalls, wenn nämlich Stichus stürbe, die *decem*. Mit dem Erlass von *decem* (als einer *res*, die n. b. unvergänglich ist!) hat er diese Sicherheit aus der Hand gegeben, und er begehrt darum, wenn er nun doch *decem aut Stichum* verlangt, etwas anderes als ihm – des *pactum* und der ihm daraus zustehenden *exceptio* wegen – noch zusteht. Es geht Paulus in dem, was in seinem Text ja nicht er, sondern erst wir die §§ 5 und 6 nennen, um die am Ende von § 4 ausgesprochene, aus dem Vorangegangenen gewonnene *summa* – um die Regel: *ante omnia advertendum est* etc.; es geht ihm um die Eingrenzung dieser Regel durch die Bezeichnung der Fälle, in denen sie nicht gilt, weil *alia res* (wie in § 5) gar nicht getroffen und obwohl das (wie in § 6) doch so ist. Es geht um eine Argumentation, die in ihrer kasuistischen Finesse, wie man hier wohl sagen darf, klassisch und Paulus zu vindizieren ist – sofern für ihn nur und allerdings zurückzuweisen: als eine Interpolation seines Textes zu qualifizieren ist dasjenige, was in unserem § 6 an die Entscheidung angeschlossen, nämlich der mit *nam ut* etc. folgende Grund dafür ist, dass die *exceptio* der Klage auf *decem aut Stichum in totum* entgegenstehe.

In der neuzeitlichen textkritischen Exegese zu § 6 hat dies, wie mir scheint, bereits Eisele[8] gemeint und nur auf eine allzu kurze und auch etwas verschrobene Weise zum Ausdruck gebracht – zur Erklärung von Paulus' Entscheidung und zur Begründung des mit dieser Entscheidung sich aufdrängenden Verdachts, dass in der Überlieferung des Paulus-Textes die der Entscheidung folgende Erklärung: der mit *nam ut* eingeleitete Entscheidungsgrund interpoliert sei.[9] Was Eisele, vielleicht der Unterteilung des Textes in Paragraphen

8 ZRG RA 18 (1897) 12.

9 Die Interpolation würde noch früher einsetzen, wenn Pringsheim, Kauf mit fremdem Geld, S. 152 bei N. 4 zu folgen wäre, dass *in totum* im Gegensatz zu ›zum Teil‹ »scheinbar fast immer« interpoliert ist.

wegen, nicht gesehen hat, in seiner Argumentation jedenfalls fehlt, ist der hier umso umständlicher ausgeführte Zusammenhang, in dem Paulus' Entscheidung steht, in dem die Qualität der paulinischen Argumentation hervortritt und aus dem auch deutlicher als bei Eisele sichtbar wird, dass der in der Überlieferung des Paulus-Textes vorhandene Entscheidungsgrund, d. i. die hier schon einmal sog. und für Paulus verworfene[10] Gleichschaltung, Parallelisierung von *solutio*, *petitio*, *acceptilatio* und (Erlass-) *pactum*[11] für Paulus' Entscheidung nicht der Grund gewesen sein kann, also diese Erklärung zu seinem Text eine spätere Zutat sein muss.[12] Eiseles Ansicht scheint, was seinen Interpolationsverdacht betrifft, bislang unangefochten zu sein,[13] seine Erklärung zu Paulus' Entscheidung ist indessen als »rein formal« und »unzutreffend« zurückgewiesen worden von Mitteis,[14] und dies mit der Annahme, es erkläre sich Paulus' Entscheidung »natürlich« daraus, dass »offenbar die Parteien (bei Abschluss des *pactum*) sich bloß ungenau ausgedrückt und mit *decem* soviel gemeint haben wie *Stichum aut decem*« – womit dann doch gewiss Paulus' Aussage ins Triviale gezogen, aus seinem Text gleichsam die Pointe heraus genommen ist. Aus Mitteis' Argumentation dafür, dass die Interpolation von *nam ut – fin*. von Eisele wohl »richtig erkannt« worden sei, ist hier, weil für das Weitere wichtig, noch bemerkenswert die Annahme, es könne, wenn dem Schuldner, wie »bei solcher Promission« anzunehmen sei, das Recht der Wahl zwischen den Alternativen zustehe, der Gläubiger auch nach Abschluss des *decem* betreffenden *pactum* nicht direkt auf eine der beiden Leistungen (sc. nicht auf Stichus) klagen; es bedürfe, um das zu ermöglichen, »einer neuen Stipulation«, also einer Novation, bei der aus der neuen Obligation die ursprünglich geschuldeten *decem* herausgelassen sind – womit Paulus' Argumentation nun vollends verfehlt ist. Denn es geht doch in dem ganzen in unserer l. 27 überlieferten Stück aus Paulus' Ediktskommentar um die Frage, was ein *pactum* als einer Rechtsfigur des *ius naturale* im *ius civile* zu bewirken imstande ist. Das bei einer *civiliter* begründeten Alternativobligation nur die eine Alternative betreffende *pactum* beseitigt dem Zweck dieses *pactum* gemäß – so muss Paulus gedacht haben – das zu einer solchen Obligation

10 S. hier o. in der die ›paulinisch-labeonische Logik‹ betr. Einleitung zu Abschn. X.

11 Dass schon die *petitio* in diese Reihe nicht passt, haben offenbar, wie hier noch gezeigt werden wird, auch schon Azo und Hugolinus empfunden und sich damit beholfen, zu diesem Lemma die Fälle zu notieren, in denen es ausnahmsweise so sein kann, dass eine *petitio* die Wirkung einer *solutio* hat.

12 Wie spät: ob sie erst kompilatorisch, wie Eisele gemeint hat, oder bereits nachklassisch: eine das Fehlen der Begründung ersetzende Glosse ist, kann hier dahinstehen.

13 Die §§ 5, 6, 7 von fr. 27 sind jedenfalls nicht behandelt von Kaser, Kunkel/Honsell/Mayer-Maly/Selb.

14 (Leiziger) FS Wach (1913) 6 N. 2.

gehörende Wahlrecht,[15] aber dies doch nur mittels der ihm eigenen Rechtsfolge einer *exceptio*; es hat diese Wirkung, wem auch immer das Wahlrecht zusteht; es sind an dem *pactum* doch auch beide, mithin auch der Wahlberechtigte beteiligt. Das *pactum* bewirkt m. a. W. auf diese eigenartige Weise, sc. *per exceptionem* die Konzentration der Schuld auf eine der Alternativen; es modifiziert, um dasselbe noch anders zu sagen, die durch die Stipulation begründete Obligation, reformiert deren Inhalt. In Paulus' Fall klagt der Gläubiger also nicht, wie Mitteis gemeint hat, deswegen auf *decem aut Stichum*, weil er ohne eine neue, das Wahlrecht beseitigende Stipulation gar nicht anders klagen konnte. Er erhebt vielmehr, wie Eisele gemeint haben muss, die verkehrte Klage, eine Klage mit der verkehrten *intentio*. Der Fall ist von Paulus gebildet im Anschluss an Fall 2 von § 5,[16] und es ist, was Paulus sagt, also auch nur dies: *wenn* ein Gläubiger so, sc. mit der *intentio: decem aut Stichum*, klagt, dann ist er im Ganzen abzuweisen.[17] Paulus' Argumentation ist hier nicht eine sich an dem, was ein Gläubiger praktischerweise tun wird, orientierende Jurisprudenz. Sie ist in Fällen redende reine Theorie, spätklassisches »Glasperlenspiel«, in dem die einzelnen Spielzüge, an und für sich gesehen, trivial sein können. Und sie setzt sich, wie hier noch zu zeigen bleibt, in dieser ihrer Qualität fort in § 7 seines Textes.

Das *pactum* betraf in § 6 wie in § 5 Fall 2 *decem* und somit den Teil der Obligation, in dem das zu leistende Stück nicht konkret bestimmt ist – und wie also ist es, wenn es überhaupt nur um eine solche nicht konkretisierte, generische Verpflichtung geht, das *pactum* ein Stück betrifft, mit dem die Schuld hätte getilgt werden können und der Gläubiger, ungeachtet dieses *pactum*, just dieses Stück verlangt (wie im Fall von § 6, ungeachtet des *decem* aus der Obligation ausscheidenden *pactum, decem aut Stichum*)? Dass es in § 7 nicht um einen neuen, sondern um eine die Problematik zuspitzende Abwandlung des in § 6 entschiedenen Falls geht, liegt nur deswegen nicht auf der Hand, weil der generische Inhalt der Obligation nun nicht mehr wie in § 6 *decem* ist: nicht mehr Geld, sondern ein Sklave, weil also das *genus*, aus dem die Schuld zu tilgen ist, nun ein anderes und begrenzteres ist. Es bedurfte zur Zuspitzung der Problematik dieser Abwandlung des Falls, weil in dem *genus* ›Geld‹ alle Stücke gleich sind und die Eliminierung eines einzelnen Stücks der bare Unsinn wäre.

15 Treffend Eisele: das *pactum, ne decem* etc. »kann ohne Zwang nur als Beschränkung der Obligation auf Stichus verstanden werden«.

16 Weswegen es auf die Echtheit dieses Stücks von § 5 auch ankommt und diese hier gegen Pernice zu verteidigen war.

17 Dass der *iudex*, wie Eisele angenommen hat, den Fehler korrigieren und, obwohl *decem aut Stichum* die *intentio* ist, auf Stichus verurteilen kann, lässt mich dann doch zweifeln, ob ich Eisele richtig verstehe.

Auch Mitteis hat dies gesehen, dass nämlich im Anschluss an § 6 »eine Erörterung des Falls, wo bei einer generischen Forderung ein einzelner Gegenstand wegpazisziert wird, an sich ganz folgerecht« ist. Er hat gleichwohl gemeint, »so wie dasteht«, könne Paulus »nicht geschrieben haben«; es sei der ganze § 6 für Paulus zu streichen, eine »freie Erfindung Justinians«,[18] und dies soll deswegen anzunehmen sein, weil die Entscheidung »so wie dasteht ... offenbar total falsch ... komplett unmöglich« sei.

Die Entscheidung ist, dass der Gläubiger, wenn er, des *pactum* ungeachtet, auf Stichus klagt, mit der *exceptio* zurückzuschlagen ist,[19] aber doch seiner Klage auf Leistung eines anderen *homo* nichts entgegen steht. Total falsch und ganz unmöglich ist beides aber doch allenfalls, wenn dem Schuldner das Recht, den zu leistenden Sklaven auszuwählen, zusteht,[20] und selbst dann ist doch der Fall, dass die Klage auf Stichus gerichtet werden kann (und nur des *pactum* und der *exceptio* wegen abzuweisen ist) nicht undenkbar: es kann doch passieren, ist mithin nicht »total unmöglich«, dass alle zur Gattung gehörenden Sklaven außer Stichus umkommen. Davon, dass er bei der auf Stichus gerichteten *petitio* des Gläubigers an diesen Fall denke, sagt Paulus nichts, wie er hier, ebenso wie im Fall des § 6, auch nichts dazu sagt, wem das Wahlrecht zusteht. Er sagt dies nicht, weil es für seine Entscheidung hier wie dort gleichgültig ist, und er nennt nicht die Voraussetzung, bei deren Vorliegen die Klage (trotz Wahlrecht des Schuldners) wohl auf Stichus gerichtet werden kann, weil er nicht so praktisch denkt, wie Mitteis gemeint hat, dass er es hätte tun müssen. Es geht ihm darum, dass ein *pactum*, wie ein solches im Fall des § 6, wenn auch nur *quasi*, die Konzentration auf eine der alternativ geschuldeten Leistungen bewirken kann, also *quasi* auch die Gattung zu reduzieren imstande ist, und es genügt ihm, um dies zu konstatieren, dass der Fall, in dem die Klage auf den durch das *pactum* aus der Gattung eliminierten Stichus zu richten und nur aufgrund der *exceptio* abgewiesen werden kann, denkbar ist. Theoretisch kann das so sein, und nur darum: nur um Theorie ist es ihm hier zu tun.

Es bleibt zur Absicherung des hier bislang allein aus dem zwischen den §§ 6 und 7 festzustellenden Zusammenhang gewonnenen Resultats, dass Paulus so,

18 Allenfalls sei anzunehmen, dass Paulus von etwas anderem, vielleicht der *servi optio* gehandelt habe, sodass jedenfalls »unser § 7 auf mehr oder weniger weitgehender Interpolation beruhen« müsse.

19 Formal nimmt Mitteis Anstoß an *petendo* (statt *petenti*), was denn doch, weil diese Differenz auch bei der Abschrift unterlaufen sein kann, etwas wenig ist.

20 Was Mitteis, wie im Fall des § 6 bei »solcher Promission«, als selbstverständlich unterstellt haben wird; Siber ZRG RA 42 (1921) 94, der Mitteis, was die Interpolation von § 7 angeht, folgt, meint dann auch, für das justinianische Recht sei die Aussage dieses § 7 zu beschränken auf den Fall, dass dem Gläubiger das Wahlrecht zusteht.

»wie (in § 7) dasteht«, wohl »geschrieben hat«, hingegen nicht ihm in § 6 die Parallelisierung von *solutio*, *petitio*, *acceptilatio* und *pactum* zuzurechnen ist, noch ein Letztes zu bemerken, bevor es um dasjenige gehen kann, was Azo und Hugolinus zu diesen Paragraphen gesagt haben sowie in der *gl. ord.* dazu vorhanden ist. Paulus hatte, wie ohne weiteres zu sagen ist, gewiss eine bis in das Detail hineingehende Kenntnis der Arbeiten sowohl Julians, dessen Digesten er herausgegeben und mit *notae* versehen hat, als auch des Neraz, zu dem er ein vier Bücher umfassendes Werk geschrieben hat. Es wird Paulus also nicht dasjenige entgangen sein, was zu dem Fall, dass aus dem *genus*, aus dem eine Schuld zu erfüllen ist, ein einzelnes Stück von dem Gläubiger und dem Schuldner oder nur von jenem eliminiert wird, von Neraz einerseits und von Julian andererseits angenommen worden ist, von Scaevola (was Neraz betrifft) sowie von Ulpian (bezüglich Julian) berichtet und uns in D 35,5,18 und 46,4,13,4 überliefert ist: Geschuldet ist (aufgrund eines Legats) ein *homo*, und es wird zurückgewiesen (wie doch sicher anzunehmen ist: von dem Legatar der diesem von dem Erben offerierte) Pamphilus. Oder: stipuliert ist ein *homo*, und es wird ein auf Stichus bezogener förmlicher Erlass vereinbart, Stichus mithin nicht »wegpazisziert«, sondern akzeptiliert. Die Entscheidung jenes Falls durch Neraz ist: *nihil agi*; es bleibt der *repudiatio* ungeachtet dabei, dass Pamphilus noch eligiert und somit auch noch gefordert und geleistet werden kann. In diesem von Julian entschiedenen Fall hingegen gilt: *aliquid egisse*:[21] die Akzeptilation hebt die Obligation *in toto* auf, denn was auch gegen den Willen des Gläubigers der Schuldner leisten kann, das bewirkt die Befreiung des Schuldners auch dann, wenn es ihm förmlich: durch die Erklärung, das Geschuldete erhalten zu haben, erlassen wird. Der förmliche Erlass also ist der Erfüllung gleich, die bloße *repudiatio* eines einzelnen zu der Gattung gehörenden Stücks bewirkt nichts. Und was bewirkt – *ceteris paribus* – ein *pactum*? Diesen Fall und diese Frage soll Paulus in Ergänzung zu dem, was ihm durch Julian und Neraz vorgegeben war, nicht behandelt haben? Und er, dem es in seinem in unserer l. 27 überlieferten Text um eine detaillierte Erörterung der Frage ging, was ein *pactum* zu bewirken imstande ist, soll nicht angenommen haben, dass ein *pactum* anders als eine *repudiatio* wohl etwas ›agiert‹, nämlich eine *exceptio* erzeugt bezüglich dessen, warum es in ihm geht, also bezüglich Stichus, aber auch nicht mehr als das und also auch nicht so viel wie der förmliche, *acceptilatio* genannte Erlass? Es ging Paulus, wie doch nicht bezweifeln kann, wer in l. 27 außer § 7 auch jene beiden Stellen im Blick hat[22] und Paulus' besondere

21 Neraz' *nihil agi* und Julians *aliquid egisse* ist ein zufälliger Gleichklang?

22 Sowie auch noch Julians in D 34,4,11 überlieferte Entscheidung betr. den Fall, dass ein *homo* geschuldet ist aus einem Legat und dieses von dem Erblasser bezüglich Stichus widerrufen wird.

Affinität gerade zu Julian und Neraz nicht außer Betracht lässt, um eine Ergänzung zu dem, was ihm in der Arbeit dieser beiden vorgegeben war: dass ein *pactum* mehr bewirkt als eine *repudiatio*, aber doch nicht so viel wie eine *acceptilatio* – eine Reduktion der Gattung wohl um das eine durch das *pactum* betroffene Stück, hingegen nicht eine Aufhebung der Obligation im Ganzen. Hat aber Paulus doch »so, wie (in § 7) dasteht«, geschrieben, dann kann er nicht auch das geschrieben haben, was in § 6 mit *nam ut* etc. gesagt ist; er kann nicht in ihrem Effekt ein *pactum* einer *acceptilatio* gleichgeschaltet haben. Ist jenes Paulus, mithin echt, dann ist dies unecht, mithin nicht Paulus.

Dies war hier noch zu bemerken – zur Einstimmung auf dasjenige, was zu §§ 6 und 7 Azo und Hugolinus angenommen haben und in die *gl. ord.* aus deren beider Arbeit, bald diesen, bald jenen ausbeutend und interpolierend, übernommen worden ist. Die Glosse überhaupt und Azo sowie Hugolinus im Besonderen zeichnet aus, dass sie durch ihr Bemühen, das Ganze der Überlieferung des justinianischen Rechts zu erfassen, als Recht zu begreifen und also alles Detail, wie es sich im Recht gehört, aufeinander abzustimmen, *alles* Detail auch im Blick hatten. In ihrer unsere §§ 6 und 7 betreffenden Exegese war ihnen, neben noch anderem, auch D 33,5,18 – d. i. in ihrer Zitierweise *de opt. le. l. homine* sowie auch D 46,4,13,4 – *de accept. l. etiam per iusiur. § si is* als mit unseren §§ 6 und 7 zu harmonisierende *leges contrariae* präsent. Eine durch Harmonisierung zu überwindende *crux* war ihnen namentlich auch D 18,5,4 – *de rescin. ven. l. Paulus notat*, um hier vorweg auch noch wenigstens diese von Paulus zu Julian geschriebene *nota* zu nennen. Ihnen fehlte in ihrer Exegese – mit allem Respekt für Pernice, Eisele und auch Mitteis sei dies gesagt – mitnichten die Weitsicht. Ihr Manko war, dass ihnen die geschichtliche Erklärung der in der Litera vorhandenen Disharmonien keine Option war. Sie waren Juristen, denen das Recht vorgegeben ist, und da es ihnen vorgegeben war in den *leges* und der Litera der justinianischen Gesetzgebung, war diese Litera ihre Vorgabe und für sie indisponibel. Wie das Resultat ihrer Arbeit nicht sein durfte und nicht sein konnte, dass ein *contrarium* schlechthin unauflösbar ist, so kam für sie in dem Bemühen, in dem, was ihnen das Recht war, alle *contraria* aufzuspüren und aufzulösen, alle Disharmonien zu beseitigen, auch nicht in Frage, aus der Litera, aus dem Recht einzelne Stücke als nachträgliche, die Sache verfälschende Zutaten auszuscheiden. Sollten sie sich dieses ihres Dilemmas überhaupt nicht bewusst gewesen sein?

II. Die Quellen für die Erörterung der in §§ 6 und 7 verhandelten Sache

1) *Erläuterung zur Wiedergabe der Quellen*

Der azonische Apparat und auch derjenige des Hugolinus sind, wie hier abermals zu bemerken nicht überflüssig sein wird, exakt so, wie sie hier wiedergegeben werden, in keiner der Hss, die diese beiden Apparate überliefern, vorhanden. Die Differenz der Wiedergabe zu dem, was in den Hss ist, betrifft n. b. hier wie auch sonst nicht den Text der Glossen. Dieser ist hier und dort, von Varianten zwischen den Hss abgesehen, derselbe. Different ist die Reihenfolge, in der die Glossen wiedergegeben sind, wozu hier, was die Aufeinanderfolge der Glossen in den Hss betrifft, in Hinsicht auf die bei Azo und Hugolinus vorhandenen reinen Allegationen sogleich noch einiges mehr zu sagen sein wird. Die Wiedergabe der Azo- und Hugolinus-Glossen ist auch hier wieder ausgerichtet auf die *gl. ord.*, in der die Aufeinanderfolge der Glossen vorgegeben ist durch die Litera: Da in der *gl. ord.* jede Glosse ein eigenes Lemma hat, ist die Aufeinanderfolge der Glossen vorgegeben durch die Position des jeweiligen Lemmas in der Litera, sodass die Glosse zu einem Lemma, dem in der Litera ein anderes Lemma vorangeht oder nachfolgt, nach oder vor der Glosse zu diesem anderen Lemma steht. In der Wiedergabe der Glossen der Apparate von Azo und Hugolinus ist in dieser Weise zu verfahren nicht möglich wegen der vielen in diesen Apparaten noch vorhandenen Glossen, die gar kein Lemma haben, wie die Glossen, die aus reinen Allegaten bestehen, sowie diejenigen, die auf ein reines Allegat bezogen sind, namentlich diejenigen, die ich als Solutionglossen bezeichne, weil das Allegat eine *contra*-Stelle und das dadurch indizierte *contrarium* in der Glosse aufzulösen unternommen ist. Aber auch da, wo es in unseren beiden voraccursischen Apparaten um lemma-bezogene Glossen geht und es darum möglich wäre, bei deren Wiedergabe wie bei der *gl. ord.* zu verfahren, ist dies hier, sc. in der folgenden Wiedergabe nicht geschehen. Es geht um den Nachweis der Abhängigkeit der *gl. ord.* von demjenigen, was in den Apparaten von Azo und Hugolinus bereits vorhanden ist, und um diese Abhängigkeit zu einer gewissen Evidenz zu bringen, ist hier, wie bereits bei den in den früheren Abschnitten dieser Untersuchung angeführten Exempeln, dem Text der *gl. ord.* unmittelbar dasjenige zugeordnet: möglichst neben diesen Text gestellt, was zu ihm bei Azo und bei Hugolinus die Vorlage ist oder sein könnte, und es ist auch, um dies möglich zu machen, der im Original immer en bloc geschriebene Text der jeweiligen Glosse durch die Einfügung von Absätzen in Stücke zerlegt. Und dies ergibt eben eine andere Aufeinanderfolge und ein anderes Erscheinungsbild als dasjenige, das in den Hss vorhanden ist. Es kann aber, was die Möglichkeit einer auch in der Aufeinanderfolge der Glossen den Quellen getreuen Wiedergabe angeht, auch das Folgende nicht außer Betracht bleiben.

Eine Schwierigkeit in der Benutzung der älteren Apparate, von der hier schon häufiger die Rede war – eine Schwierigkeit, die erst Accursius beseitigt hat, mit der man es mithin in den Apparaten von Azo und Hugolinus noch zu tun hat, bestand und besteht (sc. für den heutigen Benutzer) in der Zuordnung der reinen Allegate zu der Litera, zu der sie gehören. Idealiter gehört ein Allegat auf den Rand und steht dort idealiter direkt neben der Litera der *lex* oder des Paragraphen, zu dem oder der seine Aussage etwas beiträgt: ein *pro-* oder *contra*-Argument ergibt. Der Bezug des Allegats ist diese seine Position und ist – bei idealer Position – eben daraus auch ohne weiteres sichtbar.[23] Die Herstellung des Bezugs ist schwierig und zu einer dem Leser überlassenen Aufgabe geworden aus zwei Gründen, die sich daraus ergeben, dass die Ermittlung der zu allegierenden Stellen ein langwieriger Prozess gewesen ist: Im Laufe der Zeit, in der die Resultate des Studiums der *leges* auf die glossatorische: sich unmittelbar an die Litera anlehnende Weise niedergeschrieben worden sind, werden sich erst nach und nach die Stellen gefunden haben, deren Aussage zu der Aussage einer anderen Stelle wirklich oder vermeintlich ein *pro-* oder *contra*-Argument ergaben, und diese sozusagen neuen Stellen sind der einen oder den mehreren bereits vorhandenen in der Weise hinzugefügt worden, dass jede hinzukommende räumlich *unter* die bereits vorhandene(n) geschrieben wurde. Um die ideale Position der Allegate unmittelbar neben der Litera zu erhalten, hätte man gewiss besser daran getan, die neu gefundenen Stellen unter voller Ausnutzung des neben der Litera vorhandenen Raums neben die alten zu schreiben.[24] Man musste, solange man sich noch nicht sicher war, das gesamte Detail der *leges* zu übersehen, begreiflicherweise Skrupel haben, so zu verfahren, und man konnte so auch gar nicht verfahren, solange in den Codices der Rand neben der Litera, wie anfänglich meist, noch ein sehr schmaler war. Man ist bei der ursprünglichen Praxis des Untereinanderschreibens der Allegate aber auch dann und da geblieben, wo ein Rand von genügender Breite vorhanden oder bei der Abschrift der Litera ausgespart war. Man hat, und das doch wohl auch nicht nur aus bloßer Gewohnheit, auch weiterhin ein Allegat unter das andere gesetzt: eine aus

23 Sodass genau genommen es nicht exakt ist, von den reinen Allegaten, wie hier bislang geschehen, zu sagen, es fehle ihnen der sichtbare Bezug auf die Litera.

24 Wie das, soweit ich sehe, nur ein einziges Mal und auch erst sehr spät geschehen ist in Paris 4463, wo dann, um den Bezug auf die Litera außer Frage zu stellen, diesen Allegatssammlungen das Anfangswort der Litera vorangestellt und somit ein Lemma gegeben worden ist. Zu diesem Verfahren gehört allerdings die Überzeugung, dass zu jeder Stelle alle relevanten pro und contra-Stellen gefunden waren – die Überzeugung einer Zeit, die ihre Aufgabe darin sah, das ihr vorliegende Detail der *leges* aufeinander abzustimmen, zu harmonisieren, sodass alles als ein »geschlossenes Ganzes« (Savigny) erscheint: Paris 4463 hat, wie hier schon mehrfach bemerkt, den mit Hugolinus-Stücken verschnittenen Azo-Apparat, und von diesem, wie sich immer wieder zeigt, eine revidierte Version.

reinen Allegaten bestehende, die Litera umschließende Katene geschrieben – eine jedenfalls neben der Litera herlaufende Kette, die gelegentlich, wenn die Litera umfänglicher war als die auf sie zu beziehenden Allegate, unterbrochen ist, und von der, wenn das Verhältnis der Allegate zu der Litera das umgekehrte ist, ein Teil, mithin einzelne Glieder, also ein Teil der Allegate neben eine Litera zu stehen kam, mit der sie nichts zu tun hatten. Elk voordeel heeft, wie man im Holländischen (seit Johan Cruif) so trefflich sagt, zijn nadeel: der Leser und das ist n. b. auch derjenige, der von einem solchen Exemplar abschreibt, kann allein durch ein sozusagen großräumiges: ein Stück zurück- und ein Stück vorausgehendes Studium der Litera und der Allegate das, was zusammengehört, herausfinden – und wie kann er das, wenn er der Sache, um die es hier und dort geht, nicht hinreichend mächtig ist? Das Kopieren aus solchen Exemplaren war eine Arbeit, die fehlerfrei zu leisten eine erhebliche Anstrengung kostete, ohne juristischen Beistand nicht gelingen konnte.

Es kommt, was die Schwierigkeit der Benutzung der älteren Apparate betrifft, noch ein Weiteres hinzu. Das Schreiben der Allegate als Glieder einer Kette hatte den weiteren Nachteil, dass in der Kette selbst: zwischen ihren einzelnen Gliedern für die Ausführung eines *argumentum*, für die *solutio* zu einer als *contra* allegierten Stelle ein hinreichender Raum in aller Regel nicht vorhanden war. Beides musste anderenorts untergebracht werden: in der schmalen Spalte zwischen den Allegaten und der Litera; auf dem äußeren Rand neben den Allegaten; oder aber da, wo die Kette, wie regelmäßig am Ende der beiden Kolumnen, in denen die Litera geschrieben zu werden pflegte,[25] unterbrochen war (also auf dem Rand über oder unter jeder Kolumne) oder auch schon zwischendurch, wenn in der Kette aus dem hier soeben genannten Grund eine Lücke vorhanden oder auch, um noch etwas hinzufügen zu können, frei gelassen war.[26] Die Ausführung des *argumentum*, der *solutio* zu einer *contra*-Stelle war dann platziert in einem mehr oder weniger großen Abstand von dem Allegat, sodass zwischen der *solutio* und dem Allegat wie zwischen diesem und der Litera der Bezug herzustellen war und jener Bezug anders als dieser in der

25 Die bekannten und, soweit ich sehe, auch einzigen Ausnahmen von dieser Regel sind Vatikan 1406 und Paris 4450, und beide sind sicher auch die ältesten; ob sie gleichaltrig sind, kann hier dahinstehen; zum Alter der in beiden vorhandenen Apparate s. hier im Fazit zu dieser Untersuchung N. 4.

26 War die Kette kurz und in ihr eine *contra*-Stelle, dann bot sich an, diese Stelle an das Ende zu setzen, was aufmerksame Kopisten dann auch getan haben: bei den 6 reinen Allegaten im azonischen Apparat, um die es hier zu §§ 6 und 7 l. 27 sogleich gehen wird, steht diejenige der darin vorkommenden *contra*-Stelle, die mit einer *solutio* zu versehen war, am Ende der Kette (und dort dann auch sogleich die *solutio*) in 6 der diesen Apparat überliefernden Hss, in den drei übrigen ist sie die vorletzte und also die *solutio* nicht unmittelbar daran anschließend, vielmehr in einigem Abstand ausgeführt.

Regel auch dadurch hergestellt wurde, dass an das Ende des Allegats und an den Anfang der *solutio* dasselbe Zeichen gesetzt wurde. Gehörten zu der Kette mehrere *contra*-Stellen und ließen sich an diese die dazu gehörenden *solutiones* nicht unmittelbar anschließen, dann musste mit von *contra*-Stelle zu *contra*-Stelle zu variierenden Zeichen gearbeitet und diese Variation zur Sicherstellung, dass das, was zusammen gehörte, auch als zusammen gehörend gekennzeichnet war, über eine gewisse Strecke hin fortgesetzt werden.

Die Zeit, die ein Leser braucht, um diese Zusammengehörigkeiten festzustellen, ist nicht der Rede wert, wo die Zahl der Allegate sowie der dazu gehörenden Erläuterungen und *solutiones* gering und die vorhandenen von geringem Umfang sind. Und sie ist eine erhebliche, wo dies und jenes nicht so ist – wo das im Fortgang der exegetischen Arbeit an den *leges* verfolgte Ziel bald mehr, bald weniger erreicht ist und kein Allegat ohne Ausführung des ihm zu entnehmenden Arguments, kein durch das Allegat einer *contra*-Stelle indiziertes *contrarium* ohne *solutio* mehr übrig ist. Es ist schon wunderlich, dass dann in aller Regel, wenn man nur beharrlich ist, alles, was zusammengehört, sich finden lässt, und dass eine Seltenheit der Fall ist, wo allein Beharrlichkeit nicht hilft, weil einem Schreiber aus Unachtsamkeit oder mangels des für die Erfassung der Zusammengehörigkeit nötigen Sachverstands ein Fehler unterlaufen ist – einem Schreiber, der das, was ihm vorlag, abschrieb oder der in einem Hörsaal niederschrieb, was dort diktiert und über das Diktierte hinaus im Verlauf der Exegese gesagt wurde.[27] Um einen auf diese Weise: beim Ab- oder Mitschreiben unterlaufenden Fehler zu erkennen und zu berichtigen, können eine Hilfe sein andere Hss, die denselben Text überliefern. Es können dabei helfen andere Apparate, die dasselbe Allegat und dazu eine andere und die passende Erläuterung oder *solutio* haben. Und es bietet dafür die beste Hilfe die *gl. ord.*, wenn und weil dieser ›ordentliche‹ Apparat aus einer Bearbeitung älterer Apparate hervorgegangen ist, alle dort noch vorhandenen reinen Allegate in ihm zu lemma-bezogenen Glossen umgestaltet und im Zuge dieser umgestaltenden Arbeit die in den Vorlagen vorhandenen Fehler erkannt und verbessert worden sind. Es wird zu all dem hier zur Wiedergabe der Quellen vorweg Gesagten das Folgende eine Anschauung liefern.

27 Die zu der Litera, deren Exegese jeweils an der Reihe war, zu allegierenden Stellen werden doch wohl jeweils vorweg, etwa zu Beginn der Vorlesungsstunde, des Vorlesungstags, diktiert worden sein und sodann im Verlauf der Exegese zu der einen oder anderen Stelle die das *argumentum* entwickelnde Erklärung gegeben, zu dem indizierten *contrarium* die *solutio* ausgeführt worden sein. Es kam dann darauf an, dass diese Ausführung, diese Erklärung unter den vorweg diktierten Allegaten den richtigen Bezug erhielt, was ebenfalls nicht mechanisch zu erledigen war.

2) *Die Quellen*

Azo	Gl.ord.	Hugolinus
[infra de libat. le. l. non solum § si is infra de solut. Stichum infra de rescin. ven. l. cum emptor Jul. pa. cc. infra de rescin. ven. l. paulus notat. cc. infra de adim. le. l. qui hominem. infra de accept. l. et. per iusiur. § si Stichum cc. Solo.: acceptilatio loco solutionis est, cum et ipsa dicitur solutio, sed pactum ita demum, si in rem factum sit vel de hoc, quod in obligatione consistit. vel idem in utroque est. vel etiam distinctio electionis contrarietatem solvit.]*	aut stichum: sub alternatione [pactus sim: a non petendo] [decem: alternative ut promissum fuit]	infra de solut. l. qui decem § Stichum aut Pamph. infra de leg. ij l. mevius § duobus. infra de opt. le. homine cc. infra de adim. leg. qui hominem
petitione: facta contra alium animo novandi ut infra de novat. l. delegare.	petitione: sc. facta contra alium animo novandi ut infr de novat. l. delegare et infra de in rem verso l. si patre in princ. et infra de solut. l. solutionem.	petitione: quae in simul contingas duae quasi dicat: petitione pendente et postea solutione sequente. item acceptilatio unius rei etc. vel petitione in iudicio sc. facta per litem contestatam ab alio animo novandi, nam iudicium pro nobis accipiendo ut solutione et inviti (?) et igitur liberamus ut infra de solut. l. solutionem et infra de in rem ver. l. si pro patre in princ.*
vel pone: i. e. cum res extimata fuit et prestita rei extimatio.	vel dic.: petitione, cum res aestimata fuerit et praestita rei aestimatio.	
vel pone: ab una parte peti et solutionem	vel pone: ab una parte petitione et solutione.	
	vel dic. quarto: petitione absolutione tamen secuta per sententiam, quo casu fit per exceptionem ut C de usur. rei iud. l. fin § fin. Item facit infra de lib. leg. l. non solum § i in fi.	vel dic.: petitione in iudicio facta et absolutione secuta per sententiam, quo casu fit novatio non ipso iure sed per exceptionem ut C de usur. rei iu. l. fi.
stipulatus: si pura sit stipulatio, aliud si conditionalis ut infra de condict.(!) accept. l. et. per iusiur. § si Stichum.**	obligationem submoveri: immo videtur non tota ut infra accept. l etiam per iusiur. § si Stichum, quae est contra. sed hic actum fuit, ut tota tolleretur obligatio, ibi non, immo ut remaneret alter in obligatione. vel aliter [et melius]: ibi ideo in altero non tollitur, quia fuit facta acceptilatio in Sticho et	infra de accept. l. etiam per iusiur. § si Stichum contra. hic actum fuit, ut tota tolleretur obligation, ibi vero non, immo ut remaneret alter in obligatione. vel aliter: ibi ideo non tollitur in altera obligatione, quia

	ipse decessit pendente conditione, sub qua promissio x vel Stichi ante fuerit facta. et sic patet, quod nulla fuit acceptilatio in Sticho, de quo fuerit expressum ut infra de novat. l. quotiens, nec ergo in tacito ut arg. infra de servit. rust. praedio. l.item § qui habet, quare alter remansit in obligatione.	fuit facta acceptilatio in Sticho et ipse decessit pendente conditione, sub qua promissio x vel Stichi ante facta fuit. et sic apparet, quod nulla fuit acceptilatio [quoniam** tempore conditionis non potest se liberare Stichum dando]
[opponenda infra de adim. le. qui hominem infra de accept. et. si (!) per § si is qui. Solut.: acceptilatio loco solutionis est, quia et ipsa dicatur solutio. sed pactum ita demum, cum in rem sit factum vel de hoc quod in obligatione consistit. vel idem in utroque. sed distinctio electionis contrarietatem solvit.] ***	sed hic satim valuit pactum in x, quia pure promisit x aut Stichum. Item est contra infra de rescin. ven. l. si emptio. Solo.: ibi convenit, ne alterius tantum esset emptio, hic simpliciter fecit pactum de uno non petendo, quia videtur et in alio remisisse.	quare alter remansit in obligatione. sed hic bene aliquid fuit pactum in x statim, quia pure promiserat x aut Stichum. infra de rescin. ven. l. si emptio contra. ibi convenit, ne alterius tantum esset emptio, hic simpliciter fecit pactum de uno non petendo, quia videtur etiam in alio remisisse. et sic solvitur infra de accept. qui decem § Stichum et Pamphilum, nam et ibi actum est inter eos, ut ** alter remaneret in obligatione.
idem est sc. per contrarium****	idem est sc. per contrarium	
	[convenerit et de decem petendis convenit subaudi.]	
exceptio: immo et sine pacto nec fuit Stichus in obligatione nec potuit peti ut infra instit. de act. § preterea.	opponetur:* (1) immo et sine pacto non fuit in obligatione nec peti potuit ut instit. de act. § praeterea. (2) item si quilibet homo esset in obligatione, si Stichus fieret meus, licet desineret, non posset mihi solvi, quod falsum est ut infra de solut. l. qui decem § Stichum. dic. ergo opponetur exceptio intentionis, non iuris. (3) sed econtra videtur quemlibet hominem esse in obligatione tali casu ut infra de le. ij l. mevius § duorum. sed dic. illud de stricto iure, hoc de aequitate et secundum hoc indistincte petam alium.	exceptio: exceptio intentionis, nam ipso iure Stichum petere non possum, nam non est in obligatione, non enim quilibet homo est in obligatione tali. alioquin Sticho existente meo, cum stipulor hominem in genere vel post stipulationem incipientem, si desinat meus postea esse, non poterit postea michi solvi, cum iam exstincta debeat esse obligatio. sed contra dicitur infra de solut. l. qui decem § Stichum aut Pamphilum. sed contra hoc est infra de le. ij l. mevius § duorum, ubi dicitur quemlibet esse in obligationem. set(!) dic. illud intelligendi de stricto iure, aliud tamen est de equitate.

sed pone hic, quod stipulator habebat electionem ex pacto expresso, alioquin contra, licet sit contra infra de le. ij l. mevius § duorum.	(4) vel verius dic., quod hic stipulator haberet electionem ex pacto expresso. si autem promissor habebat electionem, illum elegisse videtur, de quo est pactum factum.	
debeas:***** sc. quem ego velim. nam licet michi in uno preiudicem, ne eum eligere possim, alium tamen eligo iure electionis mee. Si autem deberes, quem velles, et de uno pactum fecero, liberatus es, nam alium eligere non possum, et cum tibi de uno pactum feci, sicut voluisti, hunc ad solvendum elegisse videris, unde, quasi(quia?) solveris, tollitur obligatio.		
se quare hec distinctio fiat, ubi promissum est hoc aut illud? arg. quod sic infra de condic. in. cum is § ult. sed ego contra, quia si tua vel mea sit electio, prodest tamen michi pactum, ut altero mortuo non tenear.	(5) sed an eadem distinctio in eligendo in alternativa stipulatione sit faciendo? videtur quod sic ut infra de condic. in. l. cum is § fin. sed Azo contradicit. dicit enim, quod isto mortuo vel pacto facto non tenetur in altero, licet stipulator habeat electionem. sed non sic, quando in genere tenetur.	
in alio vero casu nichil michi prodesset, quia alterius interitu non liberarer.	(6) item ad id, quod hic dicit: alium posse peti, est contra infra de accept.l. etiam per iusiur. [§ si is.] Solo.: ibi in totum renuntiavit, hic non. vel aliud dic. in acceptilatione ut ibi, quam in pacto ut hic, cum acceptilatio sit imaginaria solutio ut insti. quibus modis tollitur obligatio § item acceptilatio. et haec vera est arg. ut infra de lib. leg. l. si quis reum circa princ. alii dicunt, quod ibi erat electio promissoris.	infra de accept. l. etiam per iusi. § si is contra. Solo.: ibi videtur solvisse eum, de quo acceptilatum est, hic non. aliter ibi poterat solvere, quem vellet, hic non. vel aliter: aliud est in acceptilatione quam in pacto de non petendo, quia acceptilatio magis obtinet instar solutionis quam pactum, unde etiam dicitur imaginaria solutio ut infra insti. quib. mo. obli. tol. et preterea acceptilatione tollitur civilis et naturalis obligatio ipso iure, pacto autem tantum naturalis. sed hoc non placet, quia in hoc eodem § dicitur pacto submoveri obligationem totam ut acceptilatio.
opponetur: aliter si homo legatus sit in genere et legatarius repudiave-	(7) item opponitur: quia etiam eundem videtur posse eligere, de quo pepigit ut infra de opt.	

rit Pamphilum. tunc enim Pamphilum petere potest ut infra de opt. le. l homine legato contra.	leg. l homine legato, quae est contra. sed illud in legatis.	
sed cur aliud in repudiatione legati? bene responderi potest secundum R., qui dicebat: homine legato in genere ab initio heredis esse electionem. sed cum ipse fuit in mora, transferri ad legatarium. si ergo legatarius, antequam sua esset electio, Stichum repudiaverit, non tenet omnino repudiatio, quia id demum repudio, quod, si vellem, possem admittere ut infra de acquir. her. l. non potest. sed hunc Stichum invito herede habere non possum. unde cum non teneat repudiatio, ipse idem repudiatus elegi a te repudiante poterit, cum electio ex mora heredis translata sit.. secus vero est in pacto, quia etiam id per pactum remittimus, quod, si vellemus, consequi non possumus ut C de pactis l. j. vel dicas secundum nos, qui dicimus cum distinctione esse heredis electionem posse eligi sc. ab herede, non a repudiante.	sed quare diversum? Resp(onsum? -sio?) secundum R.: quia ibi repudiavit unum ex ipsis tunc temporis quando adhuc non erat translata electio ad legatarium. unde non tenuit, quominus eundem eligat postea, cum electio ad eum transierit, quia non potest repudiatio valere in his, quae non precise debentur ut infra de acquir. here l. is qui et de leg ij l. si ita scriptum § i. sed pactum sic ut hic et supra l. et heredi § filiusfam. Tu dicas pla (e?) nius: quia quod in lege praedicta de opt. leg. dicitur eundem posse eligi, verum est ab herede, non a repudiante ut hic, nam semper est legatarii electio (etiam a principio] et herede non existente in mora ut instit. de leg. § generaliter, licet R. contradixit ut dictum est et infra famil. ercis. § si incerto.	
———	———	———
* Alles in die eckigen Klammern Gesetze fehlt in der Überlieferung des azonischen Apparats in Stockholm, ist vorhanden in: Arras 586, Bamberg 11, Gent, München 3887 und 14028, Paris 4451 (wo der letzte Satz: *vel – solvit* fehlt), 4459, 4463 (die reinen Allegate in einer auf *sed* si *stipulatus* bezogenen Glosse), Vatikan 1408 und 2512. Zu der Stockholmer Hs s. die hier noch die N. ***.	* Zu den in die Wiedergabe dieser Glosse eingefügten und in Klammern gesetzten Ziffern s. in der dieser Glosse betreffenden Interpretation hier u. in N. 76.	* gemeint sein muss § 1. ** *quoniam – dando* fehlt in Paris, Amiens und auch in London. *** sic Seo und Paris. *ne* Amiens.

** Die Glosse fehlt insgesamt in Paris 4463; in der Bezeichnung des § haben einige Hss nicht das *si* am Anfang. *** Diese Glosse ist vorhanden nur in Stockholm und darum hier in eckige Klammern gesetzt. **** Die Glosse fehlt in Paris 4463 und einigen anderen Hss. ***** Die Glosse fehlt insgesamt wie auch die folgende zu opponetur in München 3887.		

III. Interpretation

1) *Die Bezogenheit des azonischen Apparats auf die* antiqua glosa

Zu beginnen ist, zur Feststellung n. b. des Umfangs und der Qualität der Leistung des Accursius, mit dem, was für dessen Arbeit auch hier die jedenfalls dominante Vorlage gewesen sein wird – mit dem azonischen Apparat und in diesem mit den beiden Stücken, die in der obigen Wiedergabe in eckige Klammern gesetzt sind: mit der hier am Anfang wiedergegebenen Allegationenkette (einschließlich der auf das letzte Allegat bezogenen Solutionsglosse) sowie mit der gl zu *opponenda*. Es spricht nicht nur einiges, vielmehr fast alles dafür, dass in dem Apparat, den Azo hinterlassen, von dem Accursius ausgegangen ist, den er fortgeschrieben und bearbeitet hat, diese beiden Stücke nicht vorhanden gewesen sind.[28] Beide sind, wie aufgrund der hier folgenden Indizien anzunehmen ist, im Zuge einer Bearbeitung des genuin azonischen Textes diesem hinzugefügt worden, und dies ist geschehen in der einen Hs, in der die gl zu *opponenda* vorhanden ist, sc. in Stockholm, auf eine andere Weise als in den übrigen Hss, in denen von der n. b. den azonischen Apparat schreibenden Hand jene Allegationenkette vorhanden ist. Es ist dies mithin geschehen durch verschiedene Bearbeiter des azonischen Textes, aber von dem einen wie von dem anderen doch aufgrund derselben Annahme, dass ohne die jeweilige Zutat in dem Apparat, den Azo – sei es publiziert, sei es unpubliziert – hinterlassen hat,

28 Dass das eine oder andere, wenn nicht sogar alles, namentlich die reinen Allegate Azo bei seiner Arbeit gar nicht vor Augen gehabt hätte, ist damit nicht gesagt. S. dazu, ob und inwieweit das der Fall gewesen ist, hier u. in sowie im Text nach N. 55.

etwas fehle, dass also dem Benutzer des Apparats eine Information zu geben sei, die ihm zu geben Azo für unnötig gehalten oder versäumt hat.

Was zunächst die gl zu *opponenda* betrifft, so ist deren Qualität als eine Zutat zu dem genuin azonischen Apparat schon dadurch zwar nicht bewiesen, aber doch indiziert, dass sie in der gesamten Überlieferung des azonischen Apparats nicht vorhanden ist – mit Ausnahme eben der einen Hs in Stockholm. Dass sie aber dort eine Zutat zu diesem Apparat ist, die Azo selbst zuzurechnen wäre – dies ist, wenn dessen Arbeit über einen längeren Zeitraum sich erstreckt hat, nicht schlechthin auszuschließen. Aber es ist dies hier deswegen nicht anzunehmen, weil Azo selbst dem in dieser Glosse Gesagten doch gewiss den richtigen Bezug gegeben hätte: das Lemma dieser Glosse, sc. *opponenda* befindet sich innerhalb der Litera von § 6; es gehört mithin zur Erörterung des dort entschiedenen Falls, dass *decem aut Stichus* alternativ geschuldet sind. Alles, was in dieser gl zu *opponenda* gesagt ist, nämlich mit den beiden ihr voranstehenden Allegaten[29] sowie in der *solutio* zu dem doch wohl durch die 2. Stelle gegebenen *contrarium* – all dies betrifft hingegen den Fall und die Entscheidung in § 7, den Fall nicht einer Alternativ-, sondern einer Gattungsschuld. In jeder dieser drei Stellen (sc. D 34,4,11; 46,4,13,4; 2,14,27,7) ist geschuldet ein *homo*, und eliminiert (aus der Gattung, aus der die Leistung zu erbringen ist, ausgeschieden) wird Stichus – durch einen auf Stichus beschränkten Widerruf des die Schuld begründenden Legats (in der l. 11 – *qui hominem* D 34,4,11), durch eine Akzeptilation von Stichus (in 46,4,13,4 – *si is*) und durch ein in gleicher Weise, sc. auf Stichus beschänktes *pactum* in unserem § 7. Und während die Entscheidung in diesem § 7, dass nämlich nur Stichus aus der Gattung durch das *pactum* eliminiert ist, also im Übrigen die Obligation fortbesteht, und die Entscheidung in der l. 11 – *qui hominem* D 34,4, dass nämlich nur eine *extenuatio*, eine Verringerung des Legats, nicht dessen Aufhebung im Ganzen durch den auf Stichus bezogenen Widerruf stattgefunden hat – während diese und jene Entscheidung miteinander konform sind, ist evident gegensätzlich, eben *contra* zu der Entscheidung in unserem § 7 diejenige in § 4 – *si is* l. 13 D 46,4: Obwohl, wie der Widerruf des Legats und das *pactum*, so auch die Akzeptilation nur auf Stichus bezogen ist, soll durch diese die Obligation im Ganzen beseitigt sein. Von den beiden Allegaten am Anfang der gl zu *opponenda* ergibt m. a. W. das erste ein *pro*-, das zweite ein *contra*-Argument zu dem, was in der Litera gesagt ist – in der Litera aber nicht in § 6, sondern in § 7 unserer l. 27. Dass aber auch die in der gl zu *opponenda* folgende *solutio* zu eben diesem zwischen § 7 (l. 27) und § 4 – *si is* (l. 13 D 46,4)[30] bestehenden *contrarium* gehört und somit

29 *de adim.* etc. ist D 34,4,11; *de accept.* etc. D 46,4,13,4 – *si is*.

30 Ich spreche von diesem *contrarium* im Folgenden kurz als c. § 7 ./. § 4 – *si is*.

ebenfalls auf diesen § 7 bezogen sein müsste, kann nicht zweifelhaft sein, wenn man sich nur der Aussage des Textes dieser *solutio* vergewissert:[31] Das *contrarium* soll aufzulösen sein auf zweifache Weise: wenn nicht durch die Annahme, dass eine *acceptilatio*, weil sie *loco solutionis*: der Erfüllung analog sei,[32] die Obligation im Ganzen aufhebe, hingegen ein *pactum* in seiner Wirkung prinzipiell auf die *res*, um die es in ihr geht, beschränkt sei – wenn also nicht so, dann doch durch eine die *electio*, also die Befugnis, das aus der Gattung zu leistende Stück auszuwählen, betreffende *distinctio*,[33] und dieser 2. Möglichkeit der Solution dieses *contrarium* soll im Verhältnis zu jener – die Unterschiedlichkeit der Wirkung einer Akzeptilation und eines *pactum* betreffenden – *distinctio* der Vorzug zu geben sein, weil gegen jene sich einwenden lasse, dass doch wohl eine Akzeptilation und ein *pactum* in ihrer Wirkung gleich seien: *in utroque idem* gelte.[34]

Im Anschluss an das Allegat von D 46,4,13,4 – *si is* und der Bezeichnung dieser Stelle als *contra* steht (n. b. in der gl zu *opponenda* und bevor es in dieser Glosse dann um die *solutio* dieses *contrarium* geht) die azonische Sigle. Diese steht ebenfalls am Ende der Ausführung der *solutio*, mithin am Ende dieser gl zu *opponenda*. Dass sie dort steht und so durch sie das Ende der Glosse bezeichnet ist, entspricht der in dieser Stockholmer Überlieferung des azonischen Apparats

31 Und was hier auszuführen ist in Hinsicht darauf, dass diese selbe *solutio* in den übrigen Hss, die den azonischen Apparat überliefern, auf eine andere *contra*-Stelle bezogen ist: s. das Ende der dort vorhandenen Allegationen-Kette, worauf hier zurückzukommen sein wird.

32 Was sie ist, weil sie aus der förmlichen Erklärung des Gläubigers besteht, das Geschuldete erhalten zu haben.

33 Hinzuzudenken ist, dass die Auswahl zu treffen in § 7 dem Gläubiger zusteht: dessen Entscheidung, Stichus nicht haben zu wollen, besagt n. b. nicht, dass er gar keinen wolle.

34 Es kann dieses *idem in utroque* – trotz des ihm voranstehenden *vel*! – nur gesagt sein in Hinsicht darauf, dass in der Begründung zu der in § 6 unserer l. 27 getroffenen Entscheidung gesagt ist: ebenso wie eine *acceptilatio unius rei tota(m) obligatio(nem)* zum Erlöschen bringe, so werde auch durch das *pactum in una re non petendo interposit(um) totam obligationem* aufgehoben – *vel* als Einleitung zu *idem in utroque* ist also nicht, weil anderenfalls unverständlich, zu lesen als Überleitung zu einer weiteren Solutionsmöglichkeit; es gehört noch zu dem, was vorangeht; es leitet einen gegen das zuvor Gesagte zu erhebenden Einwand ein, und es klingt in ihm an, dass derjenige, der hier spricht, sich dieses Einwands doch nicht sicher ist, dass es ihm vielleicht gegen den Strich geht, ihn zu erheben: er würde, hätte er die Wahl: ergäbe sich nicht aus l. 27,6 ein anderes, der die Wirkung eines *pactum* und einer *acceptilatio* betreffenden *distinctio* als *solutio* dieses *contrarium* den Vorzug geben. Es sei schon hier bemerkt und es wird hier darauf zurückzukommen sein, dass diese das *contrarium* § 7 ./. § 4 – *si is* betreffende *solutio* in einem hier noch näher zu bestimmenden Umfang auf Johannes Bassianus zurückgeht.

wie auch in dessen sonstiger Überlieferung zwar nicht strikten, aber doch nur selten durchbrochenen Regel.[35] Dass die Sigle innerhalb einer im azonischen Apparat befindlichen Glosse zwischen einer als *contra* allegierten Stelle und der darauf doch offenbar zu beziehenden *solutio* steht, ist eine Absonderlichkeit in der Überlieferung nicht allein dieses Apparats, sondern ›der Glosse‹ überhaupt. Es wäre zu leichtfertig, diese Absonderlichkeit auf das Konto der Willkür oder Nachlässigkeit des in Stockholm tätigen Kopisten zu setzen und als einen offensichtlichen Fehler mit Stillschweigen zu übergehen. Die Sigle in dieser Position zwischen dem das *contrarium* ergebenden Allegat und der *solutio* doch offenbar dieses *contrarium* stört jedenfalls zwischen dieser *solutio* und jener Stelle den Zusammenhang; sie ist mithin zumindest ein Anlass, sich dieses Zusammenhangs zu vergewissern. Sie ist nicht schon der Beweis, aber doch ein nicht ohne weiteres von der Hand zu weisendes Indiz dafür, dass in der Vorlage, von der hier der Stockholmer Text kopiert worden ist,[36] dieser Zusammenhang nicht vorhanden war, also die beiden Allegate am Anfang dieser gl zu *opponenda* und die *solutio* zu dem durch das eine Allegat gegebenen *contrarium* je eigene Glossen sind und der Zusammenhang, dass nämlich die *solutio* das durch die Stelle *infra de acceptilatione l. et per iusi. § si is* gegebene *contrarium* betrifft, erst durch denjenigen hergestellt worden ist, dem der in Stockholm vorhandene Text der gl zu *opponenda* zuzurechnen ist – es sei das nun der dort tätige Kopist oder derjenige, der dessen Arbeit instruiert und zu diesem Zweck den azonischen Apparat auf Unstimmigkeiten, Fehler und Lücken durchgesehen haben wird.

Zur Verifizierung der Vermutung, dass es so gewesen ist: Erst in Stockholm sind – mit dem verkehrten Bezug auf die Aussage in § 6 der Litera und darum doch auch wohl nicht durch Azo – zu nur einer Glosse zusammengezogen drei

35 Die Sigle hat, wie hier zu bemerken ist, eine zweifache Funktion: Sie bezeichnet das Ende der Glosse, was, solange die Zahl der Glossen noch gering und mit jeder neuen Glosse eine neue Zeile begonnen wurde, auch unterbleiben konnte und auch häufig unterblieben ist. Sie bezeichnet da, wo eine Hs nicht nur eine Vielzahl von Einzel- (auch sog. Streu-) Glossen, sondern auch oder nur einen Apparat (im engeren Sinn dieses Wortes) hat, die Zugehörigkeit der Glosse zu diesem Apparat. Sie bezeichnet nicht notwendig, dass der Autor der Glosse derjenige ist, dessen Sigle an ihrem Ende steht: s. die treffende Bemerkung Savignys, Gesch. V 290 zu der accursischen Sigle in den die *gl. ord.* überliefernden Hss: »die Sigle sagt gar nicht, dass die voranstehende Glosse den eigenen Gedanken des Acccursius enthalte, sondern nur dass sie zu seiner Sammlung gehört«; s. ferner auch Pescatore's Beobachtung, dass zu Glossen des Irnerius die Siglen von Martinus, Jacobus etc. stehen (Die Glosse des Irnerius, 1888, 22 f.).

36 Wäre Stockholm Azos eigenes Exemplar des Digestum vetus, also der Codex, in den er seine Glossen geschrieben hat (da die Schrift diejenige eines professionellen Schreibers ist, hätte er sie diktiert oder sie diktieren lassen) – wie sollte es dann dazu gekommen sein, dass diese gl zu *opponenda* sonst überall fehlt?

(aus zwei reinen Allegaten und der Solution zu einem *contrarium* bestehende) Stücke, zwischen denen bis dahin dieser Zusammenhang nicht bestanden hat – zur Verifizierung der Vermutung, dass es sich m. a. W. bei der gl zu *opponenda* um ein erst bei der Bearbeitung des azonischen Apparats zustande gebrachtes Produkt handelt, ist der Blick zu richten einerseits und gewiss zunächst auf die sonstige Überlieferung des azonischen Apparats als einer möglichen Vorlage für den Stockholmer Text. Es ist zu rechnen andererseits aber auch damit, dass die Vorlage des Verfassers der gl zu *opponenda* nicht allein der azonische Apparat in zumindest einer weiteren Hs, die diesen Apparat überliefert, gewesen ist, dass vielmehr sein Blick gerichtet war auch auf dasjenige, was in der vorazonischen Glosse zu unseren §§ 6 und 7 vorhanden war und zur Kontrolle und eventuell zur Komplettierung dessen, was Azo gesagt hat, in Betracht kam. Es ist mithin auch dies: der Glossenbestand zu unseren §§ 6 und 7 in den die *antiqua glosa* überliefernden Hss hier heranzuziehen, und dies hat, da wir nicht wissen, was für die vorazonische Glosse dem präsumtiven Stockholmer Bearbeiter als Quelle gedient hat, in aller nur möglichen Breite zu geschehen. Nun gehört allerdings das Stockholmer Exemplar des Digestum vetus zu denjenigen Hss, in denen der azonische Apparat die Zutat zu einer älteren Glossierung ist;[37] es ist eine unserer Quellen auch für die *antiqua glosa*[38] – und wie sollte diese Hs das nicht auch für denjenigen gewesen und von demjenigen nicht benutzt worden sein, der zum Zwecke der Publikation des azonischen Apparats dessen Text auf Stimmigkeit und Vollständigkeit durchgesehen hat?! Es könnte sich dieser Mann für das, was in der vorazonischen Glosse vorhanden war, mit dieser einen Quelle begnügt haben, es sei denn es gibt in ihr einen Anlass, den Blick über sie hinaus zu richten. Schon der Sicherheit halber ist daher nicht daran vorbei zu kommen, hier die *antiqua glosa* zu unseren §§ 6 und 7, soweit möglich, im Ganzen in Betracht zu ziehen und also hier auch zunächst einmal wiederzugeben.

Der Beweis, um den es hier geht, dass zu dem Apparat, der Accursius vorgelegen hat, weder die gl zu *opponenda* noch die Allegationen-Kette der sonstigen Überlieferung dieses Apparats gehört – dieser Beweis ist allein aus Indizien zusammenzusetzen. Er kann, wie jeder Indizienbeweis, nicht allein nur die Wahrscheinlichkeit ergeben, die an Sicherheit grenzt. Er ist auch und vor allem nicht im Handumdrehen zu führen; es braucht, ihn zu führen und nachzuvollziehen, eines langen Atems. Wie sollte dies auch anders möglich sein, wo die Indizien, auf die es hier ankommt, in einer Zeit aufzuspüren sind, von der

37 Ersichtlich in dieser Hs ist eine Tendenz, den azonischen Apparat auf den oberen Rand zu schreiben und den seitlichen Rand für die *antiqua glosa* zu reservieren, was indessen da, wo der Umfang des azonischen Apparats das erforderte, nicht durchzuhalten war und nicht durchgehalten worden ist.

38 Die übrigen s. MG 22 f., wo hinzu kommen Alençon 173, Troyes 174 und Vic.

zu sagen, sie sei für den heutigen Betrachter nicht eine dunkle, nur denjenigen einfallen kann, die mit der Begabung ausgestattet sind, über die Quellen hinweg zu reden, die ihr Urteil fertig haben, ohne sich in den »Urwald« der Quellen hinein zu begeben und durch diesen sich hindurch zu quälen, die von diesen Quellen allenfalls deren Außenseite und sie also nur »von Hörensagen« kennen.[39] Ich sage dies hier, wie ich nicht verhehle, zur Entschuldigung für die Umständlichkeit dieser Untersuchung, deren Kleinkariertheit mich selbst erstaunt und amüsiert. Und diese ist in dieser Untersuchung ja auch nicht nur allein hier, vielmehr hier nur in besonderem Maße vorhanden.

Was die sonstige Überlieferung des azonischen Apparats betrifft, so ist diese hier vorweg bereits mitgeteilt. Es wird so auch ohne weiteres ersichtlich sein, dass in der dort vorhandenen Allegationen-Kette nicht allein in der vorletzten Position und als reines Allegat, als eigene Glosse die Stelle vorhanden ist, die in Stockholm in der gl zu *opponenda* an deren Anfang steht.[40] Es ist vielmehr am Ende dieser Kette vorhanden auch die *solutio* und diese auch nahezu gleichlautend wie in der gl zu *opponenda*, aber doch im Zusammenhang mit einem anderen *contrarium* – bezogen zwar auch auf l. 13 D 46,4, aber in dieser *lex* auf § *si Stichum*, d. i. (in dieser l. 13) § 6 betreffend den Fall, dass *Stichus aut decem* geschuldet ist, den Fall mithin einer Alternativobligation, um den es in unserer l. 27 in § 6 geht.[41] Bevor hierzu sich Weiteres feststellen lässt, ist es angebracht

39 Ich sage dies hier in Anlehnung an Savigny und Seckel: an dessen Bezeichnung des Verdienstes, das Savigny für die Geschichte des Röm. Rechts im Mittelalter hat, (s. Distinctiones Glossatorum S. 288 sowie das Zitat in Genzmers Nachruf auf Seckel ZRG RA 46 (1926) S. 249: »Urwald der Glossenhandschriften«) und an Savigny selbst, s. Vom Beruf etc. (1814), S. 35.

40 D 34,4,11, woraus sich, wie hier bereits bemerkt, *ein arg. pro* zu der Aussage in § 7 l. 27 ergibt.

41 Der Text der *solutio* ist in Stockholm und in den übrigen Hss nicht ganz derselbe: Different ist der Anfang des letzten, die Solution mittels der *distinctio electionis* betreffenden Satzes. Dieser Anfang ist in Stockholm *sed*, sonst *vel etiam*. Durch *sed* ist zum Ausdruck gebracht, dass der *solutio* mittels der *distinctio electionis* der Vorzug zu geben sei vor der zunächst bezeichneten *solutio* mittels einer die Wirkung einer *acceptilatio* einerseits und eines *pactum* andererseits betreffenden *distinctio*. Mit *vel* am Anfang des letzten Satzes stehen beide Solutionsmöglichkeiten im Rang gleich, ist also unbestimmt, offen gelassen, ob so oder so das *contrarium* aufzulösen ist. Was an diesem *vel* (und wieso dann eigentlich auch noch *etiam*?) stört, ist, dass es nicht zu der Aussage im vorangehenden Satz: *vel idem in utroque* passt, womit, wenn auch zögerlich, die zunächst angeführte *solutio* als nicht haltbar bezeichnet ist. Ich nehme an, bin mir selbst sicher, dass diese *solutio* der sonstigen Überlieferung des azonischen Apparats von einer Vorlage abgeschrieben ist, in der am Anfang des letzten Satzes das *sed* mit dem dafür gebräuchlichen Kürzel geschrieben war: das *s* mit langem Schaft und dazu einem auf der halben Höhe des Schafts angefügten Haken, wie dieser auch als

und auch erforderlich, hier zunächst die andere mögliche Vorlage der gl zu *opponenda*: die vorazonischen Glossen zu unseren §§ 6 und 7 wiederzugeben.[42] Es geschieht dies hier auf eine gewissermaßen verkürzte Weise dergestalt, dass dieser Glossenbestand exakt so wie er in Stockholm und in drei weiteren Hss, von denen zwei dasselbe haben, nebeneinander gestellt mitgeteilt wird, wozu sogleich oder im weiteren Verlauf der Untersuchung angemerkt wird, was die übrigen die *antiqua glosa* überliefernden Hss anders, mehr oder weniger haben. Das den reinen Allegaten überall voranstehende *infra* ist ersetzt durch einen Gedankenstrich. Einer lemma-bezogenen Glosse ist auch hier das Lemma vorangestellt und dieses unterstrichen.

Kürzel für *et* und *etiam* gebräuchlich ist. Der Kopist, der noch das etwas seltsame *vel* am Anfang des vorhergehenden Satzes im Kopf hatte, hat dieses *s* gelesen als Kürzel für *vel* (d. i. ein *l*, durch das quer zum Schaft an dessen oberem Ende ein gebogener Strich gezogen wird) und den Haken als Kürzel für *etiam*. Die Differenz im Text der *solutio* in Stockholm und in der sonstigen Überlieferung ist m. a. W. nur eine scheinbare. Hier und dort ist diese *solutio* identisch, und wunderlich, erklärungsbedürftig ist allein, wie es zu dem Bezug dieser *solutio* gekommen ist – das eine Mal auf § 6 – *si Stichum* und das andere Mal auf § 4 – *si is* und somit hier auf den Fall einer Gattungs- und dort auf den Fall einer Alternativschuld.

42 Der Wechsel im Ausdruck: vorazonisch/*antiqua glosa* geschieht im Hinblick darauf, dass vorazonisch auch Johannes Bassianus ist und ich diesen (s. hier o. in der Einleitung N. 24) nicht zur *antiqua glosa* rechne.

Paris 4450	Stockholm	Trier/Troyes
– de libat. le. l. ult.* – de solut. Stic. – de accept. contra. Et per – de accept. Si quis Stichus – de opt. le. contra. hominem	 – de opt. le. hominem contra *	
– de rescin. v. Jul. cu. Paulus contra. Si ept.	– de rescin. ve. cum ept.	– de rescin. ven. cum empt. al(ias? /-iter?) jul. Paulus § si emptor – de solut. Stichum contra Solo: acceptilatio est loco solutionis, cum ipsa dicatur solutio; sed pactum ita demum, si in rem sit factum et de hoc, quod in obligatione consistit. Vel idem in utroque. Sed distinctio electionis contrarietatem solvit. Job.
– de accept. contra et per iusi.** Solutio: ibi videtur solvisse, de quo acceptilatus est. vel aliter: ibi poterat solvere, quem vellet, hic autem non.	– de accept. Et per ius. i. **: ibi videtur solvisse eum, de quo acceptilatum est, hic non. aliter: ibi poterat petere (!), quem vellet, hic non. vel hic specialiter actum est, ut ad uno dumtaxat removeat(ur?), acceptilat(io?) ibi ab omnibus.	
– de adim. le. qui hominem.***	– de adim. et transfer. le. qui hominem.	– de adim. l.e qui hominem – de accept. contra. et. per iusi. § si is. <u>hominem debeas</u> quem ego velim (a), alioquin certum hominem petere non possum. y.
* Gemeint sein muss l. VII, und so dann auch Vatikan 1408, Madrid 675, München 3887. ** Dasselbe Allegat n. b. ohne Angabe des Paragraphen und mit derselben hier folgenden *solutio* s. auch Vatikan 2705, Padua, München 3887, Alençon 173 (wo nach dem §-Zeichen von späterer Hand *si is* ergänzt ist), Douai 576 sowie verstümmelt auch Vatikan 1408. *** Es folgt noch und ich lasse weg das hier in der 5. Position bereits vorhandene Allegat.	* Hierzu von wohl anderer Hand: ibi legatarii erat lectio (!), hic non. ** An dieses s (olutio? / § ?) schließt sich von ersichtlich anderer und späterer Hand an: Stichum contra. hic pura vel pura re … (?) acceptilatio. ibi supra conditionali stipulatione fuit acceptilatio composita.	(a) Dasselbe (ohne das folgende alioquin etc., aber mit dem y nach velim.) Madrid 675; ferner interlinear mit vorangestelltem y: Gent, Padua, München 3887 (vellem), Vatikan 2705 (vellem), Douai 576 (vell)

Nehmen wir an, was anzunehmen nahe liegt und zu einer in sich stimmigen Geschichte als deren Anfang sich erweisen wird: Der Verfasser der gl zu *opponenda* – es sei dies nun Azo selbst oder (und das, wie gesagt, doch gewiss eher) ein Bearbeiter des azonischen Apparats – hat in seiner Arbeit sich nicht beschränkt auf den Text des Apparats, den es zu kopieren und also zu publizieren galt. Er war ein auf eine gründlichere Weise zu Werke gehender Mann. Er hat auch die *antiqua glosa*: das zu §§ 6 und 7 bereits in der älteren Glosse Erreichte in Betracht gezogen und also doch jedenfalls zur Kenntnis genommen dasjenige, was dazu in seinem eigenen, mit dem azonischen Apparat auszustattenden Exemplar des Digestum vetus, sc. in Stockholm vorhanden war. Es kann ihm, wenn er so verfahren ist, in dem Text dieser *antiqua glosa* zweierlei nicht entgangen sein: das Fehlen der Paragraphen-Angabe zu der l. 13 – *etiam per iusiur.* sowie in der *solutio* zu dieser als *contra* allegierten Stelle in deren 2. (mit *aliter* eingeleiteten) Teil das Verb *petere*. Beides muss ihm anstößig, mithin ein Anstoß gewesen sein, über dieses sein Exemplar des Digestum vetus hinaus zu gehen und in anderen Exemplaren mit vorazonischen Glossen sich zu vergewissern, welcher in der l. 13 D 46,4 der hier einschlägige Paragraph, ob ferner *petere* nicht verkehrt ist und ob nicht vielleicht auch sonst andere Exemplare dasjenige, was es hier zu sagen galt, anders und besser haben.

Was das Stockholmer *petere* betrifft, so ist dieses zweifellos verkehrt,[43] und alle anderen Hss, in denen als vorazonische Glosse dieselbe *solutio* vorhanden ist, haben dann auch nicht dieses Verb; sie haben stattdessen *solvere*; sie halten für möglich, das *contrarium* aufzulösen mittels der Annahme, dass die Befugnis zur Auswahl des zu leistenden Stücks dem Schuldner zusteht *ibi* und also *hic* nicht diesem, sondern dem Gläubiger, der, wenn er auf Stichus verzichtet, damit nicht erklärt, auch von allen anderen in Frage kommenden *homines* keinen haben zu wollen.[44] Zu der anderen Frage allerdings, was genau denn *hic* ist: welcher Paragraph in der l. 13 das *contrarium* ergibt, war den Hss, die als *antiqua glosa*, jedenfalls als vorazonische Glosse dieselbe *solutio* wie Stockholm haben, nichts zu entnehmen. In allen diesen anderen Hss ist es ebenso wie in der Stockholmer vorazonischen Glosse: es fehlt zu *infra de accept.* etc. zu der Angabe der *lex* überall die Angabe des Paragraphen.[45] Hat unser Stockholmer Bearbeiter des azoni-

43 Da *petere* ein Akt des Gläubigers ist, also dieser *ibi*, sc. in l. 13 D 46,4 zur Wahl des zu leistenden Stücks befugt wäre, müsste *hic*, sc. in unserem § 7 der Schuldner diese Befugnis haben. Es kann aber doch sicher nur umgekehrt sein.

44 Durch das *petere* in Stockholm wird veranlasst sein, dass dort – und allem Anschein nach auch nur dort! – noch eine 3. Solutionsmöglichkeit angeführt wird, auf die hier einzugehen sich erübrigen wird.

45 Dass in der *antiqua glosa* zu einem reinen Allegat, wenn diese Stelle mehrere Paragraphen hat, die Angabe des Paragraphen fehlt, ist keine Seltenheit, kann ein Indiz dafür sein, dass das Allegat aus einer Zeit stammt, als es in den *leges* deren

schen Apparats (ich spreche von diesem im Weiteren als dem Stockholmer Anonymus) dies bemerkt, so blieb ihm nur übrig, die Sache in die eigenen Hände zu nehmen, also seinen juristischen Sachverstand zu gebrauchen und den fehlenden Paragraphen selbst zu bestimmen. In derselben Lage aber befand er sich auch dann, wenn in seinem Blick auch oder überhaupt nur gewesen ist Troyes und Trier oder auch nur eine dieser beiden Hss.[46] Die Sache des Fehlens des Paragraphen unter Einsatz seines Sachverstands zu erledigen, war auch dann seine Sache angesichts der dort vorhandenen *solutio* und deren Bezug auf die als *contra* allegierte Stelle *infra de solut. Stichum*, d. i. l. 95 in D 46,3.

Die *solutio* in Trier ist identisch mit derjenigen, die in Stockholm im azonischen Apparat in der gl zu *opponenda* mit Bezug auf l. 13, 4 – *si is* D 46,4 vorhanden ist. Sie schließt (n. b. in Trier) mit der Sigle des Johannes Bassianus. Ihr Text ist somit im Verhältnis zu demjenigen der *solutio* der gl zu *opponenda* augenscheinlich (weil diese in dem sicher jüngeren azonischen Apparat sich befindet) der ältere. Jener ist zu diesem, wie aufgrund der wortwörtlichen Übereinstimmung doch fast sicher ist, die Vorlage, sodass dann aber auch anzunehmen ist, dass unser Stockholmer Anonymus auch diese Trierer Hs als eine Quelle für seine Feststellung dessen, was in der älteren Glosse vorhanden ist, benutzt hat – was anzunehmen zudem auch dadurch indiziert ist, dass die

Zerlegung in Paragraphen noch nicht gegeben hat, s. dazu hier o. in diesem Abschn. N. 1. Es ist dieses Fehlen auch unschädlich und die §-Angabe selbst unnötig, wenn von der Sache her klar ist, welcher Paragraph gemeint ist. L. 13 D 46,4 hat (nach dem *principium*) noch 12 Paragraphen. Geht man diese durch, dann kommen hier, sc. bezogen in unserer l. 27 auf die §§ 6 und 7, zwei Paragraphen in Frage: eben § 4 – *si is* und § 6 – *si Stichum*, und je nachdem besteht das *contrarium*, das es aufzulösen gilt, in unserer l. 27 zu § 6 und beträfe dann – wie der Fall von § 6 – *si Stichum* den Fall einer Alternativschuld, oder aber zu § 7 und betrifft dann – wie der Fall von § 4 – *si is* – den Fall einer Gattungsschuld. Es bedarf eines nicht geringen Aufwands, um herauszufinden, zu welchem dieser §§ 4 bzw. 6 die gegebene *solutio* gehört. Dass in der Tat § 4 der richtige Paragraph ist, liegt, da es auch in § 6 um eine Akzeptilation sowie darum geht, dass die Obligation im Ganzen erloschen ist, jedenfalls nicht auf der Hand. Indem aber der Paragraph nicht angegeben wird, ist die Frage, um welchen es geht, offengelassen – solange nicht geklärt ist, ob die gegebene *solutio* nicht ganz oder teilweise zu beiden Paragraphen gehört. Es wird die Möglichkeit dieser Erklärung des Fehlens der Paragraphen-Angabe in so vielen Hss hier noch weiter zu verfolgen sein. Schon an dieser Stelle sei hingewiesen auf das Fehlen des Paragraphen zu dem Allegat von l. 13 D 46,4 frappanterweise noch in der *gl .ord.* in wohl allen Hss, die deren Text in der ursprünglichen Version haben, s. hier o. in der gl zu *opponetur*, Teil 6.

46 Oder, woran auch zu denken ist, das Exemplar, aus dem diese beiden Hss kopiert worden sind. Wo im Folgenden nur Trier genannt ist, ist jeweils Troyes und die Möglichkeit hinzuzudenken, dass unser Anonymus ein Troyes und Trier gleiches Exemplar benutzt hat.

beiden Allegate am Anfang der gl zu *opponenda* in gleicher Aufeinanderfolge auch in Trier stehen.[47] Zu fragen ist hier nur und allerdings, wenn es so ist, wie hier angenommen: wenn unser Anonymus in seinem Exemplar des Digestum vetus auch die dort vorhandene alte Glosse und in dieser die darin ausgeführte *solutio* mit ihrem wegen Fehlens der Paragraphen-Angabe unzulänglichen Bezug auf l. 13 D 46,4 gesehen hat: Warum hat er zur Ergänzung des azonischen Apparats durch die gl zu *opponenda* sich nicht dieser – alten –Stockholmer, sondern jener Trierer *solutio* bedient? Wer diese beiden *solutiones* nebeneinander hat, die eine mit der anderen kollationiert, kann nicht übersehen, dass sie in der Bezeichnung der beiden Solutionsmöglichkeiten zwar nicht formal, wohl aber in der Sache dasselbe sagen: die eine Möglichkeit der Solution in Trier ausführlicher,[48] die andere ebenda kürzer ist[49] und dass die sachliche Differenz zwischen der Trierer und der Stockholmer Version dieser *solutio* darin besteht, dass in dieser offen bleibt und in jener entschieden ist, welcher dieser beiden Solutionsmöglichkeiten der Vorzug gebührt. Und eben hierdurch wird unserem Anonymus diese Trierer Version als die bessere erschienen sein. Deswegen hat er ihr vor derjenigen, die in seinem Exemplar des Digestum vetus als alte Glosse vorhanden war, den Vorzug gegeben – sie und nicht diese (in seinem Stockholmer Exemplar vorhandene) Version in den Apparat rezipiert, um dessen

47 Sie sind exakt so wie in Stockholm, soweit ich sehe, sonst nirgends vorhanden, namentlich nicht in der sonstigen Überlieferung des azonischen Apparats: In der dortigen Kette reiner Allegate steht zwar in zweitletzter Position *de adim. le.* etc., sodann auch *de accept.* etc. mit Angabe des Paragraphen, aber dieser ist, wie hier bereits bemerkt, dort § 6 – *si Stichum.*

48 Und auch plausibler: dass der Schuldner die Obligation mit demjenigen *homo* erfüllt hat, dessen Leistung ihm erlassen ist, soll anzunehmen sein (*videtur*!) deswegen, weil der Erlass durch Akzeptilation erfolgt ist und diese – anders als ein *pactum* – *loco solutionis* ist, was in Trier gesagt und in Stockholm hinzuzudenken ist.

49 Man könnte meinen: in Trier allzu kurz, indem die *distinctio electionis*, was nämlich genau diese besagt, unausgeführt ist. Aber in Trier folgt die Ausführung dazu sozusagen auf dem Fuß, nämlich in der auf *hominem* bezogenen Glosse: *quem ego velim* etc., und dies ist im azonischen Apparat nicht anders aufgrund der dort in der Litera von § 7 zu *debeas* vorhandenen Glosse: *quem ego velim* etc. Es ist dort anders nur, dass im azonischen Apparat als azonisch dasjenige erscheint, wovon in Trier und wie dort fast überall, wo von dieser Glosse deren 1. Stück vorhanden ist (s. hier o. N. * zu Troyes/Trier), durch das auf Irnerius zu beziehende *y* indiziert ist, dass es sich um eine von Irnerius begründete *distinctio* handelt, die Azo in diese seine gl zu *debeas* rezipiert hat. In der gl zu *opponenda* ist im (Stockholmer) azonischen Apparat allerdings weniger deutlich, was die *distinctio electionis* ist, weil diese Glosse dort auf § 6 bezogen und somit von der Ausführung in der gl zu *debeas* um einiges entfernt ist. Eben auch darum ist dieser Bezug auf *opponenda* verkehrt.

Ergänzung und Verbesserung es ihm ging.[50] Indem er aber dies tat, stand er vor der Frage, was denn von deren Bezug auf die als *contra* allegierte Stelle *infra de solut. Stichum* zu halten sei. Er stand in anderer Weise als aufgrund seiner (Stockholmer) alten Glosse vor der Frage, was zu dieser seines Erachtens trefflicheren *solutio* der richtige Bezug ist.

Die Stelle *infra de solut. Stichum*, d. i. D 46,3,95, betrifft den Fall, dass *Stichus aut Pamphilus* geschuldet ist – den Fall mithin einer Alternativobligation. Das Allegat dieser Stelle scheint also in unserer l. 27 zu § 6 zu gehören. Es geht in ihr allerdings weder um ein *pactum* noch um eine Akzeptilation; es geht um die andere Möglichkeit einer Reduzierung der Obligation auf einen der geschuldeten Gegenstände – dadurch nämlich, dass, bevor einer der beiden geleistet ist, der eine oder andere untergeht, also Stichus oder Pamphilus stirbt. Papinian (in seinen Quästionen) handelt in dieser l. 95 von diesem Fall, indem er unterscheidet, indem er (um im Jargon zu bleiben) distinguiert, ob die Befugnis, den zu leistenden Sklaven auszuwählen, der Gläubiger oder der Schuldner hat, und er beginnt mit der Alternative, dass es der Gläubiger ist, der die *electio* zu treffen befugt ist; er schildert den Fall so, dass *ego* der Gläubiger und *tu* der Schuldner ist; seine – n. b. Papinians! – Worte sind: *Stichum aut Pamphilum, utrum ego velim, dare spondes?* Die Stelle ist ein Beleg dafür, dass es, bei einer Obligation mit unbestimmtem Leistungsgegenstand, darauf ankommen kann, ob der Gläubiger oder der Schuldner die Bestimmung zu treffen hat, ob dieser oder jener zur Elektion befugt ist. Und es sind Papianians Worte, die Irnerius benutzt, um zu

50 Es spricht gegen diese Annahme nicht, dass in der gl zu *opponenda* die in Trier diese *solutio* abschließende Sigle des Johannes fehlt. Unserem Anonymus wird nicht entgangen sein, dass mit dieser Sigle i. fi. dieser *solutio* der Anteil des Johannes an dem Gesagten nicht korrekt bezeichnet ist: die *distinctio electionis*, mittels derer das *contrarium* aufzulösen sein soll, geht offenbar, wie gerade auch in Trier ersichtlich, zurück auf Irnerius' gl zu *debeas* (s. in der vor. N.); sie ist von Johannes nur befestigt worden durch seine Argumentation zu der anderen Solutionsmöglichkeit mittels der die Wirkung einer Akzeptilation und eines *pactum* betreffenden *distinctio*, durch seinen Hinweis darauf, dass diese andere *solutio* nicht vertretbar ist, weil in der Litera von § 6 *acceptilatio* und *pactum* nun einmal gleichgeschaltet sind – *idem in utroque* gilt. Auch Irnerius mag dies schon gesehen haben, aber gesagt und damit dessen *solutio* mittels der *distinctio electionis* außer Frage gestellt hat dies offenbar erst Johannes. Dessen Anteil an der Trierer *solutio* ist daher auch nur der Hinweis darauf, dass und woran die näher liegende und an sich plausiblere Solutionsmöglichkeit scheitert und darum dem zu folgen ist, was schon Irnerius gesagt hat. Für das Verständnis der Trierer Solutionsglosse ist in Rechnung zu stellen, dass in ihr das von Johannes – wie anzunehmen ist: im Hörsaal – Gesagte nicht wortwörtlich, sondern nur kondensiert wiedergegeben ist und anderenorts selbst nur unvollständig, wie in Madrid, wo zu dem Allegat von D 46,4, 13,4 nur notiert ist: *hic* (!?) *acceptilatio loco solutionis est, cum et ipsa dicitur solutio sc. Joh.*

§ 7 – *hominem* zu sagen, dass – im Fall dieses Paragraphen – Du denjenigen schuldest, *quem ego velim*. Die Stelle ergibt im Verhältnis zu den §§ 6 und 7 unserer l. 27 ein *argumentum pro*, nicht *contra*. Der *contra*-Vermerk, der bei ihr in Trier (und Troyes) steht, ist verkehrt, und er fehlt dann auch in allen anderen Hss, die bei §§ 6 und 7 l. 27 als reines Allegat diese Stelle haben.[51] Es bedarf keines besonderen juristischen Verstands, man muss nicht Azo sein, um das zu sehen. Unser Stockholmer Anonymus hat es gesehen. Sein Verstand war bei der Klärung der Frage, was zu der von ihm favorisierten Solutionsversion das gehörige *contrarium* ist, durch dessen andere und allenthalben unzulängliche Bezeichnung sozusagen auf dem qui vive. Und so hat er dann die hier sog. Trierer *solutio* aus ihrem Trierer Zusammenhang herausgelöst, sie auf die Stelle bezogen, die – ebenfalls in Trier – im unmittelbaren Anschluss an sie als *contra* allegiert und ohne *solutio* ist, und sie unter Voranstellung dieser Stelle in den azonischen Apparat eingefügt[52] – bezogen auf *opponenda*, also in l. 27 auf § 6, auf den das fälschlich als *contra* bezeichnete Allegat zu beziehen auch nicht geradezu abwegig ist.

Es ist nach diesem vorläufigen Resultat zur Genese der Stockholmer gl zu *opponenda* hier an der Zeit, den Blick intensiver, als dies bisher geschehen ist, zu richten auf die andere Überlieferung des azonischen Apparats – auf diejenige, in der die gl zu *opponenda* fehlt und die in Stockholm fehlende Allegationen-Kette vorhanden ist. Wer auch immer diese Kette und die an deren Ende stehende Solutionsglosse dem azonischen Apparat hinzugetan hat – in dessen Blick wird nicht gewesen sein die gl zu *opponenda*. Er hätte in dieser vor Augen gehabt, zu welchem Allegat diese *solutio* gehört und auf welches sie also auch zu beziehen ist. Auch für ihn muss die Vorlage für den Text dieser *solutio* gewesen sein Trier.[53] Und auch er hat bemerkt, dass diese *solutio* nicht zu der ihr dort voranstehenden Stelle *infra de solut. Stichum* gehören kann. Sie zu beziehen auf das ihr in Trier folgende Allegat, sc. auf l. 13,4 – *si is* D 46,4 ist ihm nicht eingefallen oder von ihm nicht für richtig gehalten worden. Er hat sie bezogen in dieser l. 13 auf § 6 – *si Stichus*. Dieser Paragraph betrifft – wie n. b. die Stelle *infra de solut. Stichum* – den Fall einer Alternativobligation; er betrifft – wie in unserer l. 27 § 6 – den Fall, dass *Stichus aut decem* geschuldet ist; und es geht auch hier wie dort darum, dass dem Schuldner eine der beiden alternativ geschuldeten Leistungen von dem

51 Das sind außer (wie hier bereits angeführt) Paris 4450: Alençon 173; Leipzig 876; London 11 C III; Vatikan 2705.

52 Und von seinem Tun eine Spur hinterlassen, indem er sie mit der azonischen Sigle versehen hat und damit sagt, es gehöre diese Stelle in diesen Apparat.

53 Wogegen nicht spricht, dass in der *solutio* dieser anderen Überlieferung der letzte Satz beginnt mit *vel etiam*. In Trier und ebenso in Troyes ist das am Anfang des letzten Satzes zutreffende *sed* mit dem dafür gebräuchlichen Kürzel geschrieben, s. hierzu bereits o. N. 41.

Gläubiger erlassen worden ist – durch Akzeptilation *Stichus* in l. 13,6, durch ein *pactum decem* in l. 27,6. Und obwohl nach der in dieser Stelle nun einmal vorhandenen Aussage, dass ein *pactum* und eine *acceptilatio* in ihrer Wirkung gleich seien – gleichwohl ist die Entscheidung hier und dort eine andere: die nicht akzeptilierten *decem* bleiben geschuldet in l. 13,6 und das *pactum*, das nur Stichus betraf, erzeugt eine *exceptio*, die *totam obligationem* sozusagen ›submoviert‹ in l. 27,6. Zwischen diesen beiden Stellen besteht zweifellos dasjenige, was unsere Glossen ein *contrarium* nennen, mithin dasjenige, was einer Harmonisierung bedarf. Und so hat derjenige, der die Trierer *solutio* in den azonischen Apparat rezipiert hat, ihr den Bezug auf *infra de accept. Et. per iusi. § si Stichus* gegeben.

Auch dieser Bezug ist die Korrektur des in Trier verkehrten Bezugs auf *de solut. Stichum*. Ihn herzustellen ist auch, wie aus dem soeben Gesagten folgt, nicht das, was man abwegig nennen könnte, aber doch, wie mit Sicherheit anzunehmen ist, seinerseits verkehrt. Der Fall in l. 13,6 betrifft eine Alternativobligation, betrifft *Stichus aut decem*; er betrifft die Akzeptilation einer dieser Leistungen, aber da hinzu kommt doch, dass die Obligation durch Stipulation *sub conditione* eingegangen und der akzeptilierte Stichus *pendente conditione* gestorben war: Bevor Stichus mit Eintritt der Bedingung überhaupt geschuldet sein konnte, war er schon nicht mehr existent! Die Akzeptilation betraf eine Sache, die zur Zeit ihrer Vornahme noch nicht geschuldet war und wegen ihres Untergangs vor Eintritt der Bedingung auch nicht mehr Gegenstand einer Schuld werden konnte. Sie: die Akzeptilation geht mangels eines geschuldeten Gegenstands ins Leere und lässt darum die von ihr nicht betroffene andere Alternative bestehen. So einfach: indem man nur den Fall, um den es geht, im Ganzen in Betracht zieht, indem man *alles* sieht, was in l. 95 gesagt hat, löst sich dieses *contrarium* auf.

An dieser Auflösung gehen die beiden Möglichkeiten, um die es in der Trierer *solutio* geht, vollkommen vorbei. So: aufgrund der Bedingtheit der Obligation löst dieses *contrarium* auf in seiner gl zu *stipulatus* (s. in der Litera von § 6) Azo. Wie sollte er also die Kette der reinen Allegate so beendet haben, wie das in seinem Apparat in fast allen davon noch existierenden Hss überliefert ist und darum als seine Glosse erscheinen kann? War ihm am Ende dieser Kette sein juristischer Verstand abhanden gekommen? Will man annehmen, dass diese Kette: diese Rezeption ihrer Bestandteile aus der *antiqua glosa* aus den Anfängen seiner die Litera in Glossen erschließenden Arbeit stammt und sein Verstand zu dieser Zeit noch nicht so recht entwickelt war wie zur Zeit seiner gl zu *stipulatus*? Odofredus sagt, zunächst habe Azo *minores glosas* geschrieben, sich noch mehr als im späteren Verlauf seiner Arbeit an dasjenige gehalten, was Johannes Bassianus gelehrt, was er von diesem seinem Lehrer gelernt hatte. Dieser hat hier Irnerius' Erklärung zu § 7 l. 27, dass im Fall dieser Stelle anzunehmen sei, es habe der Gläubiger zur Wahl des aus der Gattung zu leistenden Stücks die Befugnis, für maßgeblich erklärt für die Auflösung des *contrarium* zwischen dieser Stelle und § 4 – *si is* l. 13 D 46,4. Er hat dies getan, nachdem er eine Auflösung dieses *contrarium* mittels der die Wirkung einer Akzeptilation einerseits und eines *pactum* andererseits betreffenden *distinctio* in Erwägung gezogen und – *nolens volens* – verwerfen zu müssen erklärt hat. Für Azo war damit durch Johannes, zumal in der Zeit, als er in seinen Glossen noch ganz dessen Adept gewesen sein mag, diese Möglichkeit, das durch D 46,4,13,4 – *si is* gegebene *contrarium* aufzulösen, erledigt. Er musste dies, wie ein braver Schüler das wohl getan hätte, nicht nochmals sagen. Er brauchte von der Stelle, die zu § 7 l. 27 das *contrarium* ergab, die der deutlichste Beleg dafür ist, dass eine Akzeptilation, wenn sie eine Gattungsschuld und nur eines der zu der Gattung gehörenden Stücke betrifft, die Schuld im Ganzen aufhebt, nicht mehr zu handeln. Er konnte diese Stelle beiseite lassen,[54] und er wird das getan haben mit Entschiedenheit und Erleichterung angesichts der Schwierigkeiten, die in der Bezeichnung dieser Stelle in den älteren Glossen vorhanden war und die ihm gerade in der Zeit, in der er Glossen zu schreiben angefangen hat, doch nicht entgangen sein kann.[55] Alles, was hier so umständlich dargestellt worden ist, war vom Tisch zu fegen; die Sache war entschieden durch Johannes zugunsten der irnerianischen *distinctio electionis*, und also konnte und hatte es nur noch darum zu gehen, es war die ihm verbliebene Aufgabe allein noch, diese *distinctio* zu verdeutlichen, sich ihrer Tragweite: ob dieselbe Unterscheidung wie bei der Gattungsschuld auch bei der Alternativobligation zu machen ist,[56] zu verge-

54 Außer in Stockholm, sc. in der gl zu *opponenda*, also in der gesamten sonstigen Überlieferung des azonischen Apparats kommt – *nota bene*! – D 46,4,13,4 nicht vor – und wie anders als auf die hier o. ausgeführte Weise sollte das zu erklären sein?! Willkür oder Nachlässigkeit der Kopisten ist für dieses Manko doch sicher eine schlechte Erklärung.

55 Johannes wird auch schon in dieser Zeit nicht sein Ein-und-Alles gewesen sein. Sein Blick wird gerade anfangs auch auf die alte Glosse gerichtet, auch diese zu seiner Arbeit die Vorlage gewesen sein, woraus nicht folgt, dass er alles dort Vorhandene und Gesehene auch in seinen Apparat rezipiert, dass er bei der Rezeption nicht das, was ihm Spreu und Weizen war, auseinander gehalten und die Spreu nicht neglegiert hätte. Zu bedenken ist hier auch, dass Azo seine Glossen in ein Exemplar des Digestum vetus geschrieben haben könnte (oder: hat schreiben lassen), in dem von der alten Glosse jedenfalls das eine oder andere vorhanden war. Es scheint dies hier tatsächlich so gewesen zu sein, wie sich in Hinsicht auf das Allegat der Stelle *infra de solut. Stichum* im hier Folgenden noch zeigen wird.

56 Die Frage war gestellt durch das in der *antiqua glosa* (s. hier o. N. 51) vorhandene Allegat von D 46,3,95 – *de solut. Stichum*, das auch in der Kette in 2. Position und auch dort ohne den – verkehrten – *contra*-Vermerk vorhanden, also aus der *antiqua glosa* in den azonischen Apparat rezipiert ist. Die *distinctio electionis* ist in

wissern sowie die Bedenken, die gegen ihre Durchführung sich aus anderen Stellen ergeben konnten, zu prüfen und zu zerstreuen.[57] Dies und nichts weiter geschieht in den beiden zweifellos genuin azonischen Glossen zu § 7, was sich im hier sogleich folgenden Durchgang durch den azonischen Apparat noch weiter befestigen wird.

der Litera dieser Stelle, wie bereits bemerkt (s. o. im Text nach N. 50), vorhanden für den Fall einer Alternativobligation, in der eine der alternativ geschuldeten Leistungen, bevor die eine oder die andere erbracht ist, zu existieren aufhört.

57 Unter den anderen Stellen fehlt in dem zweifellos genuin azonischen Teil des Apparats die Stelle *infra de rescin. ven. l. paulus notat* = D 18,5,4. Sie ist sicher *contra* zu § 6 (l. 27) und befindet sich in der Kette (in 4. Position), wozu hier zur Komplettierung des Beweises, dass diese Kette im Ganzen nicht azonisch ist, anzumerken ist: Es steht ihr in der Kette (in 3. Position) voran: *de rescin. ven. l. cum emptor Jul. pa. contra*, d. i. l. 5 in D 18,5, und *Jul. pa.* wird (die Punkte indizieren eine Abkürzung) aufzulösen sein zu *Iuliani Paulus*. Es steht also in der Kette l. 5 n. b. vor l. 4 D 18,5, und es steht am Ende der Bezeichnung von l. 5 in verstümmelter Form die seltsame Inskription von l. 4 – wer anders als ein Kopist bringt so etwas zustande? ein Kopist aufgrund einer defekten Vorlage! Ersichtlich ist diese Vorlage in Troyes und Trier sowie mit einer geringfügigen Variante in Paris 4450 (s. hier o.). Der dort vorhandene Text sieht, weil darin *infra* nur einmal vorkommt und räumlich am Anfang steht, so aus, als handele es sich um das Allegat nur einer einzigen Stelle. Es bedarf einer gewissen Aufmerksamkeit des Lesers und eines Kopisten, um zu bemerken, dass in diesem Text die Anfänge zweier *leges* vorkommen: *cum emptor/si emptio* und dass bei einer dieser beiden, nämlich bei *si emptio* der Anfang der Litera mit *Paulus* nicht exakt bezeichnet ist. Wer dies bemerkt, wird den Fehler seiner Vorlage (über dessen Ursprung sich nur spekulieren lässt) auszubessern suchen: er wird vor *si emptio*, also nach *Paulus* einfügen *notat* und noch davor, sc. vor *Paulus* zur Klarstellung, dass es um zwei *leges* geht, ein 2. *infra* setzen. So: durch die Ausführung dieser Verbesserung mittels zweier Zutaten werden aus der scheinbar einen Allegationsglosse der Vorlage deren zwei und es hat das Allegat von l. 5 die Position vor dem Allegat von l. 4 behalten, was hier anstößig ist, weil l. 5 nicht wie l. 4 in unserer l. 27 zu § 6, auch nicht zu § 7, sondern erst zu § 9 gehört und zur Aussage dieses Paragraphen auch nicht *contra* ist. Dass Azo so etwas nicht zustande gebracht hat, ist als sicher anzunehmen. Azo war kein Kopist. Er wird einen solchen beschäftigt haben – und hat dessen Arbeit nicht kontrolliert? nicht durch einen kompetenten Mann kontrollieren lassen? Es wird die hier (n. b. nicht in ihrem ganzen Ausmaß wiedergegebene!) Unsicherheit der reinen Allegate in der *antiqua glosa* für ihn der Grund gewesen sein, sich auf die *solutio* des durch D 18,5,4 gegebenen *contrarium* zunächst nicht einzulassen. Er hat seine *solutio* dazu erledigt erst bei der *contra*-Stelle, sc. bei l. 4 D 18,5. Darauf hat derjenige, der sie hier vermisst hat, mit *dixi infra* etc. hingewiesen. Accursius, der in seiner Vorlage, wie diese Kette, so auch dieses *dixi infra* nicht hatte, hat die Lücke in seiner Vorlage mittels der *solutio* geschlossen, die ihm im Hugolinus-Apparat vorlag, worauf hier zurückzukommen sein wird.

Nimmt man also – wie die gl zu *opponenda* – auch die ganze Allegationen-Kette[58] einschließlich der sie abschließenden Solutionsglosse aus dem genuin azonischen Apparat: aus Accursius' Vorlage heraus, dann stellt sich dieser Apparat dar als das Produkt der Arbeit eines Mannes, für den, was sein Verhältnis zu der ihm in der Glosse vorangegangenen Arbeit betrifft, eine gewisse Souveränität, ein nicht geringes Maß an Arroganz kennzeichnend ist: Er macht sich zu eigen, was ihm in dieser Arbeit das Richtige zu sein scheint, ohne anzugeben, wer es ist, der das seines Erachtens Richtige zustande gebracht hat, und er lässt alles andere beiseite. Dadurch entsteht der Eindruck, dass sein Apparat eine unfertige Arbeit ist, was hin und wieder und nicht selten ja auch wirklich der Fall ist. Aber auch das, was in diesem Apparat das Ergebnis einer gewollten Beschränkung ist, auf selektiver Verarbeitung der *antiqua glosa* beruht, konnte denjenigen nicht behagen, denen die Verbreitung der azonischen Arbeit, der Absatz seines Apparats namentlich in der *cupida legum iuventus* ein Anliegen gewesen ist. Zur Förderung des Absatzes galt es nachzubessern, und es war offenbar nicht nur ein einziger, der sich darauf verlegt hat – daher die gl. zu *opponenda* in Stockholm; daher in der sonstigen Überlieferung die Kette der reinen Allegate: dieser doch an sich unzulängliche Einblick in die ältere Glosse. Und eben daher auch die Erweiterung des azonischen Apparats durch Accursius: dessen Umgestaltung dieser seiner Vorlage zur *gl. ord.* Was Accursius von unseren beiden anonymen Bearbeitern des azonischen Apparats unterscheidet, wodurch er diese überragt und aus der Anonymität heraus tritt, ist die Gründlichkeit seiner sich Glosse um Glosse vornehmenden Arbeit sowie die Ausfüllung der Lücken, die in seinem Apparat zu schließen Azo versäumt oder nicht für seine Aufgabe gehalten hat, das Stopfen dieser Löcher mit – womöglich dem Hugolinus-Apparat entnommenen – Versatzstücken.

58 Zu deren Anfang: de lib. le. etc. = D 34,3,7,1 ist kaum etwas zu sagen: die Stelle belegt für den Fall einer Alternativobligation bei auf eine der Alternativen beschränkter Akzeptilation das Erlöschen der Obligation im Ganzen – und wie sollte das bei einer Alternativobligation auch anders als bei einer Gattungsschuld sein? Wenn Azo den Beleg für die Gattungsschuld, sc. D 46,4,13,4 beiseite ließ (s. o. in und bei N. 54), warum sollte er diesen Beleg wohl anführen? Die Stelle, die in der *antiqua glosa* nicht selten ist, lässt weg Hugolinus. Accursius hat ersichtlich Schwierigkeiten, sie unterzubringen: s. am Ende der *gl. ord.* zu *petitione*: *item facit* etc. – sie ergibt ein *argumentum* (*facit*) für welche der in dieser Glosse vorhergehenden Aussagen?

2) *Die* gl. ord. *als ein mit accursischen Zutaten versehenes Kompositum aus Azo und Hugolinus*

a) *Der Apparat zu § 6*

Es geht in der *gl. ord.* zu § 6 um insgesamt sieben Glossen. Von diesen haben immerhin vier, also mehr als die Hälfte im azonischen Apparat keine Entsprechung. Drei davon sind *additiones* zum ursprünglichen Text der *gl. ord.* und offenbar Accursius' eigene Zutaten,[59] und sie sind das: eben Zutaten auch in der Qualität dessen, was sie zum Verständnis der Litera beitragen: sie ergeben nichts, was ein aufmerksamer und nicht ganz unkundiger Leser sich nicht selbst sagen könnte und würde. Die 4. dieser Zutaten, sc. die gl zu *aut Stichum* ist dem Hugolinus-Apparat entlehnt. Was Accursius daran gefallen hat, dass, wenn *decem aut Stichum* versprochen ist, das Versprechen *sub alternatione* gegeben ist, weiß ich nicht mit Bestimmtheit zu sagen. Geht es Hugolinus darum, dem Missverstand vorzubeugen, dass dieses Versprechen nicht ein solches *sub condicione* ist? Azo hätte doch wohl jedenfalls dies, weil ihm selbstverständlich, zum Verständnis der Sache für überflüssig gehalten.

aa) *Die Glossen zu* petitione *und* submoveri *(Teil 1)*

Um diese Sache geht es in den beiden – nicht allein ihrem Umfang nach – gewichtigen Glossen zu *petitione* und *obligationem submoveri*. Dass beide von demjenigen ausgehen, was Azo ebenfalls zu *petitione* sowie zu *stipulatus* sagt, ist evident.[60] Es geht zu *petitione* darum, eine Erklärung dafür zu finden, wie es möglich ist, dass bei einer Alternativobligation das auf die eine oder die andere Leistung gerichtete Klagebegehren die Obligation im Ganzen zum Erlöschen bringt. Solution und Akzeptilation haben diese Wirkung, aber wie denn auch schon die Erhebung einer derart unbestimmten Klage? Azo nennt zwei Fälle, in denen es so soll sein können, Accursius vier: er fügt die beiden Fälle, die Hugolinus mehr als Azo hat, den beiden azonischen hinzu – mit anderen als den von Hugolinus gebrauchten Worten und vor allem denjenigen Fall, mit dem Hugolinus beginnt, derart verkürzt, dass man Hugolinus braucht, um zu verstehen, was gemeint ist.[61] Dass Azo diesen Fall nicht hat und Accursius sich mit ihm keine Mühe gibt, ist jedenfalls begreiflich. Die Glosse ist hier verlegen

59 Also nicht Übernahmen aus den Texten anderer, worum es sich auch bei den *additiones* hin und wieder handelt.

60 Die gl zu *idem*, die dieses Wort zurechtbiegt, ist azonisch.

61 Zu dem Allegat i. fi., mit dem Accursius über Hugolinus hinausgeht, sc. D 34,3,7,1 s. bereits hier o. N. 58.

um eine Erklärung für etwas, was nicht zu verstehen und ein Indiz dafür ist, dass in der Litera das Stück: *nam ut solutione – submoveri* nicht paulinisch ist, sondern aus dem nachklassischen Schulunterricht stammen dürfte.[62] – In der *gl. ord.* zu *submoveri* geht es zunächst um das durch D 46,4,13,6 – *si Stichum* gegebene *contrarium* und um dessen Auflösung, von der hier bereits die Rede war. Azos kurz angebundene Art, im Fall dieses Paragraphen nur auf dasjenige Tatbestandsmerkmal hinzuweisen, aus dem die Auflösung sich ergibt, nämlich darauf, dass *ibi* die Obligation eine bedingte sei,[63] *hic* eine unbedingte, ist für Accursius' Geschmack eine ungenügende Instruktion des Lesers. Er hält sich an das, was Hugolinus zur Auflösung dieses *contrarium* sagt, paraphrasiert dessen Text auf eine Weise, die da, wo es bei Hugolinus um die 2. Solutionsmöglichkeit geht, formal besser, komprimierter ist als das Original. Diese 2. Möglichkeit ist bei Azo die einzige, und sie ist zweifellos auch die einzig zutreffende, was auch Accursius sieht – allerdings erst in einer *additio* zu seinem ursprünglichen Text, was er also erst bei dessen Bearbeitung zum Ausdruck bringt durch ein doch recht schwächliches *melius*.

bb) *Die Glosse zu* submoveri *Teil 2: das* contrarium *l. 27,6 ./. l. 5 D 18,4 und dessen Auflösung*

Der 2. und abschließende Teil der gl zu *submoveri* betrifft das durch die Stelle *infra de rescin.* etc. = D 18,5,4 gegebene *contrarium* und dessen Auflösung. Diese ist, wie hier (o. N. 57 i. fi.) bereits bemerkt war und durch die abermals fast wortwörtliche Übereinstimmung auch evident ist, dem Hugolinus-Apparat entnommen.[64] In die *gl. ord.* nicht mitübernommen ist von der Hugolinus-Glosse deren 2. Teil: *et sic solvitur* etc., was sich daraus erklärt, dass die Aussage dieses Teils in der gl zu *submoveri* bereits vorhanden ist: sie ist in der Sache und

62 Zur Interpolation dieses Stücks s. bereits hier o. im Text nach N. 8, aber auch als ein Indiz für den Interpolationsverdacht die Schwierigkeit, die wegen dieses Stücks die Glosse mit der Auflösung des *contrarium* § 7 (l. 27) ./. § 4 – *si is* l. 13 (D 46,4) gehabt hat.

63 Genauer gesagt: bedingt ist der Akt, der die Obligation begründen soll; er ist bis zum Eintritt der Bedingung nicht komplett, begründet also noch gar keine Obligation, worauf es hier nicht ankommt, sodass obige saloppe Ausdrucksweise ihrer Kürze wegen tolerabel sein dürfte.

64 Wobei nur verändert ist a. A. *convenio* zu *convenit* und a. E. *remisisse et aliud* zu *in alio remisisse* – ich frage mich bei dergleichen Divergenzen immer wieder: hat er etwa aus dem Kopf zitiert? oder, da von Zitieren nicht gut die Rede sein kann: ist sein Schreiben nicht aus der Erinnerung an etwas, das er früher gelesen hatte, gespeist? und ist er sich überhaupt bewusst gewesen, dass er mit den Worten eines anderen redet?

zum Teil auch formal dasjenige, was in der Auflösung des durch D 46,4,13,6 gegebenen *contrarium* die erste der beiden insoweit in Erwägung gezogenen Solutionsmöglichkeiten ist. Accursius hat von Hugolinus' auf D 18,5,4 bezogener Solutionsglosse deren 2. Teil weggelassen, um nicht zweimal dasselbe zu sagen. Wie aber zu verstehen ist, dass Hugolinus, von dem ja auch die Auflösung des durch D 46,4,13,6 gegebenen *contrarium* entlehnt ist, das wohl getan hat – diese Frage sei hier vorerst dahingestellt. Es wird darauf zurückzukommen sein im Zug des Versuchs zu erklären, warum zu dem durch D 18,5,4 gegebenen *contrarium* Accursius sich überhaupt bei Hugolinus bedient, warum er sich nicht auch hier an Azo gehalten hat.

In dessen Apparat ist zu unserem § 6, was dieses *contrarium* betrifft, allerdings keine *solutio* vorhanden. Es ist in ihm vorhanden in der Kette der reinen Allegate diese *contra*-Stelle und dazu auch mit *solve ut ibi* der Hinweis darauf, dass eine *solutio* zu diesem *contrarium* bei der *contra*-Stelle zu finden sei. Dass in Accursius' Exemplar des azonischen Apparats, wie hier bereits dargetan,[65] auch dieses reine Allegat und dieser Hinweis gefehlt haben, ist kein hinreichender Grund für die Annahme, dass Accursius bei seiner auf unseren § 6 bezogenen Arbeit dasjenige entgangen ist, was von Azo bei der *contra*-Stelle gesagt ist.[66] Die Auflösung eines *contrarium* kann bei der einen oder bei der anderen *contra*-Stelle stattfinden, also im Apparat vorhanden sein, und so kurzsichtig oder nachlässig, in der Arbeit an dem Apparat zu § 6 nicht bei der *contra*-Stelle nachzusehen, ob Azo nicht zu dieser etwas gesagt hat, wird Accursius nicht gewesen sein. Dass er den azonischen Apparat zu dieser Stelle gekannt hat, ist zudem in seinem eigenen Apparat zu dieser Stelle, auch ist von Azo auch dort wieder keine Rede, unverkennbar und hier zu demonstrieren durch die Wiedergabe des Apparats des einen und des anderen zu D 18,5,4: *si emptio contracta sit togae puta aut lancis et pactus sit venditor, ne alterutrius emptio maneat, puto resolvi obligationem huius rei nomine dumtaxat.*

65 S. o. N. 57.

66 Dass ihm schon die *contra*-Stelle nicht präsent war, ist ausgeschlossen: sie ist in der *antiqua glosa* und bei Hugolinus vorhanden.

Azo	gl. ord.
alterutrius: tantum, non utriusque	
maneat: sc. obligatio empti	
huius rei nomine: ergo debetur utraque. job	
aut: primo legatur aut disiunctive ita, si convenit, ut venderes michi toga vel lancem et postea convenit, ne toga venderetur, a toge venditione recederetur. et ideo emptio alterius detracta alternatione manet. vel (= secundo!) legatur aut pro et, quo casu similiter solvitur obligatio nomine illius rei tantum, a cuius emptione recessum est.	dumtaxat: immo videtur in totum ut supra de pact. l . si unus § sed si stipulatus, quae est contra. Solut.: ponitur hic aut pro et, et sic sunt venditiones duae, non una tantum. vel dic., quod hic est disiunctio legis, non hominis, quod idem est. vel dic., quod pactum fuit, ne alterutrius, sc. tantum non utriusque, arg. infra de accept. l et. per iusi. § si Stichum.

Zur Wiedergabe des azonischen Apparats ist zu bemerken, dass die am Ende der gl zu *huius rei nomine* stehende Sigle des Johannes Bassianus ebenda in allen den azonischen Apparat überliefernden Hss steht. Zu den übrigen Glossen steht mit nur einigen wenigen, offenbar willkürlichen Ausnahmen überall die azonische Sigle. In formaler und inhaltlicher Hinsicht ist im azonischen Apparat auffallend, dass dort von der Auflösung eines *contrarium* keine Rede ist: unser § 6 ist nicht allegiert, und es ist in den drei genuin azonischen Glossen (abgesehen also zunächst von der Glosse des Johannes) auch nichts gesagt, was eine Erklärung dafür sein könnte, warum das *pactum* in unserem § 6 die Obligation im Ganzen ›submoviert‹, hingegen dort eine auf den Teil der Obligation (sc. der *venditio togae aut lancis*), den es betrifft, beschränkte Wirkung zugestanden wird. In der gl zu *alterutrius* wird der Inhalt des *pactum* und mithin dessen beschränkte Wirkung nicht eigentlich konkretisiert,[67] aber doch gewissermaßen verdeutlicht dadurch, dass gesagt wird, das *pactum* sei darauf gerichtet, dass der Kauf nur (*tantum*!) eines der beiden Kaufgegenstände, nicht beider erhalten bleiben, also nur einer aus dem Kauf ausgeschieden werden soll, und wenn dies gilt, dann besagt auch die mit *puto solvi* etc. gegebene Entscheidung (Paulus' Entscheidung n. b.!), dass die Obligation lediglich bezüglich einer der beiden Sachen aufgelöst wird.[68] Nichts anderes, nur mit mehr Worten und vielleicht auch etwas zöger-

67 Was ja auch in der Litera nicht geschieht: es ist dort n. b. nicht gesagt, es solle aus dem Kauf, sei es die *toga*, sei es die *lanx*, ausgeschieden werden.

68 Exakt so und nur mit etwas anderen Worten übersetzen Knütel und Spruit: ... de koop van een van de twee vervalt ... de verbintenis slechts ten anzien van de

licher ist von Azo gesagt in seiner gl zu *aut*, sc. in der Darlegung der beiden möglichen Lesarten dieser Litera: Hat *aut* den disjunctiven Sinn und ist vereinbart, dass die *toga* nicht verkauft sein soll, dann bleibt aufgrund des *pactum* übrig die *emptio alterius* (also der *lanx*), und läse man *aut* als *et*, dann gilt dasselbe: *similiter solvitur* etc. Ist dem aber so: ist das, was Paulus zu Julian notiert hat, so zu verstehen, dann ist der Fall, um den es in D 18,5,4 geht, gleich dem unseres § 6,[69] und die Entscheidung dieses selben Falls ist hier und dort eine andere: das *pactum* ›submoviert‹ *totam obligationem* hier (sc. in § 6) und lässt bestehen den Kauf bezüglich einer der beiden alternativ geschuldeten Sachen dort, und hier und dort geht es zudem auch noch um eine Entscheidung ein und desselben Paulus. Was Azo in seinen beiden Glossen zu *alterutrius* und zu *aut* sagt, macht das *contrarium* erst wirklich handgreiflich. Und nichts ist von ihm unternommen, was zur Auflösung dieses *contrarium* beitragen, wenigstens ein Ansatz sein könnte – wenn man davon absieht, dass er zu *huius rei nomine* auch die Ansicht des Johannes anführt, es werde beides, sc. *toga* und *lanx* geschuldet sein. Aber was von dieser gewiss absonderlichen Ansicht zu halten ist: ob sie die Lösung des *contrarium* sein soll und wie sie in der Litera von l. 4 D 18,5 überhaupt begründet sein kann – zu beidem ist von Azo nichts gesagt. Und so ist auch nicht unbegreiflich, dass derjenige, der den azonischen Apparat zu verbessern unternimmt, es für richtig hält, die Ansicht des Johannes aus dem Apparat heraus- und überhaupt beiseite zu lassen.

Sieht man also hier – vorerst – von Johannes ab, dann hat der azonische Apparat zu D 18,5,4 den Defekt, dass durch das in ihm Gesagte die Gegensätzlichkeit der Entscheidung in dieser Stelle und in unserem § 6 in aller Deutlichkeit zum Ausdruck kommt und zur Auflösung dieses Gegensatzes nichts unternommen ist. Also wird, wer sich noch in seiner Arbeit an der Verbesserung des Apparats zu § 6 befindet und noch im Zweifel darüber ist, wie das, was Azo zu der *contra*-Stelle sagt, zu verbessern sein könnte, dies hier, sc. bei § 6 beiseite lassen, sich nach anderem umsehen und dem Defekt abhelfen durch die Übernahme dessen, was in seinem Apparat zu § 6 Hugolinus gesagt hat. Aber er wird, weil die azonische Arbeit zu vollenden seine Absicht ist, es dabei doch nicht bewenden lassen. Er wird vielmehr da, wo im azonischen Apparat zu

eene zaak(!) opgeheven. Bei Knütel wird dieser Sinn noch dadurch unterstrichen, dass auf D 2,14,7,6 hingewiesen wird, d. i. die Stelle, die besagt, durch ein *pactum* könne (n. b. *re integra*!) der Kauf aufgelöst werden, falls *re integra* im Ganzen, dann auch zum Teil, indem der Kaufpreis, der Kaufgegenstand reduziert wird. Zu fragen ist aber doch, warum Paulus, wenn er dies meint, *puto* sagt. Es klingt dies doch so, als sage er etwas, was nicht so sicher ist wie das, was Ulpian (in der allegierten Stelle) sagt.

69 Abgesehen davon, dass hier von den beiden alternativ geschuldeten Sachen die eine Geld ist, wovon hier aber gewiss abgesehen werden kann.

diesem *contrarium*, auch ist von einem solchen dort nicht die Rede, etwas gesagt ist, eben dies durch eine eigene *solutio* zu verbessern versuchen. Und eben dies: einen Versuch, das von Azo zu D 18,5,4 Gesagte zu verbessern, unternimmt Accursius in der *gl. ord.* zu dieser Stelle mit Bezug auf die an deren Ende stehende Litera *dumtaxat*.

Er beginnt mit dem (bei Azo fehlenden) Allegat der *contra*-Stelle, stellt dieser, wie er das bei der Anführung von *contra*-Stellen durchweg zu tun pflegt, mit *immo videtur* etc. die das *contrarium* konkretisierende Einleitung voran und führt sodann zwei Möglichkeiten der Auflösung aus, von denen er jedenfalls nicht *expressis verbis* sagt, welche er für die bessere hält. Die zweite (beginnend mit *vel dic.*) setzt an in der azonischen Glosse zu *alterutrius*; sie schreibt fort deren Worte: *tantum non utriusque* und bekommt – n. b. von Accursius! – den Zusatz *arg. infra de accept.* etc., d. i. D 46,4,13,6. Diese Stelle, in der, wie hier nochmals gesagt sei, es darum geht, dass *Stichus aut Pamphilus* alternativ, aber nur bedingt geschuldet sind, eine Stichus betreffende Akzeptilation stattgefunden hat und Stichus vor Eintritt der Bedingung gestorben ist, soll zur Auflösung des *contrarium* zwischen l. 4 D 18,5 und unserem § 6 ein Argument ergeben, von dem Accursius, da er es nicht ausführt, wohl selbst nicht viel hält.[70] Er hält also,

70 Das Argument ist hier auszuführen in Hinsicht darauf, dass es diese Stelle ist, die auch Hugolinus in seinem Apparat zu unserem § 6 in seiner Solutionsglosse zu dem durch D 18,5,4 gegebenen *contrarium* in deren 2. mit *et sic solvitur* beginnenden Teil anführt – in dem Teil n. b., den Accursius bei der Übernahme dieser Hugolinus-Glosse in die *gl. ord.* zu unserem § 6 weggelassen hat, um in der gl. ord. zu *submoveri*, wie hier bereits gesagt, nicht zweimal dasselbe zu sagen, s. o. im Text nach N. 40. Das *argumentum* aus D 46,4,13,6, mit dem es möglich soll sein können, das *contrarium* § 6 ./. l. 4 D 18,5 aufzulösen, ist dies: Die Entscheidung in dieser Stelle (sc. trotz der Akzeptilierung von Stichus bleibt Pamphilus geschuldet) könnte daraus zu erklären sein, dass die Parteien die Erstreckung der Akzeptilation auf Pamphilus nicht gewollt, vielmehr vereinbart haben, dass die Akzeptilation diese Wirkung nicht haben soll oder, um mit Hugolinus zu reden, *inter eos actum est, ut alter* etc. Und kann man das dort: im Verhältnis von § 6 zu D 46,4,13,6 sagen, dann kann man es sagen auch hier: im Verhältnis von § 6 zu D 18,5,4: Verkäufer und Käufer könnten vereinbart haben, dass die eine der beiden Sachen *in obligatione* bleiben soll, während dort (in unserem § 6), indem, um weiter mit Hugolinus zu reden, der Verkäufer *simpliciter fecit pactum de uno non petendo, etiam videtur remisisse et aliud:* Die Auswirkung des *pactum* auf *totam obligationem* beruht m. a. W. darauf, dass (und sie tritt ein, wenn) dies *inter eos actum sit*. Auch Hugolinus dürfte und jedenfalls Accursius hat die andere *solutio* des *contrarium* § 6 ./. D 46,4,13,6 aufgrund der Bedingtheit der alternativen Verpflichtung für *melius* gehalten. Ist also jene Erklärung aus dem, was *inter partes actum est*, die schlechtere dort, dann ist sie das auch hier, und es ist begreiflich, dass diese Erklärung hier von Accursius gar nicht ausgeführt ist, so wunderlich auch ist, dass er hier anführt, was er dort: bei Übernahme der Hugolinus-Glosse von dieser einfach weglässt.

auch sagt er dies nicht ausdrücklich, doch wohl mehr von der von ihm zuerst ausgeführten Möglichkeit, und diese ist dann auch zur Verbesserung des von Azo Gesagten ein wahrlich ihm eigener Einfall. Auch sie ist, von dem, was Azo zu D 18,5,4 sagt, nicht völlig unabhängig; sie ist inspiriert durch die beiden Lesarten der Litera *aut*, die Azo für möglich hält[71] und die, wie er sagt, auf dasselbe hinauslaufen, dass nämlich *similiter solvitur obligatio* etc. Von dem, was Azo sagt, entfernt sich Accursius dadurch, dass er die Bedeutung von *aut* als *et* vorzieht und dem *et*, wie dann aber doch auch dem disjunctiven *aut*, entnimmt, dass es – n. b. in D 18,5,4! – gar nicht um nur einen Verkauf geht, aus dem zwei Sachen alternativ geschuldet sind, sondern um zwei Verkäufe: Bestelle ich bei einem Textilwarenhändler außer einem Hemd auch noch eine Hose und bringe ich diesen Händler dazu, die Bestellung des Hemdes zu stornieren, dann wird davon – fürwahr! – der Kauf der Hose nicht tangiert. Als *solutio* zu dem zwischen unserem § 6 und D 18,5,4 bestehenden *contrarium* haut das jeden und zumal denjenigen, der von Paulus' *nota* zu Julian weniger eine Platitüde als eine Spitzfindigkeit erwartert, einfach vom Stuhl. Was Accursius selbst meint, ist eine *solutio*, die, wäre sie einem spät am Abend eingefallen, am nächsten Morgen, bei Licht besehen, sich nur als Scherzerklärung aufrecht erhalten ließe.

Bei der Aufgabe, die er sich gestellt hat, blieb Accursius, wie ihm immer wieder zugute zu halten ist, nicht viel Zeit, um jedes Detail mit der gehörigen Gründlichkeit in Erwägung zu ziehen – also hier sich zu fragen, warum denn Azo die auf *huius rei nomine* bezogene Ansicht des Johannes überhaupt in seinen Apparat aufgenommen hat. Hätte auch Azo, wie offenbar Accursius, mit dieser Ansicht nichts anzufangen gewusst, hätte er sie für zu absonderlich, für unverständlich gehalten – warum hat er sie dann nicht, wie Accursius das getan hat, aus seinem Apparat einfach weggelassen? Warum hat er von der selektiven Art seines Umgangs mit dem, was ihm vorlag, hier eine Ausnahme gemacht? Es wäre eine zu billige Erklärung anzunehmen, dass es der Respekt, den der Schüler seinem Lehrer schuldet, gewesen ist, der Azo davon abgehalten hat, über diese Ansicht des Johannes mit Stillschweigen hinweg zu gehen (und der Respekt sich erst bei dem ›Enkel‹ verflüchtigt hat). Azo wird verstanden haben, wie Johannes zu dieser Ansicht gekommen ist, und er wird sie für eine beachtliche, aber auch bedenkliche gehalten haben – für eine Ansicht, die man dadurch respektiert und auf die Probe stellt, dass man ihr die gegenteilige Ansicht entgegenstellt und dasjenige ausführt, was für diese gegenteilige Ansicht sprechen könnte, was beides Azo tut, indem er zu

71 Er hält, wie durch *legatur*, sc. den Konjunktiv indiziert, beide nur für möglich, meint also nicht, es sei die eine oder die andere die richtige.

alterutrius sagt: *tantum non* (!) *utriusque* und zu *aut* ausführt, wie und mit welcher Konsequenz man diese Litera lesen könnte.[72]

An der Ansicht des Johannes ist merkwürdig ihr Bezug auf *huius rei nomine*, also auf den Teil der Litera, in dem Paulus mit *puto* etc. aus dem von dem Käufer mit dem Verkäufer geschlossenen *pactum* die Konsequenz zieht. Die Ansicht des Johannes wird plausibel, wenn man sie bezieht auf das, was die Parteien in dem *pactum* vereinbart haben: *ne alterutrius emptio maneat* – es soll nicht bleiben bei dem Kauf der einen oder der anderen, nicht dabei, dass nur die eine oder die andere verkauft ist; es sollen also beide verkauft sein.[73] Das *pactum* nimmt aus dem Kauf heraus nicht eine der beiden Sachen, die so, dass nur die eine oder die andere zu leisten ist, ursprünglich verkauft worden sind, nicht also etwa die *toga*, während die *lanx* verkauft bleibt. Das *pactum* entfernt aus dem Kauf die in diesem ursprünglich vereinbarte Alternativität, nicht mehr und nicht weniger als diese – man kann wohl sagen – Nebenabrede. Sodass nun aufgrund des *pactum* aus dem Verkauf nicht wie in D 2,14,6,7 weniger: von dem Preis oder dem Kaufgegenstand nur ein Teil, sondern mehr geschuldet ist.[74] Der Käufer soll die Toga *und* die Schüssel bekommen und das aus dem im Übrigen bestehen bleibenden Kauf, und das heißt doch auch: beides für den ursprünglich vereinbarten Preis!

Johannes war unter den Glossatoren derjenige, dem eine besondere Fähigkeit *in grammaticis* nachgesagt wurde. Er war, und diese seine Ansicht ist dafür einer der trefflichsten Belege, ein dem philologischen Element in der Exegese besonders zugewandter Jurist. Was Azo hat zögern lassen, sich dieser philologisch

72 Das Verhältnis dieser beiden Glossen zueinander dürfte sein: die gl zu *alterutrius* ist nicht etwa in den azonischen Apparat rezipierte *antiqua glosa*; soweit ich sehe, ist sie das nicht. Sie ist also azonisch, aber in dessen Arbeit *minor glosa* (im odofredianischen Sinn dieser Bezeichnung).

73 Ich hatte zunächst gedacht, dass dies in seinem Apparat zu § 6 in der auf das Allegat von D 18,5,4 bezogenen Solutionglosse Hugolinus gemeint hat, und bin davon, dies anzunehmen abgekommen durch den 2. Teil, den diese Glosse bei Hugolinus hat. Einer Erklärung dafür, warum die Ansicht des Johannes dessen anderer Schüler, sc. Hugolinus nicht hat, habe ich nicht – außer der Unsicherheit der Überlieferung dessen, was Johannes in seinen Exegesen gesagt hat, s. o. Abschn. III N. 10.

74 In Paulus' Entscheidung: *resolvi obligationen huius rei nomine* ist die *res* mithin nicht »eine der beiden (zuvor genannten) Sachen« (Knütel), sondern die im ursprünglichen Kauf enthaltene, die Alternativität festlegende Nebenbestimmung: nur in Betreff dieser Bestimmung, eben *huius rei nomine* ist der Kauf, so meint Paulus, aufgelöst. Hätte Paulus das gemeint, was in D 2,14,6,7 gesagt ist (s. das Allegat dieser Stelle bei Knütel und bereits hier o. N. 68), dann hätte er doch wohl die *pars*, um die durch das *pactum* der Kaufgegenstand vermindert ist: die *toga* oder die *lanx* konkret bezeichnet, und er hätte nicht *puto*, sondern *placet* gesagt, s. hierzu noch das im Text Folgende.

ebenso ingeniösen wie tadellosen Ansicht seines Lehrers anzuschließen, wird gewesen sein, dass sie eben auch nur philologisch trefflich zu sein scheint: Sie unterstellt Paulus die Erörterung eines Falls, den ein praktisch denkender Jurist beiseite schieben wird, weil er sich nicht vorstellen kann, wie ein solcher Fall soll vorkommen, eben ›praktisch‹ sein können: Welcher Verkäufer wird sich auf ein *pactum* einlassen, das ihn zwei Sachen für den Preis von einer kostet! Welcher nach Gewinnmaximierung strebende Mensch wird sich auf so etwas einlassen! Was Paulus angeht, so ist zu bedenken, dass er eine *nota* zu etwas schreibt, was der große Julian gesagt hat. Er wird nicht das von diesem Gesagte wiederholt, nicht wie Accursius mit seinen zwei Kaufverträgen ins Lächerliche gezogen, sondern etwas gesagt haben, was die Frage: wie weit kann die Wirkung eines *pactum* gehen? auf die Spitze treibt. Sein Fall ist ein rein theoretischer: bei der in alter Zeit nach Begehung eines *furtum* zur Feststellung, ob dieses *manifestum* oder *nec manifestum* ist, praktizierten *quaestio* – in diesem alten ›Stück‹ ist die *toga* dasjenige, was der Bestohlene, der als wahrer Römer *togatus* zur *quaestio* erscheinen wird, abzulegen gezwungen ist, und die *lanx* ist dasjenige, was er, zu welchem Zweck auch immer, in die Hand nehmen muss. Der Fall, dass diese beiden Sachen – zur Zeit des Paulus – die Gegenstände eines Kaufs sind, ist das reine Spiel[75] – ein Spiel zwecks Auslotung der Grenze, bis zu der die Wirkung eines *pactum* gehen kann. Und Paulus sagt *puto*, nicht etwa, weil er sich seiner Meinung nicht sicher ist, sondern weil ihm bewusst ist, dass er mit seiner Meinung diese Grenze erreicht hat und bei manch einem den Anstoß erregen wird, dass er sie überschreite. In Accursius' *ordinaria glossa* ist für solche Spekulation schon der Ansatz beseitigt. Sein Apparat hält es mehr mit den Juristen, die praktisch denken: denen Spitzfindigkeiten, nur ausgedachte, lebensfremde Fälle verächtlich sind und die auch so ganz genau es gar nicht wissen wollen. Und so fällt Johannes' kühne Auflösung des *contrarium* bei dem Verfasser dieses Apparats unter den Tisch.

b) *Der Apparat zu § 7: die Glosse zu* opponetur

Zu § 7 hat die *gl. ord.* – zusammengezogen zu der einen Glosse zu (*exceptio*) *opponetur* – dasjenige, was im azonischen Apparat zu *debeas* und *exceptio* (*opponetur*) auf zwei Glossen verteilt ist.[76] Der Anfang der *gl. ord.* zu *opponetur*

75 Und was ist, so ist man, im Spiel bleibend, versucht zu fragen, mit dem 3. Requisit: dem *licium*? Einen Gurt hat jeder?

76 Es ist, genauer gesagt, das, was von Azo zu *debeas* gesagt ist, an das von Azo zu *opponetur* Gesagte, also das – räumlich – Frühere an das Spätere angehängt, was der zeitlichen Aufeinanderfolge dieser beiden Glossen, um die es hier im Weiteren noch gehen wird, entsprechen dürfte. – Es ist, um das hier zu der *gl.*

ist ersichtlich, weil nahezu wortgleich, der 1. (bis zu dem Allegat von I 4,6,33d – *praeterea* reichende) Teil der azonischen Glosse zu *exceptio*. Dem 2. Teil dieser azonischen Glosse (*vel pone* etc.) entspricht in der *gl. ord.* zu *opponetur* deren 4. (nach dem 3. Absatz mit *vel verius* beginnendes) Teilstück.

aa) *Teilstück 1–4*

Die ersichtliche Differenz zwischen diesem 4. Teil der accursischen und jenem 2. Teil der azonischen Glosse erklärt sich daraus, dass Azo in seinem Hang zur Breviloquenz zur Behebung der Schwierigkeit, um die es hier geht, sich in der Tat sehr, selbst allzu kurz fasst, und Accursius, unter Zuhilfenahme dessen, was Hugolinus hierzu sagt, dieses Manko in Ordnung zu bringen bemüht ist. Es geht darum, dass in der Litera, sc. von Paulus dem zur Leistung aus der Gattung ›*homo*‹ verpflichteten Schuldner gegen die Klage des Gläubigers auf Leistung von Stichus eine *exceptio* zugestanden wird – obwohl doch für eine Gattungsschuld gilt, dass kein einzelnes Stück der Gattung *in obligatione*, also Stichus gar nicht geschuldet ist, und obwohl doch mit einer *exceptio* der Schuldner, streng genommen, nicht geltend macht, dasjenige, was der Kläger von ihm verlangt, nicht zu schulden. Er setzt vielmehr der Inanspruchnahme aus der Schuld, deren Bestand er nicht bestreitet, ein Recht entgegen, das gegen den Kläger zu haben er beansprucht. Die Schwierigkeit, um die es geht, die im 1. Teil dieser gl (*ord.*) zu *exceptio* so prägnant wie nur möglich bezeichnet ist, besteht mithin darin, dass nicht ohne weiteres einsichtig ist, wie hier von einer *exceptio* die Rede sein kann.

Azo begegnet dieser Schwierigkeit, indem er mit *vel pone* etc. in Erwägung zieht, dass in dem Fall, um den es in der Litera geht, der Gläubiger zur *electio* des aus der Gattung zu leistenden Stücks die Befugnis hat, was, weil in der Regel die Elektionsbefugnis dem Schuldner zusteht, nur sein kann aufgrund eines die Regel ausdrücklich außer Kraft setzenden *pactum*. War dieses *expressum pactum* hier geschlossen und wählt der Gläubiger Stichus, indem er dessen Leistung von dem Schuldner verlangt, dann ist allerdings Stichus *in obligatione*, und es kann der Schuldner das auf Stichus gerichtete Begehren des Gläubigers nur mit einer *exceptio* (im strengen Sinn dieses Wortes) zurückschlagen. Da Azo den 2. Teil seiner Glosse mit *vel* einleitet, sagt er hier nicht,[77] es sei dies, sc. die Elek-

ord. zu *opponetur* Folgende nachvollziehen zu können, mehr noch als sonst erforderlich, deren Text, den azonischen sowie den Text des Hugolinus beständig vor Augen zu haben, wofür die hier in die Wiedergabe des Textes der *gl. ord.* eingefügten Absätze und deren Nummerierung eine Hilfe bieten sollen.

77 Er sagt dies nicht hier, wohl aber zuvor zu *debeas* und dort auch mit Bestimmtheit, was darauf schließen lässt, dass die gl zu *opponetur* zeitlich derjenigen zu *debeas* vorausgeht, also *minor glosa* sein wird.

tionsbefugnis und das *pactum expressum* im Fall des § 7 als gegeben anzunehmen. Er weiß, dass Irnerius dies zu diesem Paragraphen angenommen hat und begnügt sich hier mit dem Hinweis darauf, dass mit dieser Annahme die in der Verwendung des Wortes *exceptio* liegende Schwierigkeit sich beheben lässt. Und er versetzt seinen Leser in den Zweifel, ob denn dies anzunehmen möglich ist, durch den diese seine Glosse abschließenden Nachsatz: *licet contra* etc. Die Aussage der als *contra* allegierten Stelle D 31,66 (*mevius*), 3[78] ist *contra* zu welcher der vorhergehenden Aussagen? Und wie soll dieses *contrarium* aufzulösen sein? Man muss auch hier die allegierte Stelle lesen, sich den dort entschiedenen Fall vergegenwärtigen und man sieht, dass nicht etwa zu der unmittelbar vorangehenden Annahme, dass die in der Verwendung des Wortes *exceptio* liegende Schwierigkeit behoben ist, wenn im Fall von § 7 dem Gläubiger die Elektionsbefugnis zusteht, zu der Aussage in D 31,66,3 konträr ist. Konträr zu dieser Stelle ist die Aussage im 1. Teil dieser Glosse, dass Stichus als ein einzelnes Stück in der Gattung, aus der zu leisten ist, gar nicht verlangt werden kann, gar nicht geschuldet ist.

Hugolinus sagt, nachdem er die *exceptio*, von der in § 7 die Rede ist, als *exceptio intentionis* bezeichnet hat,[79] dasselbe wie Azo im 1. Teil seiner Glosse, und er, sc. Hugolinus belegt anders als Azo diese Aussage mit der scharfsinnigen, schon fast spitzfindigen Überlegung, was denn dabei heraus käme, wenn man bei einer Gattungsschuld jedes einzelne zu der Gattung gehörende Stück als *in obligatione* befindlich annehmen würde: es würde dann der Schuldner eines *homo* seine Verpflichtung nicht durch Leistung von Stichus erfüllen können, wenn Stichus zur Zeit der Begründung der Schuld, aber nur vorübergehend Eigentum des Gläubigers gewesen ist. Für die gegenteilige Entscheidung, dass mit Stichus, obwohl er vorübergehend Eigentum des Gläubigers gewesen ist und darum diesem nicht geschuldet sein konnte, doch die Schuld erfüllt werden kann, führt Hugolinus an D 46,3,72,4 – *Stichum aut Pamphilum*, und also zur Befestigung seiner Annahme, dass im Fall der Schuld, dessen Inhalt ein *homo* ist, Stichus nicht *in obligatione* ist, allegiert Hugolinus als *contra* D 31,66. Und er löst dieses *contrarium*: D 31, 66,3 ./. D 46,3 etc. auf, indem er *illud*: die Entscheidung in D 46,3 etc. als Entscheidung gemäß dem *ius strictum* einordnet und konzediert, dass es *in aequitate* anders sein könne.

All dies übernimmt, zwar nicht mit denselben Worten, aber doch in einer Paraphrase des Hugolinus-Textes, Accursius und beseitigt damit im azonischen

78 § *duorum*, wie bei Azo, ist § 1; gemeint sein muss § 3. In Azos Exemplar des Infortiatum wird die §§-Zählung noch nicht auf ihrem heutigen Stand gewesen sein.

79 Worunter er dasselbe verstanden haben wird wie Azo *commodioribus verbis* in der Summa Codicis 8,36,1 , nämlich jegliches Leugnen des Klagbegehrens.

Apparat die am Ende der gl zu *exceptio* bestehende Undeutlichkeit. Wer hier noch einen konkreten Beleg für Accursius' Abhängigkeit von Hugolinus braucht, richte seinen Blick auf die bei Hugolinus und Accursius vorhandene Redeweise von der *exceptio intentionis*. Hugolinus spricht davon am Anfang seiner gl zu *exceptio*, Accursius im Anschluss an das Allegat von D 46,3,72,4, nachdem also gesagt ist, dass und warum Stichus nicht *in obligatione* sein könne. Die *exceptio*, die dem Gläubiger, der Stichus verlangt, der Schuldner entgegensetzen kann, ist also nur eine derartige *exceptio*? nicht eine *exceptio* im strengen Sinn dieses Wortes? Hugolinus scheint in der Tat dieser – verkehrten – Meinung gewesen zu sein, und es scheint auch, dass Accursus ihm darin folgt. Aber dieser geht zu demjenigen, was er mit dem Fazit, dass es hier in § 7 um eine *exceptio intentionis* gehe, fast ebenso wie Hugolinus gesagt hat, dann doch auf Distanz, indem er mit *sed verius dicas* fortfährt: aber richtiger ist es doch zu sagen, dass hier der Gläubiger, der *stipulator* die *electio* hatte aufgrund eines diese Befugnis des Gläubigers ausdrücklich statuierenden *pactum*. Es sind dies exakt die von Azo im 2. Teil seiner gl zu *exceptio* gebrauchten Worte, und es ist nur und allerdings Azos Einleitung *vel pone* ersetzt durch *sed verius*: Es ist das, was Azo bezeichnet hat nur als eine Möglichkeit, aus der durch die Benennung dessen, was der Schuldner hier dem Gläubiger entgegen setzen kann, als *exceptio* gegebenen Schwierigkeit herauszukommen, von Accursius mit Entschiedenheit gesagt und also eben so, wie auch Azo das getan hat, aber dieser doch in einer eigenen Glosse, sc. zu *debeas*. So schlägt Accursius gleichsam mehrere Fliegen mit der einen Klappe, dass er das von Azo – räumlich gesehen – zunächst Gesagte an das – räumlich gesehen – später Gesagte anhängt und die Bestimmtheit des zunächst Gesagten in das später Gesagte einbringt.

In der Bearbeitung seiner – azonischen – Vorlage, die hier nichts weiter ist als Redaktion, ist ihm das Geschick nicht abzusprechen, war er geradezu genial: Aus dem wegen der Verteilung dessen, was es zu sagen gilt, auf zwei Glossen noch lemmatisch-zerstückelten Kommentar seiner Vorlage ist eine *magna glossa* gemacht, eine mit *exceptio opponetur* überschriebene Abhandlung; es ist die in dieser Vorlage vorhandene Unebenheit beseitigt, dass in der räumlich späteren Glosse noch als eine bloße Möglichkeit erscheint, was in der räumlich früheren bereits mit Bestimmtheit gesagt ist; und es ist zudem auch sicher gestellt, dass die aus dem Hugolinus-Apparat entnommene Anleihe den Leser nicht auf den falschen Gedanken bringt, es gehe hier nicht um eine *exceptio* im technischen Sinn dieses Wortes. Was bei dieser redaktionellen Verbesserung des von Azo Gesagten auf der Strecke bleibt, dem Fortschritt zum Opfer fällt ist die (text)-geschichtliche Dimension: Es ist nicht mehr wie in der Vorlage: wie bei Azo noch sichtbar der Verlauf, den dessen Arbeit genommen hat, was in dieser das zeitlich Frühere und das zeitlich Spätere ist, und es fehlt nun, und dies ist sicher gravierender als jenes, dasjenige, was in dem glossatorischen Bemühen um das richtige Verständnis der in § 7 vorhandenen Entscheidung der Anfang gewesen ist: Es fehlen Irnerius' der Litera von D 46,3,95 entlehnten, zu *debeas* notierten Worte *quem ego velim*: ›Du (als der Schuldner) schuldest mir (als dem Gläubiger) denjenigen, den ich will‹. Da, wo in der *gl. ord.* die beiden azonischen Glossen mit *verius* gleichsam aneinander genäht sind: gleichsam in der Naht ist dieser irnerianische Anfang verschwunden.[80] In der Sache ist damit nichts verloren gegangen. Aber man glaube doch nicht, es könne mit der *gl. ord.* als der einzigen Quelle die Geschichte der Glosse geschrieben, substantielle Aussagen über deren Anfänge und Entwicklung gemacht werden. Gleich das nächste hier in Betracht zu ziehende Stück der *gl. ord.* zu *opponetur*: deren 5. Teilstück liefert für diese Behauptung einen weiteren Beleg.

bb) *Teilstück 5*

Nachdem Accursius noch im 4. Teil dieser gl zu *opponetur* sein redaktionelles Geschick demonstriert und in trefflicher Weise dasjenige verkürzt hat, was zur Erläuterung dessen, was es heißt, dass der Gläubiger elektionsbefugt ist, Azo in für ihn untypischer Breite ausgeführt hat – im Anschluss daran, eben im 5. Teil der *gl. ord.* zu *opponetur* geht es um die Frage, ob dieselbe *distinctio in eligendo*, dieselbe Unterscheidung, ob der Gläubiger oder der Schuldner elektionsbefugt ist, nicht auch bei der Alternativobligation zu machen ist: Ist nicht anzunehmen, dass nicht allein im Fall des § 7, nicht nur bei einer Gattungsschuld, sondern auch bei einer Wahlschuld, also im Fall von § 6 die dafür getroffene Entscheidung auf den Fall zu reduzieren ist, dass es der Gläubiger ist, der zwischen den Alternativen zu wählen die Befugnis hat?

Azo stellt im 2. Teil seiner gl zu *debeas* dieselbe Frage – mit anderen Worten, mit einer Differenz zu den von Accursius benutzten Worten, auf die hier sogleich zurückzukommen ist. Er führt als eine Stelle, aus der für die Bejahung dieser Frage ein *argumentum* sich entnehmen lässt, D 12,6,32,3 an, und er verneint mit *ego contra* sodann diese Frage mit einer Begründung, die verständlich ist, wenn man für die Gattungsschuld gelten lässt, dass *genus perire non potest*.[81] Accursius hat von dieser Begründung eine Paraphrase, die kaum leichter

80 Man wird nicht sagen können, es sei dieses Verschwinden Azo, weil dieser nicht sagt, wem er folgt, zuzurechnen. Accursius wird doch die in so vielen Hss überlieferte interlineare Glosse nicht entgangen sein.

81 Bei der Wahlschuld ist das *pactum*, durch das aus der Obligation eine Alternative ausgeschieden wird, mir (sc. als dem Schuldner) nützlich, weil ich bei Untergang des in der Obligation verbliebenen Leistungsgegenstands im Ganzen frei werde; das *pactum* erhöht m. a. W. meine Chance, überhaupt befreit zu werden. Bei der Gattungsschuld (*in alio casu*, wie Azo sagt) ist das anders, weil aus der

als das Original zu verstehen ist. Es scheint, und dies spricht für seinen juristischen Sachverstand, dass ihm das, was Azo sagt, zweifelhaft geblieben ist. Er macht sich diese Begründung nicht zu eigen. Er würde doch hier, wie fast überall, wo er in der Sache Azo folgt, diesen nicht beim Namen nennen. Er würde *ego* sagen, wo Azo das tut und er, Accursius, dessen Ansicht folgt. Von den anderen Worten, mit denen Accursius das von Azo Gesagte zum Ausdruck bringt (dass er z. B. in der Fragestellung Azos *promissum est hoc aut illud* ersetzt durch *in alternativa obligatione*) wird hier nicht weiter zu handeln sein – ausgenommen nur den Anfang der Fragestellung: Accursius ersetzt Azos *sed quare* (*hec*) *distinctio fiat* durch *sed an* (*eadem*) *distinctio sit facienda*. Er verschont den Leser mit Azos Art, die Frage zu stellen, weil er – Accursius – meint, ein aufmerksamer Leser werde über dieses *sed quare … fiat* den Kopf schütteln und dafür eine Erklärung zu finden versuchen: warum soll denn diese *distinctio* bei einer Wahlschuld stattfinden (*fiat*!)? wer sagt denn, dass es so sein solle? Azos Art, die Frage zu stellen, ist plausibel nur unter der Voraussetzung, dass ihm etwas vorgelegen hat, woraus man entnehmen muss oder doch könnte, dass auch bei einer Alternativobligation unter den Umständen des in § 6 entschiedenen Falls zu unterscheiden ist, ob der Gläubiger oder der Schuldner elektionsbefugt ist.

In der Überlieferung der vorazonischen Glossen, namentlich der *antiqua glosa* gibt es, soweit ich sehe, niemanden, der dies vertreten hat. Es gibt nur und allerdings als *antiqua glosa* das Allegat von *infra de solut. Stichum* = D 46,3,95 – die Stelle, von der hier schon *in extenso* die Rede war: dass sie nämlich eine Alternativobligation betrifft; dass in der Erörterung des Falles, wenn von den beiden alternativ geschuldeten *homines*: Stichus und Pamphilus der eine stirbt, bevor dieser oder der andere dem Gläubiger geleistet ist, Papinian die Unterscheidung macht, ob der Gläubiger oder der Schuldner elektionsbefugt ist; dass mit den aus dieser Stelle entlehnten Worten Irnerius angenommen hat, man müsse, um die Entscheidung in § 7 verstehen zu können, diese auf den Fall reduzieren, dass der Gläubiger elektionsbefugt ist.[82] Muss aber das für § 7 angenommen werden, warum (*quare*!) dann nicht auch für § 6, wo doch der Fall von D 46,3,95 der Fall einer Alternativobligation ist? Azos Art, diese Frage

Gattung, aus der durch ein *pactum* ein Stück ausgeschieden ist, die Leistung immer möglich ist – sofern es so ist, dass *genus perire non potest*.

82 S. speziell zu Irnerius hier o. im Text vor N. 51 sowie in der Wiedergabe der *antiqua glosa* im Text nach N. 42 zu ›Trier/Troyes‹ die gl zu *hominem debeas* (einschließlich der N. (a)). Schon das Allegat von *infra de solut. Stichum* auf dem Rand bei der Litera, zu der Irnerius interlinear sein *quem ego velim* notiert hat, wird von diesem sein (s. von den o. N. 51 angeführten Hss namentlich diejenige, die den relativ wohl ältesten Apparat hat: Vatikan 2705), also nicht erst von einem Späteren, der bemerkt hat, woher Irnerius diese Worte hatte.

zu stellen, liegt m. a. W. das Allegat von *infra de solut. Stichum* zugrunde. Diese Stelle hat er im Blick als *antiqua glosa*, nicht als einen Bestandteil seines Apparats. Er kann diese Stelle in seine Glossen nicht aufnehmen, weil er die durch sie sich aufdrängende Frage verneint und, nähme er sie auf, schlafende Hunde wecken würde – wie das derjenige getan hat, der seinem, sc. Azos Apparat die Kette der reinen Allegate und unter diesen im 2. Glied auch diese Stelle hinzu getan hat. Dieser Bearbeiter des azonischen Apparats, dem in dieser Kette, wie gezeigt, auch noch anderes misslungen ist, wird nicht gewusst haben, was er mit der Aufnahme dieser Stelle tat. Accursius aber lässt sie, ganz im Sinne Azos, weg, und er wird darin durch Hugolinus, der ebenso verfährt, bestärkt worden sein.

Als Redaktor des azonischen Apparats leistet er die perfektere Arbeit, und er muss eben darum, weil er diese Stelle weglässt, auch Azos nur aus ihr heraus verständliche Art der Fragestellung verändern, nämlich *quare fiat* ersetzen durch *an ... sit facienda.*[83] Und dass er dies dann zum Anlass nimmt, auch noch anderes besser, weil verständlicher als Azo zu sagen: *promissum hoc aut illud* zu ersetzen durch *in alternativa obligatione*, *in alio casu* durch *quando in genere* – mich wundert's nicht! Und wen kann es bekümmern, dass er im azonischen Text dasjenige beseitigt, was einen aufmerksamen Leser dazu bringen kann, hinter die azonische Glosse zurückzugehen, sich die *antiqua glosa* vorzunehmen – wen anders als denjenigen, dem es nicht allein um die Aussage in der Sache, sondern auch um deren Genese zu tun ist. Dies Zweite war nicht die Sache desjenigen, der dann in den unverdienten Ruf gekommen ist, von »der Glosse« eine Kompilation erstellt zu haben. In einer solchen Arbeit dürften nicht fehlen Irnerius' Worte und auch nicht deren Herkunft und Geschichte.

cc) *Teilstück 6: das* contrarium *l. 27,7 ./. l. 13,4 D 46, 4*

Der 6. und vorletzte Teil der gl zu *opponetur* ist, was die Genese dieses Teilstücks, also die Frage betrifft, was zu ihm die Vorlage gewesen ist, ein schwieriger Fall. Es geht um das *contrarium*, das zu unserem § 7 gegeben ist durch D 46,4,13,4 – *si is* und um dessen Auflösung. Im azonischen Apparat gibt es und gab es für Accursius, wenn, wie hier gezeigt, die Stockholmer gl zu *opponenda* aus diesem Apparat auszuscheiden ist, nicht dieses Allegat und somit auch nichts zur Auflösung des dadurch gegebenen *contrarium*. Es gab nichts, was sich aus dem azonischen Apparat hätte fortschreiben und, wo nötig, aufpolieren lassen. Bei Hugolinus gab es beides: das Allegat der *contra*-Stelle und dazu eine Auflösung.

83 Gleichsam eine Zwischenstufe, die in der obigen Wiedergabe des azonischen Apparats weggelassen ist, hat die Überlieferung dieses Apparats in Paris 4459 und 4463, nämlich (statt *quare*) *queritur*, was aber doch nur eine verkehrte Auflösung des für *quare* gebräuchlichen Kürzels sein wird.

Accursius kann beides nicht übersehen haben. Aber offenbar hat er Hugolinus' Allegat zunächst misstraut und von dessen Bemühen, dieses *contrarium* aufzulösen, überhaupt nicht viel gehalten. Er hat die Bezeichnung des Paragraphen in der als *contra* allegierten l. 13 D 46,4, wie hier bereits bemerkt,[84] zunächst offen- und auch von Hugolinus' *solutio* das meiste weggelassen. Diese hugolinische *solutio* ist gewiss auch kein Glanzstück: Es werden drei Solutionsmöglichkeiten aufgezählt, und es wird nicht, jedenfalls nicht *expressis verbis* gesagt, welche die bessere sei. Es wird das Urteil darüber, mithin die Entscheidung dem Leser zugeschoben. Die an 3. Stelle angeführte Möglichkeit (es ist dies diejenige, die, wie hier bereits gezeigt, Johannes erwogen und verwerfen zu müssen erklärt hat) wird umfänglicher, selbst plausibler ausgeführt als in der hier vorazonisch genannten Glosse, in der von der Erwägung des Johannes die hier bereits durchgenommene knapp formulierte Überlieferung vorhanden ist;[85] es wird namentlich dafür, dass eine *acceptilatio* eine *imaginaria solutio* sei und sich dadurch von einem *pactum* unterscheide, aus den Quellen der Beleg: I 3,29,1[86] angeführt. Wie von Johannes, so wird auch von Hugolinus diese Möglichkeit der Solution mittels einer den Unterschied in der Wirkung eines *pactum* und einer *acceptilatio* betreffenden *distinctio* verworfen, und auch die dafür gegebene Begründung ist ausführlicher, plausibler als das *vel idem in utroque* in der älteren, sozusagen Trierer und Troyer Überlieferung dessen, was Johannes gesagt hat. Ist die Ausführlichkeit der Darlegung dessen, was dann doch *non placet*, dem Respekt zuzuschreiben, den für seinen Lehrer Hugolinus hat? etwa eine Reaktion darauf, dass der andere Schüler dasjenige, was der Lehrer erwogen und verworfen hat, für erledigt und nicht einmal mehr einer Erwähnung für wert hält? Für den Leser jedenfalls bleiben für die ihm zugeschobene Entscheidung aufgrund des die 3. Möglichkeit ausscheidenden *non placet* die beiden zuerst genannten übrig. Kennt er die *antiqua glosa*, wie das für den ›Leser‹ Accursius in gewissem Maße anzunehmen sein dürfte, dann wird er sehen, dass die an erster Stelle stehende Möglichkeit in der Sache dasselbe sagt wie diejenige, die Johannes erwogen hat,[87] und dass also, wie von dieser so auch von jener, zu sagen ist: *non placet*. Es bleibt also, wenn alles andere *non placet*, noch übrig die in der 2. Position bezeichnete Annahme, dass *ibi*, sc. l. 13,4 – *si is* D 46,4 der Schuldner denjenigen *homo* leisten konnte, den er wollte; es bleibt übrig die irnerianische *distinctio electionis*, die Johannes notgedrungen sowie

84 S. o. N. 45 i. fi.

85 S. hier o. bei und in N. 34 sowie N. 50.

86 *magis optinet instar solutionis quam pactum* möchte ich eher Hugolinus als Johannes zurechnen.

87 S. hier o. im Text bei N. 48 und 49: Hugolinus' 1. Solutionsmöglichkeit ist ersichtlich identisch mit derjenigen, mit der die dort sog. Stockholmer *solutio* beginnt.

auch Azo sich zu eigen gemacht haben und dieser auch mit Bestimmtheit vertritt. Dass es Hugolinus an dieser Bestimmtheit fehlen lässt, ist doch wohl nur daraus zu verstehen, dass ihm diese Auflösung nicht geheuer gewesen ist. Die Elektionsbefugnis kann dem Gläubiger, wie Azo sagt, nur zustehen aufgrund eines *pactum expressum*, und von einem solchen: dass es zwischen Gläubiger und Schuldner abgeschlossen worden ist, davon ist *hic*: in unserem § 7, auf sozusagen unserer Seite des *contrarium*, nichts zu sehen. Die Elektionsbefugnis des Gläubigers ist *hic* eine Unterstellung, für die in der Litera jeder Anhaltspunkt fehlt.[88] War also Hugolinus nicht der Ansicht und sagt er nicht, indem er sich zu der irnerianischen, von Johannes schweren Herzens akzeptierten, von Azo schneidig vertretenen Auflösung nicht *expressis verbis* bekennt, dass es bei der gegebenen Quellenlage eine befriedigende Auflösung dieses *contrarium* gar nicht gibt? Es gibt sie, wenn man in die scheinbar paulinische Litera: in deren Überlieferung nicht eingreifen kann, wenn die Litera sakrosankt ist, doch in der Tat nicht.[89]

Accursius scheint durch das, was ihm im Apparat des Hugolinus vorlag, verunsichert worden zu sein. Was er als *solutio* zustande bringt, ist weitestgehend ein Eigenprodukt und, wie bei dergleichen zumeist, unverkennbar unzulänglich: Es soll, so heißt es zunächst, *ibi*, also in l. 13,4 anzunehmen sein, dass der Gläubiger auf das Ganze verzichte, hier dagegen tue er das nicht – der Gläubiger, der *ibi* (durch Akzeptilation) doch gar nicht anders als *hic* (durch ein *pactum*) dem Schuldner die Leistung von Stichus erlässt! Was folgt, ist die 3. Solutionsmöglichkeit, die Hugolinus *non placet*, und diese in Worten, in denen das, was Hugolinus zu deren Bezeichnung sagt, kaum sichtbar, aber doch nur verkürzt ist. Dass Accursius sich hier von Hugolinus löst, zur Auflösung des *contrarium* einen eigenen Weg gehen will, ist sichtbar darin, dass er, statt wie Hugolinus *non placet*, das Gegenteil: *et haec vera est*, sagt oder doch zu sagen scheint. Mit diesem *haec* wird doch wohl nicht die *solutio* gemeint sein, die (im Anschluss an Johannes) Hugolinus *non placet*: wie soll diese *solutio vera* sein können, wenn, wie zuvor (in Teil 4 dieser *gl ord.* zu *opponetur*) gesagt, *verius* ist, dass der Gläubiger elektionsbefugt und also mittels der *distinctio electionis* das *contrarium*

88 Es ist deswegen nicht anzunehmen, dass Irnerius' Einfall, diese Unterstellung zu machen, juristisch unbedarft gewesen ist. Im Gegenteil: sie reduziert die Aussage dieses § 7 auf den Fall, der praktisch nicht vorkommt; sie macht die Parallelisierung von *acceptilatio* und *pactum*, soweit es irgend geht, eben praktisch unschädlich. Sie ist kühn und so doch schon fast genial.

89 In der neueren Exegese trefflich Siber ZRG RA 42 (1921) 95: in § 7 bei der Gattungsschuld »Gläubigerwahlrecht (vorauszusetzen) … ist die für das justinianische Recht allein mögliche Lösung«, und schief ist nur, diese Lösung wie Siber als »lebensfremd« zu bezeichnen. Die Reduktion der in einem Gesetz gegebenen Entscheidung auf einen lebensfremden Fall ist nicht per se und jedenfalls hier nicht ebenfalls lebensfremd zu nennen, s. die vor. N.

aufgelöst ist? *Haec* ist also das unmittelbar davor Gesagte, und auch nur dies, dass nämlich die *acceptilatio* eine *imaginaria solutio* ist? Soll aber nur dies gesagt sein, dann müsste das an dieses *haec vera* unmittelbar angeschlossene Allegat eine Belegstelle eben dafür sein, dass eine *acceptilatio* als eine *imaginaria solutio* einer wahren *solutio* in dem, was sie bewirkt, gleich ist. Die allegierte Stelle ist D 34,3,5 pr: Für die Erfüllung einer Verbindlichkeit ist ein Bürge gestellt; der Gläubiger vermacht dem Schuldner die Befreiung von der Verbindlichkeit; er beschwert m. a. W. seinen Erben mit dem Legat, dass dieser den Schuldner nicht in Anspruch nehmen soll. Die Befreiung des Schuldners soll dann – so die von Ulpian referierte Entscheidung Julians – der Erbe vornehmen müssen durch Akzeptilation, durch deren Vollzug, wie sich versteht, auch der Bürge befreit wird. Es ist von Julian/Ulpian nicht gesagt, und es ist zum Verständnis dieser Entscheidung auch nicht von Belang, dass eine Akzeptilation in ihrer Wirkung einer *solutio* gleich sei. Gesagt ist dies: *acceptilatio solutioni comparatur* in D 34,3 in l. 7,1, wo es ebenfalls um das Vermächtnis eines Erlasses geht und die Entscheidung ebenfalls ist, dass der Erlass durch Akzeptilation zu erfolgen hat.[90] Ist also von Accursius als ein Beleg dafür, dass die Bezeichnung der *acceptilatio* als eine *imaginaria solutio* richtig (*vera*) ist, diese Stelle gemeint und l. 5 ein Fehlzitat? Ich weiß auch diese Frage nicht zu beantworten angesichts dessen, was in diesem 6. Teil der gl zu *opponetur* diesen Teil abschließend noch folgt: Andere (*alii*) seien der Ansicht, dass *ibi* dem Schuldner die *electio* zugestanden habe. Bezogen weder auf l. 7,1 noch auf l. 5 D 34,3 ist dies, soweit ich sehe, von irgendjemandem gesagt worden, und es ist auch nicht vorstellbar, wie dies jemand sagen kann, der die Fälle, um die es in diesen beiden *leges* geht, vor Augen hat. Dass *ibi* der *promissor* elektionsbefugt ist, ergibt einen Sinn, wenn mit *ibi* D 46,4,13,4 – *si is* gemeint ist. Es ist dann in diesem Satz am Ende der *solutio* zu dem durch diese Stelle gegebenen *contrarium* dasselbe gesagt, wie zuvor (sc. in Teil 4 dieser Glosse, bezogen dort auf den *stipulator*) gesagt ist, dass nämlich dieser *hic*, sc. in § 7 unserer l. 27, die Elektionsbefugnis habe. Aber dies ist dort – im Anschluss an Azo – gesagt von Accursius – und wie kann dieser nun von seiner *eigenen* Ansicht sagen, sie werde von *alii* vertreten? Es handelt sich hier um einen der in der *gl. ord.* wohl seltenen Fälle, in denen Accursius, weil ihn seine beiden Vorlagen im Stich lassen und er darum selbst gefordert ist, sich nicht die Zeit genommen hat, seine Arbeit in Ordnung zu bringen.

90 Sodass in dem in dieser l. 7,1 in dem dort gegebenen Fall, dass *Stichus aut decem* geschuldet und in dem Vermächtnis als zu erlassen *Stichus* genannt ist, auch *decem* nicht mehr geschuldet ist.

dd) *Teilstück 7: das* contrarium *l. 27,2 ./. l. 18 D 33,5*

Von anderer, aber kaum besserer Qualität ist Teil 7: das Schlussstück der *gl. ord.* zu *opponetur.* Es betrifft abermals ein *contrarium*, nämlich nun schließlich noch dasjenige, das durch die Scaevola/Neraz-Stelle *de opt. le* etc. = D 33,5,18 zu unserem § 7 gegeben ist, und dessen Auflösung; es betrifft mithin die Frage, wie miteinander zu vereinbaren ist, dass der Gläubiger, dem ein *homo* geschuldet ist, wenn er seinem Schuldner durch ein *pactum* die Leistung von Stichus erlässt, diesen (und nur diesen) nicht mehr verlangen kann, hingegen der Legatar, dem ein *homo* vermacht und geschuldet ist, wenn er Pamphilus zurückweist, dadurch, sc. durch diese *repudiatio* nichts bewirkt: er soll, weil die *repudiatio* (wie Neraz sagt) *nihil agit*, auch noch Pamphilus zu wählen und zu verlangen befugt sein. Im Hugolinus-Apparat ist D 33,5,18 zwar als *contra* allegiert, aber zur Auflösung dieses *contrarium* nichts gesagt. Im azonischen Apparat hingegen ist in dessen gl zu *opponetur* beides vorhanden, sodass allein dieser hier für Accursius die Vorlage gewesen sein kann. Dass er sie benutzt hat, ist bei aller Selbstständigkeit, mit der er hier wieder einmal zu Werke gegangen ist, zwar nicht evident, aber doch unverkennbar, sobald man in der azonischen Argumentation sich vergegenwärtigt, was darin anstößig und somit für einen Bearbeiter dieses Apparats ein Anlass ist, dasselbe anders und besser zu machen.

Ersichtlich selbständig ist Accursius' Formulierung des Problems. Es geschieht dies in der Weise, in der er *contraria* einzuleiten pflegt: entgegen dem, was in der Litera gesagt ist, scheine es doch so zu sein, dass der Gläubiger denjenigen wählen könne, auf den er durch das *pactum* verzichtet hat; es scheine (*videtur*) hier so zu sein wie *infra de opt. le.* etc.[91] An diese Art, das *contrarium* zu präsentieren, das zu lösende Problem zu stellen: erst den Pappkameraden aufzubauen, um dann auf ihn einzuschlagen und ihn zu vernichten – hieran kann er nicht Azos Frage: *sed cur aliud*? anschließen. Er muss das, womit Azo unumwunden beginnt, dessen gleichsam harten Einstieg in die Sache auch seinerseits, wenigstens verkürzt, zum Ausdruck bringen, dass nämlich *illud in legatis* gesagt sei, und daran kann er dann Azos Frage: *sed cur aliud* etc.? auch seinerseits anschließen: *sed quare diversum*?[92] Es geht, nachdem Accursius damit im azonischen Gleis ist, in der *gl. ord.* wie bei Azo zunächst um die Beantwortung dieser Frage durch Rogerius; es geht nun um dessen *responsio*, dessen

91 Azo, der, wie hier schon wiederholt vermerkt, *contraria* zu präsentieren pflegt ohne Einleitung: durch das Allegat der *contra*-Stelle und deren Bezeichnung als *contra*, tut das auch hier. Da seine Glosse hier lemma-bezogen ist, schreibt er nur die *contra*-Stelle aus: anders als hier ist es, *si homo legatur* etc., um dann die Solutionsfrage zu stellen: *sed cur aliud* etc.?

92 Le style est l'homme, wie man sagt. Sagen zwei dasselbe stilistisch anders, dann lässt die Differenz vermuten, wie anders sie geartet sind.

Ansicht zu dem in der *contra*-Stelle D 33,5,18 vorauszusetzenden Fall. Die Wiedergabe dieser Ansicht ist bei Azo um einiges umfänglicher als bei Accursius. Sie beginnt bei jenem, sc. in der azonischen gl zu *opponetur* nach *qui dicebat* und reicht bis fast an den Schluss des Ganzen, nämlich bis zu dem Allegat von C *de pactis l. j.*, woran dann mit *vel dicas secundum nos* sich noch anschließt Azos eigene Ansicht: die Bezeichnung des Punkts, in dem von Rogerius' *responsio* sich zu distanzieren Azo für richtig hält.

Schon dadurch, dass Azo das, was Rogerius respondiert hat, mit *bene responderi potest secundum Rogerium* einleitet, ist klar, jedenfalls nahe gelegt, dass Azo das von Rogerius Gesagte nicht etwa im Ganzen verwirft. Er hält Rogerius' *responsio* sozusagen im Ansatz für zutreffend (*bene*!), für einen Schritt sozusagen in die seines Erachtens richtige Richtung, und er meint nur, dasselbe auch auf andere Weise begründen zu können. – Hingegen Accursius: dessen Wiedergabe der *responsio* des Rogerius, beginnend mit *quia ibi*, endet bereits mit dem Allegat von l. 21,3 – *filiafamilias* D 2,14, sodass alles Folgende: *tu dicas planius* etc. – die Darlegung der eigenen Position und somit diese fast ebenso umfänglich ist wie die Wiedergabe der Ansicht des Rogerius, von der dann abschließend nochmals die Rede ist, indem sie zu der zuvor *planius* ausgeführten Position als *contra* bezeichnet wird. Schon hiermit aber ist, wenn nicht klar, dann doch nahe gelegt, dass die Differenz zwischen Accursius und Azo auch die Sache betrifft, dass sie nicht bloß formaler Natur ist: Die Wiedergabe der Ansicht des Rogerius durch Accursius differiert von dem, was insoweit Azo sagt, in formaler Hinsicht nicht darin, dass jener das von diesem Gesagte nur verkürzt. Accursius sagt dasselbe anders; er geht einen eigenen, von Azo anscheinend unabhängigen Weg. Er lässt weg, womit Azo die Wiedergabe der *responsio* des Rogerius beginnt: in dem Fall, dass ein *homo in genere* vermacht ist (in dem Fall also, um den es in D 33,5,18 geht), sei der Erbe/der Schuldner elektionsbefugt, und es gehe diese Befugnis auf den Legatar/den Gläubiger erst über, sobald der Erbe (mit der Vornahme der Wahl) in Verzug sei. Azo sagt nicht, wie dies: dass im Fall von D 33,5,18 der Erbe elektionsbefugt ist, solange er mit der Wahl nicht in Verzug ist, Rogerius hat annehmen können. Accursius hält diese Annahme für verkehrt und meint deswegen, die Aussage, mit der Azo sein Referat der *responsio* des Rogerius beginnt: *bene responderi* etc., weglassen zu müssen. Er kennt in den Institutionen die Stelle 2,20,22; er weiß, das dort gesagt ist, im Fall einer durch Legat begründeten Gattungsschuld sei im Zweifel (!) die *electio legatarii*, habe also der Gläubiger die Elektionsbefugnis. Accursius allegiert diese Stelle in der Darlegung seiner eigenen Position, die in der Tat *planius* insofern ist, als in ihr eben diese Stelle an- und ausgeführt ist: Weil *semper* (!) *est legatarii electio*, deswegen ist, wie Accursius *planius* sagt, in der *lex praedicta*, sc. in 33,5,18 deren Aussage zutreffend (*verum*) *ab herede, non a repudiante*: der Erbe und Schuldner soll, nachdem der Gläubiger und Legatar Pamphilus repudiiert hat, noch diesen leisten, nicht der repudiierende Gläubiger ihn verlangen können.[93] Und dies ist wahrlich *contra* zu dem, was, wenn nicht alles täuscht, Rogerius *dixit* und auch Azo bei diesem gelesen oder doch gehört haben wird, dass er es gesagt habe.

Rogerius kann das, was Accursius, indem er ihn etwas anderes, als er selbst für richtig hält, sagen lässt, nur gesagt haben, wenn er die Institutionenstelle 2,20,22 nicht gekannt hat, wenn sie ihm, als er vielleicht zu D 33,5,18 seine Glosse schrieb,[94] nicht präsent gewesen ist. Und dasselbe gilt für Azo bei seiner Wiedergabe dessen, was Rogerius respondiert hat. Wie aber soll das realistischerweise angenommen werden können? Wenn die Glossatoren, angefangen schon mit Irnerius, etwas besser gekannt und im Kopf gehabt haben als die Digesten, dann doch die Institutionen. Jene waren ihre Herausforderung, diese das ihnen vertraute Terrain. Hat aber Rogerius und dann auch Azo gelesen, was in I 2,20,22 gesagt ist, dann kann weder dem einen noch dem anderen entgangen sein, dass bei einer durch Legat begründeten Gattungsschuld die *electio* durchaus nicht *semper* bei dem Legatar ist. Der Legatar/der Gläubiger ist elektionsbefugt, wenn nicht der Erblasser in seinem Testament ein anderes bestimmt hat. Was Rogerius in Hinsicht auf D 33,5,18 angenommen hat, nur angenommen haben kann[95] und Azo, weil ihm selbstverständlich, zu bemerken versäumt hat, ist eben dies: Für die in D 33,5,18 getroffene Entscheidung ist anzunehmen (der Fall, besser gesagt, zu unterstellen), dass *ab initio, quia testator sic dixerit*, dem Erben/demSchuldner die Elektion zusteht.

Auf dieser Grundlage, von der sicher nicht zu sagen ist, sie sei zu dem in I 2,20,22 Gesagten *contra*, ist dann alles, was zur Wiedergabe dessen, was Rogerius respondiert hat, was bei Azo folgt, plausibel und jedenfalls nicht so, wie das Accursius unternommen hat, verbesserungsbedürftig: Der Gläubiger hat Pamphilus repudiiert[96] noch zu der Zeit, als die Elektionsbefugnis bei dem Erben war. Er verlangt Pamphilus, nachdem *ex mora heredis/debitoris* er elektionsbefugt ist. Er verlangt nun den *repudiatus*, sc. den zuvor Abgelehnten zu Recht, weil seine *repudiatio* schlechthin unwirksam ist (*non tenet omnino*). Dem aber ist so,

93 Ich weiß nicht, wie anders als so dies *ab herede non a repudiante* zu verstehen sein kann. Es sind dies die von Azo in der Bezeichnung seiner Position gebrauchten Worte, auf deren Sinn bei Azo hier sogleich zurückzukommen sein wird.

94 In den die *antiqua glosa* überliefernden Hss ist, soweit ich sehe, die *responsio* des Rogerius bei l. 27,7 D 14,2 nicht vorhanden. Dass Azo von ihr so spricht, als sei sie eine *responsio*: die Antwort auf eine (im Hörsaal?) erörterte *quaestio*, lässt mich daran zweifeln, dass sie überhaupt als Glosse (zu D 33,5,18, also im Infortiatum?) existiert. Warum ist von ihr bei Hugolinus nicht die Rede? Ich bin mir dessen, was die *responsio* inhaltlich besagt, jedenfalls sicher.

95 Die Palmström'sche Logik ist nicht lächerlich im Kopf eines Mannes, der sachkundig ist und seine Gedanken beisammen hat.

96 Azo, dem es um die Erklärung der Entscheidung in unserem § 7 geht, redet, wie in diesem Paragraphen, von Stichus.

weil davon, dass ich etwas zurückweise, genau genommen nur die Rede sein kann hinsichtlich dessen, was ich, wenn ich wollte, auch erlangen, erwerben würde.[97] Diesen (von Azo ›Stichus‹ genannten) Pamphilus kann ich aber, solange der Erbe elektionsbefugt ist, ohne dessen Willen, allein kraft meines Willens nicht bekommen. Der unwirksam Zurückgewiesene kann also von Dir, dem Zurückweisenden, erst verlangt werden, wenn die *electio* aufgrund des Verzugs des Erben (auf Dich) übergegangen ist.[98] So stilistisch holprig und somit formal verbesserungsbedürftig gerade dieses letzte Stück auch ist: in der Sache ist alles in Ordnung, wenn man nur am Anfang hinzudenkt, dass es um den Fall geht, in dem kraft der Bestimmung des Erblassers zunächst der Erbe elektionsbefugt ist. Was dann in Azos Wiedergabe der *responsio* des Rogerius noch bleibt, ist die Bezeichnung des Grundes dafür, dass es bei einer Zurückweisung eines einzelnen zu der Gattung gehörenden Stücks durch ein *pactum*, wie von Paulus in unserem § 7 l. 27 entschieden, anders ist als in Neraz' *dictum* zu der durch ein Legat begründeten Gattungsschuld. Ist dieses *dictum* darin begründet, dass ich das, was ich allein mit meinem Willen nicht erlangen kann, bindend zurückzuweisen nicht imstande bin, dann kann Paulus' andere Entscheidung in unserem § 7 nur dann und nur darin begründet sein, dass es bei

97 Als Beleg für dieses hier möglichst wortgetreu wiedergegebene Raisonnement zur Erklärung, warum die *repudiatio* durch den, der nicht elektionbefugt ist, *omnino tenet* (*nihil*, wie Neraz sagt, *agit*), führt Azo an D 29,2,18: *is potest repudiare, qui et acquirere potest*, weswegen es auch gerechtfertigt ist, das azonische *admittere* mit: erlangen, erwerben wiederzugeben. Accursius allegiert an der entsprechenden Stelle l. 13 D 29,2, wo gesagt ist: *hoc* (dass nämlich der zum Erben Berufene durch die *repudiatio* der Erbschaft diese verliere) *verum est, si in ea causa est hereditas, ut et adire potest*: man kann nur ausschlagen, wenn man antreten kann, was für das, was es zu belegen gilt, sicher auch ein brauchbarer, aber sicher nicht der bessere Beleg ist. Eher schlechter ist Accursius' 2. Allegat: D 31,45,1, was hier auszuführen sich erübrigen wird. Ich lasse auch dahingestellt die Frage, was Accursius dazu veranlasst hat zu sagen, eine *repudiatio* könne nicht wirksam sein *in his, quae non praecise debentur* – statt wie Azo: *non tenet omnino, quia* etc. Bei der Wiedergabe fremder Texte einzelne dazu gehörende Worte zu variieren, den Text gleichsam zu retouchieren, ist bei Accursius, wie bei ihm *passim* zu sehen ist, gang und gäbe.

98 Der Konjunktiv *sit* wird mit dem Potentialis des Hauptsatzes *poterit* zusammenhängen. Auffallend und bemerkenswert ist hier im azonischen Text der Stilwechsel: nachdem zunächst von dem *legatarius* und dem *heres* in der 3. Person die Rede war, wird in dem Raisonnement zur Begründung der Wirkungslosigkeit der *repudiatio* der *legatarius* zu *ego* (*repudio*/*vellem*/*possem*) und schließlich zum *tu* (*a te repudiante*), was vermuten lässt, dass das Ganze die verkürzte Wiedergabe eines freigesprochenen Texts (die Erörterung eben einer *quaestio*?) ist. In der hier folgenden Wiedergabe sollte man sich also nicht daran stoßen, dass der *ego* schließlich zum *tu* wird.

einem *pactum* anders ist: dass durch ein solches verzichtet werden kann auch auf dasjenige, was, selbst wenn wir es wollten, wir nicht bekommen könnten.

Ob dafür, dass dies mit einem *pactum* möglich ist, bereits Rogerius oder erst Azo C 2,3,1 allegiert hat, muss und kann dahingestellt bleiben. Durch das Allegat dieser Stelle wird die Aussage, die durch sie belegt werden soll, nicht einsichtiger; sie wird dadurch eher noch fragwürdiger, als sie es ohnehin ist. Das Besondere an einem *pactum*, von dem Paulus handelt, verglichen mit der *repudiatio*, von der Neraz handelt, ist doch, dass diese ein einseitiger Akt des Gläubigers und das *pactum* ein gemeinsam von dem Gläubiger und dem Schuldner gesetzter Akt ist. Eben und allein deswegen ist das *pactum* bindend: der Gläubiger an das, was in dem *pactum* gesagt, eben festgelegt ist, festzuhalten, hingegen der Gläubiger nicht an das, was er einseitig erklärt. Dass so zu distinguieren, die Lösung derart einfach ist, haben Rogerius und Azo vielleicht geahnt, mögen sie selbst erwogen haben und hat jedenfalls Azo verwerfen müssen. Denn ist die *repudiatio* (in l. 18 D 33,5) ihrer Einseitigkeit wegen unverbindlich und ist das *pactum* (in unserem § 7) verbindlich: gilt das in ihm Festgelegte deswegen, weil die Festlegung durch Gläubiger *und* Schuldner stattgefunden hat, dann kommt es für die Entscheidung in unserem § 7 auch nur darauf an, dass es um ein *pactum*: um einen durch Gläubiger und Schuldner gemeinsam gesetzten Akt geht, und es muss gleichgültig sein, ob es der Schuldner oder der Gläubiger ist, der zur Auswahl des aus der Gattung zu leistenden Stücks die Befugnis hat. Aber darauf, dass es im Fall unseres § 7 der Gläubiger und nicht der Schuldner ist, der zur Elektion befugt ist, hatte Azo im Anschluss an Irnerius sich festgelegt. Er hatte sich darauf, seinem Lehrer Johannes folgend, festlegen müssen zur Solution des *contrarium* § 7 l. 27 ./. § 4 – *si is* D 46,4,13 – also um erklären zu können, warum – anders als eine *acceptilatio* – ein *pactum* in seiner Wirkung auf das in ihm Bestimmte beschränkt ist, allein Stichus aus der Gattung ausscheidet und nicht die Obligation im Ganzen aufhebt. Wäre Azo nun: in der Auflösung des *contrarium*, das zu § 7 durch D 33,5,18 gegeben ist, den einfachen Weg gegangen und hätte er die Entscheidung in § 7 daraus erklärt, dass es hier eben um ein *pactum* geht und es deswegen nicht darauf ankommen kann, wer elektionsbefugt ist – es wäre ihm auch die Auflösung jenes *contrarium* zu Bruch gegangen. Auch er hätte, wie offenbar Hugolinus, eingestehen müssen, das jenes *contrarium* unauflösbar ist, weil dessen Auflösung aufgrund der die unterschiedliche Wirkung eines *pactum* und einer *acceptilatio* realisierenden *distinctio*, wie Hugolinus gesagt hat, an demjenigen scheitert, was in der Begründung zu der in unserem § 6 vorhandenen Entscheidung zur – im Effekt – gleichen Wirkung von *acceptilatio* und *pactum* gesagt ist. Dass all dies Azo durch den Kopf gegangen ist, dass er nicht wenigstens gespürt hat, wie Rogerius' *responsio* auf eine Verlegenheitslösung hinausläuft, ist doch wohl mehr als eine nur spekulative Annahme. Er geht selbst

– last not least – zu Rogerius: zu dessen von ihm referierter Argumentation auf Distanz, indem er, mit n. b. *vel* ansetzend, in Erwägung zieht, das *contrarium* § 7 ./. l. 18 D 33,5 auf die gleiche Weise aufzulösen wie das zu § 7 durch § 4 – *si is* D 46,4,13 gegebene mittels der *distinctio electionis*: Indem wir *cum distinctione* annehmen, dass die *electio* dem Erben zusteht, ist in der Litera von l. 18 D 33,5 zu (*eum ipsum, sc. Pamphilum*) *eligi posse* zu ergänzen: *ab herede, non a repudiante*. Es ist dies anzunehmen *cum distinctione*, es ist also anders zu entscheiden, wenn nicht der Schuldner, sondern der repudiierende Gläubiger elektionsbefugt ist. Azo sagt n. b. nicht, dass er dieser mit der von ihm zu dem *contrarium* § 7 ./. § 4 – *si is* eingenommenen Standpunkt konformen Auflösung vor derjenigen des Rogerius den Vorzug gibt. Er nimmt das einleitende *bene responderi secundum Rogerium* nicht zurück. Er lässt beide Solutionsmodi gelten, und so ist, wie Hugolinus, eben auch er letztlich doch im Zweifel, ob die wahre Auflösung nicht doch eine ganz andere sein müsste.

Und hierin unterscheidet sich von Azo derjenige, der dessen Apparat zu verbessern unternommen hat. Accursius macht sich den von Azo zu dem *contrarium* von § 7 ./. § 4 – *si is* mit Entschiedenheit eingenommenen Standpunkt für die Auflösung dieses anderen *contrarium* zu eigen: s. den Gleichklang in den Worten *ab herede non a repudiante*. Er weist eben darum auch Rogerius' *responsio* als *contra* zurück. Ihn stört Azos hier spürbare, sich andeutende Unentschiedenheit. Ihn stört, was Azo hier auszeichnet. Sein Bestreben ist, es besser zu machen als Azo, und dies heißt für ihn: es ist, wenn irgend möglich, zu vermeiden, dass der Benutzer des Apparats über das, was er in diesem liest, zu zweifeln beginnt. Denn den Leser in Zweifel zu versetzen ist unpraktisch. Denn was habe ich an einem Kommentar, der, anstatt meine Fragen zu beantworten, mich daran, was richtig ist, zweifeln lässt?

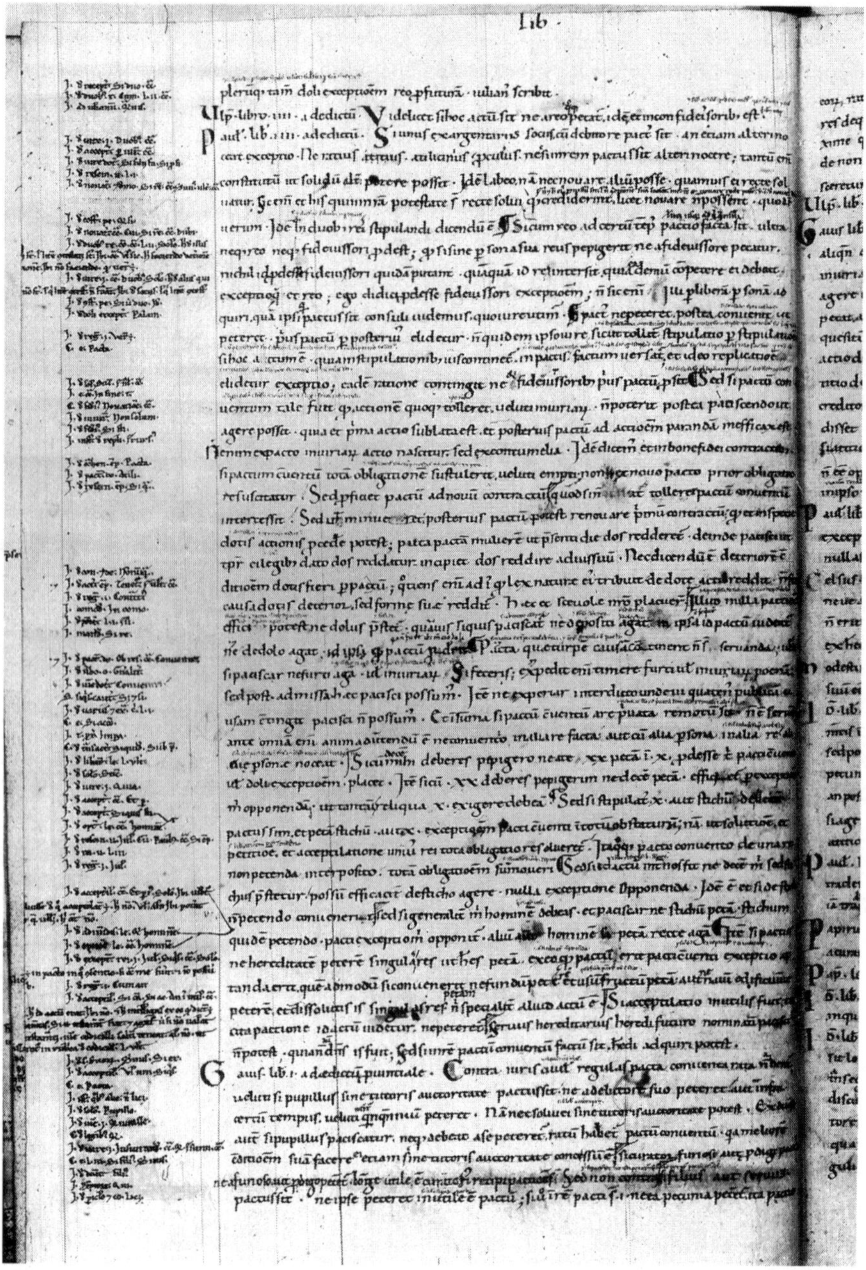

Paris BN lat 4450 fol. 19v

XIII. Die Klagbarkeit der Innominatkontrakte und das pactum ›Teilzahlung gegen Erlass der Restschuld‹ – l. 41

Papinian libro undecimo responsorum: ›Intra illum diem debiti partem mihi si solveris, acceptum tibi residuum feram et te liberabo‹. licet ationem non habet, pacti tamen exceptionem competere debitori constitit.

Zur Bestätigung und weiterer Vertiefung dessen, was die bisherige Untersuchung ergeben hat: hinsichtlich der Abhängigkeit der *gl. ord.* außer von dem azonischen Apparat von dem Apparat des Hugolinus; hinsichtlich der Qualität dieser beiden Apparate; hinsichtlich des Verhältnisses der *gl. ord.* zur *antiqua glosa*; hinsichtlich der Überlieferung des Textes der *gl. ord.* sowie last not least hinsichtlich der Qualität dessen, was zu der *gl. ord.* Accursius' eigener Beitrag ist – zur Vertiefung und Bestätigung von all dem sei aus dem Titel 2,14 hier noch das eine Exempel der *gl. ord.* zu l. 41 in Betracht gezogen. In jeder Hinsicht und insbesondere hinsichtlich dessen, was Accursius, wo er über seine Vorlagen in substantieller Hinsicht hinaus geht, zustande bringt, ist bemerkenswert, was zu dieser Stelle aus Papinians Responsen in den beiden Glossen gesagt ist, die dazu im accursischen Apparat vorhanden sind. Deren Wiedergabe wird hier zweckmäßigerweise dasjenige vorangestellt, was zu der Litera dieser Stelle in der *antiqua glosa* sich findet. Und nicht untunlich wird auch hier wieder sein, allem anderen voran, die Problematik dessen, was in der Litera dieser Stelle zu dem Fall, den sie betrifft, Papinian sagt, zu skizzieren.

I. Die Problematik des in l. 41 überlieferten Papinianresponsum

Gläubiger und Schuldner kommen – das ist der *casus* dieser l. 41 – überein, dass, wenn der Schuldner bis zu einem bestimmten Termin einen Teil seiner Schuld tilgt, ihm der Gläubiger den Rest der Schuld förmlich, sc. durch Akzeptilation erlässt. Die (im heutigen Recht nicht mehr vorhandene) Schwierigkeit in der Beurteilung dieses Falles ergibt sich zum einen daraus, dass die getroffene Vereinbarung ein *pactum* ist und ein solches, wenn es *nudum* ist, keine durchsetzbare Verbindlichkeit, sc. keine Klage auf Vornahme der Akzeptilation begründet und dass zum anderen die Akzeptilation ein Rechtsakt ist, dessen Wirksamkeit nicht vom Eintritt einer Bedingung abhängig gemacht werden kann. Es können also Gläubiger und Schuldner das, worum es ihnen geht, nicht dergestalt verwirklichen, dass der Gläubiger dem Schuldner unter der aufschiebenden Bedingung, dass dieser den ihm (sc. in dem *pactum*) vorgegebenen Teil seiner Schuld tilgt, den Rest akzeptiliert. Der Akzeptilationsakt wäre als ein bedingter, wie Papinian D 50,17,77 i. fi. sagt, *nullius momenti*. Er wäre allenfalls aufrecht zu erhalten als das *pactum*,[1] aus dem der Schuldner, wie Papinian in seinem in unserer l. 41 überlieferten *responsum* sagt, die Inanspruchnahme auf den nach der teilweisen Tilgung der Schuld verbleibenden Rest mittels der *exceptio pacti*, sc. *de non petendo* zurückschlagen kann. Dass diese *exceptio* dem Schuldner zusteht, ist so, wie dieses *responsum* überliefert ist, dasjenige, was festgestanden (*constitit*!), was mithin seit jeher, wie des Perfekts wegen doch wohl zu lesen ist, gegolten hat. Dass dem Schuldner (nach der teilweisen Tilgung der Schuld) keine Klage, namentlich keine solche auf Vornahme des Akzeptilationsakts zusteht, ist hingegen mit *licet non habet* so gesagt, dass man meinen könnte, es sei dies weniger sicher: Hat *licet* den Sinn von: ›mag sein‹ / ›auch wenn es so sein sollte, dass‹, dann ist anzunehmen, dass das Gegebensein einer Klage Papinian hat dahingestellt sein lassen; es müsste dann aber doch wohl *habeat* heißen. Ist wegen des Indikativs *habet*[2] zu lesen: ›obgleich‹ dem Schuldner keine Klage zusteht, dann fragt sich, wie Papinian, in n. b. spätklassischer Zeit, das hat sagen können. Die C 4,64,6 überlieferte Konstitution Diokletians und Maximinians freilich konnte er noch nicht kennen. Aber das, was in diesem Reskript gesagt ist, dass nämlich, wenn der Hingabe einer Leistung (wie *in casu* der Tilgung eines Teils der Schuld) die Abrede hinzugefügt ist, dass der Empfänger der Leistung etwas tun (*in casu*: die Restschuld erlassen) soll, dem Leistenden eine *actio praescriptis verbis* (im Weiteren: *a. pr. verb.*) zu gewähren sei, falls der Leistungsempfänger das, was zu tun er übernommen hat, nicht tut – dies hat doch, wenn auf unsere Überlieferung Verlass wäre, schon Gaius angenommen, wie in D 2,14,48 überliefert ist: *in traditionibus rerum quodcumque pactum sit, id valere manifestissimum est.* Was für Gaius, mithin in hochklassischer Zeit manifest ist – wie soll Papinian das übersehen haben können?[3] Es kommt, was

1 S. Paulus D 2,14,27,9: *si acceptilatio inutilis fuit, tacita pactione id actum videtur, ne peteret.*

2 S. shv *licet* Georges, aber auch Seckel-Heumann. Ist *licet habet* nicht die Verkürzung einer längeren Ausführung zur Frage des Gegebenseins einer Klage? Übrigens ist, wie hier wenigstens noch angemerkt sei, der Indikativ, sc. *habet* die Litera Florentina; von den Hss, die den sog. Vulgattext überliefern, haben wohl die meisten das Kürzel *ht* (mit darüber den die Verkürzung angebenden waagerechten Strich) und somit ebenfalls den Indikativ, einige aber auch *hat* (und darüber den waagerechten Strich) – mithin den Konjunktiv – so Torino, Trier, Troyes, Vatikan 2511, zweifelhaft Padua, und diesen haben dann, beginnend schon mit Clayn 1476, wohl durchweg die gedr. Ausgg.

3 Dass Gaius mit *valere* nicht gemeint hat, es begründe das *pactum* eine Klage (das *pactum* sei durch die *traditio*, der es hinzugefügt ist, sozusagen *vestitum*), sondern es habe nur die schwächere Wirkung der Begründung einer *exceptio*, ist auszuschließen: jedes *pactum*, auch wenn es nicht mit einer *traditio* einher geht, hat diese Wirkung. Zur Kritik des Textes, sc. *traditionibus* s. namentlich Pernice, Labeo III 89 N. 7 – es wird darauf hier zurückzukommen sein.

Papinians Äußerung zum Fehlen einer Klage des Schuldners nach vereinbarungsgemäßer Tilgung eines Teils der Schuld betrifft, noch ein Weiteres hinzu: Die von dem Gläubiger mit dem Schuldner getroffene Vereinbarung: Du tilgst einen Teil der Schuld und ich erlasse dir den Rest, ist ein *pactum* – aus der Sicht des Schuldners gesagt – *do ut facias*, ein Innominatkontrakt, ein *pactum*, das durch die Erbringung der Leistung der einen Partei (*in casu*: durch die *datio* zwecks teilweiser Tilgung der Schuld) – um den bei den Glossatoren beliebten Ausdruck zu verwenden – *vestitum* ist und so eine *a. pr. verb.* oder doch eine *a. de dolo* begründet. Jene Klage: *eine utilis actio, quae praescriptis verbis rem gestam demonstrat*, anerkennt die in C 2,4,6 überlieferte Konstitution des (Severus) Alexander; auch von dieser hat mithin Papinian noch nichts wissen können. Aber die *a. pr. verb.* und die *actio de dolo* in den Fällen, dass, wenn *do ut facias* oder *facio ut des* vereinbart ist, einer der Kontrahenten vorleistet, werden gegeben in D 19,5,5,2 und 3, wenn die Überlieferung nicht täuscht, von Paulus – und Papinian, kaum älter als dieser, hat davon noch nichts gewusst? Es handelt sich um eine Neuerung, zu der erst Paulus sich verstanden hat?

II. Die Quellen

1) *Irnerius*

Die glossatorische Arbeit an der Litera unserer l. 41 beginnt mit zwei Glossen, deren Bezug in der Litera nicht überall, wo es sie gibt, deutlich ist: *partis ergo solute datio non parit actionem* ist interlinear notiert in Torino, Padua, Stockholm, Vatikan 2705 und 1408, meist und so auch ohne weiteres plausibel über *actionem non habet*; dasselbe haben marginal und ungesigelt Madrid, Paris 4450, Trier, Troyes, London, München 3887. Überall – außer in Stockholm – steht der interlinearen Notiz voran die auf Irnerius zu beziehende Sigle *y*. Die andere, weniger häufig anzutreffende und da, wo sie vorhanden ist, wohl auf *debitori* (also die Aussage, dass dem seine Schuld partiell tilgenden Schuldner wegen des Rests die *exceptio* zustehe) zu beziehende Glosse ist: *quia ex nudo pacto non oritur actio.*[4] Hierzu steht nirgends eine Sigle. Aber überall da, wo diese und jene Glosse vorhanden sind, ist die Hand, die die eine und die andere schreibt, dieselbe. Beide gehören in diesen Hss zu demselben Apparat, und liegt diesem, was die gl *partis ergo* angeht, der Apparat, wofür doch alles spricht, des Irnerius zugrunde, dann gehört zu diesem auch die 2. Glosse, mag diese auch erst von einem anderen zur Verdeutlichung dessen, was mit jener Glosse von Irnerius gesagt ist, dem von diesem mit *partis ergo* etc. Gesagten hinzugefügt worden sein: Durch

4 Troyes, Trier, Stockholm jeweils als ungesigelte Randglosse, interlinear Vatikan 1405, wo die andere, hier soeben genannte Glosse nicht vorhanden ist.

ein *pactum* wird keine Klage erzeugt, und es geschieht das in dem in l. 41 entschiedenen Fall auch nicht durch die Leistung eines Teils des Geschuldeten.

Irnerius' Anlass, dies zu der Litera von l. 41 zu notieren, mag nicht die in C 4,64,4 überlieferte Konstitution gewesen sein; deren Aussage mag ihm in seiner unsere l. 41 betreffenden Exegese nicht präsent gewesen sein. Aber das, was in Übereinstimmung mit der Aussage dieser Konstitution hier im Titel 2,14 in l. 48 angeblich Gaius sagt, kann ihm doch nicht entgangen sein – nicht ihm als einem Mann, der, wenn nicht alles täuscht, mit dem Anspruch aufgetreten ist, in den *leges* nicht nur hier und da eine einzelne Stelle, vielmehr alles zu lesen.[5] Dass die Leistung des Teilbetrags seiner Schuld für den Schuldner keine Klage auf Erlass des Restes entstehen lässt, ist von Irnerius gesagt in Hinsicht darauf, dass in l. 48 jedwedes mit einer *traditio* verbundenes *pactum* für wirksam erklärt wird. Das dort Gesagte gilt, so sagt Irnerius mit jener gl *partis ergo*, nicht hier – nicht in diesem Fall der Übereinkunft zwischen Gläubiger und Schuldner, dass, wenn dieser binnen einer bestimmten Frist einen Teilbetrag seiner Schuld tilgt, jener ihm den Rest in aller Form erlassen wird. Indem Irnerius dies und nicht mehr als dies sagt, bleibt offen, wie dies zu verstehen sein kann. Es ist am Anfang der glossatorischen Arbeit zu dieser l. 41 von demjenigen, der mit dieser Arbeit, wie wir annehmen, begonnen hat, sc. von Irnerius eine Frage gestellt, zu der auf eine für uns sichtbare Weise dessen Antwort fehlt. Es ist nur, aber immerhin doch die Richtung gewiesen, in der die weitere Arbeit an dieser *lex* zu gehen hatte. Und nicht um mehr und nicht um weniger als um das Verständnis dessen, was Irnerius allem Anschein nach nur behauptet hat,[6] geht es in der gesamten Glosse zu l. 41 bis hin zu deren Vollendung in der *gl. ord.* – mit dem Resultat, dass das, was Irnerius offen gelassen hat, auch am Ende, aller Erklärungsversuche zum Trotz, noch offen ist.

2) *Rogerius (?)*

In der den Apparaten von Azo und Hugolinus vorangehenden Glosse gibt es, soweit ich sehe,[7] nur einen Versuch, auf die von Irnerius offen gelassene Frage

5 Und der durch diesen Anspruch die glossatorische Wissenschaft in Gang gebracht hat, wozu anderen Orts mehr zu sagen sein wird, s. in meinen in ZRG RomA 134 (2017) erscheinenden, ›Irnerius' Sigle‹ betr. Aufsatz sowie auch hier u. N. 83.

6 Hätte er *partis ergo* etc. im Hörsaal gesagt, etwa seinen Hörern diktiert – wie hat er sich der Frage entziehen können, wie denn zu verstehen sein kann, dass das, was l. 48 sagt, hier nicht gilt? Seinen Lehrer etwas zu fragen, kam nicht in Frage?

7 Nichts zu sehen ist in meinen Hss davon, dass der in der *gl. ord.* hier angeführte Johannes sich zu dieser Sache geäußert hat, worauf hier zurückzukommen sein wird.

eine Antwort zu geben: Die Münchener Hs 3887, in der der azonische Apparat einer älteren Glossierung beigeschrieben ist, hat direkt unter der hier ungesigelten Randglosse *partis ergo* mit ersichtlichem Bezug auf die durch diese Glosse gestellte Frage von derselben Hand sowie in der Litera auf *actionem non habet* bezogen: *ergo cur non parit actionem? Respondeo: quia fit ex intervallo vel et(iam?) si in continentia, ideo actionem non parit, quia ad liberationem talis numeratio proficiat ut infra de condict. in. l. si non § si x et l. cum is*[8] – damit das einer *traditio* beigegebene *pactum* wirksam ist, muss es zugleich (*in continentia*) mit der *traditio* geschlossen sein, und hier, sc. in l. 41 ist anzunehmen (so die zunächst gegebene Erklärung), dass es *ex intervallo* geschlossen ist. Dem Verfasser dieser Glosse war dies ersichtlich keine hinreichende Erklärung dafür, dass das in l. 48 Gesagte im Fall von l. 41 nicht gilt. Es war ihm, wenn nicht klar, so doch bedenklich, dass die Parteien des *pactum* über das, worüber sie sich, der *traditio* zeitlich vorangehend, einig geworden waren, doch auch noch zur Zeit der *traditio* einig sein werden, und so fügt er für den Fall eines zugleich mit der *traditio* geschlossenen *pactum* die Erklärung hinzu, dass *talis numeratio*, sc. die Zahlung eines Teils der Schuld die Befreiung von dieser (sc. in Höhe des gezahlten Teilbetrags) bewirke und darum, wie aus den beiden aus D 12,6 allegierten Stellen ersichtlich sei, eine Klage zu begründen nicht imstande sein könne. Die Klage, um die es in diesen beiden Stellen geht, ist allein die *condictio*; es geht darum, dass diese Klage nicht gegeben ist, solange die zwecks Befreiung von einer Schuld bewirkte Leistung diesen ihren (nicht sogleich erreichten) Zweck noch erreichen kann, und endgültig nicht in Betracht kommt, wenn er erreicht ist. Was in diesem Verhältnis von Leistung (zwecks Erfüllung einer Schuld) und *condictio* (sc. *indebiti*) nicht anders als in diesen Stellen entschieden werden kann, muss gelten allerdings auch in dem Fall der Leistung, die – wie im Fall unserer l. 41 – den doppelten Zweck hat, die Schuld zum Teil zu tilgen und den Erlass der Restschuld zu erlangen. Auch die insoweit, sc. wegen Nichterreichung dieses weiteren Zwecks in Betracht kommende *condictio* (sc. *ob causam/rem*) kann dem Schuldner nicht zustehen, wenn und weil er mit der erfolgten Leistung seine Schuld zum Teil getilgt hat. Jene Kondiktion würde diese Tilgung zunichte machen.[9] Geklärt ist damit durch Rogerius oder wer sonst die in München 3887

8 Um welchen § dieser l. *cum is* (= D 12,6,32) es geht, ist auf meinem Film nicht sichtbar. Gemeint sein wird das *principium*. – Die Glosse ist ungesigelt. Zu anderen von derselben Hand geschriebenen Glossen steht häufig und so auch hier auf derselben Folio-Seite das R des Rogerius, was, um sie unumwunden als eine Rogerius-Glosse zu bezeichnen, mir ein zu geringer Beleg ist; daher hier o. im Text das Fragezeichen.

9 Die Kondiktion *ob causam* wäre, umständlicher gesagt, in ihrem Effekt darauf gerichtet, eine Schuld wieder aufleben zu lassen, die der Schuldner getilgt hat

zu *actionem non habet* überlieferte Glosse geschrieben hat, indessen nur, dass die Klage, an die im Fall von l. 41 zu denken ist, keine *condictio* sein kann. Und geklärt wäre damit die Entscheidung in diesem Fall im Ganzen allein dann, wenn an eine andere Klage als an eine im Recht der Kondiktionen begründete gar nicht zu denken wäre – wenn nicht auch in Betracht zu ziehen wäre aufgrund von D 19,5,5,3 eine *actio de dolo*, aufgrund von § 2 e. l. und C 2,4,6 eine *a. pr. verbis*.

3) *Azo, Hugolinus und die* gl. ord.

Über das, was zur Beantwortung der von Irnerius offen gelassenen Frage mit der in München 3887 überlieferten Glosse vielleicht Rogerius gesagt hat, sind hinaus gegangen, soweit ich sehe, erst Azo und Hugolinus und jeder dieser beiden auf die ihm eigene Weise: allzu kurz und offenbar nicht zu Ende geführt Azo und mit umständlicher Gründlichkeit Hugolinus, beide aber doch im Anschluss an das in der *antiqua glosa* Vorhandene, was hier noch ersichtlich zu machen sein wird. Was sodann Accursius betrifft, so ist begreiflich und angesichts dessen, was im azonischen Apparat und in demjenigen des Hugolinus gesagt ist, auch evident, dass in die *gl. ord.*, sc. zu *actionem non habet*, hier ein weiteres Mal übernommen ist nicht Azo, sondern Hugolinus.[10] Es bietet sich daher hier abermals an, den Text der *gl. ord.* (zu *actionem non habet*) und den Text des Hugolinus simultan wiederzugeben – in derselben Weise wie hier oben im Abschnitt VII und auch so wie dort (im Text bei N. 26) näher angegeben ist. Es steht also hier in der mittleren Spalte der vollständige Text des Hugolinus und von dem Text der *gl. ord.* alles, was in diesem mit dem Text des Hugolinus identisch ist. In der rechten Spalte ist hier (in der angegebenen Weise gekennzeichnet) wiedergegeben, was von dem Text des Hugolinus in der *gl. ord.* fehlt, sowie dasjenige, was die *gl. ord.* anders und mehr als Hugolinus hat, wobei das Mehr, soweit es in der ursprünglichen Version des Textes der *gl. ord.* noch fehlt, auch hier in eckige Klammern gesetzt ist.

und die, wenn sie wieder auflebt, er wieder tilgen muss, weswegen sie doch einfach erst gar nicht zu gewähren ist.

10 Die andere zu l. 41 in der *gl. ord.* vorhandene Glosse, sc. diejenige zu *debitori* ist ohne Vorlage und jedenfalls im Ansatz, d.i. *tibi* schon im Text der 1. Version vorhanden; sie ist mithin genuin accursisch – eine der unzähligen Petitessen, mit denen Accursius sich hervortut und gefällt.

Azo	Hugolinus/gl. ord.	
debitori constitit	actionem non habet	
hic solvendo partem*	(1) { ad hoc} ut liberetur.*	{sc.}
non convenerat, ut	(2) imo videtur quod habet. vestitum	
liberaretur, tunc enim	enim fuit pactum datione** rei {et in	{unde}
actionem habet ut C de	cuius traditione quocumque pactum	
rer. permut. l. rebus.	adpositum} valet. ut infra e. l. in	
Immo fuit contractus	traditionibus et C de rer. permut. l.	
innominatus facio ut	rebus / ad hoc {dupliciter} respon-	/ et l. ex placito
des, licet sit preventus	deo:	{duobus modis}
in faciendo, ex quo	{vel de facto} quia //	{primo [et verius]} //de facto
datur actio de dolo, que	pactum non fuit hic in traditione	
cessat, quotiens alia	adpositum {vel de iure} quia	{secundo}
actio locum habet vel	{{quod datur in solutum}} non debet	{{eadem traditio et si esset}}
exceptio ut infra de	{simul} actionem et liberationem	{ – }
dolo l. J § ult.	parere circa eandem causam, {{quod	{{ – }}
	ideo dico}} quia circa diversas potest	
	ut infra de solut. l. in numeration-	
	ibus /.	/ in fi.
	sed {obicis quia} venditor rem	{nonne}
	tradendo et se liberat et alium sibi	
	obligat /	/?
	{sed} respondeo // quia	{ – } // hoc ideo
	{{venditor non tantum ad se libe-	{{hoc agit sed hic tantum de
	randum tradit, ut supra tantum ad	obligatione rescindenda agitur.
	tantum ad exceptionem habendum	[imo si venditor sum, liberor, sed
	vel obligationem rescindendum agi-	non alium obligo, quia ante erat
	tur.}}	obligatus emptor]}}
	vel dic. // quod hic fuit facio ut des	// [secundum Ioan.***]
	contractus ///	/// innominatus
	{et tu prevenisti in dando at ex facio	{licet sit preventus in tradendo,
	ut des} oritur actio de dolo ut infra	ex quo}
	de presc. verb. l. naturalis § {{sed si	{{quod in factum}}
	facio}}.	
	{{{sed ea non competit, donec aliud	{{{que cessat quotiens}}}
	auxilium super est ut}}}	
	alia actio vel exceptio / ut infra de	/ locum habet
	dolo l. {ij} {{at hic competere potest	{i § fi.} {{–}}
	exceptio, non igitur dabitur actio de	
	dolo}}	
	sed nonne si prevenisti in dando /	/ [est do ut des et sic]
	{debent dari actiones} presc. verb. ut	{datur actio}
	C {{e}} cum mota?	{{de transact. l.}}
	Respondeo: non {{{quia et sine	{{{ [imo fuit ibi do ut facias,
	actione tenebatur debitor	licet in faciendo fuerit
	solvere }}}	preventum] }}}

* in solvenda parte Bamberg 11, Gent, Stockholm, Vatikan 1408.	* Nur diese Glosse in Seo. Die folgende hier (2) genannte in Paris 4461 und Amiens als eigene Glosse, was dann in der *gl. ord.*, indem dort (1) am Anfang von (2) steht, verändert ist. In London fehlt wie in Seo (2), es ist dort vorhanden allerdings ein Text, in dem es in komprimierter Weise um die in (2) erörterten Fragen geht. ** *donatione* Amiens und so auch in vielen Hss der *gl. ord.*, auch wo deren Text der ursprüngliche ist – wie in München 14022, Toledo 32–2, Vatikan Pal 738, Torino E I 22 u. a. *** secundo? – s. hier u. im Text vor N. 18.

III. Interpretation

1) *Die Rezeption der Hugolinus-Glosse in die* gl. ord.

Was Accursius hier dazu gebracht hat, die azonische Glosse durch diejenige des Hugolinus zu ersetzen, liegt – hält man deren beider Glossen nebeneinander – auf der Hand: Jede der beiden Fragen, um die es sowohl Azo als auch Hugolinus geht, ist von Azo weniger umfänglich, anscheinend unvollständiger als von Hugolinus beantwortet.

Auf die 1. Frage, ob das *pactum*, um das es hier geht, für den Schuldner – entgegen dem, was in l. 41 anscheinend gesagt ist, deswegen keine Klage erzeugt, weil es *ex intervallo*, sc. nicht zugleich mit dessen Leistung zwecks Tilgung eines Teils der Schuld abgeschlossen wird, gibt Hugolinus eine zweifache Antwort, hingegen Azo offenbar nur die eine, die bei Hugolinus voransteht: das *pactum* ist nicht *vestitum* und kann daher keine Klage erzeugen, weil es nicht *in traditione adpositum fuit*, weil die Parteien nicht, wie Azo doch gewiss dasselbe ausdrückt, *solvendo partem/in solvenda parte convenerant.*[11]

Hinsichtlich der 2. Frage: müsste sich nicht aus dem *pactum* deswegen für den Schuldner eine Klage ergeben, weil es, seinem Inhalt nach, der Innominatkontrakt *facio ut des* ist und dieser für diejenige Partei, die ihre Leistung erbringt, auf die Erbringung der Gegenleistung eine Klage erzeugt? – hinsichtlich dieser Frage unterscheidet als mögliche Klagen Hugolinus aufgrund von D 19,5,5,3

11 Sie haben darüber, dass Befreiung stattfinden soll (*ut liberaretur*) nicht conveniert *in dem Zeitpunkt* der Zahlung der *pars*, was mit: *in solvenda parte = in solutionem partis* besser gesagt sein dürfte als mit dem simplen *solvendo partem.* Gemeint sein kann (sc. von Azo) nicht: dass die Parteien über die zu zahlende *pars*, sc. deren Betrag sich nicht geeinigt hatten. Denn dann wäre der Betrag in das Belieben des Schuldners gestellt, womit kein Grund angegeben wäre, ihm die Klage auf Erfüllung des *pactum* zu versagen.

eine *actio de dolo* und aufgrund von C 2,4,6 eine solche *praescriptis verbis*. Er gibt eine Erklärung dafür, warum weder diese noch jene hier gegeben sein könne, wohingegen Azo nur von der *a. de dolo* handelt, nur erklärt, warum diese hier nicht einschlägig sei. Mit der Ersetzung der azonischen Glosse durch diejenige des Hugolinus waren im Apparat zu l. 41 die beiden im azonischen Apparat hier wirklich oder anscheinend vorhandenen Lücken geschlossen. Es konnte Accursius hier seine Arbeit darauf beschränken, den Text des Hugolinus zu redigieren, die diesem Text wirklich oder vermeintlich anhaftenden Mängel zu beseitigen. Und nicht mehr als dies: allein die (aus der Art, in der hier die *gl. ord.* wiedergegeben ist, ohne weiteres ersichtlichen) Interpolationen des Hugolinustextes sind dann auch hier wieder Accursius' Anteil an der *gl. ord.* zu l. 41.

2) *Die Interpolationen des Hugolinustextes*

a) Die Form der Aussage betreffende Veränderungen

Was das Gewicht dieser Interpolationen angeht, so sind die meisten bloß formaler Natur und selbst als solche gleichgültig, nicht einmal allesamt in formaler Hinsicht eine Verbesserung: Wie gleich zu Beginn die Ersetzung von *et in cuius – adpositum* durch *unde*, womit dasjenige weggelassen ist, was in der dann zuerst allegierten Stelle, sc. 48 (D 2,14) gesagt und zu lesen ist; wie sodann die Einfügung von C 2,64,3 – *ex placito*; ferner die Ersetzung von *dupliciter* (*respondeo*) durch *duobus modis*, von *vel – vel* durch *primo – secundo*, wobei man sich fragt, warum Hugolinus' treffliche Unterscheidung, dass die 1. *responsio* gegeben wird *de facto*, die 2. *de iure* nur sozusagen zur Hälfte übernommen ist. In der 2. *responsio*, die hier sogleich noch des Weiteren in Betracht zu ziehen sein wird, ist gleichgültig Hugolinus' *quod – solutum ... simul* und Accursius' *eadem – esset* nebst Streichung von *simul*; eine gewisse stilistische Verbesserung ist die Ersetzung von *sed obicis* durch *nonne*, weswegen dann das *sed* vor *respondeo* zu streichen war; fast gleichgültig ist dann nach *respondeo* die Einfügung von *hoc ideo*; es hilft dies immerhin dem, der nicht selbst darauf kommt, dass nach *respondeo* ein Doppelpunkt hinzuzudenken ist. In der mit *vel dic.* einsetzenden Beantwortung der 2. Frage, um die es im Ganzen geht, ist dann das, was Hugolinus mit *et tu – ut des* sagt, trefflich verkürzt zu *licet – ex quo* sowie dann auch *sed ea – auxilium ut* zu *quae cessat quotiens*, weswegen dann aber auch nach *exceptio* einzufügen war *locum habet*. Ob aber daran dann noch anzuschließen ist oder, wenn – wie bei Hugolinus – vorhanden, als überflüssig gestrichen werden kann *at hic – de dolo*, ist eine Geschmacksfrage, über deren Beantwortung *non est disputandum*, deren Entscheidung mithin gleichgültig ist.

Alle diese Veränderungen dokumentieren, dass Accursius es sich bei seiner Übernahme des Hugolinustextes durchaus nicht leicht gemacht, dass er diesen

Text Stück für Stück durchgenommen hat und, wie nur immer wieder zu sagen ist, sich zu eigen zu machen bemüht gewesen ist – was noch deutlicher ist in denjenigen Veränderungen, die die Aussage in der Sache betreffen. Soweit es sich bei diesen um (durch die eckigen Klammern gekennzeichnete) *additiones* zum ursprünglichen Text der *gl. ord.* handelt, stellt sich bei ihnen dann allerdings die Frage, ob ihr Autor nicht ein späterer Bearbeiter des accursischen Textes ist und sie darum für das Urteil über die Qualität der Leistung des Accursius außer Betracht zu bleiben haben.

b) Die Aussage in der Sache tangierende Veränderungen

Nicht recht glücklich scheint Accursius mit demjenigen gewesen zu sein, was Hugolinus zur Beantwortung der Frage sagt, ob nicht das *pactum* dann *vestitum* sein und also – entgegen dem in unserer l. 41 Gesagten – eine Klage begründen müsste, wenn es der *traditio*: dem die Schuld teilweise tilgenden Akt *adpositum* ist, wenn es m. a. W. *in continenti* mit diesem Akt abgeschlossen wird. Dass es bei Hugolinus mit dem, was er im Anschluss an *vel de iure* (bis *rescindendum*) ausführt, um diesen Fall geht, ist aufgrund des Zusammenhangs mit dem zunächst Gesagten nicht zweifelhaft und bringt Accursius zum Ausdruck dadurch, dass er bezüglich dessen, *quod* – wie Hugolinus sagt – *datur in solutum*, es bei dem Terminus *traditio* belässt und hinzu setzt *et si esset* – womit immerhin anklingt, dass es nun um den Fall geht, wenn das *pactum in ea* (sc. *traditione*) *adpositum esset*, und womit, sc. mit dem einleitenden *et* auch gesagt ist, dass die Rechtslage auch dann dieselbe ist wie im vorhergehenden Fall, wenn *pactum* und *traditio ex intervallo* stattfinden. Es ist nicht anzunehmen, dass von diesem Fall hier zu handeln erst Hugolinus eingefallen ist, dass ihm nicht bekannt war, was in der *antiqua glosa* und in dieser vielleicht schon Rogerius eben dazu gesagt hat: *talis numeratio* (d. i. die Tilgung eines Teils der Schuld *in continenti* mit dem *pactum*) *proficiat ad liberationem*– sie soll dienen allein der Befreiung von der Schuld, nicht der Begründung einer Klage. Dies war für Hugolinus und ist doch tatsächlich auch, weil zu kurz gesagt, nicht ohne weiteres plausibel. Tatsächlich (*de facto*!) geht es dem Schuldner mit seiner Teilleistung zwar auch um den Erlass des Restes, also im Ganzen letztlich in der Tat nur um seine Befreiung. Aber insoweit diese durch den Erlass erfolgen soll, kann man nicht sagen, dass es dem Schuldner nicht auch um das Mittel ginge, den Erlass zu erlangen: nicht auch um eine Klage auf Vornahme des Erlasses. Was der Verfasser der *antiqua glosa* (und also vielleicht Rogerius) sagt, ist daher zwingend überhaupt nur, wenn es *de iure* so ist, dass eine zwecks Befreiung: *solutionis causa* vorgenommene *traditio* gar nicht imstande ist, zugleich auch eine klagbare Verpflichtung zu begründen. Es muss, wie offenbar in Ergänzung des in der *antiqua glosa* Gesagten Hugolinus sagt, *de iure* so sein, und es kann, wie er hinzufügt, *de iure* so nur sein *circa eandem causam*, weil das Gegenteil bestimmt ist *circa diversas* in der l. *numerationibus* = D 46,3,44 i. fi.: *si ususfructus pecuniae numeratae legatus fuerit, evenit, ut una numeratione et liberetur heres ex testamento et obliget sibi legatarium* etc. Es ist das, was Accursius hier anders als Hugolinus sagt, dass er nämlich *quod datur in solutum* ersetzt durch *eadem traditio* und darum das folgende *simul* streicht, keine Verbesserung; es ist dasselbe nur anders gesagt, und es ist eine Verschlechterung, dass er *de iure* weglässt und dann *quod ideo dico* streicht.

Und dasselbe ist zu konstatieren im Fortgang des Textes, in dem es Hugolinus darum geht, den Einwand abzuwehren, dass eben dasjenige, was nicht soll sein dürfen, doch stattfinde beim Kauf, wenn der Verkäufer dem Käufer die Kaufsache tradiere: diese eine *traditio* bewirke die Befreiung des Verkäufers (von seiner Pflicht zur Leistung der Kaufsache) und verpflichte damit zugleich einen anderen (*sibi obligat alium*, womit nur der Käufer gemeint sein kann) und dies doch *circa eandem causam*, sc. dem Kauf. Was Hugolinus sagt, um dieses Bedenken gegen seine Annahme auszuräumen, dass nämlich die Leistung zur Tilgung einer Schuld nicht zugleich eine klagbare Obligation begründen dürfe, *circa eandem causam de iure* gar nicht könne, ist kaum nachvollziehbar, und auch Accursius hat das bemerkt: der Verkäufer tradiere nicht nur, um sich zu befreien, wie *supra* nur zu dem Zweck des Erwerbs einer *exceptio* oder der Aufhebung der Obligation. Selbst wenn man vor *supra* ein Komma setzt und danach als Subjekt des Folgenden den *debitor* hinzudenkt, ist das nicht zu verstehen. Accursius verbessert, indem er sagt: *hoc* (sc. das zu dem die Kaufsache tradierenden Verkäufer Gesagte) ist deswegen (*ideo*) so, weil er, also der Verkäufer *hoc*[12] *agit*: er bezweckt und bewirkt beides: die Befreiung und die Obligierung, und *hic*, also im Fall des *debitor* in unserer l. 41 ist es anders, hier geht es nur um die Aufhebung oder Entkräftung der Obligation. Es käme also darauf an, was derjenige, der tradiert, damit ›agiert‹: wenn beides, sc. Liberation und Obligierung, dann bewirkt er auch beides, und er bewirkt nur die Befreiung, wenn es ihm nur um diese geht, womit aber doch dem gesamten Raisonnement der Boden entzogen ist. Denn gesagt ist nun, sc. mit Accursius' Verbesserung des von Hugolinus Gesagten: Was *circa eandem causam* nicht sein darf (*non debet esse*), eben das geht bei entsprechender Aktion *circa eandem causam* doch – und warum soll das dann hier: bei der Tilgung eines Teils der Schuld durch den *debitor* anders sein müssen? Dass die Verbesserung des von Hugolinus Gesagten die Sache, um die es diesem geht, eher noch verschlimmert, scheint dann auch derjenige bemerkt zu haben, der bei der Bearbeitung der 1. Version des

12 In den Hss der *gl. ord.* häufig, aber auch noch in manchen Ausgg.: *hic*, was aber doch des folgenden *hic* wegen nicht geht. Zu erklären ist das *hic* (vor *agit*) allein daraus, dass *hic* und *hoc*, wenn abbreviiert geschrieben, kaum zu unterscheiden sind.

accursischen Textes diesem hinzugefügt hat: es sei vielmehr (*imo*!) so, dass der Verkäufer mit der Tradition der Kaufsache zwar sich befreie, aber doch den Käufer nicht verpflichte, weil dieser *ante*, sc. aufgrund des Kaufs bereits verpflichtet sei – was zu sagen goldrichtig ist, aber auch klarstellt, dass Hugolinus' Einwand, sein Bedenken dagegen, dass *circa eandem causam* eine Tradition nicht zugleich liberierend und obligierend sein dürfe, schon im Ansatz nichtig ist, also das zu dem *venditor* Gesagte auch besser im Ganzen zu streichen wäre. Es trägt zu der Frage, warum das, was *circa diversas causas* geht, *circa eandem causam* nicht sein darf, nichts bei. Es ist nun: mit dieser *additio* gar nicht mehr zu übersehen, dass diese Frage bei Hugolinus und in der *gl. ord.* eine offene ist und damit der 2. *modus* zur Beantwortung der Frage: ist das *pactum* hier nicht *vestitum* und darum klagebegründend? zu nichts führt.

Zu den *additiones* zum ursprünglichen Text der *gl. ord.* gehört zu dem 1. *modus*, diese Frage zu beantworten, der Zusatz zu *primo*: *et verius* – richtiger als das im 2. *modus* zur Beantwortung dieser Frage Folgende soll es sein anzunehmen, dass *hic de facto* das *pactum* nicht *in traditione adpositum*, dass es also *ex intervallo* geschlossen worden ist. Diese doch eher willkürliche Annahme für richtiger zu halten und zu erklären, kann nur dem einfallen, der den 2. *modus* der Beantwortung, sc. das, was *secundo de iure* gesagt ist, für noch schlechter als das *de facto* Angenommene hält. Und dass dem so ist, war mit der *additio* zu diesem 2. *modus*: *imo si – emptor* auch gar nicht mehr zu übersehen. Die Frage, die sich damit stellt: sind beide *additiones* gleichzeitig? beide Accursius zuzurechnen? ist eine dieser beiden und welche früher als die andere und wenigstens die frühere noch accursisch? – diese Frage ist aufgrund der nur 28 Hss mit einem fortgeschrittenen Text, die ich hierzu habe einsehen können,[13] vielleicht nicht mit einer schon an Sicherheit grenzenden Wahrscheinlichkeit zu beantworten: In jeder dieser 27 Hss ist mit nur einer Ausnahme die *additio* nach *agitur*, durch die deutlich ist, dass der 2. *modus* zur Beantwortung der Frage, ob hier nicht die *traditio* für das *pactum* ein *vestimentum* ist, auf eine unbewiesene Behauptung hinausläuft, in den Apparat integriert vorhanden – ausgenommen nur Brüssel 19119, wo dasselbe in einer noch außerhalb des Apparats befindlichen *additio* gesagt ist. Und es gehört zu diesen Hss n. b. auch im Vatikan Pal 739, wo, wie sich schon mehrfach gezeigt hat, die früheste Schicht der *additiones* teils schon in den Text des Apparats integriert, teils noch als Zusatz zu diesem vorhanden ist.[14]

13 Es sind dies Brüssel 5671 und 19119; Hereford, Madrid 12080; Vatikan Pal 739, lat. 1409, 1410, 1411, 1412, 1413, 11155, Patetta 219, Reg lat 1121; Rom Bibl. Casanatense 227 und 228; Tübingen; Firenze 158; Göttingen 23; Kopenhagen GKS; B.-Kues 281; Bamberg 13; Darmstadt; Stuttgart; Subiaco; Torino E I 1, 11, 15, 23 (zu Torino E I 4 s. die folgende N.).

14 S. dazu namentlich Abschn. VIII im Anhang, ferner auch bereits MG S. 54 ff., 137, 158, 215 f. Zu Brüssel 19119 s. ebenfalls bereits MG (dort fälschlich als

Dies berechtigt zu der Vermutung (und um mehr als um eine solche kann es, wie gesagt, nicht gehen), dass der Autor dieser *additio* Accursius ist,[15] er selbst also noch gesehen und offenbar gemacht hat, dass für die Beantwortung der 1. Frage: wie ist es hier mit der *traditio* als einem *vestitum* des *pactum*? um deren 2. *modus* nicht viel zu geben ist. Was die *additio* zum Anfang des 1. *modus*, sc. *et verius* zu *primo* betrifft, so ist diese in jenen 28 Hss in 14 in den Text des Apparats integriert, in den restlichen 9 teils eine nicht integrierte *additio* (so in Vatikan 1409, Tübingen, wohl auch Rom Casanatense 228), teils, nämlich in Brussel 19119, Firenze 158, Rom Casanatense 227, Vatikan lat 1412, 11155, Pal 739 gar nicht vorhanden. In dieser zuletzt genannten, für die Geschichte des Textes der *gl. ord.*, wie sich immer wieder erweist, besonders aufschlussreichen Hs ist also die *additio*: *imo* etc. bereits in den Text des Apparats integriert und davon, dass das *primo* Gesagte *et verius* ist, noch nichts zu sehen. Es scheint daher auch dies jünger als jenes zu sein; es könnte die Einsicht, dass das *secundo* Ausgeführte weniger taugt als das *primo* Gesagte, auf demjenigen beruhen, was mit *imo* etc. zu dem 2. *modus* addiert ist. Aber ob zu dieser Einsicht in die mindere Qualität des 2. *modus* Accursius selbst gekommen und auch er es gewesen ist, der ihr durch *et verius* Ausdruck gegeben hat, bleibt aufgrund der doch noch relativ wenigen hier eingesehenen Hss eine offene Frage. Dass diese aufgrund weiterer Hss sich entscheiden lässt, ist nicht mehr als eine Möglichkeit, die zu erhärten, aufwendiger ist als um dieser Sache willen lohnend. Die zeitliche Einordnung der *additiones* zum Text der 1. Version der *gl. ord.* ist, wie dieses Exempel zeigt, eine wohl kaum zu überwindende Crux.

Zu bemerken ist hier nur noch dies: Accursius hat, wie des Öfteren zu sehen und festgestellt, auch noch bei der Bearbeitung der ursprünglichen Version seines Textes den azonischen Apparat benutzt. Manche seiner *additiones* sind diesem entnommen, haben sich für ihn, sc. Accursius also erst nachträglich als brauchbar herausgestellt. Ist er so auch hier: in Hinsicht auf l. 41 verfahren, hat

91119 bezeichnet) N. 30. Dass diese Hs die *additiones* z.T. in den Apparat integriert hat, also nicht zu den Hss mit dem reinen Text der 1. Version gehört, ist hier ersichtlich aus der *additio* in fi. dieser *gl. ord.* zu *actionem non habet*: *imo fuit ibi* etc., die wohl in den Apparat integriert ist. Es gibt auch sonst Hss der *gl. ord.*, in denen bereits vorhandene *additiones* in den Apparat nicht aufgenommen sind, wozu auch Torino E I 4 gehören könnte, wo allerdings das ganze 2. Buch der Digesten und auch noch einiges davor und danach fehlt (oder beim Einbinden falsch gelegt ist?).

15 Was zusätzlich auch dadurch indiziert wird, dass in Vatikan Pal 738, wo der Text des Apparats noch die reine 1. Version und von den späteren *additiones* noch nichts vorhanden ist, diese *additio*: *imo* etc. mit Bezug auf *agit* auf dem Rand notiert ist, ebenso München 3506. London Additional, wo ich dergleichen häufiger gesehen habe, ist mir hier nicht zur Hand (und die Reise nach London allein zur Klärung dieses Punktes ein doch wohl unverhältnismäßiger Aufwand).

er sich Azos durch Hugolinus ersetzte Glosse zu *debitori constitit* noch einmal vorgenommen, dann müsste, es könnte ihm jedenfalls zu denken gegeben haben, nicht nur dass, sondern auch warum zu dem, was er, sc. Accursius in der Beantwortung der Frage nach der *traditio* als *vestimentum* den 2. *modus* nennt, Azo gar nichts sagt, dass diese 1. Frage Azo mit der Feststellung erledigt, Gläubiger und Schuldner hätten das *pactum* nicht geschlossen *in solvenda parte*, nicht *in continenti* mit der (Teil)Leistung des Schuldners, der *traditio*. Es ist doch wohl nicht annehmbar und wird Accursius nicht angenommen haben, dass Azo die *antiqua glosa*, also das, was vielleicht Rogerius hier gesagt hat, nicht gekannt, dass er nicht gewusst hat: es gibt noch einen anderen *modus*, diese Frage zu beantworten. Hat aber Azo diesen *modus* gekannt, dann ist die Tatsache, dass er von ihm nicht redet, allein daraus zu erklären, dass er von ihm nichts gehalten hat, dass er ihm der Rede nicht wert gewesen ist.[16] So zu verfahren, mag für Azo nicht schon typisch zu nennen sein, ist aber doch in seinen Glossen keine Seltenheit, unterscheidet ihn in seiner Arbeit an seinem Apparat von dem behutsamer zu Werke gehenden Hugolinus. Es ist dies, wenn man den Blick, wie Accursius das getan haben könnte, nochmals auf den Text der azonischen Glosse richtet, in diesem auch nicht ohne einen Anhalt; es ist dies nicht die reine Spekulation. Denn was in diesem Text im Anschluss an die Feststellung, dass der Abschluss des *pactum* – *de facto* wie Hugolinus sagt – nicht zugleich mit der *traditio*, nicht *in solvenda parte* stattgefunden hat – was sich hieran – bei Azo n. b. – anschließt und die Frage betrifft, ob denn nicht daraus, dass das *pactum* hier der Innominatkontrakt *facio ut des* sei und sich also für den *debitor* eine Klage ergebe – das hierzu Folgende leitet Azo ein mit *imo*. Wer einen Satz derart beginnt, geht mit der Aussage dieses Satzes auf Distanz zu dem, was vorangeht; er sagt: nein, richtig ist das Gegenteil von dem, was zuvor gesagt ist! Dies zuvor Gesagte aber ist, dass dann (*tunc*!), wenn nämlich die *conventio in solvenda parte* erfolgt, also *pactum* und *traditio* zugleich stattfinden, wohl eine Klage begründet sei. Was dem *imo* im Text der azonischen Glosse vorangeht, ist also, dass für die Frage: erzeugt das *pactum* der erfolgten *traditio* wegen eine Klage oder nicht? es einen Unterschied mache, ob *pactum* und *traditio* zugleich oder *ex intervallo* erfolgen. Und *imo* am Anfang des Folgenden heißt demnach: so ist es nicht; es ist dem hier nicht so, weil das *pactum* hier der Innominatkontrakt *facio ut des* ist und es bei diesem für die Frage, ob dem, der seine Leistung vereinbarungsgemäß erbracht hat, wegen des Ausbleibens der Gegenleistung eine Klage zusteht, es

16 Ist – allgemeiner gesagt – im Text eines Autors von einer in der Literatur vertretenen Ansicht nicht die Rede, so ist nicht schon deswegen anzunehmen, dass dieser Autor die Literatur nicht kennt. Es kann sich um einen Autor handeln, der das, was ihm abwegig erscheint, weglässt, der so höflich ist, den Vorzug zu geben der Polemik des Totschweigens.

nicht darauf ankommt, ob zugleich mit dem Vertragsschluss die Leistung erbracht ist oder dies erst in einem zeitlichen Abstand zu jenem stattgefunden hat. Die azonische Glosse ist m. a. W. in ihrem ersten: das Verhältnis von *pactum* und *traditio* betreffenden Teil eine – als solche nicht kenntlich gemachte – Wiedergabe dessen, was in der *antiqua glosa* auf die Frage: *cur ergo* (*partis debiti datio*) non *parit actionem*? die 1. Antwort ist, und sie sagt nichts zu der Frage, wie es sein kann, dass auch dann, wenn *datio* und *pactum* zugleich erfolgen, keine Klage gegeben sein soll; sie lässt sich auf das, was Hugolinus *de iure* sagt, auf den (von Accursius sog.) 2. *modus* nicht ein, weil insoweit die Frage sich mit der Annahme, dass es hier um einen *facio ut des*-Kontrakt gehe, erledigt. Accursius' von Hugolinus übernommener 2. *modus* fehlt mithin bei Azo, weil seines Erachtens es darauf, warum auch bei einem *in continenti* mit dem *pactum* eine Klage nicht begründet ist, nicht ankommt: es kann diese Klage aus dem *pactum* als Innominatkontrakt aufgrund der – wann auch immer erfolgten – Vorleistung des Schuldners geben!

Es ist gewiss möglich, dass Accursius, als er sich im Zuge der Bearbeitung seines Textes die azonische Glosse noch einmal vorgenommen hat, dies bemerkt hat. Er hat bemerkt oder doch gespürt, dass seine Übernahme der Hugolinusglosse übereilt war, dass er sich mit der Redaktion dessen, was Hugolinus im 2. *modus de iure* sagt, zuviel Mühe gegeben hatte; dass es besser gewesen wäre, diese Mühe auf die Verdeutlichung dessen zu verwenden, was ihm im azonischen Apparat vorlag. Und nun: bei der Bearbeitung dessen, was ihm nun als sein eigener Text vorlag, ist er dazu, seinen anfänglichen Fehler zu reparieren, nicht mehr imstande gewesen, hat er sich nur noch zu dem 1. *modus* ein schwächliches *et verius* abzuringen vermocht. Dies anzunehmen ist doch wohl plausibler, als es die Alternative wäre, dass erst ein Späterer als Accursius – erst ein Mann, für den die azonische Glosse noch entfernter war und der nicht mehr wie Accursius vor der Wahl zwischen Azo und Hugolinus stand, diesen schwächlichen und doch respektablen Zusatz in die *gl. ord.* eingebracht hat. Dies ist plausibler, aber doch, wie gesagt, nicht sicher.

Hinsichtlich der 2. Frage, um die es im Ganzen geht: ergibt sich nicht aus dem *pactum*, weil dieses hier der Innominatkontrakt *facio ut des* ist und der *debitor* vorgeleistet hat, für diesen eine Klage? ist an der Unvollständigkeit der azonischen Glosse nicht vorbei zu kommen. Es ist, was Azo zu dieser Frage sagt, gewissermaßen selbst unbegreiflich. Er führt dafür, dass das *pactum*, der Vorleistung des *debitor* wegen, eine Klage erzeugen könnte, keinen Beleg an. Die Beantwortung der 1. Frage schließt mit dem Allegat von C 4,46,6. Die Stelle betrifft den Fall, dass eine *traditio certa lege* erfolgt, und sie ergibt, wenn demjenigen, was bei der Tradition in der ihr beigefügten *lex* verabredet ist, nicht Folge geleistet wird, eine Klage – eine *praescriptis verbis actio*. Von dieser ist dann aber in demjenigen, was Azo zu der sich unmittelbar anschließenden

2. Frage sagt, nicht die Rede. Genannt ist dort nur eine *actio de dolo* und für diese kein Beleg angeführt, lediglich *in fine* gesagt und belegt, warum diese hier nicht gegeben sei. Es ist dieses Stück der azonischen Glosse zu dem, was es zu sagen gälte, nicht mehr als ein unvollkommener Anfang. Alles in ihr Fehlende ist bei Hugolinus vorhanden, und so ist dann auch davon kein Abstrich zu machen, dass Accursius nur in dessen Apparat sich bedient und das daraus Entnommene den redaktionellen, die Aussage in der Sache nicht tangierenden Veränderungen unterzogen hat, von denen hier bereits die Rede war.

c) *Die Eingriffe in die Substanz der Aussage*

Mehr als dies hat erst stattgefunden: es ist in die Substanz dessen, was Hugolinus gesagt und Accursius übernommen hat, erst eingegriffen worden in der Bearbeitung der 1. Version des Textes der *gl. ord.* Es ist dabei zum einen *in fine* die Begründung dafür, warum hier keine *a. praescr. verb.* gegeben sei, komplett durch eine andere ersetzt worden. Es ist ferner in die Frage, ob hier denn nicht, wenn und weil Du (als eine der Parteien des Innominatkontrakts) vorgeleistet hast, eine *a. pr. verb.* gegeben sein müsste, nach *prevenisti* eingefügt worden *est do ut des*,[17] womit die Frage bezüglich der *a. pr. verb.* in anderer Weise als zuvor bezüglich der *a. de dolo* gestellt ist. Und es ist last not least gleich zu Beginn der Erörterung der 2. Frage nach *vel dic.* eingefügt worden: *secundum Ioannem* und damit zwar nicht vorangebracht die Auflösung der Schwierigkeit zu verstehen, wie in der Litera davon, dass der Schuldner wirklich oder möglicherweise keine Klage habe, die Rede sein kann. Wohl aber ist damit doch die Einsicht in die Geschichte dieser Glosse verändert: Nicht erst Azo oder Hugolinus oder gar Accursius, sondern schon Johannes soll bemerkt haben, dass das *pactum*, um das es hier geht, ein Innominatkontrakt ist und deswegen dasjenige, was auf die von Irnerius nur gestellte und offen gelassene Frage in der *antiqua glosa* angenommen worden ist, den entscheidenden Punkt nicht trifft und also verfehlt ist. Dies wäre anzunehmen und zur Fundierung der Reputation des Johannes hier ein weiterer Stein vorhanden, wenn diese Zutat zur ursprünglichen Version des Textes der *gl. ord.* den Tatsachen entspräche, wenn sie in den Quellen, die unsere Tatsachen sind, sich fundieren ließe.

17 Der Fortgang: *et sic datur actio* (statt Hugolinus': *debent dari actiones*) ist bereits in der 1. Version des Textes vorhanden und in der Sache doch wohl bedeutungslos, so wunderlich Hugolinus' Plural auch ist.

aa) Die *additio: secundum joannem*

Wie hier bereits bemerkt, ist in der älteren, auf unsere l. 41 bezogenen Glosse von Johannes nichts vorhanden. Dieser negative Befund lässt sich hier nicht erklären aus der Schwierigkeit der Überlieferung dessen, was Johannes gelehrt hat – einer Schwierigkeit, von der im Verlauf dieser Untersuchung schon mehrfach die Rede war. Allerdings ist, was die hier als Quelle für die vorazonische Glosse benutzten Hss betrifft, damit zu rechnen, dass nicht alles, was Johannes gesagt hat und Nikolaus Furiosus oder andere mitgeschrieben haben mögen, den Weg in diese Hss gefunden hat, und auch die Tatsache, dass Azo hier von Johannes nichts sagt, mag sich aus dessen eklektischer Art erklären, die ältere Glosse und deren Protagonisten zu benennen. Es ist m.a.W. nicht schlechthin auszuschließen, dass in anderen Hss als denen, die für den azonischen Apparat, für den Apparat des Hugolinus und für die diesen beiden vorauf gegangene Glosse die Quellen sind, auf denen diese Untersuchung beruht, Johannes als Autor des Hinweises auf die Eigenart des *pactum*, um das es hier geht, als der Innominatkontrakt *facio ut des* bezeichnet ist. Es ist also nicht schlechthin auszuschließen, dass Accursius oder wer sonst der Autor der hier fraglichen *additio* ist, andere und, was die Ansichten des Johannes betrifft, ergiebigere Quellen hatte, als sie heute existieren und zumal ich sie habe. Mit der an Sicherheit grenzenden Wahrscheinlichkeit ist auszuschließen hingegen wohl, dass derjenige, der zum Text der *gl. ord.* diese *additio* notiert hat, dazu gebracht worden ist, weil er irgendwo gelesen hat, es habe das, worum es hier in der *gl. ord.* geht, schon Johannes gesagt. In keiner einzigen der hier eingesehenen 28 Hss der *gl. ord.*, die deren Text in einem fortgeschrittenen Zustand überliefern, ist diese *additio* vorhanden – weder in den Apparat integriert noch als eine außerhalb des Apparats befindliche Notiz. In 15 dieser Hss: in Brüssel 5671; Bamberg 13; Darmstadt; Hereford; Kopenhagen GKS; B.-Kues 284; Vatikan lat 1409, 1410, 1411, Reg lat 1121 sowie Patetta 219; Torino E I 1, 11, 15, 23 sind alle anderen *additiones*, um die es hier geht, bereits in den Text des Apparats integriert, ist mithin hier dasjenige erreicht, was man für die letzte Textversion halten kann und was auch mit dem an zahlreichen anderen Stellen festgestellten Befund übereinstimmt. Gewiss ist nicht schon deswegen zu sagen, dass es diese *additio* in der handschriftlichen Überlieferung der *gl. ord.* überhaupt nicht gibt, dass sie in den Text erst eingefügt worden ist durch einen derjenigen Editoren, die den Text, um ihn für den Druck zu präparieren, durchgesehen haben.[18]

18 Immerhin fehlt sie auch noch in der Clayn'schen Ausgabe von 1476, der wohl ältesten Ausg. des Digestum vetus überhaupt; sie ist aber vorhanden in den Ausgg. 1478–80? (Jenson), 1482 (Koberger), 1482 (Herbort), 1492 (de Tortis), 1523 (Blaublom), Fradin 1531. Aller Wahrscheinlichkeit nach haben diese

Gewiss ist aber doch, dass es um eine der spätesten *additiones* überhaupt geht, dass ihr Autor nicht Accursius ist, nicht ein Mann, von dem man realistischerweise annehmen kann, dass er zur Kontrolle des Textes noch Hss mit vorazonischen Glossen zur Verfügung hatte und zu Rate gezogen hat.

Die geringe Möglichkeit, dass dem doch so war, lebt von der Tatsache, dass diese *additio*, in den Text integriert, nun einmal vorhanden ist, und ohne eine Erklärung, wie es zu ihr gekommen ist, auch Bestand hat. Um sie, wenn nicht überhaupt auszuschließen, so doch auf das Minimum zu reduzieren, durch das die Wahrscheinlichkeit an Gewissheit grenzt, ist der Blick nochmals und gründlicher als bisher geschehen auf den Text zu richten, in den dieses *secundum Ioan.* eingefügt ist.

In die Wiedergabe dieses Textes hier oben ist nicht aufgenommen, aber doch dazu bereits angemerkt eine Unebenheit des Textes, die in nicht wenigen Hss eben da, wo dann später *secundum Ioan.* steht, vorhanden ist: Schon in dem Text, den Vatikan Pal 739 überliefert, und ebenso in Brussel 5671, Hereford, Madrid 12080, Vatikan 1413, Tübingen, Göttingen 23, Stuttgart, Salisbury, B.-Kues 281, Bamberg 13, Torino E I 15, 23 steht nach *vel dic.* das für *secundum* gebräuchliche Kürzel, d. i. das mit langem Schaft geschriebene *s* und daran angefügt ein *o*, vereinzelt statt des *o* ein *m* (Kopenhagen GKS, Vatikan lat 1410), *secundum* (ausgeschrieben Torino E I 11) oder gar *az* (= die azonische Sigle, so in Darmstadt).[19] Dies Letzte ist zwar nicht verkehrt, aber doch in einem von Hugolinus übernommenen Text zu absonderlich. Allein *secundum* (ausgeschrieben oder zu *m* verkürzt) geht gar nicht. Das häufige *secundo* aber ergäbe nur einen Sinn, wenn ein *primo*, sei es expressis verbis, sei es wenigstens in der Sache vorausginge. Zu dem tatsächlich vorausgehenden *primo* (nach *duobus modis respondeo*) gibt es jedoch bereits ein *secundo*. In der Ausführung zu diesem wird dann abermals eine Frage gestellt (*sed nonne venditor* etc.), und vor der dazu gegebenen Antwort steht wiederum *respondeo*. Wer nicht bemerkt, dass mit dieser Antwort zu diesem 2. *respondeo* alles Nötige gesagt ist, wer auch das mit *vel dic. quod hic* etc. Folgende auf dieses 2. *respondeo* bezieht und das zu dem 1. *respondeo*

Ausgg. ihren Text nicht aus derselben Hs wie Clayn. Sind für sie überhaupt mehrere Hss benutzt, so wird jedenfalls eine von diesen, nachdem deren Text mit dem der anderen verglichen war, als Vorlage für den Druck derart zugerichtet worden sein, dass diese nur noch Makulatur war, woraus sich erklären könnte, dass die frühen Drucker, soweit ich sehe (s. ZRG RA 124 (2007) 240–246), durchweg die Hss, die sie als Vorlagen benutzt haben, nicht nennen.

19 Die übrigen haben den reinen Text der 1. Version: *vel dic. quod hic fuit* etc. Insoweit besteht schon in den Hss, deren Text durchgehend derjenige der 1. Version ist, ein Unebenheit darin, dass in manchen die Wortfolge verkehrt ist: *vel dic. fuit quod* (so z. B. Vatikan Pal 740, Firenze 417, statt *quod* – *quid* München 14022, Toledo 32–2), was aber, weil so etwas häufig ist, kaum der Rede wert ist.

gehörende *primo* – *secundo* noch im Kopf hat, wird mehr oder weniger mechanisch nach *vel dic.* abermals *secundo* schreiben; er hat sich nicht die Zeit genommen oder war nicht imstande zu sehen, dass mit *vel dic.* etwas beginnt, was weder zu dem 1. noch zu dem 2. *respondeo* gehören kann, weil es der Hinweis darauf ist, dass das zuvor Gesagte: die von der *antiqua glosa* gegebene und von Hugolinus nur erweiterte Erklärung verfehlt ist.[20] Dieses 2. auf *vel dic.* folgende *secundo* ist plausibel als Zutat eines Kopisten, der die Gedankenfolge in dieser Glosse im Ganzen nicht hinreichend erfasst hat. Und wie es der Fluch der bösen Tat ist, dass sie fortzeugend Böses muss gebären, so hat auch dieser in der Arbeit eines Kopisten noch entschuldbare Fehler in den Handschriften sich verbreitet. Er hat schließlich die Emendation erzeugt, dass dem *o* ein *i* vorangestellt, dieses *i* zu *j* mutiert[21] und, als der Anfang eines Eigennamens, als Majuskel geschrieben worden ist[22] und dann schließlich zu dem *o*, um jeden Zweifel auszuschließen, noch die beiden Buchstaben *an* hinzugefügt worden sind.[23] Es sieht dies doch sehr danach aus, dass dies alles erst in einer Zeit geschehen ist, die sich die Emendation der in den Hss verdorbenen Texte besonders hat angelegen sein lassen und die in dem, was der Emendation vorausgehen muss: in der Sichtung der Hss, in der Sammlung der in diesen vorkommenden Lesarten noch zu leichtfertig gewesen ist. Es ist gut möglich, dass diese *additio* ein erst durch die Überführung der handschriftlichen Überlieferung in den Druck entfachtes Humanistenwerk ist.

bb) *Die beiden die* gl. ord. *zu* actionem non habet *abschließenden* additiones

Es bleiben in Betracht zu ziehen die beiden anderen *additiones* im – mit der Frage: *nonne si prevenisti* beginnenden – Schlussstück der *gl.ord.* zu *actionem non habet*. Beide: *est do ut des et sic* (nach *dando*) und *imo fuit – preventum* (nach dem die gestellte Frage entscheidenden *non*) sind in allen 28 ihres fortgeschrittenen Textes wegen hier eingesehenen Hss vorhanden (in Brüssel 19119 noch als *additio*); beide sind fast überall auch bereits in den Text des Apparats integriert, und überall ist auch, was die zweite betrifft, dasjenige nicht mehr vorhanden, was zur Begründung des *non* in den Hss, deren Text der ursprüngliche ist, mit *quia – solvere* gesagt und die hugolinische Begründung für dieses *non* ist. Es ist m. a. W. diese sozusagen alte Begründung durch *imo* etc. ersetzt – mit Ausnahme

20 Zwischen den beiden hier (sc. von mir) sog. Fragen 1) und 2) besteht ein Zusammenhang, der schon von Hugolinus, indem er das, was er zu Frage 2) sagt, mit *vel* beginnt, nicht exakt bezeichnet ist. Trefflich dagegen Azos *imo*.

21 So, sc. *jo*. die Ausgg. 1482, 1492, 1523; bei Koberger (1482) noch *io*.

22 So, sc. *Jo*. die Ausgg. Jenson (1478–80?), 1531 (Fradin), 1551 (Senneton).

23 So, sc. *Joan*. die Ausgg. 1552 (a Porta), 1557 (a Porta), 1581 (Iuntas), 1612 (D. Gothofredus).

allein der Hss Kopenhagen GKS, Madrid 12080 und Rom Casanatense 228, wo jeweils von ein und derselben Hand beide Begründungen vorhanden sind, und zwar in Kopenhagen und Madrid die sozusagen neue, sc. *imo* etc. an die alte, sc. hugolinische angeschlossen ist, sodass mit dieser die Glosse schließt (die Reihenfolge ist die umgekehrte in Casanatense). Zu dieser 2. *additio* (*imo* etc,) ist noch zu bemerken, dass ihr Text so, wie er hier wiedergegeben ist, überall (in diesen 28 Hss) vorhanden ist – mit der Besonderheit nur, dass in vier dieser Hss, nämlich in Brüssel 19119, Tübingen, Stuttgart und Firenze 158.1 zwischen *do* und *ut facias* steht *ut des*, in Tübingen scheinen diese beiden Worte unterstrichen zu sein;[24] in Stuttgart sind sie eindeutig durchgestrichen; in Vatikan Pal 739, wo sie n. b. in den Text integriert nicht vorhanden sind, ist auf dem Rand von der Hand, die dort die *additiones* schreibt, notiert *u des*, dazu ein Bezugszeichen (über *u*) und dieses ebenfalls im Text nach *do*, womit gesagt ist, es sei nach *do* und vor *ut facias* einzufügen *u*(*t*!?) *des*, und womit, wenn diese Einfügung stattfindet, der Text in dieser Hs, die n. b. allem Anschein nach einen der ursprünglichen Version des Textes der *gl. ord.* sehr nahen Text überliefert, gleich demjenigen der vier hier soeben genannten Hss ist, in denen, in den Text integriert, beide *additiones* vorhanden sind.

Dieser Befund lässt vermuten, dass der ursprüngliche Text dieser *additio* so lautet, wie ihn diese vier Hss haben: *imo fuit ibi do ut des ut facias, licet* etc., dass sodann, sc. bei der Abschrift nach *do* ausgelassen worden ist *ut des*,[25] womit der Text vorhanden war, den die meisten Hss überliefern, und dass in Vatikan Pal 739 bei der Überarbeitung des Textes das Fehlen von *do ut* bemerkt und durch die Notiz auf dem Rand der Fehler zu bereinigen unternommen worden ist. Diese Vermutung: das Ursprüngliche, Richtige haben die wenigen (Hss) und das Falsche die meisten,[26] erhärtet sich schon fast zur Gewissheit in einer derjenigen Hss, in denen der Text der *gl. ord.* der ursprüngliche ist und zu diesem auf dem Rand (und dort auch von anderer Hand) *additiones* notiert sind, die, weil sie in vielen späteren Hss bereits in den Text integriert sind, zu den frühesten *additiones* überhaupt zu rechnen sind: in Vatikan Pal 738 steht zu *non* ein Bezugszeichen und zu diesem auf dem Rand der Text eben so, wie er in den vier genannten Hss

24 Was sich vor Ort verifizieren lassen könnte.

25 Es ist m. a. W. beseitigt, weggelassen, eben durch- oder unterstrichen der *do ut des*-Fall: der Kontrakt, der dies zum Inhalt hat, der Fall des Tauschs. Es handelt sich um Emendation, nicht etwa um einen Textausfall infolge eines Homoioteleuton, sodass nach *do ut* übersprungen worden wäre *des ut*, wobei es sich um einen mechanischen (auf Unachtsamkeit beruhenden) Fehler handeln würde.

26 In der Überlieferung, in der Geschichte von Texten ist das so; dass es überhaupt so ist, will ich damit nicht sagen.

(Brüssel 19119, Tübingen, Stuttgart, Firenze) lautet und n.b. ohne dass *ut des* unter- oder durchgestrichen wäre.[27]

Dieser handschriftliche Befund ergibt, dass als Autor dieser *additio* (mit darin *ut des* nach *do*!), als Autor aber auch der anderen nach *dando* einzufügenden *additio*, mithin als Autor beider *additiones*, ihres hohen Alters wegen, Accursius anzunehmen ist: Diesem war in dem von ihm zunächst: im sozusagen ersten Anlauf übernommenen Text des Hugolinus nicht deutlich genug gesagt, was mit der Frage: *nonne si prevenisti* etc. gemeint war, weswegen er (nach *dando*) *est do ut des et sic* hinzugesetzt hat, und ihm hat auch die Begründung, die Hugolinus zu der die Frage verneinenden Antwort gegeben hat, missfallen, sodass er sie durch eine eigene, seiner Intention nach bessere ersetzt hat. Und dieser aus den Hss unmittelbar hervorgehende Befund ergibt einen Sinn, wenn man sich das Folgende vergegenwärtigt.

cc) *Hugolinus' und Accursius' Reaktion auf die zwischen l. 41 D 2,14 und §§ 2 und 3 D 19,5,5 sowie C 2,4,6 vorhandene Disharmonie*

Es geht, wie hier nochmals zu sagen ist, in unserer Glosse da, wo in dieser *vel dic. quod hic fuit* etc. gesagt ist, um die Frage, ob sich *hic*, sc. in unserer l. 41 für den *debitor* nicht deswegen gegen seinen Gläubiger eine Klage ergibt, weil das *pactum*, das beide miteinander geschlossen haben, ein Innominatkontrakt ist. Da ein solcher Kontrakt – er hieße sonst nicht so – keinen Namen hat, da es aber doch unvermeidlich ist, ihn irgendwie zu bezeichnen, ist es möglich und auch nicht ungebräuchlich, ihn zu bezeichnen mit dem, was sein möglicher Inhalt ist, und es ergeben sich so vier Bezeichnungen, gleichsam Ersatznamen: Er kann sein der Kontrakt: ›*do ut des*‹, ›*do ut facias*‹, ›*facio ut des*‹ und ›*facio ut facias*‹, wie zu ersehen ist in der Paulus-Stelle D 19,5,5, wo es um ›*do ut des*‹ in § 1, um ›*do ut facias*‹ in § 2, um ›*facio ut des*‹ in § 3 und um ›*facio ut facias*‹ in § 4 geht. Wer hier seinen juristischen, im Unterscheiden von Fällen trainierten Verstand gebraucht, wird einwenden, jedenfalls fragen: warum denn vier, warum nicht nur drei Fälle? Die Fälle 2 und 3 seien doch identisch, und so wenig wie beim Tausch, wenn a gegen b zu tauschen vereinbart ist, es einen Unterschied machen kann, ob zuerst a oder zuerst b gegeben wird, so könne es auch darauf nicht ankommen, ob das *dare* vor dem *facere* stattfindet oder das *facere* dem *dare* vorhergeht, wer mithin von den pactierenden Parteien hier wem – mit Verlaub

27 München 3506, wo ebenfalls zum Text der 1. Version *additiones* vorhanden sind, hat hier ebenfalls als *additio*: *imo fuit* etc., aber in dieser nicht *ut des*, mithin nicht die schwierigere Lesart von Vatikan Pal 738. Zu der Hs London Additional s. bereits o. N. 15. Ergiebig könnte hier auch noch sein Firenze Santa Croce (s. dazu MG S. 55), wovon mir ein Film fehlt.

gesagt – ›preveniert‹. Indessen ist der juristische Verstand nicht ein gesetzloser. Ihn kümmert die Unterscheidung der Fälle, aber auch das, was zu den Fällen die Gesetze sagen. Das hier einschlägige Gesetz ist für unsere Glossatoren vor allem l. 5 D 19,5, und in diesem ist, wie gesagt, der Kontrakt ›*do ut facias*‹ in § 2 und der Kontrakt ›*facio ut des*‹ in § 3 geregelt, und das ist so deswegen, es ist m. a. W. die Paragraphen-Einteilung keine willkürliche, weil die Rechtsfolge in der einen und in der anderen Fallvariante eine verschiedene ist: bei dem Vertrag ›*do ut facias*‹ ist diese Rechtsfolge dieselbe wie bei dem Vertrag ›*do ut des*‹: diejenige Partei, die mit ihrer Leistung preveniert, hat gegen die andere, wenn diese mit ihrer Leistung nicht nachkommt, eine *a. pr. verb.*[28] Hingegen ergibt der Vertrag ›*facio ut des*‹ keine *civilis actio,* wohl, aber auch nur eine *a. de dolo*. So sagt in § 3, wenn auf die Überlieferung Verlass ist, Paulus,[29] und ist dies die Rechtslage, dann sind eben doch der Vertrag ›*do ut facias*‹ und der Vertrag ›*facio ut des*‹ – der verschiedenen Rechtsfolge wegen – zwei verschiedene Fälle,[30] kommt es also für die Entscheidung im Ergebnis doch darauf an, wer von den beiden den Kontrakt schließenden Parteien der anderen zuvorkommt: Ist das diejenige Partei, deren Leistung das *dare* ist, dann ergibt für sie § 2 eine *a. pr. verb.*, und ist es die Gegenpartei, die ein *facere* zu leisten hat, dann hat diese aufgrund von § 3 gegen die andere Partei eine Klage nur dann, wenn diese andere dolos gehandelt hat.[31]

28 Sofern das *dare*, das dem einen obliegt, nicht Geld ist, denn dann ist und heißt der Vertrag Kauf/Verkauf, wie in § 1, sc. zum *do ut des*-Vertrag besonders gesagt ist. Ist der Vertrag *do ut facias* und das *dare* Geld, dann ist und heißt der Vertrag *locatio/conductio*, was in § 2 nicht gesagt ist, s. dazu Gradenwitz, Interpolationen (1887) 133 sowie auch noch hier u. N. 40.

29 Für nur formal verändert: »nachklassische Sprache« hält die Stelle selbst Beseler, Beitr. II 162, hingegen ist Gradenwitz (vor. N.) dieser § 3 eine »vollständige Crux«.

30 Und ›*do ut des*‹ und ›*do ut facias*‹ der gleiche Fall! – wie in Hinsicht auf die *additio* am Ende der *gl. ord.* zu l. 41 (s. hier o. im Text bei N. 24 und 25) bemerkt sei.

31 Wäre schon die Nichterbringung der eigenen Leistung nach Empfang der Gegenleistung dolos, wie Mitteis, Röm. Privatrecht (1908) 319 gemeint hat (»es ist der Wortbruch als solcher, d. h. der Bruch eines unklagbaren, nur ethisch verpflichtenden Übereinkommens, der die Klage substanziiert«), dann wäre nur der Name der Klage ein verschiedener – und warum sollte Paulus diesen Namenwechsel vorgenommen haben? Wie Mitteis neuerdings Schmidlin ZRG 124 (2007) 87 N. 60, 89 bei N. 66, was bei diesem mit dessen These zusammenhängt, dass das *pactum* mit der Vorleistung der einen Partei »von der austauschbestimmten Leistung getragen« werde (S. 89), »substanziiert«, »leistungsbefestigt« (S. 85), ›konsolidiert‹ (S. 87 N. 61) oder, um glossatorisch zu reden, *vestitum* sei – wozu die Begründung S. 87 ist, dass »der Zweck der (Vor)Leistung ... direkt durch den Austausch bestimmt (ist)«. Die Nichterreichung des Zwecks einer Leistung begründet aber doch nur deren Kondiktion, sc. *ob rem/causam*, und würde sie, wie Schmidlin meint, die *a. pr. verb.* begründen, warum diese dann nicht auch, wenn der Empfänger der Vorleistung »leistungsunwillig« ist? warum dann eine

Warum ergeht es jenem, der mit der ihm obliegenden *datio* vorangeht, besser als diesem, der *in faciendo preventus est*?

Die Gesetzeslage ist eine noch vertracktere dadurch, dass es außer D. 19,5,5 noch zwei weitere *leges* gibt, die hier unmittelbar einschlägig sind oder doch sein könnten: die in C 2,4,6 überlieferte Konstitution des Severus Alexander sowie auch und *not least* unsere l. 41: das *dictum* Papinians, wonach dem, dessen erbrachte Leistung ein *dare* ist, gegen den, der nicht tut, was er tun soll (sc. die Restschuld nicht förmlich erlässt), gar keine Klage gegeben ist oder sein könnte.[32] Wie kann dies sein angesichts von § 2 D 19,5,5? Und wie kann § 3 dieser *lex* dem, der getan hat, was zu tun seine Sache war, gegen den, der mit seinem *dare* nicht nachkommt, außer einer *a. de dolo* keine Klage gewähren, wo doch nach jener kaiserlichen Konstitution demjenigen eine *a. pr. verb.* zu gewähren ist, der das ihm aus einem *pactum* obliegende *facere* prästiert hat, wenn sein Gegner die ihm aus dem *pactum* obliegende, in einem *dare* bestehende Leistung nicht erbringt?[33] § 3 D 19,5,5 ist, wie Gradenwitz gesagt hat, eine »vollständige Crux« deswegen, weil diese Bestimmung mit dem, was jene beiden anderen *leges* bestimmen, nicht harmoniert. Die vollständige Crux ist – besser gesagt – die Disharmonie dieser drei (oder besser, da es in D 19,5,5 um zwei Paragraphen geht, vier) *leges*. Und um die Behebung dieser Disharmonie, also um (wie man, obwohl eine Codexstelle mit im Spiel ist, wird sagen dürfen) Pandektenharmonistik geht es Accursius, Hugolinus und doch wohl auch und nur weniger offensichtlich Azo – jeder auf seine eigene und darum auch auf eine die Differenz zwischen diesen unseren drei Protagonisten offenbarende Weise.

Da Accursius seine Harmonisierung unternimmt im Zuge der Bearbeitung des Textes der Glosse des Hugolinus, ist zweckmäßigerweise mit diesem zu beginnen: mit dessen (sich an *vel. die.* anschließenden) Frage, ob *hic*, s. in l. 41 nicht der *facio ut des*-Kontrakt, der Fall mithin von § 3 D 19,5,5 gegeben und die Besonderheit nur sei, dass *tu prevenisti in dando*. Hugolinus hält für möglich, dass – er erwägt jedenfalls, ob nicht auch dann, wenn der, dem das *dare* obliegt, mit der *datio* (dem *facere*) vorangeht, der Fall doch als *facio ut des*-Fall nach § 3 zu

a. de dolo? Warum, wenn schon die Nichterbringung der eigenen Leistung nach Empfang der Gegenleistung dolos ist und die *a. de dolo* begründet, diese nicht in allen Fällen, warum sonst eine *a. pr. verb.*? Auch für die These Schmidlins ist § 3 D 19,5,5 die »Crux« und präjudiziell seine Überzeugung, es könne »juristisch nicht befriedigen«, dass bei Vorleistung der einen Partei diese nicht auf die Gegenleistung klagen könne, worauf hier zurückzukommen sein wird.

32 S. hierzu das o. bei und in N. 2 zu *licet* Gesagte.

33 In dem Fall nämlich, dass die gegen den Testamentserben erhobene *querella inofficiosi testamenti* von dem Beschwerdeführer zurückgenommen worden ist aufgrund des Kompromiss-*pactum*, dass der Erbe einen Teil des Nachlasses dem Beschwerdeführer überlässt gegen Rücknahme der *querela*.

entscheiden ist, also dem Vorleistenden eine *a. de dolo* zusteht. Man kann hierin nicht lesen, dass Hugolinus der Meinung ist, es sei das so. Es ist aus dem, was er sagt, nur und immerhin doch zu ersehen, dass es ihm zweifelhaft ist, die Zuordnung eines Falles zu § 3 oder § 2 danach vorzunehmen, ob die eine oder die andere der pactierenden Parteien vorleistet. Hugolinus braucht diese Frage, ob hier § 3 einschlägig ist, nicht zu entscheiden, weil die *actio*, die sich aus diesem Paragraphen ergeben kann, die *a. de dolo* ist und diese hier, sc. im Fall von l. 41 für ihn (sc. Hugolinus) aus einem anderen Grund: wegen ihrer Subsidiarität zu der dem Schuldner zustehenden *exceptio* ausscheidet. Die Frage bleibt bei Hugolinus offen, wie im Fortgang seines Textes (nach Erledigung der *a. de dolo*) deutlich ist. Die nun folgende Frage: *nonne si prevenisti* etc. ist durch das ihr voranstehende *sed* abgesetzt von dem Vorhergehenden: Ist nicht aber, wenn Du (wie der Schuldner im Fall von l. 41, dem ein *dare* obliegt) mit Deiner *datio* vorangegangen bist, Dir eine *a. pr. verb.* zu gewähren, wie sie in C 2,4,6 dem Beschwerdeführer gegeben wird, der die von ihm erhobene *querella* zurückgenommen hat? Es ist mit dieser Art, die 2. Frage zu stellen, deutlich, dass Hugolinus die Zuordnung des Falles *hic* zu § 3, die er mit seiner 1. Frage in Erwägung gezogen hat, in Zweifel zieht, dass er nun erwägt, ob hier nicht doch eher ein Fall von § 2 vorliegt und somit gar nicht eine *a. de dolo*, vielmehr eine *a. pr. verb.* gegeben sein müsste. Nicht ohne weiteres deutlich ist in dieser 2. Frage nur und allerdings, wie in sie das Allegat der Codexstelle hinein passen kann. Denn die Stelle gewährt zwar die *a. pr. verb.*, nach deren Gegebensein Hugolinus nun fragt. Aber sie gewährt sie in dem dort gegebenen Fall dem Beschwerdeführer, dem mit der Rücknahme seiner *querella* ein *facere* obliegt und der eben damit vorangegangen war – *in faciendo* (sc. der Leistung seines Vertragsgegners) *preventus est*, sodass diesem nach § 3 D 19,5,5 nur eine *a. de dolo* zustehen dürfte. Dass Hugolinus, der das, was in C 2,4,6 gesagt ist, doch gekannt haben wird und auch nicht verkannt haben kann – dass also ihn diese Undeutlichkeit seiner Fragestellung nicht gekümmert hat, ist plausibel aus seiner zu der gestellten Frage gegebenen Antwort und deren Begründung: Dem Schuldner in l. 41 steht eine *a. pr. verb.* nicht zu, weil er demjenigen, mit dem er das *pactum* geschlossen hat, ungeachtet dieses *pactum*[34] zu der *datio*, die er erbracht hat, verpflichtet war. Hierdurch: dass auch *sine actione debitor tenebatur solvere*, unterscheidet sich der Fall von l. 41 von dem der Codexstelle, in dem die Rücknahme der *querella* dem

34 Der Text sowohl in Paris 4461 als auch in Amiens (und es gibt, wie bemerkt, diese Glosse nur dort) ist: *sine accioe* (mit einem die Abbreviatur angebenden waagerechten Strich über dem 2. Wort), was aber doch nur so zu verstehen ist: der Schuldner hat geleistet, was er leisten musste, auch ohne auf die Gegenleistung, sc. den Erlass aus dem geschlossenen *pactum* eine Klage zu haben – mit *sine pactione/pacto* wäre das Gemeinte deutlicher.

Beschwerdeführer allein aufgrund des *pactum* oblag, mithin ohne dieses in seinem freien Belieben stand. Der entscheidungserhebliche Unterschied dieser beiden Fälle soll also nicht sein der Unterschied in der zeitlichen Aufeinanderfolge des eine *a. pr. verb.* möglicherweise auslösenden Akts: ob das *dare* dem *facere* oder dieses jenem voraufgeht. Kommt es aber darauf nicht an, dann musste auch – von Hugolinus n. b. – nichts dazu gesagt werden, wie denn in seine 2. Frage die Codexstelle passen kann. Es ist durch ihn, ebenso wie die Frage, ob hier in l. 41 der Fall von § 3 (D 19,5,5) vorliegt, so auch die Frage, ob nicht eher § 2 einschlägig ist, gar nicht entschieden: Wie die *a. de dolo*, wenn es sich um einen zu § 3 gehörenden Fall handeln würde, hier aus einem besonderen Grunde entfiele, so auch, würde der Fall zu § 2 gehören, die *a. pr. verb.* – aus einem dann zwar anderen, aber ebenfalls besonderen Grund. Es wird zu Papinians in l. 41 überliefertem *dictum* – von Hugolinus – eine Erklärung gegeben, ohne die Harmonisierung der *leges*, mit denen diese l. 41 zu kollidieren scheint, vorzunehmen.

Es ist nicht mit letzter Sicherheit zu sagen, was Accursius, nachdem er das von Hugolinus Gesagte zunächst in seinen Apparat nahezu wortwörtlich übernommen hatte,[35] bei der Bearbeitung dieses seines Textes dazu veranlasst hat, in diesen durch die beiden *additiones*, um die es hier geht, einzugreifen. Die Einfügung von *est do ut des* (nach *dando*), über die man sich wundern kann, ich jedenfalls mich gewundert habe, bis mir aufging,[36] dass damit auch der dem Fall von § 1 durch die gleiche Rechtsfolge gleiche Fall von § 2 D 19,5,5 bezeichnet werden soll – diese Einfügung stellt nur her den Bezug der gestellten Frage auf die in den §§ 1 und 2 vorhandene Entscheidung. Die Einfügung ist nichts als eine selbst etwas undeutliche, etwas verunglückte Verdeutlichung der gestellten Frage. Um mehr als nur darum geht es aber doch gewiss mit der anderen *additio*. Sie sagt, was Hugolinus mit dem bloßen Allegat von C 2,4,6 offen lässt, wie nämlich in dieser Stelle, obwohl in deren Fall das *facere* zunächst stattfindet und somit in D 19,5,5 der Fall von § 3 gegeben sein müsste, doch der Fall von § 2 und somit eine *a. pr. verb.* gegeben sein kann: obwohl (*licet*!) *ibi*, sc. in C 2,4,6 der Beschwerdeführer mit dem ihm obliegenden *facere* vorangegangen ist, gleichwohl ist der Fall gegeben, für den in D 19,5,5 bei Ausbleiben der Gegenleistung die *a. pr. verb.* zu gewähren bestimmt ist: der Fall des *do ut des* (§ 1) *ut facias* (§ 2). Nicht mit Sicherheit ist zu sagen, was Accursius an

35 In der ursprünglichen Version des Textes der *gl. ord.* ist hier anders als bei Hugolinus nur, dass da, wo Hugolinus *facio ut des contractus* hat und mit *et tu prevenisti* fortfährt, Accursius nach *contractus* einfügt *innominatus* und dann fortfährt mit: *licet sit preventus* etc. – also so formuliert, wie an der entsprechenden Stelle Azo, s. in dessen hier o. wiedergegebener Glosse.

36 Aufgrund des Textstücks der anderen *additio*: *do ut des ut facias*, s. dazu bereits hier o. im Text bei N. 25.

Hugolinus' Begründung dafür, dass *hic* keine *a. pr. verb.* gegeben ist, missfallen hat: ob er sie für zu dunkel oder für unzutreffend und seine eigene Begründung für die allein wahre gehalten hat. Das dieser Begründung voran stehende Bezugszeichen (sc. in Vatikan Pal 738, d. i. die eine Hs, in der sie zum ursprünglichen Text der *gl. ord.* als *additio* vorhanden ist) bezieht diese auf das die Frage entscheidende *non* und lässt an sich die dazu vorhandene, hugolinische Begründung bestehen: sollen also nicht beide nebeneinander alternativ Bestand haben? Soll nicht gesagt sein: dass in l. 41 eine *a. pr. verb.* nicht gegeben ist, lasse sich auf die eine oder die andere Weise begründen? So könnte diese Sache aufgefasst haben derjenige, der für den Text in Kopenhagen GKS sowie Madrid 12080 verantwortlich ist, und anders alle diejenigen, in deren Text allein die accursische Begründung vorhanden ist.[37] Es spricht doch wohl mehr dafür, dass diese Vielen bei der Integration dieser accursischen *additio* in den Text des Apparats dasjenige umgesetzt haben, worum es Accursius zu tun gewesen ist. Mit der von Hugolinus gegebenen Begründung bleibt, wie bereits bemerkt, die Harmonisierung der §§ 2 und 3 D 19,5,5 und C 2,4,6 eine offene Frage: die *a. de dolo, wenn sie überhaupt gegeben sein sollte*, entfällt wegen deren Besonderheit, dass sie ein subsidiärer Rechtsbehelf ist und hier in l. 41 durch die dem Schuldner zugestandene *exceptio* verdrängt ist. Und die *a. pr. verb.*, *wenn sie überhaupt gegeben sein sollte*, scheitert an der Besonderheit des Falles, um den es in l. 41 geht, dass nämlich der Schuldner – ungeachtet des *pactum* – die von ihm erbrachte *datio* schuldete. Mit Accursius' Begründung ist nicht nur erwogen, ob, sondern gesagt, dass der Fall von C 2,4,6 (in dem n. b. die Rücknahme der *querella* = das *facere* der Primärakt ist) der Fall des *do ut facias*-Kontrakts, mithin der Fall von § 2 D 19,5,5 ist, und es ist, was l. 41 betrifft, angenommen (nicht nur fragend in Erwägung gezogen!), dass es hier (wo die Teilzahlung = das *dare* der Primärakt ist) um den Fall eines *facio ut des*-Vertrags geht und somit § 3 und die *a. de dolo* einschlägig ist[38] – dass dies so ist, *licet in dando*, und jenes so ist, *licet in faciendo sit/fuerit preventus.* Die Harmonisierung ist so – auf die accursische Weise – nahezu komplett. Es bleibt offen nur die Ungereimtheit in l. 5 D 19,5 zwischen § 2 und § 3, bei welcher der Exeget sich beruhigen mag, weil deren Bereinigung er für eine Sache halten kann, die zu besorgen nicht er, sondern der Gesetzgeber zuständig ist. Die Harmonisierung ist zustande gebracht auf die – man darf doch wohl sagen – tolle Weise, dass die Fälle so zurecht gebogen

37 Oder derjenige, von dessen Text alle anderen abstammen. In Kopenhagen und Madrid kann es gewiss auch sein, dass der Kopist/sein Berater nur sicherheitshalber beide Begründungen, deren Verhältnis zueinander ihm nicht deutlich gewesen ist, fortgeschrieben hat.

38 Gegeben wäre, wenn sie nicht ein nur subsidiärer Rechtsbehelf wäre.

werden, dass der eine unter diese, der andere unter jene *lex* fällt und die Widersprüchlichkeit der Entscheidungen damit beseitigt ist.

Zugrunde liegt auch bei Accursius gewiss die Einsicht, dass gleiche Fälle gleich und verschiedene Fälle verschieden zu entscheiden sind, dass also, wo es um unterschiedliche Entscheidungen geht, zu prüfen ist, ob nicht einer der von den unterschiedlichen Entscheidungen betroffenen Fälle eine Besonderheit aufweist, die dem anderen fehlt – eine Besonderheit, auf der die unterschiedliche Entscheidung beruht. So verfährt Hugolinus, der die Entscheidung in l. 41, dass dem Schuldner (auch) keine *pr. verb. actio* zustehe, auf die tatsächlich vorhandene Besonderheit des Falles stützt, dass die vorgeleistete *datio* der Leistende schuldete. Was Accursius macht, ist von anderer Art und Güte: Er biegt den Fall von l. 41 und den Fall von C 2.4.6 derart zurecht, dass die im Gesetz bezeichneten Fälle gleichsam auf den Kopf gestellt sind. Und er erreicht damit mehr allerdings als Hugolinus – eine Harmonisierung, die von Hugolinus nicht nur unvollständig, vielmehr überhaupt nicht unternommen ist.

3) *Das Fehlen der Harmonisierung von l. 41 mit §§ 2 und 3 D 19,5,5 und C 2,4,6 bei Hugolinus und Azo*

Es bleibt, um alles hier zu l. 41 Gesagte abzuschließen, noch die Frage, warum Hugolinus sich auf etwas beschränkt hat, was doch allenfalls als eine Minimallösung durchgehen kann, warum er die Harmonisierung der drei oder vier hier einschlägigen *leges* nicht unternommen, sich dieser Aufgabe enthalten hat. Dass er diese Aufgabe gar nicht gesehen, das Bedürfnis dieser Harmonisierung nicht erkannt hat, ist anzunehmen eine zu billige Antwort. Es ist das für Hugolinus ebenso wenig annehmbar, wie für Azo plausibel sein kann, dass er in seiner Glosse zu unserer l. 41 nur von der *a. de dolo* und nicht auch von der *a. pr. verb.* deswegen gehandelt hat, weil er diese *actio* als möglicherweise gegeben gar nicht gesehen hat. Die *a. de dolo*, von der er handelt, ist gegeben in § 3 D 19,5,5. Dass Azo diese Stelle in seiner Glosse nicht allegiert, begründet nicht die Annahme, dass sie ihm in seiner Exegese zu l. 41 nicht präsent war, und war sie das, dann war ihm präsent auch § 2 dieser *lex*, also die *a. pr. verb.* Er hatte vor seinen Augen den Traktat zu den Innominatkontrakten im Ganzen, und es wäre doch sehr sonderbar, wenn ihm in seiner Exegese zu unserer l. 41 nicht auch C 2,4,6 präsent gewesen wäre. Sein Apparat hat sich befunden und ist, wie sich im Laufe dieser Untersuchung immer wieder gezeigt hat, auch verblieben, was Azo selbst angeht, in einem unfertigen Zustand. Es ist keine Seltenheit, dass in diesem Apparat Fragen, die sich uns aufdrängen und die doch auch seinem Verfasser sich aufgedrängt haben werden, unentschieden bleiben. Auch in Hugolinus' Apparat ist, wenn auch wohl seltener dasselbe zu sehen. Es ist dies hier in der Glosse zu l. 41 zu sehen, wo doch, wenn man die *casus legum* nicht auf die accursische Art sich zurecht biegt, nahezu evident ist, dass l. 41 (sc. Papinians *dictum*, es stehe dem Schuldner vielleicht oder tatsächlich keine Klage zu) nicht mit C 2,4,6 und die dortige *a. pr. verb.* nicht mit § 3 D 19,5,5 (dass bei Vorleistung des *facere* nur eine *a. de dolo* gegeben sei) harmoniert.

Dass in einem Kommentar eine auf der Hand liegende Frage unbeantwortet bleibt, mithin die Arbeit insoweit unfertig ist, kann, wenn ausscheidet, dass der Kommentator die Frage nicht gesehen hat, einen zweifachen Grund haben: Es ist dem Kommentator, bevor er sich dieser Frage hat annehmen können, die Feder aus der Hand gefallen, er ist in den Sielen gestorben. Oder aber es war ihm, die Frage zu beantworten, zu schwierig: sie zu beantworten, überstieg seine Kräfte, und dies war ihm bewusst. Es ist doch wohl ausgeschlossen, dass nicht dies, sondern jenes hier der Fall gewesen ist, dass es äußere Umstände gewesen wären, die sowohl Azo als auch Hugolinus daran gehindert hätten, ihren Kommentar in puncto dieser Harmonisierung zu vollenden. Was Hugolinus betrifft, so ist für ihn doch wohl anzunehmen, dass zunächst: im Zuge der Arbeit, deren Resultat die in Seo überlieferte 1. Version seines Textes ist,[39] er die Frage zu klären nur aufgeschoben hat. Bei der Bearbeitung seines Textes, deren Resultate in Paris und Amiens vorhanden sind, aber hat er dann zwar auch weiterhin die Frage offen gelassen, aber doch nun gemeint, einen Weg gefunden zu haben, auf dem sie in der l. 41 betreffenden Exegese offen bleiben, quasi umgangen werden konnte. Zu verstehen ist dies, wie auch Azos anhaltende Schweigsamkeit aus dem Grund, aus dem die Harmonisierung dieser *leges* eine »wahre Crux« ist. Gradenwitz, dessen Worte dies sind, hat gemeint, dass diese Crux (in D 19,5,5) § 3 sei, und so ist es, in einem anderen Sinn, als wohl Gradenwitz gemeint hat, in der Tat. Die »Sprache« dieses Paragraphen mag, wie Beseler gemeint hat, »nachklassisch« sein,[40] ihre »Aussage«, ihr Inhalt ist, und selbst ein Beseler hat das angenommen, »klassisch«. Indem Paulus' dem klassischen Recht entsprechende Entscheidung und Papinians demselben Recht gemäßer Hinweis (: der Schuldner hat nach wie vor aus dem *pactum* die *exceptio* und doch wohl auch noch nach dem Recht seiner Zeit keine Klage!) – indem dies beides, ohne daran »zu ändern« in die Digesten aufgenommen

39 S. o. in dessen Wiedergabe die N. *.

40 Ohne zu sagen, woran er sprachlich Anstoß genommen hat. Gradenwitz (hier o. N. 28) war anstößig *cessas dare*, was aber doch, wenn *cessare* den Sinn von ›sich enthalten‹ haben kann, nicht einleuchtet, und das umso weniger als in dem *cessare* der *dolus* liegen könnte. Der andere Anstoß, den Gradewitz genommen hat, ist kein formaler, sprachlicher: es bleibe »der Fall der Miete ganz unberücksichtigt« – der Fall, der »in § 2 am Anfang« entgegengesetzt sei. Aber nachdem »am Anfang« gesagt war, dass, wenn der Gegenstand des *dare* Geld ist, der Vertrag Kauf sei, ist doch klar, dass dann hier *locatio conductio* gegeben ist – für wen hat Paulus seine Quästionen traktiert?

worden ist,[41] haben diese klassischen Stücke Eingang gefunden in ein Gesetzbuch: in ein Recht, das in nachklassischer, wenn nicht gar erst in justinianischer Zeit bei den Innominatkontrakten über den klassischen Rechtszustand hinaus gegangen, in dem für den *do ut des*- sowie für den *do ut facias*-Kontrakt, wenn die *datio* stattgefunden hatte, dem Vorleistenden auf die Erbringung der Gegenleistung eine *a. pr. verb.* gegeben war und dasselbe auch für den *facio ut des*-Kontrakt, wenn dies insofern auch vielleicht erst durch die in C 2,4,6 überlieferte kaiserliche Konstitution zur Geltung gekommen war. *Die a. pr. verb.*, die noch in der Zeit Papinians und Paulus das klassische Prinzip, dass *ex nudo pacto actio non nascitur*, geprengt hätte, die vielleicht schon im Begriff war, von der Ausnahme zur Regel zu werden, sie war nun eben dies geworden und Papinians vielleicht nur zögerliche Verneinung dieser Möglichkeit, nach Erbringung der Leistung des einen den anderen zur Erbringung der Gegenleistung zu zwingen, zur Ausnahme geworden.

Dies zu sehen und umzusetzen: § 3 D 19,5,5 und in l. 41 *licet – habet* als Relikte eines überholten Rechtszustands auszuscheiden, bedarf es nicht allein der Einsicht, dass das gegebene Recht, und zumal das in einer Kodifikation gegebene, eine geschichtliche Dimension hat, dass in ihm neben dem neuen ein altes Recht fortexistiert und das alte durch das neue überholt sein kann, dass es nur scheinbar noch gilt. Diese Einsicht, dass es in ihrem Gesetzbuch: im justinianischen Corpus altes und neues Recht gibt, jenes vornehmlich in den Digesten und dieses im Codex, und dass, da *lex posterior legi priori derogat*, manche Disharmonie quasi von selbst sich auflöst, hat den Glossatoren durchaus nicht gefehlt. Zu der Einsicht, dass sich die Disharmonie, um die es hier geht, auf geschichtliche Weise erklärt und darum keiner weiteren Auflösung bedarf, war hier zu gelangen allerdings deswegen keine Kleinigkeit, weil ja auch das neue Recht der *a. pr. verb.* beim *do ut des*- und *do ut facias*-Kontrakt in den das alte Recht überliefernden Digesten vorhanden war und zudem auch Paulus, mithin ein und derselbe Jurist als ein Vertreter des alten und des neuen Rechts erscheint. Schlechterdings unmöglich aber musste für unsere Glossatoren die sozusagen geschichtliche Bereinigung dieser Disharmonie aufgrund ihrer Überzeugung sein, dass auch den in den Digesten vorhandenen Entscheidungen: dem Detail des römischen Juristenrechts Gesetzeskraft zukomme, dass jedes Fragment ebenso wie die Konstitutionen der Kaiser eine *lex* sei und somit in der Exegese nicht zur Disposition stehe. Diese Überzeugung, von der man sagen mag, sie sei oder es beruhe auf ihr die das mittelalterliche Denken bestimmende Autori-

41 Zu § 3 D 19,5,5 hat Beseler gemeint, Justinian habe »zu ändern vergessen« – haben die Kompilatoren nicht vielleicht etwas von dem alten Rechtszutand erhalten wollen?

tätsgläubigkeit[42] hat die Glossatoren in ihrer exegetischen Arbeit gezwungen, das Heil in der sog. Pandektenharmonistik zu suchen und zu finden: jede Aussage zur Entscheidung eines Falles, die mit einer anderen Aussage scheinbar oder wirklich nicht übereinstimmt, aus der Besonderheit der hier und dort entschiedenen Fälle zu erklären. Auf dieser Überzeugung beruht, wie hier schon einmal bemerkt, die Methode der Rechtfindung mittels des *distinguishing* der vorkommenden Fälle, in der doch auch die Glossatoren Vorbildliches geleistet haben, und es beruht darauf auch der Exzess in der Handhabung dieser Methode, wie er hier in Accursius' Zutaten zu dem Text des Hugolinus sichtbar ist: Es wird das Gesetz respektiert, und es werden, um das zu können, die *casus* hemmungslos den Entscheidungen der *leges* angepasst. Auch von den *mala* in der Handhabung dieser Methode ist zu sagen, dass sie *ex bonis initiis orta sunt.* Und es mag diesen Exzess entschuldigen, dass die Alternative das Eingeständnis wäre, zur Harmonisierung außerstande zu sein. Wenn in der Exegese aus dem Text, den sie verständlich machen will, weil der Text das Gesetz ist, sich nichts eliminieren lässt, wenn darin nichts gestrichen werden kann und der Gesetzgeber, der das wohl könnte, sei es räumlich, sei es mit seinem Verstand, weit entfernt ist, dann bleibt dem Exegeten, dem die Kunst des Zurechtbiegens der Fälle ein zu vermeidendes *malum* ist, nur übrig zu schweigen. Wir müssten von Azo und Hugolinus eine geringe Meinung haben, um ausschließen zu können, dass die Unfertigkeit ihrer Apparate hier nicht in dieser Weisheit begründet ist.

Exkurs: zur Klagbarkeit der Innominatkontrakte im nachklassischen Recht

Das hier oben im Text bei N. 39 zur Ausformung der Innominatkontrakte Gesagte folgt der Ansicht, die man als die bislang »herrschende« bezeichnen kann, die noch Kaser vertreten hat.[43] Über diesen hinausgehend, vermutet in seiner Bearbeitung des Kaser'schen Kurzlehrbuchs Knütel, dass die nachklassische »Ausformung« der Innominatkontrakte in den oströmischen Rechtsschulen »an eine Entwicklung anknüpfen konnte, die in der Spätklassik (in der Zeit mithin Papinians und Paulus') schon weiter fortgeschritten war als bislang angenommen wurde«. Es soll dies, wie neuerdings aufgrund offenbar der

42 Unterstellt es sei diese mittelalterlich – sie hat jedenfalls das Mittelalter überlebt; sie ist mutiert in die Überzeugung unserer Zeit, dass dem staatlichen Gesetzgeber für das Recht jeglicher Art die Prärogative zustehe – einer Zeit, die nichts davon wissen will, dass dem Willen des Volkes und seiner Repräsentanten in seiner und ihrer Mehrheit gewisse Teile des Rechts einfach nicht zugänglich, weil nicht nachvollziehbar sind.

43 S. Kaser/Knütel, Röm. Privatrecht (20. Aufl. 2014) § 46 II 2 sowie Kaser selbst in der noch von ihm besorgten 16. Aufl. dieses sog. Kurzlehrbuchs.

Arbeiten von Artner und Schmidlin gesagt ist, selbst »deutlich« sein.[44] Dem habe ich nicht zu folgen vermocht.

I. Die neuere Lehre zur Klagbarkeit der Innominatkontrakte im klassischen Recht

Gewiss ist nicht schlechthin auszuschließen, dass an dem Traktat zu den Innominatkontrakten: an dem – wie Knütel sagt – »vierteiligen Schema«, das in l. 5 D 19,5, dargestellt wird, Paulus in substanzieller Hinsicht einen über das in § 3 h. l. Vorhandene hinausgehenden Anteil hat. Es ist mir selbst von einer gewissen Plausibilität, dass beim Tausch, wegen dessen Nähe zum Kauf, doch schon Paulus die *a. pr. verb.* nach Vorleistung der einen Partei anerkannt hat, dass er ferner diese Klage gewährt oder zu gewähren erwogen hat, wenn der *do ut facias*-Vertrag, außer in dem Fall, wenn das, was zu geben ist, kein Geld ist, einer *locatio conductio* gleich ist, und dass er, wenn *facio ut des* vereinbart ist, an Verträge gedacht hat, die, selbst wenn das, was zu geben ist, Geld ist, sich der *locatio conductio* nicht zuordnen lassen und für die daher, weil die Nähe zu diesem Vertragstyp fehlt, keine *a. pr. verb.*, keine erst durch die Vorleistung begründete *actio* sich vertreten lässt. Es kann m. a. W. Paulus bei seiner in § 3 D 19,5,5 überlieferten Entscheidung an einen Fall gedacht haben, wie er dann (und das doch immerhin schon a. 230) durch die C 2,4,6 überlieferte Konstitution von Alexander Severus entschieden worden ist. Er kann gedacht haben auch oder auch nur an den Fall unserer l. 41, von dem er doch gewusst haben wird, dass ihn Papinian behandelt hat und bei dessen Entscheidung es dieser noch hat dahingestellt sein lassen, ob es für den mit seinem Gläubiger über einen Teilerlass pactierenden *debitor* eine Klage auf diesen Erlass gibt, wenn er die von ihm übernommene Tilgung der Restschuld erbracht hat. Über das, was jedenfalls in nachklassischer Zeit sich durchgesetzt hat, hinaus zu gehen, kann nicht nur – es wird tatsächlich darüber gerade auch in spätklassischer, in einer die klassischen Prinzipien auslotenden Zeit unter den Juristen ein Diskurs stattgefunden haben – wie ersichtlich in hochklassischer Zeit zwischen Celsus und Aristo.[45] Und während Papinian gemeint hat, sich auf diesen Diskurs bei der Entscheidung seines (in unserer l. 41 überlieferten) Falls nicht einlassen zu sollen, könnte dann Paulus sich dazu verstanden haben, den Schritt über den

44 So Knütel a. a. O. seit der 19. Aufl. (2008), in der das in der Vorauflage noch fehlende »deutlich« (vor: weiter) eingefügt und auf Schmidlin ZRG RA 124 (2007) 53 ff. hingewiesen ist; dem ist nun (sc. in der 20. Auflage) noch der Hinweis auf Artner, Agere praescriptis verbis (2002) hinzugefügt.

45 Ersichtlich aus D 12,4,16 (Celsus) und 2, 14,7,2 (Aristo), wovon hier sogleich zu handeln sein wird.

klassischen Rechtszustand hinaus zu tun und die *a. pr. verb.* wenigstens in den dem Kauf und der *locatio conductio* analogen Fällen zu gewähren.[46] Das klassische Prinzip wäre damit auch durch ihn noch nicht aufgegeben worden. Er wäre nur und allerdings doch bis an die Grenze gegangen, jenseits derer es dann kaum noch ein Halten mehr geben konnte und darum die weitere Fortbildung des Rechts als der ›Beruf‹ der (kaiserlichen) Gesetzgebung hat erscheinen können – zumal an dieser ja auch die ›Wissenschaft‹ nicht unbeteiligt war. Hat nicht an dem frühesten Akt dieser Gesetzgebung: an der C 2,4,6 überlieferten Konstitution Paulus selbst einen Anteil – als *praefectus praetorio* unter Alexander und Mitglied in dessen *consilium*?

Dies mag so sein oder auch nicht – die Annahme, dass es in der Sache so, wie hier vorstehend angedeutet, gewesen sein könnte und also die sog. herrschende Ansicht, indem sie die *a. pr. verb.* in den §§ 1 und 2 D 19,5,5 und darüber hinaus für interpoliert erklärt hat, in der Tat entschieden zu weit gegangen ist – dies ist, wie hier noch zu bemerken bleibt, nicht dasjenige, was Knütel ›vermutet‹. Denn was mir, wie gesagt, plausibel erscheint, impliziert doch die Annahme, dass das, was Paulus gesagt hat, in der Überlieferung seines Textes erheblich gelitten hat: dass in den oströmischen Rechtsschulen, wenn »das vierteilige Schema« dort ausgearbeitet worden ist, das zu dem *do ut facias*- und *facio ut des*-Kontrakt von Paulus Gesagte bis zur Unverständlichkeit schematisiert, verkürzt worden ist und ein Gleiches überall da stattgefunden hat, wo in unseren Quellen sonst bei einem einseitig erfüllten Innominatkontrakt die Gewährung einer *a. pr. verb.* auf die Gegenleistung zu finden ist. Was ich, wie gesagt, für plausibel und möglich halte, impliziert ferner, dass Papinian in seinem in unserer l. 41 überlieferten Text *licet … habeat* geschrieben, sc. den Konjunktiv gebraucht hat,[47] und dass auch in l. 48 (D 2,14), weil es dort um Gaius und um eine Aussage zum hochklassischen Recht geht, nicht von *traditionibus*, sondern – wie Pernice[48] als zweifellos angenommen hat – von *mancipationibus* die Rede gewesen ist. Es ist ohne eine Kritik der Überlieferung dasjenige, was im nachklassischen Recht

46 Die Ansicht Schmidlins (o. N. 31, S. 83): »die römischen Juristen verzichten (bei der Erweiterung der Klagbarkeit der Innominatkontrakte) auf die Analogie zu Nominatkontrakten« (s. im gleichen Sinn auch in N. 61) ist, was Paulus angeht, ohne Beleg und an sich unglaubwürdig, s. Rabels mustergültige Darstellung der Problematik in: Grundzüge (2. April 1955) § 74. Warum auch sollte ein Jurist auf das probateste, das Prinzip am meisten schonende Mittel der Erweiterung des Gegebenen verzichten? s. im Übrigen zu Schmidlin bereits hier o. N. 31 sowie das hier noch Folgende.

47 Also nicht, um Deutsch oder Holländisch zu reden, gesagt hat »obwohl ihm keine Klage zusteht/hoewel (hij) geen actie heeft«, so aber die Übersetzung Knütel und Spruit. Mit dem Indikativ ist n. b. die Stelle ein Beleg für die Ansicht, von der als der herrschenden Knütels Vermutung sich absetzt.

48 S. o. N. 3.

zweifellos gegolten hat, in der mir plausiblen Weise auch nicht in Ansätzen schon in den Texten der klassischen Juristen zu finden, geschweige denn in deren Überlieferung »deutlich«. Was Knütel »vermutlich« ist und er selbst anderenorts und die ihm Folgenden mit Entschiedenheit annehmen, ist dann auch ein anderes: Es ist der Versuch, sich auf den Stand des Mittelalters, auch kennt man dieses nicht im Detail, zurück zu begeben und aus den Quellen unter Verzicht auf jede in deren Sachaussagen eingreifende Kritik der Überlieferung darzutun, dass demjenigen, der aufgrund eines Innominatkontrakts vorleistet, auf die Gegenleistung schon im klassischem Recht eine *a. pr. verb*. gegeben ist. Um das hier zur Arbeit der Glosse an l. 41 Festgestellte zum Abschluss zu bringen, wird es hinreichend, aber auch notwendig sein, nur noch auf dasjenige hinzuweisen, was einen jeden, dem die Textüberlieferung nicht eine auf Gedeih und Verderb zu pflegende heilige Kuh ist, daran zweifeln lassen muss, ob durch diesen Versuch die sog. herrschende Ansicht, die noch Kaser vertreten hat, gänzlich erledigt ist.

II. Aristo l. 7,2 D 2,14 gegen Celsus l. 16 D 12,4

Im Zentrum dieses Versuchs, von Knütel begonnen,[49] von Artner und Schmidlin sowie von Knütel selbst fortgeführt,[50] steht der Text, der zu dem die Innominatkontrakte schematisierenden, als Paulus-Text in D 19,5,5 überlieferten Traktat die Ergänzung, gewissermaßen das Gegenstück ist, in dem durch die in ihm mit ihrer Ansicht zitierten Juristen in das klassischer Recht ein detaillierter Einblick gegeben ist:
D 2,14,7,2 – Ulpian im 4. Buch seines Ediktkommentars:

> Sed et si in alium contractum res non transeat, subsit tamen causa, eleganter Aristo Celso respondit esse obligationem. ut puta dedi tibi rem ut mihi aliam rem dares, dedi ut aliquid facias: hoc sunallagma esse et hinc nasci obligationem. et ideo puto Julianum a Mauriciano recte reprehensum in hoc: dedi tibi Stichum, ut Pamphilum manumittas: evictus est Stichus. Julianus scribit in factum actionem a praetore dandam: ille ait civilem incerti actionem, id est praescriptis verbis sufficere: esse enim contractum, quod Aristo συνάλλαγμα dicit, unde haec nascitur actio.

Alles in diesem Text Gesagte hängt davon ab, wie in ihm zu verstehen ist, dass, auch wenn eine *res*: eine zwischen zwei Personen ausgehandelte Sache sich in

49 S. in: Vacca (ed.), Causa e contratto nella prospettiva storica comparatista, Atti Aristec 1997, S. 131 ff. (im Folgenden zit. Causa) zur Erläuterung der Übersetzung der in D 2,14,7,2 überlieferten Worte: *si … subsit causa* mit: »wenn eine zweckbestimmte Leistung vorliegt«.

50 Artner, Agere praescriptis verbis (2002); Schmidlin ZRG RA 124 (2007) 53 ff.; Knütel, Liber Amicorum etc. (2013) – im Folgenden zit. FS Krampe.

einen der als Obligierungsgrund anerkannten *contractus* nicht einordnen lässt, doch eine (klagbare) Obligation gegeben sein könne – dann nämlich gegeben sei, *si subsit causa*. Dies hat nach dem Bericht Ulpians Aristo gesagt, ist mithin eine der hochklassischen Zeit angehörende Aussage, und diese ist – bei der Vielzahl der Bedeutungen, die das Wort *causa* zumal in unseren Quellen hat, und bei der Bedeutung von *subesse*, womit doch mehr als allein mit *esse* gesagt ist, eine an und für sich unverständliche Aussage: Heißt *subesse* ›zugrunde liegen‹, dann ist mit diesem *subsit* die Frage gestellt: *wem* muss die *causa* zugrunde liegen? Und ist mit *subsit* gemeint: ›dabei vorhanden sein‹, dann ist die Frage: *bei was* denn muss, damit eine Obligation vorhanden ist, eine *causa* vorhanden sein? Zu beantworten ist diese Frage, und es ist der Sinn dieses *si subsit causa* nach altbewährter Manier zu erschließen allein aus dem Zusammenhang, in dem dies gesagt ist, nur also aus dem, was dieser Aussage vorangeht und was ihr folgt. Und in eben dieser bewährten Weise verfahren dann auch (ersichtlich ohne darum, dass von *subesse* und nicht nur von *esse* die Rede ist) Knütel, Artner und Schmidlin: Mit *si subsit causa* sei gemeint: »wenn eine zweckbestimmte Leistung vorliegt«; dieser Sinn soll sich ergeben aus den mit *ut puta – facias* folgenden Exempeln. Es soll also mit *si subsit causa* sozusagen abstrakt gesagt sein, was sodann mit *dedi tibi rem, ut mihi aliam rem dares, dedi ut aliquid facias* konkret gesagt ist: habe ich eine Sache hingegeben, um eine andere zu bekommen, dann habe ich zweifellos zweckbestimmt geleistet. Und dasselbe soll anzunehmen: in dem angeblich ulpianischen Text zu lesen sein auch deswegen, weil das, was Aristo zunächst, sc. mit *si subsit causa* jedenfalls abstrakt sagt, dessen Antwort auf eine Frage ist, die, wie mit *Celso respondit* zuvor gesagt ist, wie also vorangeht, Celsus gestellt – um deren Beantwortung dieser, wie man wird annehmen können, jenen gebeten hat. Ulpian sagt, die von Aristo dem Celsus gegebene Antwort: dass nämlich, wenn *subsit causa*, also wie in den Fällen *dedi tibi* etc. eine zweckbestimmte Leistung stattfinde, eine Obligation entstehe, sei *eleganter* gesagt, und gewiss hätte er, sc. Ulpian dies nicht gesagt, wenn er nicht das von Aristo Gesagte für zutreffend gehalten hätte.

Dass etwas *eleganter* gesagt ist, heißt nicht nur, dass das Gesagte »treffend«,[51] heißt auch nicht nur, dass es »vortrefflich«[52] sei. Der Sinn von *eleganter* ist: ›scharfsinnig‹,[53] ›logisch richtig‹; wer *eleganter* zu einem Resultat gelangt, hat das Problem, um dessen Lösung es geht, durch exaktes und gründliches Denken zu lösen unternommen. Und wenn Ulpian dies dem Aristo attestiert, also doch bei

51 So die Übersetzung von Knütel und Spruit.

52 So Schmidlin S. 89.

53 Treffend Artner S. 104 bei und in N. 182 mit dem Zusatz: was Ulpian an der von Aristo gefundenen Lösung für scharfsinnig halte, sei »offen«; jedenfalls argumentiere Aristo »wissenschaftlich«.

Celsus hier vermisst, dann sagte er damit nicht, es sei dessen, sc. Celsus' Ansicht unzutreffend, es sei diesem nicht zu folgen. Er sagt damit nur, es habe der – durch die Schärfe seiner Kritik der Ansicht anderer namhafte – Celsus hier das scharfe Nachdenken dem Aristo überlassen. Dass es zwischen diesem und jenem eine Kontroverse gegeben hat, dass diese beiden in der Frage, ob nicht auch dann, wenn eine getroffene Abrede in keinen der ohne weiteres obligierenden *contractus* einzuordnen ist, doch eine – klagbare – Obligation begründet sein kann, dezidiert anderer Meinung gewesen sind, dass sie in einem wahren »Gegensatz« sich befunden haben – dies ist dem Bericht Ulpians nicht zu entnehmen. Ob dem nicht doch so gewesen ist und inwiefern nun eigentlich Aristo schärfer als Celsus gedacht hat, dafür bedarf es einer anderen Quelle als Ulpians in l. 7,2 D 2,14 überlieferten Berichts. Es ist aus diesem, wenn man nicht für ein Zeichen von Scharfsinn, von logisch richtigem Denken hält, das mit *dedi tibi rem* etc. konkret Gesagte mit *subesse causa* abstrakt zu sagen, Aristos Scharfsinn, sein logisch richtiges, gründliches Denken gar nicht zu erkennen. Und man wird doch auch nicht Celsus für einen Denker halten können, der nicht erkennt, dass in den Beispielsfällen *dedi tibi* etc. eine zweckbestimmte Leistung vorliegt und diese, wenn der Zweck nicht erreicht wird, eine Obligation auf Rückgabe der zwecklos erbrachten Leistung erzeugen kann.

Der Bericht Ulpians enthält nicht die Frage, die Celsus an Aristo gestellt hat. Um auch aus demjenigen, was *si subsit causa* voran geht, entnehmen zu können, was damit gemeint ist, brauchen wir diese Frage.[54] Und haben wir diese nicht, dann hängt alles: das Verständnis von *si subsit causa* und alles Weitere allein an den sich mit *ut puta* anschließenden Exempeln, deren Anführung so scharfsinnig ist wie die Definition eines *abstractum*, die nach dessen Bezeichnung fortfährt mit: ›das ist, wenn‹. Wurde in den Schulen der Antike nicht gelehrt, dass so zu definieren ein Zeichen von Unbeholfenheit ist? Es soll hiermit nicht gesagt sein, dass es nicht Ulpian gewesen ist, der diese Exempel hier eingefügt hat. Dass sie nicht Aristos eigene Exempel sind, steht ohnehin außer Frage, ist daraus ersichtlich, dass sie aus der indirekten Rede Ulpians herausfallen, und also zumindest erst dessen Zutat sind. Da dieser aber doch, nachdem er *dedi ut dares* gesagt hat, nicht *dedi ut facias* gesagt hätte, meint Artner, es könne das 2. Exempel ein nachulpianischer Zusatz sein, und selbst Knütel hält für möglich, dass die »von Aristo gegebenen Beispiele … von Ulpian umformuliert« worden sind[55] – und warum dies schon von Ulpian? warum nicht erst von einem

54 In der Frage liegt, wie so oder ähnlich Marx gesagt hat, die Antwort. Es ist jedenfalls abenteuerlich, sich um das Verständnis einer gegebenen Antwort zu bemühen, ohne sich zunächst der Frage zu vergewissern, und auf deren Verständnis ist auch mehr Mühe zu verwenden als auf das Verständnis der Antwort.

55 Artner N. 186; Knütel FS Krampe N. 30; skrupellos Schmidlin S. 84: »Aristo erörtert den bekannten Fall: *dedi tibi rem ut* … etc.«.

Späteren? Und was waren denn die von Aristo selbst zur Konkretisierung seiner abstrakten Aussage gegebenen (und dann ›umformulierten‹) Beispiele? Es sind die auf diese Aussage folgenden Beispiele dafür, dass Aristo damit gemeint hat: »wenn eine zweckbestimmte Leistung vorliegt«, nur ein schwächlicher Beleg.

In unseren Quellen gibt es, soweit nicht allein ich sehe, nur eine einzige Stelle, aus der entnommen werden könnte, was Celsus Aristo gefragt: auf was bezogen dieser *eleganter* geantwortet hat: es werde, *si … subsit causa*, auch durch eine in die als *contractus* anerkannten Obligierungsakte nicht einzuordnende *res* eine *civilis obligatio* erzeugt. Es ist diese eine Stelle D 12,4,16 – eine Stelle, von der Kaser als einer »bekannten Crux« gesprochen und gesagt hat, es gebe zu ihr »eine Legion von Hypothesen«,[56] eine Stelle, in der es um einen Text geht, von dem, auf diese »Legion« herabschauend, Appleton gesagt hat: »peu de textes ont fait noircir autant de papier et provoqué pareille debauche de subtilité«.[57]

III. Die »Legion von Hypothesen« zum Verständnis von l. 16 D 12,4

Celsus' Fall und seine Entscheidung, deretwegen sicher in Frage kommt, dass dazu Aristo von Celsus nach seiner Meinung gefragt worden ist und Ulpian die Antwort referiert, die in D 2,14,7,2 überliefert ist, lauten wie folgt:

> Dedi tibi pecuniam, ut mihi Stichum dares: utrum id contractus genus pro portione emptionis et venditionis est, an nulla hic alia obligatio est quam ob rem dati causa non secuta? in quod proclivior sum: et ideo, si mortuus est Stichus, repetere possum quod ideo tibi dedi, ut mihi Stichum dares. finge alienum esse Stichum, sed te tamen eum tradidisse: repetere a te pecuniam potero, quia hominem accipientis non feceris: et rursus, si tuus est Stichus et pro evictione eius promittere non vis, non liberaberis, quo minus a te pecunia repetere possim.

Der »Legion von Hpothesen«, der eine weitere hinzuzufügen Kaser sich hat enthalten wollen, fügen Schmidlin sowie, wenn auch zurückhaltender, Knütel eine weitere hinzu: Bei Schmidlin ist, nachdem von ihm gesagt war, Aristo erörtere den bekannten Fall: *dedi tibi rem ut* etc. und nehme an, »es entstehe (in diesem bekannten Fall) ein ziviles Schuldverhältnis, ein synallagma, das der Vorleistende mit einer *actio in factum civilis* geltend machen könne«[58] – es ist

56 In seiner Rezension zu: Studies in the Roman Law of Sale, ed. Daube 1959, ZRG 77 (1960) 462 im Anschluss vielleicht an Pernice, Labeo III 1 303: »die unendlich oft besprochene Erörterung des Celsus«.

57 Revue hist. de droit francais et étranger (1906) 742. Da dieser Text die Frage ergibt, auf die in D 2,14,7,2 die Antwort gegeben sein könnte und, wie gesagt, in der Frage die Antwort liegt, ist »die Legion« durchaus nicht zu verachten, mag in ihr auch das eine oder andere ›geschwärztes Papier‹ sein.

58 Ein Beleg für das in dem Relativsatz (»das der Vorleistende …« etc.) Gesagte ist nicht gegeben und auch nicht ersichtlich. Aristo spricht – in Ulpians Bericht – nur von der Entstehung einer Obligation, nicht von einer Klage.

hiernach (n. b. bei Schmidlin) von einem »Gegensatz (sc. Aristos) zur Auffassung des Juristen Celsus« die Rede: »dieser behandelt solche Leistungsvereinbarungen (also solche, wie sie Aristo erörtert!) als *pacta*«; er, sc. Celsus finde im Leistungsaustausch ›Sklave gegen Geld‹ keine ausreichende Nähe zum Kauf, halte die Regelung mit einer *condictio* für ausreichend, lasse »völlig außer Acht«, dass die *condictio* in unbilliger Weise die annehmende Partei bevorzuge; die vorleistende Partei habe die »Austauschabrede« erfüllt und erhalte mit der *condictio* nur den »Sachwert der (von ihr erbrachten) Leistung«, bleibe auf ihrem Schaden sitzen, während die annehmende Partei, obwohl »wortbrüchig«, nichts verliere. Ich kann mich nicht erinnern, jemals gelesen zu haben, wie ein römischer Jurist, der selbst unter den Klassikern nicht irgendeiner ist, von seinem modernen Exegeten derart heruntergemacht worden ist wie hier Celsus von Schmidlin. Wieweit Knütel diesem Verriss, dieser neuzeitlichen Hybris folgt, ist nicht zu sagen: Ihm ist »höchstwahrscheinlich«, dass Celsus in einer »Austauschsituation, wenn also eine Sache mit der Abrede, dass dafür eine andere Sache geleistet wird, … nur die *condictio ob rem* zubilligte« und also nicht wie Aristo der Meinung war, »in einem solchen Fall« entstehe, wenn eine *causa* vorliege, ein Schuldverhältnis, aus dem auf die Gegenleistung geklagt werden könne.[59] Und dass dieser Gegensatz zwischen den Meinungen dieser beiden Klassiker höchstwahrscheinlich bestehe, dafür ist bei Knütel auch nicht direkt D 12,4,16 angeführt; es ist auf diese Stelle nur mit einem »vgl. auch Cels. D 12,4,16« hingewiesen. Es könnte sein, dass es Knütel seit seiner ersten Erörterung dieser Sache nicht ganz unbedenklich geworden ist, ob in dem Fall, den Celsus in dieser Stelle erörtert, von einer »Austauschsituation«, also davon, dass die Hingabe einer Sache »mit der Abrede (erfolgt), dass dafür eine andere Sache geleistet wird«, überhaupt die Rede sein kann. Allein wenn man das als höchstwahrscheinlich oder zweifelsfrei annimmt, handeln Celsus und Aristo von demselben Fall, sind die Beispiele, die zur Verdeutlichung dessen, was mit *si subsit causa* gemeint ist, angeblich Ulpian referiert, identisch und kann also die von Celsus an Aristo gerichtete Frage, weil es in ihr um »solche Fälle« ging, zum Verständnis dessen dienen, was Aristo mit seiner Antwort: *si subsit causa … esse obligationem* gemeint hat. Um wettzumachen, dass die »von Ulpian referierten Fälle« für das Verständnis von *si subsit*

59 Knütel FS Krampe S. 221; s. dasselbe bereits in: Causa S. 135, wo deutlicher ist, dass Knütel von der in D 12,4,16 vorhandenen Entscheidung des Celsus auf dessen Entscheidung der in D 2,14,7,2 angeführten Exempel (von der Frage auf die Antwort!) zurückschließt: nur »verosimilmente« (Causa) oder selbst »höchstwahrscheinlich« (FS Krampe) hat Celsus diese Exempel so entschieden, worin das Eingeständnis liegt, es sei nicht sicher, dass es sich bei diesen Exempeln um Celsus' Exempel handelt, dass sie dessen Erläuterung zu seinem *si subsit causa* sind. Wie aus dem anfänglichen ›verosimile‹ nun ›*höchst* wahrscheinlich‹ geworden ist, sehe ich nicht.

causa als: ›wenn eine zweckbestimmte Leistung vorliegt‹ nur eine schwache Stütze sind, muss es um diese Fälle auch Celsus in seinem in D 12,4,16 überlieferten Text gegangen sein und muss es um sie auch in der Frage gehen, die dieser an Aristo gerichtet hat. Sonst hinge eben alles an den Beispielen, die Ulpian »vielleicht ... umformuliert hat«.

1) *Kasers Hypothese und deren Konsequenz in textkritischer Hinsicht*

Der »Legion von Hypothesen«, die es zu dem Celsus-Text gebe, hat Kaser, wie gesagt, keine weitere hinzufügen, die »Crux«, die diese Stelle, wohl der vielen zu ihr vorhandenen Hypothesen wegen, sei, nicht noch schwerer machen wollen. Tatsächlich hat er zum Verständnis des Falls, um den es Celsus in diesem Text geht, etwas bemerkt, was, weil es nicht zu Ende geführt: nicht gegen alle möglichen Bedenken abgesichert, namentlich nicht mit dem, was Aristo, Ulpians Bericht zufolge, zu einer an ihn gerichteten Frage Celsus geantwortet hat, abgestimmt ist, doch gewiss eine wahre Hypothese heißen kann.[60] Ich gebe diese hier – mit dem Blick auf diese Frage und Aristos Antwort – mit meinen eigenen Worten wieder:

Celsus behandelt nicht »solche Leistungsvereinbarungen«, wie sie (nach Meinung Schmidlins) Aristo mit den Fällen *dedi tibi rem etc.* erörtert hat. Dass es ihm in seinem Fall um eine »Art von Austauschgeschäft« gehe,[61] ist einfach nicht wahr; dass er im »Leistungsaustausch ›Sklave gegen Geld‹ keine ausreichende Nähe zum Kauf« finde (Schmidlin), ist zumindest eine ungenaue Ausdrucksweise. In Celsus' Fall hat (von dem mit *et ideo* beginnenden 2. Teil des Textes zunächst abgesehen)[62] noch gar kein Austausch stattgefunden; es ist nur das Geld gezahlt, und es ist, weil das Hingegebene eben Geld ist, ein »solcher« Fall, wie ihn angeblich Aristo erörtert, gar nicht gegeben, weswegen auch in Celsus' Fall von einer Art »Austauschgeschäft«, einer »Tauschsituation« (Knütel), einer »Austauschabrede« (Schmidlin)[63] nur reden kann, wer Kauf/Verkauf und

60 Von einer »andeutungsweise« geäußerten Ansicht Kasers spricht Artner N. 293 – mit dem Zusatz: »im Anschluss an Yale«; tatsächlich ist Kasers ›Andeutung‹ gegen die umständliche Erklärung von Yale gerichtet. – Im Ganzen ist zu Artners Arbeit zu bemerken, dass er die Exegese von D 2,14,7,2 S. 104 ff. erledigt, bevor er diejenige von D 12,4,16 S. 125 ff. unternimmt: also die Antwort gibt, bevor die Frage geklärt ist.

61 Knütel, Übersetzung von D 12,4,16.

62 Schmidlin sieht von diesem überhaupt ab, bricht die Wiedergabe vor *et ideo* ab; ähnlich Artner N. 180, weil in diesem Teil »etwas Neues nicht mitgeteilt« werde; anders Knütel s. dazu hier u. N. 77.

63 S. 85. Die vorleistende Partei, so sagt dieser ebenda, erhalte mittels der *condictio* nach Celsus nur den »Sachwert« ihrer Leistung. Dass im Fall des Celsus Geld

Tausch nicht so, wie es in Hinsicht auf das römische Recht und doch auch überhaupt sich gehört, unterscheidet, wem es darum geht, den Tausch, sobald eine Partei »zweckbestimmt« vorgeleistet hat, vom Verkauf/Kauf nicht mehr zu unterscheiden.[64] Und so wie im Fall des Kaufs von einer »Tauschsituation« nicht die Rede sein kann, so liegt auch in der daran angefügten Erläuterung: »wenn … eine Sache mit der Abrede hingegeben wird, dass dafür eine andere Sache geleistet wird«, selbst wenn man statt der ›Sache‹, die hingegeben wird, ›Geld‹ liest, auf den Fall des Celsus bezogen, eine Unterstellung. Celsus sagt nichts von einer solchen Abrede. Wäre sie vor oder bei der Hingabe des Geldes als zwischen dem Geber und dem Nehmenden getroffen hinzuzudenken – wie soll zu erklären sein, dass Celsus überhaupt daran gezweifelt hat, ob die *res*, diese Abrede hier eine *emptio venditio* ist? warum sollte er gemeint haben, er könne nicht annehmen, dass – um mit Ulpian zu reden – *id*, sc. diese Abrede in den *emptio/venditio* genannten *contractus non transeat*? Soll ihm dies zweifelhaft gewesen sein können, weil die getroffene Abrede den Empfänger des Geldes zu einem *dare* verpflichtet hätte und dies, sc. ein *dare* nicht das ist, was ein Verkäufer dem Käufer schuldet?[65] Die Sache, die in Celsus' Fall der *Tu* dem das Geld vorleistenden *Ego* aus der – n. b. unterstellten! – Abrede schulden würde, wäre Stichus. Ein Stichus ist ein Sklave, ein Sklave jedenfalls auch noch in Celsus' Zeit eine *res mancipi*. Wird eine *res mancipi*, eben ein Sklave oder ein *fundus* verkauft und erfüllt der Verkäufer seine Verpflichtung nicht, dann wird der Käufer gegen ihn *ex empto* klagen – und wie anders soll er das tun können als mit der *intentio*: *ut* – wie Gaius 4, 131a sagt – *nobis fundus/servus mancipio detur*?! Celsus in seinem Fall hätte also, um an Kauf, woran er doch denkt, denken zu können, exakterweise: *ut mihi Stichum mancipio dares* sagen müssen. Hat er das getan, dann ist *mancipio* in der Zeit, als die *mancipatio* außer Gebrauch gekommen war, gestrichen worden. Und so: allein zufolge dieser Streichung ist *dares* zu einem Indiz dafür geworden, dass Celsus das Gegebensein eines Kaufs verneint und selbst am Vorliegen eines kaufähnlichen Verhältnisses wegen einer Quisquilie gezweifelt und an Aristo die Frage gerichtet hat: soll man nicht doch, wenn schon nicht einen Kauf, so doch eine kaufähnliches Verhältnis mit

vorgeleistet und kondiziert wird, hat in seiner Polemik gegen Celsus Schmidlin ersichtlich gar nicht im Sinn – oder was soll sein der »Sachwert« von Geld?

64 Die Differenz, dass im Fall des Celsus Geld vorgeleistet ist und es in den Exempeln, die das abstrakte *si subsit causa* konkretisieren, um den Austausch von Sache gegen Sache, Sache gegen Handlung geht, ist dann allerdings »non decisiva«, Knütel Causa S. 135.

65 So in der Tat Artner S. 128, im Anschluss an Knütel, Causa S. 135: »un negozio non assimilabile alla vendita«. Dass dies für Appleton (o. N. 57) 744 »une explication absurde« gewesen ist, lassen beide außer Betracht, ist auch etwas *fortiter* gesagt.

allen daran hängenden Konsequenzen annehmen können, obwohl die Parteien in ihrer »Abrede« dasjenige, was der das Geld Hingebende von dem Empfänger erwartet, ein *dare* genannt haben?[66] Und auf diese Frage hätte dann Aristo so, wie Ulpian berichtet, *eleganter* respondiert und damit diese »Klassikerkontroverse« vom Zaun gebrochen! *difficile est satyram non scribere*. Die Annahme, dass Celsus' Zweifel an der »Nähe (der angeblichen Abrede) zum Kauf« darin begründet war, dass die Parteien die von dem Nehmer des Geldes erwartete Leistung ein *dare* genannt haben, mag die »wohl vorherrschende Ansicht« genannt werden können.[67] Sie ist jedenfalls eine »vecchia opinione«, weil schon von Azo erwogen, von Cujaz vertreten und in neuerer Zeit von Scialoja wieder aufgenommen worden.[68] Aber Azo hatte es mit D 12,4,16 in einer Zeit zu tun, die davon, dass ein Sklave eine *res mancipi* ist, von *mancipatio* und *mancipio dare* noch nichts wusste und deren Verhältnis zu den überlieferten Texten der römischen Juristen auch ein anderes war, als es heutzutage sein kann. Es wird hierauf sogleich nochmals ausführlicher zurückzukommen sein.

2) *Aristos ›elegante‹ Antwort auf Celsus' Frage*

Man nehme – n. b. mit Kaser! – doch nur den Fall des Celsus so, wie er in dem in D 12,4,16 überlieferten Text steht: Ich habe Dir Geld gegeben (womit auch gesagt ist, dass Du das Geld angenommen hast). Ich habe das Geld gegeben in der Erwartung (man kann auch sagen: zu dem Zweck), dass Du mir Stichus gibst.[69] Es ist noch keine Unterstellung anzunehmen, dass Du diesen Zweck, meine Erwartung gekannt hast. Mit Kaser anzunehmen, dass ich Dir das Geld »aufgedrängt« habe, geht schon etwas weit; es ist damit wohl auch nur gemeint, dass Du und ich nicht darüber einig geworden sind, also mitnichten eine Dich irgendwie verpflichtende Abrede getroffen haben, dass für das gegebene Geld Stichus (eine »andere« Sache, wie Knütel sagt) geleistet wird. Ob das geschehen wird, ist zwischen uns bei der Hingabe des Geldes noch offen, steht noch in

66 Zu Artner, der die hier soeben angeführte Gaiusstelle zitiert, sei hier noch bemerkt: der Verkäufer schuldet, wie Artner S. 128 selbst sagt, »die Vornahme der Übereignungshandlungen« – und wie anders als durch ein *dare* sollten diese vorzunehmen sein? Die Arbeit Artners verdient als eine Erstlingsarbeit durch ihre Gründlichkeit allen Respekt, mehr jedenfalls als ihr bei Schmidlin, der bei Artner eine »Beschränkung der *a. pr. verb.* auf die Einklagung von Nebenleistungen« (s. i. f. von N. 61) sieht, zuteil wird.

67 So Artner N. 298.

68 Scialoja BIDR 19 (1907) 174, 184 ff.; Cujaz in Lib. V quaest. Pauli zu D 19,5,5,1 (in der Fabrot'schen Ausg. Vol. V Sp. 1007–8), s. zu Cujaz allerdings auch noch hier u. N. 87; zu Azo s. u. in und im Text bei N. 81, 82.

69 Der Konjunktiv Imperfekt *dares* ist des Perfekts *dedi* wegen erforderlich.

Deinem Belieben, noch, salopp gesagt, in den Sternen. Verabredet, wenn man davon hier überhaupt reden will, ist nur der Zweck, der *modus* des Gebens und Nehmens; nur über diesen sind wir, insofern Du meine Zahlung nur so, wie ich sie Dir anbiete, annehmen kannst, uns einig.[70] Deswegen ist daran, dass diese *res in nomen contractus emptio venditio transeat*, gar nicht zu denken. Es kann die Frage überhaupt nur sein, ob *id*, sc. dieses mit *dedi tibi* etc. bezeichnete Geschehen eine dem Kontrakt ›Kauf/Verkauf‹ ähnliche *res* ist, ein *genus contractus pro portione emptionis et venditionis*, d. h.: ein Vorgang von der Art des Kaufkontrakts, von einer diesem ähnlichen Art.[71] Ob das annehmbar und somit vertretbar ist, dass zu der jedenfalls begründeten, aus der *datio ob rem* sich ergebenden Obligation, die andere kaufähnliche Obligation hinzukommt, darüber ist Celsus im Zweifel gewesen; darum sagt er, er sei eher geneigt (*proclivior*), diese Frage zu verneinen. Und zu dieser Frage könnte er daher auch, ohne sich lächerlich zu machen, den Rat des Aristo eingeholt haben – bevor oder nachdem er das, was in dem D 12,4,16 überlieferten Text steht, niedergeschrieben hat.

Man hat dies – mit der jedenfalls in der neueren Romanistik doch wohl nur einen Ausnahme von Kaser – in diesem Text bislang nicht gelesen, man hat dies darin, wie doch eher zu sagen ist, nicht lesen wollen,[72] weil zu dieser Frage die von Aristo – nach dem D 2,14,7,2 überlieferten Bericht Ulpians – gegebene Antwort nicht passt: Was hätte Celsus, der in dem in D 12,4,16 überlieferten Text nicht »die Möglichkeit eines Verkaufs diskutierte«,[73] sondern fragt, ob in einer *res*, die zweifellos kein Verkauf ist, nicht doch so zu entscheiden sein könnte, wie nach Kaufrecht zu entscheiden wäre, mit der Antwort anfangen können, die nach dem überlieferten Bericht Ulpians Aristo ihm gegeben hat? Sie haben, Verehrtester (so hätte Celsus auf diese *responsio* doch wohl repliziert), meine Frage nicht verstanden: Die Fälle, mit denen Sie verdeutlichen, was Sie mit *si subsit causa* meinen, sind nicht der Fall, um den es mir geht. Nicht nur ist mein Fall kein Tauschfall; es ist in meinem Fall, wenn nämlich nichts weiter

70 Es wird keiner Ausführung bedürfen, dass, wenn mehr als dies Celsus nicht voraussetzt, Schmidlins Polemik gegen Celsus hinfällig ist. Die hier bereits wiedergegebene Polemik (s. o. im Text nach N. 38) gipfelt S. 85 in dem Satz: »Wer mit der einen Hand nimmt, muss mit der anderen geben« – in welcher Rechtsordnung soll das jemals gegolten haben?

71 *pro portione* i. S. von *zum Teil* ergibt keinen entschieden anderen Sinn, s. Seckel-Heumann sv *portio* und *proportio*, auch Artner bei und in N. 306.

72 Artner, der Kasers Ansicht kennt und berücksichtigt, meint S. 216 f. das nicht zu können, weil der Fall, so wie Kaser ihn »andeutungsweise« verstehe, eine so ungewöhnliche Konstellation sei, dass sie nur aufgrund eindeutiger Hinweise im Text angenommen werden könnte; s. hierzu noch u. N. 75.

73 So aber Artner N. 293.

gegeben ist als die »zweckbestimmte Leistung« von Geld, nicht zu sagen, es könne eine Obligation dann und nur dann entstehen, *si subsit causa*. Dass bei einer zweckbestimmten Leistung eine Obligation entstehen kann, versteht sich von selbst; davon gehe ich aus: es entsteht, wenn der Zweck nicht erreicht wird, die *obligatio ob rem dati re non secuta*. Meine Frage ist überhaupt nur, ob es außer dieser nicht noch eine *alia obligatio* geben könnte – nämlich daraus, dass *id*: das, was zwischen dem *Ego* und dem *Tu* in meinem Fall stattgefunden hat, ein dem Verkauf/Kauf ähnliches Verhältnis, ein der *emptio venditio* ähnlicher *contractus* sein könnte. Meine Frage ist komplizierter, als Sie mit der von Ihnen gegebenen Antwort voraussetzen – einer Antwort, die mir mit Ihrem *subesse causa* Steine statt Brot gibt.

Ist m. a. W. Celsus' Fall derjenige, den Kaser zumindest »andeutungsweise« bezeichnet hat, dann ist *entweder* das, was Aristo nach dem Bericht Ulpians geantwortet hat, nicht die Antwort auf die von Celsus zu seinem in D 12,4,16 erörterten Fall gestellte Frage, und es ist also für das Verständnis von *si subsit causa* diese Stelle unbrauchbar. *Oder* es ist das, was in D 2,14,7,2 als Antwort berichtet wird, nicht das, was Aristo geantwortet hat; es ist in diesem Bericht Aristos Antwort verändert, simplifiziert, kurzum verfälscht worden – von Ulpian oder einem Späteren, dem die von Ulpian noch zutreffend referierte Antwort zu umständlich gewesen ist. Kommt aber dies nicht in Betracht, weil auf unsere Überlieferung dessen, was die römischen Juristen gesagt haben, was hier Ulpian in seinem in D 2,14,7,2 überlieferten Text sagt, Verlass ist – weil es gilt, die Kritik der Überlieferung zu vermeiden, dann bleibt einer Wissenschaft, die noch etwas auf sich hält und keinem Zweifel der Überlieferung ausweicht, nur übrig, die Flinte ins Korn zu werfen. Dann bleibt nur das Eingeständnis, dass wir nicht wissen, was zwischen Celsus und Aristo verhandelt worden ist, was Aristo damit gemeint hat, dass eine *civilis obligatio* entstehe, *si subsit causa*. Es bleiben dann dafür, dass mit diesen Worten gemeint ist: wenn eine zweckbestimmte Leistung vorliegt, nur die Beispiele, die Ulpian »vielleicht umformuliert« hat. Man wird doch wohl vermuten können, dass Kaser davon abgesehen hat, den zu D 12,4,16 vorhandenen Hypothesen noch eine weitere hinzuzufügen, weil er gesehen, wenigstens gespürt hat, in welches Dilemma er kommen würde, wenn er seine Hypothese, dass es Celsus um den Fall gegangen ist, in dem nichts weiter vorliegt als eine zweckbestimmte Leistung von Geld und der Empfänger dieses Geldes noch frei ist, den Stichus hinzugeben oder zu behalten und das empfangene Geld zurückzugeben – wenn er diese Hypothese in ihre Konsequenzen verfolgt, in der Relevanz namentlich für das Verständnis des in D 2,14,7,2 überlieferten Ulpian-Text ausgeführt hätte.

Die Flinte ins Korn zu werfen, mit dem Eingeständnis des Nichtwissens zu schließen, kommt nicht in Frage, solange es noch eine Möglichkeit gibt, in dem Text des Berichts, den wir von der Antwort, die Aristo dem Celsus gegeben hat, haben, Anhaltspunkte dafür zu finden, was Aristo, wenn er die komplizierte Frage des Celsus verstanden hat, diesem geantwortet hat – auf eine Weise, die ›*eleganter*‹ ist als die von Celsus selbst mit seinem *in quod proclivior sum* gegebene Antwort. Diese Anhaltpunkte in dem angeblich ulpianischen Bericht zu erkennen, setzt voraus, dass diese ›elegantere‹ Antwort deutlich ist. Ich rekonstruiere sie im Folgenden auf meine – man wird sagen: unzünftige – Weise und hoffe wegen deren Vermessenheit auf Nachsicht.

Hätte Celsus die Frage, um die es ihm geht, mir gestellt, meine Antwort wäre diese gewesen: So wie Sie den Fall bilden, ist die Frage, die Sie stellen, sicher zu verneinen, ist kaum zu verstehen, wie Sie die Frage überhaupt stellen können. Der *contractus emptio venditio* erzeugt, wie ich Ihnen nicht zu sagen brauche, eine Obligation, aus der beide Parteien in besonderer Weise: im Verhältnis der Gegenseitigkeit verpflichtet sind. Es entsteht zwischen den Parteien ein Verhältnis, eine *causa*, für das bzw. die sich bei uns das griechische Wort *synallagma* eingebürgert hat. Um in einem Fall wie dem Ihren, in dem – darin stimmen wir zweifellos überein – kein Kauf gegeben ist, nach Kaufrecht entscheiden zu können, müsste zwischen dem Ego und dem Tu durch das, was zwischen ihnen vorgegangen ist, ein solches Verhältnis geschaffen worden, also eine *causa* gegeben sein, die ein *synallagma* ist. Solange es aber – in Ihrem Fall – so ist, dass der *Tu*, der Empfänger des von dem *Ego* zweckbestimmt geleisteten Geldes den Stichus noch hat und seinerseits noch, was den Stichus betrifft, zu gar nichts verpflichtet, noch frei ist, Stichus zu behalten und das Geld dem *Ego* zurückzuzahlen, solange ist an ein kaufähnliches Verhältnis, da jede Gegenseitigkeit fehlt,[74] noch nicht zu denken. Solange das Verhältnis zwischen *Ego* und *Tu* so ist, gilt daher auch mit Selbstverständlichkeit das, was Sie selbst sagen und aus der Unanwendbarkeit des Kaufrechts folgt: Stirbt Stichus, bevor er an *Ego* manzipiert oder tradiert worden ist, dann erhält *Ego* das Geld zurück; *periculum est emptoris* setzt, wenn nicht überhaupt nur einen Kauf, dann doch ein kaufähnliches Verhältnis voraus. Doch damit ist die Sache, um die es Ihnen geht, noch nicht erledigt, und Sie selbst nehmen ja auch nach Erledigung der

74 Artner S. 106 und auch Schmidlin S. 86 bemühen sich wie schon andere vor ihnen, aus dem in unserem Bericht vorkommenden Wort *synallagama* die Gegenseitigkeit, also unser heutiges Verständnis dieses Worts herauszubringen, was für die Sache, um die es ihnen geht, begreiflich ist. Aber warum sollten Aristo und/oder Ulpian dieses Wort gebraucht haben (und das auch noch in einem anderen Sinn als Labeo/Ulpian D 50,16,19!), wenn sie nicht mehr als ›Vertrag‹ gemeint haben? um ihrer Antwort einen griechisch-gebildeten Anstrich zu geben? Für den Leser der Knütel'sche Übersetzung ist die darin vorhandene Einfügung von »Vertrag« nach *synallagma* jedenfalls unbegreiflich. Es ist dies eine Übersetzung, die den Verdacht, dass in dem übersetzten Text etwas nicht in Ordnung ist, im Keim zu ersticken sucht.

Gefahrtragungsfrage zu Ihrem Fall eine Ergänzung vor: Sie bilden den Fall nun so fort, dass *Ego* das Geld gezahlt, *Tu* dem *Ego* Stichus manzipiert oder tradiert hat und nun Stichus, weil dieser nicht Eigentum des *Tu* war, dem *Ego* evinziert wird. Damit ist die Rechtlage nun allerdings eine andere. Ich würde nicht sagen, dass *Ego* zugleich mit der Hingabe des Geldes dem *Tu* eine Offerte zum Abschluss eines Kaufvertrags gemacht und sich an diese, wenn das ginge, eine gewisse Zeit gebunden, also dem *Tu* eine Kaufoption eingeräumt, dass *Tu* mit der Hingabe des Stichus von dieser Gebrauch gemacht, die Offerte angenommen hat und zwischen diesen nun ein Kaufvertrag zustande gekommen ist. Soweit würde ich nicht gehen;[75] ich würde damit die dem *Ego* auf Rückzahlung des Geldes gerichtete Kondiktion, vorsichtig gesagt, in Gefahr bringen. Aber dass nun, wenn der Fall so liegt, *id*: das, was zwischen den Parteien stattgefunden hat, ein *genus contractus proportione emptionis venditionis* und damit eine *causa* gegeben ist, die eine synallagmatische Obligation, weil der »Austausch« nun doch stattgefunden hat, entstehen lässt, das würde ich doch sagen und für diesen Fall daher auch Ihrer Entscheidung, deren Sie sich ja auch selbst nicht ganz sicher sind, nicht folgen. Sie wissen vielleicht, dass Julian, Ihr – pardon! – großer Kollege den Fall behandelt hat,[76] der Ihrem (mit: *finge* etc.) fortgebildeten Fall gewissermaßen ähnlich ist: *Ego* hat dem *Tu* Stichus gegeben, um zu bewirken, dass *Tu* den (ihm gehörenden) Pamphilus freilässt. *Tu* kann das tun oder lassen, die Freilassung steht in seinem Belieben. Er tut es, und nun wird ihm, weil *Ego* nicht Eigentümer des Stichus war, dieser evinziert. Er ist Pamphilus los und hat dafür nicht den Ersatz, der ihm die Freilassung schmackhaft machen sollte. Hier ist nun sicher nicht an *emptio venditio* zu denken, auch nicht an Tausch, aber doch an eine Art Mandat und somit an ein den Obligationen, die *consensu* geschlossen werden und einen Namen haben, ähnliches Verhältnis, und es hat auch das, was in dieser *causa* dem einen *und* dem anderen zu tun obliegt, stattgefunden: *Tu* hat den ›Auftrag‹ ausgeführt und *Ego* ihm für die getätigte ›Aufwendung‹ das gegeben, was für den Verlust des Pamphilus der Ersatz sein sollte und nur nicht auch ist, weil der Ersatzsklave Stichus dem Ego nicht gehörte. Die Ähnlichkeit dieses Falls mit dem von Ihnen, verehrter Kollege,

75 Wohl aber Artner S. 126, der mit dieser Offerte gegen Kasers Hypothese argumentiert: es sei »kaum erklärlich, warum Celsus die Möglichkeit eines Verkaufs überhaupt diskutiere, wenn nur eine Kaufofferte vorlag« – dass diese Offerte vorlag, hat Kaser nicht angenommen, und es hat auch Celsus nicht die Möglichkeit eines Verkaufs diskutiert. Dass ein Kauf nicht gegeben ist, setzt Celsus voraus. Von Artners Einwand gegen die Kaser'sche Hypothese bleibt übrig, dass diese in D 12,4,16 eine »ungewöhnliche Fallkonstellation« annehme – die römischen Juristen und zumal Celsus erörtern keine ungewöhnlichen Fälle?

76 S. im 2. mit *et ideo* einsetzenden Teil des in D 2,14,7.2 überlieferten Textes.

fortgebildeten Fall wird Ihnen evident sein. Julian hat in seinem Fall dem *Tu* gegen *Ego* eine – gewiss auf den Ersatz des Wertes des Stichus gerichtete – *actio in factum* gewährt und damit auf eine sichtbare Zuordnung des Falls zu den Fällen der benannten, *consensu* eine Obligation begründenden Akttypen verzichtet. Ich würde wie in Ihrem fortgebildeten Fall wegen der dort nach erfolgtem Austausch kaufähnlichen *causa* für *Ego* eine der *actio empti* nachgebildete, so auch hier, weil die *causa* mandatsähnlich ist, dem *Tu* eine der *actio mandati contraria* nachgebildte Klage gewähren. Und ich bleibe hiermit ebenso wie mit jenem sichtbar im System unseres Obligationenrechts, in dem es – von den Kondiktionen und anderen *ex lege* begründeten Obligationen abgesehen – klagbare Obligationen nur aus den benannten *contractus* gibt und geben sollte.

Ist hier nun noch in dem in D 2,14,7,2 als ulpianisch überlieferten Text im Einzelnen darauf hinzuweisen, was in diesem Text die Anhaltspunkte dafür sind, dass die hier mit meinen Worten wiedergegebene Antwort in ihrem Kern, also weniger weitschweifig, auch weniger, was das Verhältnis zu dem Fall und der Entscheidung Julians betrifft, spekulativ, dasjenige ist, *quod Aristo Celso respondit*? Ich meine davon absehen zu können. Und lasse auch dahingestellt, ob in diesem Text, nachdem in ihm Aristos Antwort erledigt ist und es – mit *et ideo* einsetzend – um den Fall Julians geht, der nun genannte Maurician von Aristo instruiert war und es darum gewagt hat, den großen Julian zu reprehendieren. Da dieser Maurician in Relation zu Celsus, Aristo und Julian wohl der jüngere und doch auch der ›kleinere‹ ist, wäre das anzunehmen nicht ohne eine gewisse Plausibilität, wie ja auch das *et ideo* in dem überlieferten Bericht zwischen dessen beiden Textstücken und deren nicht dieselben Fälle betreffenden Aussagen den Zusammenhang herstellt.[77] Stellung zu beziehen ist hier, bevor dann auch noch

77 Wo dieser Text *et ideo* hat, sagt Knütel FS Krampe S. 222 »demgegenüber«, was aber wohl anders gemeint ist, als es klingt, s. auch die (Knütel'sche) Übersetzung: »und deshalb«. In der Sache nimmt Knütel zu Julians Fall an, dass, weil Ego den ihm nicht gehörenden Stichus nicht an *Tu* hat übereignen können, seine *datio* unwirksam war und darum »keine *datio* (vorlag)«. Die wirksame Leistung, die zweckbestimmte Vorleistung, durch die das *pactum nudum* zum klagbaren *contractus* geworden sei, soll also erst die Freilassung des Pamphilus sein. Da diese ein *facere* ist und das, was noch fehlt, ein *dare*, sc. *Stichum*, wäre der Fall dann aber doch *facio ut des*, wofür noch Paulus (§ 3 D 19,5,5) nur eine *a. de dolo* hat. Artner (bei und in N. 190) ist daher auch der Ansicht, die zweckbestimmte Leistung, die eine *a. pr. verb.* begründe, müsse ein *dare* sein, worüber Knütel stillschweigend hinweg geht. Zu bemerken ist zum Zusammenhang der beiden Teile des ulpianischen Berichts noch, dass die Differenz zwischen Aristo und Julian, auf die Maurician den Finger legt, die Einordnung der – n. b. auch von Julian gewährten! – Klage ist. Es muss also doch auch Aristo in seiner Antwort auf Celsus um einen dem julianischen wenigstens ähnlichen Fall gegangen, also dieser aus dem Bericht, den wir von dieser Differenz haben, entfernt oder herausgelassen worden sein.

auf die bereits erwähnte Ansicht Azos zu D 12,4,16 zurückzukommen sein wird, zu der Frage, wie es möglich und plausibel sein kann, dass, wenn die von Aristo gegebene Antwort in ihrem Kern die hier bezeichnete gewesen ist, davon in diesem Text so wenig erhalten geblieben ist, dass wir sie, hätten wir nicht Celsus' Frage, darin gar nicht finden könnten.[78] Auch hierzu wird nicht mehr viel zu sagen sein.

Wer in einer Zeit, in der anerkannt war, dass jede zweckbestimmte Leistung – egal, ob diese in einem *dare* oder *facere* besteht, eine Obligation und aus dieser hervorgehend eine Klage *pr. verb.* auf Erbringung der durch ein bloßes *pactum* versprochenen Gegenleistung erzeugt – wer in dieser Zeit es mit einem Text zu tun bekam, in dem auf die komplizierte Frage des Celsus die ›elegante‹ Antwort des Aristo ausgeführt war, wird doch wohl ob dieser Eleganz den Kopf geschüttelt haben – warum so elegant und kompliziert, wo es nun doch so einfach ist? Jedenfalls diese aristoische Eleganz galt es zu beseitigen und auch der celsinischen Kompliziertheit entgegenzutreten. Da man aber keine anderen Texte hatte als diese und auch deren Autoren in überragendem Ansehen standen, kam nicht in Frage, diese Texte *ad acta* zu legen, sie zu archivieren, in den Keller zu stellen, in den kein praktischer Jurist hinabsteigt. Es galt vielmehr diese Texte für den praktischen Gebrauch zuzurichten: es waren in ihnen die feinsinnigen Differenzen zwischen den verehrten alten Juristen[79] zu beseitigen; es waren deren Texte zu redigieren. Es galt Aristos Redeweise von der *causa*, von dem *synallagma*, gleichsam das Gerüst seiner Argumentation zu konservieren und in dieses mit den Exempeln *dedi tibi rem ut* etc. die Fälle einzufügen, für die nun – zumal nach Alexanders (in C 2,4,6 überlieferter) Konstitution – anerkannt war, dass eine zweckbestimmte Leistung eine Obligation begründet, aus der eine *a. pr. verb.* entsteht. Wer dem hier zu Celsus/

78 Wozu an das erinnert sei, was zur Verlässlichkeit der in den Digesten überlieferten Texte Mommsen bemerkt hat, dass nämlich die von den Digestenverfassern »vorgelegte Bearbeitung von dem ursprünglichen Text der Autoren so weit abweicht, dass, würden diejenigen, die dies einst geschrieben haben, heute die in den Digesten aufgenommenen und ihnen zugeschriebenen Stellen lesen, sich selbst möglicherweise häufig nicht erkennen können«, Praefatio zur ed. maior p. LXXVIII, Übers. Hillner S. 492. Mommsens Anteil an der Begründung der neueren Interpolationenforschung steht hinter dem Anteil namentlich von Eisele, Gradenwitz, Pernice gewiss nicht zurück.

79 Womit nicht gesagt sein soll, dass hier zwischen Celsus und Aristo etwas stattgefunden hat, was eine ›Klassikerkontroverse‹ genannt werden könnte. Es ist von Aristo nur das, was Celsus, und dieser doch auch nur zögerlich, angenommen hat, weiter, eben *eleganter* ausgeführt worden, und wer sagt uns, dass Celsus von dem, was Aristo ihm geantwortet hat, sich nicht hat überzeugen lassen? Zögerlich, was die Annahme einer Kontroverse betrifft, zu Recht auch Artner N. 181, um sich dann aber doch der Autorität Knütels u. A. zu beugen.

Aristo Gesagten folgen zu können meint, wer es zumindest für möglich hält, dass es so gewesen ist, wird schwerlich Ulpian für denjenigen halten können, aus dessen Bearbeitung der in D 2,14,7,2 überlieferte Text hervorgegangen ist.[80]

Und er wird sich auch scheuen zu sagen, es könne ein Recht, eine Lehre, in dem oder der nicht anerkannt war, dass »wer mit der einen Hand nimmt, mit der anderen geben muss«, »juristisch nicht befriedigen«. Nicht einmal in nachklassischer Zeit ist so gedacht worden. Man hätte sonst doch nicht in dem Fall, wenn mit der einen Hand zweckbestimmt gegeben war, bei Ausfall des Zwecks die *condictio causa data causa non secuta* konserviert. Deren Erhaltung ist das unumstößliche Indiz dafür, dass es einmal nichts anderes als diese Obligation und Klage geben hat und dies und somit die Unklagbarkeit der Innominatkontrakte auch juristisch durchaus befriedigend war. Was heute nicht befriedigen mag, kann doch gestern befriedigend gewesen sein.

3) *L. 16 D 12,4 in der Glosse*

Was schließlich noch Azo und die Ansicht betrifft, es habe Celsus in seinem in D 12,4,16 überlieferten Fall deswegen das Vorliegen eines Kaufs verneint, weil aus einem Kauf für den Verkäufer kein *dare*: nicht die Verschaffung des Eigentums an der Kaufsache geschuldet war, so war hier bereits auf die andere Lage hingewiesen, in der Azo sich befunden hat: Zu seinen Quellen gehörten nicht Gaius' Institutionen; er konnte nicht wissen, dass Stichus, den zu bekommen die Hingabe des Geldes durch *Ego* bezweckt, eine *res mancipi* ist und die Klage aus dem Kauf wohl auf ein *dare*: *ut mancipio detur* zu richten war.[81] Was ihm, sc. Azo fehlte, war vor allem aber auch hier die Einsicht, dass seine Quellen: der ihm in den *leges* vorliegende Text redigiert, durch eine Bearbeitung umgestaltet sein könnte. Er musste das von Celsus in D 12,4,16 und das von Aristo nach dem ihm in D 2,14,7,2 vorliegenden Bericht Gesagte so hinnehmen, wie es in seiner und unserer Überlieferung lautet,[82] und beides aufeinander abstim-

80 Und in dem D 19,5,5 überlieferten Traktat nicht annehmen können, dass es Paulus ist, der in § 1 zu Celsus' Fall *si pecuniam dem, ut rem accipiam* unumwunden sagt: *emptio venditio est*, was Celsus' komplizierter Fragestellung den Boden entzieht; s. zur Interpolation dieser Stelle, über deren Ausdehnung »man wird streiten können«, bereits Pernice, Labeo III 304 sowie Gradenwitz, Interpolationen S. 132 f. und Lenel, Paling. zu Paulus Nr. 1322 N. 5.

81 Also in D 12,4,16 – vor *dares – mancipio* fehlt. Dass Artner, der dies nicht sieht, in der S. 105 allegierten Gaiusstelle D 2,14,48 das dort überlieferte *traditionibus* nicht durch *mancipationibus* ersetzt und Pernice, Labeo III 89 nicht beachtet, ist bei einem so gründlich operierenden Autor doch wohl nur daraus zu erklären, dass hinsichtlich der textkritischen Literatur die Gründlichkeit leidet.

82 Dasselbe ist hier ohne weiteres zu sagen von der *gl. ord.* zu D 2,14,7,2 – *causa*, auf die für sein Verständnis dieses Wortes »als keineswegs völlig neu« Knütel FS

men. Die Glosse insgesamt war in dieser Lage aufgrund ihres nur unzureichend entwickelten geschichtlichen, ihres sozusagen textunkritischen Sinns.[83] Dass es galt, das von Celsus und angeblich von Aristo Gesagte aufeinander abzustimmen, hat auch gar nicht erst und allein Azo gesehen. Es findet sich dasselbe wie bei diesem auch bei Hugolinus,[84] und es ist dies, dass nämlich, wenn ein *dare*

Krampe 223 N. 35 hinweist. Accursius ist übrigens auch hier nur der Redaktor dieser aus den Apparaten Azos und Hugolinus' fortgeschriebenen Glosse, was hier auch noch zu demonstrieren sich erübrigen wird.

83 Womit nicht gesagt sein soll und ist, dass ihr dieser Sinn völlig gefehlt hat. Es war zu ihm der Anstoß gegeben und der Ansatz vorhanden durch und in der Litera Pisana/Florentina: *invento* (um mit Mommsen zu reden) *hoc ipso libro* – durch und in den vielen Stellen, in denen dort der Text ein anderer ist als in der sog. *litera vetus/antiqua/communis*, s. hierzu Savigny, Gesch. III §§ 170–177. Gehört zur Wissenschaft im Recht, dass die Kritik vor dem Text des Gesetzes nicht Halt macht, dass sie geschichtlich ist, dann kann man in der Tat sagen, dass die Arbeit am Recht eine wissenschaftliche Ausrichtung in der Glosse: in der durch diese geschaffenen *litera vulgata* erhalten hat, so unentwickelt die glossatorische Textkritik auch noch gewesen ist. Was von dem »tieferen wissenschaftlichen Geist«, den Savigny in der »ernstlichen Beschäftigung der älteren Glossatoren mit der Kritik des Textes« gefunden hat, noch bei und nach Accursius übrig geblieben, was davon gar heute noch vorhanden ist, bedarf hier keiner Ausführung. Zur Wissenschaft der Glosse im Übrigen s. auch noch in meinem ›Irnerius' Sigle‹ betr. Aufsatz ZRG RomA 134 (2017) das dort im Text nach N. 88 Gesagte.

84 In dessen gl zu *pecuniam*, die lautet: *in specie i. e. quasi speciem. vel dic quod in quantitate. nec tamen (?) erit emptio sed contractus innominatus, quia dixi (!), ut Stichum dares. ius (vis ?) est enim in verbo dandi*. – Die azonische gl zu *pecuniam* s. in der *gl. ord.* zu *proclivior*. – Der accursische Apparat zu D 12,4,16 ist, wie hier zu demonstrieren sich erübrigen wird, aber doch anzumerken ist, im Ganzen der azonische mit einigen redaktionellen Veränderungen und Ergänzungen. Die umfänglichste Ergänzung ist in der gl zu *non liberaberis* alles auf den 1. Satz mit *sed jo dicit* etc. Folgende. Es ist dieses ganze Stück auch Accursius' eigener Beitrag, schon in der 1. Version seines Textes vorhanden, wo aber zu der Frage, um die es geht, die *responsio* nicht mit *jo* (wie in den Ausgg. häufig), sondern mit *ideo* beginnt (und so auch beginnen muss!). Der 1. Satz dieser gl zu *non liberaberis* endet im Text der 1. Version mit *h et secundum az*. Er ist in der Tat dem Hugolinus-App. entnommen; für *secundum az(onem)* habe ich in der Überlieferung des azonischen Apparats keinen Anhaltspunkt gefunden. Von den accursischen Ergänzungen zu den aus dem azonischen Apparat fortgeschriebenen Glossen ist hier noch bemerkenswert die dreimalige Einfügung von *jo* oder *Joan*. (in den gll zu *proportione*, *proclivior*, *possum*), von *vel dic. secundum az.* (in der gl zu *proclivior* nach *Joan*.) sowie i. fi. der gl zu *possum*: *hec solutio placet preceptori meo*, wodurch Azos *quod est verius* ersetzt ist. Wie im azonischen Apparat so ist auch bei Hugolinus von Johannes nichts zu sehen. Jedenfalls in der gl zu *proclivior* ergibt dessen Einfügung mit dem anschließenden *vel dic. sec. azonem* (der selbst hier *vel forte*! sagt) sicher auch ein falsches Bild, wie das hier sogleich Folgende zeigt.

geschuldet ist, es nicht um *emptio venditio* gehen könne, auch weder diesem noch jenem eingefallen. Es ist diese Erklärung vielmehr Teil einer in beider Apparate rezipierten *antiqua glosa*, die zu D 12,4,16 wie folgt lautet: *non ergo venditio, quia in ea non id agitur ut res detur. aut illa est ratio, quia pecunia non ut quantitas datur sed ut species.*[85] Das 2. (mit *aut* beginnende) Stück dieser Glosse steht bei Hugolinus und Azo am Anfang ihrer gl zu *pecuniam*; es ist der – bei Azo breiter als bei Hugolinus ausgeführten – Erklärung, dass aus einem Verkauf nicht ein *rem dare* geschuldet sei, vorangestellt, was sicher dem zeitlichen Verhältnis dieser beiden Stücke zueinander entspricht. Denn dass in Celsus' Fall das von *Ego* hingegebene Geld *in specie* geleistet ist – dies und auch nur dies hat ersichtlich Irnerius angenommen;[86] es steht diese Annahme am Anfang der gesamten Exegese zu diesem Celsus-Text: es soll in diesem um Tausch gehen, um

85 Padua; Vatikan 2705, 1408 sowie 1405; in den drei ersten interlinear, sonst *in margine*, in Troyes 174 bezogen auf *dares*, im Vatikan 1405 ohne näheren Bezug in der Litera; ferner gleichlautend auch in der den Hugolinus-Apparat überliefernden Hs in Paris 4461 (bezogen auf *utrum*), sodass dort in zwei Glossen in der Sache dasselbe gesagt ist: diese gl zu *utrum* (die n. b. in Seo nicht vorhanden ist!) schließt mit dem auf Irnerius zu beziehenden *y.*

86 Ersichtlich in den hier in der vor. N. angegebenen Hss daraus, dass in Paris a. E. der dort dem Hugolinusapparat hinzugefügte Glosse die auf Irnerius zu beziehende Sigle *y* steht; in Troyes steht das *y* des Irnerius unter dem Bezugszeichen zu der hier wiedergegebenen Glosse und so da, wo in dieser mit *aut illa* deren 2. Stück beginnt, ferner in einer weiteren auf *infra de pr. verb. l. naturalis contra* bezogenen *solutio*, die – mit n. b. vorangestelltem *y*! – lautet: *ibi numeravi quantitatem, hic ut species.* Und eine jeweils nur formal etwas anders lautende Solutionsglosse haben auch Vatikan 1405: *hic data est pecunia ut species, ibi* (sc. in der *contra*-Stelle *de pr. ver. naturaliter* = D 19,5,5,1) *non*, sowie Vatikan 2705 interlinear und dem hier o. im Text bei N. 83 mitgeteilten Text voranstehend über *pecuniam*: *i. e. non numerata(m ?), i. e. non in quantitate, sed in specie.* In diesen beiden vatikanischen Hss fehlt eine Sigle. In Vatikan 2705 muss man das Ganze als zwei eigene Glossen lesen, die 1. endend mit *specie*, und man sieht, dass das zu *pecuniam* Gesagte das ältere Stück und als dessen Autor darum auch Irnerius anzunehmen ist, was der Positionierung der Sigle in den anderen Hss entspricht. (Ob und inwieweit hierfür eine Bestätigung in Torino F II 14 zu finden ist, muss ich offen lassen: ich kann die beiden dort über *pecuniam* und *dares* stehenden interlinearen und ungesigelten Glossen auf meinem Film nicht entziffern und habe vor Ort versäumt, diese Stelle zu kontrollieren). – Was dieser handschriftliche Befund für die Arbeit des Accursius bedeutet, liegt auf der Hand: die Ansicht, die in der *gl. ord.* zu *proclivior* Johannes zugeschrieben wird, ist die Ansicht des Irnerius, von diesem begründet und allenfalls von Johannes, wofür ich allerdings keinen Beleg habe, übernommen worden. Was in derselben Glosse *secundum Azonem* gesagt wird, hat Azo aus der *antiqua glosa* übernommen und sich, wie hier o. N. 84 i. fi. bereits bemerkt, nicht einmal zu eigen gemacht. Die »vecchia opinione« (um deren Reaktivierung Scialoja o. N. 68 S. 196 es zu tun war) ist erst in der *gl. ord.*: erst durch Accursius zu einer Ansicht Azos gemacht worden.

einen *do rem ut aliam rem dares*-Fall.[87] Es soll somit gehen um den Fall, von dem auch Aristo, der Überlieferung seiner *responsio* in D 2,14,7,2 zufolge, handelt – um den Fall, in dem Aristo, wie es scheint, der zweckbestimmten Leistung wegen eine Obligation und daraus eine *a. pr. verb.* annimmt und damit dann allerdings zu Celsus sich in einem Gegensatz befindet. Hätten Azo, Hugolinus, Irnerius (und diesem folgend vielleicht auch Johannes) angenommen, dass Celsus nicht nur einen Kauf, sondern auch einen kaufähnlichen *contractus* deswegen verneint, weil in dem gebildeten Fall der *Tu* zur Hingabe des Stichus zunächst noch gar nicht, auch nicht *naturaliter* gebunden ist – sie hätten Aristos Antwort nicht verstehen können, so wie auch heute diese Antwort als eine auf die Frage des Celsus bezogene ohne eine die Kritik des diese Antwort überliefernden Textes nicht oder nur mit einigen Verrenkungen verstanden werden kann.

Im Finden von Verlegenheitslösungen steht ›die Glosse‹ hinter der neueren, sich der Kritik des Textes enthaltenden Arbeit an den Quellen des römischen Rechts nicht zurück. Sie war hier, wie die Umfunktionierung der *pecunia* in eine *species* zeigt, eher noch findiger als die heutigen, die Kritik der Überlieferung fast wie der Teufel das Weihwasser scheuenden Exegesen. Der Unterschied ist, dass diese freiwillig auf etwas verzichten, was für jene aufgrund ihres sog. Autoritätsglaubens sich verbot. Insofern mag von einem Fortschritt gesprochen werden können. In ihrer Wissenschaft, zu der doch gehört, dass alles in Frage zu stellen ist, sind beide beschränkt.[88] Mit der Hand geschriebene Texte, die

87 Und so, also wie bereits Irnerius auch noch Cujaz (a. a. O., hier o. N. 68) unter Hinweis auf Accursius und ohne zu bemerken, dass dieser für diese Ansicht Johannes anführt. Wie diese Ansicht, dass in Celsus' Fall die *pecunia* gegeben sei nicht *quasi pretium Stichi emendi animo, sed quasi rem aut corpus* sich zu der von Cujaz ebenfalls vertretenen Ansicht verhält, dass kein Kauf gegeben sei, *quia ex natura emptionis et venditionis non est, ut venditor rem faciat accipientis* (s. insoweit bereits hier o. N. 68), ist leicht zu sehen: ist die getroffene Vereinbarung nicht Kauf, dann kann sie nur der Innominatkontrakt *permutatio* sein und dazu gehört, dass das, was für die eine *res* geschuldet ist, ebenfalls eine *res*, ein *corpus*, eine *species* ist. Ich lasse dahingestellt, wie Cujaz darum herumkommt, dass, obwohl eine *permutatio* vorliegt, keine *actio pr. verb.* gegeben sein soll. Unzureichend zu Cujaz jedenfalls Appleton, der selbst (ohne von Irnerius etwas zu wissen!) sich für dessen Erklärung ausspricht, s. in der hier o. N. 57 zit. Abhdlg S. 742 N. 3, ferner das *postscriptum* dazu in ders. Zeitschr XXXI (1907) sowie Revue Générale du Droit 1912, 481. All das wird, um mit Appleton zu reden, zu ›papier noircit‹ mit Kasers trefflicher »Hypothese«.

88 Wie weit die einst von Kaser noch moderat begründete Aversion gegen die Textkritik es gebracht hat, zeigt nun (ZRG RomA 133 (2016) 453 ff.) Stagl: »das Lieblingdogma der Interpolationistik« (wie die Textkritik nun meist genannt wird) ist »die Meinung, dass Gesetze für das Recht der Römer nicht wichtig gewesen« seien, »für das Recht … keine Rolle gespielt« hätten, und zu dieser

Jahrhunderte lang gebraucht, die, weil ständig gebraucht und nachgefragt, immer wieder abgeschrieben, die für jede Abschrift durchgesehen und mehr oder weniger redigiert werden – auf solche Texte ist, was ihre Übereinstimmung mit dem Urtext angeht, kein Verlass. Sie bedürfen auf Schritt und Tritt der Kritik. Dies ist die Lehre, die aus den Exempeln dieser Untersuchung für den Umgang mit dem Text namentlich der accursischen Glosse zu ziehen ist. Und diese Lehre sollte für die Arbeit an der Litera des justinianischen Gesetzbuchs zu vernachlässigen sein? Sie zu befolgen ist in dieser Hinsicht aufgrund der anderen Quellenlage schwieriger als in jener. Die Kritik ist eben der anderen Quellenlage wegen durchzuführen bodenloser und gefährdeter. Sie hat häufiger zu resignieren, ihre Arbeit, ohne in ihr nachzulassen, mit einem offenen Ergebnis, mit einem Fragezeichen abzuschließen. Hinsichtlich der Verlässlichkeit der Überlieferung ist das und nichts weiter der Unterschied.

Meinung sind die ›Interpolationisten‹ gelangt, weil sie hinsichtlich der Bedeutung der Gesetze im römischen Recht von der Textkritik keinen (!) Gebrauch gemacht und darum nicht gesehen hätten, dass im römischen Recht viel mehr Gesetze eine Rolle gespielt haben, als in den »manipulierten« Digesten noch ersichtlich sei. Zu ihrem Lieblingsdogma sind die ›Interpolationisten‹ mithin gekommen wie die Jungfrau zum Kind: indem sie das, was zu tun sie geneigt waren, *nicht* getan haben! Dass ihre »Blindheit einen gewollten Eindruck macht« – wen wundert's noch! Die ›Interpolationisten‹, die Stagl nennt, sind Rotondi, Schulz und Kaser, dessen wohl treuester Schüler neuerdings nun auch noch vor »übertriebene(r) ›Dubitationenkritik‹« warnt (Knütel im selben Bd. der ZRG S. 506). Gewiss sollte dies: der Zweifel an der Verlässlichkeit der Überlieferung, wie doch schlechterdings alles, nicht übertrieben, nicht leichtfertig angenommen werden, weswegen aber doch im Zweifel nicht Verlässlichkeit anzunehmen ist. Übrigens fehlt in der Stagl'schen Kritik die Angabe, wofür denn die *leges publicae* wichtig oder (für die ›Interpolationisten‹) unwichtig gewesen sind.

London BL Royal 11 C III fol. 20v

C. Fazit

Accursius' Leistung

Es ist, was die Intention des aus dieser Untersuchung zu ziehenden Fazits betrifft, allem anderen voran hier dem Eindruck zu wehren, der durch die in dieser Untersuchung fortlaufend gefällten negativen, selbst abfälligen Urteile über die Details der Arbeit des Accursius entstehen könnte. Es ist entgegenzutreten der Annahme, dass das Resultat dieser accursischen Arbeit: die legistische Glossa ordinaria nur ein – um mit Savigny zu reden – »sehr mittelmäßiges«, wenn nicht gar ein minderwertiges, von Plagiaten durchsetztes Objekt sei.[1] Der accursische Glossenapparat ist – und nichts Gegenteiliges ist dieser Untersuchung zu entnehmen – eine gewaltige Leistung, eine Arbeit, die den höchsten Respekt verdient, der meine Bewunderung zu versagen mir nicht einfällt. Dies ist zu sagen nicht allein angesichts ihres außerordentlichen, alle Teile des Corpus Iuris umfassenden Umfangs. Es ist dies zu sagen auch und mit noch weit mehr Berechtigung in Hinsicht auf das, was der Arbeit des Accursius in der Glosse seit deren Anfängen, seit Irnerius vorausgegangen ist. Die Einblicke in die voraccursischen Glossen, namentlich in das, was hier die *glosa antiqua* genannt worden ist – die Einblicke, die in dieser Untersuchung verschiedentlich genommen und wiedergegeben worden sind, lassen keinen anderen Schluss zu als den, dass ohne die Arbeit des Accursius alles in der Glosse Ältere und so das Herzstück der Arbeit dieser Zeit verloren gegangen wäre. Sie wäre, weil die Resultate dieser älteren Arbeit einem »Urwald« gleich unzugänglich, weil das in den sie überliefernden Handschriften vorhandene Detail, wenn überhaupt, dann nur mit höchster Anstrengung zu erschließen und sich überschauen lässt, ohne Einfluss auf die weitere Entwicklung geblieben – hätte es nicht eine Arbeit wie diejenige des Accursius gegeben – nicht eine *ordinaria*: das in ihr erfasste Detail geordnet wiedergebende *glossa*. Erst und allein diese und nicht die ihr vorangegangene Arbeit war geeignet, durch Abschrift und sodann durch den Druck vervielfältigt und verbreitet und Gegenstand der postglossatorischen Lecturae namentlich derjenigen eines Bartolus zu werden. Es geht mit den die Details dieser Untersuchung durchziehenden negativen Urteilen über die Qualität dieser Glossa ordinaria mitnichten darum, die Leistung des Verfassers dieses

1 S. dazu Savigny, Gesch. V 298, noch stärker Pescatore, Miszellen zur Rechtsgeschichte des 12., 13. und 16. Jahrhunderts (1901) 11: »ein leichtfertig zusammengeschmiertes Werk«.

Apparats herabzusetzen. Es geht vielmehr darum zu bestimmen, von welcher Beschaffenheit diese Leistung ist, welchen Wert sie als Quelle für die Geschichte der Glosse hat und welcher Gebrauch also noch heute von ihr zu machen ist.

1. Dieser Wert ist nicht derjenige, den ein Corpus glossarum, eine Kodifikation »der Glosse« hätte. Dies ist nicht einmal annähernd ihre Qualität. Dem Ideal eines Corpus glossarum kommen näher als die Glossa ordinaria die Handschriften, die eine aus zwei oder mehreren Schichten bestehende ältere Glossierung und dieser hinzu geschrieben den azonischen Apparat überliefern, und selbst Hss, in denen, wie z. B. in Madrid 675 und London 11 C III, außer der Litera die älteren Glossen der Hauptbestand und die Zusätze aus Azo und Hugolinus nur spärlich sind, gewähren in die Geschichte der Glosse einen besseren Einblick als die Handschriften, die – beginnend schon mit dem azonischen Apparat und demjenigen des Hugolinus und sodann nahezu ausnahmslos bei dem accursischen Apparat – sich auf deren Wiedergabe beschränken und alles Ältere beiseite lassen, durch eine allein die Litera verschonende Rasur buchstäblich vernichten. Dass die Glossa ordinaria in den Ruf gekommen ist, »die Glosse« zu sein: eine Kompilation der in knapp zwei Jahrhunderten geleisteten, die antike Litera ergründenden Arbeit, dies hat sie zu danken ihrem gewaltigen Umfang, der Unzugänglichkeit ferner dessen, was ihr vorausgegangen ist, der Unzulänglichkeit auch dessen, was andere: vor und neben Accursius zur Verbesserung des azonischen Apparats auf eine in dessen Überlieferung sichtbare Weise unternommen haben, sowie der Tatsache, dass in ihr diejenigen Quellen, aus den das meiste geschöpft ist, nur sporadisch und bei weitem zu selten offen gelegt sind. Die Glossa ordinaria hat ihre – und es hat Accursius seine – Reputation zu danken denjenigen, die sich in ihrer Arbeit auf eine Erörterung der juristischen Sache konzentriert und die geschichtliche Dimension des Beitrags, den zu dieser Sache die Glosse insgesamt geleistet hat, zu ergründen versäumt oder in der Überzeugung unterlassen haben, dass die Geschichte am besten aufgehoben sei bei den Historikern, dass diese über die Mittel verfügen, in deren Gebrauch ein Jurist nur zu dilettieren vermag. Das geringe Ansehen, das die geschichtliche Textkritik, um die es in dieser auf die Geschichte einzelner Glossen ausgerichteten Untersuchung auf Schritt und Tritt geht, in der dogmatischen Arbeit hat, ist für Accursius' Ruhm nicht die geringste Ursache.

2. Die in dieser Untersuchung fortgeschriebene und durch eine gründlichere Einbeziehung des Hugolinus-Apparats gewissermaßen verfeinerte Feststellung, dass die Glossa ordinaria bestenfalls nicht mehr und nicht weniger ist als ein mit accursischen Zutaten versehenes Kompositum aus den Apparaten von Azo und Hugolinus, dass jedenfalls in ihr der azonische Apparat unter Zuhilfenahme des Hugolinus-Apparats ausgebessert und durch die Accursius eigenen Zusätze zugänglicher gemacht worden ist – dieses Fazit aus den hier im Einzelnen

getroffenen Feststellungen ist nicht zu ziehen, ohne die Frage zu stellen und zu beantworten: Sollte nicht, wenn die Arbeit des Accursius nicht das Corpus glossarum ist, nun nicht, bevor noch weitere Lobreden auf »die Glosse« als die Wiege der neuzeitlichen Rechtswissenschaft gehalten werden, endlich damit begonnen werden, dieses Corpus zu schaffen? Muss diese Untersuchung nicht schließen mit einer Entschuldigung dafür, dass sie dieser Beginn nicht ist und zu sein auch nicht beansprucht?

Die Frage nach der Notwendigkeit und der Nützlichkeit eines Corpus glossarum ist – und dies ist das zweite aus dieser Untersuchung zu ziehende Fazit – mit Entschiedenheit zu verneinen. Sie ist zu verneinen nicht deswegen, weil die Schaffung eines Corpus glossarum ein Projekt ist, das, wie schon Seckel gesehen hat, die Kräfte eines Einzelnen übersteigen[2] und die Mittel, die erforderlich wären, um die Arbeit mit vereinten Kräften zu leisten, wenn sie jemals vorhanden waren, nicht mehr zur Verfügung stehen.[3] Ich verneine die Frage der Möglichkeit der Schaffung eines Corpus glossarum – zur Entlastung eben auch des Accursius! – aufgrund der Erfahrung, die ich in meinem in dieser Untersuchung nur partiell und unzulänglich sichtbaren Bemühen gemacht habe, dasjenige nicht nur zu erschließen, sondern auch aus der handschriftlichen Überlieferung herauszulösen und auf eine einigermaßen nachvollziehbare Weise zu präsentieren, was in »der Glosse« der Arbeit von Azo und Hugolinus vorausgegangen ist. Die Unzugänglichkeit namentlich der hier sog. *antiqua glosa* (und davon ist sichtbar in dieser Untersuchung auch gleichsam nur die Spitze des Eisbergs) ist zugleich ihre Unreproduzierbarkeit. Sie ist unreproduzierbar und unzugänglich, weil ihr die Uniformität fehlt – die »Geschlossenheit«, um mit Savigny zu reden, die dem azonischen Apparat, aber doch auch und wohl selbst auch mit mehr Berechtigung dem Apparat des Hugolinus zu attestieren ist. In der auf »die Glosse« ausgerichteten mediävistischen Forschung ist in neuerer Zeit die Frage kontrovers erörtert worden, ob auch in der Zeit, bevor Azo und Hugolinus ihre Glossen geschrieben haben, zu den *libri legales* bereits Apparate geschrieben worden sind. Ohne mich hier auf diese Frage einzulassen, werde ich – angesichts dessen, dass im mittelalterlichen Sprachgebrauch das

2 »der einzelne ist machtlos«, s. Seckel in seiner Antrittsrede in der preuß. Akademie (Sitzungsberichte S. 3 [603, 604].

3 S. Seckel (vor. N.): »Die Edition eines Corpus glossarum … könnte nur gedeihen, falls die Schaffung einer gelehrten Organisation gelänge.« Gemeint ist hier mit den Mitteln weniger das Geld, das die Durchführung eines solchen Projekts kosten würde, als der Kopf, der die Arbeit zu organisieren, zu inspirieren und im Einzelnen zu bestimmen vermöchte. Coing, der zur Schaffung dieser gelehrten Organisation im MPI für europäische Rechtsgeschichte einiges und durchaus nicht wenig ins Werk gesetzt hat, war dieser Kopf nicht – von seinen Nachfolgern ganz zu schweigen.

Schreiben jedweder (zu einer fortlaufenden Kommentierung gehörender oder nur vereinzelter) Glossen *apparatus facere* heißt – sagen können: Gewiss hat es auch schon vor Azo und Hugolinus Glossenapparate gegeben. Aber jede Handschrift, die vorazonische Glossen, namentlich die *antiqua glosa* überliefert – jede hat, wie mir nun doch sicher zu sein scheint, einen eigenen Apparat. Jede ist, was die in ihr vorhandene Glossierung betrifft, ein Individuum.[4] Wie sich die Individuen, von den Sonderlingen abgesehen, in vielen ihrer Eigenschaften gleichen, als *numeri* erscheinen mögen, so ist auch vieles von dem, was in der einen Handschrift vorhanden ist, auch in anderen anzutreffen. Von den reinen Allegaten, die das äußere Erscheinungsbild der die *antiqua glosa* überliefernden Handschriften prägen, die der glossatorischen Arbeit die über die »Einzelexegese« hinausführende, alles Detail zu einem *corpus* vereinigende Richtung gewiesen haben[5] – von diesen Allegaten ist vieles, an manchen Stellen mehr, an anderen weiniger, in allen diesen Handschriften anzutreffen, aber doch bei weitem nicht alles auch überall. Bei den sog. diskursiven: ein *argumentum pro* ausführenden, ein *contrarium* auflösenden Glossen ist die Situation keine andere. Es kommen bei diesen nur noch hinzu die nicht gerade wenigen (bei den reinen Allegaten meist irrelevanten) Varianten im Text – und wie bitte soll mit diesen, wenn sie nicht offensichtliche Fehler der Ab- oder Mitschrift sind, in einem Corpus glossarum umgegangen werden? Kritiklos alles, was in den Handschriften ist, wiedergeben liefe doch wohl hinaus auf die Schaffung weniger eines Corpus als eines Tohuwabohu.

Es gilt zur Erklärung der Individualität der die *antiqua glosa* überliefernden Handschriften sich bewusst zu machen, dass diese Handschriften, wenn nicht eine jede, dann doch die meisten, in den fast 200 Jahren, in denen zu der antiken

4 Was angesichts der nicht wenigen in dieser Untersuchung festgestellten Übereinstimmungen in den in Trier und Troyes 174 vorhandenen Apparaten vielleicht nicht für diese beiden Hss gilt, aber doch jedenfalls von der Regel nur die Ausnahme wäre. Ob die Identität der in diesen beiden Hss vorhandenen Apparate eine durchgehende ist, bin ich noch dabei zu prüfen, was einfacher wäre, wenn diese beiden Hss nebeneinander liegend zu lesen wären.

5 Das Gewicht der Allegationen kommt zu kurz in der Annahme Seckels (Distinctiones Glossatorum, Festschr. v. Martitz, 1911, 282), es habe die Haupttätigkeit der Glossatoren in der »Einzelexegese« bestanden, ihre Methode sei »vorwiegend analytisch« und das systematische Bestreben komme zum Durchbruch erst in den Distinktionen. Schon in den allegierenden und den die Allegate ausführenden, die *contraria* auflösenden Glossen geht die glossatorische Arbeit über die »Einzelexegese« hinaus, findet die »Vereinigung der Einzelheiten« statt, ist das alles Einzelne aufeinander abstimmende, eben das systematische Bestreben vorhanden. Unter den Glossen sind die reinen Allegate, von denen manche so reden, als seien sie selbst gar keine Glossen, gleichsam das Rückgrat.

Litera Glossen geschrieben worden sind, im Hörsaal diktiert worden sein mögen, in den Händen verschiedener Personen gewesen sein werden. Wer im Nachlass seines Vaters das Exemplar etwa eines Digestum vetus hatte, wird dieses selbst in seinem eigenen Studium der *leges* weiter benutzt oder aber zur Realisierung des beträchtlichen pekuniären Werts eines solchen Buchs veräußert haben, und er wird selbst oder es wird der Erwerber zu den ererbten oder käuflich erworbenen Glossen das eine oder andere hinzugefügt oder auch, um Platz für Neues zu schaffen, in dem vorhandenen Bestand getilgt haben. Und nicht jeder, der das Exemplar eines Digestum vetus oder eines der anderen *libri legales* sein eigen nannte, wird ein ausgebildeter und versierter Legist gewesen sein. Es ist Erhaltenswertes getilgt und Läppisches aufgenommen, mit und ohne Verstand in den Glossen redigiert worden.[6]

In der Überlieferung der vorazonischen und namentlich der hier sog. *antiqua glosa* ist die Situation, wie zu deren Verdeutlichung bemerkt sei, eine wesentlich andere als in der Überlieferung der – antiken – Litera, zu der die Glossen geschrieben worden sind. Es gibt von »der Glosse« nicht, und es kann nicht geben das eine Exemplar, von dem alle anderen – unmittelbar oder mittelbar – abstammen. Es ist nicht 200 Jahre lang ein und derselbe Text immer wieder abgeschrieben und, wie in der Abschrift nahezu unvermeidlich, verdorben worden, sodass man dem Urtext umso näher kommen kann, je älter der Text ist, den man bei Durchsicht aller Handschriften gesucht und gefunden hat.[7] Auch von der Glosse wird gewiss vieles mehrfach abgeschrieben worden sein, und zweifellos wäre es ein großer Gewinn, wenn wir den Text hätten, von dem alle Abschriften ausgegangen sind: den Apparat des Irnerius etwa zum Digestum

6 Womit nichts gesagt ist zum Begriff der Glosse, wie ihn Savigny, Gesch. III 558 f. gefasst hat, s. das dort zu den Glossen Gesagte, die sein Verfasser »bey seinem Leben stets zu verbessern und zu ergänzen suchte«.

7 Es ist auch nicht etwa, weil die Litera ein frühe ist, auch der dazu vorhandene Apparat ein früher: So hat Paris 4450 (Mommsens P) eine der frühesten Versionen der Litera und einen Apparat aus einer beträchtlich späteren Zeit; für Padua (Mommsens U) gilt mehr oder weniger dasselbe; in Vatikan 1406 (Mommsens V) ist der Apparat so dürftig und uneinheitlich, dass diese Hs in glossatorischer Zeit in schwächlichen Händen gewesen sein muss, Ähnliches ist von Leipzig 876 zu sagen; Vatikan 2705 hat einen sehr alten und geschlossen wirkenden Apparat, wenn denjenigen des Irnerius, dann aber diesen doch nur lückenhaft und doch wohl auch nicht ohne spätere Zutaten; in Vatikan 1405 ist zu einer älteren Litera der Apparat jünger als in 2705, aber ebenfalls sehr lückenhaft. Es wäre dies genauer zu untersuchen, als das für die Aussage des obigen Textes erforderlich ist. Der Datierung jedenfalls der Litera dieser Hss (sowie einiger weiterer) durch Mor RSDI XXVI/XXVII, 145–7 wage ich weder mich anzuschließen noch zu widersprechen.

vetus.[8] Aber so hoch des Irnerius Ansehen in der Schule der Glossatoren auch gewesen ist – er war denen, die ihm in seiner Art, die *leges* zu traktieren, gefolgt sind, nicht der Gesetzgeber, dessen Wort zu befolgen war, das es also auch nur zu verstehen galt und das allenfalls im Verständnis sich verdrehen ließ. Er war ein Exeget, wie auch die Neueren das waren, und diese werden ihm darum nicht alles abgenommen haben. Sie haben dessen Glossen bei weitem nicht dieselbe Aufmerksamkeit zugewandt, die sie für die Litera Justinians aufbringen zu müssen gemeint haben. Und sie waren darum auch gefordert und frei, die irnerianischen Anfänge mit eigenen Worten wiederzugeben, ihnen einen eigenen Ausdruck zu geben, Eigenes hinzuzufügen und das eine oder andere davon wegzulassen. Selbst ein Mann oder das Team von Männern oder Frauen, die – wie das Mommsen und Krüger hinsichtlich der Litera gewesen sind – bereit und imstande wären, einen Großteil ihres Arbeitsleben in die Schaffung eines Corpus glossarum zu investieren, brächten dieses nicht zustande, wie dann auch die »gelehrte Organisation«, die Seckel zu schaffen im Begriff gewesen ist,[9]

8 Pescatore, Die Glossen des Irnerius (1888), beruht auf einigen wenigen Handschriften, deren Litera der Codex ist. Den irnerianischen Apparat namentlich zum Digestum vetus zustande zu bringen, ist vielleicht nicht wie die Schaffung eines Corpus Glossarum praktisch unmöglich zu nennen, aber doch von ähnlicher, kaum geringerer Schwierigkeit, wie schon die Tatsache lehrt, dass es bei dem beachtlichen Anfang, den in dieser Hinsicht Besta, L'Opera d' Irnerio (1896) Vol. II gemacht hat, bislang geblieben ist. Nicht nur in den von Besta bezeichneten (s. in dessen Vol. I 104) Hss – in *allen* Hss mit *antiquae glosae* können sich Irnerius-Glossen befinden, und es ist durchaus kein untrügliches Erkennungszeichen dafür, ob Autor einer *antiqua glosa* Irnerius oder ein Späterer ist, die ihr beigegebene oder zu ihr nicht vorhandene Sigle des Irnerius, wie auch schon Besta gesehen hat, s. dessen Bemerkung zu den ›glosse anonyme‹ Vol. II p. XII, und wie sich bei der hier soeben bezeichneten Beschaffenheit aller älteren Apparate auch fast von selbst versteht. Es ist zudem doch auch alles andere als sicher, ob es als ein »geschlossenes Ganzes« den Irnerius-Apparat überhaupt gegeben, ob so etwas wie eine Publikation des Ganzen zu dessen Lebzeiten überhaupt stattgefunden hat. Es zeichnet Besta aus, dass er unter diesen Umständen nicht unternommen hat, den Irnerius-Apparat zum Digestum vetus zu edieren, sondern seiner Edition zugrunde zu legen nur eine Hs: »il ms torinese (F II 14) come il più autorevole per l'età« und »per corrigere gli errori e supplire le lacune di primo« zu benutzen die Hs Padua 941 (Mommsens U). Dass eine der von Besta edierten Glossen irnerianisch ist, bedarf daher für jede einzelne der Kontrolle anhand weiterer Hss, und es ist auch als ein Indiz für die Zuschreibung an Irnerius die interlineare Position einer Glosse wohl nicht so gering zu schätzen, wie Besta – Pescatore folgend – das getan hat, s. Vol. I 93 f. sowie dazu bereits MG N. 230 und 206 sowie meine in ZRG 134 RomA (2017) erscheinende ›Irnerius' Sigle‹ betreffende Arbeit.

9 Um der »Katastrophe des Vergessens«, das der accursische Apparat »über eine wertvolle Interpretationsliteratur von vier Generationen« gebracht hat (Seckel in seiner Rektoratsrede 1921, S. 18), entgegenzuwirken; s. zu Seckels Bemühungen

mit seinem Tod den Kopf verloren hat und zerfallen ist. Und wie sollte sich zu einer solchen Arbeit auch einer bereit finden, wo doch die Faszination, die das in den Fragmenten der Digesten überlieferte römische Juristenrecht entfacht, die diesen Fragmenten sich unterwerfenden Glossen nicht zu entzünden vermögen.[10] Die Digesten waren, auch mag das, was Mommsen betrifft, die reinen Historiker irritieren, die Anstrengung des Besten wert. Das Corpus glossarum, das zu schaffen eine eher noch größere Anstrengung erfordert, wird diesen Besten nicht finden.

3. Ist dem so: ist die Findung eines fundierten Urteils über den Wert des accursischen Glossenapparats nicht auszusetzen, bis alles, was Accursius in der älteren Glosse vorgelegen haben kann, erschlossen und aufbereitet ist, dann ist dieses 2. Fazit der hier unternommenen Untersuchung durchaus noch kein Grund, die Angel in den Fluss zu werfen und mit einem vorläufigen Urteil, das so leicht von der einen in die andere Richtung zu drehen ist, sich zu behelfen. Es ist aus der Not eine Tugend zu machen. Die Arbeit ist – in der Hoffnung, dass das, was im Ganzen nicht gelingen kann, im Einzelnen gelingen könnte, und in der Erwartung, dass weniger mehr sein kann – zu beschränken: Es ist – und eben dies ist in dieser Untersuchung unternommen – zu einzelnen Aussagen der Litera, ansetzend in dem, was dazu in der Glossa ordinaria vorhanden ist, hinter diese zurückzugehen; es sind Accursius' Aussagen zu konfrontieren mit den Aussagen derjenigen, die ihm die Nächsten gewesen sind, und sodann auch wieder deren Aussagen mit demjenigen, was ihnen in der älteren Glosse vorgelegen hat. Es ist retrospektiv voranzugehen und hier zu gehen versucht worden, und dass dabei mehr zum Vorschein kommen kann, als in einer Arbeit, die alles erfassen, die sozusagen den Wald nachzeichnen will und sich, um dies zu können, nicht in der Betrachtung der einzelnen Bäume verlieren darf – das Mehr, sage ich, ist von dem Weniger zu erwarten, weil die Konzentration auf die einzelne Aussage und auf deren Genese hervortreten lässt, wer in der Geschichte der Glosse zu der Klärung der jeweiligen Sachfrage was beigetragen hat: wer die Klärung vorangebracht, wem die fertige Mahlzeit die wesentlichen Ingredienten zu verdanken und wer für deren leichtere Verdaulichkeit und für die gefällige Dekoration gesorgt hat.[11] Für den Erfolg, den die glossatorische Arbeit gehabt

zur Schaffung dieser gelehrten Organisation in Genzmers Nachruf auf Seckel ZRG 46, 239 f.

10 Ich zögere, so weit zu gehen und sie – mit Bluhme (Über die Ordnung der Fragmente in den Pandekten, ZgeschRW 4, 372) – zu »den Erzeugnissen ... zu rechnen, welche auf stümperhafte Überarbeitungen klassischer Werke ... hinausgingen«.

11 Dass nur auf diesem sich auf die einzelnen Sachfragen beschränkenden und deren Klärung zurückverfolgenden Weg sich die Forderung einlösen lässt ›che una nozione esatta della scuola bolognese non di là (sc. der accursischen Glosse)

hat, ist dies vielleicht ebenso wichtig wie jenes. Das Design bewirkt eine Menge. Aber wenn, wie in den Details dieser Untersuchung gezeigt, der Erfolg ist, dass hinter der Arbeit des Accursius die Arbeit derjenigen sich verflüchtigt, die jener die Substanz geliefert haben, und wenn, gravierender noch, das Studium der Glossa ordinaria die Aufmerksamkeit des Lesers derart in Beschlag nimmt, dass das Studium der antiken Litera verdrängt wird; wenn die Interpretation, die die Glossa ordinaria doch nur ist, es geradezu darauf anlegt, das zu ersetzen, was in der zu interpretierenden Litera steht; wenn dem Leser auf Schritt und Tritt vorgesagt wird, was in der Litera zu lesen ist; wenn ihm eine Sicherheit vermittelt wird, die im Studium der Litera nicht zu erlangen ist – wenn dies der Erfolg ist, dann ist die Arbeit, die ihn zustande gebracht hat, doch schon eine minderwertige oder – mit der Savigny'schen Behutsamkeit – eine »sehr mittelmäßige« zu nennen. Man möchte selbst die Frage stellen, ob es nicht besser gewesen wäre, sie hätte gar nicht stattgefunden und es wären die alte Glosse und auch Azos und Hugolinus' Apparate von vornherein den Historikern anheim gefallen, die dann in der Durchführung ihrer Arbeit vielleicht zu Juristen mutiert wären – wie Irnerius, *cum in artibus docuit*, in den *libri legales* zu lesen angefangen hat.

Doch dies: der Wert der Glossa ordinaria für die Zeit nach Accursius, der außerordentliche Erfolg, den dieser mit seiner Arbeit bei den Späteren gehabt hat, ist nicht das, worum es in den Details dieser Untersuchung zu tun war. Auf dem in ihr beschrittenen Weg, nur punktuell zu zeigen, was die Glossa ordinaria wem verdankt, werden sichtbar – für den, der sich in diese Details hineinbegibt – Accursius und dessen Vorgänger in ihrer konkreten, dem juristischen Detailproblem zugewandten Arbeit. Es treten die Konturen ihrer Individualität schärfer hervor. Es werden nicht die Umstände ihres Lebens: wann sie geboren und gestorben sind, ob sie Frau und Kinder und wie viel von dem und dem anderen sie gehabt haben, deutlicher. Sichtbar werden ihr Charakter und der Charakter ihrer Wissenschaft. Irnerius, der unserer von der Praxis und der Politik faszinierten Zeit als ›un pratico‹, als ein Advokat, als ein Mann erscheint, dem das römische Recht das Recht des mittelalterlichen Kaisers gewesen ist und der zur Befestigung der Macht dieses Kaisers das Studium der justinianischen *leges* zu seiner Sache gemacht hat[12] – dieser Mann erweist sich im Detail dieser

deve attingersi, ma delle opere precedenti‹ (Besta, zitiert nach Pescatore o. N. 1, 10), sei hier immerhin noch nebenbei bemerkt.

12 So, um hier vor allem denjenigen zu nennen, der, wenn es ums Mittelalter in Fernsehsendungen geht, der *praeceptor* ist: Fried, Die Entstehung des Juristenstandes im 12. Jahrhundert (1974) S. 100 ff., insbes. 133 f. (abgewogener, verwässerter dann allerdings in der Schlussbemerkung S. 251: die Wissenschaft vom römischen Recht ist Dank der Glossatoren kein »l'art pour l'art«, vielmehr »der sozialen Wirklichkeit« geöffnet, sodass sie und ihre Zeit auch uns noch etwas zu sagen hätten). Als ›un pratico‹ ist Irnerius bezeichnet worden von Tamassia,

leges: da, wo seine Arbeit als Jurist konkret und unvermittelt sichtbar ist, als die *lucerna iuris*, die er seinen Schülern und den Schülern seiner Schüler gewesen ist: als ein Mann, der seiner Zeit als ein *magister artium* erscheinen konnte auch wegen der Ausrichtung seiner Arbeit auf die Worte der antiken Litera, wegen seines Hangs zur Subtilität, seiner wortkargen, dem Philologen sich geziemenden Art seiner Erklärungen und der, weil ihm außer der Litera doch nichts von Bedeutung vorgelegen hat,[13] in diesen Erklärungen: in seinen sich scheinbar in Worterklärungen erschöpfenden Glossen sich als ein Mann erweist, dem ein außerordentliches Judiz eigen gewesen ist – ein Judiz, das im Studium der *leges* sich fortgebildet hat und geschärft worden ist. Für ihn vor allem gilt, was Savigny von den Glossatoren im Allgemeinen gesagt hat: »sie traten als buchgelehrte Reformatoren auf, und ihrer gewonnenen, besseren Einsicht sollte sich die Praxis fügen«.[14] Ob schon durch Irnerius, wie Pescatore festgestellt hat,[15] »der Grundstock der gesamten Rechtswissenschaft der Glossatoren bis in die letzten Zeiten hinein« geschaffen worden ist, darüber ist hier im Fazit zu einer Untersuchung, die sich auf Details und auf das Digestum vetus beschränkt, nicht zu urteilen. Was sich am und im Detail zeigt,[16] ist das juristische Genie dieses Mannes:[17] Wie viel hat nicht schon er gesehen und kurz und bündig gesagt, worüber die späteren gelernten Juristen mit ihren vielen Worten nicht hinaus gekommen sind!

Odofredo (1894) S. 101. Für einen Advokaten, einen der sog. *causidici* (›who did not learn their jurisprudence from books‹), hält ihn Radding, The origins of medieval Jurisprudence (1988 – erstaunlich S. 168: Irnerius' in seinen Glossen sichtbarer »focus on actions« als »important clue to Irnerius' background«, sc. als *causidicus*). Irnerius war dies alles auch und sicher auch kein »isolato pensatore« (Besta o. N. 8, Vol. I 234). Er war eben nicht – wie Radding, Tamassia, Fried – nur ein ›Professor‹, nicht nur ein Gelehrter, aber dies war er doch vor allem, dies musste er im Studium des *leges*: in deren unermesslichen Details werden, in der Erschließung dieses Details ist sein »focus on actions« begründet – oder es wäre das, was er in seiner Arbeit an den *leges* geleistet hat, gar nicht der Rede wert.

13 Dass er überhaupt *primus fuit, qui fecit glosas in libris nostris*, sagt Odofredus (Lectura zu l. 6 D 1,1) und ist bei einem Mann von dessen Naturell sicher cum grano salis zu nehmen: Glossen, die unsere Einsicht in die juristische Sache gefördert, unsere *scientia* begründet: auf den von ihr gegangenen Weg gebracht haben, hat erst Irnerius geschrieben; alles, was dessen Glossen in den *libri legales* vorausgeht, ist – dies sagt Odofredus! – nicht der Rede wert, s. dagegen allerdings und namentlich Besta, L'opera di Irnerio (1896) Vol. I 91 Zif. 7 und dazu näher meine Abhdlg. ›Irnerius' Sigle‹ in ZRG RomA 134 (2017).

14 Gesch. V 224.

15 S. o. N. 7, 21.

16 Aus MG sei hier vor allem erinnert an das dort in N. 208 Gesagte.

17 Wie Lange, Röm. Recht im Mittelalter S. 158 dazu kommt, dass Irnerius kein »ursprünglicher Denker« gewesen sei, ist nicht ersichtlich, es sei denn es ist gemeint, dass ursprüngliches Denken überhaupt nicht die Sache des Juristen ist.

Ist das Wenige, was hier im Detail festgestellt worden ist, für das Ganze repräsentativ (und es wird dazu, ob es das sein kann, hier nicht nochmals etwas zu sagen sein[18]), dann hat in der glossatorischen Arbeit eine neue Phase begonnen oder doch eine Wende stattgefunden mit der Arbeit des Johannes Bassianus, und das Neue war ein Reaktivierung der alten, philologisch strengen Ausrichtung der Exegese auf die Litera. Dass Johannes *in artibus* (in denen Irnerius ein Lehrer gewesen sein soll) *optimus/extremus* gewesen ist, sagt Odofredus und wird das Ansehen sein, in dem Johannes bei den Neueren und namentlich bei seinen Schülern gestanden hat. Odofredus[19] spricht an der Stelle, an der er Azo eine gleiche Befähigung *in artibus*, wie sie Johannes gehabt habe, abspricht, von dieser Befähigung so, als gehöre sie nicht unbedingt zur Jurisprudenz, als könne man *summus* sein *in scientia nostra/in legibus* und doch *in artibus minor*, wie das doch auch heute wohl die meisten sagen würden. Die Beispiele für die dem Johannes eigene Jurisprudenz, für dessen *subtilitas* in der Exegese der Litera, die diese Untersuchung zutage gefördert hat,[20] sind Belege dafür, dass Johannes gerade durch die Reaktivierung des zur Exegese gehörenden philologischen Elements die tradierten Ansichten zu durchbrechen, deren Fragwürdigkeit zu verdeutlichen vermocht, die Wissenschaft der Glosse als eine »gelehrte Rechtswissenschaft«[21] befestigt und in die Arbeit seiner Schüler eingebracht hat. – Dass im Vergleich zu ihm Azo in *scientia nostra*: unter den Glossen schreibenden Juristen *summus* gewesen ist, kann aufgrund dessen, was von seiner Arbeit als Glossator hier sichtbar geworden ist, auch gewiss nicht gesagt werden, ist wohl odofredianische Überspitzung, kann anzunehmen nur Azos Summa Codicis wegen begründet sein. Sicher ist ihm in der Glosse, nach allem, was hier gezeigt worden ist, Hugolinus nicht nachzuordnen. Dieser ist von Azo, wie dann später erzählt worden ist, »erschlagen« worden; er ist ihm

18 S. dazu bereits MG 294–6. Was zu den dort angegebenen Stellen in dieser Untersuchung hinzukommt, ist hier nicht nochmals zu benennen, geschweige denn die Zahl der insgesamt untersuchten Glossen zu nennen. Dass diese Zahl in Relation zur Gesamtzahl der Glossen des Digestum vetus eine sehr geringe ist, steht außer Frage.

19 Lectura zu D 12,6,60.

20 In MG s. insbesondere S. 179–185, ferner S. 237, 243. Von den vielen Beispielen, die als Belege für dasselbe in dieser Untersuchung hinzu kommen, sei hier hervorgehoben dasjenige, was – nach Azos Bericht – Johannes zu Paulus' in D 18,5,4 überlieferter Entscheidung angenommen hat, s. in Abschn. XII im Text nach N. 72.

21 Savigny, Gesch. III 156: »niemals (sei zu) vergessen, dass die gelehrte Rechtswissenschaft neuerer Zeiten auf dem Grund der Schule von Bologna beruht«. Ob O. v. Gierke, der dasselbe von »der Glosse« und der »modernen Rechtswissenschaft« gesagt hat, die ›moderne‹ für Savignys ›gelehrte‹ Wissenschaft gehalten hat, halte ich für zweifelhaft.

jedenfalls, was beider Reputation betrifft, unterlegen,[22] weil er in seiner Arbeit nicht mit der Selbstsicherheit zu Werke gegangen ist, die Azos Charakter ist. Hugolinus ist bedenklicher, zögerlicher und darum auch in seiner Argumentation umständlicher als sein Mitschüler und Konkurrent, auch weniger als dieser bemüht, seine Eigenständigkeit, was den gemeinsamen Lehrer angeht, hervorzukehren. Beider Apparate, die auch, wie im Verlauf dieser Untersuchung sich gezeigt hat, einen Bezug aufeinander erkennen lassen, waren nicht vollendet, kein wahrhaft »geschlossenes« Ganzes, der azonische war noch unfertiger als der offenbar durch seinen Verfasser einer Gesamtrevision unterzogene Hugolinus-Apparat. Der azonische Apparat aber ist unfertig nicht selten doch auch nur für den Leser, der in seinem Wissen und Können mit Azo nicht mithalten kann. Was dieser im Benutzerinteresse zu wenig getan und darum eine Bearbeitung seines Apparats herausgefordert hat, sind andere nachzubessern bemüht gewesen und hat sein perfektester Schüler zu viel getan.

Zu dessen und seiner Arbeit Charakter – zu Accursius wird hier kaum noch etwas zu sagen sein. Er war ein Mann, den ›fleißig‹ zu nennen lächerlich wäre. Er war ein Mann von schier unerschöpflicher Arbeitskraft, von umfassender Kenntnis des Details aller *libri legales*, ausgestattet mit einem Ordnungssinn, der seinesgleichen schwerlich finden wird, mit einem, was die in seinen Vorlagen vorhandene Qualität betrifft, fast untrüglichen Urteilsvermögen, ein Redaktor der Glosse von höchster Perfektion. Zu erkennen, was in juristisch substanzieller Hinsicht seine aus den wirklichen oder vermeintlichen Mängeln seiner Vorlagen resultierenden eigenen Einfälle taugen, hat ihn wohl das Gefallen gehindert, das er an sich selbst gefunden zu haben scheint.[23] Und wer unter uns könnte deswegen auf ihn einen Stein werfen! Eine *vita perdita*, wie offenbar Johannes,[24] kann er nicht geführt – wann sollte er dafür auch die Zeit gehabt haben! Auch in seinem Lebenswandel ist er das Muster eines nach dem Beifall der Vielen strebenden Gelehrten gewesen. Dass er es war, der des Hugolinus Ehefrau

22 S. auch dazu bereits MG N. 555.

23 S. dazu Savigny, Gesch. V 265 (betr. seinen Namen), 272 (betr. seine Kleidung).

24 S. dazu den Beleg bei Savigny, Gesch. IV 292 in N. 1, dem ersichtlich nicht behagt hat, dass ein in seiner Wissenschaft so bedeutender Mann sich nicht auch eines untadeligen Lebenswandels befleißigt hat. In: *ludo enim et commessationibus deditus nonumquam pannis exitus nudus remanebat in alea* lese ich nicht (wie Savigny), dass »er sich zuweilen bei dem Spiel nackt ausgekleidet hat«, sondern: Er liebte die feucht-fröhliche Runde, in der gezockt wurde, und konnte es soweit kommen lassen, dass er noch sein letztes Hemd aufs Spiel setzte und, wenn er verlor, auch auszog. Dass ein scharfsinniger, ingeniöser Exeget antiker Texte so etwas tut, ist gewiss befremdlich, aber mir doch nicht so befremdlich wie der seine Bücher verspielende Professor, mit dem, wie Savigny a. a. O. meint, Johannes verwechselt worden sei.

supponebat, ist doch wohl wirklich – mit Savigny – nur für ein Märchen zu halten.[25] Dass er aber aus Azos und Hugolinus' Glossen in großem Umfang abgeschrieben und das Abgeschriebene, ohne dessen Herkunft zu vermerken, in seinen Apparat übernommen hat – allein dazu ist, was Accursius und seiner Arbeit Charakter angeht, hier noch etwas zu bemerken. Es ist der Verdacht zu zerstreuen, den die hier immer wieder festgestellte Abhängigkeit des Textes der Glossa ordinaria von dem, was Azo und auch Hugolinus gesagt haben, erregen wird. Es ist von ihm mitnichten zu sagen, dass er ein Plagiator gewesen sei.

Ein Plagiat begeht nicht, wer den Gedanken eines anderen sich zu Eigen macht und ihm eine eigene Form gibt, mit seinen eigenen Worten zum Ausdruck bringt. Die Wiedergabe eines fremden Textes mit eigenen Worten: die Paraphrase ist prinzipiell kein Plagiat. Wer unter uns könnte, gehörte zum Plagiat nicht die formale Übereinstimmung, den ersten Stein werfen? Dass Accursius aus den beiden von ihm ausgeschlachteten Vorlagen: aus Azo und Hugolinus einen Text *de verbo ad verbum* übernimmt, ist eine Seltenheit. In der Regel ersetzt er einzelne Worte oder Redewendungen durch andere, die den gleichen Sinn haben und diesen, wie er gemeint haben könnte und ab und an auch zutreffend ist, besser zum Ausdruck bringen. Wie viele solcher den Sinn erhaltender Veränderungen müssen vorgenommen sein, damit gesagt werden kann, es handele sich um eine Paraphrase, nicht um ein Plagiat? Und wie soll eigentlich derjenige verfahren, der mit seiner Arbeit einer Zeit angehört, die das Mittel, eine wortwörtliche Übernahme zu kennzeichnen: die An- und Ausführungsstriche, nicht kennt? die keine Klammern verwendet, um eigene Zutaten zu einem fremden Text von diesem abzusondern? Zu einem Plagiat gehört zudem, außer dem objektiven Element der formalen Übereinstimmung des jüngeren mit dem älteren Text, gewiss doch auch das subjektive Element der Absicht zu täuschen: bei anderen den Eindruck zu erwecken, dass ich es sei, der das sagt, was sie lesen; dass die Leistung, die in dem Text enthalten ist, meine Leistung sei; dass das Ansehen, das diese Leistung verschafft, mir gebühre. Was diese Absicht zu täuschen angeht, so fehlt sie nicht allein dem, der nicht weiß, dass sein Text ein fremder ist; es ist auch die Vermutung, dass sie trotz Kenntnis der Fremdheit vorhanden ist, nicht bei jedem Text begründet, der einen fremden Text wortwörtlich wiedergibt. Wer etwa ein Kochbuch verfasst und seinen Namen auf das Titelblatt dahin setzt, wo der Name des Autors zu stehen pflegt, wird nicht erwarten, es sei denn er bringt das besonders zum Ausdruck, dass seine Leser ihn für den Autor aller in dem Buch gegebenen Rezepte halten. Wer für Studenten der Ökonomie für deren juristisches Nebenfach ein Lehrbuch schreibt, wird sich hüten, in den darzulegenden Stoff originär Eigenes

25 Ob es nicht umgekehrt war, s. Savigny, Gesch. V 50 N. e, kann dahin stehen.

einzufügen. Er wird die gängigen für Juristen geschriebenen Lehrbücher und Kommentare ausschlachten, und auch wenn er dort für seinen Zweck brauchbare Stücke findet und diese, ohne Angabe ihrer Herkunft und mehr oder weniger wortwörtlich, in sein Lehrbuch übernimmt, wenn er sich seine Arbeit derart erleichtert, wird er doch nicht erwarten, dass die angehenden Ökonomen ihn wegen dieses seines Werks für einen bedeutenden Juristen halten werden. Was er tut, mag urheberrechtlich bedenklich und zu ahnden sein.[26] Den Autor eines Buchs, das der Kategorie der Unterrichtung über das, was es in einem Fach so alles gibt, angehört, als Plagiator an den Pranger zu stellen, ist lächerlich. Ob wörtliche Übernahmen fremder Texte Plagiate sind oder nicht, ist, um die Sache auf den Punkt zu bringen, um den es hier geht, nicht ungeachtet der Literaturgattung zu entscheiden, zu der ein Text gehört, wie auch nicht ungeachtet der Literaturgattung zu sagen ist, dass schon die paraphrasierende Wiedergabe eines fremden Textes kein Plagiat sei. Haben die mittelalterlichen Juristen von einem Apparat, der aus Glossen zu der Litera eines *liber legalis* besteht, erwartet, dass der Verfasser des Apparats in den Glossen, wenn er nichts anderes sagt, eigene Ansichten wiedergibt? dass sie in dem Apparat nicht vor allem darüber informiert werden, was in der neuesten Literatur: von Azo und Hugolinus gesagt ist? Haben sie nicht gesehen, dass die an das Ende der Glossen gesetzte Sigle nur besagt, dass der vorangehende Text zum Apparat dessen gehört, mit dessen Sigle die Glosse abgeschlossen ist?[27] Accursius, das dürfen und müssen wir – *in dubio pro reo* – annehmen, wird seine Zeitgenossen nicht für derart töricht gehalten haben. Die accursische Glosse heißt *ordinaria* auch deswegen, weil sie in ihrer Zeit, was die in ihr enthaltene Substanz angeht, nicht für das Werk eines Einzelnen gehalten worden ist.

26 Dass ein Plagiat keine Urheberrechtsverletzung voraussetzt, ist klar: es wäre anderenfalls doch an den Texten derjenigen, deren Urheberrecht erloschen ist, kein Plagiat mehr zu begehen – das Beste wäre plagiatfrei zu benutzen. Für die Zeit des Mittelalters ist darum auch die Plagiatsfrage nicht mit dem Hinweis darauf zu erledigen, dass diese Zeit von geistigem Eigentum und Urheberrecht noch keinen Begriff gehabt hat.

27 Die Plagiatsfrage stellt sich mithin anders hinsichtlich derjenigen – mittelalterlichen – literarischen Produkte, die – anders als ein Glossenapparat (s. MG N. 15 sowie dazu insbes. S. 140 f.) – ein eigenes Buch sind, namentlich also hinsichtlich der *Summae* genannten Werke, s. dazu die Kontroverse d'Ablaing (ZRG RA 9 [1888] 22 ff. ./. Seckel (Sitzungsberichte der preuß. Akademie der Wissenschaften 1918 I 5) betreffend den Anteil des Johannes an Azos Summa Codicis. Die Ansicht von Lange, Röm. Recht (1997) 261 (mit weiterer Lit. zu dieser Kontroverse): »Auch in der Rechtswissenschaft bleibt auf lange Sicht nur das Erhaltenswerte erhalten« ist Schönfärberei. Es fehlt, was diese Kontroverse angeht, bis heute die exakte Feststellung, wie umfangreich und wie gewichtig Johannes' Anteil an Azos Summe ist.

Der Nachweis des Ausmaßes der Abhängigkeit der accursischen Glossen von Azo und Hugolinus ist hier nicht geführt worden, um Accursius als einen Plagiator zu entlarven. Es ist hier nur darum zu tun gewesen, deutlich zu machen, wie fragwürdig die Glossa ordinaria als eine Quelle für »die Glosse« ist, wie gering ihr geschichtlicher Wert ist, wie wenig damit anzufangen ist, dass in den accursischen Glossen, was ja durchaus nicht selten geschieht, ältere Juristen mit ihrer Sigle genannt werden. Die Tatsache, dass dies geschieht, dass keiner so häufig genannt ist wie Azo, ist – ob nun mit oder ohne Absicht begangen – eine Irreführung, indem dadurch der Eindruck hervorgerufen ist, es sei alles, wozu weder Azo noch ein anderer genannt ist, Accursius eigene Leistung – ein Eindruck, dem mit der Behauptung, die Glossa ordinaria sei eine Kompilation der Glosse, nur unzulänglich entgegengetreten ist. Zur Demonstration der irreführenden Qualität der accursischen Zitate und zur Verdeutlichung dessen, dass für Accursius' Art, mit den Texten anderer umzugehen, Plagiat das falsche, ein selbst zu harmloses Wort wäre, sei diese Untersuchung mit einem Exempel abgeschlossen, das Hugolinus betrifft und das zudem die Gelegenheit bietet, dasjenige nochmals zu bezeichnen, was zur Überlieferung des Hugolinus-Apparats das Resultat dieser Untersuchung ist. Wer etwa von dieser Untersuchung nur dieses Fazit liest, sei auch dasjenige, worum es in ihr auf Schritt und Tritt gegangen ist, nicht völlig erspart.

Zu l. 39 – *veteribus placet* D 2,14 besteht der Apparat des Hugolinus aus 10 reinen Allegaten. Zu diesen ist auch da, wo zu dem einen oder anderen Allegat der *contra*-Vermerk steht, nichts oder nur der Ansatz zu einer *solutio* notiert – außer zu *infra de verb. obl. l. eum qui kal.* = 45,1,41. Die *solutio* zu dem durch diese Stelle gegebenen *contrarium* – sie betrifft die Lehre von der Vertragsauslegung – ist die folgende:

ibi est sic, cum interpretatur ex necessitate. nam si interpretaretur [in secundis,[28] eadem ratione in tertiis, si in tertiis, eadem ratione in quartis et ceteris i. e. interpretaretur] in ultimis kalendis totius mundi, eveniret, ut quasi stipulatio nichil valeret, cum ex ea agi non posset, nisi demum quasi mundo finito, et res semper interpretanda est, ut magis valeat quam pereat ut infra de verb. obl. quotiens (D 45,1,80) et de reb. du. quotiens (34,5,12[13]).

sed secundum jo. sic distingue ad solvendam omnen contrarietatem: utrum appareat, quod de alio sensit actor, de alio reus et tunc nullum est pactum ut infra de contr. ept. in venditionibus (18,1,9), an non appareat et tunc, si sic potest interpretari, ut secundum utriusque intellectum res valeat, secundum promissorem erit interpretandum ut infra de verb. obl. l. stipulatio ista § in stipulationi-

28 *in secundis – interpretaretur* sic in Seo und London, fehlt in Paris und Amiens, daher die eckigen Klammern. Auch die in dem weiteren Text vorhandenen Absätze sind meine Zutat.

bus (45,1,38,18), ut puta promisit se dare bononie, si vero due su(i?)nt bononie, secundum promissorem interpretabor. Si autem res non potest valere, nisi secundum intellectum alterius, secundum eius intellectum interpretabor – puta promisit se daturum hodie bononie, si (sed?) intelligas de remota bononia, nulla esset stipulatio, rem ergo interpretabor de proxima, secundum quam interpretationem stipulatio valere potest ut infra de verb. obl. l. quotiens et infra de reb. du. l. quot. h.[29]

[vel plenius et melius ita distingue: cum verbum ambiguum et obscurum ponitur, aut constat, quod contrahentes de eodem senserint ei illi standum est, aut constat, quod unus de uno et alius de alio sensit, nec valet pactum utpote consensu carens ut infra de contr. ept. l. in venditionibus et infra de verb. obl. l. inter stipulantem § i (45,1,83,1) et l. continuus § i (137,1). aut dubitatur, quid senserint, quo ergo casu subdistinguitur: quia aut quocumque modo intellectum valet pactum, aut uno tantum modo: priori casu id, quod minimum est, accipiendum erit i. e. ut patet quod convenitur. secundo casu sic interpretandum erit, ut res de qua agitur, in tuto sit magis quod valeat quam pereat ut infra de verb. obl. l. quotiens et l. quod ex pluribus (45,1,106) et infra de l. j. l. ap. iul. (30,80) et de verb. obl. l. quidquid astringendum (45,1,99) et l. si mihi et titio § si stip. (110,1) et infra manda. l. fideius. (17,1,52) et de condic. in. l. cum his qui § ult. (12,6,32, 3). vel ubi dubitatio est, sic distingue: quia pro altera parte tantum pactum potest interpretari aut pro utrique. si pro altera tantum, tunc commodissimum est ut dicimus.(?) accipi, ut res, de qua agitur, non pereat ut infra de reb. du. quot. et l. ubi (35,5, 12[13] et 21). si pro utroque, id sequendum est, de quo verisimilius erit inter eos actum ut infra de verb. obl. l. eum qui ita (56) et de reg. iur. l. in obscuris (50,17, 114). si nichil possit dignosci, tunc contra eum interpretandum erit, qui pactum interposuit et pro se introduxerit ut hic habetur. nec obstat infra de contr. ept. l. si in ept. in princip. (18,1,34pr.), quia quod ibi dicit: de alio venditor sensit etc. est intelligendum i. e. sensisse dicetur ut ibi notavi. h.]

Im accursischen Apparat zu dieser l. 39 ist der Blick zu richten auf die gl zu *legem*, deren Wiedergabe, um das hier Folgende bequemer nachvollziehen zu können, zu viel des Guten wäre.[30] Accursius beginnt diese Glosse mit einer Unterrichtung darüber, dass *legem* hier den Sinn von *pactum* oder *verbum* habe, woran aufgrund des in der Litera vorher Gesagten doch auch nicht zu zweifeln

29 Dieses *h*, sc. die Sigle des Hugolinus fehlt in Paris 4461 und Amiens, das hier o. Folgende: *vel plenius* etc. fehlt in Seo und London.

30 Vorangehen in der *gl. ord.* zu dieser Stelle: eine gl zu *veteribus placet*, die darüber belehrt, dass das, was die *veteres* für richtig halten, auch wir dafür zu halten haben, sowie zu *obscuram*, zu der die weitestgehend übernommene Vorlage eine Glosse des Hugolinus zu dem demselben Lemma ist.

ist. Es geht Accursius sodann darum, die bei Hugolinus noch reinen Allegate auch hier so umzuformen, dass der Leser sie nicht nachzuschlagen braucht, sowie um die Auflösung der durch die eine und die andere Stelle gegebenen *contraria*, was alles hier außer Betracht bleiben kann – ausgenommen nur die (c. m. dieser accursischen Glosse ausgeführten) *solutio* zu dem durch D 45,1,41 – *eum qui kal.* gegebenen *contrarium* sowie die daran angeschlossene und, damit *omne contrarium* aufgelöst sei, ausgeführte *distinctio secundum jo(annem)*.

Im azonischen Apparat zu dieser l. 39 fehlt, wie hier zu bemerken ist, diese Ausführung; es ist in den meisten Handschriften, die diesen Apparat überliefern, allerdings, aber auch nur vermerkt, es sei hier, sc. zu dieser l. 39 zu distinguieren, wie zu der als *contra* allegierten Stelle D 45,1,41 ausgeführt sei: *ut diximus infra de verb. ob. l. quot.*[31] Die dort, n. b. im azonischen Apparat (sc. zum Digestum novum) vorhandene *distinctio* ist in einer geringfügig überarbeiteten, in der Sache vollkommen identischen Fassung von Accursius in die *gl. ord.* übernommen zu dieser l. 41 – *quotiens* D 45,1 (bezogen auf *tuto sit*); weggelassen ist dort, sc. von Accursius, der azonische Schluss: *he(o?)c idem in omni pacto distinguitur secundum jo.* Ich sehe davon ab, die azonische Version dieser *distinctio*, da deren Aussagen in der Sache in der accursischen Version bei D 45,1,41 vorhanden sind, hier wiederzugeben.

Was die *distinctio* betrifft, die Accursius hier, sc. zu l. 39 in seiner gl zu *legem* ausführt, so ist zu konstatieren, dass sie nicht etwa die bei D 45,1,41 zu *tuto sit* vorhandene und dort, wie soeben gesagt, dem azonischen Apparat entlehnte *distinctio* ist. Sie ist hier, sc. bei l. 39 eine quantitativ um einiges verkürzte, aber die Sache vollkommen erhaltende Version dessen, was in seiner hier oben wiedergegebenen Solutionsglosse Hugolinus im Anschluss an seine *solutio* zu dem durch D 45,1,41 gegebenen *contrarium* und ansetzend mit: *sed secundum jo sic distingue ad solvendam omnem contrarietatem* ausführt: Im Anschluss hieran, sc. nach *contrarietatem* ist von Accursius aus dem Hugolinustext weggelassen alles dort Folgende bis zu dem Schluss, den diese Glosse in Seo und London hat (inklusive die dort stehende Sigle des Hugolinus), sowie dann auch der Anfang dessen, was in den beiden anderen, den Hugolinus-Apparat überliefernden Hss in Paris und Amiens dem auch dort zunächst *secundum joannem* Gesagten hinzugesetzt ist: *vel plenius et melius ita distingue.* Accursius beschränkt sich mithin auf dasjenige, was Hugolinus ausführlicher und besser sagen zu können und zu sollen gemeint hat. Er streicht m. a. W. das zunächst *brevius et peius* Gesagte, und so erscheint in seiner Glosse als von Johannes gesagt, was

31 Dieser Hinweis (einschließlich der *contra*-Stelle) fehlt in München 3887 und Paris 4451. Der Hinweis klingt des Perfekts wegen so, als sei er gegeben zu einer Zeit, als bei der *contra*-Stelle die *distinctio* bereits stand – also wie ein Nachtrag, s. hierzu noch u. N. 33.

tatsächlich erst dessen Schüler, sc. Hugolinus mit der Intention, die Sache *plenius et melius* abzuhandeln, gesagt hat. Man muss also das, was Accursius über seine Quelle sagt, nicht so genau nehmen, wie er es hier sagt. – Eine weitere Verkürzung findet in der von Hugolinus erweiterten und verbesserten Version der Johannes-Distinktion statt, nämlich da, wo es in dieser um den Fall geht, dass zweifelhaft ist, was die das *pactum* schließenden Parteien gewollt haben, ob sie dasselbe oder der eine dies und der andere jenes im Sinn gehabt haben: *aut dubitatur quid senserint*. Hugolinus sagt zu diesem Fall zunächst, es werde insoweit in der *distinctio* eine weitere Unterscheidung vorzunehmen sein: *subdistinguitur*, und er geht, nachdem er diese *subdistinctio* ausgeführt hat, zu dem darin von ihm Gesagten auf Distanz: Er setzt mit *vel ubi dubitatio est, distingue* noch einmal neu an, nimmt sozusagen einen zweiten Anlauf und sagt das zuvor Gesagte nunmehr auf eine andere Weise. Accursius hält ersichtlich für genügend dasjenige, was Hugolinus erst in diesem seinem 2. Anlauf gesagt hat. Er streicht die gesamte *subdistinctio*, mithin alles, was Hugolinus offenbar selbst nicht für perfekt gehalten und nur nicht auch selbst gestrichen hat. Was nach dieser Streichung in der *gl. ord.* übrig bleibt, ist nicht *de verbo ad verbum* Hugolinus. Es ist das von diesem Gesagte paraphrasiert: mit Accursius' eigenen Worten wiedergegeben – meist kürzer und, was die Allegate betrifft, eine Auswahl getroffen sowie Hugolinus' Schluss: *nec obstat* etc. ganz weggelassen, was im Einzelnen hier nachzuvollziehen sich erübrigen wird. Und dahingestellt wird hier bleiben können auch die Frage, wie denn zu verstehen ist, dass Accursius in die *gl. ord.* zu der *contra*-Stelle, sc. zu D 45,1,41 zu *tuto sit* die *distinctio* hat fortschreiben können, die dort im azonischen Apparat vorhanden ist, und hier, sc. zu l. 39 sich an das gehalten hat, was Hugolinus *plenius et melius* als Johannes gesagt hat. Sollte es ihm entgangen sein, das dies und jenes auch in der Sache nicht überall identisch ist?

Es bleibt in der gl zu *legem* noch ins Auge zu fassen die der angeblich *secundum joannem* ausgeführten *distinctio* voranstehende *solutio* zu dem *contrarium* l. 39 D 2,14. /. l. 41 D 45,1. Im Hugolinus-Apparat existiert zu diesem *contrarium* eine *solutio*, die, wie in der obigen Wiedergabe aus den in diese eingefügten eckigen Klammern ersichtlich, in den Hss, in denen dieser Apparat in einer von Hugolinus bearbeiteten Fassung überliefert ist, sc. in Paris und Amiens kürzer ist als in der (vermutlich) ersten Version dieses Apparats, sc. in Seo.[32] Das hier vorhandene und dort in Amiens und Paris fehlende Stück betrifft die in der *contra*-Stelle überlieferte Entscheidung des Sabinus: Sind als Fälligkeitstermin stipuliert die Kalenden des Januar ohne Angabe, um welchen Januar

32 Sowie hier auch in London, wo von den dort vorhandenen Hugolinusglossen nur nicht durchweg zu sagen ist, sie seien dieser Apparat in dessen in Seo vermutlich 1. Version.

es sich handeln soll, und ist auch nicht anderweit ersichtlich, was in dieser Hinsicht die Parteien gemeint haben (*quod actum est*), dann seien – so die Entscheidung des Sabinus – die Kalenden des nächstfolgenden Januar als Fälligkeitstermin anzunehmen (*primas kalendas januarias spectandas*). Hugolinus gibt in der Überlieferung n. b. seines Apparats in Seo und London eine Antwort auf die Frage nach der *ratio* dieser Entscheidung: sie sei eine *interpretatio ex necessitate*, eine Notwendigkeit, um zu einer wirksamen Stipulation kommen zu können. Denn nähme man als Fälligkeitstermin an statt der ersten die zweiten Kalenden, dann könne man mit derselben Berechtigung (*ratio*) wie diese auch die dritten, mit derselben Berechtigung wie diese dritten die vierten usf. annehmen, und man käme so dahin, dass die Fälligkeit erst eintrete an den letzten Kalenden überhaupt, erst *finito mundo*, wenn alles Recht und damit auch der Stipulation genannte Rechtsakt zu existieren aufhört. Dasselbe ist im azonischen Apparat in nahezu allen Hss, die diesen überliefern, wie folgt gesagt: *illud* (sc. das in der als *contra* allegierten *l. eum qui kal.* = D 45,1,41 und dort von Sabinus Gesagte) *necessarium est indultum pro stipulatione, quia, si in ultimis kalendis intelligeretur, ergo demum in fine seculi ageretur, quo tempore nulli ius redderetur. item de mediis kalendis non intelligitur, quia non est ratio, quare magis de istis quam de illis intelligamus. unde ne inutilis sit stipulatio, de primis videtur actum.*[33] Was im Hugolinus-Apparat in Seo und London und auch in dieser Glosse des azonischen Apparats vorhanden ist und im Hugolinus-Apparat in Paris und Amiens fehlt, ist das Argument, mit dem als Fälligkeitstermin ausgeschieden werden die bei Azo sog. *mediae kalendae*: die *secundae, tertiae, quartae etc. kalendae*, sodass nur entweder die *ultimae* oder die *primae* übrig bleiben, die *ultimae* aber doch ausscheiden, weil diese mit dem Ende aller Zeiten zusammenfallen, wenn, wie es bei Azo so schön heißt, niemandem mehr Recht gewährt wird – nicht mehr das Recht, das wir Juristen traktieren, wenn allein noch auf Gottes Gerechtigkeit zu hoffen ist. Es fehlt dieses (bei Azo etwas nachhinkende) Argument wie in Amiens und Paris, so auch in der *gl. ord.*! Es fehlt dies aber in Paris und Amiens doch offenbar infolge eines in den Hss, deren Text ein kopierter ist, so häufig vorkommenden Homoioteleuton: einer Abirrung des Kopisten von *interpretaretur* auf *interpretaretur*; es fehlt dort infolge eines bei der Abschrift unterlaufenen Versehens. Und es fehlt also doch offenbar in der *gl. ord.*

33 Dies (einschließlich des Allegats der *contra*-Stelle) hat nicht die Stockholmer Hs, weswegen aber doch nicht auch hier anzunehmen ist, dass dies in den übrigen Hss ein späterer Zusatz zum azonischen Apparat ist. Es kann auch sein, dass der in Stockholm tätige anonyme Bearbeiter des azonischen Apparats (s. hier o. in Abschn. XII unter III 1) betr. die gl zu *opponenda*) wegen der darin vorhandenen *distinctio secundum joannem* das Allegat und die daran angeschlossene *solutio* für überflüssig gehalten hat.

dieses Argument, weil Accursius für seine gl zu *legem* benutzt hat den Hugolinus-Apparat in dessen überarbeiteter, in Paris und Amiens überlieferter Version, was hier ja auch schon dadurch bewiesen ist, dass für die folgende *distinctio* eben diese Überlieferung Accursius' Vorlage gewesen ist. Es ist indessen nicht so, dass Accursius bei der Niederschrift seiner *solutio* nicht bemerkt hätte, dass in seiner Vorlage in der Argumentation zwischen den *primis* und den *ultimis kalendis* etwas fehlt. Aber er vergewissert sich nicht dessen, was fehlt. Er nimmt nicht zur Kenntnis, was bei Azo zu den *mediis kalendis* gesagt ist. Er repariert das Fehlende selbst: die *primae kalendae* sollen anzunehmen sein – *secundum voluntatem stipulantis*, was denn doch gewiss ein Verschlechterung ist.

Accursius war kein Plagiator. Die einen Text redigierende Arbeit ist keine plagiierende. Er war ein Redaktor vornehmlich der Glossen, die ihm in den Apparaten von Azo und Hugolinus vorgelegen haben, und er ist in dieser seiner Arbeit mit größtem Geschick und einer nicht geringen Hemmungslosigkeit zu Werke gegangen, sodass, wo immer er zitiert, wenn er Autoren nennt, Vorsicht, Unglaube das erste Gebot ist. Wie hätte er die immense Aufgabe, der er sich unterzogen hat, anders: auf eine verlässlichere Weise auch vollenden können.

München Clm 3887 fol. 21v

Benutzte Handschriften*

Alençon	173 A. N. 3, 25; B. II N. 8, 10; B. V N. 57, 58, 63; B. VI N. 17; B XI N. 13, 50, 51, 70; B. XI – Anhang II N. 1, 2, 4, 5, 7, 8, 9; B. XII N. 38, N.** zu Paris 4450 (in den Quellen nach N. 42), 51.
	174: A. N. 3.
Amiens	347: A. N. 5; B. I N. 1; B. II N. 12, 14; B. V N. 33, N.* zur Wiedergabe der Quellen – B. 7 N. 13; B. IX N. 4, 5, 7, im Text bei N. 9; B. X in den Quellen zu Hugolinus N. (a) (b) (c) (d) (e), im Text bei N. 41 u. 42; B. XI N. 53, Anhang I zu Hugolinus N. 2, 6, 7, 8; B. XIII N.* sowie N.**zu Hugolinus/gl. ord., N. 34; C. N. 28, 29.
Angers	A. N. 3.
Arras	586: B. I N. 1; B. II N. 14; B. III N. 3; B. V Quellen nach N. 4: N.* zu Azo; B. VII N. 13, 24, 25; B. XI N. 76, 79, Anhang I zu Azo N. 1, zur gl. ord. N. 2; B. XII – Quellen N.* zu Azo.

* In dem folgenden – das Ausmaß der Abhängigkeit des Ganzen von den handschriftlichen Quellen belegenden – Nachweis der Stellen, an denen eine Hs benutzt ist, bedeutet: **A** die Einleitung zu dieser Untersuchung; **B** deren die ›Quellen und deren Interpretation‹ betreffenden Hauptteil; **C** das Fazit. Die **römischen Ziffern** bezeichnen die Abschnitte des Hauptteils, **N.** die Fußnoten. Wo von einer Hs auch im Text die Rede ist, wird die Stelle, an der dies der Fall ist, durch die ihr nächste (vorangehende oder folgende) Fußnote bezeichnet. Die mit einem oder mehreren * bezeichneten Noten sind die Anmerkungen zu der Wiedergabe der Quellen und also im unmittelbaren Anschluss an diese zu finden. – Die Fundorte der Hss: die Bibliotheken, in denen sie sich befinden, werden nur mit dem Ortsnamen (wo es an demselben Ort um mehrere Bibliotheken geht, werden diese abgekürzt) bezeichnet, und es wird die Signatur nur da und auch nur abgekürzt angegeben, wo in einer Bibliothek mehrere Exemplare des Digestum vetus vorhanden sind. Wegen der genauen Bezeichnung der Bibliotheken und der Signaturen verweise ich auf das Verzeichnis der legistischen Hss von Dolezalek, ohne das eine geschichtliche: auf die Quellen gestützte Arbeit an der Geschichte des römischen Rechts im Mittelalter praktisch unausführbar ist.

Bamberg	11: B. I N. 1; B. II N. 3; B. V – Quellen nach N. 4: N.* zu Azo, Quellen nach N. 35: N.* zu Azo; B. VI im Text nach der Wiedergabe der Quellen; B. VII N. 13, 24; B. X N. 24; B. XI N. 76, 80, 93, Anhang I N. 4 zu Azo, N. 3 zur gl. ord.; B. XII N.* zu Azo; B. XIII N.* zu Azo.
	13: B. II N. 8, 19; B. V N. 56, B. VI N. 15; B. VIII – Exkurs; B. XI 7, 10, 83; B. XIII N. 13, im Text vor und nach N. 19.
	21 (Codex): B. VII N. 16.
Basel	C. I 4: B. VIII – Exkurs; B. XI N. 11.
B(ernkastel)-Kues	280: B. VIII – Exkurs; B. XI N. 9, 12.
	281: B. II N. 19; B. VIII – Exkurs; B. XI N. 10, 83; B. XIII N. 13, im Text vor N. 19.
	283: B. VIII – Exkurs.
	284: B. VIII – Exkurs; B. X N. 24; B. XI N. 11; B. XIII im Text vor N. 17.
Bologna	A. N. 3; B. VIII – Exkurs.
Bourges	A. N. 3, 12; B. VIII – Exkurs.
Brüssel	5671: B. II N. 8, 19; B. VIII – Exkurs; B. XI N. 10, 83; B. XIII N. 13, im Text vor N. 18.
	19119: B. VIII – Exkurs; B. XI N. 10, 11, 83, 85; B. XIII N. 13, in und bei N. 14, im Text vor N. 24, vor N. 27.
Coimbra	A. N. 3.
Darmstadt	B. II N. 8; B. VIII – Exkurs; B. XI N. 83; B. XIII N. 13, im Text vor und nach N. 18.
Douai	575: B. VIII – Exkurs; B. X N. 21, 22; B. XI N. 11.
	576: B. V im Text bei N. 57; B. XII N.** zu Paris 4450, N. (a) zu Trier / Troyes (in den Quellen nach N. 42).
Durham	B. VIII – Exkurs.
Firenze	Acquisti 417: B. VIII – Exkurs; B. XI N. 11, 83; B. XIII N. 19.
	Acquisti 158.1: B. VIII – Exkurs; B. XI N. 7, 10; B. XIII N. 13, im Text vor N. 24.

Fulda	B. VI N. 15; B. VIII – Exkurs.
Gent	B. II N. 8, 12, 14; B. III N. 3; B. V im Text nach N. 58; B. VI N. 17, 21; B. VII N. 13; B. XI N. 50, 51, 69, 70, 76, 86, im Anhang I zu Azo N. 4, zu gl. ord. N. 3; B. XII – in den Quellen (nach N. 27) N.* zu Azo, N. (a) zu Trier / Troyes (in den Quellen nach N. 42); B. XIII (in den Quellen nach N. 10) N.* zu Azo.
Gerona	BS 156 (S. Felix 46): A. N. 3; B. VIII – Exkurs.
Göttingen	23: B. VI N. 15; B. VIII – Exkurs; B. XI N. 11, 83; B. XIII N. 13, im Text vor N. 19.
Hereford	A. N. 3; B. XIII N. 13, im Text vor N. 18 und vor 19.
Huesca	A. N. 3.
Klosterneuburg	A. N. 3, 12; B. VIII – Exkurs.
Kopenhagen	Thott 326: A. N. 3; B. VIII – Exkurs; B. XI N. 87.
	GKS 394: A. N. 3; B. II N. 19; B. V N. 56; B. VI N. 15; B. VIII – Exkurs; B. XI N. 9, 83; B. XIII N. 13, im Text vor und nach N. 18, im Text vor N. 24.
Kornik	A. N. 3; B. VIII – Exkurs.
Leiden	B. VIII – Exkurs; B. X N. 24; B. XI N. 11.
Leipzig	876: B. V im Text bei N. 57; B. XI N. 70; B. XII N. 51.
	877: B. VIII – Exkurs.
London British Library	Royal 11 C III: A. N. 5, Text nach N. 7, nach N. 33; B. I Text bei N. 5, B. II N. 8, 12, 17; B. III N. 4; B. V im Text nach N. 58; B. VI N. 7, 17, im Text nach der Wiedergabe der Quellen; B. VII N. 21, 27; B. VIII N. 1, im Text nach N. 6; B. IX N. 4, 5, 7, 9, im Text bei N. 9, vor 17; B. X N. 41, 47; B. XI N. 52, 62, 63, 64, Anhang I zu Hugolinus N. 1, 5, 6, 8, 9; B. XII N. 51; B. XIII N.* zu gl. ord. / Hugolinus; C. N. 28, 32.
	Royal 11 D III: B. VIII – Exkurs; B. XI N. 6.
	Royal 11 D IV: B. VIII – Exkurs; B. XI N. 10.
	Royal 11 E III: B. XI N. 11.
	Additional: B VIII N. 26, Exkurs; B. XI N. 11; B. XIII N. 15.

	Arundel: B. VIII – Exkurs; B. XI N. 10.
	Harley: B. VIII – Exkurs; B. XI N. 7, 9.
London Lambeth Palace	B. VIII – Exkurs.
Madrid	675: A. N. 5; B. V N. 57; B. XI N. 13, 50, 51, Anhng II N. 1, 6; B. XII N.* zu Paris 4450 (in den Quellen nach N. 42), N. (a) zu Trier / Troyes (in den Quellen nach N. 42).
	12080: B. VIII N. 14, Exkurs; B. XIII N. 13, im Text vor N. 19.
Montpellier	A. N. 3, 12; B. VIII – Exkurs.
München	3506: B. V N. 47; B. VIII – Exkurs; B. X N. 24; B. XI N. 11, 87, Anhang I zu gl. ord. N. 3; B. XIII N. 15, 27.
	14022: B. VIII – Exkurs; B. X N. 24, N.* zu gl. ord. (in den Quellen nach N. 19); B. XI N. 11; B. XIII N.** zu Hugolinus / gl. ord., N. 19.
	14028: B. I N. 1; B. II N. 12, 14; B. III N. 3; B. VII N. 13, 14; B. IX N.* zur Wiedergabe der Quellen; B. X N. 24; B. XI N. 40, 76, 80, 81, Anhang I N. 1 zu Azo, N. 3 zu gl. ord.; B. XII N.* zu Azo (in den Quellen nach N. 27).
	28176: B. V N. 47; B. VIII N. 24, Exkurs; B. XI N. 7, 9, 12, 87, Anhang I. N. 3 zu gl. ord.
	3887: B. II N. 3, 8, 14; B. V im Text nach N. 59; B. VI N. 17; B VII N. 13; B. X N. 21, 22, 28, 34, 35, 40, 44; B. XI N. 50, 51, 69, 70, 72, 78, Anhang I zu Azo N. 2, zu gl. ord. N. 2; B. XII Quellen zu Azo N.*, N.** zu Paris 4450, N. (a) zu Trier / Troyes (in den Quellen nach N. 42); B. XIII im Text vor N. 4; C. N. 31.
Padua	B. II N. 8; B. V N. 59; B. VI N. 17, 21; B. X N. 35; B. XI im Text nach N. 72: N. 69, 70; in den Quellen nach N. 42: N.** zu Paris 4450, N. (a) zu Trier / Troyes; B. XIII im Text vor N. 4, N. 2, 85.
Paris Arsenal	A. N. 3, 12; B. VIII – Exkurs; B. XI N. 11.

Paris BN	4450: B. II N. 12, 16; B. V im Text bei N. 57; B. VI N. 17; B. X im Text bei N. 18, 19, 22; B. XI N. 50; B. XII N. 25; im Text nach N. 42, N. 51, 57.
	4451: A. N. 33; B. III N. 3; B. VII N. 13; B. XI N. 40, 76, 77, Anhang I N. 1 und 3 zu Azo, N. 2 zu gl. ord.; B. XII N.* zu Azo (in den Quellen nach N. 27), C. N. 31.
	4459: B. I N. 1; B. II N. 12, 14; B. III N. 3; B. VII N. 13; B. XI N. 76, 77, 80; Anhang I zu gl. ord. N. 3, 4; B. XII N.* zu Azo (in den Quellen nach N. 27), N. 83.
	4461: A. N. 5, Text nach N. 7; B. II N. 12, 17; B. III N. 4, 8; B. IV N. 8; B. V Text bei N. 33, N. 37, B. VI N. 6, 7, 8, Text nach der Wiedergabe der Quellen; B. VII bei und in N. 21, N. 27, 49; B. VIII N. 1, 5; B. IX N. 4, 5, 7, Text bei N. 9; B. X N. 41, in der Wiedergabe der Quellen N. (a) bis (f) zu Hugolinus, Text bei N. 41 und 42; B. XI N. 53, Anhang I zu Hugolinus N. 2, 6, 7, 8; B. XIII in den Quellen nach N. 10: N.* zu Hugolinus/gl. ord., N. 33, 85, 86; C. N. 28, 29.
	4463: A. N. 5, 7, Text vor N. 33; B. II N. 3, 14; B. III N. 3, 15, im Text nach Wiedergabe der Quellen; B. VII N. 13, 25; B. X N. 29, 40; B. XI N. 76, 86, Anhang I zu Azo N. 2, 3 zu gl. ord. N. 3; B. XII in den Quellen nach N. 27 N.*, N.**, N.**** zu Azo, N. 24, 83.
Rom Casanatense	227: B. XIII N. 13, in sowie im Text nach N. 15.
	228: B. XIII N. 13, in sowie im Text nach N. 15.
Rom Vatikan	1405: B. II N. 8; B. V Text nach N. 58; B. VI N. 17, 21; B. X N. 19; B. XI N. 50, 69; B. XIII N. 83.
	1406: B. V Text bei N. 57; B. XII N. 25.
	1408: B. I N. 1; B. II N. 8, 14; B. III N. 3, 4; B. V Text nach N. 60, N. 61; B VII N. 13, 25; B. IX N.*, N.**, N.*** zu den Quellen; B. X N. 21, 28, 34, 40, in den Quellen N.**** zu Azo; B. XI N. 13, 50, 69, 70, 72, 78, Anhang I zu gl. ord. N. 3, Anhang II N. 1, 3; B. XII N.*, N. ** zu Paris 4450 (in den Quellen nach N. 42); B. XIII im Text vor N. 4, N.* zu Azo (in den Quellen nach N. 4), N. 85.
	1409: B. XIII in sowie im Text nach N. 14, im Text vor N. 18.

1410: B. XIII N. 12, im Text vor und nach N. 18.

1411: B. XIII im Text vor N. 18.

1412: B. XIII in sowie im Text nach N. 13.

1413: B. VI N. 15; B. VIII – Exkurs; B. X N. 24, in den Quellen nach N. 19 N.* zur gl. ord.; B. XI N. 10, 83, 85, 87; B. XIII N. 13, im Text bei N. 19.

2511: B. VIII – Exkurs; B. X N. 24, in den Quellen N.* zur gl. ord.; B. XI N. 87.

2512: B. II N. 14; B. III N. 3; B. IX N.*** zu den Quellen.

2705: B. II N. 8; B. V im Text bei N. 57; B. VI N. 17, 21; B. X N. 35; B. XI N. 69, 72; B. XII N.** zu Paris 4450, N. (a) zu Trier / Troyes zu den Quellen nach N. 42), N. 51, 82; B XIII im Text bei und nach N. 4, N. 85, 86.

11155: B. XIII N. 13, in sowie im Text nach N. 15.

Pal lat 731: B. VIII – Exkurs.

Pal lat 734: B. VIII – Exkurs.

Pal lat 737: B. V im Text bei N. 57.

Pal lat 738: B. V N. 35, 37; B VI N. 15; B. VII im Text nach N. 20; B. VIII – Exkurs; B. X N. 24, in den Quellen N.* zur gl. ord.; B. XI N. 9, 87; B. XIII in den Quellen N.** zu gl. ord. /Hugolinus; N. 15, 27, im Text nach N. 26.

Pal lat 739: B. V N. 55; B. VI N. 15; B. VII im Text nach N. 20; B.VIII – Exkurs; B. X N. 24; in den Quellen N.* zur gl. ord.; B. XI N. 10, 83, 85, 87; B. XIII N. 13, Text nach N. 15, vor N. 19, nach N. 24, 25.

Pal lat 740: B. VIII – Exkurs; B. X N. 24, in den Quellen N.* zur gl. ord.; B. XI N. 7, 11; B. XIII N. 19.

St. Maria Mag.: B. VIII – Exkurs; B. XI N. 11.

Patetta: B. VIII – Exkurs; B. XI N. 9; B. XIII N. 13, im Text vor N. 18.

Reg lat 1121: B. XIII N. 13, im Text vor N. 18.

Borghese 225: B. II N. 1; B. V N. 57.

Salisbury	B. II N. 8; B. V N. 56; B. VIII – Exkurs; B. XI N. 19, 83; B. XIII Text nach N. 18.
Seo de Urgel	2063: A. N. 5, 6, Text nach N. 7; B. I Text bei und nach N. 6; B. II N. 12, 17; B. III N. 4, 8, im Text nach der Wiedergabe der Quellen; B. V Text bei N. 33, N. 37; B. VI N. 7, 8, Text nach der Wiedergabe der Quellen; B. VII bei und in N. 21, N. 27, 45; B. VIII N. 1, Text vor N. 6; B. IX N. 4, 5, 7, Text bei N. 9; B. X in den Quellen N. (a) und (b) zu Hugolinus, Text bei N. 41 und 42; B. XI N. 53, Anhang I zu Hugolinus N. 2, 3, 4, 6, 8, 9; B. XIII in den Quellen N.* zu Hugolinus/gl. ord.; C. N. 28, 29.
Siena	A. N. 3.
Stockholm	B. I N. 1; B. II N. 5, 8, 14; B. V Quellen nach N. 4 N* zu Azo; B. VII N. 13, 25; B. IX N.*, N** zu den Quellen; B. X N. 21, 34, 35, 40, in den Quellen N.** zu Azo; B. XI N. 50, 51, 69, 70, 72, 78, Anhang I N. 3 zu Azo; B. XII in den Quellen N.*, N. *** zu Azo, im Text vor und nach N. 29, 36, 41, im Text nach N. 42, N. 43, 44, 47, 50, 54; B. XIII im Text bei und nach N. 4, in den Quellen N.* zu Azo. C. N. 33.
St. Omer	449–451–457–466: A. N. 3, 12.
Stuttgart	B. II N. 8, 19; B. V N. 56; B. VI N. 15; B. VIII – Exkurs; B. XI N. 11, 83; B. XIII N. 13, im Text vor N. 19, vor N. 24, vor N. 27.
Subiaco	B. II N. 8, 19; B. VI N. 15; B. VIII – Exkurs; B. XI N. 10; B. XIII N. 13.
Toledo	32–2: B. VIII – Exkurs; B. XI N. 10; B. XIII in den Quellen N.** zu Hugolinus/gl. ord., N. 19.
Torino	E I 1: A. N. 3; B. XIII N. 13, im Text vor N. 18.
	E I 4: A. N. 3; B. XIII N. 14.
	E I 11: A. N. 3; B. XIII N. 13, im Text vor N. 18 und 19.
	E I 15: A. N. 3; B. XIII N. 13, im Text vor N. 18 und 19.
	E I 22: A. N. 3.
	E I 23: A. N. 3; B. XIII N. 13, im Text vor N. 18 und 19.

	F II 14: B. II N. 8; B. V im Text nach N. 58, N. 59; B. X N. 35; B. XI N. 69, 70; B. XIII im Text bei und nach N. 4; N. 86.
Trier	B. V N. 63, im Text nach N. 58; B. XI N. 69; B. XII in den Quellen nach N. 42; im Text bei N. 46 und 47, N. 49, 50, 52, 53, 57.
Troyes	135: A. N. 3; B. VI N. 15; B. VIII – Exkurs; B. XI N. 10, 69.
	174: A. N. 3, 25; B. II N. 8, 10, 16; B. V N. 57, 59, 63, im Text nach N. 58; B. VI N. 17, 21; B. VII N. 13; B. X N. 19, 22, 35; B. XI N. 50; B. XII N. 38, in den Quellen nach N. 42, im Text bei N. 46, N. 49, im Text bei N. 51, N. 53, 57; B. XIII N. 85, 86.
Tübingen	B. VIII – Exkurs; B. X N. 24; B. XI N. 10, 83, 85; B. XIII N. 13, im Text nach N. 15, nach N. 19, vor N. 24, vor N. 27.
Vendôme	B. VI N. 15; B. VIII – Exkurs.
Vic	A. N. 3, 12, 37; B. V im Text bei N. 57; B. VIII – Exkurs; B. XII N. 38.
Wien	2120 B. V N. 57.